例解 刑事訴訟法Ⅱ

The Code of Criminal Procedure

案例解析版 ｜ 增訂第十一版

李知遠／著

五南圖書出版公司 印行

改版序

自2004年例解刑事訴訟法初版迄今，已歷九次改版。定位為大學、法研究、國家考試應試學子和法律教學、實務工作者之工具書，符合不同閱讀族群之用書所需，力求內容豐富完整、儘能無漏，是本書策勵自勉的目標。惟亦因此使本書之份量於是累次增補後，相對造成讀者攜帶之不便。

在五南編輯部與業務部門，廣蒐閱眾市場之反應並與我集思共議下，乃決定將本書分輯為「體系釋義版」和「案例解析版」，而非傳統採上、下冊之模式。蓋因前者可予讀者本於各自需求而選擇合購或單購，此於攜帶時亦然。

同時，本書在歷版中，皆會以一篇自筆之小品代替序言，而該小品實蘊含個人當下對不同生命歷程之體悟與感懷。緣於許多學生和讀者之迴響，乃於第十版之序言後，各附上一篇前版已載之小品，以為身處熙攘紅塵諸君之分享。

例解刑事訴訟法能延續十版，走過近十二年的歲月，誠應感謝法學先進和讀者群們之指正和支持。而五南文化集團參與歷次改版之編輯群，更可謂辛勞備極；尤其劉靜芬副總編、張若婕責編和許嘉玲老師在分輯籌劃期間所奉獻之心力與智慧，皆令我真摯感念，特藉此深致謝意。

數月前，我曾參訪一修心靜地，走進兩旁濃蔭盎綠的坡道深處，那青磚紅瓦的斑駁小樓正隱沒在崢嶸蒼鬱的松林間。白露時節，金光映照得滿山微暖，好似重金鎏彩般，閃耀漫天。徐然而過的東風，總能令人心清氣暢。我流連徘徊，直至周遭一切的顏色漸漸沉入殘陽下的暮靄中，方默默筆記下影壁上雋刻的智者偈語～

數里無人到，山黃始識秋；巖間一覺醒，忘卻百年憂。

畏寒時欲夏，苦熱復思冬；妄想能消滅，安身處處同。

謹與讀者共勉。

李知遠

於歲次乙未年末

無憂寺

車轔轔，馬蕭蕭，行人弓箭各在腰，爺娘妻子走相送，塵埃不見咸陽橋，牽衣頓足攔路哭，哭聲直上干雲霄。

君不見，由來從軍客，皆向沙場老，飲馬渡秋水，水寒風似刀。

君不見，古來征戰地，白骨沒荒草，不見有人還，新鬼含冤舊鬼號。

* * *

大唐肅宗乾元二年。

黃沙漫空的風陵渡，三軍湧動，人馬嘶鳴，血染紅河，昏天暗地。

史思明十二萬叛軍主力與郭子儀、李光弼合兵十萬的勤王精銳，已在長灘和峽谷間熬戰數晝夜。只見飛箭如蝗，積屍塞道；金戈交擊，鬼泣神號。

敗象初露之際，史部前鋒參將武國靖臨危受命，持符率五百輕騎突圍，欲馳往汴州調兵來援。未料沿途伏兵盡出，三陣截殺後，僅餘身披環鎧，掄弓持戟，張髮怒目，斬敵無算的武國靖一人倖存脫困。

貼伏著赤騮戰馬，試圖擺脫數百騎唐兵的追殺，十餘處創口汩湧的鮮血浸染他的戰袍，沿路滴淌，指引追兵不致錯失方向。

孤軍和追兵在峰巒迭起的蜿迤山道盤進旋出，兩側蓊鬱的林樹紛紛閃逝而過，呼颯的勁風吹壓著滿坡遍野的枯草，灰白流雲遮罩住高峨峻嶺的山腰。

夕日漸次黯沉，黑幕開始攏向山麓四周，群列的雁鳥沒入邊處的天際。暮光斜照忘憂林。

而此，恰予亡命奔逃已個把時辰的武國靖帶來一線生望。覷準某個急彎曲折處，他攫住瞬時之機，策馬竄入黑魆魆的密谷幽林。

時序入秋，月朦星稀，薄霜掛葉，迷茫的氤氳提供了人疲馬困的武國靖和愛駒最佳的掩蔽。

追搜的喧喝疾蹄之聲逐漸遠離，千瘡百孔的武將、馬力放盡的赤騮，脫然倒臥在青槐樹下，相偎沉沉睡去。

天方破曉，溫融的晨光溜過密林的間隙，蟲鳥歡悅的啾唧呼應，也喚醒了酣眠的武國靖。原本紫膛的方臉，因重傷失血和連日飢疲而盡顯蒼白。

睏倦失神的望著赤騮正一派悠閑地嚼食沾濡露珠的長草，好一會兒，武國靖方拄倚著兵戟強撐起虛弱的身軀，歪歪拐拐的走向赤騮，又無比艱難的爬上鞍背，抱緊項頸，整個人即呼喘吁吁的垂趴在馬脊。深具靈性的赤騮，抖擻起精神，毫無遲疑的慢步踱出這座通往忘憂林的濃蔭山陵。

行出綠林，眼前豁然耀目，武國靖勉力瞇張雙眼，遠瞰四方。一漫碧青的秋空下，廣袤平原的中心是名為忘憂林的小鎮，紅牆青瓦，院落堂舍，井然縱橫地比櫛相依。小鎮後方，密佈著水渠交錯的田畦，麥浪翻湧。小鎮旁側，一條潺湲轉繞的溪流伸延向遠方的翠湖，陽光輝映下，湖面演漾著瀲灩的光影。另有幾座檀木造建的殿宇，錯落有致的圍集成樸質的古寺，孤單地獨屹於僻靜的一隅。

赤騮自瞭高的陵地輕蹄下坡，顛擺搖晃中，武國靖復次陷入昏迷。

* * *

積覆著一層塵灰的「無憂寺」立匾下，兩名約莫六、七歲，一般圓胖的小沙彌，正拿著竹帚在寺門前的青石道上來回錯身。倆人時而緊抿雙唇，故作嚴肅狀，低首賣力掃除疾風旋起的一地落葉；時而在張望確認四下無人後，即持握帚把嘻鬧對打。

當充滿智慧的赤騮，得兒得兒的馱著主人出現在青石道的遠端時，小沙彌們驚睜著滴溜溜的大眼，怔愣的瞪視著渾身燒炭般赤紅的駿馬，直至踢踏的馬兒駐足在寺門前，方赫見馬背上竟還垂掛著一大團塊的血肉之軀。

半晌，回了神的倆人交耳私語一番。比較圓胖的小沙彌張著嘴巴，呆立原地繼續發傻；比較不那麼圓胖的小沙彌則返身飛奔入寺，一路驚叫，穿過法華閣、大雄寶殿、文殊堂、普賢院，直抵莫愁軒的方丈禪房。

一頭撞進禪房的小沙彌，咳喘不歇，吭吭哧哧的對著依然閉目端凝、長髯白鬚的老方丈比手劃腳：「師……父……有……有一匹紅馬……馱……馱了……一大塊現……現宰……還在滴血的肉來供……供養……咱……咱收……是不收……？」

老方丈霍然開眼，目露驚光：「？？？」

無憂寺前，比較圓胖的小沙彌已和綻放般若（「般若」智慧之意）的赤騮，結成不存在人與非人距離的莫逆。馬兒親暱的磨蹭小沙彌嫩白圓滾的臉頰，小沙彌則愛憐的搓揉馬兒的下巴：「你真有慧根，師父常說布施供養可以積植福德，這樣你下輩子就能投胎做人囉。只是你忘了我們吃素耶，馱這麼一大塊肉來，也不知師父收不收？不過，沒關係，有心最重要，呵呵呵……。」

赤騮馬惑然眨眼，目露疑光：「？？？」

* * *

兩名圓胖的小沙彌被戒律院責令每日負責洗刷赤騮，及照料昏迷三日、甦醒後又將養近十日、差點被當成供品的武國靖。

在此期間，老方丈曾數次親至居士齋探視，並在閑談中契入諸多智語，期能對沙場武將有所啓發。只惜身懷百根卻獨缺慧根的武國靖，腦袋硬若硨磲金剛，令老師父僅得遙隔彼岸，默首無語。

不過，悟機的圓熟往往出現在不可思議的地方。

甦醒的第二天……

比較圓胖的小沙彌一邊煽著煎藥的小炭爐，一邊抽吸著火薰的涙涕：「將軍，聽您昨天說的，那您就是史思明的部將喔？」

斜躺軟榻的武將懶懶的應了聲：「是啊！」

比較不那麼圓胖的小沙彌坐在小木几上，歪著頭：「可是大家都說史思明跟安祿山一樣，都是殺人不眨眼的大壞蛋耶！」

武將挪了挪身，有點困窘：「嗯……？」

比較圓胖的小沙彌興高采烈的拍著手：「啊，那您不就成了小壞蛋？這樣我們會被您帶壞喔！呵、呵、呵……。」

武將翻了翻白眼，更加困窘：「呃……？」隨即專心摳起手背的傷疤。

比較不那麼圓胖的小沙彌憂心的湊近：「將軍，您的臉和脖子又紅又燙，是不是發燒不舒服呀！？要不，咱再找大夫來瞧瞧？」

武將無助的唉嘆一聲，暗想，你們甭來瞎折騰，俺就退燒啦。見勢不妙，趕緊把頭一垂，讓自己再度陷入昏迷。

甦醒的第七天……

比較不那麼圓胖的小沙彌正跨在武將筋肌虬結、昂偉彪健的厚脊為其搥背：「將軍，您身體很結實強壯喔，想必在戰場是員猛將，砍人無數咧！」

被推摩的舒心適意的武將，半瞇著眼頗有得色：「那是當然啦！想俺那鋼刀舞的虎虎生風，可是聞者驚心，見者喪膽……嘿、嘿、嘿！」

比較圓胖的小沙彌邊捏按著武將的小腿邊接口：「那被您殺的人不就都是大英雄郭子儀的士兵和無辜可憐又可愛的老百姓？」

「呃……嗯……應該吧！」武將憑著幾日來慘痛的教訓，開始嗅到了不對勁。

比較不那麼圓胖的小沙彌驚呼：「哇，大英雄的部下那可都是小英雄囉？那喪命的老百姓可就是無名英雄哦？」

武將心想，果然來了：「……」

比較圓胖的小沙彌語氣含悲：「那些被您殺的小英雄和無名英雄，他們的阿爹阿娘、妻妾兒女、伯叔姑姨一定都哭的很傷心。」

武將又從脖子開始往上發燙。

比較不那麼圓胖的小沙彌語氣含哀：「您殺那麼多小孩的阿爹阿娘，讓他們成了孤兒，挨餓受凍，您會不會吃不下飯啊？」

武將全身冒煙都在燙。

比較圓胖的小沙彌雙眼上吊，雙手直伸，裝腔作勢：「還是您會不會常夢見厲鬼索命不好睡啊？」

兩個小沙彌同時咯咯大笑。武將斜睇不亦樂乎的倆人，真是頹然無言，頭冒一團黑線。

比較不那麼圓胖的小沙彌突然有所疑惑：「咦，將軍，為什麼您喜歡殺人，您的赤騮卻喜歡救人啊？」

比較圓胖的小沙彌嗤了一聲：「小胖，你真笨，佛說所有眾生皆具如來本性，赤騮的本性可是如來呢！而且牠一看就知道很慈悲。」

武將心想，俺怎都看不出來！？

比較不那麼圓胖的小沙彌恍然：「喔，喔，原來如此，那按說牠的主人也該具有如來本性啊？」

比較圓胖的小沙彌又哼了一聲：「你還是沒開悟，人殺太多，他本性中的如來早都跑走了咩！」

唾沫橫飛，渾然忘我的倆人忽聞咕咚一聲，卻見威猛無敵的武參將不知何因，已然倒栽滾到床下去。

甦醒的第十天……

秋意更濃，飄忽如魅的晨嵐在遠山瀰散。朔風拂過，滿園樹梢的枯椏殘枝即一陣抖顫，紅楓老葉紛紛下落。

傷體初癒的武國靖在兩名圓胖小沙彌的攙扶下，閑步在觀音殿前的水榭庭園，幽麗的景致，令人塵憂盡消。即便連汴州兵未能及時赴援下，風陵渡最終戰局究竟如何之頭等要事，詎也已讓武參將拋到雲天九霄。

武國靖深吸了口冷洌清新的空氣，閉目暢心的讚歎：「唉呀，真是人間仙境啊！喔，該說是人間佛境才對，讓人樂不思返哩！」

倆個小沙彌搔搔腦門，應和的傻笑：「嘻，嘻，還好啦！」

武將掬起石臼裡積貯的井水抹抹臉，問道：「對了，這幾天我一直納悶的很，無憂寺位處忘憂林小鎮，為何不取名為忘憂寺呢？哈，我想倆位小師父可能也不知道吧？」

比較圓胖的小沙彌慧黠一笑：「方丈師父說過哦，既已無憂，又何須忘憂呢？」

武將驚服：「照啊！方丈大師的境界確然更高一乘。欸，小師父，你們可真是因緣殊勝，福報深厚，這麼小就能在與世無爭又清淨絕美的佛寺出家，還能親近德高禪慧的老師父，恐怕都羨煞神仙了，當然更別提俺這種俗夫啦！」

比較不那麼圓胖的小沙彌眼眶閃著瑩瑩淚花，泛起天真的笑容：「是啊，不過這得感謝將軍您喔！」

比較圓胖的小沙彌臉頰淌下簌簌淚珠，漾起無邪的笑容點點頭。

武將驚忡的來回瞧著倆人的表情，繼又朗聲哈哈：「別逗鬧了，怎可能感謝俺嘛，八竿子打不著的事。嘿，幾日來，俺都快被你們的鬼頭鬼腦給整壞了。」

比較不那麼圓胖的小沙彌斂容認真的道：「是真的，沒有您們這些史思明的軍隊殺了我們的阿爹阿娘，老師父也不會收養我們，哪有福報來寺出家呀！」

比較圓胖的小沙彌肅容堅定的又點點頭。

武國靖聞言剎時如遭雷殛，驚駭震撼，難以置信地連著倒退幾步，張口直目瞠視著倆小，內心捲起撲天蓋地的狂濤。周圍一切的景物已完全被抽離，沉窒的靜默不到十息，情緒激越，無法自已的武國靖倏然曲膝而跪，發出撕心裂肺的悲嚎：「天啊，俺造了什麼孽啊！俺是泯滅人性的屠夫啊……啊……啊！」

比較不那麼圓胖的小沙彌緩緩趨前，用圓胖的小手摩摩武將的頭：「將軍，別難過，我倆早就決定原諒您了。」

比較圓胖的小沙彌緩緩趨前，用寬大的袍袖揩揩武將的淚：「將軍，放下屠刀，可以立定成佛。」

*　　　*　　　*

大雄寶殿，肅穆寧寂，唯有藻井的天窗一角，滲進微濛的月光，隱透著些許動靜。

甫經薙髮，佛賜法名悟淨的武國靖，秉誠焚香於釋迦、藥師、彌陀三寶佛座前，叩首頂禮。

叩畢，磬聲響起……

方丈大師身披袈裟，手持錫杖，率領合寺僧眾敬容列序入殿。

兩名圓胖的小沙彌在首，方丈大師居中，首座和尚、當家師和維那師分立在後，站定於悟淨僧的蒲席前。

其餘僧彌悄息噤聲，相向盤坐大殿兩旁。

磬聲又起……

悟淨僧先向於他有接引之恩的小沙彌叩禮如儀，再直身挺跪，至心悲悔的懺聲：所有刀兵劫，悉皆盡滅除。現眷感安樂，先亡獲超度。入世化眾生，出世離塵土。法界諸含識，同證蓮華路。

兩位小沙彌踏前一步，合什躬身回禮，稚嫩清亮的童聲：願以此功德，莊嚴佛淨土。上報四重恩，下濟三塗苦。若有見聞者，悉發菩提心。盡此一報身，同登極樂圖。

悟淨僧繼向佛、法、僧叩禮如儀，再直身挺跪，雄厚決然的定聲：淨理了可悟，勝因夙所宗。誓願掛冠去，覺道資無窮。

方丈大師踏前一步，高擎右手，香燈僧奉上三柱燃香，低沉莊嚴的法聲：舉起三昧火，除去六情根。萬般皆解脱，開慧現金身。

首座和尚、當家師、維那師併肩踏前一步，平和慈憫的讚聲：要來隨就來，要去也就去。如是緣自在，即是西來意。

滿殿僧彌立身合掌，頌唱齊聲：來時無所來，去時無所去。來去本自然，真是如來意。

頃時，鐘鼓聲起。梵鐘樓上的司鼓僧三擊暮鼓，司鐘僧擺木撞鐘，緜續十二次的鐘鼓合鳴，隨著沁涼的秋風悠揚遠送……漸次回盪在叢林掩臥的群山萬壑間……繚盪在無定追雲和明滅繁星的幽暝夜空中……也飄盪在世外樂土忘憂林小鎮的百家千户裡。

李知遠

目錄
CONTENTS

第一章　刑事訴訟之意義

研讀聚焦

確實理解刑事訴訟法與刑事訴訟程序之意義&目的，將極益於嗣後研讀本法全部章節之融會貫通。

另因刑事訴訟法之規範&刑事訴訟程序之實施，皆與人民基本權之保障密切相關，刑事訴訟法可謂爲憲法之施行法，故而憲法第8條（正當法律程序）、第16條（訴訟權）、第23條（法律保留&比例原則）及大法官會議之相關解釋（參見本書「體系概念版」之體系表與焦點論述），即爲評讀之重點。

本章於國考單獨命題之機率較低，但卻爲破解各章節、各類型實例題之關鍵密碼所在，在思考各案例考題之解方抑或下筆作答架構時，若能自本章之精神內涵出發，往往得迎刃而解並論述流暢，故而務請賦予本章最高度之重視。

案例試題

例題1

試論述刑事訴訟之目的為何？

解碼關鍵

實體眞實之發現與正當法律程序之保障，如何於刑事訴訟程序中調和兼顧。

擬答

一、刑事訴訟之目的

具體刑事案件須藉由公平程序之進行始得發覺其構成之眞實實體，故而學者認爲刑事訴訟其目的在發現實體眞實與確保法治國原則之貫徹踐履，因之憲法中對基本人權（人身自由、生命、財產、隱私）之程序保障（憲法第8條）及法律保留原則、比例原則（憲法第23條），乃至於刑事被告地位之基礎三原則：「不自證己罪、有疑唯利被告（罪疑唯輕）、無罪推定」，基於憲法優越性而成爲刑事訴訟法之最高指導方針（應用的憲法、憲法之施行法）。

(一) 實體真實發現

發動刑事訴訟程序之目的，在於「獲致一個依照實體刑法之正確裁判」，則「發現實體眞實」即爲其必要之前提。因此，發現實體眞實，乃是貫穿整部刑事訴訟之目的。發現實體眞實所蘊含之意義，在於「毋枉毋縱，開釋無辜，懲罰罪犯」，亦即符合正義，現行法爲達此一目的，不但課予偵查機關有偵查犯罪事實之法定義務（第228條第1項），亦要求法院有澄清事實眞相之調查義務（第163條第2項）。此外，縱使被告自白犯罪，亦必須查明是否與事實相符（第156條第2項）。

(二) 法治程序

刑事訴訟法禁止國家以「不擇手段」、「不問是非」及「不計代價」的方法來發現眞實。尤其，在判決結果確定以前，刑事訴訟尚在眞實發現過程，被告有可能是無辜的，必須透過合乎法治程序的「訴訟規則」加以保護，以避免其受到過度侵害或犧牲；若被告確實有罪，該訴訟規則亦應保障其應有的主體地位及辯護權利。因此，現行法第1條第1項就闡明：「犯罪，非依本法或其他法律所定之訴訟程序，不得追訴、處罰。」

憲法第8條第1項明定：「非經司法或警察機關依法定程序，不得逮捕拘禁。非由法院依法定程序，不得審問處罰。非依法定程序之逮捕、拘禁、審問、處罰，得拒絕之」，應可作爲立論基礎。法治程序在刑事訴訟法之表現，莫過於國家追訴機關，對未受有罪判決確定的被告，發動強制處分時，應受嚴格的「法律保留原則」與「比例原則」之限制，並且，部分干預人民基本權較深的強制處分，尙須受到「法官保留原則」之制約，例如羈押必須由法院決定，90年1月甫通過的搜索票由法院核發等。

(三) 法和平性

國家對於已發生之犯罪，透過法定追訴程序的進行與裁判，藉以處罰犯人釋放無辜，可以回復因犯罪所帶來之社會損害，重塑法和平。

爲重塑法和平，刑事裁判應該具有宣示刑事法律爭端已經終局落幕的意義，而產生確定法律狀態且禁止再起爭端的功能。據此，爲了「法安定性」的考量，並避免一罪兩罰，確定的裁判，必須具有禁止再行爭執的效力（一事不再理），此即實質確定力（第302條第1款）。

二、學說見解

(一) 其他學者亦多承上之精神而爲相類之目的解釋，有認爲刑事訴訟之目的，固在發現實體之眞實，使刑法得以正確適用。但爲達成此項目的，應維持程序之公正，藉以保障個人自由及維護社會安全。

(二) 相同見解者爲：刑事訴訟之最終目的，固在於究明案件之眞相，就犯罪嫌疑人之眞正與否，明確判別其罪責之有無，進而負有對有罪之人確實適用刑罰法令，並不得有不當遲延之任務；但爲達成刑事訴訟究明案件眞相之目的，非謂即可訴諸任何手段，其當事人、尤其是被告之人權仍應予最高之尊重。

(三) 另有學者認爲：刑事訴訟的歷史發展觀察，認爲現代刑事訴訟法的指導精神，應爲人權保障的思想，此一「宣示性」概念，眞正反映在刑事訴訟上的，則爲司法正當程序規定，以及合乎法定程序的訴訟進行。在不同的刑事訴訟目的之間，程序正當性具有優先指導的作用，而眞實發現這個古老的刑事訴訟目的，隨著法治思想及人權思想的發展，漸次受到規範。因此，現代刑事訴訟之目的，無異係基於人權保障下，以合乎正當程序的程序運作，而爲眞實之發現。有學者則認刑事訴訟之目的在於：發現眞實、建立公平程序、防止誤判、保護及尊重人民尊嚴與權利、平等原則。

注釋資料：林鈺雄，論刑事訴訟之目的，政大法學評論第61期，頁404；同氏著，刑事訴訟法（上），頁7-12；陳樸生，刑事訴訟法實務，頁9；柯耀程，刑事訴訟目的與無罪推定原則，頁430；王兆鵬，刑事訴訟法講義，頁4以下。

例題2

甲有多項強盜、竊盜前科，後涉嫌強盜乙並將其殺害，惟偵辦此案之警方專案小組雖有合理懷疑卻苦無證據，多次約談甲到案詢問，甲除拒不吐實，尚揶揄警方辦案無方，偵查員丙亟思破案，屢次未果，遂與同事丁以電擊棒對甲刑求，甲痛哭流涕終自白案情，並坦承贓款與殺乙之行兇用開山刀下落，警方乃循線起出列為被告甲自白之補強證據，試問實體真實發現與被告人權保障，究應以孰為重？

解碼關鍵

刑事訴訟之目的內涵；被告自白取證之合法性與證據能力之判斷；毒樹果實理論之放射性效力。

擬答

一、刑事訴訟之目的

具體刑事案件須藉由公平程序之進行始得發覺其構成之眞實實體，故而學者認爲刑事訴訟其目的在發現實體眞實與確保法治國原則之貫徹踐履，因之憲法中對基本人權（人身自由、生命、財產、隱私）之程序保障（憲法第8條）及法律保留原則、比例原則（憲法第23條），乃至於刑事被告地位之基礎三原則：「不自證己罪、有疑唯利被告（罪疑唯輕）、無罪推定」，基於憲法優越性而成爲刑事訴訟法之最高指導方針（應用的憲法、憲法之施行法）。本此，刑事訴訟乃在藉由法治程序以發現實體之眞實，一方面不但偵查機關有偵查犯罪事實之法定義務（第228條第1項），亦要求法院有澄清事實眞相之調查義務（第163條第2項）。另一方面，必須透過合乎法治程序的「訴訟規則」加以保護被告，以避免其受到過度侵害或犧牲；若被告確實有罪，該訴訟規則亦應保障其應有的主體地位及辯護權利。因此，現行法第1條第1項就闡明：「犯罪，非依本法或其他法律所定之訴訟程序，不得追訴、處罰。」，憲法第8條第1項亦明定：「非經司法或警察機關依法定程序，不得逮捕拘禁。非由法院依法定程序，不得審問處罰。非依法定程序之逮捕、拘禁、審問、處罰，得拒絕之」，應可作爲立論基礎。如此，國家對於已發生之犯罪，透過法定追訴程序的進行與裁判，藉以處罰犯人釋放無辜，可以回復因犯罪所帶來之社會損害，重塑法和平。

二、取證合法性與證據能力之判斷

被告本於憲法第8條正當法律程序與第16條訴訟防禦權之保障，應於刑事偵審程序中受到國家司法機關公平合理之對待，尤其偵審機關應遵循法定訊問程序以訊問被告。本例司法警察機關以刑求之強暴訊問方法取得被告非出於自由意志之非任意性自白，侵犯被告不自證己罪與緘默權，該自白依刑事訴訟法第156條第1項自無證據能力。而爲能澈底杜絕不正方法取供，促使偵審機關保障被告基本人權，毒樹果實理論之放射性效力認爲，本於該非任意性自白之內容所取得之證據，縱係依循合法取證程序，仍應排除其證據能力。應注意者，本法第156條第2項之自白補強證據，仍以具備證據能力爲前提。

注釋資料：例解刑事訴訟法「體系釋義版」第十二章之焦點「自白供述之證據能力判斷」&「毒樹果實理論」。

第二章　刑事訴訟之基本原則

研讀聚焦

為達成首章所述之刑事訴訟目的，刑事程序（偵查、審判）必當依循一定之原則以進行。同理，規範刑事程序之法律（刑事訴訟法）自應由立法者秉諸此等基本原則為制定。故此，透澈本章基本原則之精神與涵義，實可謂已掌握刑事訴訟法之半壁江山，甚可自行推衍出本法多數之條文規定。

在刑事訴訟之重大原則中，國家追訴原則&檢察官法定原則，適用於刑事訴訟之發動（告訴、公訴、自訴）、檢察官之作為（偵查、起訴、不起訴、裁量）；法治國原則乃為強制處分之發動與實施指引明確方向&限制；控訴原則、公平法官原則&嚴格證明程序，則在於建構公平、獨立、合理、具信賴性之審判構造與環境。

本章於國考試題中出現時，必具極大殺傷力，此非題型刁鑽難解所致，而係應試者於學習各門法律過程中，向來忽略基本原則之重要性。因之，讀者當對「刑事訴訟之目的、基本原則、構造&強制處分、證據、通常救濟程序」六章，尤為用心與慎心。

案例試題

例題1

法治國原則為刑事訴訟法之指導原則，試以強制處分之限制為例說明該原則之內涵為何？

解碼關鍵

憲法第23條之法律保留&比例原則（適合、必要、狹義比例）、憲法優越性等及國家機關發動與實施強制處分，所應依循之標準原則。

擬答

一、憲法優越原則

任何限制或干預人民基本權利之強制處分均須有法律依據，且其所依據之法律不得牴觸憲法，86年修法前偵查中羈押權之決定委由檢察官行之即有違本原則，釋字第392號即具有重要意義。

二、法律保留原則

國家欲實施強制處分並進而干預人民的基本權利，必須有法律授權依據，並亦謹守法律設定之要件限制，否則即屬違法侵害人民基本權利之行為，我國92年修法前欠缺法律授權依據之強制處分包括：抽血檢驗、驗尿、採集指紋及88年7月前之監聽（通訊監察）。

三、比例原則

國家機關干預人民基本權利之手段與其所欲達成之目的間應具備相當性之關係，其具體內涵包括適合性原則、必要性原則及狹義比例原則，茲再分述如後：

(一) **適合性原則**：國家機關為達某一特定公法目的所採行之手段，必須適合或有助於目的之達成，例如以拘提為手段可達到使被告到庭應訊之目的。

(二) **必要性原則**：國家機關為達所企求之公法目的而採行之手段，僅當不能選擇其他同樣有效且對基本權利限制更少的方法時，採行該手段方可被視為必要的，故又稱為最小干預原則，例如為使被告到庭受訊之手段雖有傳喚、拘提、逮捕等均適合達此目的，惟以傳喚之手段對基本權限制最少，故我國刑事訴訟法第75條規定原則上經合法傳喚無正當理由不到場而為拘提被告之前提。

(三) **狹義比例原則**：即限制基本權利之手段的程度，不應超過達成目的所需之範圍，且因其限制所造成之不利益，亦不得超過其所欲維護之利益，例如被告僅係竊取100元之輕微犯罪，卻為防止串證而予以拘提羈押（第90、105、132條均指廣義之比例原則）。

四、檢討評論

法律保留原則與比例原則均具憲法位階，亦是刑事訴訟法之指導原則，不論立法行為或司法執行行為均應受其拘束，例如我國目前立法承認之重罪羈押（第101條第1項第3款）及預防性羈押（第101條之1）均有不合比例原則暨違憲之處。

注釋資料：林鈺雄，刑事訴訟法（上），頁250以下、276-278。

例題2

台北市警局維新小組某日深夜臨檢搖頭夜店，經帶回數名疑似服用搖頭丸之男女，乃對渠等採集尿液檢驗，嗣並於其中一男子背包內搜獲數百顆搖頭丸與K他命，警方乃將該男子移送地檢署，檢察官訊畢即向法院聲請羈押，試問本件案例中偵查人員實施之強制處分有何應遵循之原則？

解碼關鍵

準現行犯逮捕之要件；無令狀搜索之類型&合法性判斷；司法警察強制取證權之規定；法治國比例原則之檢驗。

擬答

一、準現行犯之逮捕

依刑事訴訟法第88條第1項「現行犯，不問何人得逕行逮捕之」。此為憲法第8條第1項承認之例，而構成阻卻違法事由（刑法第21條），其與通緝犯逮捕同應即解送，又其情形有二，分別為第88條第2項「犯罪在實施中或實施後即時發覺者，為現行犯」，及第88條第3項「有下列情形之一者，以現行犯論：一、被追呼為犯罪人者。二、因持有兇器、贓物或其他物件或於身體、衣服等處露有犯罪痕跡，顯可疑為犯罪人者。」本例警方將疑似服用搖頭丸之男女帶回警局，即屬準現行犯之逮捕而屬合法。

二、無令狀搜索

按搜索乃屬對人民之財產權與隱私權等基本權利所為限制干預之強制處分，其發動與執行均應遵循法治國原則，尤其比例原則之適合性與必要性。依刑事訴訟法第128條第3項之規定，原則上須由法官簽發搜索票為之，此即法官保留之令狀主義，惟基於偵查犯罪時效性之急迫因素或其他考量，本法亦於具備法定條件下，例外容許無令狀之搜索，茲分述其情形如下：

(一) **附帶搜索**：依本法第130條規定「檢察官、檢察事務官、司法警察官或司法警察逮捕被告、犯罪嫌疑人或執行拘提、羈押時，雖無搜索票，得逕行搜索其身體、隨身攜帶之物件、所使用之交通工具及其立即可觸及之處所。」其立法目的乃在保障執行拘捕、羈押處分之公務員之人身安全，並防止被拘捕人湮滅隨身證據。

(二) **急迫搜索**：依本法第131條第1、2項之規定，又可區分為對犯罪者之逕行搜索與對證據之緊急搜索。其中第131條第1項第1款規定，司法警察雖無搜索票，如因逮捕被告（通緝犯）而有事實足認被告確實在內者，亦得逕行搜索住宅逮捕之。惟通說見解認為此限於對被拘捕人之住宅始得為之，否則無異使司法警察得藉拘捕被告為名，任意進入全國人民之民宅而無限制。

(三) **同意搜索**：依本法第131條之1規定「搜索，經受搜索人出於自願性同意者，得不使用搜索票。但執行人員應出示證件，並將其同意之意旨記載於筆錄。」通說認為，合法之同意搜索應具備：執行搜索人出示證件、告知被搜索人得拒絕同意無令狀搜索之權利、經有同意權人明示且自願性同意、將同意之旨載明搜索筆錄。

三、本例採集尿液與搜索

(一) 刑事訴訟法第205條之2規定，司法警察（官）因調查犯罪情形及蒐集證據之必要，對於經拘提或逮捕到案之犯罪嫌疑人或被告，得違反犯罪嫌疑人或被告之意思，採取其指紋、掌紋、腳印或類似行為。有相當理由認為採取毛髮、唾液、尿液、聲調或吐氣得作為犯罪證據時，並得採取之。故本例警察逮捕男女後，即得採集尿液檢驗有無施用毒品。

(二) 警方另於某男子背包搜索扣押毒品，因此部分屬無令狀搜索，而承前所述，附帶搜索與緊急搜索皆限於物證有湮滅之虞，本例犯罪嫌疑人已經逮捕至警局，背包內之物證無急迫搜索緊急性或附帶搜索目的性之要件，且未經被搜索人同意，故應屬違法搜索。

(三) 合法逮捕後，檢察官如認為犯罪嫌疑重大並有羈押事由，且具必要性時，自得向法院聲請羈押。

注釋資料：例解刑事訴訟法「體系釋義版」第十一章之焦點「法治國原則與強制處分」&「搜索扣押與法治國原則」。

我國刑事訴訟制度係採國家追訴模式，試申其義並說明例外之規定。

解碼關鍵

國家追訴犯罪之法定性義務；公訴優先原則及例外之自訴&告訴乃論之罪。

擬答

一、國家追訴模式

國家追訴模式，乃認為犯罪應由國家本於職權追訴與處罰。因犯罪之追訴涉及公益，且國家擁有刑事司法權，故國家本於職權有權利與義務追訴與處罰犯罪，而不受被害人所拘束，亦不待人民請求。現行法係以國家追訴模式為原則，刑事訴訟法第228條第1項規定：「檢察官……知有犯罪嫌疑者，應即開始偵查。」

二、國家追訴原則之限制

(一) **告訴或請求乃論之罪**：此犯罪必須以被害人或其他告訴權人提出告訴，國家才能合法追訴。例如，配偶間之強制性交罪（刑法第229條之1）、通姦罪（刑法第239條、第245條第1項）、普通傷害罪（刑法第277條第1項）或過失傷害罪（刑法第284條）、侵入住宅罪（刑法第306條第1項）、侮辱或誹謗罪（刑法第309、310條）、特定親屬間之竊盜、侵占、詐欺或背信罪（刑法第324、338、343條）。因之若欠缺合法告訴，檢察官應為不起訴處分；若提起公訴，法院亦應為不受理判決。惟告訴乃論罪之告訴，乃是訴訟條件，而非偵查條件。檢察官或司法警察（官）知有犯罪嫌疑者，仍應開始偵查或調查。

(二) **自訴案件**：為避免檢察官濫權不追訴犯罪，現行法肯定犯罪之被害人可以提起自訴（刑事訴訟法第319條第1項）。惟應委任律師為自訴代理人（第37條）。然縱使是被害人提出自訴，亦不能免除國家機關追訴犯罪之義務，因而，法院應將自訴案件之審判期日與判決通知或送達檢察官（第330條第1項、第336條第1項），檢察官亦得協助自訴與擔當自訴（第330條第2項、第332條），且對自訴案件之判決得獨立上訴（第347條）。

注釋資料：例解刑事訴訟法「體系釋義版」第二章之焦點「國家追訴原則之衍生」。

相關試題

甲男乙女因細故起爭執，激烈口角中，甲男憤而出拳毆打乙女成傷，乙女赴醫院開具傷單欲使甲男之暴行接受法律制裁，試問乙女在刑事法律程序上有何追究途徑？

考點提示：刑事犯罪之被害人本於憲法第16條訴訟權（告訴公訴、自訴）。

答題架構：

一、國家追訴原則與私人追訴模式，我國以前者為原則，兼有後者之例外（自訴案件、告訴乃論）。

憲法第16條保障因犯罪行為受侵害之被害人得尋求司法機關救濟之權利→告訴權（國家追訴）與自訴權（私人追訴）。

二、自訴強制律師代理制度之合憲性（憲法第23條）：

- 法律保留（刑訴第37條、第319條第2項、第329條）
- 合目的性
  - 避免濫行自訴
  - 確保自訴程序順暢進行
  - 使法院審判範圍與被告防禦對象具體明確

三、公訴優先原則（刑訴第323條第1項本文）與告訴乃論罪（基於倫理、隱私與犯罪輕微性考量）、被害人得提自訴之例外。

四、告訴與檢察官法定原則：

- 偵查法定（刑訴第228條第1項）
- 起訴法定（刑訴第251條）與裁量（刑訴第253條、第253條之1）

試依刑事訴訟法之規定說明偵查中之起訴法定原則及其例外情形。

解碼關鍵

檢察官之法定性義務；起訴裁量之類型與優缺點。

擬答

一、偵查與起訴法定原則

刑事訴訟法第228條第1項：「檢察官……知有犯罪嫌疑者，應即開始偵查。」（另見第230條第2項、第231條第2項）。

第251條第1項：「檢察官依偵查所得之證據，足認被告有犯罪嫌疑者，應提起公訴。」

第252條規定：「案件有下列情形之一者，應爲不起訴之處分。」

二、起訴便宜原則為例外

(一) 起訴便宜原則

學者認爲起訴便宜原則乃容許檢察官有裁量權以決定案件是否提起公訴。亦即，縱使案件合乎起訴要件，檢察官也可以依照合目的性的考量，自行權衡案件「是否適當」提起公訴。除非逾越裁量權限或明顯基於無關事理之恣意考量，否則，無論檢察官最後決定提起公訴或不予起訴，只生適不適當，而不生合法之問題。我國雖然以起訴法定原則爲主，但是同時參酌便宜原則的精神，主要規定在我國刑事訴訟法第253條、第253條之1與第254條。

(二) 起訴便宜原則之優缺點

1. 優點：起訴便宜原則乃依比例原則、平等原則以及有效合理分配訴訟資源的訴訟經濟原則之考慮，對於所有的犯罪，依其輕重之別，由檢察官依據實際情形決定是否提起犯罪之追訴。
2. 缺點：由於起訴便宜原則係將起訴與否的決定權交由檢察官裁量，因此，對於案件應否起訴，則可能流於檢察官之恣意與擅斷，對於部分犯罪可能無法進行有效的刑事追訴。我國刑事訴訟法乃設計有聲請再議與聲請交付審判制度爲救濟。

(三) 刑事訴訟法之相關規定

第253條：「第376條所規定之案件，檢察官參酌刑法第57條所列事項，認爲以不起訴爲適當者，得爲不起訴之處分。」

第253條之1：「被告所犯爲死刑、無期徒刑或最輕本刑三年以上有期徒刑以外之罪，檢察官參酌刑法第57條所列事項及公共利益之維護，認以緩起訴爲適當者，得定一年以上三年以下之緩起訴期間爲緩起訴處分，其期間自緩起訴處分確定之日起算。」

第254條：「被告犯數罪時，其一罪已受重刑之確定判決，檢察官認爲他罪雖行起訴，於應執行之刑無重大關係者，得爲不起訴之處分。」

（註：黃朝義教授本於當事人主義之構造，認爲應從起訴法定主義改爲起訴裁量主義。）

延伸資料：例解刑事訴訟法「體系釋義版」第二章之焦點「不起訴法定原則之目的性」。

相關試題

A因經濟不景氣而爲公司裁員，失業年餘已將平日積蓄用盡，然所應徵之工作均無著落，A饑餓難耐而於某日在便利超商竊取販售之便當一個，旋爲超商店員逮獲送交警方，檢察官偵查中，A自白犯行並有超商監視影帶爲證，試問檢察官對因饑寒起盜心且無犯罪前科之A得爲如何之處理？

考點提示：檢察官法定原則（起訴法定與起訴裁量）、微罪不起訴與緩起訴之區別。

答題架構：

一、檢察官法定原則下之起訴法定原則（刑訴法第251條國家追訴原則之展現）：

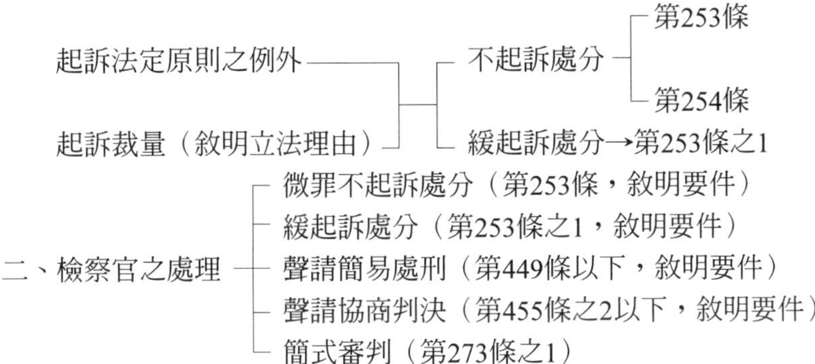

三、比較下述何者對被告較有利：

(一) 不起訴處分與緩起訴處分之區別：

1. 不起訴處分著重個別預防（刑法第57條）。

2. 緩起訴處分則兼有一般預防（刑法第57條＋公共利益）。

(二) 簡易程序與協商程序之區別。

(三) 協商程序與緩起訴處分之區別。

(四) 結論：以微罪不起訴處分對被告較有利。

例題5

嚴格證明程序之審理原則，其構成基礎為何？試從刑事程序觀點說明之。

解碼關鍵

嚴格證明程序下之直接審理（形式&實質涵義）、公開、言詞、集中審理原則之意義與法律依據。

擬答

一、直接審理原則

唯有經過法院直接審理，即「出於審判庭」之證據，才能當作裁判之依據。因此，直接審理原則涉及刑事訴訟法第155條第2項「合法調查」之判斷，構成「嚴格證明程序」之一部分。簡言之，直接審理在使調查證據者得「直接」接觸「原始」證據。

(一) 形式之直接審理：本法第292條第1項規定：「審判期日，應由參與之推事始終出庭；如有更易者，應更新審判程序。」若有違反即構成本法第379條第9款：「依本法應停止或更新審判而未經停止或更新者。」第10款：「應於審判期日調查之證據而未予調查」、第13款：「未經參與審理之法官參與判決者。」之當然違背法令情事。

(二) 實質之直接審理：法院必須儘可能使用和事實最有密切關係之證據方法，調查犯罪事實。例如本法第159條第1項規定：「被告以外之人於審判外之言詞或書面陳述，除法律有規定者外，不得作爲證據。」

(三) 直接審理原則與言詞審理原則之區別：前者係規範法院與證據之關係，強調證據原始性，屬於證據能力之要求。後者強調公判庭上訴訟關係人之溝通方式，屬於證據調查方式之要求。例如傳聞證人於審判中所爲言詞陳述，符合後者，但不符前者。

二、公開審理原則

(一) 原則

訴訟之辯論及裁判之宣示，應公開法庭行之（法組第86條前），違反時構成本法第379條第3款之當然違背法令。

(二) 例外

1. 妨害國家安全、公共秩序或善良風俗之虞時，法院得決定不予公開（法組法第86條但書）。
2. 少年刑事案件的調查及審理不公開。但得許少年之親屬、學校教師、從事少年保護事業之人或其他認爲相當之人在場旁聽（少年法第34條）。
3. 性侵害案件之審判不得公開。但經被害人同意，或被害人爲無行爲能力人或限制行爲能力人，經本人及其法定代理人同意，且經法官認爲有必要者，不在此限（性侵法第18條）。

三、言詞審理原則

法院裁判之基礎，必須是以言詞陳述或問答形式而顯現於審判庭之訴訟資料。基於言詞審理原則，控方（檢察官、自訴人）與辯方（被告、辯護人）原則上務必到場，否則判決將違背法令（第379條第6、7、8款）。並且，一切程序，包括起訴要旨之陳述、被告之訊問、證據之調查、辯論與結辯、最後陳述及判決之宣示等，皆應以言詞作爲表達的方式。現行法採行言詞審理原則之具體規定，包括：判決應經言詞辯論（第221條）、當庭所爲裁定應經言詞陳述（第222條第1項）、起訴要旨應經言詞陳述（第286條）、調查證據完畢後應命辯論（第289條）。

四、集中審理原則

集中審理原則，是指刑事案件之審判，原則上應持續而無間斷地進行，亦即審判程序應儘可能不中斷，以符合訴訟經濟迅速，並確保法官自由心證之形成。在集中審理原則下，可促使法官對其審理內容記憶尚深刻之時，即行判決，一方面可以避免拖延刑事訴訟程序，而能及早結案；另方面亦可以避免中斷後，續行審理時，因爲法官對於訴訟資料或當事人之陳述已記憶模糊而難以形成心證，致未能做成合理之判決。刑事訴訟法第293條：「審判非一次期日所能終結者，除有特別情形外，應於次日連續開庭；如下次開庭因事故間隔至十五日以上者，應更新審判程序。」即爲集中審理原則之規定。

注釋資料：黃朝義，刑事訴訟法，頁17；林山田，論刑事程序原則，台大法學論叢第28卷2期，頁398以下。

相關試題

甲因涉嫌公共危險之酒醉駕車罪經檢察官提起公訴，倘法院依通常或簡式審判程序進行審判，究應遵循何種法則方符刑事訴訟法第155條第2項之「合法調查」？又若甲所涉嫌者係強制性交罪，有無不同？

考點提示：嚴格證明程序與自由證明程序之區別、直接審理原則之涵義。

答題架構：

一、被告本於憲法第8條正當法律程序與憲法第16條訴訟防禦權，審判中應受嚴格證明法則之保障。

二、嚴格證明程序（通常審判程序）：

- 直接—直接與原始性之證據調查，保障被告調查證據權
- 言詞—保障被告聽審、在場、陳述、辯論權

- 公開—監督法院審判程序之公正客觀性
- 集中—確保法院心證之深刻與合理

三、自由證明程序（替代證據之容許、傳聞法則之排斥）—間接審理—簡易程序／簡式程序／協商程序

四、自由證明程序之合憲性（憲法第23條之要求）：

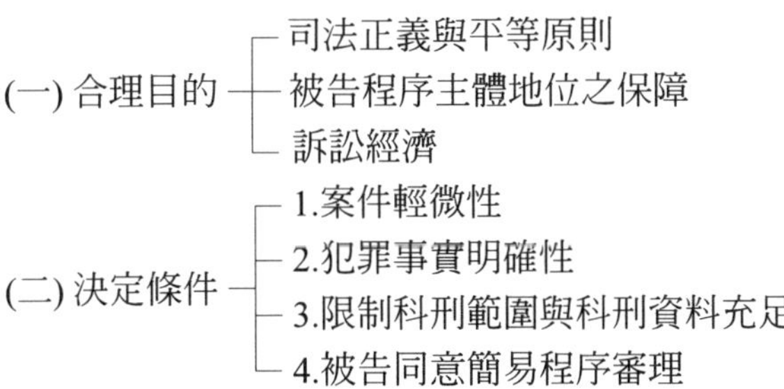

例題6

刑事訴訟法第221條規定：「判決，除有特別規定外，應經當事人之言詞辯論為之。」試論此條規定之含義與精神。（提示：從言詞辯論主義之角度切入）

（93司法官）

解碼關鍵

嚴格證明程序與言詞審理之關係；本法於進行言詞審理程序之規定&例外採行書面審理之情形。

擬答

一、嚴格證明與言詞審理

按大法官會議釋字第582號解釋認嚴格證明法則乃以直接、言詞、公開與集中等主義爲其審理原則，唯本此原則進行之審理方符嚴格證明程序之合法調查。蓋直接審理與被告防禦權之實施，均有賴以言詞辯論方式爲之，亦即被告本於憲法第8條之正當法律程序與第16條之訴訟防禦權，自須以言詞辯論主義予以落實，審判程序倘以書面審理方式爲之，則無論採行職權進行主義抑或當事人進行主義，均未得使證據調查者直接接觸原始證據，此等間接審理自與嚴格證明法則相悖離，是以藉由兩造當事人於法庭以言詞辯論方式進行事實與法律之攻擊防禦，顯最有益於待證事實之澄清，故刑事訴訟法第221條乃明定「判決，除有特別規定外，應經當事人之言詞辯論爲之」。

二、通常審判之言詞審理程序

法院裁判之基礎，必須是以言詞陳述或問答形式而顯現於審判庭之訴訟資料。基於言詞審理原則，控方（檢察官、自訴人）與辯方（被告、辯護人）原則上務必到場。

審判期日程序應踐行之法庭活動，違反之該判決即屬當然違背法令（刑事訴訟法第379條第6、7、8款）。至於須以言詞方式進行之程序包括有：

(一) 朗讀案由（第285條）。

(二) 確認各訴訟參與者到場。

(三) 對被告行人別訊問（第286條）。

(四) 檢察官陳述起訴要旨（第286條）。

(五) 審判長對被告踐行第95條之告知義務（第287條）。

(六) 依情形裁定將共同被告之程序分離或合併（第287條之1）。

(七) 開始調查證據程序（嚴格證明程序之調查），且每調查一證據完畢應詢問當事人有無意見並告知被告得提出有利之證據（第288條第1項、第288條之1），此亦包括第161條第2項檢察官之舉證責任、第163條第1、2項當事人之調查證據主導與詢問及第166條之交互詰問制度。

(八) 法院予當事人、代理人、辯護人或輔佐人辯論證據證明力之適當機會（第288條之2）。

(九) 當事人、代理人、辯護人或輔佐人對審判長或受命法官有關證據調查或訴訟指揮之處分不服時得聲明異議（第288條之3）。

(十) 審判長就被告被訴事實訊問被告，適用第96條至第100條之1（第288條第3項）。

(十一) 審判長就被告科刑資料之調查（第288條第4項）。
(十二) 綜合辯論（第289條第1項）。
(十三) 當事人就科刑範圍表示意見（第289條第3項）。
(十四) 控辯雙方進行結辯。
(十五) 審判長詢問被告有無最後陳述（第290條）。
(十六) 辯論終結。
(十七) 辯論終結後十四日內宣示判決（第224條第1項、第311條）並告知上訴期間與提出上訴狀之法院（第314條第1項）。

三、言詞審理之例外情形

末按本法第221條所稱之特別規定，包括有：本法第307條、第372條、第389條第1項、第437條第1項前段、第444條、第449條第1項、第455條之4第2項。

注釋資料：例解刑事訴訟法「體系釋義版」第九章之「審判期日程序體系表」。

第三章　刑事訴訟之構造

研讀聚焦

刑事審判構造模式之類型&演變、控訴原則之概念與範圍、職權主義與當事人主義之特徵&優缺比較暨配套制度、我國採行之改良式當事人進行主義之內涵、訴因制度&起訴狀一本主義之涵義等，乃讀者應多著墨並釐清觀念之重點。

在國考命題方面，多爲評論題型（要求就某一訴訟構造爲評析）或定義題型（就某一制度評述測義爲主），至於實例題型則鮮少出現。

案例試題

例題1

刑事訴訟結構中向有糾問主義與彈劾主義，彈劾主義並於近代演化為調查制與對抗制，試分別申論其涵義為何？

解碼關鍵

刑事訴訟構造類型之演變；控訴原則下對抗制&調查制之區別；我國現行採用之改良式當事人進行主義。

擬答

一、糾問主義

在刑事訴訟程序中僅有糾問者（法官）與被糾問者（被告），糾問法官兼具追訴者與審判者之角色，此爲中古歐陸國家所採行。

二、彈劾主義（控訴原則）

學者對彈劾主義爲如下之詳細分析與說明：彈劾主義其將刑事訴訟程序區分爲追訴（偵查）及審判階段，並由檢察官與法官分司其職，此制度並衍生出「無控方之起訴，即無法官之裁判」即不告不理原則，而法官與檢察官之相互牽制亦得確保刑事司法權之正確性與客觀性。因之法院審理裁判之對象及標的，以檢察官起訴之被告及犯罪事實爲限，如法院就未受請求事項予以判決乃當然違背法令（刑事訴訟法第379條第12款），彈劾主義之控訴原則下，雖又演變成調查制（職權主義）及對抗制（當事人主義）之二種審判模式，惟控方到庭實施公訴，則爲共通之基本要求，否則無異回復糾問主義，我國刑訴法並將之列爲判決當然違背法令之上訴第三審事由（第379條第8款）。聲請交付審判制（第258條之1）即背離此控訴原則（審判者兼糾問者）。

三、職權主義（調查制）

法院爲發現眞實之必要，本於職權負有查明事實眞相並調查一切有利不利被告之證據之澄清主義（第163條第2項），其不受當事人之主張聲明所拘束，故認罪協商與有罪答辯制度於此均不適用（被告自白不得爲有罪判決之唯一依據），至刑事訴訟法第163條之2所謂「當事人、輔佐人或辯護人、代理人聲請調查之證據法院認不必要者，得以裁定駁回之」，應考量其關聯性（與直接或間接事實），必要性（訴訟經濟與迅速原則）（毋庸舉證：第157條公眾周知之事實，第158條事實於法院已顯著或爲其職務上所已知者）及可能性（根本無法調查或難以調查），又依本法應於審判期日調查之證據而未予調查者，判決當然違背法令，爲上訴第三審之事由（第379條第10款）。

四、當事人主義（對抗制）

(一) **當事人進行原則**：指法院僅基於當事人聲明之主張與提出之證據爲裁判，包括1.當事人決定法院應審理何項法律爭端；2.當事人決定何項事實須經證明。故當事人自認之事項乃毋庸舉證，法院並應受其拘束。

(二) **當事人處分原則**：乃當事人自始至終可自由處分其訴訟標的，故訴訟程序開啓後，當事人仍得撤回起訴或合意停止訴訟，並得就訴訟標的爲捨棄或承諾，法院均應受其拘束，而認罪協商與有罪答辯（只須被告自白，無須再調查證據即可達成有罪結果）制度爲該模式下之產物。

五、我國採行之訴訟構造

我國刑事訴訟結構原採職權主義，法院負有澄清事實眞相之義務，故其應本於職權調查證據以認定事實，倘有審判期日應調查之證據未予調查，則其判決即屬當然違背法令（本法第379條第10款）。惟自91年修法司法院宣示導入改良式當事人進行主義，亟能貫徹無罪推定原則，使法院於審判程序中不再立於承繼檢察官及絕對主導之地位，而能本於客觀、超然、公正之立場爲裁判之目的。詳言之，審判中調查證據之程序原則上改由當事人主導攻擊防禦，並提出供法院裁判基礎之證據資料，故當事人聲請調查之證據，除有本法第163條之2所列欠缺調查必要性、關聯性與可能性外，法院不得拒絕，當事人暨當事人之代理人與辯護人並得詢問與詰問證人（本法第163條第1項、第166條第1項、第166條之6第1項），惟若當事人主導之證據調查尚未得發現實體眞實，法院方基於補充、輔助之地位，得依職權調查之，惟調查前應先予當事人陳述意見之機會，然如係爲維護公平正義或被告利益之重大事項，法院即可本於職權主義主動依職權調查證據，不受當事人進行原則之拘束。

如上所述，此項變革之目的，本欲藉我國之刑事訴訟結構併存職權主義與當事人主義之精神，以實現公平法院客觀審判之理念，惟諸多結構本質之矛盾均使實務運作窒礙難行。首先，發現眞相與公平正義之維護有何差異？發現眞實就某種意義而言不啻屬被告利益之重大關係事項？若然，則本法第163條第2項之規定，顯然使得法院調查證據之職責混沌不明。其次，被告之訴訟地位錯亂未定，致使其訴訟防禦權嚴重受損，蓋如依當事人進行主義之內涵，被告爲主導證據調查程序之當事人，需其自願性放棄訴訟主體地位而以證人身分具結供述，方得成爲控訴人與辯護人詰問之對象，然於職權主義，被告屬法定證據方法之一，除法院得依職權訊問之外，檢察官依本法第163條第1項亦得對之直接詢問，此際被告極易淪爲訴訟之客體，而獲致訴訟程序上不平等之對待。此外，當事人主義之重要配套包括起訴狀一本主義（避免法官對被告產生預斷偏見）、訴因制度（避免突襲性裁判，已使防禦暨審判範圍具體明確）、證據開示制度（使兩造當事人獲取充分資訊以進行攻擊防禦之準備）、國選辯護人制度（促使兩造當事人訴訟地位與武器之實質平等）等制度，我國並未同步引進，均使改良式當事人進行主義之精神無從落實。

注釋資料：林鈺雄，刑事訴訟法（上），頁49-71以下。

試依刑事訴訟法之規定說明控訴原則之涵義、範圍與效力。

解碼關鍵

控訴原則下之不告不理&告即應理之定義；起訴對人&對事之效力與範圍。

擬答

一、涵義

控訴原則又稱彈劾主義，乃「無控方之起訴，即無法官之裁判」，其目的在避免糾問主義之流弊，以期建立公平法院之審判，保障被告權利。由於控訴者與審判者之不同，因而在訴訟上產生審（法官）、控（檢察官）、辯（被告及辯護人）之三面關係；本此涵義並延伸出下列觀念：

(一) **不告不理**：法院不能就未經起訴之犯罪審判（刑事訴訟法第268條），此即所謂「不告不理」。若有違反，即屬「未受請求事項予以判決」之當然違背法令（第379條第12款），亦稱爲「訴外裁判」，屬無效判決，可上訴請求撤銷。

(二) **告即應理**：相對於不告不理，法院對於已經起訴之案件，必須加以審理並且判決，否則，即屬「已受請求之事項未予判決」。此於單一案件部分經判決、部分未判決時，即爲當然違背法令（第379條第12款），亦稱爲「漏未判決」，法律上之救濟途徑是「上訴」。若法院就檢察官起訴事實，根本未加審理與判決者，係屬「漏判」，應由檢察官請求「補判」。

二、範圍與效力

(一) 對人之範圍效力

1. 以起訴書所記載之被告爲準（第264條第1項）。
2. 起訴效力不及於檢察官所指被告以外之人（第266條）。

(二) 對事之範圍效力

1. 以起訴書所記載之犯罪事實爲準（第264條第1項）。
2. 檢察官就犯罪事實一部起訴者，其效力及於全部（第267條）。
3. 於第一審辯論終結前，得就與本案相牽連之犯罪或本罪之誣告罪，追加起訴（第265條第1項）。

(三) 控訴原則之落實

爲達控訴原則建立公平法院之理念，透過審控分立與審控制衡之運作予以落實，即職司控訴之檢察官與審判之法官各自獨立、互不隸屬，且檢察官獨占控訴權外，檢察官對法院之獨立判決仍得上訴以爲監督制衡。

注釋資料：例解刑事訴訟法「體系釋義版」第三章之焦點「刑事訴訟構造之基本概念」。

第四章　刑事訴訟之效力

研讀聚焦

刑事訴訟法之適用範圍中，包含對人（總統、中央民意代表）、對事（少年事件、軍審案例）、對時（原則從新、例外從舊）、對地（外國使館、本國船艦&航空器）等四大面向。其中尤以軍審案件之判斷（普通審判權&軍事審判權）及總統之刑事豁免權（含國家密匿特權）&立法委員之言論免責權兩部分爲最重要。

前者之判斷標準，已因軍事審判法之修正而趨於單純化，軍人犯軍刑法之案件幾皆歸屬普通審判權，故其命題機率將逐年下降；而後者將因現實政治環境之變化而隨時可能成爲時事考題，讀者當對大法官會議釋字第627號之解釋文&理由書多予用心。

案例試題

例題1

法院傳喚公務員甲以證人身分出庭作證，甲函覆法院，認為傳票所待證事項涉及外交及國家安全等機密，若待證事項均屬公務機密，即可免除到場作證義務。甲不到庭是否具正當理由？試論述之。　（97國防）

解碼關鍵

總統不受刑事訴追（刑事豁免權）之適用範圍&偵查階段適用爭議；總統於國家密匿特權之行使界限。

擬答

一、總統之刑事豁免權

憲法第52條規定總統之「不受刑事上之訴究」，屬於具有憲法層級的明文訴訟障礙事由，惟該「不受刑事訴究之豁免權」僅是暫時性保障其不受訴究而已，並非完全不適用刑法或相關法律之刑罰規定，故爲一種暫時性之程序障礙，此與立法委員之「言論免責權」係對外不負責任的實體保障不同，其目的乃在保障總統之「功能運作正常」以及其「尊嚴」，大法官會議釋字第627號解釋並認爲總統之刑事豁免特權「乃針對其職位而設，故僅擔任總統一職者，享有此一特權；解釋理由書說明：「總統原則上不得事前、概括拋棄其豁免權而言，以免刑事偵查、審判程序對總統之尊崇與職權之有效行使，造成無可預見之干擾。」亦即「除以總統為被告之刑事起訴與審判程序，或其他客觀上足認必然造成總統尊崇之損傷與職權行使之妨礙者」以外，其餘個別證據調查行為總統可以「自願配合其程序之進行」，即是拋棄刑事豁免特權。

二、刑事豁免權保障之範圍

刑事豁免權之適用範圍當然包括起訴、審判、執行均不得為之，惟於偵查階段究應如何認定，則有不同意見：

(一) 否定說從確保有效的刑罰權實施來看，偵查階段距離犯罪較其他司法程序最為接近，往往是蒐集、保全證據的重要階段，因此偵查階段不應包含在此一特權內，否則重要之證據如遭湮滅、變造，或是證人與涉案總統已經串供完畢，產生之後果可能實質上與「不負實體刑事責任」等同。

(二) 肯定說認為從字義解釋，應係指實現國家刑罰權為目的之司法程序整體而言，按照現行刑事訴訟法「控訴原則」之設計，包括偵查、訴追、審判、刑之執行等階段均屬刑事司法之過程。從憲法賦予現任總統「不受刑事上之訴究」特權之目的出發，如謂保障範圍不及於偵查階段，恐怕憲法此一條文的設計目的就要大打折扣。既然此一憲法明定特權的目的主要在確保總統身分之尊崇與職權之行使，亦即「功能運作正常」，則所有可能妨礙總統職權行使的訴追措施，均應受到此一限制，尤其是偵查行為強制處分之實施。

(三) 釋字第627號解釋明確認為憲法第52條規定「不受刑事上之訴究」，係指「刑事偵查及審判機關，於總統任職期間，就總統涉犯內亂或外患罪以外之罪者，暫時不得以總統為犯罪嫌疑人或被告而進行偵查、起訴與審判程序而言」，包括偵查以及起訴在內，自屬正確。當總統與他人同涉犯罪，或偵查他人犯罪時發現總統有犯罪嫌疑者，由於其他犯罪參與者不在刑事豁免權範圍內，故對之進行刑事訴追自無疑問。即使可能涉及到總統犯罪部分，釋字第627號解釋對此強調；「雖不得開始以總統為犯罪嫌疑人或被告之偵查程序，但得依本解釋意旨，為必要之證據保全」。

三、機密特權之判斷

我國憲法並未明文規定總統之「國家機密特權」，但前揭釋字第627號解釋承認總統享有此一特權：「總統亦為憲法上之行政機關，總統於憲法及憲法增修條文所賦予之行政權範圍內，為最高行政首長，負有維護國家安全與國家利益之責任。是總統就其職權範圍內有關國家安全、國防及外交資訊之公開，認為有妨礙國家安全與國家利益之虞者，應負保守秘密之義務，亦有決定不予公開之權力，此為總統之國家機密特權。」又釋字第627號解釋將總統為保護國家機密行使「國家機密特權」以拒絕證言或拒絕提出證物時，區分為以「書面合理釋明」以及「未能書面合理釋明」二種狀況而分別處理，簡言之，總統如以書面合理釋明，相關證言之陳述與證物之提交，有妨害國家利益之虞者，檢察官及法院應予以尊重。其未能合理釋明者，該管檢察官或受訴法院應審酌具體個案情形，依刑訴法第134條第2項、第179條第2項及第183條第2項規定為處分或裁定。

四、結論

承上所述，本例如國家元首已能以書面合理釋明待證事項內容涉及國家安全與國家機密，證人甲即得依本法第179條之規定行使拒絕證言權。至檢察官在「除以總統為被告之刑事起訴與審判程序，或其他客觀上足認必然造成總統尊崇之損傷與職權行使之妨礙者」以外，得為證據保全或進行總統自願配合之任意偵查程序。

注釋資料：例解刑事訴訟法「體系釋義版」第四章之焦點「釋字第627號與總統刑事豁免權」。

相關試題

甲、乙、丙三人在大學求學期間熟識，甲為台灣人，乙、丙兩人為僑生。三人畢業後，乙丙兩人在台灣就業不順，甲找的工作也不理想。某日甲乙丙三人再度聚會共同認為，與其這樣無法達到理想，不如共同做一件轟轟烈烈的事。三人於是一起到乙的出生國籌組詐騙公司詐財，被害人對象鎖定為乙丙兩人出生國以外的台灣人與另一第三國國民。經過一段時間後，三人的詐騙金額不斷飆升，受害對象無法計算。惟最後甲乙丙三人仍難逃法網，在乙國一一被捕。試問：甲犯罪部分我國可否對其審判？在案件處理上，審判權與管轄權之區分為何？（101檢事官）

考點提示：

一、審判權指刑事案件劃歸軍事法院審判或普通法院審判之區分範圍。確定具體案件隸屬普通審判權後，再依刑訴法事物管轄、土地管轄之規定，定其各審級之管轄法院（本法第4至10條）。

二、依刑法第4條，犯罪之行為地或結果地有一在本國者，即有我國刑法與刑事訴訟法之適用，亦即我國對該案即得為審判。本例依刑法第5至7條之規定，本國人甲在外國犯詐欺罪，若被害人在本國，則本國得對甲犯罪為審判，反之則否。

第五章　訴訟主體與訴訟關係人

研讀聚焦

刑事訴訟主體包括審判者（法院）與兩造當事人（檢察官、自訴人&被告），主要訴訟關係人則有辯護人、代理人（自訴、告訴、被告）與輔佐人。

審判主體（法院）之研讀焦點以管轄權判斷（尤指土地、事物與競合&牽連管轄）、審判權或管轄權欠缺之處理、相牽連案件之合併起訴與追加起訴&合併審判、法定法官原則與法官事務分配（釋字第665號）、法院（檢察官、檢事官&司法警察官）之迴避等最爲重要。

被告乃刑事程序主體，其在偵審程序中應受如何之訴訟防禦權與正當法律程序之保障（尤指辯護權、資訊請求權、聽審權），本於憲法第8、16、23條之內涵爲何？偵查人員之功能（實質）訊問&以證人或關係人身分傳訊被告時，被告又有何應對之權利？均是國考歷來之超級熱點，不論案例或評論題型均可能出現。

由上述被告防禦權衍生而出之辯護制度，應注意強制辯護&指定辯護&共同辯護之類型與要件（國考易出現案例判斷題型）、辯護權內容（偵審略有不同，尤指詰問權&閱卷權）與侵害效果、被告受律師有效協助（實質辯護）之權利內涵與違反效果等，經常在國考中搭混被告權利爲命題，應愼讀之。

至於檢察官部分，勿忽略其爲公益代表人之角色&客觀注意義務（本法第1條、自訴程序），此外，乃應注意檢警關係定位（偵查主體一元制或雙軌制之爭議）、檢察獨立&檢察一體之矛盾與調和。

最後，委任代理人之要件與權限（區分告訴人、自訴人、被告）、輔佐人之資格與得爲之訴訟行爲內涵，亦宜略爲熟悉，以防冷僻題型之突襲。

案例試題

例題1

案件經上訴後被上訴法院發回更審，原審判法官對被發回案件之審判應否迴避？試說明之。

解碼關鍵

關於迴避之前審認定，實務採審級說，學者通說採拘束說。

擬答

參與前審之裁判，乃以參與前審判決或裁定之法官爲限。惟何謂「前審」，向有「拘束說」與「審級說」之爭執：

一、拘束說

重在維護裁判之自縛性，本裁判一次性之原則，案件既經其裁判，即應受其拘束，其裁判之是否允當，法官不應再作不同認定，故不應許其再參與。因此，所謂前審，應指「前次」言，即該法官曾參與當事人所聲明不服案件之裁判，包含下級審、同級審與上級審。此說較符法官迴避之立法目的，兼顧當事人審級救濟利益，維護法官超然客觀立場及裁判公平性，使當事人得受公平審判，否則當事人本於憲法第16條訴訟權之審級救濟權利即無從落實保障。

二、審級說

重在確保當事人之審級利益，認刑事案件之採審級制度，係使當事人對下級審之裁判有所不服，得利用上級審請求救濟，如在下級審已就該案件參與裁判之法官，於上級審仍許其執行職務，審級制度失其存在之意義，因此，稱前審應指下級審而言，至同級審或上級審則不屬之，釋字第178號採之。

注釋資料：林鈺雄，刑事訴訟法（上），頁93以下。

例題2

被告甲於地方法院合議庭審理其被訴殺人罪嫌之審判期日，以言詞釋明合議庭法官二人中之乙曾與其因租賃房屋事結怨甚深，法官將無法為公平之審判，而聲請乙推事迴避。原合議庭經審酌後，認其聲請為無理由，當庭即裁定駁回其聲請。試問該裁定是否合法？被告甲得循如何之程序救濟？
如該合議庭裁定駁回迴避之聲請並即諭知言詞辯論終結定期宣判，該合議庭及被告甲有無救濟之道？又如該判決因檢察官及被告甲均未上訴而告確定，是否尚有救濟之途徑？其理安在？試分述之。（72司二）

解碼關鍵

法官自行迴避之認定標準；對法院裁定&違法未迴避所爲判決之救濟途徑。

擬答

一、法官迴避

甲與法官乙因房屋租賃而結怨，雖非刑事訴訟法第17條法官自行迴避之事由，惟因可能影響法官在執行審判職務時之公正性，甲自得依同法第18條第2款聲請乙法官迴避審判。

二、被聲請人不得參與迴避裁定

甲既係因其與乙法官素有結怨而聲請迴避審判，則乙法官依刑事訴訟法第21條第2項之規定，當不得參與迴避與否之裁定，故乙法官參與之合議庭裁定自非適法。

三、抗告救濟

對於法院合議庭所為之裁定，依刑事訴訟法第404條之規定，係屬判決前關於訴訟程序之裁定，原則上並不得提起抗告，然依同法第23條有得抗告之明文，構成刑事訴訟法第404條但書之例外情形，故此時甲可向原審法院提起抗告以爲救濟。

四、上訴救濟

甲針對法院之裁定提起抗告，倘若在判決宣示前，原審法院認抗告有理由而自行更正其裁定（第408條第2項）、或原審法院認無理由，將抗告書狀送交抗告法院，抗告法院認甲之抗告有理由時（第413條），乙法官原參與審判之過程，即非適法，此時應認參與之法官有所更易，依刑事訴訟法第292條之規定，由法院更新審判程序。此時甲如對第一審判決不服，自得提起第二審上訴救濟。

五、非常上訴救濟

依刑事訴訟法第379條第2款之規定，依法律或裁判應迴避之法官參與審判者，其所爲之判決係屬判決當然違背法令，其中應迴避之法官包含聲請迴避而不迴避之情形，故本件得依同法第441條之規定提起非常上訴，並依同法第447條第1項第1款或第2項之規定爲判決。

注釋資料：最高法院79年台抗第318號；陳樸生，刑事訴訟法實務，頁21。

例題3

刑事訴訟法有關法官迴避之規定，是否適用於檢察事務官？又依刑事訴訟法第26條，法官迴避之規定，適用於檢察官，但不得以其曾於下級法院執行檢察官之職務，為迴避之原因，其理由為何？

解碼關鍵

依迴避制度之立法目的認可檢察事務官之類推適用。

擬答

一、迴避之目的

刑事訴訟法設置迴避之目的在使訴訟當事人於刑事訴訟程序中得獲公平審判之待遇，蓋如參與刑事訴訟程序之公務員，無論法官，檢察官，書記官（辦理檢察事務或法院事務），即為訴訟當事人、關係人（本法第17條與第18條所列情形）或與之有一定關係者，自難期待渠等得秉持客觀立場實施訴訟程序而實現司法之正潔性。又其中本法第17條第8款之前審迴避，係因刑事訴訟法為尋求判決結果之客觀公正，乃使因判決結果受有不利益之當事人（檢察官、自訴人、被告）均有上訴救濟之途徑，此亦為憲法第16條所保障之訴訟權，故若參與前審審判之法官仍得為本案之審理，即與審級救濟之立法本旨相違。

二、檢事官迴避之類推適用

檢察事務官依法院組織法第66條之3規定，應受檢察官指揮處理下列事務：

(一) 實施搜索、扣押、勘驗或執行拘提。

(二) 詢問告訴人、告發人、被告、證人或鑑定人。

(三) 襄助檢察官執行其他第60條所定事項（包括實施偵查、提起公訴、實行公訴、提起救濟、指揮執行、協助自訴、擔當自訴等）。

承上所述，檢察官與辦理檢察事務之書記官依本法第26條第1項準用第17條、第18條之規定亦應迴避。其中辦理筆錄與訴訟文書製作與整卷事務而實質未參與偵查之書記官尚需迴避，本於舉輕以明重之法理，則實際執行案件偵查進行並與被告、告訴人之權利攸息相關之檢察事務官，雖法無明文，仍宜使其類推適用本法之前揭規定而為迴避。

三、檢察官曾於下級審執行職務毋庸迴避

檢察官於審判中所執行之職務包括實行公訴（蒞庭落實法庭活動，尤指對被告之舉證攻擊）、協助與擔當自訴，顯與被告處於對立之地位，與法院職司審判，本於控訴原則應居於客觀中立之角色不同。故於審判組織結構上，同一案件宜由不同法官擔任審判，方得發揮審級救濟之功能，至同一案件之不同審級中無論何檢察官擔任公訴人，均於被告審級救濟之權利未生不利之影響，是以，縱由同一檢察官於該案件之歷次審判執行實行公訴之職，亦無令其迴避之必要。

注釋資料：例解刑事訴訟法「體系釋義版」第五章之焦點「法院職員之迴避」。

相關試題

甲涉犯殺人罪，偵查中經檢察官聲請法院羈押獲准。檢察官提起公訴時，將起訴書、卷宗、證物，連同人犯一併移審，法院受理並完成分案，受命法官於羈押庭，對甲進行被告之權利告知後，甲之選任辯護人隨即聲請法院將甲送精神鑑定。試問：

(一) 辯護人請求法院將被告送精神鑑定之法律依據與程序規定為何？

(二)受命法官依其訊問被告時之觀察，認爲被告精神正常，無送鑑定必要，當庭駁回辯護人之聲請，辯護人認爲受命法官違反無罪推定原則，未審判之前已對被告有不利之預斷，無法期待法官能爲公平審判，聲請法官迴避，是否有理由？（104廉政）

考點提示：

一、精神鑑定係屬有利被告之鑑定處分與證據調查，其結果可作爲被告責任能力與犯罪成立抗辯之依據，故辯護人可依刑事訴訟法第163條第1項、第163條之1聲請法院爲之，而法院依同法第2條（客觀注意義務）及第163條之2（證據調查必要性），原則上亦不得駁回之。

二、當事人或辯護人如對法官之訴狀指揮不服，可聲明異議，或對法院之裁定爲抗告，尚難僅以法院之處分、訴訟指揮或法院裁定於己方不利，即率爾主張法官「執行職務有偏頗之虞」而應迴避。本例法官認爲被告精神正常，無送醫鑑定之必要，並未達潛示顯露被告有罪之見解，難認其執行職務有偏頗之虞，而應聲明異議以爲救濟，是其聲請迴避即無理由。

三、參見「例解刑事訴訟法體系釋義篇」審判章之附錄（102台抗第1077號）。

何謂「事物管轄」？試述刑事訴訟法有關事物管轄之規定。

解碼關鍵

歸納本法事物管轄分配之相關規定。

擬答

一、涵義

所謂事物管轄乃以案件種類定第一審管轄權之法院，用以判定不同審級法院刑事案件之分配，法院對事物管轄權之有無判斷，自起訴時至最終裁判時，隨時均應依職權調查之。

二、相關規定

現行刑事訴訟法就事物管轄之相關規定，有：

(一)刑事訴訟法第4條：地方法院於刑事案件，有第一審管轄權。同條但書：「下列案件，第一審管轄權屬於高等法院：一、內亂罪。二、外患罪。三、妨害國交罪。」即其事物管轄法院不包括地方法院。

(二)同法第258條之1第1項：告訴人不服前條之駁回處分者，得於接受處分書後十日內委任律師提出理由狀，向該管第一審法院聲請交付審判。

(三) 同法第376條所列各罪之案件，經第二審判決者，不得上訴第三審法院，則其所列案件之事物管轄法院即不包括最高法院。

(四) 第一審屬高等法院管轄案件，依同法第31條第1項之規定屬強制辯護案件，依同法第284條規定，未經辯護人到庭不得審判，否則即屬同法第379條第7款之判決當然違背法令。又此等案件亦不得聲請簡易判決、協商判決，且不得進行簡式審判程序。

(五) 違背本法事物管轄之規定者，即屬同法第379條第4款之判決當然違背法令。

注釋資料：刑事訴訟法第4、258、376條。

例題5

某甲在台北市，對於某國派至我國之代表某乙，犯故意傷害罪。我國之司法警察某丙，持拘票在台北市逮捕某甲之時，某甲又對某丙犯妨害執行職務罪。某甲之住所在高雄市。試回答下列問題，並說明其理由：

(一)某甲所犯之故意傷害罪，那些法院有第一審管轄權？

(二)某甲所犯之妨害執行職務罪，那些法院有第一審管轄權？

(三)某甲所犯之故意傷害罪與妨害執行職務罪，可否合併管轄？現行法律規定，有何利弊得失？ (94司法官)

解碼關鍵

妨害國交罪（外患罪章）之第一審屬高等法院管轄；相牽連案件得合併由高等法院管轄。

擬答

按甲在台北市故意傷害某國派至我國之代表乙，構成妨害國交罪（刑法第116條），至司法警察合法拘提甲時，甲對執行員警犯妨害公務罪（刑法第135條第1項）：

一、甲傷害乙之案件，台灣高等法院及其高雄分院均有第一審管轄權

(一) 事物管轄之範圍：事物管轄是以案件（事物）之種類定第一審管轄法院爲高等法院或地方法院，即定不同「級」法院刑事案件之分配。刑事訴訟法第4條規定，刑事案件爲第一審管轄權屬於地方法院，僅內亂罪、外患罪和妨害國交罪的第一審管轄權例外屬於高等法院，「蓋以此類案件侵害國家之法益，情節重大，宜於速決」。本件因甲所犯爲妨害國交罪，故其第一審管轄權爲高等法院。

(二) 台灣高等法院及其高雄分院對於甲故意傷害乙之案件均有管轄權：依土地管轄之規定，案件犯罪地及被告住所地具有管轄權（本法第5條第1項）。本件甲犯罪地在台北市，而住所地在高雄市，是以，兩地之台灣高等法院及高雄分院對於甲所犯之妨害國交罪具有管轄權。

二、甲妨害公務之案件，台灣台北地方法院及台灣高雄地方法院均有第一審管轄權

妨害公務案件之第一審事物管轄依前開說明地方法院，而非高等法院。又依土地管轄之規定，案件犯罪地及被告住所地之法院均有管轄權，甲在台北市犯妨害公務罪，其住所則在高雄市，是故台北地方法院與高雄地方法院對於該案均有第一審管轄權。

三、甲妨害國交罪與妨害公務罪可合併管轄

(一) 甲所犯妨害國交罪與妨害公務罪本應依循固有管轄（事物管轄與土地管轄）定管轄法院，惟基於訴訟當事人與關係人之訴訟便利與訴訟經濟，法院就本法第7條所規定之相牽連案件得依同法第6條牽連管轄之規定取得管轄權。本題，甲犯妨害國交罪與妨害公務罪，乃係一人犯數罪之相牽連案件情形（本法第7條第1款），故可由同一法院合併管轄。又甲所犯之妨害國交罪與妨害公務罪，其第一審管轄權分屬高等法院及地方法院，則依第6條第3項本文規定：「不同級法院管轄之案件相牽連者，得合併由其上級法院管轄」，得由高等法院合併管轄之，惟此不具強制性，若未合併管轄或合併由地方法院管轄，亦無違法。

(二) 各相牽連案件本可由固有之管轄法院管轄，故牽連管轄之合併審判並不具強制性，各法院可裁量爲之，然此際若合併由上級管轄或審判，勢將影響當事人之審級利益。本件被告甲之妨害公務案件本由地方法院行使第一審管轄權，並有上訴第二審與第三審之救濟權利，惟若與妨害國交罪合併由高等法院爲第一審管轄，將使減少上訴審級之訴訟利益。

注釋資料：最高法院98年台上第4679號、101年台上第2455號判決。

刑事訴訟法第6條規定之牽連管轄與同法第8條規定之競合管轄有何不同？請詳述之。

解碼關鍵

單一案件與數案件之管轄權之區別。

擬答

一、牽連管轄

(一) 乃使具有相牽連關係之不同案件，由其中一具管轄權之法院合併管轄並審判，以達訴訟經濟與避免裁判矛盾之目的。其情形包括（本法第7條）：

1. 一人犯數罪者（含刑法修正後之連續犯、牽連犯）。
2. 數人共犯一罪或數罪者（共同正犯、教唆犯、幫助犯）。
3. 數人同時在同一處所各別犯罪者（同時犯）。

4.犯與本罪有關係之藏匿人犯、湮滅證據、僞證、贓物各罪者。

(二) 牽連管轄欲合併審判之要件須有審判權、訴訟程序及訴訟程度均相同。惟若不同事物管轄審級之案件仍得合併，僅係被告之審級利益可能受損。

(三) 違反牽連管轄規定之效果爲：

1.誤相牽連案件爲同一案件：爲不受理判決之法院，其檢察官得再行起訴。

2.誤同一案件爲相牽連案件：受移送法院應對移送案件爲實體判決，並對後繫屬部分依刑事訴訟法第303條第2款爲不受理判決。

二、競合管轄

(一) 同一案件因事物管轄或土地管轄之不同，而有數法院管轄該案件應擇一管轄法院爲審判法院；其目的在防止一案兩判之刑罰權重複行使，違反雙重評價風險禁止原則。

(二) 競合管轄限繫屬後而不及於繫屬前，且須各法院均有合法起訴爲前提。

三、二者之區別異同

(一) 前者乃相牽連之數案件；後者則爲被告與犯罪事實均單一之同一案件。

(二) 前者之立法目的在訴訟經濟並維護被告利益；後者乃一事不再理原則之適用。

(三) 前者發生在同級法院間及同級與不同級法院間；後者僅存在於同級法院間。

(四) 前者繫屬前、後均適用且各案件之訴訟關係未消滅；後者限繫屬後且不得爲審判之法院訴訟關係消滅。

(五) 前者以得合併爲原則，惟亦得不合併，但均爲數案判決；後者必應合併，法院僅得爲一案判決。

(六) 前者由法院以裁定移送合併審理；後者不得爲審判法院應依刑事訴訟法第303條第7款諭知不受理或依第302條第1款爲免訴判決，違反時並依上訴或非常上訴程序救濟。

注釋資料：例解刑事訴訟法「體系釋義版」第五章之焦點「競合管轄」。

相關試題

甲住所在台北，於台中竊取乙之財物，案經警方查獲移送檢察官偵辦，如台北與台中之檢察官認甲有犯罪嫌疑均分別起訴，則其應如何認定甲所犯案件之審判法院？

考點提示：競合管轄之原則與例外（釋字第47、168號）。

何謂移轉管轄？若聲請移轉管轄中原案件是否停止審判？原審程序終了對裁判不服是否仍可聲請移轉管轄？ （98地特）

解碼關鍵

聲請移轉管轄不停止審判；對裁判不服應提上訴或抗告救濟。

擬答

一、移轉管轄之定義

我國刑事訴訟之具體案件，係遵循法定法官原則分配，此乃避免審判者操縱審判結果而於刑事訴訟法（下稱同法）定其管轄權之分配方式。通常而言，先依事件之性質定其事物管轄，再依地域之範圍定其土地管轄，倘有數法院競合時，再依競合管轄擇一管轄法院（同法第4至8條規定）。然爲保障被告之訴訟實施權，同法第10條乃明定移轉管轄，規定當事人於有管轄權之法院因法律或事實不能行使審判權者，或因特別情形，由有管轄權之法院審判，恐影響公安或難期公平者，應由直接上級法院以裁定將案件移轉於其管轄區域內與原法院同級之他法院管轄，從而被告得具狀向該管法院聲請，檢察官亦應本於客觀注意義務，於被告有利及不利之情形，一律注意之概念下，具狀向該管法院聲請之。

二、不應停止審判

本題所問，於聲請移轉管轄時，是否停止審判。依刑事訴訟法於第294至297條定有明文，被告於心神喪失或因疾病不能到庭時，應停止審判；犯罪成立以他罪爲斷者或應否免除以民事法律關係爲斷者或犯有已起訴而受重刑之判決者，得停止審判。從而就法條規範面而言，聲請移轉管轄程序並不符合停止條件。然爲確保憲法賦予被告之基本權，宜適時停止審判，使被告能充分享有訴訟實施權，並達實質之正當法律程序保障。

三、救濟途徑

本於程序安定性及一事不再理之要求，同法第12條另有規定，訴訟程序不因法院無管轄權而失其效力，從而當事人對原審之終局裁判不服時或縱聲請移轉管轄被駁回時，不得聲請移轉管轄爲救濟，僅得依判決性質而就實體判決之有罪、無罪、免訴爲上訴救濟，或就形式判決之不受理、管轄錯誤而爲抗告或向有管轄權之法院重新起訴以茲救濟。

延伸資料：例解刑事訴訟法「體系釋義版」第五章之焦點「指定管轄與移轉管轄」。

例題8

乙、丙二人共犯擄人勒贖殺人、則其二人所涉案件是否屬相牽連案件？又相牽連案件應如何合併審判？

解碼關鍵

數人共犯一罪屬相牽連案件；合併審判須以審判權&訴訟程序與程度相同爲要件。

擬答

一、牽連管轄

所謂牽連管轄乃使具有相牽連關係之不同案件，由其中一具管轄權之法院合併管轄並審判，以達訴訟經濟與避免裁判矛盾之目的。

(一) 對象

1. 一人犯數罪（人的牽連、主觀牽連）。
2. 數人共犯一罪或數罪。
3. 數人同時在同一處所各別犯罪。
4. 犯與本罪有關係之藏匿人犯、湮滅證據、僞證、贓物各罪。

(二) 處理方式

1. 繫屬：合併管轄
   (1) 同級：依刑事訴訟法第6條第1項規定，得合併由其中一法院管轄，檢察官即得合併起訴。
   (2) 不同級：依本法第6條第3項規定，得合併由上級法院管轄。但本法第7條第3款之情形，不在此限。
2. 繫屬：合併審判
   (1) 同級：本法第6條第2項規定，裁定將案件移送於其中一法院審判，如有不同意者由共同之直接上級法院裁定。
   (2) 不同級：本法第6條第3項規定，上級法院得以裁定命其移送上級法院合併審判，惟此可能影響被告之審級利益。但第7條第3款之情形，不在此限。蓋此時合併審判之利益低於犧牲當事人之審級利益。

二、合併審判

(一) 合併審判之要件

1. 審判權相同：若一歸軍法審判、一歸司法審判則不得合併。
2. 訴訟程序相同：若一爲公訴程序、一爲自訴程序；或一爲通常程序、一爲簡易程序；或一爲一般刑案、一爲少年事件則不得合併。
3. 訴訟程度相同：
   (1) 通說：須各案件均在判決前方得合併。
   (2) 少數說：以原繫屬法院對該案件是否開始調查證據爲準，否則將影響當事人之訴訟權。

(二) 違反效果

1. 誤相牽連案件爲同一案件：爲不受理判決之法院，其檢察官得再行起訴。
2. 誤同一案件爲相牽連案件：受移送法院應對移送案件爲實體判決，並對後繫屬部分依第303條第2款爲不受理判決。

延伸資料：例解刑事訴訟法「體系釋義版」第五章之焦點「相牽連案件合併審判之情形」。

例題9

甲與乙在台北共同犯下殺人罪，兩人分別逃亡後，甲在桃園遇昔日朋友丙，又共同犯下搶奪罪，隨後丙逃至台中，單獨犯下竊盜罪，試問台北地方法院對甲、乙、丙所有犯罪行為是否有管轄權？

解碼關鍵

刑事訴訟法第6條&第9條之運用。

擬答

一、牽連管轄之意涵

按「數同級法院管轄之案件相牽連者，得合併由其中一法院管轄」，又「有下列情形之一者，爲相牽連之案件：一、一人犯數罪者。二、數人共犯一罪或數罪者。三、數人同時在同一處所各別犯罪者。四、犯與本罪有關係之藏匿人犯、湮滅證據、僞證、贓物各罪者」，刑事訴訟法第6條第1項及第7條分別定有明文，依上開規定，使對某具體案件本無管轄權之法院因之取得管轄權，而得利用同一程序對相牽連案件進行審判，目的在節省訴訟資源，並使法院判決趨於一致性；惟應注意者，乃若合併由上級法院審判，可能影響被告之審級利益。

二、台北地方法院對甲、乙、丙所犯各罪均具管轄權

(一) 本題甲與乙在台北共同所犯之殺人罪，台北地方法院依本法第5條「案件由犯罪地或被告之住所、居所或所在地之法院管轄」之規定，均具管轄權。

(二) 甲與丙在桃園共犯之搶奪罪，因甲符合本法第7條第1款所稱「一人犯數罪」之規定，台北地方法院依上開牽連管轄之說明，對甲涉犯之搶奪罪有管轄權，後因甲丙共犯屬同條第2款「數人共犯一罪」之情形，台北地方法院就丙觸犯之搶奪罪亦具管轄權。

(三) 承上所述，台北地方法院對丙所犯之搶奪罪有管轄權，則丙再至台中爲竊盜行爲亦屬本法第7條第1款規定之「一人犯數罪」，台北地方法院自得依牽連管轄規定對丙之竊盜罪部分取得管轄權。

注釋資料：最高法院97年台上第3142號判決。

例題10

丙為滿十八歲之人，民國92年間先後在子、丑二縣，連續向丁、戊詐欺得財，經各該縣之檢察官，分別將丙向子、丑二縣之地方法院提起公訴。嗣後起訴之丑縣地方法院，對丙先為有罪之判決，但尚未確定時，先起訴之子縣地方法院，亦對丙為有罪之判決；且均已先後確定，而同具既判力。試問：子、丑法院之判決均合法否？如有不合法，依法應如何處理？理由安在？（74律師）

解碼關鍵

釋字第47號&第168號之理解與區別。

擬答

一、競合管轄效果

同一案件本其不可分性及一事不再理原則，如經重行起訴時，其在訴訟上即發生如下之競合效果：

(一) 判決確定前發現重行起訴者

1. 不得爲審判之法院（繫屬在後之法院）尙未判決時，同一法院應依刑事訴訟法第303條第2款諭知不受理判決；如爲不同法院則依同法第303條第7款諭知不受理判決。
2. 不得爲審判之法院已爲判決時，應先提起上訴撤銷該判決，再就同一法院或不同法院分依同法第303條第2款或第7款諭知不受理判決。

(二) 判決確定後發現重行起訴者

1. 不得爲審判之法院判決時，得爲審判之法院判決未確定者，應先提起非常上訴撤銷後繫屬法院之確定判決，再就同一法院或不同法院分依同法第303條第2款或第7款諭知不受理判決。
2. 不得爲審判之法院判決時，得爲審判之法院判決已確定者，應先提起非常上訴撤銷後繫屬法院之確定判決，再依同法第302條第1款爲免訴判決。
3. 得爲審判之法院判決時，不得爲審判之法院判決尙未確定者，依大法官會議釋字第168號解釋，應對後繫屬法院之確定判決提起非常上訴撤銷，再就同一法院或不同法院分依同法第303條第2款或第7款諭知不受理判決。
4. 繫屬在先之法院判決時，繫屬在後之法院判決已確定者，依大法官會議釋字第47號解釋，應對先繫屬法院（不得爲審判之法院）之確定判決提起非常上訴撤銷，再依同法第302條第1款之規定爲免訴判決。

二、結論

本題子、丑法院皆有管轄權，但以繫屬在先之子法院判決爲合法，至後訴之不合法判決應先依非常上訴撤銷，再依本法第303條第2款或第7款諭知不受理判決。

注釋資料：例解刑事訴訟法「體系釋義版」第五章之「競合管轄之處理體系表」。

例題11

何謂相牽連案件？牽連管轄之偵查與起訴如何處理？試說明之。　（95檢事官）

解碼關鍵

同前揭例題9 & 例題10。

擬答

一、相牽連案件

按刑事訴訟法第6條牽連管轄規定：數同級法院管轄之案件相牽連者，得合併由其中一法院管轄並審判，以達訴訟經與避免裁判矛盾之目的，前項情形，如各案件已繫屬於數法院者，經各該法院之同意，得以裁定將其案件移送於一法院合併審判之。有不同意者，由共同之直接上級法院裁定之。

同法第7條相牽連案件規定：有下列情形之一者，爲相牽連案件：1.一人犯數罪者；2.數人共犯一罪或數罪者；3.數人同時在同一處所各別犯罪；4.犯與本罪有關係之藏匿人犯、湮滅證據、僞證、贓物各罪者。

二、牽連管轄之偵查與起訴

次按檢察一體在確保檢察權之公正行使，在不違背檢察官之眞實性義務與合法性義務之前提下，爲防止檢察官權力濫用及統一檢察官權行使方針並達成協力辦案之目的，上級檢察機關或檢察首長本於檢察一體之指令權，得於一定條件與必要情形下，爲職務承繼權與職務移轉權之發動。如再觀諸刑事訴訟法第15條規定，則於相牽連案件，本於訴訟經濟，證據共通性及避免偵查結果與裁判矛盾之考量，分別對數共犯各有偵查權之各檢察署檢察官，得本於檢察一體原則協調由某地檢署檢察官就相牽連案件合併偵查，嗣後再本於前揭牽連管轄之規定，對該等相牽連案件合併起訴，而由法院合併審判。

延伸資料：陳運財、吳巡龍、林麗瑩，月旦法學第124期，頁14以下。

例題12

高雄地檢署檢察官，偵查某案終結，發現該案之管轄權應屬於屏東地方法院，即逕向屏東地方法院提起公訴，試問是否合法？如該案確實應歸屏東地方法院管轄，該法院應如何處理？　（95政風）

解碼關鍵

法定法官原則&檢察一體之界限。

擬答

一、偵查程序之管轄權

刑事訴訟法有關管轄權之規定，在避免法院審理案件時蒙受外界不當之干預，使各具體案件按法律明定之標準決定審判法院（法官法定原則），此等包含事物管轄與土地管轄之固有管轄，並未適用於檢察一體之偵查階段。

二、檢察一體之內涵

(一) 檢察一體之適用，應以確保檢察權之公正行使爲前提，合於防止權力濫用及統一檢察權行使方針爲其目的，並以不違背檢察官之眞實性義務及合法性義務爲其界限。指令權發動之要件、程序及其救濟等，應予以明確規範，務必使檢察首長「職務承繼權」及「職務移轉權」的行使能在一定條件下審慎爲之，同時藉由書面指揮原則，客觀化分案原則及協同辦案等規定內涵法制化，避免外力干預個案。尤其，如能落實偵查處分採行令狀原則以及對追訴權的外部制衡機制，則透過檢察一體之監督以防止權力濫用的必要性，應可相對的大幅減低，檢察一體的目的應著重在統一運作方針及追求效率上。

(二) 指令權行使之界限，大體上：

1. 從實定法上的合法性或法定原則，對指令權的行使，設定第一道可謂是不容逾越的外圍防線。
2. 視程序進行的階段如何，或與審判作用的鄰接程度不同，容許指令權行使的範圍有異。例如偵查中的案件，如爲統一偵查的策略或方針，可容許的指令權行使範圍愈寬，進行至偵查終結，決定是否提起公訴時，指令權的行使即受到相當的制約。至於起訴後，案件在審判中的證據調查或辯論程序，檢察官自應享有充分依自我責任行使實行公訴的權限，而不受上級指令權的拘束。至檢察官之處分確定時，除非特別規定，上級檢察長不得再以檢察一體之原則介入。
3. 依訴訟行爲的性質不同，容許指令權行使的空間，亦有不同。形成訴訟行爲的決定，指令權不宜介入，例如個案是否開始偵查、有無具備偵查終結起訴或不起訴的要件，應充分尊重檢察官行使職權的獨立性。相對的，程序進行中的訴訟行爲，容許指令權行使的空間則較大。
4. 另外在程式上，對於上級指令權的行使，檢察官如認爲違法或不當者，得向上級表示意見，如該上級檢察長仍確認係合法者，檢察官若仍有疑義，應容許向再上級檢察首長陳述意見，如再上級亦支持指令權爲合法者，則檢察官應有服從之義務，或由上級行使職務移轉或收取權，交出該系爭之檢察事務。

三、結論

本題若屏東地院為有管轄權法院，高雄地檢署檢察官本於檢察一體所為偵查仍屬合法，如尚未偵查終結，故得依刑事訴訟法第250條規定移送屏東地檢署；倘已偵查終結後應向有管轄權之屏東地方法院起訴，並由屏東地方法院為實體審理與判決。

注釋資料：林鈺雄，檢察官論，頁192以下。

相關試題

甲、乙住所均設於桃園地方法院轄區，甲在新北地方法院轄區內侵入A之住宅，竊得A之新型手機，並在台北地方法院轄區內，將手機賤賣予知情之乙，A向台北地方法院檢察署提出告訴，經檢察官以甲犯加重竊盜罪，向台北地方法院起訴，法院於行準備程序時，甲坦承犯行，並供出手機已賤售予知情之乙，檢察官遂追加起訴乙故買贓物之犯行。嗣甲因車禍死亡。試附理由回答下列問題：
(一) 法院對甲所犯加重竊盜罪案件，應如何判決？
(二) 法院對檢察官追加起訴乙故買贓物罪之犯行部分，應如何處理？　（104廉政）

考點提示：

一、本例依甲之住所地與犯罪行為地均未在台北地院管轄區內（處分贓物為「不罰」後行為），故台北地院應對無土地管轄權之甲竊盜案件依刑事訴訟法第304條為管轄錯誤判決。至甲嗣後死亡所造成之形式訴訟條件欠缺競合之問題，通說認為管轄錯誤應優先於不受理判決，因之本例應為管轄錯誤判決並移送有管轄權之法院。

二、相牽連案例合併審判之立法目的在於證據共通性與訴訟經濟便利之考量，故若本案已因管轄錯誤而移送他法院，則容許言詞為之的追加起訴（未以起訴書詳載法院程式），自已不宜適用，而應依本法第303條第1款為不受理判決。

例題13

甲住居於高雄市，持有制式90手槍一支擁槍自重。98年7月1日攜帶該手槍至桃園縣尋友，適為桃園警方查獲，移送台灣桃園地方法院檢察署乙檢察官偵查後，以甲涉有無故持有手槍罪嫌起訴，台灣桃園地方法院因而判處甲罪刑。台灣高雄地方法院檢察署丙檢察官得知後，則以本案應由高雄管轄而提起上訴。試問：此項上訴及其主張是否合法？　（98司法事務官）

解碼關鍵

土地管轄之標準含犯罪行為地、結果地、被告住所地。

擬答

一、土地管轄之判斷標準

刑事管轄權之判斷標準，主要爲事物管轄與土地管轄。所謂土地管轄乃以土地區域定同級法院管轄刑事案件之分配其認定標準：

(一) 犯罪地：含行爲地與結果地。行爲如有繼續或連續者，各該地均屬行爲地。

(二) 間接正犯：有認應以被利用人之行爲地及結果發生地爲犯罪地。

(三) 不作為犯：以應作爲之地爲行爲地，結果發生地亦爲犯罪地。

(四) 被告之住所、居所及所在地：應起訴時爲準，又實務認爲所在地包含拘捕地與羈押地，惟如此將破壞法定法官原則，淺見以爲，應指在本國無住所或居所之人而言，否則易生創造管轄權之弊。

二、違反土地管轄之效果

(一) 甲說：不得上訴至第三審（21年上字第1290號，陳樸生）

1. 前刑事訴訟法第391條第5款規定得上訴第三審者，限於事物管轄認定之不當。
2. 日本刑事訴訟法規定，法院非經被告之聲請，不得就土地管轄諭知管轄錯誤。
3. 土地管轄側重被告利益之保護，如被告並無異議，法院予以審理，亦屬無礙。

(二) 乙說：得上訴至第三審（現行實務、通說、修正新法）

1. 現行刑事訴訟法第379條第4款未限定事物管轄不當始得上訴第三審。
2. 21年上字第1290號判決係修法前之判決，法律既經修改，判決便不得再行援用。

(三) 應注意者，協商判決即無土地管轄錯誤之問題，本於協商判決之特性（當事人處分主義），縱無土地管轄權之法院亦得爲之，而無判決違背法令之虞。

三、結論

本例被告住於高雄並擁槍自重，則高雄地院乃屬被告住所地與犯罪行爲地而有土地管轄權。另被告持槍至桃園而爲警察逮捕，則桃園係被告被拘捕地，且爲犯罪行爲地（持槍狀態持續至桃園），雖學說與實務就拘捕地是否屬被告所在地仍有爭議，惟本例之桃園尚屬被告之犯罪行爲地，故高雄地院與桃園地院均有管轄權即無疑義，兩地方法院乃形成競合管轄。則檢察官以桃園地院無管轄權起訴，顯不合法。

注釋資料：最高法院98年台上第1127號判決。

例題14

甲受乙及丙公司詐欺損失數百萬元，倘其向丁檢察官告訴，由丁檢察官偵查起訴或自行對乙、丙提起自訴，試問在該公訴或自訴程序中各訴訟當事人之當事人能力與訴訟能力應如何判斷？

解碼關鍵

區分檢察官、被告（自然人、法人）&自訴人之當事人能力（以起訴時爲準）與訴訟能力（以意思能力判斷）論述。

擬答

一、當事人能力

乃得爲刑事訴訟當事人之法律上能力，其應於起訴時判斷有無。

(一) 公訴案件

1. 檢察官：均爲自然人且受國家考選任命，故有當事人能力。
2. 被告
   (1) 自然人：具權利能力者均有之（胎兒則無）；如係欠缺責任能力者，應依刑事訴訟法第301條第1項諭知無罪而非無當事人能力；若起訴後死亡時，則依同法第303條第5款諭知不受理。
   (2) 法人、非法人、政府機關：原則均無，例外爲特別法規定（食品安全衛生管理法、藥事法）。

(二)自訴案件

1. 自訴人
   (1) 自然人：犯罪直接被害人且有行爲能力者，如非直接被害人即無當事人能力，應依本法第334條諭知不受理。
   (2) 法人：須併列法人及代表人姓名，欠缺前者依本法第334條諭知不受理，欠缺後者先命補正，逾期依本法第343條準用第303條第1款諭知不受理。
2. 被告：同公訴案件。

(三) 法院之處理

被告無當事人能力時依本法第343條準用第303條第1款諭知不受理判決。

二、訴訟能力

乃於刑事訴訟中得有效爲訴訟行爲之能力，其以意思能力之有無判斷之。

(一) 公訴案件

1. 檢察官：以具備意思能力爲足，與行爲能力無涉。
2. 被告：
   (1) 自然人：須有意思能力，心神喪失者依本法第294條第1項應於回復前停止審判，例外依同條第3、4項不停止審判。
   (2) 法人：代表人爲訴訟行爲。

(二) 自訴案件

1. 自訴人：
   (1) 自然人：有當事人能力者因有行爲能力（本法第319條第1項本文及但書），故必有訴訟能力。惟應注意92年1月修正新法第37條及第319條第2項律師強制代理之限制。
   (2) 法人：同自然人（代表人須有意思能力）。
2. 被告：同公訴案件。

注釋資料：陳樸生，刑事訴訟法實務，頁70-74。

被告甲因涉嫌竊盜案件，經司法警察移送檢察官偵查，則偵查中被告甲有何法律程序保障之權利？試詳細說明之。

解碼關鍵

被告受權利告知、辯護權&受正當訊問程序之保障；先行傳訊之禁止。

擬答

一、告知義務之踐行

被告接受偵訊時或偵查中檢察官聲請羈押而法官審查訊問被告時，均應先踐行刑事訴訟法第95條之告知義務，否則依本法第158條之4認定其效果。

二、辯護權保障

本法第27條第1項規定「被告得隨時選任辯護人。犯罪嫌疑人受司法警察官或司法警察調查者，亦同」，且依同法95條第3款規定訊問被告時應告知有此權利，否則依本法第158條之4規定，法院得認其自白不具證據能力（注意非依第158條之2第2項）。另依本法第245條第2項及第4項規定「被告或犯罪嫌疑人之辯護人，得於檢察官、檢察事務官、司法警察官或司法警察訊問該被告或犯罪嫌疑人時在場，並得陳述意見。但有事實足認其在場有妨害國家機密或有湮滅、僞造、變造證據或勾串共犯或證人或妨害他人名譽之虞，或其行爲不當足以影響偵查秩序者，得限制或禁止之」，「偵查中訊問被告或犯罪嫌疑人時，應將訊問之日、時及處所通知辯護人。但情形急迫者，不在此限」。再依本法第101條第3項規定，法院審查羈押時應將羈押之條件與依據之事實告知辯護人，足認偵查中被告之辯護人有在場及陳述意見權。

三、正當訊問程序之保障

依本法第95條至第100條之1規定，訊問被告前應先爲米蘭達權利告知，並應全程連續錄音或錄影，且不得以不正方法爲之。此外，如爲羈押審查，則不得於深夜訊問。

四、禁止先行傳訊之保障

依本法第228條第3項規定「實施偵查非有必要，不得先行傳訊被告」，蓋偵查中之犯罪調查應著重物證之蒐集非被告供述，避免損及被告之名譽或濫行羈押之情形。

答題架構：

一、憲法第8條保障被告之正當法律程序
- 無罪推定原則→取證程序合法性
- 不自證己罪原則→訊問程序合法性

二、無罪推定原則下之強制處分取證合法性（憲法第23條）：
- 法律保留之令狀主義
- 合理目的

⇨ 證據排除法則

三、不自證己罪原則之訊問程序合法性
- 1.權利告知
- 2.不正方法與夜間訊問禁止
- 3.連續錄音或錄影
- 4.辯護權（選任、在場、陳述、交通、聲請調查證據）
- 5.偵查不公開原則
- 6.禁止先行傳訊
- 7.訴訟條件保護

注釋資料：例解刑事訴訟法「體系釋義版」第五章之「刑事訴訟法對被告正當法律程序之保障體系表」。

例題16

被告不是訴訟客體，而是訴訟主體。被告除了受特定義務的拘束之外，享有一定的權利是什麼？

解碼關鍵

本法基於憲法第8條正當法律程序與第16條訴訟防禦權所爲之相關規定，及無罪推定&不自證己罪原則之保障。

擬答

一、刑事被告之憲法基本權

被告本於憲法第8條正當法律程序與第16條訴訟防禦權，基於刑事訴訟程序實施中應受無罪推定、罪疑唯輕與不自證己罪原則之保障，唯有國家司法機關依循前揭法治程序之要求，踐行合法之偵查審判程序，藉此發現實體眞實，使無辜者得獲釋放，有罪者接受懲罰，該實體眞實發現之結果方得人民之信賴，且因犯罪行爲所受破壞之法秩序始能回復其和平。

二、被告於偵審程序之權利

刑事訴訟法基於上開法治國理念之要求，乃於偵查審判程序均明定有具體保障被告基本權利，使其得受國家司法機關公平合理對待之規定，茲分別論述如下：

(一) 告知義務之踐行。
(二) 緘默權或拒絕證言權之行使。
(三) 選任辯護人暨辯護人之在場權與陳述意見權。
(四) 請求調查有利證據權（客觀注意義務之顯現）。
(五) 對質詰問權。
(六) 證據調查之意見陳述權。
(七) 證據證明力與事實法律之辯論權。
(八) 最後陳述權。
(九) 訴訟救濟權：上訴、抗告、準抗告、異議、再審、非常上訴。
(十) 合法訊問程序：連續錄音錄影、不正訊問方法禁止、法定障礙期間訊問禁止、夜間詢問禁止、筆錄製作之合法程式、羈押審查深夜訊問之禁止等。
(十一) 卷證資訊獲知權：偵查中羈押審查程序、審判程序與聲請再審程序。

三、證據排除法則

偵查機關訊問被告所爲程序若未符合上揭之規定，其因此所取得之被告自白或不利供述即有證據排除法則之適用，而於審判中禁止該供述證據之證據能力（如本法第100條之1、第156條第1項、第158條之2、第158條之4），並構成判決違背法令之理由（第379條所列各款）。

注釋資料：例解刑事訴訟法「體系釋義版」第五章之焦點「被告於偵審程序之正當法律權利」。

相關試題

刑事訴訟法對智能障礙之犯罪嫌疑人或被告有何保障規定？　（101廉政）

考點提示：

一、強制辯護（偵審）：本法第31條。

二、輔佐人：本法第35條。

三、停止執行：本法第467條。

例題17

甲涉嫌強盜A銀行，警察以現行犯逮捕之，警察告知甲其有權保持緘默、有權聘請律師。甲多次要求與其所認識之乙律師見面會談，警察不顧甲之請求，仍繼續訊問甲，甲終於自白犯下強盜A銀行。在甲自白後，警察將甲移送檢察官偵訊，檢察官在逮捕後的二十四小時內聲請法院羈押。法院開羈押審理庭時，甲以家貧無律師，請求法庭為其指派律師，法院未准，在訊問後，將甲羈押。羈押期間，警察借提訊問，甲自白曾犯下B銀行搶案。後甲之親人為甲委任乙為辯護人，辯護人乙至看守所與甲接見會談時，甲告訴乙：「C銀行搶案也是我幹的。」甲乙之會話內容為看守所依相關法律錄音，並將錄音帶送交給檢察官。檢察官根據上述事實及其他證據，起訴甲強盜A、B、C三家銀行。如果你是甲之辯護人，在審判中應如何辯護？（96台大法研）

解碼關鍵

未踐行告知義務下所取得之被告自白無證據能力；羈押審查程序中應予被告辯護權&被告與律師接見通信權之保障。

擬答

一、被告自白無證據能力

辯護權乃被告正當法律程序保障之權利與訴訟防禦權之重要內涵，亦爲被告平衡與檢察官攻防實力與訴訟地位落差之重要武器，刑事訴訟法第95條明定選任辯護人之告知義務，第27條亦明文被告自司法警察調查開始即得隨時選任辯護人。本例偵審機關未賦予被告此項選任辯護人之權利，其所爲之訊問即違反法定程序，侵犯被告憲法基本權，被告因此所爲之自白屬偵審機關不正方法取得，應無證據能力。

二、偵查中羈押審查程序應適用強制辯護

本於羈押係對憲法保障人民基本權侵犯最爲嚴重之強制處分，爲使被告於羈押審查程序中得爲充分之防禦以保障人權，故刑事訴訟法第31條之1乃規定，偵查中之羈押審查程序未經選任辯護人者，審判長應指定公設辯護人或律師爲被告辯護。但等候指定辯護人逾四小時未到場，經被告主動請求訊問者，不在此限。前項選任辯護人無正當理由而不到庭者，審判長得指定公設辯護人或律師。

三、被告與辯護人之接見通信權應受合理保障

(一) 按依現行刑事訴訟法規定，被告之接見與通信，押所得監視或檢閱之（本法第105條第2項但書）。且法院認被告爲前項之接見、通信及受授物件有足致其脫逃或湮滅、僞造、變造證據或勾串共犯或證人之虞者，得依檢察官之聲請或依職權命禁止或扣押之。但檢察官或押所遇有急迫情形時，得先爲必要之處分，並應即時陳報法院核准（第105條第3項）。此項限制禁止，偵查中由檢察官決定，審判中由審判長或受命法官決定，惟均不得限制被告正當防禦之權利（第105條第4項）。

(二) 羈押被告與辯護人之接見通信往來（交通權）乃被告與辯護人交換資訊並商討擬定辯護策略之重要途徑，自爲落實被告訴訟防禦權之方法，應有不受侵犯之保障，且基於兩造對等之訴訟構造，尤不許偵查機關或監所未經被告與辯護人同意即擅予秘密錄音而竊取交通內容，大法官會議釋字第654號解釋亦同此見解。學者亦主張對被告與辯護人往來內容之刺探，乃具有搜索強制處分之性質，如未取得法官令狀審查之許可，即屬違法取證。本例並無監所對被告與辯護人接見時監視錄音之法定條件，故辯護人得主張該錄音行爲侵犯被告憲法保障之訴訟防禦基本權，被告於該錄音內容中所爲之自白乃屬不正方法取得，應無證據能力。

注釋資料：黃朝義，刑事訴訟法，頁178以下。

相關試題

> 甲開車不慎撞上電線桿，人雖平安無恙但被卡在車內。警員乙趕到車禍現場將甲救出時，無意中發現車後座載有衝鋒槍及子彈，乙詢問甲該槍彈是否爲其所持有，一時失措的甲當場承認（證1）。乙遂一方面以無線電警網請求資深刑警丙支援，另一方面繼續追問甲犯案細節，甲相當配合，鉅細靡遺交代其非法持有槍彈的經過（證2）。丙到場後將甲逮捕並帶回警局。偵訊前，丙雖踐行刑事訴訟法第95條告知義務，卻漏未告知甲得行使緘默權，甲再度詳述犯案經過（證3）。然而，該案送檢察署後，甲態度丕變而不再陳述。此後及至審判中，甲皆保持緘默。
> 案經檢察官以違反槍砲彈藥刀械管制條例，將甲提起公訴。審判中，甲之辯護人抗辯，警員逮捕甲前、後的三次自白證據（證1、2、3），皆因違反告知義務而無證據能力，不得採爲有罪之裁判基礎。試說明法院應如何判斷其證據能力。　（104律師）

考點提示：

一、被告地位之認定，應綜合偵查人員本其主觀所爲之作爲、相對人所受之對待與當時一切客觀情狀爲判斷。本例司法警察既已在甲車內發現槍彈，主觀上自係將甲視爲犯罪嫌疑人而行詢問，嗣後帶回警局之偵訊與移送檢察官之複訊，當然皆定位甲爲犯罪嫌疑人或被告。

二、爲保障被告於偵查程序之正當法律權利，功能訊問說認爲國家偵審機關爲獲得被告供

述所爲之發問行爲，均應依循刑事訴訟法相關之規定程序。

三、對於未經拘捕之被告於訊（詢）問前，未踐行本法第95條第2款「得保持緘默」之告知義務，該被告之自白之證據能力判斷，有主張類推本法第158條之2對惡意違反者強制排除之，亦有主張依本法第158條之4由法院權衡裁量之。

四、另參見例解刑事訴訟法「體系釋義版」第五章之焦點「功能訊問與權利告知」。

例題18

警方掌握甲自國外運送毒品來海洛因來台之訊息，將向檢察官聲請核發拘票，在機場將甲拘提到案，帶回警局製作筆錄。偵查員問明人別後，告知甲刑事訴訟第95條之權利事項，甲並未聯繫律師，偵查員則繼續詢問案情，甲回答了問題並承認犯案。嗣甲被移送至地檢署後。其聯繫並委任律師乙到場，乙即向檢察官聲請接見被告甲及閱覽甲的警詢筆錄。本案經檢察官提起公訴，法院以甲涉犯最輕本刑五年以上有期徒刑之罪，有逃匿及串共犯之虞裁定羈押甲並禁止接見通信。律師乙至看守所與甲會面談論出庭事項，看守所人員以甲係受禁止接見通信之人，遂摘記甲與乙之會談內容並予錄音，嗣將紀錄、錄音帶及監視器錄得畫面一併交給法院參考。

試問：

(一)檢察官對辯護人乙要求接見被告甲及閱覽甲的警詢筆錄該如何回應？

(二)對於提交法院有關乙在看守所與甲會見時之談話紀錄、錄音帶及監視器錄畫面，乙依法得為何主張？　（100司法官）

解碼關鍵

辯護人於偵查中與被告之交通權&資訊請求權。

擬答

一、被告與辯護人之接見交通權

(一) 刑事訴訟法（下同）第34條規定：「辯護人得與羈押之被告、偵查中受拘提或逮捕之被告或犯罪嫌疑人接見或互通書信。檢察官除有急迫情形且具正當理由時，得暫緩接見，並指定即時得爲接見之時間及場所。該指定不得妨害被告或犯罪嫌疑人之正當防禦及辯護人依第245條第2項前段規定之權利。」所謂「急迫情形且具正當理由」，立法理由指如接見將導致偵查行爲中斷顯然妨害偵查進行者，得暫緩接見並指定即時接見之時間場所。學者認爲應限於因實施搜索、現場勘查或勘驗等有必要帶同被告在場之情形。

(二) 本例承上說明，檢察官不得限制被告與辯護人之接見；如欲暫緩，則視有無上述所列情形而判斷之。

二、辯護人於偵查中之資訊請求權

依偵查不公開原則以確保偵查之順利進行，防止證據之僞造、變造、湮滅或證人勾串，故本法第33條第1項僅賦予辯護人於審判中始有閱卷權，故本例檢察官不得允許辯護人閱卷之聲請。惟有學者主張偵查中仍應適度容許辯護人之資訊請求權存在，以周全保障被告之防禦權。

三、羈押被告之接見通信限制與釋字第654號

(一) 大法官會議釋字第654號解釋，為確保被告有受公平審判權利暨保障其正當法律程序之要求與防禦權之落實乃認為舊羈押法第23條及第28條，關於律師接見羈押被告時，應予以監視之規定，因此取得之內容可供偵查審判參考者，應呈報檢察官或法院之規定，違反憲法第16條訴訟防禦權、第23條比例原則規定，依該號解釋理由書及新羈押法第23條之1規定，辯護人與被告之接見原則上僅得「監看而不得與聞」。故監所之任何錄音、監聽、紀錄談話內容皆不為允許，但無同步錄音之監視錄影（監看）則得為之。

(二) 承上所述，監所違法之談話紀錄、錄音帶等證據，依實務見解則由法院依本法第158條之4權衡裁量以取捨其證據能力。惟淺見以為，本於憲法明文賦予人民公平審判、訴訟防禦權之保障，對此違憲程序取得之證據，應逕予排除而不得為證據。

注釋資料：大法官釋字第654號。

例題19

試比較說明強制辯護與任意辯護之區別異同。

解碼關鍵

本法第379條第7款&第380條之不同法律效果。

擬答

一、強制辯護之意義

強制辯護又稱為必要辯護，乃依刑事訴訟法之規定，於審判中，特定案件必要有辯護人於審判期日出庭為被告辯護，否則判決即認為違背法令（刑事訴訟法第379條第7款），得提起上訴或非常上訴以撤銷之謂。

二、任意辯護之意義

任意辯護者，乃除上述強制辯護以外之案件，得由被告及其親屬自由決定是否選任辯護人，如未選任辯護人者，除有第31條第1項第5、6款情形外，原則上審判長亦毋庸指定辯護人為其辯護。

三、二者之不同

(一) 強制辯護案件或得指定辯護人之任意辯護案件是否須要辯護人，係基於「法律規定」或「法院認可」；任意辯護案件是否須要辯護人，由被告自由決定。

(二) 強制辯護案件如未選任辯護人者，審判長應指定公設辯護人為其辯護；任意辯護案件，除法院認為有本法第31條情形者外，被告縱未選任辯護人，審判長亦無須指定公設辯護人為其辯護。

(三) 強制辯護案件或已指定辯護人之案件，依刑事訴訟法第284條之規定，無辯護人到庭者不得審判，違背者，其判決當然違背法令（刑事訴訟法第379條第7款），而得為上訴第三審之理由。任意辯護案件雖未經選任之辯護人到庭，其逕行審判並非違法，然若係法院未合法通知辯護人者，則屬訴訟程序違背法令（刑事訴訟法第380條）。

注釋資料：例解刑事訴訟法「體系釋義版」第五章之「辯護制度體系表」。

相關試題

偵查中，司法警察官或司法警察訊問犯罪嫌疑人時，其選任之辯護人得在場實施辯護活動之內容為何？於何種要件下，司法警察人員得例外予以限制或禁止？　（96地特）

考點提示：

一、依刑事訴訟法第245條第2項本文與相關規定，包括陳述意見權、請求調查有利被告證據權、與被告交通權。

二、刑事訴訟法第245條第2項但書。

例題20

甲、乙二人涉嫌強盜殺人經檢察官提起公訴，甲乃選任A、B二律師為辯護人，乙則選任B、C二律師為辯護人，嗣甲之父親丙未事先詢問甲意思即再為甲選任D、E二律師為辯護人，試問：

(一)甲、乙、丙之選任行為是否合法？

(二)B得否同時為甲、乙二人辯護？

解碼關鍵

選任辯護人之獨立權限；共同辯護以無利害相反為前提要件。

擬答

按辯護制度設置之目的在於平衡被告與檢察官訴訟地位與實力之懸殊，確保被告憲法

第8條正當法律程序之權利與第16條訴訟防禦權得以落實。此辯護權之內容包含在場權、陳述意見權、交通權、資訊請求權、詰問權、辯論權等。

一、選任合法性

(一) 按依刑事訴訟法第27條第2項之規定，被告甲、乙及被告甲之直系血親丙均得獨立選任辯護人，則丙爲甲選任辯護人自不受甲意思拘束。

(二) 惟本法第28條另明定「每一被告選任辯護人，不得逾三人」，則丙嗣爲甲選任D、E二律師之行爲即不合法，然此不合法之訴訟行爲並非不得補正，法院應依本法第273條第6項裁定定期間命丙就D、E二律師擇一解任，逾期未補正，則丙之選任行爲不生效力。

二、共同辯護合法性

(一) 次按本法第31條第3項規定「被告有數人者，得指定一人辯護。但各被告之利害相反者，不在此限」，乃共同辯護容許與禁止之規定，其目的在避免被告防禦權利害衝突之發生，並使辯護人於審判程序得爲被告權利進行有效協助之辯護，然於選任辯護情形則漏未規定，學者乃認基於立法目的應類推適用上開規定。

(二) 又本題不論甲、乙在同一或不同訴訟程序，均應爲相同處理，結論上並無不同，惟應注意其中一被告之訴訟程序先行終結，委任辯護人之關係已解除之問題。

注釋資料：林鈺雄，刑事訴訟法實例研習，頁3以下。

例題21

第一審法院雖變更起訴法條，論上訴人某甲以竊盜罪及傷害罪；但經檢察官以某甲應構成準強盜罪（刑法第329條）及加重強盜罪（刑法第330條第1項）為理由，提起上訴。

某甲雖已選任陳律師為辯護人，但於審判期日陳律師未受通知到庭，審判長乃臨時指定公設辯護人為某甲辯護，經辯論終結而為判決。試附具理由，詳加説明此等訴訟程序是否合法？

解碼關鍵

強制辯護案件之判斷標準包含起訴書&上下級審法院之認定；臨時指定辯護違反實質有效辯護。

擬答

一、強制辯護之判斷標準

案件是否屬於強制辯護而應用辯護人，非以起訴書或下級審判決所引之法條爲其唯一依據。倘如起訴書或下級審法院所引用之法條非爲刑事訴訟法第31條第1項所列之案件，而上級審法院認爲係屬該條項所列之案件，亦應指定辯護人，以使被告之辯護權利得受充分保障。

本題第一審法院雖變更起訴法條，論甲以傷害罪與竊盜罪，非屬強制辯護案件，惟因起訴書或下級審判決所引之法條，非認定是否屬強制辯護案件之唯一標準，其既經檢察官以其應構成準強盜罪和加重強盜罪提起上訴，即屬應用辯護人之案件。

二、訴訟程序適法性

依刑事訴訟法第284條之規定：「第三十一條第一項所定之案件無辯護人到庭者，不得審判。」是故強制辯護案件必須辯護人到庭參與訴訟程序，本件第二審法院於審判期日未通知辯護人到庭辯護之行爲，即屬違法。又本法強制辯護案件既經當事人選任辯護人，法院依刑事訴訟法第284條之規定，自應於審判期日通知辯護人到庭，第二審法院未爲通知，而僅臨時指定公設辯護人，顯未予以公設辯護人充分之準備時間以瞭解案情，發揮辯護人之專業效果，自無從提供被告訴訟上之必要協助，以落實本法賦予被告之防禦權，而與未經辯護人到庭辯護的效果相同，亦即若自法院指定辯護之時間與情狀整體觀察，辯護人不可能提出有效辯護，即屬被告未受有效辯護之協助，故應認法院所踐行之訴訟程序爲不合法，構成第379條第7款之判決當然違背法令。

答題架構：

一、被告本於憲法第8條正當法律程序與第16條訴訟防禦權，其在刑事訴訟程序中擁有辯護權，辯護權內容包括：選任權、在場權、交通權、資訊公開權（閱卷權）、陳述權、辯論權、調查證據聲請權……。

二、強制辯護：

(一) 目的：針對特定重大案件或被告身心特性所設，以維程序之公開與必要之保障。

(二) 判斷標準：起訴或自訴或判決之法條，有其一爲強制辯護案件，即屬之。

(三) 有效辯護：指定辯護人應自指定時間與客觀情狀判斷、辯護人得否充分行使權利、提供被告有效之訴訟防禦協助。

三、違反效果：本題臨時指定未符有效辯論標準，法院逕予判決即屬刑事訴訟法第379條第7款當然違背法令。

注釋資料：王兆鵬，月旦法學第123期，頁148以下；同氏著，月旦法學第137期，頁19。

例題22

甲因殺人未遂罪名被檢察官提起公訴，甲選任A律師為辯護人。審判中，法院已經依法通知A到場，但A因疏於注意，未於審判期日到場。審判長遂當庭臨時指定公設辯護人V為到場的甲辯護，進行審判，並於該日辯論終結。試附具理由，說明本案所踐行各程序是否合法？若本案判決結果為被告無罪，試問情形有無不同？

（95律師）

解碼關鍵

同上揭例題16。

擬答

一、臨時指定辯護人之合法性

(一) 按辯護制度爲保障被告正當法律程序之防禦權之重要措施，且具有刑事程序合法性之監督與制衡作用，同時平衡檢察官與被告於偵查程序地位之不對等。故辯護人應於審判期日到場，否則不得審判（檢察官陳述起訴要旨、審判長就被訴事實訊問被告、調查證據、事實與法律辯論、被告最後陳述等程序辯護人皆需在場），若辯護人未陳述意見或未提出辯護狀，或辯護人於審判期日僅辯稱「請庭上明察，依法判決」或「引用辯護狀所載」，亦與未眞正辯護無異。此均屬刑事訴訟法第379條第7款之判決當然違背法令。

(二) 同理，法院爲被告指定辯護人時，倘自指定之時間與情狀整體觀察，辯護人不可能提出有效辯護，即屬被告未受有效辯護之協助。本例法院臨時指定公設辯護人到庭爲被告辯護，則公設辯護人在未爲任何閱卷與調查證據及事實法律辯論之準備下，顯然未能爲被告進行實質有效之辯護，審判長之臨時指定當然違背法令。

二、實務見解

最高法院79年台上字第338號判決認爲：法院諭知無罪之案件，縱被告之辯護人合法傳喚無正當理由不到庭，經在場之被告與檢察官辯論而逕行判決，顯已善盡保護被告之利益及維審判之公平，雖其辯護人未經到庭辯護，仍難指爲違法，若謂此項訴訟程序違背法令而撤銷原判決發回更審，非特徒增訟累毫無實益，亦與強制辯護制度原在保護被告利益之旨有違。此判決乃認辯護人未到場雖導致被告程序利益受損，然如無害於被告之實體判決結果（被告無罪），則不宜發回更審。反面言之，倘若程序權利保障有所欠缺並進而影響被告之實體判決結果（任何有罪判決），則該審判即屬當然違背法令，應予撤銷並發回更審，此與通說見解自無不合。

注釋資料：陳運財，月旦法學教室第24期，頁115-120；最高法院79年台上第338號判決。

相關試題

甲因涉嫌殺人而被提起公訴，於準備程序，甲承認殺人，但並無任何辯護人在場爲其辯護。審判期日前，甲之配偶始爲甲選任律師爲其辯護。審判期日。於人別訊問時，審判長因選任辯護人未到庭，即要公設辯護人到庭爲甲辯護，公設辯護人隨即到庭。選任辯護人則於調查證據程序進行中始匆匆趕到。審判長即讓選任辯護人繼續爲甲辯護。最後，甲被判有罪，試評釋強制辯護程序之合法性。（101廉政）

考點提示：

一、本例係強制辯護案件（本法第31條）。配偶有獨立選任辯護人之權（本法第27條第2項）。

二、本於實質有效辯護理論，臨時指定公設辯護人並未予辯護人充分準備防禦之時間（如：取得案件資訊、接見被告），故本例此部分程序不合法，判決即有同法第379條第7款之當然違背法令。

三、甲之辯護人至審判程序進行中方始到場，倘審判長重新踐行審判（調查證據）程序，予被告與辯護人充分防禦權、辯護權，則程序合法且上述臨時指定公設辯護人之程序亦可治癒；反之，則程序不合法，亦屬判決當然違背法令（本法第379條第7款）。

相關試題

有關刑事訴訟法第31條第1項「強制辯護」的規定，試問：

(一)所謂的辯護，在審判中係指「形式辯護」或「實質辯護」？請就該條之立法理由及實務見解申論之。

(二)法院審判期日，辯護人因事遲延到庭或中途任意退庭，可否視爲已經到場「辯護」？

(三)法院審判期日，辯護人雖有到庭，辯護人僅稱：「請庭上依法判決」或只陳述：「辯護意旨如辯護狀所載」，可否認爲已經有「辯護」？

考點題示：參見例解刑事訴訟法「體系釋義版」第五章之相關焦點與實務判決。

例題23

甲與乙因停車糾紛發生爭執，甲夥同丙持球棒將乙毆打成傷，乙欲對甲丙提出告訴，試問甲、乙、丙三人可否分別委任代理人？乙於告訴程序何時應委任代理人？又若乙對甲提出告訴，法院得否對甲、丙均予審判？

解碼關鍵

被告委任代理人限拘役罰金案件；告訴代理人採任意代理；告訴不可分指告訴乃論罪之共犯間&起訴不可分則指單一案件。

擬答

一、刑事代理人

參與刑事訴訟程序之人除程序主體外，亦有訴訟關係人，其中代理人係指受告訴人、被告或自訴人之委託，而代理其訴訟行爲之人。茲就本題情形說明如下：

(一) **被告代理人**：最重本刑爲拘役或專科罰金之案件，被告得委任代理人於審判期日到場爲訴訟行爲。惟審判期日到場爲被告之權利及義務，委任訴訟代理人因視同本人，將致被告毋庸到場而有礙實體眞實發現，並影響被告訴訟防禦權。本題甲、丙所犯非爲得易科罰金或拘役之傷害案件，故不得委任代理人。

(二) **告訴代理人**：告訴啓動偵查程序並循公訴途徑，告訴人未如自訴人須於審判程序肩負之角色，故採任意代理制（除檢察官爲不起訴或緩起訴處分後不服，聲請再議經駁回而聲請交付審判，須強制委任律師爲代理人），代理人使告訴人無庸面對被告，得保障其安全與隱私以避免二度傷害。本題乙自得委任代理人。

二、告訴不可分與起訴不可分

依題意所示，甲夥同丙持球棒將乙毆打成傷，甲、丙二人共犯一告訴乃論之傷害案件，今乙若對甲提出告訴，基於告訴不可分原則，使告訴乃論罪之共犯同具訴訟條件，乙告訴之效力及於未經告訴之丙，惟告訴僅屬訴訟條件問題，不屬控訴原則之控訴，檢察官仍得分別決定是否起訴。故本題乙對甲提出告訴之效力雖及於丙，但檢察官若未起訴丙，則起訴效力不及於丙，法院即不得對甲丙均予審判。

注釋資料：例解刑事訴訟法「體系釋義版」第五章之焦點「辯護人、輔佐人與代理人之綜合比較」。

相關試題

公務員甲係負責承辦與中國大陸經貿交流事務的主管人員、涉嫌收受台商乙新台幣100萬元的報酬，依其委託積極推動與大陸談判開放乙所經營的企業在大陸申設營業據點。案經台北地方法院檢察署檢察官以被告甲犯職務行爲收受賄賂罪嫌向台北地方法院提起公訴後，分由審判長丙之合議庭審理（下稱前案）。復於另案後續偵查作爲中，台灣高等法院檢察署檢察官查獲甲涉嫌洩漏重要情資予大陸相關人士，足以損害我國之重大利益，遂以被告甲犯刑法第114條之外患罪嫌向台灣高等法院提起公訴。試回答下列問題：

(一) 台灣高等法院依法調查證據後，認被告甲之行爲僅構成刑法第132條洩漏國防以外之秘密罪，法院應如何判決？

(二) 倘依後續偵查作爲，台灣高等法院檢察署檢察官認爲被告甲僅涉嫌犯刑法第132條洩漏國防以外之秘密罪，而發交由台北地方法院檢察署檢察官向台北地方法院提起公訴，分由審判長丁之合議庭審理時，得否將該案移由審判長丙所承辦之前案合併審判？其併案之程序如何？（103律）

考點提示：

一、學者認爲事物管轄中，高等法院管轄第一審之案件，因限制訴訟當事人之審級利益，故刑事訴訟法第4條但書所規定之事物管轄權有無，必須從嚴認定，亦即自起訴時至最終裁判止，法院必須始終認定皆有事物管轄。依此，本例台灣高等法院既認爲甲所犯非外患罪（洩漏國防以外秘密罪屬於瀆職罪），即應先爲管轄錯誤之諭知，再移送台北地院審判。

二、相牽連案件繫屬於不同法院時，依本法第7條牽連管轄之規定，得合併由同一法院審判。惟如相牽連案件係繫屬於同一法院之不同法官時，得否合併由同一法官審判？本法並無明文。而大法官釋字第665號解釋認爲，此屬法院內部事務分配，得事先以一般抽象之規範（如法院刑事庭分案要點）將不同法官承辦之相牽連案件改分由其中一法官合併審判，亦即與不同法院間牽連管轄之規定爲相同處理，並不違反法定法官原則。故本例得由丙、丁法官先行協商併辦，並簽請院長核准，若未能協商時，則由後案之丁法官簽請審核小組依分案要點之規定決議之（以上參酌台北地院刑事庭分案要點第2至14點之規定）。

相關試題

甲住居所在台中，有販賣毒品前科。某日住居所在桃園之乙向甲購買毒品甲基安非他命，相約在桃園火車站交貨完畢。乙攜帶該毒品至台北市某夜店施用，適逢警察臨檢，查出上情，將甲、乙均移送台北地方法院檢察署起訴。試問台北地方法院對於甲、乙是否均有管轄權？請敘述理由詳加說明。假若乙嗣因車禍死亡經台北地方法院爲不受理判決，該法院可否就甲之部分續行審理判決？其理由爲何？　（103檢事官）

考點提示：

一、本於證據調查便利性，避免審判資源浪費及符合訴訟經濟與裁判一致性之目的，刑事訴訟法第6條、第7條就相牽連案件定有牽連管轄之規定。

二、本例台北、桃園均爲乙之犯罪地，依本法第7條一人犯數罪之規定，則台北地院對乙所犯之施用毒品與持有毒品之行爲均有管轄；再依同條數人共犯一罪或數罪之規定，台北地院對甲之販賣毒品犯行亦具管轄權。

三、基於管轄權恆定原則，相牽連之兩案既經爲合併管轄，並予受理在案，則經審理結果，縱認原有管轄權部分之案件應爲無罪、免訴或不受理之判決，法院仍應就合併管轄之他案續行審理，不得認原適法取得管轄之他案因此喪失其管轄權（102年台上字第3464號判決參照）。

相關試題

調查局調查員甲受檢察官之指揮，偵辦某財團董事長乙涉嫌掏空公司資產的背信罪嫌。某日，調查員甲通知乙到調查站詢問案情，並於詢問前依法告知刑事訴訟法第95條所定事項，乙選任的辯護人丙並於偵訊室內陪同在場。詢問過程中，辯護人丙認爲調查員甲試圖以誘導方式詢問可能涉及乙公司的營業秘密，且判斷乙可能因此作出不利於自己的回答，遂當場告知乙可以保持緘默，不用回答該項問題。調查員甲認為辯護人丙的行為已不當干擾其詢問的進行，要求丙離開偵訊室，限制其僅能在室外隔窗觀察。詢問結束隔日，各大報刊登乙涉及案情節，並描述乙已供出所掏空資金的流向云云。辯護人丙認為乙並未掏空公司資產，且乙亦未承認自己有不法行為，媒體報導似受到調查員甲的誤導而與事實不符。丙遂與乙一起召開記者會，公開前日調查員甲的部分詢問內容，並批評限制其在場陳述意見的作法不當。試問：
(一)調查員甲限制辯護人丙偵訊時在場陳述意見的處理方式是否合法？
(二)辯護人丙召開記者會公開部分詢問內容，是否違反刑事訴訟法第245條第3項所定之守密義務？（102律師）

考點提示：

一、辯護人設置之立法目的，在於保障刑事程序主體被告之訴訟防禦權，提昇其防禦能力，縮短被告與國家追訴機關間之實力落差。至辯護人陪同被告接受國家偵審機關之訊（詢）問之在場權與陳述意見權，乃上述辯護權行使之重要內容。刑事訴訟法第245條第2項亦作相同規定，同條第4項更明定，應將訊問之時間地點預先通知辯護人，以確保上述權利之行使。

二、本例辯護人丙為確保被告乙之防禦權，避免乙受調查員甲誘導詢問並告知行使憲法與本法所保障之緘默權，其所為乃合法正當之辯護協助權之行使，並無本法第245條第2項但書所列「行為不當足以影響偵查秩序」之情形，故認調查員甲之限制行為不合法。

三、本法第245條第3項規定之偵查不公開原則，其規範目的在保障被告名譽，落實無罪推定原則，並防止證據湮滅與共犯、證人勾串。而依偵查不公開作業辦法第9條第8款規定，案件在偵查中，對於媒體報導與偵查案件事實不符之澄清，除法令另有規定外，經審酌公共利益之維護或合法權益之保護，認有必要時，得適度公開或揭露之。本例中，媒體報導顯與偵查案件事實不符，辯護人自得依上開作業辦法適度公開之。

四、至於辯護人丙公開批評調查員甲限制其在場陳述意見之作法，係為保護被告之合法權益，依本法第245條第3項之規定並無違偵查不公開原則之立法意旨。

相關試題

甲具原住民身分，因涉嫌攜帶兇器竊盜案件，經檢察官依通常程序起訴，於法院行準備程序時，經甲自白認罪。請附理由說明法院得否適用簡式審判程序或簡易程序。（102檢事官）

考點提示：

一、依修正後之刑事訴訟法第31條之規定，原住民於審判中未經選任辯護人者，審判長應指定公設辯護人或律師為其辯護，而有強制辯護之適用。

二、本例原住民甲所涉犯之加重竊盜罪，依本法第273條之1第1項及第449條第2項之規定，本得適用簡式審判程序或簡易程序，惟其中之簡易程序原則上採書面審理，無從落實辯護人到場辯護之精神（本法第284條），是以本例應認爲得適用簡式審判程序而未得適用簡易程序。

相關試題

甲因現行犯而遭到逮捕，當司法警察對其詢問時，甲所委任之辯護人律師抵達警局，表示欲接見甲，對此，司法警察則表示「因偵訊正在進行中，不宜中斷，故暫緩接見」。試問：司法警察所爲之暫緩接見是否合法？又如係由檢察官進行訊問時，得否以前述相同之理由爲暫緩接見？（103司法官）

考點提示：

一、辯護人接見受拘捕之被告，係憲法保障被告防禦權與辯護權之重要內涵。故刑事訴訟法第34條明定，此被告與辯護人間之交通權原則上不得限制之；若急迫情況且具正當理由者，始例外容許檢察官暫緩接見。

二、承上所述，偵查中例外之暫緩接見權僅屬檢察官，至司法警察（官）則不得逕爲之。

相關試題

第一審法院受命法官定準備程序期日及處所，疏未注意傳喚被告及通知辯護人，即進行勘驗證人之警詢筆錄光碟。試問：

(一)該勘驗筆錄有無證據能力？理由何在？

(二)審判期日中，審判長訊問當事人及辯護人對該勘驗筆錄有何意見，渠等均表示：「沒有意見」。則該勘驗筆錄是否得作爲證據？

(三)倘法院於準備程序中，當庭口頭通知被告及其辯護人，欲行勘驗證人警詢筆錄之期日及處所，但被告及其辯護人明確表示「不願到場」，並載明於筆錄中，且有簽名於筆錄。試問該勘驗筆錄有無證據能力？（102法制）

考點提示：

一、準備程序原則上不得爲實質證據之調查（93年台上第2033號判例），且勘驗證人筆錄未使被告及辯護人到場，侵害被告之在場權與辯護權，屬違背法定程序取得之證據（94年台上第4929號判例），應由法院依刑事訴訟法第158條之4定其證據能力。

二、當事人與辯護人均對勘驗筆錄表示無意見，則該筆錄之證據能力爲何，有不同見解：有認爲該程序瑕疵得因被告與辯護人未聲明異議而補正，故該筆錄具證據能力；有認爲該筆錄乃傳聞證據（證人警詢筆錄之替代）得依本法第158條之5第2項擬制同意而具證據能力。另有認爲傳聞證據仍須合法取得，方可適用本法第158條之5規定，且該違背法定程序取得之證據不因當事人或辯護人之「沒有意見」而合法化。

三、實務見解認為「在場權」屬於得捨棄之權利，故若當事人及辯護人明示不到場，則該筆錄即具證據能力。

相關試題

甲撿到一張假的千元鈔票，自覺似乎足以亂眞，乃持向檳榔攤購買飲料，未料竟矇騙過關。後經被害人報案，甲被捕後，經檢察官對甲依行使僞造有價證券罪向A法院起訴。嗣後發現甲行使假鈔之行爲，尚有檳榔攤受騙情事，乃再以詐欺罪向B法院起訴。經A、B法院傳喚甲就被訴案件審理時，發現甲所犯者，其實爲單一案件，試問A、B法院應如何就所繫屬之甲案爲處理？（106廉政）

考點提示：

一、本於單一案件之不可分性及一事不再理原則，爲避免一案二訴二判致影響確定判決之信賴性與安定性，如同一案件經分別起訴繫屬於均有管轄權之不同法院時，刑事訴訟法第8條乃有競合管轄之規定，原則上由繫屬在先之法院爲得爲審判法院，繫屬在後之法院則爲不得爲審判法院。

二、本例同一案件經檢察官先後起訴於A、B法院，兩法院依刑事訴訟法第8條競合管轄之規定與大法官會議第168號與第47號之解釋，即應分別情形爲如下之處理：

(一) 原則上由繫屬在先之A法院爲得爲審判法院，由其爲實體審理與判決，繫屬在後之B法院則不得爲實體審理。如A法院之判決尚未確定者，B法院應依刑事訴訟法第303條第7款諭知不受理判決。又若B法院誤爲實體判決時，應視B法院是否已判決確定而提起上訴或非常上訴撤銷該違法判決，再爲不受理諭知。

(二) 承上情形，如如繫屬在先之A法院之實體判決已確定者，則繫屬在後之B法院應依刑事訴訟法第302條第1款之規定諭知免訴判決。又若B法院誤爲實體判決時，應視B法院是否判決確定而提起上訴或非常上訴撤銷該違法判決，再爲免訴諭知。

(三) 特別情形乃繫屬在先之A法院爲第一審判決時，繫屬在後之B法院已實體判決確定者，本於確定判決之安定性與司法信賴性，依大法官會議釋字第47號解釋，B法院例外乃係得爲審判之法院，承認其實體確定判決之效力，而繫屬在先之之A法院則係不得爲審判法院，其應依刑事訴訟法第302條第1款之規定諭知免訴判決。若A法院誤爲實體判決時，應視A法院是否已判決確定而提起上訴或非常上訴撤銷該違法判決，再爲免訴諭知。

三、另應注意者，行使僞造千元假鈔應成立行使僞造貨幣罪，本例檢察官以行使僞造有價證券罪起訴，適用罪命顯有不當，因基本事實同一，得爲審判之法院應變更起訴罪名，改依行使僞造貨幣罪論處。

相關試題

居住在台北之甲與我國某邦交國大使乙因故爭吵，心生怨恨，某日甲於該國大使館前燒燬該國國旗以示抗議。經該國大使向台北地方檢察署請求追懲。甲於檢察官傳喚時，無正當理由未到庭後，司法警察丙持檢察官所簽發之拘票進行拘提，甲當場對丙辱罵三字經及吐口水。試論甲成立上述二罪，是否得合併審理？　（107書記官）

考點提示：

一、甲住台北，將某邦交國國旗燒毀所涉犯之妨害國交罪，第一審管轄法院爲台灣高等法院；另其辱罵警員所涉犯之妨害公務罪，第一審管轄法院爲台北地方法院。故台北地檢署應將甲所涉犯之妨害國交罪案件移送台灣高檢署偵辦。

二、甲所犯上述兩罪屬於相牽連案件，基於訴訟經濟、證據共同語避免裁判矛盾之考量，依刑事訴訟法第7條牽連管轄之規定，得合併由上級法院即台灣高等法院爲審判數罪，惟此將剝奪被告於妨害公務案件之審級利益。

相關試題

甲先後涉有刑法外患罪章第109條之洩漏國防秘密罪及瀆職罪章第132條之洩漏國防以外秘密罪兩次犯行，高等法院檢察署檢察官偵查後，認甲犯罪嫌疑重大，就甲全部的犯罪事實，向高等法院提起公訴。試問：

(一) 高等法院審理後，認定甲雖有洩漏國家機密之犯行，但兩次洩漏的客體，均屬刑法第132條國防以外應秘密之文書時，應如何判決？依據爲何？

(二) 高等法院審理後，認定甲所犯二罪，事證明確，兩次犯行，犯意個別，分別依刑法第109條之洩漏國防秘密罪及第132條之洩漏國防以外秘密罪論處罪刑後，定其應執行之刑。高等法院本件判決之管轄是否合法？理由爲何？　（105高考廉政）

考點提示：

一、本於法定法官原則與被告審級利益之保障，刑事訴訟法定有事物管轄與土地管轄之規定。復基於訴訟經濟、證據共通性並防免裁判矛盾而影響司法公正性與信賴性之考量，同法亦設有合併管轄與審判之制度。

二、按依刑事訴訟法第4條事物管轄之規定，犯刑法外患罪章第109條洩漏國防秘密罪之刑事案件，由高等法院管轄第一審。至如犯刑法瀆職罪章第132條之洩漏國防以外秘密罪之刑事案件，則由地方法院管轄第一審。另依刑事訴訟法第304條之規定，無管轄權之案件，應諭知管轄錯誤之判決，並同時諭知移送於管轄法院。本例高等法院既認定檢察官起訴之兩案件，被告所犯均係洩漏國防以外秘密罪，而應屬地方法院管轄第一審之案件，自應諭知管轄錯誤判決，同時移送有管轄權之地方法院爲實體審理，如其誤爲實體判決，即有刑事訴訟法第379條第4款所列之判決當然違背法令。

三、再按依刑事訴訟法第6條第3項不同級法院管轄之相牽連案件，得合併由其上級法院管轄之規定。本例如高等法院認爲被告所犯之洩漏國防秘密罪與洩漏國防以外秘密罪係屬犯意個別之兩案件，而符合同法第7條第1款一人犯數罪之相牽連案件之規定，則高等法院因此對被告所犯之洩漏國防以外秘密罪之案件亦取得事物管轄權，其自得就兩案件合併爲實體審理與判決，並定應執行之刑。

相關試題

甲疑似酒後駕車撞死人，檢察官偵查終結，以甲於偵訊時之自白筆錄及其他相關事證，起訴甲犯刑法第185條之3第2項前段之不能安全駕駛動力交通工具致人於死罪嫌（得處三年以上十年以下有期徒刑）。審判期日，甲辯稱其所爲至多僅成立刑法第276條第1項過失致人於死罪（得處二年以下有期徒刑、拘役或2,000元以下罰金）云云，法院應如何進行論罪事實、科刑資料之調查與辯論？（105司法官）

考點提示：

一、通說基於保護被告訴訟防禦權與辯護權之意旨，認爲，不論檢察官起訴之罪名或法院審判時認定之罪名，如有其一屬於屬於刑事訴訟法第31條第1項規定之強制辯護案件者，該案即應有強制辯護之適用。故本例依檢察官起訴之不能安全駕駛動力交通工具致人於死罪，當應適用強制辯護。

二、本案關於準備程序與審判期日之證據調查與辯論程序，應依刑事訴訟法第273、288、289與290條之規定進行之。

第六章　偵審主體之訴訟作爲暨其與訴訟客體之關係

研讀聚焦

訴訟客體即是偵審程序之對象案件，此章節以深爲習法者或認艱深困惑的案件單一性&訴之同一性最是重要。由於案件&訴之數量影響法院判決是否符合控訴原則，有無已受請求事項未予判決（漏判或漏未判決）與未受請求事項予以判決（訴外無效判決）之情形，以及有無違反一事不再理原則，因之，如何判斷案件數&訴數，即成爲國考命題偏好所在。而實務之實體法說&社會基本事實訴同一說、學說所採之事理緊密關聯性說，加以所謂倒果爲因之不一定原則（法院推翻檢察官之起訴，上級審推翻下級審之認定）與不可分性效力，如此彎彎繞繞更是苦暈了眾多學子。

此外，偵審主體對訴訟客體（案件）之終局性作爲，就檢察官而言，主要爲起訴&不起訴&緩起訴，就法院而言，當然是裁定&判決；並由此衍生筆錄之種類與合法程式、文書原本與正本之更正途徑、送達方法等。同時，偵審主體之上述訴訟作爲，更應受訴訟條件影響，訴訟條件之欠缺類型&具備皆應有不同之適法作爲。

再者，法院終局裁判&確定裁判&檢察官終結處分（不起訴、續起訴）之類型與效力（拘束力、執行力、形式&實質確定力）、既判力之時點範圍、對檢察終結處分不服之救濟途徑與要件（聲請再議、聲請交付審判）等，尤其是無效處分之效果&再行起訴要件之關聯性，乃本章另一研讀重點。

案例試題

例題1

某甲於數年前為報仇，透過管道購得制式手槍一把。半年後遇到仇人某乙，當場持槍將某乙殺害。數日後，某甲遭遇警方臨檢查獲該槍，檢察官偵查後以「未經許可持有槍砲」之罪名起訴某甲，並於同年遭法院判決有罪確定。後檢察官發現某甲另有持該槍殺害某乙之事實，遂向法院起訴某甲殺人罪。試問：

(一)刑事訴訟法第264條第2項規定，試問：檢察官起訴時須於起訴書內記載「犯罪事實」。試問此「犯罪事實」之意義為何？此一記載在訴訟上有哪些功能？

(二)設法院於民國95年6月就某甲遭起訴殺人罪判決。試問應如何判決方屬適法？設法院於同年8月判決，結果是否相同？　　(95律師)

解碼關鍵

犯罪事實涉及案件數之判斷，攸關控訴原則、牽連犯於刑法修正前後在訴訟上之不同效果。

擬答

一、犯罪事實之功能

(一) 起訴書所應記載之犯罪事實，應包括構成犯罪之具體事實（行為主體、行為客體、被害對象、侵害之法益）及其犯罪之日、時、處所、方法等。

(二) 按關於案件單一性之判斷標準，實務採實體法說，即以實體法之罪數而為訴訟法之案件數。學者通說則採緊密事理關聯性說，以行為人所為犯罪行為之時間、地點、方法、手段、侵害之法益種類、目的是否具有緊密關聯為判斷（因如此方有審理可能性）。故犯罪事實之記載攸關案件數之判斷。

(三) 犯罪事實之涵義與控訴原則密切相關，故在訴訟上具有如下功能：

1. 使法院審判範圍具體（不告不理、告即應理）及被告防禦對象明確，以避免突襲性攻擊與審判。
2. 確定既判力範圍以定一事不再理原則是否適用。
3. 確定基本事實同一性以定可否變更起訴法條。
4. 確定案件是否單一以定檢察官就未起訴事實應函請併辦或追加起訴。

二、牽連犯於刑法修正前後之不同處理

(一) 依實務傳統之實體法說見解，刑法修正前之牽連犯因係數罪一罰而為裁判上一罪，故屬單一案件，乃有起訴不可分、審判不可分與既判力擴張之適用，故未經起訴之持槍部分已為殺人有罪確定判決之既判力所及，本於一事不再理原則，如檢察官再行起訴，法院應依本法第302條第1款（曾經判決確定）為免訴判決。至刑法修正後，牽連犯之處斷已改為數罪併罰，故訴訟法上乃係相牽連之數案件（本法第7條第1款），則殺人有罪確定判決之效力自不及於持槍部分，就該持槍部分，檢察官應另行起訴，再由法院為實體判決。

(二) 依通說之緊密事理關聯性說，不論刑法修正前後，牽連犯如非屬同一個生活歷程之事實，其時間、場所、手段、目的均迥異時，訴訟法上即屬不同案件，則持槍部分自非殺人罪有罪確定判決之既判力所及，應由檢察官另行起訴，並由法院為實體判決。

注釋資料：例解刑事訴訟法「體系釋義版」第六章之焦點「訴訟標的（案件）單一性與同一性之內涵」。

例題2

刑事訴訟法第264條第2項第2款前段規定檢察官之起訴書應記載「犯罪事實」，試問此一記載內容在刑事訴訟程序有那些重要作用？　（100政風）

解碼關鍵

同上揭例題1。

擬答

一、控訴原則

按控訴原則之不告不理與告即應理，目的在使法院保持客觀中立之審判地位，是以無論是不告而理之無效判決（訴外裁判）抑或告而不理之漏判（數案件）、漏未判決（單一案件），均屬違背彈劾主義控訴原則之違法。

二、犯罪事實具體特定作用

(一) 案件係由被告與犯罪事實所構成，故於公訴案件中，檢察官起訴書所記載之「犯罪事實」涉及起訴案件數之判斷，若係單一被告與單一犯罪事實，則法院僅以一判決終結該單一案件之訴訟繫屬；倘係兩個以上之犯罪事實，法院即應爲相應之數判決。在前者（單一事實中），存在起訴不可分與審判不可分性，法院之漏未判決，構成當然違背法令，得以上訴或非常上訴救濟；至若法院誤爲兩個以上判決，即屬無效之訴外裁判，同爲當然違背法令，亦循上訴或非常上訴救濟。而在後者（數事實中），因產生數案件之訴訟繫屬，倘法院就其中某案（犯罪事實）未予判決，則應由檢察官就此告而不理之漏判，聲請補判。承上所述，犯罪事實具有確定「案件」與「訴」數之作用。

(二) 法院變更檢察官起訴時所引用之罪名（起訴法條），依刑事訴訟法第300條之規定，須在犯罪事實同一之範圍內方得爲之，故檢察官起訴所載之「犯罪事實」即爲判斷法院變更起訴法條是否合法之重要依據。

(三) 本於一事不再理原則與重複起訴禁止之法理，同一案件（被告與犯罪事實相同）不得重複起訴，否則應視前訴是否已判決確定，而就後訴爲不受理（前訴判決未確定）或免訴（前訴判決已確定）判決，故起訴書記載之「犯罪事實」即具有界定前後訴是否爲同一案件之作用。

注釋資料：最高法院98年台上第2544號判決。

例題3

實質上或裁判上一罪之一部，經檢察官終結偵查者，可否就其他部分再行提起公訴或自訴？如再行提起公訴或自訴，法院應如何處理？設自訴在偵查終結前，又應如何處理？試分述之。（78司法官）

解碼關鍵

本於起訴不可分，一部公訴則全部不得再公訴或自訴；公訴優先原則於告訴乃論之罪不適用。

擬答

一、再行公訴或自訴之適法性

(一) 自訴之情形

1. 檢察官起訴後，不得再自訴，蓋實質上一罪或裁判上一罪，經檢察官就犯罪事實之一部加以起訴，依刑事訴訟法第267條之規定，檢察官起訴之效力會及於全部，其全部之犯罪事實既經起訴，則不許自訴人再行提起自訴。
2. 檢察官不起訴處分後，實務見解原認爲不得再行自訴，乃因實質上一罪或裁判上一罪，既經檢察官處分不起訴，爲限制自訴起見，對於未經不起訴處分之他部，亦不得再行提起自訴（25年上字第116號）。此見解業經最高法院92年第一次刑庭決議不再援用，亦即他部仍得自訴。

(二) 公訴之情形

1. 檢察官爲起訴處分時，不得另行起訴，蓋在實質上一罪或裁判上一罪之一部，既經檢察官終結偵查提起公訴，其起訴之效力依刑事訴訟法第267條之規定，及於單一案件之全部，故對於單一案件之他部，檢察官不得再行提起公訴。
2. 檢察官爲不起訴處分時，可再行提起公訴，蓋案件是否單一乃訴之效力問題，與偵查無關，故在偵查程序中，並無所謂單一性，更無所謂偵查不可分。因此，實質上或裁判上一罪之一部雖經檢察官處分不起訴，與他部之間既不生全部一部之關係，其他部分如經偵查終結，認爲應提起公訴或處分不起訴時，仍得爲之。

二、法院之處理

(一) 再行自訴之情形

同一案件經檢察官開始偵查後再行自訴，即係不得提起自訴而提起之情形，應依刑事訴訟法第334條諭知不受理判決。

(二) 再行公訴之情形

1. 起訴後再行起訴之情形：同一案件經檢察官提起公訴者，自不得再就其中一部重行起訴，倘若重複起訴，法院應依刑事訴訟法第303條第2款或第7款諭知不受理。

2. 不起訴後重行起訴：由於偵查中並無不可分之關係，故檢察官雖就案件之一部處分不起訴，其效力並不會及於他部，就其他部分，仍得爲起訴或不起訴之決定，倘若起訴時，法院得對之進行實體審理。

三、偵查終結前之自訴

(一) 非告訴乃論

依刑事訴訟法第323條之規定，檢察官開始偵查之後，即不得再行自訴，如再行自訴，法院應依刑事訴訟法第334條之規定諭知不受理。

(二) 告訴乃論之罪

告訴乃論之罪之直接被害人於偵查終結前就單一案件之一部事實提起自訴者，依刑事訴訟法第323條第2項之規定，檢察官應即停止偵查，將案件移送法院；但若他部爲非告訴乃論之罪時，依刑事訴訟法第319條第3項之規定，亦得以提起自訴論，但仍須受同項但書之限制。

注釋資料：陳樸生，刑事訴訟法實務，頁98；朱石炎，刑事訴訟法實務（上），頁96。

相關試題

甲爲司法警察，因凌虐人犯丙致重傷，甲凌虐人犯部分經檢察官終結偵查後，丙可否就過失致重傷逕提自訴？抑檢察官得否另爲公訴？設甲提過失致重傷之自訴在偵查終結前，有無不同？

考點提示：起訴（審判）不可分性、公訴優先原則與例外。

例題4

某甲於民國92年6月間在台北市內，以概括犯罪之意思，先後對其兒子某乙，以及向某乙分租房間的某丙竊盜。某丙擁有某甲竊盜行為全程之錄影帶，於是委任律師針對自己被竊之事實，向台灣台北地方法院自訴某甲竊盜。試問某丙所提本件之自訴，其效力如何？台灣台北地方法院應為如何判決？

（註：依刑法從舊從輕原則，本例在95年7月刑法實施後仍為單一案件）

解碼關鍵

單一案件之不可分性；對尊親屬自訴之限制；相對告訴乃論之罪欠缺告訴之處理。

擬答

一、案件單一性與不可分性

按「檢察官就犯罪事實一部起訴者，其效力及於全部」；又「自訴程序，除本章有特別規定外，準用第二百四十六條、第二百四十九條及前章第二節、第三節關於公訴之規定」，刑事訴訟法第267條及第343條分別定有明文，是以自訴人就犯罪事實之一部提起自訴者，其效力亦及於全部，此即基於案件單一性所生之起訴不可分與審判不可分之效力。

二、形式訴訟條件之審查

次按法院爲案件之實體審判前，應先審查該案件之形式與實體訴訟條件是否具備，其中形式訴訟條件倘有欠缺，法院即應分別情形爲管轄錯誤或不受理判決，而告訴乃論之罪未經告訴者，依本法第303條第3款之規定即應諭知不受理判決，又直系親屬間之竊盜依刑法第324條第2項之規定須告訴乃論，乃屬相對告訴乃論，故若未經告訴權人告訴時，依前開說明即屬形式訴訟條件不具備。

三、自訴之限制

末按「犯罪事實之一部提起自訴者，他部雖不得自訴亦以得提起自訴論。但不得提起自訴部分係較重之罪，或其第一審屬於高等法院管轄，或第321條之情形者，不在此限」。又「對於直系尊親屬或配偶，不得提起自訴」，本法第319條第3項及第321條分別定有明文。據此，學說有認本題甲連續竊盜乙、丙財物屬單一案件，其因甲爲被害人之直系尊親屬，則甲竊盜乙之事實部分即不得自訴，而依本法上開規定，甲竊盜丙之事實部分亦不得自訴；惟有認僅須直接被害人即得提起自訴，不受本法第319條第3項之限制，且乙、丙分屬獨立被害人，其因自身法益受有侵害所得行使追訴之權利，不應受他人自訴權之限制所剝奪。

四、結論

本題被害人丙依本法第319條第2項之規定委任律師爲代理人對甲提起自訴，程序合法。雖有認基於本法第319條第3項與第321條之限制，被害人丙不得自訴，惟亦有認丙既爲直接被害人應不受上揭第319條第3項之限制，淺見採此說。倘法院認甲係基於概括犯意連續竊盜乙丙財物，甲所犯即屬裁判上一罪而爲單一案件，因其對乙所犯爲刑法第324條第2項之親屬竊盜罪，需告訴乃論，依題意乙未告訴，雖丙對甲竊取本人財物部分之自訴效力，揆諸前揭說明及於甲竊取乙財物之部分，而爲法院審判範圍，惟因該潛在性事實未經告訴欠缺形式訴訟條件，法院應對甲竊盜丙部分爲實體判決，另對甲竊盜乙部分於判決理由爲不受理之說明。又若法院認甲竊盜乙、丙之犯行乃個別犯意，而屬數罪併罰案件，丙自訴效力即不及於甲竊盜乙之部分，法院僅得就甲竊盜丙部分爲實體審判。

注釋資料：例解刑事訴訟法「體系釋義版」第六章之焦點「單一案件不可分之整理」。

例題5

某甲駕駛計程車，不慎撞倒由某乙駕駛後座搭乘某丙之機車，致某乙與某丙均受輕傷，某乙告訴某甲過失傷害，經起訴並判決某甲無罪確定後，某丙又告訴某甲過失傷害，並由檢察官向同一法院提起公訴，法院應為如何之判決？理由安在？試請詳述之。（77律師）

解碼關鍵

案件一部事實經判決無罪，另一部事實得否起訴審判之爭議。

擬答

一、實體法關係

某甲因過失的駕駛行爲，不慎撞倒乙及搭乘乙機車之丙，乃係一過失行爲，侵害二個身體法益各成立二過失傷害罪之想像競合犯，實體上屬裁判上一罪。

二、程序法關係

乙、丙二人先後對甲的過失傷害行爲提起告訴，惟丙之告訴行爲係在乙之後，且法院就甲過失傷害乙之行爲已無罪判決確定，此時，法院對甲過失傷害丙之行爲究應如何判決，有不同見解：

(一) 實務見解

某甲以一行爲觸犯數罪名，其觸犯之數罪名之犯罪構成要件均屬相同，且係以一行爲犯之，依一行爲僅應受一次裁判之原則，本案已因前訴無罪判決確定，對於後起訴者，不容再爲其他有罪或無罪之實體判決，故法院對於甲過失傷害丙之行爲，應爲免訴之判決。

(二) 學說見解

甲之過失傷害雖係一行爲，而其所犯者，本係數罪，其既判力之所以及於全部者，乃由於從一重處斷之結果，若其一部經諭知無罪，對於其他部分既不生審判不可分之關係，則其效力自不及於未經判決之其他部分；故甲過失傷害乙之行爲既經無罪判決，即與他部間無審判不可分之關係，故法院對於甲過失傷害丙之行爲，自得爲實體判決。

注釋資料：陳樸生，刑事訴訟法實務，頁282以下；最高法院67年第10次刑庭決議。

例題6

檢察官於民國93年4月間以甲涉嫌詐欺乙、丙財物提起公訴，同年8月間第一審審理中再以甲另涉詐欺丁、戊移請併辦，第一審法院則以甲詐欺乙、丁部分不能證明諭知無罪，並對甲詐欺丙、戊部分判處罪刑。試問此判決是否合法？倘有違法應如何救濟？

解碼關鍵

單一案件不可分性以各部犯罪事實皆有罪為前提；函請併辦非起訴，若非單一案件則不得對之為判決。

擬答

一、案件單一性之起訴與審判不可分

檢察官就單一案件之犯罪事實一部起訴者，效力及於全部，法院得就全部犯罪事實均予審判，此即為學理上所謂之起訴不可分與審判不可分之效力，惟起訴之顯在性事實之效力擴及於未經起訴之潛在性部分，其前提乃在於該二部分之犯罪事實均成立犯罪且具不可分關係，倘一部犯罪事實不能證明，抑或不具不可分關係，即無由成立單一案件，自無起訴、審判不可分原則之適用。

二、本例第一審判決違法

(一) 本題第一審法院認檢察官起訴甲涉嫌詐欺乙部分不能證明犯罪，僅甲涉嫌詐欺丙部分成罪，則檢察官起訴之該二部分即非屬裁判上一罪，同理，法院後認檢察官函送併辦之甲詐欺丁、戊部分，前者不能證明犯罪，僅後者成罪亦然；易言之，倘甲係基於概括犯意連續詐欺丙、戊（均屬有罪），二者即屬裁判上一罪而為單一案件，至甲詐欺乙、丁部分既不成立犯罪，與前揭有罪部分因非屬裁判上一罪，自非單一案件。

(二) 承上所述，檢察官起訴甲詐欺丙部分與函請併辦之甲詐欺戊部分既有裁判上一罪，具不可分關係，則本於起訴不可分與審判不可分之效力，法院併就經起訴之顯在性犯罪事實（甲詐欺丙）與未經起訴之潛在性犯罪事實（甲詐欺戊）均予審判即為合法，至甲被訴詐欺乙部分雖與上揭有罪部分非屬裁判上一罪，惟既經起訴，本於控訴原則之告即應理，法院自得予以判決，另檢察官移請併辦之甲涉詐欺丁部分，因未經起訴且與有罪之顯在性事實（甲詐欺丙）非屬裁判上一罪，自非起訴效力所及，法院併予審判即有悖控訴原則之不告而理，應屬違法。

三、違法判決之救濟

檢察官對前揭違法判決部分得以上訴聲明不服資為救濟，至第二審法院撤銷該違法判決後可分下列情形而為不同處理：

(一) 無庸為任何諭知

倘第二審法院認甲涉詐欺丁部分犯罪不能證明抑或其雖認該部分有罪，惟係另行起意所為，與甲詐欺丙、戊部分不具連續犯裁判上一罪之不可分關係（而屬數罪併罰），此時本於不告不理之控訴原則，應撤銷原判決，無庸為任何諭知，將該部分移由檢察官另為偵辦。

(二) 自為合法判決

若第二審法院認該部分亦屬有罪且與甲詐欺丙、戊部分同係概括犯意之連續犯，而

有裁判上一罪之不可分關係，法院應併就甲詐欺丙、丁、戊部分合併爲一連續詐欺罪之判決。

另類思考：

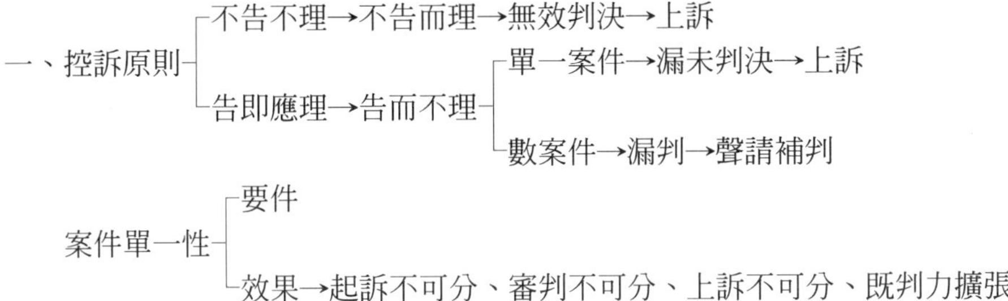

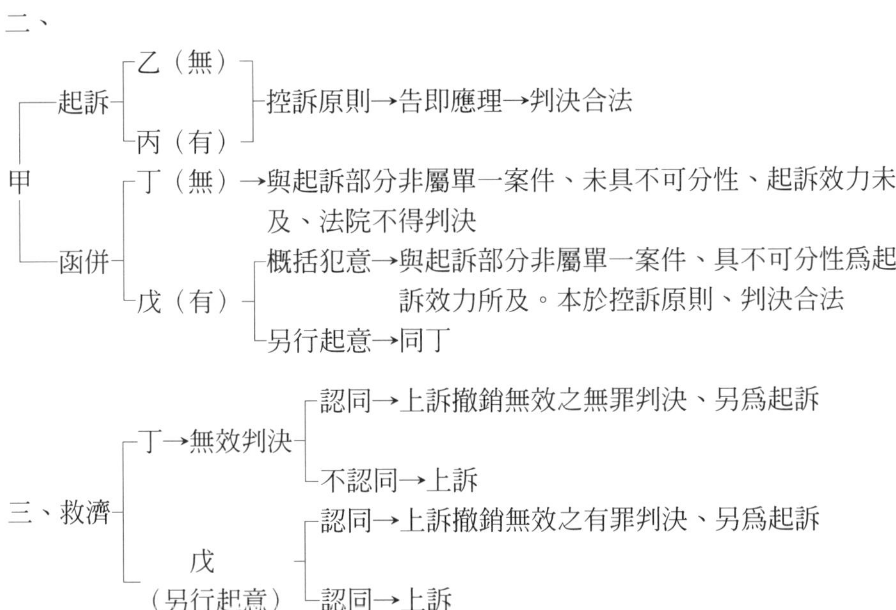

注釋資料：例解刑事訴訟法「體系釋義版」第六章之焦點「案件單一性之解題要訣」。

例題7

甲以鐵棍毆打乙之頭部成傷，乙即檢具診斷書向該地檢察署提出告訴，檢察官偵查後，認甲有傷害罪嫌，乃將之提起公訴。第一審法院審理結果，亦認甲罪證明確，而予諭知傷害罪刑之判決，檢察官及甲均未聲明不服，該案於焉確定。未幾，乙因前述頭部之傷導致腦出血死亡，檢察官獲悉，遂又以傷害致人於死之罪嫌將甲提起公訴。問：法院若認乙之死亡確係甲鐵棍毆傷頭部所致，則應為如何之判決？

解碼關鍵

加重結果犯屬單一案件，有既判力擴張之適用，不得再行起訴。

擬答

一、甲所犯傷害致死罪屬加重結果犯之單一案件

甲持鐵棍毆打乙頭部成傷，嗣並因腦出血死亡，甲所爲即構成刑法第277條第2項之傷害致死罪而屬加重結果犯，加重結果犯學理上認係屬實質上一罪，與單純一罪及裁判上一罪同爲單一案件。

二、案件單一性與既判力擴張

本於一案一訴一判原則與案件單一性之起訴審判不可分暨既判力擴張效力，檢察官僅就犯罪事實之一部分起訴者，其效力及於未經起訴之部分，本於控訴原則之告即應理，法院應併予審判，又若顯在性事實經判決罪刑確定者，該確定判決之實質確定力亦擴張及潛在性事實，而有一事不再理原則之適用，檢察官即不得就同一案件（包括未經起訴之潛在性事實）再行起訴，倘誤予起訴，法院亦應諭知免訴判決。

三、法院應諭知免訴判決

本題甲傷害乙部分經檢察官起訴並經有罪判決確定，承上所述，其既判力即擴張及於加重結果之致死部分，本於一事不再理原則自不得再行起訴，今檢察官誤予起訴，法院應依刑事訴訟法第302條第1款爲免訴判決，惟檢察官似得依本法第422條第2款爲受判決人甲之不利益聲請再審（若採實務見解則否）。

注釋資料：例解刑事訴訟法「體系釋義版」第六章之「訴訟客體單一性與同一性體系表」。

例題8

檢察官於民國90年6月間以甲涉嫌竊盜乙提起公訴，翌月第一審法院審理中，檢察官復以甲另涉竊盜丙、丁、戊函請法院併辦，惟第一審法院以甲竊盜丙、丁、戊部分係另行起意，與起訴部分非連續犯裁判上一罪關係而未予判決，僅就甲竊盜乙部分判處罪刑。試問檢察官不服此判決之救濟途徑究為提起上訴或聲請補判？又若提上訴，第二審法院應為如何處理？

（註：依刑法從舊從輕原則，本例在95年7月後仍為單一案件）

解碼關鍵

單一案件之不可分性以各部犯罪事實皆有罪爲前提；是否單一案件以上訴審法院之認定爲斷。

擬答

一、起訴不可分與審判不可分之前提要件

檢察官就單一案件之犯罪事實一部起訴者，效力及於全部，法院得就全部犯罪事實均予審判，此即爲學理上所謂之起訴不可分與審判不可分之效力，惟起訴之顯在性事實之效力擴及於未經起訴之潛在性部分，其前提乃在於該二部分之犯罪事實均成立犯罪且具不可分關係，倘一部犯罪事實不能證明，抑或不具不可分關係，即無由成立單一案件，自無起訴、審判不可分原則之適用。

二、檢察官之救濟途徑

(一) 本題第一審法院雖認甲竊盜乙、丙、丁、戊財物均能證明，惟因甲竊盜乙部分與甲竊盜丙、丁、戊部分係分別起意，非屬連續犯裁判上一罪關係，則檢察官起訴顯在性事實效力自不及於函請併辦部分，第一審法院就該部分即不得併予審判。

(二) 此際，檢察官倘接受第一審法院之判決結果，應另就未經起訴而函請併辦之甲竊盜丙、丁、戊部分另行偵查起訴（因未經起訴，故第一審法院未判非屬漏判，不得聲請補判）；惟若檢察官不服原判決，則得提起上訴聲明不服。

三、上訴審法院之處理

(一) 第二審法院如認檢察官函請併辦部分犯罪不能證明，或雖有罪然與起訴部分不具不可分關係（即另行起意），則應認上訴無理由而駁回。

(二) 第二審法院若認函請併辦部分有罪且與起訴部分均係概括犯意，而爲連續犯裁判上一罪關係，則本於單一案件起訴不可分、審判不可分效力，檢察官起訴顯在性事實之效力自及於未經起訴之潛在性部分，原審就該函請併辦部分漏未判決，即有悖告即應理之控訴原則，而屬已受請求事項未予判決之違法，第二審法院應認檢察官上訴有理由，撤銷原審違法判決，就甲竊盜乙、丙、丁、戊部分自為一連續竊盜之合法判決。

注釋資料：同前揭例題6。

例題 9

甲於民國90年間連續竊盜乙、丙兩人之財物後，又於隔年詐欺丁之財物，經檢察官於起訴書內記載甲竊盜乙之財物及詐欺丁之財物二事實而提起公訴，惟於起訴書內僅記載竊盜罪法條，並未記載詐欺罪法條，同年在本案審理中，甲又竊盜戊之財物，檢察官認係連續犯裁判上一罪，乃函請法院併案辦理，法院審理結果，認甲所犯詐欺丁之部分並未起訴，甲竊取戊之部分並不成立，未一併判決，僅就甲竊盜乙之部分，判決無罪確定。試問，甲竊盜丙、詐欺丁、竊盜戊之部分，法院均未予判決，是否違法？檢察官可否就甲竊盜丙、詐欺丁、竊盜戊之部分另行提起公訴？

（92律檢）

（註：依刑法從舊從輕原則，本例在95年7月後仍為單一案件）

解碼關鍵

審判範圍以起訴事實為斷，不受起訴法條之拘束；對無效判決應上訴救濟。

擬答

一、詐欺丁部分

按依刑事訴訟法第264條規定，起訴書應記載犯罪事實並所犯法條，惟依同法第267條規定「檢察官就犯罪事實一部起訴者，其效力及於全部」。易言之，檢察官之起訴範圍乃以犯罪事實為斷，而與起訴法條有無漏載無涉，故本題檢察官於起訴書內記載甲詐欺丁財物之事實，雖未記載該法條，法院仍應就該部分為審判，否則即違反控訴原則之告而不理，屬已受請求事項未予判決之「漏判」，對此檢察官應聲請補判救濟，又其既已經起訴，而不得再行提起公訴，否則即為重行起訴，應依本法第303條第2款，諭知不受理判決。

二、竊盜丙、戊部分

另按檢察官就犯罪事實一部起訴之顯在性部分效力及於未經起訴之潛在性部分，即所謂起訴不可分與審判不可分，係以二部均屬有罪方有單一案件不可分之關係，本題甲雖連續竊盜乙、丙，檢察官僅就甲竊盜乙部分起訴，然該顯在性事實既經法院判決無罪，即與甲竊盜丙之潛在性事實不具審判不可分關係，則檢察官起訴甲竊盜乙部分之效力不及於甲竊盜丙部分；同理檢察官函送甲竊盜戊，係以甲竊盜乙、戊部分具不可分關係為前提，今甲竊盜乙部分業經判決無罪，二者已不具起訴不可分與審判不可分關係，起訴效力而不及於甲竊盜戊部分，且函送併辦亦不具起訴性質，故甲竊盜戊部分亦未經起訴，則檢察官當得就甲竊盜丙與戊部分另行提起公訴，惟若檢察官不服第一審判決之認定，亦得提起上訴救濟。

注釋資料：同前揭例題1。

例題10

檢察官起訴後在客觀上產生如何效力？請分別說明之。

解碼關鍵

區分全部事實起訴&一部事實起訴；漏判&漏未判決&訴外判決之救濟。

擬答

本於控訴原則，法院應在檢察官之起訴範圍內爲判決，此範圍包含主觀面（被告）與客觀面（犯罪事實），茲就起訴之客觀效力，分別敘明如後：

一、全部事實已起訴者

(一) 檢察官以數罪起訴，法院亦認數罪時，應全部審判，如有漏判應聲請補判。

(二) 檢察官以數罪起訴，法院認係一罪時，亦應全部審判，如有漏未判決，屬刑事訴訟法第379條第12款之判決當然違背法令，應上訴救濟。

(三) 檢察官以一罪起訴，法院認數罪時，應同上揭一之處理情形。

(四) 檢察官以一罪起訴，法院亦認一罪時，如一部有罪，他部無罪、免訴或不受理時，實務見解認爲僅於主文中爲有罪諭知，其餘理由說明即可，惟若一部無罪，他部免訴或不受理，則應分別諭知。

二、僅就一部事實起訴者

(一) 法院認數罪時，因非單一案件效力不及於未起訴部分，即無本法第267條起訴不可分之情形。

(二) 法院認一罪時，若起訴部分與未起訴部分均有罪，則起訴效力及於未起訴部分，法院均予以審判（本法第267條），然如係起訴部分有罪，未經起訴部分無罪、免訴、不受理，或起訴部分非認有罪而未起訴部分有罪，則二者間自非單一案件均無審判不可分關係，即無本法第267條適用，法院不得就未經起訴部分爲審判。

注釋資料：同前揭例題7。

例題11

一、甲於民國91年間先後竊取乙、丙、丁、戊之財物，嗣經警方查獲移送地檢署，A檢察官如僅就甲竊盜乙、丙部分起訴抑或就甲全部犯行起訴，其效力有無不同？

二、甲進入A銀行搶劫財物，順利搶得現金百餘萬元後逃離現場，事後經警察機關查出甲涉嫌強盜，當警察至甲家中逮捕甲時，甲之弟乙為使甲逃避刑責，於是拿甲之身分證冒名頂罪，警察機關疏忽未詳查而將乙移送地方檢察署，案經檢察官將乙以強盜嫌提起公訴；在審判中，警察機關另查出甲曾搶劫B銀行，乃將此部分移送地檢署偵辦，檢察官以甲係連續強盜為由，將搶劫B銀行部分函送審理法院。試問：

(一) 檢察官將甲搶劫B銀行部分函送審理法院，其處理是否妥適？

(二) 若第一審法院於審理中發現錯誤時，應如何處理？　（97司法事務官）

解碼關鍵

單一案件判斷標準（實體法說&事理緊密關聯性說）；冒名頂替影響眞正被告之訴訟防禦權。

擬答

一、單一案件之判斷

按關於案件單一性之判斷標準，實務採實體法說，即以實體法之罪數而爲訴訟法之案件數。學者通說則採緊密事理關聯性說，以行爲人所爲犯罪行爲之時間、地點、方法、手段、侵害之法益種類、目的是否具有緊密關聯爲判斷（因如此方有審理可能性）。本例被告甲先搶劫A銀行財物，嗣又經查獲搶劫B銀行，此兩次犯行乃屬連續犯。次按連續犯依現行刑法已廢除數罪一罰之規定而改依數罪併罰處斷，又此兩次犯行，其時間、場所均不具緊密關聯性，故不論依傳統見解之實體法說或通說之事理緊密關聯性說，本例均屬相牽連之數案件，而非單一案件，故檢察官不得依單一案件之不可分性，將未經起訴甲搶奪B銀行部分逕行函請併辦，而應另行起訴或依本法第265條之規定追加起訴，方屬合法。

二、冒名頂替之處理

關於被告錯誤時，起訴對象（眞正被告）之判斷，通說採併用說，亦即以表示說（起訴書所指之人）與行動說（到庭受審判之人）爲綜合判斷，而唯有正確判斷檢察官起訴之眞正被告，法院之審判方不致違反控訴原則與程序規定。本例乃乙冒甲名出面頂替甲之犯行，依表示說之被告爲甲，依行動說之被告爲乙，併用說即認定檢察官起訴之對象爲甲，因被告仍爲甲非乙，第一審審理中發現該錯誤時，本於對被告聽審權與訴訟防禦權之保障，法院應將在場之非被告乙飭退，另傳被告甲到庭進行審理，否則即屬本法第379條第6

款被告未於審判期日到庭而逕行審判與第11款之未予被告以最後陳述之機會之判決當然違背法令。

注釋資料：林鈺雄，月旦法學第122期，頁45以下；例解刑事訴訟法「體系釋義版」第九章之焦點「被告錯誤之類型說明」。

例題12

檢察官追加起訴，應於何時就如何之犯罪為之，是否以同一被告為限？試詳言之。

（84律師）

解碼關鍵

相牽連案件均得追加起訴，不限同一被告。

擬答

一、追加起訴之要件

按依刑事訴訟法第265條規定：「於第一審辯論終結前，得就與本罪相牽連之犯罪或本罪之誣告罪，追加起訴。」據此追加起訴之要件如下：

(一) 追加起訴須於第一審言詞辯論終結前爲之。

(二) 得追加起訴之案件，需爲與本案相牽連之案件或本罪之誣告罪，所謂相牽連案件，依刑事訴訟法第7條之規定，係指：

1. 一人犯數罪者。
2. 數人共犯一罪或數罪者。
3. 數人同時在同一處所各別犯罪者。
4. 犯與本罪有關係之藏匿人犯、湮滅證據、僞證、贓物各罪者。

二、追加起訴不以同一被告為限

蓋追加起訴乃基於訴訟經濟並避免裁判矛盾之考量，利用同一審判程序將具有相牽連關係之案件或本罪之誣告罪一併審理，就其得追加起訴案件之性質，除刑事訴訟法第7條第1款一人犯數罪之情形，係限於同一被告之外，其餘之情形，如數人共犯一罪或數罪，同時犯、本罪之誣告罪等，其被告均屬各別，並非同一個，故追加起訴之案件並不以同一被告爲限（注意：單一案件未經起訴部分之犯罪事實，檢察官應函請併辦；至數案件中未經起訴之某一案件犯罪事實，檢察官應追加起訴）。

注釋資料：例解刑事訴訟法「體系釋義版」第五章之焦點「相牽連案件合併審判之情形」。

例題13

於第一審審判中，檢察官追加起訴，有下列情形之一者，法院應如何處斷？

(一)乙犯裁判上一罪檢察官就犯罪事實一部起訴，審判中發現係想像競合犯，就未起訴部分追加起訴，法院對追加起訴部分應如何判決？

(二)甲一人犯數罪，檢察官就未起訴之犯罪，追加起訴，如原起訴之罪判決無罪，法院對追加起訴之罪，應如何處理？ (76律師)

解碼關鍵

審判中對同一案件追加起訴（重行起訴），應爲不受理判決。

擬答

一、案例(一)應不受理判決

按依刑事訴訟法第267條之規定：「檢察官就犯罪事實之一部起訴者，其效力及於全部。」故裁判上一罪之單一案件，檢察官對顯在性部分之起訴效力及於潛在性部分，對於未起訴之潛在部分，檢察官無須另爲起訴，只須移送法院併案處理即可。是以本題檢察官對於想像競合犯未起訴之部分追加起訴，由於想像競合犯係屬單一案件，起訴效力擴張及於未起訴之潛在部分，則檢察官追加起訴之行爲，係就業經起訴之案件，重行起訴，法院應依刑事訴訟法第303條第2款諭知不受理判決。

二、案例(二)應實體判決

一人犯數罪之情形，法院對於已先起訴之部分判決無罪，並不影響其後所追加起訴之罪，蓋因一人犯數罪時，依刑事訴訟法第7條第1款之規定，係屬主觀牽連之相牽連案件，由於犯罪事實爲複數，其刑罰權亦屬個別，故在程序上爲數案件，亦爲數訴。本法第265條基於訴訟經濟考量允許檢察官追加起訴，被追加之訴與原起訴之罪間，僅係利用同一審判程序加以審理，惟二者乃個別獨立，因此，原起訴之罪雖獲判無罪，對於追加起訴之罪並無影響，法院仍應就其獨立審判。

注釋資料：同前揭例題1、12。

例題14

甲、乙因土地糾紛素有嫌隙，某日甲持球棒痛擊乙頭部，致乙嚴重腦震盪併發腦硬膜出血，經住院急救近月始脫離險境，乙傷癒出院後與甲達成和解而未提告訴，惟A檢察官據報仍主動偵辦並依殺人未遂罪嫌將甲提起公訴，第一審法院審理後認被告甲所犯前揭事實應係該當普通傷害罪，試問法院得否變更起訴法條而為判決？

解碼關鍵

變更起訴法條之標準有基本社會事實同一說&緊密事理關聯性說；告訴乃論之罪予告訴權補行告訴之機會。

擬答

一、變更起訴法條之意涵

按在檢察官起訴所指之被告與犯罪事實同一之範圍內，法院得不受檢察官起訴法律見解之拘束，亦即得由法院本於法律見解之確信，變更檢察官起訴時所引應適用之法條；至所謂之犯罪事實同一，其判斷標準向有不同見解，包括基本社會事實同一說、訴之目的及侵害性行為之內容說、法律事實同一說（新近實務見解，86年度台非字第187號判決）、構成要件之事實共通說及緊密之事理關聯性說。於茲應注意者，乃過度擴大變更起訴法條之範圍，恐將有突襲性裁判之虞，對被告防禦權之實施形成妨礙，故應於變更法條後重新踐行調查證據與辯護程序，俾使被告之實質正當法律程序之保障得以落實。

二、不受理判決與變更起訴法條

(一) 本題法院審認之事實與檢察官起訴之犯罪事實一致，均係被告甲持球棒痛擊被害人乙之頭部，於此事實同一性之前提下，揆諸上開說明，法院認該犯罪事實應係該當於刑法第277條第1項之普通傷害罪，自得變更檢察官起訴時所引之刑法第271條第2項之殺人未遂罪為普通傷害罪，惟因被害人乙對傷害罪部分逾六個月仍未告訴，本案即屬形式訴訟條件欠缺，法院應依刑事訴訟法第303條第3款諭知不受理判決。然因本法第300條之適用僅限同法第299條有罪判決，故法院於變更起訴法條為不受理判決時，不得另引本法第300條。

(二) 但有學者認為，法院變更罪名使本案轉為告訴乃論之罪，非可歸責於告訴權人，故應予告訴權人補行告訴之機會，並於補正告訴後，為傷害罪之有罪判決。

注釋資料：例解刑事訴訟法「體系釋義版」第六章之焦點「學說對變更起訴法條相關問題之重要見解」。

例題15

試就下列事實，討論有無刑事訴訟法第300條之適用，並說明法院應如何判決？

(一)檢察官以被告犯竊盜（刑法第320條第1項）及傷害（刑法第277條第1項）罪嫌起訴，法院審理結果認應成立準強盜罪（刑法第329條）。

(二)被告甲男騎車自乙女背後抓乙女之手，乙女誤以甲搶劫報警，檢察官以搶奪未遂罪嫌（刑法第325條第3項）起訴，但法院審理後，認應成立強制猥褻罪（刑法第224條）。（90律師）

解碼關鍵

同上揭例題14。

擬答

一、變更起訴法條之涵義

(一) 定義

指法院於檢察官起訴之同一犯罪事實（以訴之目的及侵害性行爲之內容爲據，亦即以原告請求確定之具侵害性的社會事實關係爲標準或事理緊密關聯性判斷）範圍內，變更檢察官所引應適用之法條。

(二) 適用範圍

1. 須不變更起訴之犯罪事實。
2. 刑法總則、分則、特別刑法之法條變更均屬之。
3. 限於第299條之有罪判決。
4. 無罪判決：不生變更問題（32年上第2192號）。
5. 免訴、不受理判決：仍得變更起訴法條而爲免訴或不受理判決，但毋庸引用第300條。

(三) 標準

1. 甲說（法條說）：若法條相同，縱罪名不同亦毋庸變更。例如：刑法第271條第1項變更爲第271條第2項。
2. 乙說（罪名說）：又可分爲三說：
   (1) 同章次說：例如：刑法第210條變更爲第216條，雖法條不同，但於同一章次內屬相同之罪名。
   (2) 同條說：例如：刑法第271條第1項變更爲第271條第2項，雖項款不同，但法條相同，仍不須變更法條。
   (3) 同項款說：例如：刑法第339條第1項變更爲第339條第2項，項款不同便須變更法條。

(四) 類型

1. 事實不同一時：基於控訴原則之不告不理，法院即不得引本法第300條變更起訴法條爲判決，否則乃屬未受請求事項予以判決之當然違背法令（第379條第12款）。
2. 事實同一但法律評價不同時：即本法第300條之變更起訴法條，惟此時法院應重新踐行告知義務（第95條）並予被告充分防禦權（調查證據、陳述意見、詰問、事實與法律辯論、最後陳述），否則其判決當然違背法令（第379條第9、10、11款）。
3. 事實同一且法律評價相同但對事實過程認定不同：例起訴認被告於某日上午11時在A地殺人，法院認係該日上午11時在B地殺人，此時處理情形應類推適用變更起訴法條之程序。

二、結論

本題之二型案例由訴之目的以觀，起訴事實與法院認定之事實均屬同一之範圍，故法院得變更起訴法條爲判決，不受起訴法條拘束，惟變更後應踐行上揭正當法律程序對被告所保障之權利。

注釋資料：陳樸生，刑事訴訟法實務，頁100；林鈺雄，刑事訴訟法（上），頁237以下。

例題16

某雜誌社主編甲，涉嫌觸犯刑法第109條第1項之洩露國防秘密罪，經高等法院檢察署檢察官偵查終結，向高等法院提起公訴，法院受理案件後即為被告指定律師乙為被告義務辯護，審判期日，甲到庭拒絕陳述，法院遂不待其陳述逕行辯論，甲突然憤而退庭，法院於甲退庭後，對乙告知，被告所為可能觸犯刑法第132條之洩露國防以外之秘密罪，乙則表示「辯護意旨詳如辯護意旨狀」，惟始終未見提出意旨狀，法院宣示辯論終結，並如期宣判，以被告觸犯洩露國防以外秘密罪判處有期徒刑拾月，試問判決所踐行之訴訟程序是否違法，理由何在？　（92律師）

解碼關鍵

同前揭例題14。

擬答

一、正當法律程序之保障

按大法官會議釋字第384號解釋所稱實質的正當法律程序保障，於刑事訴訟之審判中被告而言，包括：(一)告知義務（刑事訴訟法第95條）之踐行；(二)辯護權：辯護人有在場權（第271條第1項）、交通權（第34條）、資訊請求權（第33條）及陳述與辯論權（第163條第3項、第288條之2、第289條）；(三)指出有利證明方法（第161條之1、第288條之1第2項）；(四)聲請調查證據權（第163條第1項）；(五)對證據陳述意見權（第163條第3項、第288條之1第1項）；(六)詢問、詰問與對質權（第163條第1項、第166條、第169條）；(七)聽審權（第271條第1項）；(八)證據證明力與事實法律之辯論權（第288條之2、第289條）；(九)最後陳述權（第290條）……等。

二、變更起訴法條應踐行之程序

次按依本法第300條規定，法院得於犯罪事實同一之範圍內，變更檢察官起訴時所引應適用之法條，惟學說均認法院應於變更罪名後，重新踐行上開刑事訴訟法賦予被告之實質正當法律程序，以保障被告於審判中之防禦權，此觀諸本法第95條第1款之規定亦明，否則即有本法第379條第9款「應更新審判」、第10款「應於審判期日調查之證據而未予調查」及第11款「未與被告以最後陳述之機會」之判決當然違背法令之情形。

三、變更起訴法條之要件

承前所述，法院欲變更檢察官起訴時所引應適用之法條，須於犯罪事實同一之範圍內方得爲之，至犯罪事實是否同一之判別標準則有下列不同見解：

(一) 社會事實關係說

此說認事實上是否同一，應依訴之目的及侵害性之內容是否同一而定，即原告請求確定其具有侵害性之社會事實關係爲準，亦即經原告擇爲訴訟客體之社會事實關係爲準。

(二) 法律事實同一性說

認適用之罪名同質或構成要件相似，起訴之犯罪事實始能維持同一性。係對事實應有法律觀點之想法（48年台上第73號）。

(三) 構成要件之事實共通說

起訴事實之同一性判斷，除應要求基本之社會事實同一，且檢察官所起訴之犯罪事實，應與嗣後法院認定之犯罪事實具有相當程度之共通性，始可認爲具有同一性。且充分保障被告之防禦權，應透過刑事訴訟法第95條等權利事項告知賦予被告辯明之機會。

(四) 緊密之事理關聯性說

有認僅需行爲人的整體舉止，根據自然之觀點足以合成一個相同的生活過程，便是一個訴訟上之犯罪事實，即應有緊密之整體關聯性；亦即應以行爲時間、地點、行爲客體及侵害目的爲判斷基礎，淺見以此說爲當，本題法院自得變更起訴法條。

四、強制辯護與指定辯護

再按案件是否屬本法第31條第1項所規定應強制辯護者，通說見解認僅需起訴法條或判決適用之法條有一屬強制辯護範疇即該當，是以本件依檢察官起訴所引法條即應爲強制辯護，惟本題辯護人僅答辯「辯護意旨詳如辯護意旨狀」，卻未提出辯護狀，法院如仍爲辯論終結，訴訟程序是否合法？淺見以爲辯護權乃刑事訴訟法賦予被告之正當法律程序之保障，倘法院未予踐行（如未合法通知辯護人到場或辯護人到場而未予辯論陳述之機會），即不合法，最高法院68年台上第1046號判例暨91年第7次刑庭總會決議同此見解。至若法院已予在場辯護人行使辯論陳述之權利，辯護人放棄未行辯護且未提出辯護狀，則法院應曉諭被告更換辯護人，如係強制辯護案件，得另指定公設辯護人爲被告辯護。

五、事物管轄與管轄錯誤

末按刑法第109條第1項之洩漏國防秘密罪屬外患罪章，同法第132條洩漏國防以外秘密罪屬瀆職罪章，依刑事訴訟法第4條事物管轄之規定，前者之第一審管轄法院爲高等法院，後者則爲地方法院，倘法院認定管轄之有無錯誤不當而爲判決時，依本法第379條第4款之規定即屬判決當然違背法令，得提起第三審上訴。

六、結論

本題被告甲於審判期日到庭，拒絕陳述且未受許可即退庭，依本法第305條規定，法院自得不待其陳述而爲判決，又被告之辯護人陳明辯護如辯護意旨狀所載，其雖未提出辯護狀，惟法院既已予辯護之機會，即無違法之處，惟法院僅告知辯護人可能變更起訴法條，卻未重新踐行前揭被告於審判中受保障之實質正當法律程序，且依變更後之罪名，其第一審管轄法院爲地方法院，詎高等法院仍逕爲第一審判決，自屬本法第379條第4、9、10及11款之判決當然違背法令。倘認辯護程序不合法，則另構成本法第379條第7款之判決當然違背法令。

注釋資料：黃東熊，刑事訴訟法，頁256以下；陳運財，月旦法學第62期，頁145以下。

例題17

(一)我國刑事訴訟法第281條第1項規定「審判期日，除有特別規定外，被告不到庭者，不得審判」，與同法第371條「被告經合法傳喚，無正當之理由不到庭者，得不待其陳述，逕行判決」之規定不同，其理由為何？請詳述之。

(二)設有檢察官以甲持刀砍傷某乙，認有刑法第277條第1項傷害罪嫌提起公訴，並經一審法院以傷害罪責，判處甲有期徒刑七月，檢察官認量刑過輕提起上訴，二審法院審理中，查覺甲係基於殺人故意殺害乙，雖未至死亡，仍難辭殺人未遂罪責，惟於審判期日，甲經合法傳喚無正當理由未到庭，二審法院可否不待其到庭陳述逕行判處甲殺人未遂罪刑？

解碼關鍵

直接審理原則下之合法調查；變更起訴法條後應踐行之正當程序。

擬答

一、合法調查之基本原則

(一) 按直接、言詞、公開與集中審理原則，乃刑事訴訟法第155條第2項所規定「合法調查」之基本精神，亦爲憲法保障被告實質正當法律程序之一環，故事實審審判程序除法律另有規定外，倘有違背前開審理原則者，即屬本法第379條（如第3、9、10、11、13款）之判決當然違背法令。

(二) 直接與言詞審理原則之目的乃在使法院與當事人均得親自接觸被告、其他證據及訴訟資料，並使當事人與辯護人得進行言詞辯論與法庭攻防，故本法第281條乃規定：「審判期日，除有特別規定外，被告不到庭者，不得審判。」此除落實直接與言詞審理之精神外，亦在充分保障被告本於正當法律程序之防禦權，惟若審判法院業已依法踐行上開正當法律程序，賦予被告應有之防禦權利，亦不容許被告藉濫用此等權利以延宕訴訟，致徒費司法資源並損及社會實質正義，本法第371條「被告經合法傳喚，無正當理由不到庭者，得不待其陳述，逕行判決」，即爲本法第281條之特別規定，其立法意旨乃在避免被告爲拖延案件審結確定，藉由上訴之提起，而於審判法院合法傳喚被告，賦予其實施訴訟防禦權利後，雖無正當理由仍故不到庭之情形，方不致扭曲實質正當法律程序保障被告之旨意，況被告亦已於第一審行使其事實與法律之防禦權。應注意者，乃第二審法院於此是否不待被告陳述而逕行判決，有斟酌裁量餘地。

二、變更起訴法條應踐行之程序

(一) 正當法律程序之保障

按大法官會議釋字第384號解釋所稱實質的法律程序保障，於刑事訴訟之審判中被告而言，包括：1.告知義務（刑事訴訟法第95條）之踐行；2.辯護權：辯護人有在場權（第271條第1項）、交通權（第34條）、資訊請求權（第33條）及陳述與辯論權（第163條第3項、第288條之2、第289條）；3.指出有利證明方法（第161條之1、第288條之1第2項）；4.聲請調查證據權（第163條第1項）；5.對證據陳述意見權（第163條第3項、第288條之1第1項）；6.詢問、詰問與對質權（第163條第1項、第166條、第169條）；7.聽審權（第271條第1項）；8.證據證明力與事實法律之辯論權（第288條之2、第289條）；9.最後陳述權（第290條）……等。

(二) 變更起訴法條之要件與應踐行之程序

次按依本法第300條規定，法院得於犯罪事實同一之範圍內，變更檢察官起訴時所引應適用之法條，惟學說均認法院應於變更罪名後，重新踐行上開刑事訴訟法賦予被告之實質正當法律程序，以保障被告於審判中之防禦權，此觀諸本法第95條第1款之規定亦明，否則即有本法第379條第9款「更新審判」、第10款「應於審判期日調查之證據而未予調查」及第11款「未與被告以最後陳述之機會」之判決當然違背法令之情形。

(三)小結

本題第二審法院雖合法傳喚被告，被告亦無正當理由不到庭，惟本件既係檢察官提起上訴（非被告主動為之），被告並無明顯延宕訴訟之意圖，且被告於第一審審判程序中，乃係就檢察官起訴之傷害罪名進行防禦，若第二審於變更起訴法條後仍得不待被告陳述即行判決，被告就殺人未遂罪名無異自始（第一審）未為任何防禦，此非僅有悖於直接言詞審理原則，亦與實質正當法律程序保障之意旨相違，故認本件不得與未經變更起訴法條之案件等同視之，亦即本法第371條之規定於此應無適用，第二審法院不得不待被告到庭陳述而逕行判決。

注釋資料：同前揭例題14。

相關試題

> 有關刑事訴訟法第95條規定：「訊問被告應先告知左列事項：犯罪嫌疑及所犯所有罪名。罪名經告知後，認為應變更者，應再告知。……」則罪名告知時點應如何認定始合法？
>
> （98地特）

考點提示：

罪名告知之目的既在保障被告之訴訟防禦權，故法院或其他偵查機關於認定事實後，如認該事實應適用如何之罪名，或認爲應變更原告知之罪名時，即應向被告告知，並於告知後賦予正當法律程序所保障之訴訟防禦權。換言之，告知時點固甚重要，然告知後充分賦予防禦權方屬合法程序之重點所在，若能如此，則縱偵審機關對被告告知罪名或告知變更罪名之時機有所延誤，亦不影響踐行告知義務之合法性。

例題18

檢察官以某甲涉嫌A罪提起公訴，在法院進行準備程序中，又發覺其牽連觸犯B罪，於是當庭以言詞追加起訴。因某甲被羈押，法院於審判期日前一天向看守所發送提票，並於審判當天提解某甲到庭，首先告知緘默權等事項，然後進行調查、訊問、辯論，某甲雖被臨時提訊，但未有異議。案經審結，法院認定A、B兩罪具有方法結果之牽連關係，適用刑事訴訟法第300條規定，從一重依B罪處斷。試問：

(一)檢察官之追加起訴是否合法？

(二)法院所踐行之訴訟程序有無違誤？

(三)判決之適用刑事訴訟法第300條規定是否妥適？　(95政大法研)

解碼關鍵

審判中新發現之事實，於單一案件應函請併辦，於相牽連案件應追加起訴；被告就審期間之權利。

擬答

一、單一案件之追加起訴

依刑事訴訟法第265條規定，檢察官得於第一審辯論終結前，就與本案相牽連案件或本罪之誣告罪追加起訴，此即追加起訴，追加起訴亦屬起訴，適用於數罪案件。同法第267條亦規定，檢察官就犯罪事實一部起訴，效力及於全部，則原未經檢察官起訴部分仍爲起訴效力所及，檢察官應函法院併案審理，此即起訴不可分，函請併辦非屬起訴，適用於單一案件。牽連犯於刑法修正前仍爲裁判上一罪之單一案件，故若檢察官起訴A罪，審判中發現被告另牽連犯B罪，因屬裁判上一罪之單一案件，已爲原起訴效力所及，應於第一審辯論終結前應函請併辦，而非追加起訴，否則即屬一案二訴之重行起訴。但若於刑法修正後，則牽連犯屬相牽連之數案件，檢察官之追加起訴即屬合法。

二、審判程序之合法性

依刑事訴訟法規定，被告享有七日就審期間之訴訟防禦準備權利，然此項期間非屬法定不變期間，若法院未遵守該法定期間，此瑕疵得因被告未表示異議而治癒。惟被告並非熟悉法律及知曉訴訟權利之人，法院本於客觀注意義務及訴訟照料義務，若法院未遵守七日就審之法定期間，於審判前一日發送提票，而於翌日即提解被告到庭進行審判，即應於審判程序時明確告知被告此項權利，使被告得明確明示是否同意放棄，此項告知之踐行，乃被告合法有效放棄之前提要件，否則以被告未表異議之默示擬制方式逕行審結，顯未合法。

三、變更起訴法條之適法性

變更起訴法條乃法院於檢察官起訴事實同一之範圍內爲有罪判決時，本其法律確信變更檢察官起訴時所引應適用之罪名法條。本題被告涉嫌之A、B罪乃屬牽連犯，刑法修正前屬裁判上一罪之單一案件，檢察官起訴一部事實之效力及於全部，基於審判不可分性，法院本應就全部事實均予判決，若審理後認兩罪均成立，則依刑法第55條之規定從一重處斷，此係A罪與B罪同時成立，僅處罰時從一重罪爲之；刑法修正後屬相牽連之數罪案件，依追加起訴爲之即可。無論如何，均與變更起訴法條無涉，蓋此並非將檢察官起訴之A罪變更爲B罪，故法院判決時適用本法第300條規定即有未當。

注釋資料：同前揭例題1。

例題19

甲乙共同連續竊盜丙、丁財物，甲經警查獲移送，檢察官以甲涉竊盜罪嫌提起公訴，起訴書僅記載甲竊盜丙財物之事實，甲於審判中自白犯行，並供稱乙係共犯云云，試問法院就甲竊盜丁財物部分及乙共同竊盜部分得否併予審判？

解碼關鍵

單一案件之判斷標準&相牽連案件之要件。

擬答

一、單一案件與相牽連案件

(一) 案件單一性之判斷標準：實務採實體法說，即以實體法之罪數作爲訴訟法之案件數。學者通說則採緊密事理關聯性說，以行爲人所爲犯罪行爲之時間、地點、方法、手段、侵害之法益種類、目的是否具有緊密關聯爲判斷（因如此方有審理可能性）。而唯有單一案件方具不可分性之效力，即有起訴不可分（刑事訴訟法第267條）、審判不可分、上訴不可分與既判力擴張等效力之適用。

(二) 相牽連案件：一人犯數罪或數人共犯一罪者，均屬刑事訴訟法第7條所稱之相牽連案件，此等案件因考量證據共通性、避免裁判矛盾，並使被告或證人毋庸往來應付於各案件之審理程序，故得由檢察官依同法第6條合併起訴或於起訴後由法院合併審判，若係審判中方發現另有相牽連案件，檢察官亦得依同法第265條之規定追加起訴，而由法院合併審判。

二、甲竊盜丁與乙共同竊盜部分均屬相牽連案件

按依修正後刑法之規定，連續犯已廢止數罪一罰而改採數罪併罰，故無論依實務之實體法說（實體法爲數罪）或學者之事理緊密關聯性說（兩次竊盜之時間、場所無密接性），甲竊盜丁部分均與起訴部分屬相牽連案件而非單一案件。至乙共同竊盜部分，既爲不同被告，自亦非單一案件。故兩者如由檢察官追加起訴，法院即得併予審判，否則本於控訴原則不告不理之限制，法院當不得予以審理。

注釋資料：同前揭例題6、12。

例題20

某甲任職某政府機關，意圖使其同事某乙受刑事及懲戒處分，杜撰乙涉有違法瀆職之虛偽事項，於同一天分別向地方法院檢察署及監察院提出檢舉，案經檢察官查明後，以甲意圖使乙受刑事處分之事實，觸犯誣告罪，提起公訴，地方法院審理時，查明甲於同一日就相同虛偽之事項，意圖使乙受懲戒處分，另向監察院誣告，試問：法院就甲向監察院誣告乙之事實，應否併予審判？理由為何？　(98户政)

解碼關鍵

案件數判斷，實務採實體法說&學說採緊密事理關聯性說；單一案件有不可分性。

擬答

一、案件數之判斷

按關於案件單一性之判斷標準，實務採實體法說，即以實體法之罪數而爲訴訟法之案件數。學者通說則採緊密事理關聯性說，以行爲人所爲犯罪行爲之時間、地點、方法、手段、侵害之法益種類、目的是否具有緊密關聯爲判斷（因如此方有審理可能性）。本例誣告罪屬侵害國家司法權法益之犯罪，故甲就乙涉違法瀆職之同一事實於同日分向檢察署與監察院提出誣指，因僅侵害一國家法益，且於同日爲之，無論依實體法說（單純一罪）抑或事理緊密關聯性說，均於刑事訴訟法上爲單一案件。

二、單一案件之不可分性

因我國未採訴因制度，起訴書記載之犯罪事實非特定之審判範圍，換言之，單一案件具有所謂之起訴不可分與審判不可分之效力，檢察官就顯在性犯罪事實之起訴，效力及於未經起訴之潛在性犯罪事實（刑事訴訟法第267條），亦即兩者均在起訴範圍內，本於控訴原則之告即應理，法院無論以何途徑知悉（檢察官函請併辦、被告自首、行政或監察機關函送、其他人告發），均應併予審判，如法院未予併審，即屬告而不理之已受請求事項未予判決之當然違背法令，對此漏未判決，應提上訴以資救濟。

注釋資料：同前揭例題6。

例題21

某甲於民國98年3月間，駕駛營業用大貨車載送貨物途中，不慎與機車騎士乙發生擦撞，致乙重傷倒地。甲見狀，為脫免法律責任，竟加速逃離現場，惟不久旋被警察查獲。案經檢察官以被告甲違反刑法第185條之4肇事逃逸罪提起公訴。法院審理結果認定被告肇事逃逸犯行明確，諭知有罪判決。該項有罪判決確定後，因被害人乙未能與甲達成和解，且檢察官認為法院對甲肇事逃逸之犯行量刑過輕，遂於合法之告訴期間內，另依據被害人乙之告訴，以被告甲違反刑法第284條第2項業務過失致重傷罪，向法院提起公訴。試問甲之辯護人如何為最有利之辯護？　（98律師）

解碼關鍵

違反一事不再理原則，應爲免訴判決。

擬答

一、案件數之判斷

按關於案件單一性之判斷標準，實務採實體法說，即以實體法之罪數而爲訴訟法之案件數。學者通說則採緊密事理關聯性說，以行爲人所爲犯罪行爲之時間、地點、方法、手段、侵害之法益種類、目的是否具有緊密關聯爲判斷（因如此方有審理可能性）。本例被告甲於駕駛大貨車執行業務時，不慎過失撞乙成重傷後逃逸，此於實體法上成立業務過失致重傷罪與肇事逃逸罪，實務見解認乃係一行爲侵害兩法益，係屬想像競合犯，從較重之業務過失致重傷罪處斷（註：實則應屬數罪併罰，蓋業務過失致重傷與肇事逃逸，明顯爲兩行爲），而屬裁判上一罪之單一案件；若依學者通說見解，因被告所爲之業務過失致重傷與肇事逃逸兩行爲間，具有時間、場所之密接性，故在訴訟法上亦屬單一案件。

二、單一案件之不可分性與一事不再理

因我國未採訴因制度，起訴書記載之犯罪事實非特定之審判範圍，換言之，單一案件具有所謂之起訴不可分、審判不可分、上訴不可分與既判力擴張等效力之適用。檢察官就顯在性犯罪事實之起訴，效力及於未經起訴之潛在性犯罪事實（刑事訴訟法第267條），亦即兩者均在起訴範圍內，本於控訴原則之告即應理，法院無論以何途徑知悉（檢察官函請併辦、被告自首、行政或監察機關函送、其他人告發），均應併予審判，如法院未予併審，即屬告而不理之已受請求事項未予判決之當然違背法令，對此漏未判決，應提上訴以資救濟。如經判決確定後，則顯在性犯罪事實之既判力（實質確定力）及於未經起訴之潛在性事實，本於一事不再理原則，該潛在性之犯罪事實即不得再行起訴。故本例中，辯護人即得主張肇事逃逸罪之有罪確定判決之既判力，效力及於業務過失致重傷罪之事實，本於一事不再理原則（實質確定力），檢察官不得再就該罪另行起訴，否則法院應依刑事訴訟法第302條第1款（曾經判決確定）爲免訴判決之諭知。

注釋資料：同前揭例題6。

例題22

甲為合會（互助會）會首，於民國99年2月1日趁會員乙未到場競標之際，冒用乙之名義，偽造標單（上載乙名及金額）提出參加競標且得標，嗣向其他活會會員A、B、C詐收會款，經A發覺後向檢察官提出告訴。試問：

(一)甲之行為應成立何罪名？

(二)檢察官依A之告訴而開始偵查，一星期後，B另向法院自訴甲犯詐欺罪嫌，法院及檢察官各應如何處理？

(三)檢察官偵查中，甲自白認罪，賠償A之損失，達成和解，檢察官乃對甲處分緩起訴，緩起訴期間內，如C再向檢察官告訴甲詐欺罪嫌，檢察官乃起訴甲涉犯詐欺罪嫌，法院應如何處理？前開緩起訴處分之效力是否受影響？

(四)如檢察官依A之告訴而起訴甲犯詐欺罪嫌，法院判決論處甲行使偽造私文書罪（含詐欺）罪刑確定，B再向檢察官告訴甲詐欺罪嫌，檢察官應如何處理？

(五)如檢察官依A之告訴而起訴甲犯詐欺罪嫌，但法院判決甲無罪確定，C再向法院自訴甲詐欺罪嫌，法院應如何處理？

解碼關鍵

刑法上之接續犯屬單一案件&連續犯屬數案件；緩起訴期間內無實質確定力，仍得再行起訴。

擬答

一、實體法罪數

甲冒用會員名義填寫標單，並於得標後詐取會款，分別成立刑法第210條僞造私文書罪、第216條行使僞造私文書罪（僞造行爲爲行使行爲所吸收，不另論罪）與第339條第1項詐欺取財罪。實務認爲係一行爲侵害不同法益，屬於想像競合犯，應從較重之行使僞造私文書罪處論。又甲分別向三位會員行使僞造標單以詐取會款，可認其於客觀上雖有物理上之數個舉動，然因目的在於侵害同一法益，故僅評價爲一個整體行爲。易言之，行爲人於同一情狀下，先後而爲同一性質之行爲，此數行爲間具有時間緊密關聯性，而係一行爲之持續者而言，此種出於「自然之行爲單數」之手段，學理上稱之爲接續犯，僅論以一罪。但若認甲所爲應論以連續犯，則依修正後刑法之規定，三罪併罰。

二、程序法案件數

本於公訴優先原則，依刑事訴訟法第323條第1項規定，同一案件，除告訴乃論之罪外，檢察官因告訴開始偵查後，被害人即不得提起自訴。故本例如實體法採接續犯之見解，程序法屬單一案件，則檢察官不因B之自訴受影響，仍得續行偵查；至法院應對B之自訴依刑事訴訟法第334條為不受理判決（不得自訴而自訴）。但若實體法採連續犯之見解，程序法屬不同案件（相牽連案件），法院自得對自訴部分為實體審理與判決。惟如依學者之事理緊密關聯性說，綜認甲成立連續犯，然因其連續詐取會款犯行具有時間、方法、目的性之緊密關聯，程序法仍認為屬單一案件。

三、緩起訴期間內再行起訴

本例實體法如採接續犯之見解，則檢察官對甲為緩起訴處分後，因C之告訴而另向法院提起公訴，亦即緩起訴期間內發現新證據，無法定撤銷緩起訴之事由，得否就同一案件起訴，實務見解（最高法院94年度台非第215號判例）認為，檢察官得就同一案件起訴，原緩起訴處分失其效力認為，緩起訴處分其具體效力依同法第260條規定，於緩起訴處分期滿未經撤銷者，非有同條第1、2款情形之一，不得對於同一案件再行起訴，即學理上所稱之實質確定力。足見在緩起訴期間內，尚無實質確定力可言。且依第260條第1款規定，於不起訴處分確定或緩起訴處分期滿未經撤銷者，仍得以發現新事實或新證據為由，對於同一案件再行起訴。本於同一法理，在緩起訴期間內，倘發現新事實或新證據，而認已不宜緩起訴，又無同法第253條之3第1項所論得撤銷緩起訴處分之事由者，自得就同一案件逕行起訴，原緩起訴處分並因此失其效力。復因與同法第260條所定應受實質確定力拘束情形不同，當無所謂起訴程序違背規定之可言。至學說則有不同意見，否定說見解認為：現行刑事訴訟法僅設立緩起訴撤銷制度，故緩起訴非經撤銷不能再起訴，且基於保護被告程序利益之必要，若其未違反緩起訴所課予之條件負擔，亦應有信賴利益之保護，故不應僅以發現新證據為由，撤銷緩起訴處分而另行提起公訴。另有見解認為：緩起訴期滿未經撤銷發生實質確定力之後，都還容許以發現新事證為由而起訴，在緩起訴期間，當然更無理由禁止，此固然無誤，但可否據此推出上開判例結論即「得逕行起訴」、「原緩起訴失起效力」，似仍存疑。類此情形似可類推適用撤銷緩起訴事由，還是先由檢察官撤銷緩起訴後，再行起訴為宜。但若實體法採連續犯之見解，因屬不同案件，檢察官自得偵查起訴，前案之緩起訴處分當然不受影響。同理，應注意依事理緊密關聯性說仍認定為單一案件。

四、單一案件不可分性

本例實體法如採接續犯之見解，則同一案件經法院為本案實體判決確定者，本於一事不再理原則，檢察官對B之告訴應依刑事訴訟法第252條第1款為不起訴處分（行使偽造私文書罪與詐欺取財罪屬於想想競合犯之裁判上一罪，本於單一案件不可分性，行使偽造私文書部分之確定判決效力及於詐欺取財部分，學理稱之為既判力擴張）。但若實體法採連續犯之見解，因屬不同案件，檢察官應另行偵查。同理，應注意依事理緊密關聯性說仍認定為單一案件。

五、一事不再理原則

本例實體法如採接續犯之見解，既然視甲之整體犯行爲一個行爲，（此與傳統見解關於刑法修正前之連續犯或牽連犯案件，無罪部分與其他部分即無裁判上一罪關係不同，蓋連續犯與牽連犯均屬數行爲，而接續犯係屬整體一行爲），則如公訴部分經無罪判決確定，本於單一案件一事不再理原則與既判力擴張效力，法院應對自訴部分依本法第302條第1款爲免訴判決。同理，應注意依事理緊密關聯性說仍認定爲單一案件。

注釋資料：同前揭例題1；最高法院94年台非第215號判例。

例題23

(一)檢察官以普通傷害罪起訴，在審判中發現原起訴之普通傷害罪未經告訴，且其犯行應屬殺人未遂，請問法院應如何處理？

(二)反之，若檢察官以殺人未遂起訴，經法院審理結果發現其犯行應屬普通傷害罪，但未經告訴，請問法院可否逕行實體判決？

(三)如果有告訴權人直接向法院表示要提出告訴，有無不同？　（100檢事官）

解碼關鍵

告訴乃論之罪於變更起訴法條影響訴訟條件之具備；告訴應向偵查主體爲之。

擬答

一、變更起訴法條與告訴乃論罪之訴訟條件

(一) 按在檢察官起訴所指之被告及犯罪事實同一之範圍內，法院得不受檢察官起訴法律見解之拘束，本於法律見解之確信，變更檢察官起訴時所引應適用之法條。

(二) 告訴乃論之罪，以合法告訴爲追訴（訴訟）條件，檢察官起訴時，如未具備此要件，法院應依刑事訴訟法第303條第3款諭知不受理判決。

二、法院變更傷害罪為殺人未遂罪

本例因起訴之傷害罪爲告訴乃論且未經告訴，則法院得否逕變更罪名爲殺人未遂而爲實體判決，有不同見解：

(一) **肯定說**：審理結果既爲非告訴乃論之罪，訴追條件並無欠缺，法院自得於事實同一之範圍內變更法條。

(二) **否定說**：法院應先審查訴訟條件，具備後方可爲實體審理，故未經合法告訴，訴訟條件既有欠缺，法院僅得進行形式審理而諭知不受理判決，無從進而爲實質審理而爲實體判決，自不生變更法條問題。

三、法院變更殺人未遂罪為傷害罪

(一) **否定說**：認爲訴訟條件欠缺，若已逾六個月告訴期間，則應爲不受理判決，無從因變更法條而爲實體判決。

(二) **肯定說**：因係基於法院審理結果而變更法條，非告訴權人之故意或過失不提告訴，故應容許告訴權人補行告訴，此項補行告訴期間，應視情形而定，若係第一審變更法條，則限第一審辯論終結前補行告訴；若係第二審變更罪名，則可於第二審辯論終結前補行告訴。

四、向法院提出告訴不合法

(一) 依本法第242條第1項規定，告訴應以書狀或言詞向檢察官或司法警察官爲之；其以言詞爲之者，應製作筆錄。故若非向偵查機關，而向法院提出告訴者，該告訴即不合法。

(二) 因告訴權人向法院所提出者係不合法告訴，故本例之上述情形，不因之而有所不同結論。

注釋資料：同前揭例題14。

例題24

檢察官起訴書事實略謂：被告甲涉嫌於去年5月3日上午10點左右，因開車時不當超車，與另一車主乙發生糾紛，一言不合後甲即持刀猛砍乙至重傷，該當重傷害罪名（刑法第278條第1項）。試從實務與法理，分別說明下列三種不同的變更情形，法院應如何處理。

(一)設若法院經審理調查後，發現並無上開具體犯行之積極證據。但到庭檢察官向法院表示，即便甲上開犯行無法證明，但甲於同年7月間也因交通事件糾紛，以類似手法重傷害另一車主丙，故請求法院予以變更為後一犯罪事實後，繼續審理。試問法院應如何審判，始為合法？

(二)設若法院經審理調查後，綜合鑑定結果及其他證據，認為乙確受重傷。但發現正犯應為當時在副駕駛座之另一案外人丁，被告甲就該重傷害乙之犯行，僅有幫助故意及幫助行為，實屬幫助犯。其餘認定結果，則同起訴書。試問法院應否踐行何等程序，審判始為合法？

(三)設若法院審理中，甲提出案發當日上午8時至11時之不在場證明，經查屬實；隨後，審判中目擊證人戊作證甲砍傷乙之事實，但指出案發當時已經過了正午、約接近下午1點左右。法院若仍維持檢察官起訴之重傷害罪名，得否變更上開起訴時間之認定及應否踐行何等程序？ （101司法官）

解碼關鍵

變更起訴法條&事實基礎變更，均應踐行更新審判之正當法律程序。

擬答

變更起訴法條乃指法院於檢察官起訴之同一犯罪事實範圍內，變更檢察官所引應適用之法條。至所謂同一犯罪事實，實務見解係以訴之目的及侵害性行爲之內容爲據，亦即以原告請求確定之具侵害性的社會事實關係爲標準。而學說見解則多採事理緊密關聯性說，此說係以行爲人之整體舉止、根據自然的觀點、足以合成爲一個相同的生活過程或者成爲一個自然之生活事件時，即屬訴訟法上之犯罪事實，其判決關鍵在於緊密的事理關聯性，包括行爲時間、地點、被害客體及攻擊目的、保護法益等考量判斷是否具同一性。

一、控訴原則

若法院所認定之犯罪事實與檢察官起訴所認定之事實非屬同一，則訴訟標的（案件）即不具同一性，此際在控訴原則「無起訴即無裁判」之基礎下，法院自不得予以審判，否則即係「不告而理」，而對未受請求之事項予以判決，屬刑事訴訟法第379條第12款之當然違背法令；反之，就檢察官起訴之犯罪事實乃生漏判問題（注意與漏未判決區別），而應向原審法院聲請補判。本例(一)法院應就無法證明之起訴事實爲無罪判決；而起訴之犯罪事實並不容變更，惟檢察官當庭爲此主張是否具追加起訴之眞意（一人犯數罪之相牽連案件得依刑事訴訟法第265條追加起訴），法院應予究明，如認定係合法追加起訴，本於控訴原則，法院仍應予以判決。

二、變更起訴法條之正當程序

若被告與犯罪事實均具同一性，僅法院對該犯罪事實之法律評價不同時，即係本法第300條所規定之「得就起訴之犯罪事實，變更檢察官所引應適用之法條」，此乃法院本於控訴原則及依法獨立審判原則，不受檢察官起訴法條拘束之故，而法院於此情形應充分保障被告之防禦權及聽審權，防止突襲性裁判，因是，法院欲變更起訴法條時，應踐行如下之程序：

(一) 告知被告罪名變更，此觀諸本法第95條第1款「訊問被告應先告知犯罪嫌疑及所犯所有罪名。罪名經告知後，認爲應變更者，應再告知」之規定可明其必要性，蓋非如此，被告當無從實行其防禦權。

(二) 給予被告充分辯明犯罪嫌疑之機會，即被告得就變更後之罪名請求調查證據、詰問證人及鑑定人、對證據調查結果表示意見、並爲事實與法律之辯論，以及最後陳述。

(三) 判決書引用本法第300條。如法院未踐行上開法定程序而爲變更起訴法條之判決，即屬本法第377、378條、第379條第9、10、11款之違背法令，可爲上訴第三審之理由。本例(二)無論採何見解，被告甲之起訴與法院認定之事實均具同一性，故法院得變更起訴法條（刑法總則條文變更）並踐行上開程序，但不得就未經起訴之丁爲審判。

三、基礎事實變更之正當程序

若在案件同一性內不涉法律評價變更之事實基礎變更時，由於此種變更對被告防禦權及免受突襲性裁判之權利影響甚大，實應比照前揭評價變更所需踐行之告知（事實基礎變更）及予被告充分辯明的程序，亦即就重要之事實爭點類推適用本法第95條及第300條之規定。故本例(三)法院得變更起訴時間之認定，惟應踐行上述貳之保障被告防禦權之程序。

注釋資料：同前揭例題14。

甲於民國92年3月間因故與乙、丙、丁結怨，乃起意傷害渠等以洩恨。遂先將乙毆打成傷，經乙訴請檢察官將甲以輕傷罪嫌向一審管轄法院提起公訴。嗣甲經該院判處罪刑，並提起第二審上訴後，復於同年5月該二審法院言詞辯論終結前，再將丙毆傷（輕傷），惟丙並未提出告訴。迨該二審上訴法院宣示甲傷害乙罪刑判決之翌日，甲又將丁毆傷（輕傷）；該判決隨即確定，而被害人乙亦因傷重旋告死亡。試問：該上訴審法院此項確定判決之效力，是否及於甲上述傷害丙、丁部分、及乙死亡部分之犯罪事實？如甲此三部分之犯罪事實再經合法起訴時，受訴法院究應對之如何判決？理由安在？試分述之。

（註：依刑法從舊從輕原則，本例在95年7月後仍為單一案件）

解碼關鍵

既判力時點之認定，實務採最後事實審宣示判決時，通說採辯論終結前。

擬答

按本於法之平和性（安定性）考量，賦予本案判決（尤其是實體判決）一事不再理之實質確定力即既判力，此等業具既判力之案件，非僅不得再以普通救濟方式提起上訴，亦不得再行起訴，否則應爲免訴判決，故既判力之範圍如何，即有明確之必要：

一、確定判決（既判力）時之範圍，其認定標準

(一) 最後事實審理可能說：乃最後事實審之言詞辯論終結前之事實，方爲效力所及。

(二) 最後事實審宣示判決時說：指最後事實審法院宣示判決前之事實，方爲效力所及。

(三) 判決確定說：指最後事實審法院判決確定前之事實，方爲效力所及。

實務見解採二說，學者見解多採一說，均係以審理可能性爲判斷標準，至本件甲於傷害案件之第二審法院言詞辯論終結前傷害乙、丙二人部分，不論依實務或學者見解，均爲上訴審法院判決之效力所及，而其另於第二審宣示判決後傷害丁之部分，依上開見解自非既判力所及，應另行起訴審判，惟甲傷害乙致死部分，雖乙之死亡結果亦在判決宣示後，

然因傷害行爲與致死結果屬同一事實，則傷害部分既已判決確定，自不能復就死亡結果部分另行起訴審判。

二、結論

倘檢察官後就丙、丁及乙死亡結果部分再行起訴時，則法院應爲如下判決：

(一) **起訴丙部分**：已爲既判力所及，法院應依刑事訴訟法第302條第1款爲免訴判決。

(二) **起訴丁部分**：非屬既判力範圍，合法起訴後法院應爲實體審判。

(三) **起訴乙死亡部分**：亦爲既判力所及，法院仍依同法第302條第1款爲免訴判決。似得依同法第422條第2款爲甲之不利益聲請再審，惟實務採否定說（最高法院65年度第7次刑庭決議）。

注釋資料：最高法院82年第4次刑庭決議。

例題26

某甲駕駛卡車不慎，撞到由某乙駕駛後座搭載某丙之機車，致某乙與某丙均受輕傷。某乙告訴某甲過失傷害，經判決某甲無罪確定後，同一法院又另就某丙告訴某甲過失傷害部分，為有罪之判決確定，該有罪確定判決，是否違法？

解碼關鍵

想像競合犯之案件，一部無罪確定，另一部得否再行起訴（有無既判力擴張）之爭議。

擬答

一、判決適法說

一行爲觸犯數罪名，如法院就其行爲之一部，已經爲實體之確定判決者，其效力及於全部，固有刑事訴訟法第302條第1款所明定。惟所謂裁判上一罪，其一部分已經爲實體之裁判如確定，其效力及於其他未裁判之部分者，係指已裁判部分爲有罪之裁判而言，並不包括無罪之裁判在內。某甲既經判決無罪確定，即不發生想像競合犯之裁判一罪之問題，尤無無罪判決之效力及於有罪判決之可言。因而對於後一確定判決，不發生違法問題。

二、判決違法說

某乙告訴某甲過失傷害，經起訴並判決某甲無罪確定後，某丙又告訴某甲過失傷害再經起訴，某甲撞倒機車致某乙與某丙受傷，係以一行爲觸犯數罪名，其數罪名之構成要件均相同，依據一行爲僅應受一次審判之原則，其有無刑事責任，已因前一確定判決所爲無罪之諭知而確定，此與連續犯之連續數行爲及牽連犯之數行爲有方法結果關係之情形不同，不容再爲其他有罪或無罪之實體判決。此後一起訴，參照本院28年滬上字第43號判例及司法院院字第2271號解釋，應爲免訴之判決，如仍爲有罪之判決確定者，其判決顯屬違法（最高法院67年第10次刑庭決議採之）。

注釋資料：例解刑事訴訟法「體系釋義版」第十章之焦點「既判力範圍（物之範圍）解析」。

例題27

試比較判決與裁定區別異同。

解碼關鍵

區分機關、對象、審理方式、救濟方式&法定期間之不同爲論述。

擬答

按法院、法官爲審判主體，其所爲之意思表示可區分判決與裁定：

一、機關：前者限法院，後者包括法院、審判長、受命法官、受託法官。

二、對象：前者以實體事項爲主（形式判決例外），後者以程序事項爲主（起訴審查之駁回裁定例外）。

三、審理方式：前者原則須經言詞辯論（第221條），後者除當庭聲明外不經言詞陳述。

四、依據：前者須有明文規定，後者不限。

五、理由：前者應敘明理由，後者限得抗告或駁回聲明者始須爲之。

六、適用：前者限終局裁判，後者多爲中間裁定，然亦有終局裁定。

七、撤銷：前者上訴後原審不得自行撤銷，後者經抗告後原審得自行撤銷更正。

八、宣示：前者原則須宣示，後者限當庭爲之者方須宣示。

九、救濟方式：前者爲上訴，後者爲抗告。

十、聲明不服法定期間：前者判決送達後十日內，後者爲裁定送達後五日內。

延伸資料：黃朝義，刑事訴訟法，頁533下；陳樸生，刑事訴訟法實務，頁256。

例題28

判決，有不經言詞辯論而為之者，有不待其陳述而為之者，二者不同之點何在？

解碼關鍵

不經言詞辯論即兩造缺席，不待其陳述即一造缺席。

擬答

按依刑事訴訟法第221條規定，判決除有特別規定外，應經當事人之言詞辯論爲之，是以言詞辯論乃刑事訴訟審理之基本原則，而缺席判決即爲該原則之例外。缺席判決，又可分爲不經言詞辯論之判決及不待其陳述而判決兩種，茲分述如下：

一、不經言詞辯論之判決

指兩造缺席判決，故毋庸指定審判期日命當事人及辯護人到庭辯論。雖未經傳喚當事人，其判決亦難指爲違法。其情形有：

(一) 案件應諭知免訴、不受理或管轄錯誤之判決者（第307條、第329條第2項、第331條、第334條、第335條、第343條）。

(二) 第二審法院對於不合法之上訴及對於原審諭知管轄錯誤、免訴或不受理之判決上訴時，認其爲無理由而駁回上訴或認爲有理由而發回該案件之判決者（第372條）。

(三) 第三審法院之判決（第389條）。

(四) 非常上訴之判決（第444條）。

(五) 爲受判決人之利益聲請再審之案件，受判決人已死亡或於再審判決前死亡者（第437條第1項）。

(六) 簡易判決（第449條）。

(七) 協商判決（第455條之2）。

二、不待其陳述而為判決

指一造缺席判決，即其判決得僅由檢察官、自訴代理人或被告一造之辯論而爲判決，其情形有：

(一) 被告拒絕陳述者（第305條前段）。

(二) 被告未受許可而退庭者（第305條後段）。

(三) 法院認爲應科拘役、罰金或應諭知免刑或無罪判決之案件，被告經合法傳喚無正當理由不到庭者（第306條）。

(四) 被告心神喪失，或雖因疾病不能到庭，而顯有諭知無罪或免刑判決之情形者（第294條）。

(五) 第二審上訴，被告經合法傳喚無正當理由不到庭者（第371條）。故若兩造均不到庭，除得通知檢察官擔當訴訟外，如許其逕行判決，其程序等於書面審理，而非言詞辯論，與立法主義有違背。

注釋資料：陳樸生，刑事訴訟法實務，頁443-444。

試依刑事訴訟法之規定詳細說明絕對不起訴處分之原因為何？

解碼關鍵

欠缺實體訴訟條件&處罰條件之不起訴。

擬答

按檢察官所爲不起訴處分之種類，依法定原則可分爲絕對不起訴與相對不起訴，其中絕對不起訴處分之原因包括：

一、曾經判決確定者（刑事訴訟法第252條第1款）：此係指有實體確定力之判決，基於一事不再理原則，不得再行起訴。

二、時效已完成者（第252條第2款）：即追訴權時效已完成者，構成訴訟障礙事由，不得再行起訴。

三、曾經大赦者（第252條第3款）：所謂大赦是指對於特定犯罪或一般犯罪所爲使其消滅刑事法上之一切效果之命令，已經罪刑宣告者，其罪刑宣告無效；未經罪刑宣告者，其追訴權消滅。惟若特赦、減刑或復權，僅指受罪刑宣告後，免除或減輕其刑之執行，或回復其所褫奪之公權，非本款範圍。

四、犯罪後之法律已廢止其刑罰者（第252條第4款）：倘其他之實體刑法變更情形，刑罰權並未因而消滅，僅生從新從輕原則之適用。

五、告訴或請求乃論之罪，其告訴或請求已經撤回或已逾告訴期間者（第252條第5款）：蓋告訴或請求乃論屬訴訟要件，若此要件於偵查階段已經確定欠缺者，不得提起公訴。

六、被告死亡者（第252條第6款）：此僅指事實上死亡，不包括死亡宣告，被告既已死亡，國家對其欠缺爲實體判決之訴訟要件，故不應提起公訴。

七、法院對於被告無審判權者（第252條第7款）：如軍事審判案件，普通法院即無審判權，檢察官就此案件應爲不起訴處分，再將案件移送至有審判權之軍事檢察官。

八、行爲不罰者（第252條第8款）：其包括任何犯罪成立要件（如構成要件該當性、違法性、罪責與客觀處罰條件）之欠缺。

九、法律應免除其刑者（第252條第9款）：本款僅指絕對之免除其刑（如刑法第288條第3項），若爲相對免除其刑，如法律規定「得免除其刑」或「得減輕或免除其刑」者，應由法院審酌決定，檢察官不得爲不起訴。

十、犯罪嫌疑不足者（第252條第10款）：此係相對於本法第251條第1項之規定。

十一、其他法定理由（第255條第1項）：按依釋字第48號解釋，所謂其他法定理由係指告訴不合法或依法不得告訴而告訴而言，其中所謂「依法不得告訴而告訴」乃包括：

(一) 刑法第245條第2項之罪，配偶於縱容或宥恕後再行告訴。

(二) 刑事訴訟法第324條，同一案件提起自訴後再行告訴或請求。

(三) 本法第325條第4項撤回自訴之人再行告訴或請求。

(四) 依本法第326條第3項裁定駁回自訴後自訴人就同一事實再行告訴而無第260條之情形。
(五) 少年法庭移送檢察官之案件非屬少年事件處理法第27條之案件。
(六) 本法第238條第2項，撤回告訴之人再行告訴。
(七) 原告訴人於不起訴處分或緩起訴處分確定或撤回起訴後再行告訴而無本法第260條所列原因。
(八) 他告訴權人於不起訴處分或緩起訴處分確定或撤回起訴後再告訴而無本法第260條所列原因。

注釋資料：例解刑事訴訟法「體系釋義版」第十章之「檢察官處分之種類體系表」。

試依刑事訴訟法之規定說明相對不起訴處分之原因為何？

解碼關鍵

欠缺形式訴訟條件之不起訴。

擬答

檢察官本於起訴法定原則，於被告有犯罪嫌疑時即應提起公訴（刑事訴訟法第251條），惟考量訴訟經濟與刑罰之應報與教化功能，故兼採起訴裁量（便宜）主義，其情形可分述如下：

一、不得上訴第三審之案件

按依刑事訴訟法第253條規定：「第三百七十六條所規定之案件，檢察官參酌刑法第57條所列事項，認爲以不起訴爲適當者，得爲不起訴之處分。」其中就本法第376條所列各款於此之適用情形並分述如下：

(一) 本法第376條第1款所著重者乃在其「刑罰」，故如：
　1. 總則加重：僅係處斷刑之加重，並非法定刑延長，仍得依本法第253條爲不起訴處分。
　2. 分則加重：視爲法定刑之延長，加重後若逾三年，即不得依本法第253條爲不起訴處分。
(二) 本法第376條第2至7款所著重者乃在「罪名」，故不因具有法定加重原因而有別。

二、於應執行之刑無重大關係者

次依本法第254條規定：「被告犯數罪時，其一罪已受重刑之確定判決，檢察官認爲他罪雖行起訴，於應執行之刑無重大關係者，得爲不起訴之處分。」比如被告分別犯殺人罪與毀損罪，殺人罪經法院判處無期徒刑確定者，檢察官就偵查中之毀損罪，縱予起訴並經判處最重之二年有期徒刑，依刑法第51條第4款規定，亦僅執行無期徒刑而已，此即「於應執行之刑無重大關係者」。

注釋資料：同上揭例題29。

例題31

依刑事訴訟法第260條規定，得對同一案件再行起訴之情形，應具備何種要件？

解碼關鍵

同一案件指事實同一而不含法律同一；新事實或新證據之涵義。

擬答

按不起訴處分（除刑事訴訟法第252條第5、6、7款及第255條第1項法定理由外）確定與緩起訴處分期滿未撤銷，均具實質確定力，而受一事不再理原則之拘束；應注意者，乃此之同一案件係指事實同一，不含法律同一。故依刑事訴訟法第260條規定，不起訴處分已確定或緩起訴處分期滿未經撤銷者，應具備下列要件方得再行起訴：

一、發現新事實或新證據

(一) 僅須於處分前未發現之證據，足認被告有犯罪嫌疑爲已足，不以確能證明犯罪或足以動搖原處分爲必要。惟如聲請再審之新證據（第420條第1項第6款、第422條第2、3款）則指判決當時已存在而發現在後，且足以動搖原確定判決者，二者並不相同。

(二) 不以發生於原處分確定前爲限，如處分確定後因傳訊證人而發現之新證據亦屬之。

(三) 處分前已提出之證據經檢察官調查斟酌者，即非此所謂之新證據，不得據以再行起訴。若檢察官漏未斟酌，僅得聲請再議，不得於處分確定後作爲新證據據以再行起訴。

二、有本法第420條第1項第1、2、4、5款之事由者

三、具有實質確定力之不起訴處分或緩起訴處分

注釋資料：最高法院93年台上第6053號、98年台上第4327號判決。

例題32

某甲就某乙之侵害行為向法院提起自訴，經該管法院裁定駁回後，就同一事實再向檢察官提起告訴。問受理告訴之檢察官應如何處理？

解碼關鍵

駁回自訴裁定確定後，有本法第260條各款情形者，得再自訴。

擬答

一、駁回自訴之效力

按自訴案件如經法院或受命法官於審判期日前訊問及調查結果，認案件具刑事訴訟法第252條至第254條之情形而以裁定駁回自訴者，依同法第326條第4項之規定：「駁回自訴之裁定已確定者，非有第260條各款情形之一，不得對於同一案件再行自訴。」此即使該駁回自訴之確定裁定與期滿未經撤銷之緩起訴處分及已確定之不起訴處分同具實質確定力。

二、再行告訴之效果

次按本法第255條第1項所謂檢察官因其他法定理由爲不起訴處分，依釋字第48號解釋係指告訴不合法或依法不得告訴而告訴。而依前述具實質確定力之駁回自訴之裁定確定後，自訴人就同一事實再行告訴而無本法第260條所列各款情形之一者，即屬「依法不得告訴而告訴」。

三、本法第260條之新證據

再依本法第260條所列二款情形分別爲：

(一) 發現新事實或新證據

1. 只須於處分前未發現，足認被告有犯罪嫌疑爲已足，不以確定能證明犯罪或足以動搖原處分爲必要。
2. 不以發生於原處分確定前爲限，處分確定後因傳訊證人而發現之新證據亦屬之。
3. 處分前已提出之證據經檢察官調查斟酌者，非屬第260條第1款之新證據，不得據以再行起訴（69台上1139）。若檢察官漏未斟酌，僅得聲請再議，不得於處分確定後作爲第260條第1款之新證據據以再行起訴。

(二) 有本法第420條第1項第1、2、4、5款各款事由。

四、結論

從而本題某甲非有上開本法第260條各款情形之一，而就同一事實再行告訴時，受理告訴之檢察官即應依本法第255條第1項之規定爲不起訴處分。惟如依本法第333條所爲駁回自訴裁定，則無實質確定力，故被害人仍爲得爲告訴，檢察官亦應爲偵查。

注釋資料：同上揭例題31。

檢察官之不起訴處分於何時確定？又不起訴處分已確定者，於何種情況下，檢察官始得對於同一案件再行起訴？

解碼關鍵

不起訴處分確定時點區分有無告訴人而不同；不起訴處分另應區分有無實質確定力。

擬答

一、不起訴處分確定時點

(一) 無告訴人案件：不起訴處分確定時（但刑事訴訟法第256條第3項之職權送再議案件除外）。

(二) 有告訴人案件：

1. 再議逾法定期間。
2. 撤回再議聲請。
3. 再議期間未再議。
4. 聲請再議經駁回而未聲請交付審判。
5. 聲請交付審判逾期。
6. 聲請交付審判後撤回。
7. 聲請交付審判經駁回。

二、不起訴處分已確定者，檢察官於下列情形得再行起訴

(一) **無實質確定力之不起訴處分**：包括第252條第5、6、7款及第255條第1項其他法定理由之不起訴處分確定時，因僅具形式確定力，故檢察官仍得就同一案件再行起訴。

(二) **具實質確定力之不起訴處分**：包括第252條第1、2、3、4、8、9、10款及第253條、第254條不起訴處分確定時，因兼具實質確定力與形式確定力，依刑事訴訟法第260條規定，非有同條第1款（發現新事實或新證據）與第2款（有第420條第1項第1、2、4、5款所定得爲再審原因）之情形者，不得對同一案件再行起訴，此即一事不再理原則。

(三) **第260條所稱之新證據**：係指檢察官對該證據不知且未予斟酌即可，即該證據於處分前未發現，足認被告有犯罪嫌疑，不以確定能證明犯罪或足以動搖原處分爲必要，若處分前已提出並經檢察官調查斟酌者，自不屬新證據未可據以再行起訴。

注釋資料：例解刑事訴訟法「體系釋義版」第十章之「檢察官處分確定時點與效力體系表」。

相關試題

偵查終結時點如何判斷？若不服檢察官緩起訴處分應如何救濟？（98地特）

考點提示：

一、有見解認爲，係指檢察官完成某具體刑事個案之偵查行爲，並爲起訴或不起訴、緩起訴處分之時。另有見解認爲，提起公訴固屬偵查終結，至不起訴或緩起訴則應指不起訴處分確定或緩起訴期滿未撤銷者而言，尤其緩起訴期間尚得撤銷緩起訴處分，回復至繼續偵查之偵查狀態。

二、聲請再議與聲請交付審判。

例題34

甲與乙共同誣告丙竊盜，丙向地檢署提出告訴，檢察官偵查結果，認為犯罪嫌疑不足，為不起訴之處分。丙於收到不起訴處分書後第五天，僅以甲為被告，聲請再議，案件經發回續行偵查。問：偵查結果，檢察官改認甲與乙共同成立誣告罪時，可否將甲乙一併提起公訴？若檢察官提起公訴時，法院對於甲、乙應為何種判決？（94律師）

解碼關鍵

聲請再議之法定期間爲七日；欠缺形式訴訟要件（本法第303條第4款）應爲不受理判決。

擬答

一、不起訴處分之實質確定力

按有告訴人之不起訴處分，於再議逾法定期間、撤回再議聲請、再議期間未再議、聲請再議經駁回而未聲請交付審判、聲請交付審判逾法定期間、聲請交付審判後撤回、聲請交付審判經駁回等情形時確定。又刑事訴訟法第252條第10款犯罪嫌疑不足係屬欠缺處罰條件之絕對不起訴處分，其確定後即具實質確定力，應受本法第260條之拘束。

二、實質確定力之例外

次按依刑事訴訟法第260條規定，不起訴處分已確定或緩起訴處分期滿未經撤銷者，應具備下列要件方得再行起訴：

(一) 發現新事實或新證據

1. 僅須於處分前未發現之證據，足認被告有犯罪嫌疑爲已足，不以確能證明犯罪或足以動搖原處分爲必要。惟如聲請再審之新證據（第420條第1項第6款、第422條第2、3款）則指判決當時已存在而發現在後，且足以動搖原確定判決者，二者並不相同。
2. 不以發生於原處分確定前爲限，如處分確定後因傳訊證人而發現之新證據亦屬之。
3. 處分前已提出之證據經檢察官調查斟酌者，即非此所謂之新證據，不得據以再行起訴。若檢察官漏未斟酌，僅得聲請再議，不得於處分確定作爲新證據以再行起訴。

(二) 有本法第420條第1項第1、2、4、5款之事由者。

三、法院對甲、乙兩案件之處理

本題甲乙經丙告訴共同誣告，乃屬相牽連之數案件而非單一案件，兩者不具不可分性，故丙僅對甲被告聲請再議，對乙被告若於處分書送達後七日內未聲請再議，檢察官對乙之不起訴處分即告確定而具實質確定力。依前揭說明，除有本法第260條但書情形外，即不得再行起訴，否則法院應依本法第303條第4款規定，以形式訴訟條件欠缺爲由諭知不受理判決。至被告甲部分經合法再議，檢察官即得依本法第257條規定續行偵查並予起訴，法院就此合法公訴自得爲實體判決。

注釋資料：例解刑事訴訟法「體系釋義版」第十章之「訴訟條件與處分、裁判之關係體系表」。

實務上所謂無效判決之意義及情形各為如何？可否依法定程序請求救濟？試析述之。（70司法官）

解碼關鍵

訴訟關係未發生或已消滅&其他重大瑕疵之判決，以上訴或非常上訴救濟。

擬答

一、意義

所謂無效判決乃法院所爲已成立之判決，因具有重大瑕疵，致無從對外發生效力者。

二、種類

無效判決之情形可分別如下：

(一) 訴訟關係尚未發生者

1. 未經起訴之判決。
2. 未經上訴之判決。

(二) 訴訟關係已經消滅者

1. 二重判決：對繫屬之刑事案件先後爲二次判決。
2. 撤回上訴或起訴後之判決。

(三) 其他情形之無效判決

1. 非依法律而對法人誤爲刑事訴訟法第303條第1款以外之判決。
2. 對於死亡之被告或已不存續之法人誤爲第303條第5款以外之判決。

3. 對於被告無審判權卻誤爲第303條第6款以外之判決。

4. 欠缺事物管轄卻爲第304條以外之判決。

三、救濟途徑

應分別情形論述：

(一) 判決未確定時，如有合法上訴，上級法院仍應予以撤銷，惟上述(一)、(二)係違反控訴原則不告不理之情形，則不另爲其他之諭知。

(二) 判決已確定時，依大法官會議釋字第135號得提起非常上訴。

注釋資料：林鈺雄，刑事訴訟法（上），頁569-570。

設檢察官起訴甲以殺人未遂之罪嫌，第一審法院亦論處甲以殺人未遂之罪刑。甲不服原判決提起第二審合法之上訴，對起訴法條予以爭執，主張其應受無罪之宣告。第二審管轄法院，乃變更起訴法條，判處甲以傷害（輕傷）之罪行，甲復提起第三審上訴。案經第三審法院將原判撤銷發回更審，嗣經第二審法院將第一審法院之有罪判決撤銷，改判被告甲無罪。問此等上訴審法院所為之「傷害」、「發回更審」及「無罪」之各判決，其中有無違法者；理由安在？試申述之。

解碼關鍵

當事人不得聲明不服而提出不服之聲明，若法院誤爲判決即屬無效判決。

擬答

一、傷害判決為合法判決

第二審法院變更第一審法院所爲之法律評價，改判被告以傷害罪，由於殺人未遂罪與傷害罪之基本事實相同，兩罪所指之訴之目的亦屬相同，因之第二審法院以傷害罪論處被告之罪刑，係在案件同一性之範圍內，其變更起訴法條所爲之判決即未違法。

二、發回更審之判決為無效判決

(一) 刑事訴訟法第376條對得上訴第三審之案件設有限制，而是否屬於刑事訴訟法第376條之案件，依大法官會議釋字第60號解釋應視當事人在第二審言詞辯論終結前，就案件是否屬於本法第376條之罪有所爭執而定。

(二) 本件被告甲在第二審之審理程序中，係認自己應屬無罪而爲爭執，即屬事實之爭執，自不得提起法律審上訴，並依上述之標準以觀，甲未得視爲在第二審言詞辯論終結前對於案件非屬本法第376條之情形已有所爭執，屬於刑事訴訟法第376條第1款不得上訴第三審之案件。

(三) 第二審法院判處甲傷害罪，且甲在第二審言詞辯論終結前亦未就是否非屬刑事訴訟法第376條之案件有所爭執，故係不得上訴第三審之案件，然因甲仍就第二審法院之判決提出上訴，係屬不得聲明不服而聲明不服之情形，第三審法院本應依刑事訴訟法第395條之規定從程序上予以駁回，卻誤爲發回更審之判決，依釋字第135號解釋之見解：「當事人不得聲明不服而提出不服之聲明，或未提出不服之聲明而上級審法院誤予廢棄或撤銷發回更審者，該項上級法院之判決及發回更審後之判決，均屬重大違背法令，固不生效力」，是以本件第三審法院所爲之發回更審之判決，係屬無效判決。

三、無罪判決亦屬無效判決

第二審法院依第三審法院之發回理由，改判被告無罪，因第三審所爲發回更審之判決，屬重大違背法令而爲無效，第二審法院復依無效之發回更審判決所爲之無罪判決，依釋字第135號之見解，亦屬重大違背法令不生效力，亦爲無效判決。

注釋資料：大法官釋字第135號。

例題37

檢察官起訴被告殺人未遂，第一審法院認其對於被告無審判權而諭知不受理判決，俟確定後，案卷移送該管軍事機關，經軍事檢察官查明被告於案發時已無現役軍人身分，予以不起訴處分確定後，將案卷送還該法院，該法院逕行審理終結，認為被告犯罪不能證明，諭知無罪之判決，檢察官不服，在法定期間內提起上訴，第二審法院審理結果，則認該被告罪證明確。問：（需具理由解答）

(一)第一審之無罪判決是否適法？

(二)第二審法院應如何判決？

(三)上項判決確定後，被害人或檢察官就同一案件再行提起公訴或自訴，法院應為何種判決？（79律師）

解碼關鍵

未經起訴而判決即屬無效判決；形式確定判決無實質確定力，不受一事不再理原則拘束。

擬答

一、第一審之無罪判決係屬無效判決

(一) 檢察官起訴被告殺人未遂，第一審法院認其對於被告無審判權而依刑事訴訟法第303條第6款諭知不受理後，其因起訴所生之訴訟關係已因不受理判決而消滅。

(二) 軍事檢察官查明被告於案發時已無現役軍人身分，予以不起訴處分，將案卷「送還」

該法院，此並非自該法院起訴，故法院依犯罪不能證明判決被告無罪，顯然有悖控訴原則違反刑事訴訟法第268條不告不理之規定，就未經起訴之犯罪加以審判，判決係屬無效判決。

二、第二審法院應撤銷第一審法院之無罪判決

第一審法院所爲之無罪判決，係就未經起訴之犯罪加以審判，違反刑事訴訟法第268條不告不理之控訴原則，具有重大瑕疵，應屬無效判決；惟因其仍具判決之形式，應依法定程序加以救濟。此時，第二審法院只需將無效之無罪判決予以撤銷即可，毋庸另行諭知。

三、重行起訴或自訴時，法院之處理方式

(一) 檢察官就同一案件再行公訴：因第一審法院所爲之不受理判決，係屬形式判決，乃就程序事項所爲之決定，僅具有形式確定力，不生實質確定力，故針對同一案件，檢察官可重行提起公訴，不受一事不再理原則之拘束，法院仍可爲實體之判決。

(二) 被害人就同一案件再行自訴：按依刑事訴訟法第323條第1項之規定：「同一案件經檢察官依第228條規定開始偵查者，不得再行自訴。」本案已經檢察官之偵查，故屬不得自訴之案件，對於被害人之提起之自訴，法院應依刑事訴訟法第334條之規定諭知不受理判決。

注釋資料：同前揭例題34、35。

民國91年2月8日總統令增訂公布刑事訴訟法第253條之1（緩起訴處分），其法律性質與不起訴處分有何不同？緩起訴處分之內涵、要件與救濟程序為何？試說明之。

解碼關鍵

比較本法第252、253、254條、第255條第1項及第253條之1之規定。

擬答

一、緩起訴處分與不起訴處分之異同處

(一) 相同

1. 均應製作處分書敘述處分之理由，並送達告訴人、告發人、被告及辯護人（刑事訴訟法第255條）。
2. 告訴人均得聲請再議（第253條微罪不舉之不起訴處分與第253條之1緩起訴處分經告訴人同意者則不可），法定期間均爲七日（第256條）。
3. 除第256條之外原檢察官或各級檢察署檢察長對聲請再議之處理程序均相同（第257

條、第258條）。

4. 告訴人不服駁回再議聲請之處分時，均得聲請交付審判，其程序均相同（第258條之1、第258條之4）。
5. 羈押之被告均應視之爲撤銷羈押；又扣押物均應即發還（第259條）。
6. 第253條之相對不起訴處分（微罪不舉）與緩起訴處分均以被告有犯罪嫌疑爲前提。

(二) 相異

1. 被告經認有犯罪嫌疑，而不以逕行起訴爲適當者，如所犯爲刑訴法第376條所規定之案件，經參酌刑法第57條認情節較輕微者，依第253條不起訴處分（微罪不舉），其偏重個別預防；至參酌刑法第57條及考量公共利益之維護，認情節稍重者則依第253條之1爲緩起訴處分，兼具個別預防與一般預防（註：第253條與第253條之1具相近之性質）。
2. 被告經認有犯罪嫌疑而不以逕行起訴爲適當者，如所犯爲死刑、無期徒刑或最輕本刑三年以上有期徒刑以外非第376條所規定之案件者，僅能依第253條之1爲緩起訴處分。
3. 被告經緩起訴處分者，得命其遵守一定事項（第253條之2），且於第253條之3第1項之3款法定情形，檢察官得依職權或告訴人聲請撤銷緩起訴處分，至第253條之相對不起訴處分（微罪不舉）則否（原規定已刪除）。
4. 第256條第3項之職權再議（新增）於不起訴處分僅限死刑、無期徒刑或最輕本刑三年以上有期徒刑之案件而因犯罪嫌疑不足者，至緩起訴處分則均有適用。
5. 受緩起訴處分之被告，於緩起訴處分受撤銷時有聲請再議權，此於受相對不起訴處分之被告則無。
6. 第260條之規定於緩起訴處分均有適用，至不起訴處分則限該處分具實質確定力者（包括第252條第1至4款、第252條第8至10款、第253條及第254條），至欠缺形式訴訟條件之不起訴處分（第252條第5至7款）及第255條第1項其他法定理由，因不具實質確定力，即無適用之餘地。
7. 緩起訴處分有猶豫期間，不起訴處分則無。
8. 緩起訴處分具形式確定力後，須待猶豫期滿未撤銷始具實質確定力，不起訴處分則否。

二、緩起訴處分之內涵、要件與救濟程序

(一) 得為緩起訴之案件：依91年1月新增訂之刑事訴訟法第253條之1第1項規定，得爲緩起訴之案件，限於被告所犯爲死刑、無期徒刑或最輕本刑三年以上有期徒刑以外之罪。

(二) 緩起訴之要件：依第253條之1第1項規定，檢察官參酌刑法第57條所列事項（科刑時應審酌事項）及公共利益之維護，認以緩起訴爲適當者，得爲緩起訴之處分。

(三) 緩起訴期間：又稱爲「緩起訴之猶豫期間」，依新增訂之刑事訴訟法第253條之1第1項規定，緩起訴之期間爲一年以上三年以下，其期間自緩起訴處分確定之日起算，且追訴權時效，於緩起訴之期間內，停止進行。另新法為貫徹緩起訴制度之立法意旨及公訴優先之立法政策，於第253條之1第4項增訂第323條第1項但書規定，於緩起訴期間，不適用之。即不許犯罪之被害人在緩起訴猶豫期間內，直接向法院提起自訴。

(四) **緩起訴之負擔（或提示）**：緩起訴制度之重大特色之一，即檢察官得對於被告課以負擔或加以指示。依新增訂之刑事訟法第253條之2規定，檢察官為緩起訴處分者，得命被告於一定期間內遵守或履行下列各款事項：

1. 向被害人道歉。
2. 立悔過書。
3. 向被害人支付相當數額之財產或非財產上之損害賠償。
4. 向公庫或該管檢察署指定之公益團體、地方自治團體支付一定之金額。
5. 向該管檢察署指定之政府機關、政府機構、行政法人、社區或其他符合公益目的之機構或團體提供四十小時以上二百四十小時以下之義務勞務。
6. 完成戒癮治療、精神治療、心理輔導或其他適當之處遇措施。
7. 保護被害人安全之必要命令。
8. 預防再犯所為之必要命令。

檢察官命被告遵守或履行前項第3款至第6款之事項，應得被告之同意；第3款、第4款並得為民事強制執行名義。

(五) **緩起訴之撤銷**：緩起訴為附條件之不起訴處分，故亦可能發生條件不成就而使被告喪失不起訴利益之情形，依新增訂之刑事訴訟法第253條之3規定，被告於緩起訴期間內，有下列情形之一者，檢察官得依職權或依告訴人之聲請撤銷原處分，繼續偵查或起訴：

1. 於期間內故意更犯有期徒刑以上刑之罪，經檢察官提起公訴者。
2. 緩起訴前，因故意犯他罪，而在緩起訴期間內受有期徒刑以上刑之宣告者。
3. 違背第253條之2第1項各款之應遵守或履行事項者。

(六) **緩起訴之確定效力**：依新修定之刑事訴訟法第260條之規定，不起訴處分已確定或緩起訴處分期滿未經撤銷者，非有下列情形之一，不得對於同一案件再行起訴。

1. 發現新事實或新證據者。
2. 有第420條第1項第1、2、4、5款所定得為再審原因之情形者。

(七) **緩起訴之救濟程序**

1. 針對緩起訴本身之救濟：
   (1) 有告訴人時，依刑事訴訟法第256條第1項之規定，告訴人接受不起訴或緩起訴處分書後，得於七日內以書狀敘述不服之理由，經原檢察官向直接上級法院檢察署檢察長或檢察總長聲請再議。
   (2) 無告訴人時，依刑事訴訟法第256條第3項之規定，如無得聲請再議之人時，原檢察官應依職權逕送直接上級法院檢察署檢察長或檢察總長再議，並通知告發人。
2. 針對撤銷緩起訴之救濟：依新增訂之刑事訴訟法第256條之1規定，被告接受撤銷緩起訴處分書後，得於七日內以書狀敘述不服之理由，經原檢察官向直接上級法院檢察署檢察長或檢察總長聲請再議。

注釋資料：例解刑事訴訟法「體系釋義版」第十章之「緩起訴制度體系表」。

甲酒醉駕車，被警察路檢發現而移送法辦。檢察官告知甲，如甲願意配合地方法院檢察署酒醉不駕車之宣導活動，即不予起訴。檢察官如此作為是否合法？試依刑事訴訟法規定說明之。（91書記官）

解碼關鍵

不予起訴包含不起訴&緩起訴；訊問被告應依循正當程序。

擬答

一、案例屬不予起訴範圍

按酒醉駕車如屬不能安全駕駛動力交通工具而駕駛者，該當於刑法第185條之3交通公共危險罪，依法處一年以下有期徒刑、拘役或科或併科15萬元以下罰金，而依刑事訴訟法第253條規定：「第三百七十六條所規定之案件，檢察官參酌刑法第五十七條所列事項，認為以不起訴為適當者，得為不起訴之處分。」及第253條之1規定：「被告所犯為死刑、無期徒刑或最輕本刑三年以上有期徒刑以外之罪，檢察官參酌刑法第五十七條所列事項及公共利益之維護，認以緩起訴為適當者，得定一年以上三年以下之緩起訴期間為緩起訴處分。」則本題甲所涉嫌之案件，即為上揭檢察官得便宜不予起訴之範圍。

二、檢察官不予起訴之選擇

如上所述，檢察官欲依本法第253條或第253條之1之規定裁量不予起訴，除應具備本法第376條所列案件之形式要件外，尚須兼具「認以不起訴或緩起訴為適當」之實質要件，亦即檢察官應參酌刑法第57條所列事項，緩起訴尚應包括公共利益維護之考量；又檢察官既係代理全體人民（國家）行使追訴權之機關，屬「公益代表人」角色，則其告知被告甲配合酒醉不駕車之宣導公益活動即不予起訴應屬合法，倘就緩起訴處分係課予被告負擔，職權不起訴處分則否以觀，檢察官似以緩起訴處分為適當。

三、檢察官偵查程序之適法性

又按被告自白欲取得證據能力，除須經積極調查外，尚須無消極之證據禁止之排除始足當之，然於此有疑義者，乃題旨並未敘明被告甲是否曾於警方偵訊中為任意性自白，倘甲自始否認有酒醉（飲酒）或駕車情事，則檢察官於本題案例中之「告知」即有以不予起訴處分之承諾利誘被告虛偽自白，顯已違背本法第98條「訊問被告應出以懇切之態度，不得用強暴、脅迫、利誘、詐欺、疲勞訊問或其他不正之方法」之規定，依同法第156條第1項之規定，被告因此所為之自白即不具證據能力（屬證據禁止之排除），即檢察官所為之上開作為顯已違反對被告正當法律程序之保障，而屬不合法。

注釋資料：例解刑事訴訟法「體系釋義版」第十章之焦點「學說對緩起訴制度相關問題之重要見解」。

例題40

甲傷害乙，乙傷重住院，歷一月始痊癒，經檢察官諭知緩起訴，期間一年，並命甲向乙支付醫療費用20萬元及精神慰藉金30萬元，甲於緩起訴期間又涉嫌竊盜被提公訴，問：

(一)撤銷緩起訴後，甲請求返還已支付之50萬元給付，有無理由，試加評論。

(二)如甲之竊盜案嗣經諭知無罪之判決確定，甲被撤銷之傷害緩起訴，有無救濟之途？試加評論。　(94司法官)

解碼關鍵

依本法第253條之3規定，已履行之負擔不得請求返還；重大瑕疵之撤銷緩起訴處分應屬無效。

擬答

一、請求返還無理由

甲不得請求返還已支付之50萬元：按依刑事訴訟法第253條之3第2項規定：「檢察官撤銷緩起訴之處分時，被告已履行之部分，不得請求返還或賠償」，立法理由謂「若被告對檢察官所命應遵守之事項已履行全部或部分後，嗣『緩起訴』之處分經依法撤銷，已履行之部分，如何處理易滋疑義，增訂第2項」。故本件檢察官撤銷緩起訴處分後，依前揭規定，甲請求返還已支付之50萬元，即無理由。

二、撤銷緩起訴之救濟

又甲經檢察官起訴之竊盜案件嗣經諭知無罪之判決確定，則甲被撤銷之傷害案件緩起訴處分，其可能之救濟途徑分別說明如下：

(一) 甲涉嫌竊盜經檢察官被提公訴，構成撤銷緩起訴之原因

依第253條之3第1項第1款規定：「被告於緩起訴期間內，有左列情形之一者，檢察官得依職權或依告訴人之聲請撤銷原處分，繼續偵查或起訴：一、於期間內故意更犯有期徒刑以上刑之罪，經檢察官提起公訴者。」是以甲於緩起訴期間，另涉嫌竊盜經提公訴，即構成撤銷緩起訴處分之法定原因。實務見解有認為該撤銷處分，因竊盜案件之無罪確定而失效。

(二) 竊盜案件經諭知無罪判決確定時，尚未逾聲請再議期間

本法第256條之1規定：「被告接受撤銷緩起訴處分書後，得於七日內以書狀敘述不服之理由，經原檢察官向直接上級法院檢察署檢察長或檢察總長聲請再議」，故若竊盜案件經判決無罪確定時尚未逾上開聲請再議之法定期間者，被告即得以書狀敘述不服之理由聲請再議，惟實務上顯無可行性。

(三) 竊盜案件經諭知無罪判決確定時，經撤銷緩起訴處分之傷害案件尚在繼續偵查中

此時檢察官本於公益代表人之客觀性義務，應依職權依本法第253條對被告為微罪不舉之不起訴處分，蓋被告經起訴之竊盜罪既無罪判決確定，顯徵其傷害案件之受緩起訴處分之情事並未改變情況下，仍以不予起訴為適當，又被告此前復已履行支付50萬元之負擔，本於信賴利益且被告亦無過失之情形下，檢察官宜逕對被告甲為本法第253條之不起訴處分。

(四) 竊盜案件經諭知無罪判決確定時，經撤銷緩起訴處分之傷害案件業經起訴

此時檢察官本於公益代表人之客觀性義務，於被告竊盜案件經無罪判決確定，原傷害案件緩起訴處分之情事未變更情況下，宜以不起訴為適當，於第一審辯論終結前，依本法第269條第1項之規定撤回起訴。

注釋資料：最高法院94年台非第119號、96年台非第232號判決；林鈺雄，月旦法學第173期，頁272以下。

例題41

檢察官在緩起訴期間內，發現新證據，認不宜緩起訴，又無法定撤銷緩起訴之事由，得否就同一案件起訴？試從緩起訴之法律效果論述之。（98司法官）

解碼關鍵

緩起訴期間內尚未具實質確定力，仍得再行起訴。

擬答

一、實務見解

緩起訴期間內發現新證據，無法定撤銷緩起訴之事由，得否就同一案件起訴，實務見解（最高法院94年度台非第215號判例）認為，檢察官得就同一案件起訴，原緩起訴處分失其效力認為，緩起訴處分其具體效力依同法第260條規定，於緩起訴處分期滿未經撤銷者，非有同條第1、2款情形之一，不得對於同一案件再行起訴，即學理上所稱之實質確定力。足見在緩起訴期間內，尚無實質確定力可言。且依第260條第1款規定，於不起訴處分確定或緩起訴處分期滿未經撤銷者，仍得以發現新事實或新證據為由，對於同一案件再行起訴。本於同一法理，在緩起訴期間內，倘發現新事實或新證據，而認已不宜緩起訴，又無同法第253條之3第1項所列得撤銷緩起訴處分之事由者，自得就同一案件逕行起訴，原緩起訴處分並因此失其效力。復因與同法第260條所定應受實質確定力拘束情形不同，當無所謂起訴程序違背規定之可言。

二、學理之不同意見

(一) 否定說見解認爲，現行刑事訴訟法僅設立緩起訴撤銷制度，故緩起訴非經撤銷不能再起訴，且基於保護被告程序利益之必要，若其未違反緩起訴所課予之條件負擔，亦應有信賴利益之保護，故不應僅以發現新證據爲由，撤銷緩起訴處分而另行提起公訴。

(二) 學說另有不同見解認爲，緩起訴期滿未經撤銷發生實質確定力之後，都還容許以發現新事證爲由而起訴，在緩起訴期間，當然更無理由禁止，此固然無誤，但可否據此推出上開判例結論即「得逕行起訴」、「原緩起訴失起效力」，似仍存疑。類此情形似可類推適用撤銷緩起訴事由，還是先由檢察官撤銷緩起訴後，再行起訴爲宜。

注釋資料：柯耀程，月旦法學第156期，頁277以下；同氏著，台灣法學第91期，頁94以下；最高法院94年台非第215號判例。

相關試題

甲駕駛車輛因過失同時撞傷乙、丙，當時僅乙提出告訴，檢察官認甲所涉過失傷害罪，以緩起訴爲適當，依法爲緩起訴處分確定。甲於緩起訴期間內，均遵守應履行事項；惟丙於醫治後，仍因該次車禍，於甲之緩起訴期間內，傷重死亡。請回答下列問題，並敘明理由。

(一) 前揭緩起訴處分之效力，是否及於過失致人於死部分？此部分能否再單獨起訴？

(二) 檢察官得否以丙嗣後已死亡，撤銷前揭緩起訴處分，繼續偵查、起訴？

(三) 本件於丙死亡後應如何處理，方爲妥適？　（95律師）

考點提示：

一、緩起訴處分僅得於刑事訴訟法第253條之3第1項明定之各款事由方得撤銷，故本案例所新發生丙死亡之情事應不得據爲撤銷緩起訴處分之事由。

二、偵查中固無不可分性，惟想像競合犯係屬一行爲之犯行，理論而言，應僅受一次性評價與一次刑罰處罰方爲適法合理。

三、緩起訴處分雖非起訴被告，使其受法院審判，然係以認定被告具犯罪嫌疑爲前提，亦即本案犯罪事實業經司法機關（檢察官）爲實體判斷，且檢察官並得課以被告具有自由刑或財產刑等刑罰性質之條件負擔（如社區勞動服務、賠償被害人或支付國庫等），本質上實與有罪判決無異，故刑事訴訟法第260條乃規定緩起訴處分期滿未撤銷者具實質確定力。此由學者批評緩起訴制度有違憲法明定法官審判原則（人民之犯罪應由法院依法定程序審問處罰）與三權分立原則（代表行政權之檢察官取代行使司法權之法官）觀之，益證學說肯認緩起訴處分具實體判斷內涵。

四、況若一行爲之部分事實經檢察官爲緩起訴處分（即被告具犯罪嫌疑之認定），同一行爲之他部事實又經提起公訴，若起訴部分嗣經法院判決無罪，則一行爲卻有相異之事實評價，顯有背離經驗法則與論理法則？惟如起訴部分經諭知有罪判決，則被告之一行爲竟受兩次重複之司法處罰，豈非違反一事不二罰原則？

五、綜上所述，想像競合犯一行爲之部分事實經檢察官爲緩起訴處分確定後，同一行爲之他部事實得否逕行起訴，不無疑義。淺見以爲，刑事訴訟法第260條規定緩起訴期滿未撤銷者如有第1款新事實新證據之情形仍得再行起訴，通說認僅需該事實或證據爲檢察官處分確定前所不知而未及斟酌者即屬之，不以該事實或證據發生於處分前爲限，易言之，雖本件丙死亡之事實係發生於緩起訴處分確定後期間屆滿前，此一檢察官處分確定後發生之事實，既不得爲撤銷緩起訴處分之事由，復爲檢察官處分確定前之偵查中所未及斟酌，應認符合本法第260條第1款之新事實，而得據以再行起訴，且本於單一案件不可分性，起訴之效力自及於甲對乙之過失致傷部分，法院應併予審判，檢察官原就此部分所爲之緩起訴處分即屬無效之處分。

例題42

甲為現役軍人，其於休假期間酒後駕駛自小客車為警攔查發現其已達不能安全駕駛之狀態，經調查後乃移送檢察官偵辦。因甲於接受司法警察調查及檢察官偵訊時均隱瞞其現役軍人身分，致檢察官未查其所犯為陸海空軍刑法第54條第1項之服用酒類、不能安全駕駛動力交通工具罪，而誤以為其於本案係犯刑法第185條之3之服用酒類、不能安全駕駛動力交通工具罪，於偵查終結後即作成緩起訴處分對甲予以緩起訴一年，並命甲向公庫支付新台幣10萬元及向公益團體提供義務勞務六十小時，甲於緩起訴處分確定後，依檢察官之命令履行上述負擔完畢。嗣檢察官於緩起訴期間屆滿後，接到公益團體送交之報告，始查知甲於犯罪及犯罪被察覺時均具有現役軍人身分，且所犯為陸海空軍刑法之罪，遂以本案發現新事證為由，再傳喚甲到案接受偵查。甲抗辯稱：不得重複追訴處罰即一事不二罰乃現代民主法治國家之憲法原則，本件國家司法機關適用法律錯誤，並無可歸責於被告之事由，被告既已向公庫支付緩起訴金，又提供義務勞務，受有財產減少及自由受限之不利益。行使國家刑罰權之公務員，應恪遵法律及憲法原則，無使人民自行負擔刑事訴訟程序與軍事審判程序劃分不明所生不利益之理。據以請求檢察官維持本案之原緩起訴處分。問甲之抗辯及請求有無理由？於實務之處理，檢察官後續應如何偵結本案？請附理由析論之。（101司法官）

（註：本例以修正前之軍事審判法為命題、解題背景）

解碼關鍵

重大瑕疵之緩起訴處分，縱具實質確定力亦屬無效；被告可歸責性與信賴利益之關聯性。

擬答

一、軍事審判權

本例依修正前依軍事審判法第1條規定，現役軍人犯陸海空軍刑法，應依軍事審判法審判。故本例乃屬軍事審判權範圍，普通審判權下之檢察署僅得以欠缺審判權為由，依刑訴法第252條第7款為不起訴處分。

二、無效緩起訴

依最高法院99年台上第7330號判決見解，具實質確定力之不起訴處分，倘具明顯重大瑕疵，該處分當然無效，不生實質確定力，縱無本法第260條之新事證，檢察官亦得重行起訴。本例之緩起訴處分因期滿而具實質確定力，然因係檢察官在欠缺審判權情形下所為，乃明顯重大違背法令且係無從補正之瑕疵，倘依實務見解，該處分雖因期滿而未得撤銷，仍屬當然無效，此時檢察官應依本法第252條第7款為不起訴處分，並移送軍事法院檢察署偵辦。

三、結論

惟查上述實務見解係以不具任何條件、負擔之不起訴處分為論據，然本例既係以被告支付10萬元予公庫並提供六十小時義務勞務為條件負擔且被告亦已完成，此項具有實質刑罰性質之緩起訴處分（形同刑法之罰金、易服勞役或拘役）已予被告等同刑罰之處罰；故若考量一事不二罰原則乃現代法治國之憲法基本原則，復基於人民對司法權公平正確行使之信賴利益，則被告之抗辯與請求即有理由。但如考量被告刻意隱瞞軍人身分而於檢察官誤為緩起訴處分上具可歸責性，則被告即應承擔此緩起訴處分無效之不利益。

注釋資料：同上揭例題40、41；最高法院99年台上第7330號判決。

例題43

甲騎機車不慎撞傷乙，乙向檢察官提出傷害告訴。檢察官以甲犯罪輕微，不顧乙反對，即對甲為緩起訴處分。乙對該處分不服，試問乙得如何請求救濟？該救濟程序適用之前提要件如何？法院應如何處理？請依刑事訴訟法規定說明之。

解碼關鍵

對不起訴處分不服者，得聲請再議&交付審判；法院以合議庭審查之。

擬答

一、再議權人

按「告訴人接受不起訴或緩起訴處分書後，得於七日內以書狀敘述不服之理由，經原檢察官向直接上級法院檢察署檢察長或檢察總長聲請再議」，又「被告接受撤銷緩起訴處分書後，得於七日內以書狀敘述不服之理由，經原檢察官向直接上級法院檢察署檢察長或檢察總長聲請再議。」刑事訴訟法第256條第1項、第256條之1第1項分別定有明文，故知偵查中之聲請再議人乃限已實行告訴之告訴權人與緩起訴處分經撤銷之被告。

二、交付審判之要件

所謂交付審判制乃告訴人不服檢察機關駁回其再議聲請之處分，而於接受處分書後十日委任律師提出理由狀，向該管第一審法院聲請交付審判，其主要目的在監督檢察官之不起處分與緩起訴處分，使不服該等處分者有請求法院介入審查之救濟機會。

依刑事訟訴法第258條之1至之4規定，我國刑事訴訟法增訂之交付審判制應具備下述要件：

(一) **主體要件**：聲請之主體依刑事訴訟法第258條之1規定，告訴人不服前條之駁回處分者，得於接受處分書後十日內委任律師提出理由狀，使不服不起訴或緩起訴處分者有請求法院救濟之機會，讓法院有介入審查檢察官的不起訴或緩起訴處分之權利。故知聲請權人限實行告訴且聲請再議之人。

(二) **程式要件**：依刑事訴訟法第258條之1規定，告訴人不服前條之駁回處分者，得於接受處分書後十日內委任律師提出理由狀，向該管第一審法院聲請交付審判。由此條文可知新法採行「再議前置」之機制（類似行政訴訟之訴願前置主義），亦即並非告訴人收到處分書，即可聲請交付審判，而必須先經由再議程序救濟，駁回後始可委任律師聲請交付審判。另本次修法對聲請交付審判採強制委任律師之「強制律師代理制度」，其立法理由係爲防止濫行提出聲請，虛耗訴訟資源。

三、法院審查之相關規定

(一) **法院之審查及效果**：依刑事訴訟法第258條之3第1項規定，告訴人提出交付審判之聲請後，法院應組成合議庭以合議行之。法院審查之結果認爲交付審判之聲請不合法或無理由者，應駁回之；認爲有理由者，應爲交付審判之裁定，並將正本送達於聲請人、檢察官及被告。另依同法第258條之3第4項之規定，法院爲交付審判之裁定時，視爲案件已提起公訴。

(二) **聲請之撤回**：新法對於交付審判之聲請，採行得撤回之原則，依新增訂刑事訴訟法第258條之2規定，交付審判之聲請，於法院裁定前，得撤回之，於裁定交付審判第一審辯論終結前亦同。另撤回交付審判聲請之人，不得再行聲請交付審判。

(三) **交付審判之救濟**：交付審判使案件進入審判程序，對被告而言，其權益畢竟因此而受影響，故本法承認被告有抗告之利益，依第258條之3第5項規定，得提起抗告救濟之。

(四) **審查程序**：法院爲上開裁定時得爲必要調查，此時因影響被告權利甚鉅，故其有聽審權，至法院所持之證據法則僅須自由證明即可。

注釋資料：林鈺雄，刑事訴訟法2002年新法增修版，頁8-23。

相關試題

試說明刑事訴訟法對於檢察官偵查終結爲提起公訴或不起訴處分，設有何種制衡或救濟之機制？（96地特）

考點提示：

一、檢察官提起公訴之制衡乃刑事訴訟法第161條第2項之起訴審查制。

二、檢察官不起訴處分之救濟途徑包括本法第256條聲請再議與第258條之1聲請交付審判制。

(一)刑事訴訟法增訂「聲請法院交付審判制度」之目的為何？

(二)聲請之要件為何？請詳細說明之。（100檢事官）

解碼關鍵

防止檢察官怠忽行使職權之外部監督；告訴人於法定期間內委託律師聲請。

擬答

一、聲請交付審判制度之目的

在彈劾主義之控訴原則下，檢察官負有主動偵查與控制審判入口之職責，爲防止檢察官在行使其積極、主動職權時有所疏忽或怠惰，影響被害人之權益與實體眞實發現，或有濫用裁量權而爲便宜不起訴（刑事訴訟法第253條、第254條）、緩起訴（第253條之1）處分，侵損公共利益；故除本於檢察一體之精神，設有內部審閱機制及本法第256條規定所賦予告訴人之聲請再議權，作爲內部監督外，另於本法第258條之1增訂告訴人得向法院聲請交付審判之外部監督制衡，防止前述流弊之發生。

二、聲請交付審判之要件

所謂交付審判制乃告訴人不服檢察機關駁回其再議聲請之處分，而於接受處分書後十日委任律師提出理由狀，向該管第一審法院聲請交付審判，其主要目的在監督檢察官之不起訴分與緩起訴處分，使不服該等處分者有請求法院介入審查之救濟機會。

依刑事訟訴法第258條之1至第258條之4規定，我國刑事訴訟法增訂之交付審判制應具備下述要件：

(一) **主體要件**：聲請之主體依新增訂之刑事訴訟法第258條之1規定，告訴人不服前條之駁回處分者，得於接受處分書後十日內委任律師提出理由狀，使不服不起訴或緩起訴處分者有請求法院救濟之機會，讓法院有介入審查檢察官的不起訴或緩起訴處分之權利。故知聲請權人限實行告訴且聲請再議之人。

(二) **程式要件**：依新增訂之刑事訴訟法第258條之1規定，告訴人不服前條之駁回處分者，得於接受處分書後十日內委任律師提出理由狀，向該管第一審法院聲請交付審判。由此條文可知新法採行「再議前置」之機制（類似行政訴訟之訴願前置主義），亦即並非告訴人收到處分書，即可聲請交付審判，而必須先經由再議程序救濟，駁回後始可委任律師聲請交付審判。另本次修法對聲請交付審判採強制委任律師之「強制律師代理制度」，其立法理由係為防止濫行提出聲請，虛耗訴訟資源。

注釋資料：例解刑事訴訟法「體系釋義版」第十章之「交付審判制體系表」。

刑事裁判書之錯誤應如何更正，試分別情形析述之。

解碼關鍵

區分宣示送達前後&原本、正本錯誤分為論述。

擬答

一、宣示或送達前

依刑事訴訟法第40條訂正。

二、宣示或送達後

不得自行更正，處理方式視係原本錯誤或正本錯誤而定：

(一) **原本錯誤：指原本與正本相同，但原本記載不符製作者原意。**

1. 不影響全案情節與判決本旨（誤寫誤算等顯然錯誤）：
   依釋字第43號解釋參照民訴第232條原審法院得依聲請或本於職權以裁定更正之。
2. 影響全案情節與判決本旨：
   (1) 不得以裁定更正（院字1857號；72台抗518）。
   (2) 須依上訴非常上訴予以救濟。

(二) **正本錯誤：指與原本不符。**

1. 不影響全案情節與判決本旨：
   (1) 得依聲請或依職權以裁定更正（71年決議）。
   (2) 期間不另行起算。
2. 影響全案情節與判決本旨：
   (1) 不得以裁定更正（71年決議；72台抗518）。
   (2) 期間重行起算。
   (3) 須重行繕印正本送達。

注釋資料：大法官釋字第43號、院字第1857號、最高法院72年台抗第518號判例。

相關試題

第一審法院對被告張三涉嫌之放火罪判處有期徒刑十年，書記官不慎將判決正本主文之宣告刑誤植爲「有期徒刑十一年」，試問對該判決正本之錯誤應如何救濟？

考點提示：裁判文書之救濟。

送達為訴訟行為之方式，請依刑事訴訟法之規定說明應受送達處所及送達方法。

解碼關鍵

區分對檢察官&被告&自訴人等之法警&郵政&囑託&公示送達。

擬答

一、應受送達處所

(一) 檢察官（依刑事訴訟法第58條）：應送達予提起或實行公訴之檢察官，如承辦檢察官不在辦公處所時，則向檢察長爲送達。

(二) 被告（依刑事訴訟法第55條）：

1. 應將其住所、居住或事務所向法院或檢察官陳明。
2. 如在法院所在地無住所、居所、事務所者應陳明以在該地有住所、居所、事務所之人爲送達代收人，具保人、辯護人並非當然爲送達代收人。86年修正本條將被害人納入應受送達人之範圍。

(三) 自訴人、告訴人、附帶民事訴訟當事人、代理人、辯護人、輔佐人或被害人（依刑事訴訟第55條）。

二、送達方法

(一) 法警送達：依本法第61條規定。

(二) 郵政送達：依本法第57、61條規定。

(三) 囑託送達：以實際送達被告之日爲準（依本法第56條第2項規定）。

(四) 公示送達：

1. 事由：依本法第59條第1、2、3款之規定；又對在軍隊或軍艦之軍人不得公示送達。又明知被告因案逃亡經通緝在案不可公示送達。
2. 程序：依本法第60條規定，由書記官經法院或檢察（總）長許可，將應送達之文書或節本張貼於法院牌示處，以其繕本登載報紙或以其他適當方法通知或公告。

注釋資料：最高法院98年台上第3048號判決。

相關試題

一、法院就檢察官起訴被告乙涉嫌侵占案件，如欲通知檢察官及傳喚被告乙於審判期日到場，其通知書與傳票應如何送達？

考點提示：文書送達。

二、送達文書依刑事訴訟法第61條第1項規定，由司法警察行之。甲係刑事被告，住於台北市大安區，乙係轄區司法警察，依法送達甲97年7月1日審判期日傳票，問下列送達是否合法，試分別說明之：
(一) 乙下班返家途中，於捷運板橋站巧遇甲，乃當面於車站將傳票交予甲。
(二) 乙於SOGO地下超市巧遇甲之妻丙，將傳票交予丙。
(三) 乙於甲之住所會晤甲欲交傳票時甲拒絕並將乙趕出，乙匆促間將傳票自窗口丟入屋內桌上。
(四) 乙赴甲住所三次均無人在家（中、午、晚各一次）乃在信箱內留字條，請甲至轄區派出所向乙領取傳票。（97警特）

考點提示：（參照民事訴訟法第136至139條）
一、對本人送達可於他處會晤時爲之，故例一合法。
二、對受僱人或同居人應於送達處所爲之，不得於他處，故例二違法。
三、應受送達人無正當理由拒絕受領時，得爲留置送達，故例三合法。
四、寄存送達應將通知書同時黏貼於門首與信箱適當位置，故例四違法。

試說明期間之種類及其涵義。

解碼關鍵

區分行爲&不行爲、法定&裁定、失權&訓示期間。

擬答

一、行為期間與不行為期間

行爲期間乃指應於一定期間內爲訴訟行爲之期間，如上訴期間、抗告期間；不行爲期間即不得於某期間內爲一定行爲之期間，或稱猶豫期間，如傳喚證人之傳票至遲應於到場期日前二十四小時前送達（刑事訴訟法第175條第4項）。

二、法定期間與裁定期間

此項期間均爲行爲期間，其由法律所規定者，謂之「法定期間」，由法院裁定指定者，謂之「裁定期間」。前者如上訴期間爲十日（第349條前段），抗告期間爲五日（第406條前段），聲請再議期間爲七日內（第256條第1項）；後者如起訴或其他訴訟行爲於法律上必備之程序有欠缺而命其補正之期間（第273條第6項）。法定期間不得伸縮；裁定期間則由法院審酌情形爲量定。

三、失權期間與訓示期間

法定期間因其遲誤效果之不同，得分爲失權期間、訓示期間。遲誤失權期間喪失爲該訴訟行爲之權利，如上訴期間、抗告期間、聲請再審期間、聲請再議期間；訓示期間，有爲監督公務員執行職務而設，如宣示判決期間（第311條）、交付裁判書原本期間（第226條），其遲誤僅生行政懲戒問題，不生違法問題，亦不生失權效果。

延伸資料：林鈺雄，刑事訴訟法（上），頁176以下；陳樸生，刑事訴訟法實務，頁139以下。

例題48

某被告甲居住在台北市，而因竊盜案羈押於新北市土城區之台北看守所，在押中收受台灣台北地方法院刑事判決之送達，逾期一日始向看守所提出上訴書狀，看守所亦於當日轉送台灣台北地方法院收文。試問其上訴曾否逾期？即應否扣除在途期間？

解碼關鍵

在監所被告之訴訟行爲應向監所長官爲之，無在途期間之扣除。

擬答

一、監所送達與在途期間

(一) 按應爲訴訟行爲之人在監獄或看守所，其應爲之訴訟行爲若係向監所長官爲之，則不生扣除在途期間之問題。

(二) 應於法定期間內爲訴訟行爲者其住、居所或事務所不在法院所在地者，其期間之末日應如何計算，究須就在途期間及不變期間分別計算其末日，抑應連續計算，依實務見解認應將應扣除之在途期間與不變期間連接計算，以其最後一日爲期間末日。

二、結論

本題在監所之被告，固可不經監所長官而提出上訴書狀且該監所不在法院所在地者，得扣除在途期間。但如向監所長官提出上訴書狀，依刑事訴訟法第351條第1項規定，必在上訴期間內提出者，始視爲上訴期間內之上訴，若已在上訴期間內提出，縱監所人員遲誤轉送法院收文，甚至遠超過規定在途期間，其上訴仍不得視爲逾期，蓋監所與法院間無在途期間之可言。反之，如逾期始向監所長官提出上訴書狀，自不得視爲上訴期間內之上訴，雖監所長官即日將上訴書狀轉送法院收文，因無扣除在途期間之可言，其上訴自屬已經逾期（最高法院63年第3次及77年第4次刑庭決議）。

注釋資料：最高法院63年第3次刑庭決議、77年第4次刑庭決議。

試說明回復原狀。

解碼關鍵

非因過失遲誤法定期間，並應補行訴訟行爲。

擬答

一、定義

所謂回復原狀乃應於一定期間內爲之訴訟行爲，遲誤後如具備法定要件且於法定期間經過後爲該訴訟行爲，即得使其發生與在期間內所爲之訴訟行爲有相同之效力。

二、要件

(一) 得以聲請回復原狀之期間種類：依刑事訴訟法第68、70條之規定，包括：

1. 因遲誤上訴或抗告或聲請再審期間。
2. 遲誤聲請撤銷或變更審判長、受命推事、受託推事裁定或檢察官命令之期間。
3. 遲誤聲請再議之期間。

(二) 非因過失而遲誤期間：依刑事訴訟法第67條之規定，得聲請回復原狀之期間須係非因過失，亦即當事人或代理人之所以遲誤爲訴訟行爲之期間，係具有不可歸責於當事人之事由所致，指依客觀標準爲一般人不可避免之事由。

(三) 聲請回復原狀之期間：聲請回復原狀需於遲誤之原因消滅後五日內爲之。此項聲請回復原狀期間，屬法定期間，遲誤此項期間者，無從再聲請回復原狀。

(四) 聲請回復原狀之程序：依刑事訴訟法第68條第1項之規定：「對於因遲誤上訴或抗告或聲請再審期間而聲請回復原狀者，應以書狀向原審法院爲之。其遲誤聲請撤銷或變更審判長、受命推事、受託推事裁定或檢察官命令之期間者，向管轄該聲請之法院爲之。非因過失遲誤期間之原因及其消滅時期，應於書狀內釋明之。」同條第3項規定：「聲請回復原狀，應同時補行期間內應爲之訴訟行爲。」如未同時補行期間內應爲之訴訟行爲，法院應定期命其補正，不宜遽予駁回。

延伸資料：例解刑事訴訟法「體系釋義版」第十章之焦點「訴訟行爲之相關探討」。

例題50

檢察事務官、司法警察官及司法警察詢問犯罪嫌疑人時，應由何人製作詢問筆錄？試說明其理由為何。

解碼關鍵

避免不正訊問與僞制筆錄，應由行詢問以外之人製作筆錄。

擬答

一、法律規定

檢察事務官、司法警察官及司法警察詢問犯罪嫌疑人時，因其並無如書記官之配置，故實務多由詢問人自行製作調查筆錄，惟爲確保筆錄製作之正確性，在91年1月修正後刑事訴訟法第43條之1第2項乃規定「前項犯罪嫌疑人詢問筆錄之製作，應由行詢問以外之人爲之。但因情況急迫或事實上之原因不能爲之，而有全程錄音或錄影者，不在此限」。

二、立法理由

承上所述，過去實務多由行詢問犯罪嫌疑人之司法警察（官）自行製作詢問筆錄，惟因此等情形製作之詢問筆錄常存有不正訊問方法或登載不實情事，故修正新法乃作此限制使行詢問之人原則不得爲筆錄製作，在詢問者與製作者相互監督制衡，不願爲對方違法行徑背書致擔負刑事責任考量下，或可減少上述不當取供之產生，並確保筆錄內容之正確性。倘有違反，則有本法第158條之4規定之適用。

注釋資料：例解刑事訴訟法「體系釋義版」第十章之焦點「文書章修法評析」。

例題51

書記官於審判期日製作之審判筆錄應記載刑事訴訟法第41條第1項第1款、第2款及第3款所定事項，惟何種情形得僅記載其要旨？又其於審判筆錄之記載有錯誤或遺漏時應如何更正之？

解碼關鍵

依本法第44條之1第2項規定爲更正；審判長徵詢訴訟關係人意見，並認適當者，得僅記載要旨。

擬答

一、法律規定

按依92年1月修正後刑事訴訟法第44條第1項第7款規定，書記官於審判期日製作之審判筆錄本應記載同法第41條第1項第1款及第2款所定事項。惟因同法第44條之1第1項已明定「審判期日應全程錄音；必要時，並得全程錄影」，使審判期日進行之訴訟程序均有憑據，爲促進法庭紀錄之效率，故增訂「經審判長徵詢訴訟關係人之意見後，認爲適當者，得僅記載其要旨」。

二、更正程序

本條增訂之主要意旨乃因訴訟文書（尤指搜索、扣押、勘驗、詢問及訊問筆錄）之製作內容，攸關當事人之訴訟權益甚鉅，其記載翔實與否常影響法院對該筆錄內容之自由心證評斷，故宜有更爲嚴謹之規範，並予訴訟參與者（當事人、辯護人、代理人、輔佐人）就審判筆錄製作內容之正確性或完整性有爭執救濟之途徑；再者，審判筆錄若欲僅記載其要旨，審判長亦應徵詢訴訟關係人之意見後始得爲之，以求其周延妥當。故當事人、代理人、辯護人或輔佐人認上開審判筆錄之記載有錯誤或遺漏時，依修正後刑事訴訟法第44條之1第2項規定，有如下之更正方式：

(一) 聲請人得於次一期日前，其案件已辯論終結者，得於辯論終結後七日內，聲請法院定期播放審判期日錄音或錄影內容核對更正之。

(二) 聲請人亦得於法院指定之期間內，依據審判期日之錄音或錄影內容，自行就有關被告、自訴人、證人、鑑定人或通譯之訊問及其陳述之事項轉譯爲文書提出於法院。

注釋資料：同上揭例題50。

相關試題

甲於103年1月間缺錢花用，見乙爲富有的獨居老人，爲取得乙的錢財而無故侵入乙的住宅，對乙恐嚇取財，得款新台幣5萬元，經乙報警查獲，移送地檢署偵辦甲犯恐嚇取財罪嫌。嗣乙抱怨檢察官偵查動作慢，乃另行委任律師爲代理人向法院自訴甲犯無故侵入乙的住宅罪嫌，法院對此自訴，應如何處理？如檢察官嗣僅起訴甲犯恐嚇取財罪嫌，經法院判決無罪確定後，檢察官另依乙之告訴（未逾告訴期間）再起訴甲犯無故侵入乙的住宅罪嫌，法院對此公訴，又應如何處理？　（103律師）

考點提示：

一、本例甲侵入乙宅行恐嚇取財之舉，分別觸犯刑法第306條無故侵入住宅罪及第346條恐嚇取財罪。嚴格法理而言，甲之二行爲間有方法目的、原因結果之牽連關係，應屬牽連犯，依修正後刑法之規定併合處罰，在程序法上則爲數案件。然實務見解認爲「若前後兩行爲間，具全部或局部同一性，時間差距不大，或其行爲著手實行階段可認爲同一者，得認為與一行為觸犯數罪名之要件相當，而改評價為想像競合犯」。

二、若依實務見解，本例成立想像競合犯而屬裁判上一罪之單一案件。依本法第323條公訴優先原則，檢察官開始偵查後，非告訴乃論之罪不得再自訴，告訴乃論之罪仍得自訴，惟若同一案件中，不得自訴之罪係較重之罪，本於單一案件不可分性，全部不得自訴。因本例不得自訴之恐嚇取財罪較得自訴之侵入住宅罪為重，故全部不得自訴，法院應對乙所提自訴依本法第334條為不受理判決。

三、恐嚇取財罪既經法院判決無罪確定，則與無故侵入住宅罪部分已非裁判上一罪之單一案件，亦即無故侵入住宅部分並非無罪判決之既判力所及，檢察官自得提起公訴，並未違一事不再理原則，法院應為實體判決。

相關試題

甲召集民間互助會，每會會金新台幣（下同）2萬元，自任會首，共有會員十人參加。檢察官起訴甲冒用會員乙之名義，填寫標單持以標取會款，致活會會員丙、丁、戊、己、庚等五人，誤以為是乙得標，而各繳交會款12,000元等犯罪事實，涉犯刑法第216條之行使第210條偽造私文書與刑法第339條第1項詐欺取財等罪嫌。法院審理中，檢察官發現丙是死會會員，乃對該部分犯罪事實為一部減縮，並以書狀追加甲詐欺活會會員辛之犯罪事實。請附理由說明法院對於檢察官一部減縮及追加之犯罪事實應如何處理。（102檢事官）

考點提示：

一、本例於實體法上屬於想像競合犯而為裁判上一罪之單一案件，檢察官就一部犯罪事實之起訴，效力及於全部，故而甲對丙、丁、戊、己、庚、辛所為，均屬同一案件之犯罪事實，皆為法院審判之範圍。

二、學者認為，若在案件同一性內不涉法律評價變更之基礎事實變更時，為保障被告之訴訟防禦權與聽審權，並避免突襲性裁判，法院應就認定之事實重新踐行審判程序（包含刑事訴訟第95條之告知、調查證據、賦予被告詰問權和陳述意見權暨辯論權）。

相關試題

甲涉嫌詐欺而被提起公訴。審理時，檢察官當庭追加起訴甲另犯行使偽造私文書罪。法院審理後，認甲所犯行使偽造私文書罪與詐欺罪屬裁判上一罪，試問法院應如何判決？又如檢察官係以函片將甲另犯之行使偽造私文書罪移送法院聲請併案審理，法院審理後，認甲所犯行使偽造私文書罪與詐欺罪不屬單一案件，試問法院應如何審理？（102廉政）

考點提示：

一、裁判上一罪屬單一案件，檢察官僅就一部事實起訴者，效力仍及於全部，法院仍應就全部事實併予審判。至若係數罪併罰之數案件，自應分別起訴審判。又是否屬單一案件或係數案件，應以法院認定為準，不受檢察官處理方式之拘束。

二、本例(一)，法院既認為係單一案件，則應對檢察官追加起訴依刑事訴訟法第303條第2款為不受理判決（同一案件重行起訴），而對本為起訴效力所及之行使偽造文書罪併予審判。

三、本例(二)，法院既認為係數案件，則對檢察官函請併辦（非起訴）之行使偽造文書罪不得併予審理，應移由檢察官追加起訴或另行起訴，若併予審判即屬訴外裁判。

相關試題

甲在Facebook（在線社交網絡服務網站）散布詆毀A之文字，A因而對甲提起誹謗之自訴。嗣於訴訟進行中，A發現甲幾乎在Facebook上網之同一時間亦在line（個人電腦即時通訊軟體）散布同樣詆毀A之文字，遂當庭對甲以言詞追加自訴。問：

(一) A追加自訴之程序法上條件為何？

(二) 法院如認為甲在Facebook與line二行為係屬於裁判上一罪，案件應為如何處理？

（103法制）

考點提示：

一、追加自訴係就與本案相牽連之犯罪追加提起（刑事訴訟法第343條準用第265條）。應注意者，此追加之訴乃另一獨立之訴，由法院合併審判之，故若未經起訴部分係單一案件之部分犯罪事實，則既為原起訴效力所及，法院本應為審判，不可另為追加起訴。

二、本例甲所為經法院認係裁判上一罪之單一案件，則原自訴之效力及於「甲在line詆毀A」之部分，法院本應予以審判，不容A另行追加自訴，法院對此追加自訴應依本法第343條準用第303條第2款為不受理判決。

相關試題

某甲於回家途中遭人槍擊重傷，經警方調查後，認涉案人為某乙，惟某乙於偵查中因病亡故，檢察官遂為不起訴處分。今某甲家屬質疑檢警草率結案，要求查明真兇，試問：檢方可否以刑事訴訟法第260條為理由，拒絕某甲家屬之要求？　（102司法官）

考點提示：

一、不起訴處分具實質確定者，方有刑事訴訟法第260條同一案件不得再行起訴規定之適用。

二、同法第252條第5、6、7款（含被告死亡）之不起訴處分因係欠缺形式訴訟條件，故不具實質確定力，並無上述不得再行起訴規定之適用，故檢方不可拒絕甲家屬再行偵查之要求。

相關試題

甲因故買贓物罪經警移送檢察署，但檢察官因無法證明該物係失竊之贓物，而為不起訴處分確定，嗣因竊賊乙出面指認是甲以低於市價向其收購，問：(一)檢察官可否重啓偵查，再行起訴？(二)假若甲一開始即坦承贓物罪證明確，經檢察官諭知緩起訴處分，並命被告向公益團體支付一定金額，被告完全遵守，緩起訴期間竊賊乙出面指認是甲與乙共同竊盜，問檢察官可否重啓偵查，再行起訴？(三)如期滿緩起訴未經撤銷，嗣竊賊乙出面指認是甲與乙共同竊盜，檢察官可否重啓偵查，再行起訴？　（103檢事官）

考點提示：

一、依刑事訴訟法第260條規定，不起訴處確定後或緩起訴處分期滿未經撤銷者，如有新事實或新證據（處分時未知悉之事實或未發現之證據），檢察官就同一案件仍得再行起訴。本例(一)(三)均符合之。

二、承上所述，其實質確定力之緩起訴處分，如有新事實或新證據，仍得再行起訴。舉重以明輕，則在緩起訴期間內尚未具實質確定力者，如有新事實或新證據，自得再行起訴，惟檢察官宜先撤銷原緩起訴處分。本例(二)符合之（參見94年台非第215號）。

相關試題

甲駕駛小客車搭載女友乙於出遊途中，因違規超速遭執行交通勤務之警察丙、丁開單告發，甲、乙心生不悅，遂以警察找碴為由，橫加阻攔，爭執中，甲出手毆打丙、丁致其二人臉部受傷。檢察官指定期日傳訊被告甲、乙，僅乙到庭應訊。檢察官對被告乙告以刑事訴訟法第95條之權利事項後，乙否認有毆打警察情事，並據供稱：「警察丙、丁是被甲毆打成傷的」等語。檢察官詢以所供是否屬實，乙答稱：「實在」，乃命乙供後具結。

案經檢察官偵查終結，起訴甲、乙共同涉犯妨害公務執行罪嫌。於第一審法院審理中，丙具狀向法院、丁具狀向檢察官，分別對甲提出傷害之告訴（均未逾告訴期間），檢察官就丁告訴部分，追加起訴甲涉犯傷害罪嫌，分案由同一審判庭審理。甲、乙於審判中，對於起訴之犯罪事實，均自白認罪。

試問：

(一)第一審法院對於甲傷害丙、丁部分，應如何審判？

(二)就甲被訴之案件，乙於偵查中之上開供述有無證據能力，其理由為何？

（104司法官）

考點提示：

一、告訴不可分效力適用於告訴乃論罪之「共犯間（被告多數之數案件）」，而起訴不可分效力則適用於單一案件（例如一人同時撞傷兩人，被害人多數之單一案件）。

二、本例甲以一行爲對丙、丁構成妨害公務罪與傷害罪，係想像競合犯之單一案件，檢察官起訴甲妨害公務罪，效力及於全部，故法院應就傷害部分併予審理。

三、告訴依本法第242條第1項規定，應向檢察官或司法警察官爲之。本例丁之告訴合法，法院應就甲妨害公務與傷害丁之部分併予審判；對丙不合法告訴之甲傷害丙部分不另爲諭知，蓋因欠缺訴訟條件，而單一案件不得爲二重判決。

四、檢察官嗣後追加起訴甲傷害丁部分，係重複起訴，法院應依本法第303條第2款爲不受理判決（本屬上述單一案件之審判範圍，無庸另行起訴）。

五、供後具結不合法，但未具結之檢訊筆錄，實務與通說皆肯定得爲證據。

相關試題

甲於106年8月間以投資A土地爲由向乙詐騙新台幣（下同）500萬元得手，乙提告後，檢察官以甲犯刑法之詐欺罪提起公訴。試問：

(一) 於地方法院審理時，乙又提出106年8月間金額50萬元及106年12月間金額20萬元之匯款單各1紙。向法官稱：我當初提告時漏算50萬元，實際上是共匯款550萬元給甲當做A土地之投資款，所以就這部分，我共被詐騙550萬元；另外甲於106年12月間有以父親生病爲由向我借款20萬元，實際上甲之父親早已過世，甲此部分亦犯詐欺罪等語。則地方法院就乙所提之該2紙匯款單部分，是否得一併審理？

(二) 檢察官將甲提起公訴後，於地方法院審理期間，丙另向檢察官提出告訴指稱甲於106年9月間以投資A土地爲由向其詐騙300萬元；檢察官經調查後，認爲甲此部分所爲亦係涉犯詐欺罪。則檢察官應如何處理爲宜？（107檢事官）

考點提示：

一、案例(一)中，告訴人乙所提出漏算金額50萬元部分與檢察官起訴部分應屬接續犯而屬同一案件，本於單一案件不可分性之起訴不可分與審判不可分，該漏算部分之事實已爲檢察官原起訴效力所及，法院自得一併爲審理。

二、案例(一)中，乙另於審判中主張甲尙涉嫌以父病爲由詐騙20萬元之事實，因與檢察官原起訴事實非屬同一案件，本於控訴原則之不告不理，法院自不得就此部分併予審理，但檢察官得就此一相牽連案件，於審判中追加起訴，而由法院合併審理。

三、案例(二)中，乙就甲另涉犯土地投資詐騙300萬元之事實所提告訴，即與檢察官原起訴事實非屬同一案件，惟此兩案件間具有一人犯數罪之相牽連關係，故檢察官得另行起訴（與前案分別審判）或追加起訴（與前案合併審判）。

相關試題

> 甲因失業而對社會不滿，某日見一間正在拆除重建的宮廟，僅剩三面牆，且其四周百公尺內皆無民房或建築物，乃生縱火之念，遂堆積若干易燃物，點火使其燃燒。路人見狀急電消防隊及警察，消防車趕到隨即將火撲滅。甲亦隨即爲警所逮捕。經檢察官偵查終結後，認甲的行爲，爲放火燒燬他人非供人使用之建築物，乃予以起訴。法院審理後，認定甲的犯行，並非檢察官所起訴之罪名，而應爲放火燒燬他人之物，且該罪爲具體危險犯，因不生具體危險，故僅能論普通毀損罪。又普通毀損罪須告訴乃論，因起訴時並未爲告訴，欠缺告訴的條件，法院乃逕爲不受理判決。經檢察官不服而具明理由提起上訴，上訴審法院亦認一審之事實認定及實體法律適用無誤。試問：原審法院的判決是否允當？上訴審法院應如何爲適法之處理？　（105律師）

考點提示：

一、通說與實務見解（最高法院47台非41）均認爲，法院於事實同一之範圍內，得變更起訴法條而爲不受理判決。本例法院於事實同一範圍內，認爲被告所犯爲屬刑法告訴乃論之普通毀損罪，因未經合法告訴，故其爲不受理判決即屬合法。

二、第一審判決之合法性已如上述，檢察官所提上訴自無理由，則第二審法院對檢察官之上訴應依刑事訴訟法第368條之規定判決駁回。

相關試題

> 甲涉有侵入住宅竊盜之犯行，經檢察官偵查後，以甲觸犯侵入住宅加重竊盜罪提起公訴，法院分案行獨任審判。審理時，法官對被告甲告知其涉犯侵入住宅竊盜罪、對法院之訊問得保持緘默不必違背自己之意思而爲陳述及其他權利事項，甲表示不聘請律師後，開始調查證據，檢察官聲請傳喚被害人A，A到庭結證稱，甲當天竊盜得手準備離開之際，因踢倒椅子，其被嚇醒，本來想逮捕甲，因甲拔出尖刀作勢揮砍，其無法抗拒，只好任令甲離去等語。甲表示A之證言屬實，但其因生活困苦，小孩生病，無錢就醫，淪落到行竊，至感後悔。最後陳述時，甲淚流滿面，請求法官開恩。試問：法院如果當天辯論終結，宣判時，依攜帶兇器侵入住宅加重強盜罪，論處被告罪刑，其判決有何違背法令之處？　（105高考廉政）

考點提示：

一、變更起訴法條

乃指法院於檢察官起訴之同一犯罪事實範圍內，變更檢察官所引應適用之法條。至所謂同一犯罪事實，實務見解係以訴之目的及侵害性行爲之內容爲據，亦即以原告請求確定之具侵害性的社會事實關係爲標準。而學說見解則多採事理緊密關聯性說，此說係以行爲人之整體舉止、根據自然的觀點、足以合成爲一個相同的生活過程或者成爲一個自然之生活事件時，即屬訴訟法上之犯罪事實，其判決關鍵在於緊密的事理關聯性，包括行為時間、地點、被害客體及攻擊目的、保護法益等考量判斷是否具同一性。

二、變更起訴法條之正當程序

若被告與犯罪事實均具同一性，僅法院對該犯罪事實之法律評價不同，即係本法第300條所規定之「得就起訴之犯罪事實，變更檢察官所引應適用之法條」，此乃法院本於控訴原則及依法獨立審判原則，不受檢察官起訴法條拘束之故，而法院於此情形應充分保障被告之防禦及聽審權，防止突襲性裁判，因是，法院欲變更起訴法條時，應踐行如下之程序：

(一) 告知被告罪名變更，此觀諸本法第95條第1款「訊問被告應先告知罪犯嫌疑及所犯所有罪名。罪名經告知後，認為應變更者，應再告知」之規定可明其必要性，蓋非如此，被告當無從實行其防禦權。

(二) 給予被告充分辨明罪犯嫌疑之機會，即被告得就變更後之罪名請求調查證據、詰問證人及鑑定人、對證據調查結果表示意見、並為事實與法律之辯論，以及最後陳述。

(三) 變更起訴法條後之罪名為強制辯護案件，即應賦予被告選任或法院指定辯護人為其辯護之權利。同時，如原採獨任審判程序者，並應依本法第284條之1之規定改採行合議審判。

(四) 判決書引用本法第300條。

三、小結

本例法院將被告經起訴之加重竊盜罪，變更為強制辯護案件之加重強盜罪，卻未踐行上開法定程序，且未依法改行合議審判，即逕行辯論終結為有罪判決，即屬本法第377、378、379條第1（法院組織不合法）、7（應用辯護人案件而辯護人未到庭）、9（未更新審判）、10（應於審判期日調查之證據而未予調查）、11（未與被告就判決之罪名以最後陳述之機會）款之違背法令，可為上訴第三審之理由。

相關試題

檢察官以甲犯業務過失致死罪提起公訴，法院審理中，公訴檢察官發現甲另犯過失傷害罪，被害人已提出告訴，尚在偵查中，遂於審判期日就甲過失傷害罪之犯罪事實，以言詞追加起訴。法官告知檢察官其追加部分可能與本案業務過失致死罪有想像競合犯關係，公訴檢察官隨即又當庭以言詞表示撤回追加起訴。被告在最後陳述時，表示其不懂法律，但堅稱其無過失，請法院主持正義。審判長宣示本件辯論終結。合議庭評議時，法官一致認為甲被訴業務過失致死部分成立犯罪，至於檢察官言詞追加起訴，旋又以言詞撤回追加之部分，其犯罪事實不能證明。試問：檢察官以言詞追加起訴、撤回追加起訴，是否合法？法院就本件應如何判決？理由如何敘明？

（105高考廉政）

考點提示：

一、單一案件之追加起訴

依刑事訴訟法第265條規定，檢察官得於第一審辯論終結前，就與本案相牽連案件或本罪之誣告追加起訴，此即追加起訴，追加起訴亦屬起訴，適用於數罪案件。另同法第267條規定，檢察官就犯罪事實一部起訴，效力及於全部，則原未經檢察官起訴部分仍爲起訴效力所及，檢察官應函請法院併案審理，此即起訴不可分，函請併辦非屬起訴，適用於單一案件。想像競合犯於刑法修正前仍爲裁判上一罪之單一案件，故若檢察官起訴A罪，審判中發現被告另牽連犯B罪，因屬裁判上一罪之單一案件，已爲原起訴效力所及，應於第一審辯論終結前應函請併辦，而非追加起訴，否則即屬一案二訴之重行起訴。

二、單一案件之不可分性

因我國未採訴因制度，起訴書記載之犯罪事實非特定之審判範圍，換言之，單一案件具有所謂之起訴不可分與審判不可分之效力，檢察官就顯在性犯罪事實之起訴，效力及於未經起訴之潛在性犯罪事實（刑事訴訟法第267條），亦即兩者均在起訴範圍內，本於控訴原則之告即應理，法院無論以何途徑知悉（檢察官函請併辦、被告自首、行政或監察機關函送、其他人告發），均應併予審判，如法院未予併審，即屬告而不理之已受請求事項未予判決之當然違背法令，對此漏未判決，應提上訴以資救濟。如經判決確定後，則顯在性犯罪事實之既判力（實質確定力）及於未經起訴之潛在性事實，本於一事不再理原則，該潛在性之犯罪事實即不得再行起訴。

三、小結

本例如法院認爲檢察官起訴之業務過失致死事實與未起訴之過失傷害事實，係屬想像競合犯之單一案件，則起訴效力已及於未起訴部分，檢察官如再追加起訴，自屬重複起訴而不合法，法院應依本法第303條第2款之規定爲不受理判決；又本件追加起訴部分，並無本法第252條應不起訴或其他以不起訴爲適當者之情形，故不得依本法第267條之規定撤回追加起訴。

四、實務見解與部分學者見解

實務見解與部分學者認爲，如法院認定未經起訴之事實係屬無罪者，則與起訴部分已非屬單一案件而無起訴不可分效力之適用，亦即檢察官之起訴效力不及於未經起訴部分，依此見解，本例法院不得就該未經起訴之過失傷害事實爲審判，自不應另爲無罪之諭知。然部分學者採緊密事理關聯性說，認爲若起訴事實與未起訴事實（時間、地點、被害客體等）具有緊密關聯性者，本於訴訟經濟與裁判一致性，法院仍得併予審判。

相關試題

檢察官於偵查某贓物罪時，依線索追蹤該贓物乃甲竊取其父親乙之財物所取得，遂對甲以竊取其父乙財物之竊盜罪向管轄法院提起公訴，法院依法審理時，發現甲所竊取之財物非其父乙之財物，乃他人丙之財物。試論法院應如何裁判？　（107書記官）

考點提示：

一、法院於本案例中所認定之事實，因與檢察官起訴之基本事實同一，故得變更檢察官之起訴罪名（親屬竊盜罪變更為普通竊盜罪）與部分基礎事實（法院認定甲竊取之某特定物與檢察官認定者相同，僅係檢察官認為該特定物為乙所有，而法院認定係丙所有，故院檢認定甲竊取某特定物之基本事實相同）。

二、依通說見解，為保障被告對法院所認定之全部事實與罪名之訴訟防禦權，本例法院於變更起訴罪名與基礎事實後，應更新審判程序，方屬適法。

相關試題

被告甲因行車糾紛，持棍棒同時打傷A、B二人，經A、B二人均向檢察官提起傷害的告訴。甲於偵查中完全坦承其犯行，並有與A、B和解之意。於檢察官偵查終結前，甲僅與A達成和解，並為一定金錢上的賠償。A因獲得甲之賠償，乃向檢察官撤回告訴，檢察官遂對A撤回告訴部分，作成不起訴處分且該不起訴處分確定。試問檢察官對A撤回甲之告訴，而對甲所為不起訴處分，其效力如何？（106廉政）

考點提示：

一、單一案件之起訴與審判不可分原則

所謂單一案件，包括單純一罪、實質一罪、裁判上一罪，其中裁判上一罪包括想像競合犯，其本質上為數罪，其犯罪事實原為數個，因刑法總則之規定將之擬制為一個犯罪事實，檢察官起訴其中一罪之犯罪事實，其餘未經起訴之他罪犯罪事實本於控訴原則之不告不理，法院原不得予以審判，惟復因其屬單一案件，應受一案一訴原則拘束而不得另為起訴，故藉由起訴不可分原則之效力，使起訴顯在性事實之效力及於未起訴之潛在性事實（有控訴存在），法院本於審判不可分原則與控訴原則之告即應理，自得就潛在性事實併予審判。

二、單一案件一部不起訴後，另一部起訴之效力

學者認為對於被告所犯想像競合犯之行為，其中一部事實經檢察官為不起訴處分，另一部為檢察官所起訴，因兩者間具有單一案件裁判上一罪之不可分關係，則起訴一部效力應及於全部之犯罪事實，亦即基於起訴與審判不可分之關係，法院所應審理之範圍應為全部之事實，此時，經檢察官所為不起訴處分之部分，其不起訴之效力，應無法予以維持，該不起訴處分當屬無效，蓋此種情形之起訴，其法院繫屬效力具有優先性關係。

三、案例解析

本例甲同時打傷A、B二人而屬想像競合犯之單一案件，檢察官雖對甲傷害A部分為之不起訴處分，惟若嗣後檢察官再就甲傷害B部分起訴，揆諸上開說明，本於起訴與審判不可分，該不起訴處分即屬無效處分。

相關試題

承上題之案件，因甲一直未與B達成和解，B所提之告訴依舊存在，且事證明確，檢察官遂將B告訴傷害部分，向法院聲請簡易處刑判決。法院對於檢察官簡易判決之聲請，應如何處置？（106廉政）

考點提示：

一、告訴論之罪未經告訴或告訴經撤回者，即屬訴訟條件欠缺，檢察官起訴後，法院應依刑事訴訟法第303條規定爲不受理判決。另本於單一案件之不可分性與一案一訴一判原則，如告訴乃論之罪案件，一部經合法告訴，一部未具合法告訴條件時，法院僅就合法告訴部分爲實體判決，對未具合法告訴部分僅於判決理由中說明而不另爲不受理諭知。

二、依刑事訴訟法第449條規定，第一審法院依被告在偵查中之自白或其他現存之證據，已足認定其犯罪者，得因檢察官之聲請，不經通常審判程序，逕以簡易判決處刑。但有必要時，應於處刑前訊問被告。前項案件檢察官依通常程序起訴，經被告自白犯罪，法院認爲宜以簡易判決處刑者，得不經通常審判程序，逕以簡易判決處刑。依前二項規定所科之刑以宣告緩刑，得易科罰金或得易服社會勞動之有期徒刑及拘役或罰金爲限。另依同法第452條規定，檢察官聲請以簡易判決處刑之案件，經法院認爲有第451條之1第4項但書之情形者，應適用通常程序審判之。

三、本例屬於傷害案件，法院自得科處符合上述簡易判決範圍之刑，同時甲傷害A部分依上述說明，法院亦毋庸於判決主文諭知不受理（理由說明即可）而應就甲傷害A部分爲實體判決，故除非法院有認爲上述刑事訴訟法第451條之1第4項但書之情形者，而將本案移送普通庭改依通常程序爲審判外，否則法院就本案得逕以簡易判決處刑。

相關試題

甲涉犯僞造文書罪，檢察官偵查後，做成緩起訴處分，定緩起訴期間二年，並於緩起訴處分確定一年內，命甲向國庫繳納新台幣（以下同）10萬元。甲於緩起訴處分確定後一個月，向國庫繳納了10萬元，但檢察官誤以爲甲未向國庫繳納前述金額，故依職權撤銷緩起訴處分，並向法院提起公訴。試問，法院應如何判決？請附理由詳述之。（107廉政）

考點提示：

一、緩起訴處分

乃檢察官偵查終結具備起訴條件時，本於法定裁量權，使案件於一定期間處於不確定狀態（起訴或不起訴）之處分。緩起訴處分之要件包含：

(一) 足認犯罪嫌疑：犯罪事實具明確性。

(二) 非重罪要件：被告所犯為死刑、無期徒刑或最輕本刑三年以上有期徒刑以外之罪。
(三) 參酌刑法第57條之事項：考量平等性與比例性。
(四) 公共利益之維護。
(五) 適當性：審酌一般預防與個別預防，認具適合性者。

二、緩起訴之撤銷與救濟

(一) 緩起訴之撤銷：緩起訴為附條件之不起訴處分，故亦可能發生條件不成就而使被告喪失不起訴利益之情形，依新增訂之刑事訴訟法第253條之3規定，被告於緩起訴期間內，有下列情形之一者，檢察官得依職權或依告訴人之聲請撤銷原處分，繼續偵查或起訴：
1. 於期間內故意更犯有期徒刑以上刑之罪，經檢察官提起公訴者。
2. 緩起訴前，因故意犯他罪，而在緩起訴期間內受有期徒刑以上刑之宣告者。
3. 違背本法第253條之2第1項各款之應遵守或履行事項者。

(二) 救濟途徑：依刑事訴訟法第256條之1規定，被告接受撤銷緩起訴處分書後，得於七日內以書狀敘述不服之理由，經原檢察官向直接上級法院檢察署檢察長或檢察總長聲請再議。

三、違法撤銷緩起訴且再行起訴

實務見解認為，起訴之程序違背規定者，應諭知不受理之判決，刑事訴訟法第303條第1款定有明文。又檢察官為緩起訴處分者，得命被告於一定期間內遵守或履行刑事訴訟法第253條之2第1項各款所定事項；被告於緩起訴期間內如有違背上開應遵守或履行事項之規定時，檢察官得依職權或依告訴人之聲請，撤銷原緩起訴處分，繼續偵查或起訴，但以原緩起訴處分已經合法撤銷為前提，此觀刑事訴訟法第253條之3第1項第3款規定自明。復按檢察官為緩起訴處分，若係命被告於一定期間，向公庫或指定之公益團體支付一定之金額者，苟被告已遵命履行，但檢察官誤為未履行而撤銷原緩起訴處分，並提起公訴（或聲請簡易判決處刑）時，該撤銷緩起訴之處分即有明顯之重大瑕疵，依司法院釋字第140號解釋之同一法理，應認撤銷緩起訴之處分為無效，與緩起訴未經撤銷無異，其後提起之公訴（或聲請簡易判決處刑），因違背刑事訴訟法第253條之3第1項第3款規定，應依同法第303條第1款為不受理之判決，始稱適法（最高法院103年度台非字第147號刑事判決參照）。學者通說亦同此見解。故本例法院應對檢察官不合法之起訴為不受理判決，被告甲亦得聲請再議以資救濟。

相關試題

甲與鄰居乙素來相處不睦，某日乙發現家門前有狗的排泄物，便向甲興師問罪，認為排泄物是甲所飼養的狗所為，雙方越吵越激烈，乙脫口辱罵甲，甲以此事實向檢察官提起告訴，但檢察官訊問乙後，認為對甲所主張的公然侮辱罪以不起訴為適當，故於徵詢甲的意見下，作出不起訴處分。之後甲越想越不甘，於不起訴處分書送達之後六

日，以書狀敘述不服之理由，向該檢察官之直接上級法院檢察署檢察長聲請再議。試問甲之再議聲請是否合法？（105司法）

考點提示：

依刑事訴訟法第256條規定，告訴人於接受不起訴處分書後，得於七日內以書狀敘述不服之理由，聲請再議。但依同法第253、253條之1之處分經告訴人同意並經載明筆錄者，因已考量其利益，故不得聲請再議。故本例甲之再議是否合法，應視是否已得告訴人同意並載明筆錄而定。

相關試題

甲及乙因散布猥褻圖畫罪嫌而由檢察官偵辦中。檢察官以犯罪輕微，且無前科，命兩人各自提供一百小時義務勞務，定一年為緩起訴期間而對甲及乙為緩起訴處分。其後，兩人也各自履行其義務勞務完畢。但於緩起訴期間屆滿前，警察又查獲甲之前曾散布猥褻圖畫。檢察官認為此次查獲之散布猥褻圖畫行為與緩起訴處分案件之散布猥褻圖畫行為為接續行為，即以甲散布猥褻圖畫罪提起公訴。其後，甲散布猥褻圖畫罪被法院判處徒刑。乙則於緩起訴期間屆滿前，因竊盜行為被警察查獲。檢察官撤銷乙先前散布猥褻圖畫之緩起訴處分，再將乙竊盜罪嫌與散布猥褻圖畫罪嫌一併提起公訴。其後，乙被法院宣告竊盜行為無罪確定，但散布猥褻圖畫罪則被判處徒刑。試問本件甲及乙散布猥褻圖畫罪判決之合法性。（105地特法制）

考點提示：

一、緩起訴期間期滿未撤銷者具有實質確定力，但如有新事實或新證據者，仍得再行起訴；至於緩起訴期間內，自無實質確定力。本例檢察官於甲之緩起訴期間屆滿前發現甲同一案件（接續犯屬同一案件）之另一犯行，揆諸上開說明，當得對甲之散布猥褻圖畫罪嫌提起公訴。

二、依刑事訴訟法第253條之3第1項第1款規定，被告於緩起訴期間內，有故意更犯有期徒刑以上刑之罪，經檢察官提起公訴者，檢察官得依職權撤銷原處分，繼續偵查或起訴。亦即檢察官撤銷原緩起訴處分無待被告更犯之罪經法院有罪判決確定，僅須經提起公訴者即可，故本例撤銷緩起訴而另行起訴合法，法院自得為實體判決。

相關試題

甲向檢察官提出乙犯詐欺罪之告訴，經檢察官為不起訴處分，甲於收受不起訴處分書後第十日敘明理由向原檢察官聲請再議，經上級檢察官撤銷原處分命續行偵查。倘嗣後檢察官果提起公訴，法院應如何裁判？（105地特廉政）

考點提示：

聲請再議之法定期間爲七日，本例甲逾期之再議聲請不合法，原不起訴處分已確定，且無刑事訴訟第260條但書所列之情形，則檢察官嗣後提起之公訴自屬違法，法院應依同法第303條之規定爲不受理判決。

第七章　強制處分

研讀聚焦

刑事偵審程序中之強制處分，因對人民之憲法基本權造成嚴重干預和侵害，故其發動與實施皆應恪循法治國之法律保留、比例原則（適合性、必要性、狹義比例性），而此常常即為解答國考相關實例題之關鍵所在，無論係判斷偵查行為之合法性或衍生證據之證據能力皆然。同時，各類強制處分之令狀審查主體（區分偵、審階段）&容許無令狀之例外情形，亦是高命題率之區塊。

而就強制處分之各論分析之，「通訊監察」因甫修正，關於令狀之要件&審查（釋字第631號），另案監聽之合法性&違法監聽所衍生之證據能力判斷、調取通聯紀錄應具備之要件、得一方同意之無令狀監聽等，必為國考熱點所在。

再觀人身自由之強制處分，應予注意者包括：司法警察官通知書之性質、拘捕手段之比例性限制、羈制度之相關探討（聲請之合法性程序、審查程序&被告權利保障、抗告適格之判斷、再執行羈與重新羈押之區別、替代性處分之要件）、限制住居與限制出境之內涵、鑑定留置之性質、身體檢查處分之類型與要件（含司法警察強制取證權）。

此外，搜索扣押是強制處分領域中，在國考出題率最高者，尤其是無令狀搜索扣押（附帶、急迫、緊急、同意搜索&另案扣押）&比例原則之違反暨衍生證據之適格判斷，更居首要。至於搜索期間、標的、處所、一次性&夜間禁止之限制，及交通工具&停車位&律師事務所與新聞媒體之搜索、控制下交付、DNA採集鑑定、警察盤查臨檢與搜索扣押之界限等，均應仔細詳讀。

案例試題

例題1

何謂傳喚與通知，試比較二者之異同區別。

解碼關鍵

傳喚屬強制處分，限偵審主體方得為之；通知屬任意處分。

擬答

一、定義

(一) **傳喚**：指命一定的訴訟關係人於一定之時日至一定之處所到場應訊，其對象包括被告、證人、鑑定人、通譯、自訴人、被害人、代理人或其家屬；如係被告，經合法傳喚無正當理由不到場，得命拘提；又倘爲第306、371條情形，法院得不待其陳述逕行判決。

(二) **通知**：其本質同傳喚，對象包括檢察官、辯護人、輔佐人及司法警察對犯罪嫌疑人調查犯罪情形和蒐集證據時，通知到場（亦稱約談），若犯罪嫌疑人經合法通知無正當理由不到場者，得報請檢察官核發拘票（第71條之1第1項），效果同傳喚。

二、通知與傳喚之異同

(一) **性質**：前者屬任意處分，後者屬強制處分。

(二) **決定機關**：前者爲法院或司法警察機關之主管長官（對犯罪嫌疑人），後者爲檢察官、審判長、受命法官。

(三) **實施方式**：前者爲通知書，後者爲送達傳票，當面告知或陳明到場。

(四) **實施對象**：前者爲偵查犯罪檢察官、辯護人、輔佐人、犯罪嫌疑人，後者爲被告、證人、鑑定證人、鑑定人、通譯、被害人、代理人及自訴人。

(五) **不到場效果**：前者對犯罪嫌疑人得報請檢察官核發拘票，後者對被告、證人得拘提。

注釋資料：王兆鵬，刑事訴訟法講義，頁260-262。

例題2

試比較傳喚被告、證人、鑑定人，其方式及效力在刑事訴訟法上有何異同之規定？

（87司法官）

解碼關鍵

鑑定人具可替代性，有別於被告&證人；另被告與證人在刑事程序中之權利&地位不同。

擬答

一、定義

被告乃刑事訴訟主體當事人，證人則係於刑事訴訟程序中陳述其親自見聞事實之人，至鑑定人爲依其專業知識、經驗提供專業意見之人，是故三者在刑事訴訟傳喚程序中因其本質而有方式與效果之差異區別。

二、傳喚方式與效力之異同

(一) 方式

1. 相同部分

(1) 均以傳票爲之，偵查中由檢察官簽發，審判中則由法官簽名（第71、175、197條）。

(2) 對於到場之被告，經面告以下次應到之日、時、處所及如不到場得命拘提，並記明筆錄者，與已送達傳票有同一之效力。被告以書狀陳明屆期到場者亦同（第72條）；依刑事訴訟法第176、197條規定，於證人、鑑定人之傳喚均有上開之準用。

2. 相異部分

(1) 被告之傳喚，第一次審判期日之傳票，至遲應於七日前送達；刑法第61條所列各罪之案件至遲應於五日前送達（第272條）。

(2) 對於證人、鑑定人之傳喚，傳票至遲應於到場期日二十四小時前送達。但有急迫情形者，不在此限（第175條第4項、第197條）。

(二) 效力

1. 相同部分

(1) 被告與證人，因具有不可替代性，經合法傳喚無正當理由不到場者，得拘提之（第75、178條）。

(2) 鑑定證人依刑事訴訟法第210條之規定，係適用關於人證之規定，故對於經合法傳喚而無正當理由不到場之鑑定證人，得拘提之。

2. 相異部分

(1) 鑑定人，因具有可替代性，故雖經合法傳喚未到場，亦不得拘提（第199條）。

(2) 被告經合法傳喚，無正當理由不到場時，僅得拘提（第75條）；證人除拘提外，並得科新台幣3萬元以下罰緩（第178條）。

注釋資料：黃朝義，刑事訴訴法，頁153-156。

試依刑事訴訟之規定說明拘提、逮捕之涵義。

解碼關鍵

拘提、逮捕同爲拘束人身自由之強制處分，但在令狀核發、執行者&實施對象仍有差異。

擬答

一、涵義

拘提與逮捕均係於一定時期內拘束被告人身自由之強制處分，其目的乃在保全被告與證據；二者均應受憲法優位原則與比例原則之拘束。

(一) **拘提**：乃指具備令狀（拘票）而拘束人身自由之強制處分。

1.種類：

(1)一般拘提：對象爲被告（刑事訴訟法第71條之1、第75條）或證人（第178條），此須以合法傳喚無正當理由不到場爲前提，蓋本於比例原則，傳喚與拘提就使被告或證人到場而言均具適合性，惟就必要性以觀，傳喚顯較拘提對被告之侵害輕微，故應先以傳喚爲之。

(2)逕行拘提：對象僅限犯罪嫌疑重大之被告（第76條），此際無須先經傳喚即得執持拘票逕行拘提，此因若被告具有第76條所列四款情形，則傳喚已無適合性，依比例原則有必要逕以拘提爲之。

(3)緊急拘捕：對象爲偵查中之被告（第88條之1），係由檢察官或司法警察（官）未經傳喚程序且事前未具拘票，緊急拘捕被告，乃因被告具備第88條之1第1項所列四款事由且司法警察（官）情況急迫不及報告檢察官之情形時，已未得先予傳喚並事前聲請核發拘票，故依比例原則有必要容許先予拘捕再事後聲請補發。另學者主張公共場所之拘捕方具急迫情況，倘於住宅拘捕則否。

2.決定機關：

(1)偵查中由檢察官決定。

(2)審判中由法官決定。

(二) **逮捕**：乃指無令狀或通緝書而拘束人身自由之強制處分。其種類有：

1.通緝犯之逮捕：對象限被告，原因爲被告逃亡或藏匿之時（第84條）偵查中由檢察長決定，審判中由法院院長決定，再由檢察官、司法警察官或利害關係人逕行逮捕（解送）（第87條第1、2項）。

2.現行犯之逮捕：依刑訴法第88條第1項：「現行犯，不問何人得逕行逮捕之。」此爲憲法第8條第1項承認之例，而構成阻卻違法事由（刑法第21條），其與通緝犯逮捕相同應即解送，又其情形有二，分別爲第88條第2項及第88條第3項（準現行犯），現行法規定過於寬鬆有侵害人權之虞（例如持有贓物，時間似欠急迫性）。

3.暫時性逮捕：依本法第228條第4項規定，對於經傳喚、自首自行到案之被告聲請羈押前，應先行逮捕。

(三) **拘捕後之處置**：應踐行憲法第8條規定之法定程序以符合憲法優位性原則，其處置程序如下：

1.應即解送指定處所，如聲押應受二十四小時限制（第93條第2項），如未能於二十四小時內到達指定處所則依第91條處理；惟若有第92條第2項但書之情形可不予解送。

2. 即時訊問與聲請羈押或釋放或具保，此應依第93條之規定處理，並注意第93條之1所列法定障礙事由。

二、二者之區別異同

(一) 前者應以拘票爲之，即屬令狀主義，後者通緝犯逮捕之令狀爲通緝書，現行犯逮捕則不用令狀，爲令狀主義之例外。

(二) 前者實施對象爲被告或證人，後者實施對象爲現行犯、通緝犯。

(三) 前者之要件依本法第75、76、77、178條第1項之規定，後者依本法第87、88條之規定。

(四) 前者之執行者爲司法警察（官），後者任何人均得逮捕現行犯，通緝犯則由檢察官、司法警察（官）及利害關係人逮捕。

注釋資料：林鈺雄，刑事訴訟法（上），頁292-295。

何謂緊急拘捕？刑事訴訟法第88條之1第1項第1款之規定中，「共犯」是否包括教唆犯？又「現行犯」是否包含準現行犯？

解碼關鍵

刑事訴訟法第88條之1條有關共犯與現行犯之範圍爭議。

擬答

一、涵義

(一) **定義**：指偵查犯罪時，具備法定原因且有急迫情形而不及事先（報請）簽發拘票暫先予拘捕被告之強制處分（第88條之1）。

(二) **要件**：須具備急迫情況（不及報告檢察官）及法定原因（第1款是否包括準現行犯及教唆犯；第3款有學者認指偵查犯罪時盤查而非例行巡邏之盤查）。

(三) **程式**：

1. 司法警察（官）所爲時，應即報請檢察官核發拘票，否則即應將被拘提者釋放，其並應告知本人及家屬得選任辯護人到場，如有違反，應生證據使用禁止之效果（72台上1332判例反對）；又此拘捕並產生二種無令狀搜索，包括對身體及對住宅與其他處所（第130條、第131條第1項）。
2. 依學者見解：檢察官所爲時，應補發拘票並告知本人及家屬選任辯護人，嗣應即時訊問且決定聲押或釋放或具保。

(四) **執行機關**：檢察官及司法警察（官）。

二、「共犯」是否包括教唆犯

刑事訴訟法第88條之1第1項第1款：因現行犯之供述，且有事實足認爲共犯嫌疑重大者得緊急拘提，所謂「共犯」是否包括教唆犯？

(一) **否定說**：共犯之範圍，就共犯言，一般共犯應包括共同正犯、幫助犯、教唆犯，而現行犯必須爲實施犯罪構成要件行爲之人。本款所謂現行犯供述之共犯，嚴格解釋，應指現行犯之共同正犯而言。「幫助犯」苟參與犯罪實施中之幫助行爲，自亦可依現行犯處理，合於本款之規定，當可緊急拘提之。至「教唆犯」本爲正犯實施行爲前之另一獨立犯罪行爲，與正犯之實施行爲，完全可以分隔，自不發生不及報告檢察官之急迫情形，應非行使緊急拘提權之對象。

(二) **肯定說**：至於所謂「共犯」亦宜從寬解釋而採廣義之共犯，包括共同正犯、幫助犯與教唆犯而言。論者有謂教唆犯本爲實行犯罪行爲前之另一獨立犯罪行爲，與正犯之實行行爲，完全可以分隔，自不發生不及報告檢察官之急迫情形，應非屬緊急逮捕之對象；惟現行犯所供述之教唆犯，亦有可能就在現行犯就逮或供述之現場或其附近，如得知現行犯之供述，亦可能立即逃逸，故亦應屬緊急逮捕之對象，因此，條文之共犯在解釋上似不宜將教唆犯罪排除在外。

三、現行犯是否包含準現行犯在內

(一) 否定說

1. 第88條第3項第2款之準現行犯，「因持有凶器、贓物或其他物件或於身體、衣服等處露有犯罪痕跡，顯可疑爲犯罪人者」，有時可能相距犯罪時間已數日或數月，如查獲犯人家中藏有凶器或贓物，而緊急拘提權之行使，乃在把握時間，避免人犯之逃匿。苟發覺之準現行犯，距離犯罪時間已久，其所供述之共犯，顯無不及報告檢察官核發拘票之急迫情形，爲保障人權，緊急拘提之第1款所指之現行犯，從嚴解釋，不應認爲當然包括準現行犯在內。
2. 再就法律解釋言，以某某論，其本質及構成要件與某某並不完全相同，不過視同某某處理，故此款現行犯之解釋，亦應作不同之認定。

(二) 肯定說

1. 對犯罪嫌疑應否加以緊急逮捕之關鍵點乃在於急迫性，而不在於有事實足認爲共犯嫌疑重大者，究係現行犯抑爲準現行犯所供述。
2. 被追呼爲犯罪人之準現行犯（第88條第3項第1款）一旦就逮，其所供述之共犯如在現場附近，而情況又急迫不及報請檢察官核發拘票時，自亦可加以緊急逮捕，不應只因其係準現行犯所供述之共犯，而認無緊急逮捕之適用，任令其逃逸而去，此將與緊急逮捕之立法意旨不符。
3. 論者有謂因持有凶器、贓物或其他物件或於身體、衣服等處露有犯罪痕跡，顯可疑爲犯罪人之準現行犯（第88條第3項第2款），有時可能與犯時已相隔一段時日，其所供述之共犯，顯無不及報告通知檢察官簽發拘票之急迫情形，爲保障人權，第88條之1第1項第1款現行犯宜從嚴解釋，不應認爲當然包括準現行犯在內。惟事實上，對於此等共犯不得加以緊急逮捕係因不存有急迫情形而非因準現行犯所供述之關係，將第88條之1第1項第1款之現行犯從寬解釋包括準現行犯，仍應受情況是否急迫之限制，故不致因採從寬解釋，即會發生侵害人權之情事。

注釋資料：林鈺雄，刑事訴訟法（上），頁306；褚劍鴻，刑事訴訟法，頁144以下。

相關試題

一、甲教唆乙對其仇家丙之住宅縱火，因丙鄰居丁機敏報警，巡邏警網趕至當場逮捕乙，並依乙之供述查知教唆人為甲，試問司法警察得否將甲逕行拘提？又若警員於數小時後發現乙停放現場之座車內藏有一男子戊持有裝滿汽油之保特瓶，則警員得否逕行拘提該名男子？

考點提示：緊急拘捕之對象範圍。

二、試問刑事訴訟法第88條第3項「準現行犯」之要件為何？憲法第8條第1項所謂之「現行犯」是否包括刑事訴訟法第88條第3項所定之「準現行犯」？此項「準現行犯」之規定應做何解釋，始符合憲法第8條第1項容許現行犯之逮捕得由法律另定之精神？（96地特）

考點提示：

(一) 被追呼為犯罪人者與因持有兇器、贓物或其他物件或於身體、衣服等處露有犯罪痕跡。

(二) 通說認為準現行犯既然準用現行犯之規定，除犯罪事實與犯人皆須明確，亦即有相當犯罪嫌疑外，在時間上亦應設定得以清楚明確認定，應以犯罪實施後不久，即接近即時之時間內發現者為限，避免過度擴充準現行犯逮捕範圍之違憲疑慮，故若離犯罪現場過遠或時間過久，即不得為之。

例題5

甲乙共同於車站扒竊財物，某日再對丁下手行竊時，為欲搭車之乘客辛發覺，辛見義勇為當場與丁合力將甲逮捕扭送法辦，乙則趁隙逃逸，數日後，丁於逛街時遇見乙亦在商店購物，乙丁狹路相逢，乙旋即落跑，丁心有未甘乃尾隨其後追呼捉賊，試問路人丙、庚得否義助丁逮捕乙？又甲、乙經逮捕後應為如何之處置？

解碼關鍵

本法第88條之現行犯與準現行犯&第92條規定之程序。

擬答

一、現行犯與準現行犯

現行犯之逮捕，依刑事訴訟法第88條第1項：「現行犯，不問何人得逕行逮捕之。」此為憲法第8條第1項承認之例，而構成阻卻違法事由（刑法第21條），其與通緝犯逮捕同應即解送，又其情形有二，分別為第88條第2項：「犯罪在實施中或實施後即時發覺者，為現行犯。」及第88條第3項：「有下列情形之一者，以現行犯論：一、被追呼為犯罪人者。二、因持有兇器、贓物或其他物件或於身體、衣服等處露有犯罪痕跡，顯可疑為犯罪人者。」此即準現行犯，學說認為現行法規定過於寬鬆有侵害人權之虞（例如持有贓物，時間似欠急迫性）。本題乙雖已非現行犯，然經被害人丁追呼為賊（犯罪人），故符合準現行犯之規定，丙、庚自得助丁逮捕。

二、現行犯逮捕後之處置

現行犯任何人均得逮捕之，惟依本法第92條規定因逮捕主體之別，而有不同處理：

(一) 無偵查犯罪權限之人所為之逮捕，應即送交檢察官、司法警察官或司法警察。

(二) 司法警察或司法警察官逮捕現行犯或接受現行犯時，應即解送檢察官。但所犯最重本刑為一年以下有期徒刑、拘役或專科罰金之罪、告訴或請求乃論之罪，其告訴或請求已經撤回或已逾告訴期間者，得經檢察官之許可，不予解送。

(三) 檢察官視有無羈押之必要，依本法第93條第2、3項之規定處理。

注釋資料：褚劍鴻，刑事訴訟法，頁145。

逮捕被告或現行犯後應如何處理？

解碼關鍵

依本法第91、92條、第93條第1項規定之程序。

擬答

為確保被告之人身自由與其他權利得受正當法律程序之保障，故逮捕被告或現行犯後應為如下處理：

一、逮捕被告後之處理程序

(一) 解送之指定之處所：依刑事訴訟法第91條之規定，因通緝逮捕之被告，應即解送至指定之處所；如二十四小時內不能達到指定之處所者，應分別其命通緝者為法院或檢察官，先行解送較近之法院或檢察機關，訊問其人有無錯誤。

(二) 即時訊問：被告因逮捕到場者，應即時訊問（第93條第1項）。

1. 有羈押之必要時：逮捕之被告於偵查中經檢察官訊問後，認有羈押之必要者，應自逮捕之時起二十四小時內，敘明羈押之理由，聲請該管法院羈押之。
2. 無羈押之原因：檢察官於訊問後，認為無羈押之原因與必要者，應將被告立即釋放。
3. 有羈押之原因而無羈押之必要者：即具有刑事訴訟法第101條第1項或第101條之1第1項各款所定情形之一，而認無聲請羈押之必要者，得逕命具保、責付或限制住居；如不能具保、責付或限制住居，而有必要情形者，仍得聲請法院羈押之。

二、逮捕現行犯後之處理程序

現行犯任何人均得逮捕之，惟依本法第92條規定因逮捕主體之別，而有不同處理：

(一) 無偵查犯罪權限之人所為之逮捕，應即送交檢察官、司法警察官或司法警察。

(二) 司法警察或司法警察官逮捕現行犯或接受現行犯時，應即解送檢察官。但所犯最重本刑為一年以下有期徒刑、拘役或專科罰金之罪、告訴或請求乃論之罪，其告訴或請求已經撤回或已逾告訴期間者，得經檢察官之許可，不予解送。

(三) 檢察官視有無羈押之必要，依本法第93條第2、3項之規定，為與上開逮捕被告之情形相同處理。

延伸資料：林山田，刑事訴訟法，頁170-171。

相關試題

南投縣信義鄉住民甲逮捕無故侵入其住宅之現行犯成年人乙，送交該管警察派出所警員A。試問：

(一) A對甲、乙各應如何處理？

(二) A另查悉乙係福建金門地方法院通緝中之被告，因當日颱風來襲，無法於二十四小時內將乙解送該法院，A對此案之乙，應如何處置？

考點提示：

一、現行犯之處理程序應依刑事訴訟法第92條與第93條。

二、通緝犯之處理程序應依刑事訴訟法第91條與第93條（依檢對檢、院對院原則，如未得於二十四小時內解送金門地方法院，應就近解送南投地方法院）。

羈押制度與刑事訴訟法之基本原則無罪推定具有嚴重衝突性，試就羈押之目的及現行法之相關規定分予說明。

解碼關鍵

羈押以保全被告&證據爲目的；大法官會議釋字第665號&本法第101至101條之2之規定。

擬答

一、羈押概念

指將被告拘禁於一定場所（看守所），防止被告逃亡及保全證據，以完成訴訟並保全刑事程序爲目的之強制處分；惟因此乃在有罪判決前拘禁人身之自由，嚴重侵害限制被告武器平等及有效防禦權，並與無罪推定原則具衝突性，故必須在有具體理由證實確有重大公益需求顯然超過被告之權利保障（如無罪推定與人身自由權），並符合比例原則時，方得爲之。

二、目的與檢討

(一) 目的

羈押之主要目的在於保全刑事審判與執行之進行，亦即在確保被告於刑事程序中始終在場（逃亡或逃亡之虞成爲羈押事由，第101條第1項第1款），並確保刑事偵查及審判機關得從事犯罪事實之調查與認定（湮滅、僞造、變造證據或勾串共犯證人之虞成爲羈押事由，第101條第1項第2款）。

(二) 檢討

由於羈押爲刑事程序中最有效之保全手段，因之羈押被擴張濫用爲偵查手段以迫使被告就範，且亦常將其作爲提前應報犯罪或安撫被害人之刑事政策措施（重罪羈押）；此外，羈押常被濫用爲預防犯罪之保安監禁措施（預防性羈押，第101條之1）；上述二種事由均超出保全被告與證據之目的，違反無罪推定原則，更使被告難獲無罪判決，實現公平正義。大法官釋字第665號解釋亦認爲，需於被告涉犯刑事訴訟法第101條第1項第3款規定之罪，犯罪嫌疑重大，且有相當理由認爲有逃亡、湮滅、僞造、變造證據或勾串共犯或證人之虞，非予羈押，顯難進行追訴、審判或執行者，方得予以羈押。即單純以涉嫌重罪爲羈押事由顯屬違憲。

三、現行法之規定

(一) 參與機關

1. 聲請機關：檢察官在偵查中聲請，惟其在審判中則無聲請權。
2. 決定機關：無論偵查或審判中均由法院決定之（法官保留原則，此與搜索同，第101條第1項、第101條之1），此係依憲法第8條及憲法優位性原則而修正舊法違憲之處。
3. 執行指揮機關：偵查中由檢察官，審判中由法官指揮及看守所執行。

(二) 要件

1. 形式要件
 (1) 被告須經法院訊問。
 (2) 令狀羈押（應用羈押票）。
2. 實質要件
 (1) 重大之犯罪嫌疑：指有具體事由足令人相信被告很可能涉嫌被指控之犯罪。
 (2) 羈押之必要性：係指比例原則而言，例如刑訴法第101條第1項、第101條之1第1項。
 (3) 法定羈押原則：第101條第1項第1、2、3款，第101條之1第1項。

(三) 聲請程序

依增修之現行法規定拘捕前置原則，否則羈押之聲請即不合法，此原則乃依憲法第8條規定而來，並保障被告之防禦權；司法警察（官）拘捕被告後應即解送檢察官，認有符合羈押要件者，應自拘捕時起二十四小時內聲請羈押；如認欠缺羈押原因而不符要件者，應將被告釋放，又若認具羈押原因但無必要性者，得命具保、責付或限制住居，惟被告不能具保、責付或限制住居時，檢察官仍得聲請羈押。

(四) 審查程序

1. 訊問被告：人別訊問、告知義務（第95條），另告知被告及辯護人羈押原因所依據之事實並記載於筆錄（充分防禦權）。
2. 到場參與者：偵查法官、被告、選任辯護人、檢察官（得或應）。
3. 審理原則：言詞審理原則、聽審原則、公開審理原則（審判中可，偵查中否）。
4. 證明法則：聲請羈押是否合乎羈押要件，法院應依職權審查認定，不受檢察官聲請原因及被告有無主張抗辯之拘束，又因其乃審理期日以外之程序，不在確定被告之罪責與刑罰，故僅適用自由證明程序即可（即不適用直接審理原則，可審酌證據之代替品，如偵訊筆錄；且僅證明至令法院相信很可能如此之程序），不須嚴格證明程序。

(五) 審查結果

1. 聲請合法，具羈押要件原因，且有必要性，准予羈押。
2. 逕命具保、責付或限制住居（注意此亦屬干預人民基本權利之處分，故仍須具備羈押原因，僅其欠缺羈押必要性而已，另注意第101條之2後段）。
3. 駁回羈押聲請（聲請不合法或不符羈押要件、原因）。

(六) 羈押期間

1. 期間計算：自簽發押票之日起算，但羈押前之逮捕、拘提，法定障礙事由所需時間均應算入；終點至卷證送交時為分界（故起訴～送卷證期間均列入偵查）。
2. 延長羈押：所犯最重本刑為十年以下有期徒刑之被告，其受羈押之期限，偵查中二月，可延一次（屆滿前五日聲請），審判中三月，第一、二審可延三次，第三審可延一次，每次限二月，但發回者更新計算。
3. 另本於被告速審權與憲法比例原則之保障，刑事妥速審判法第5條乃對所犯最重本刑爲死刑、無期徒刑或逾有期徒刑十年之案件被告，明文限制受羈押之期限，使涉嫌重罪案件之被告不再受無期限的羈押（日出條款二年）：

(1) 第一、二審延長羈押次數：限六次（即三月＋十二月＝十五月）。

(2) 第三審延長羈押次數：限一次（即三月＋二月＝五月）。

(3) 總羈押期間不得逾八年。

(七) 救濟程序

1. 關於羈押、具保、責付之裁定可提抗告：另對處分可聲請撤銷變更，即準抗告；此限檢察官及被告，且應以書面爲之。
2. 聲請撤銷羈押或停止羈押：除當事人外，辯護人及輔佐人亦得聲請，且係隨時可聲請，不若抗告應於五日內爲之；又此與抗告無排斥性，可併行爲之，但其較具優先性。

注釋資料：林鈺雄，刑事訴訟法（上），頁282以下。

相關試題

刑事訴訟法第101條第1項第3款「三、所犯爲死刑、無期徒刑或最輕本刑爲五年以上有期徒刑之罪者。」能否單獨作爲羈押被告之事由？適用上有那些應注意之處？

（100政風）

考題提示：請參酌大法官會議釋字第665號解釋文暨理由書。

甲、乙涉嫌共犯業務侵占罪，乙逃亡經通緝，尚未到案。檢察官將甲拘提到案並訊問後，依據甲之供述及證人丙、丁之證詞，認為甲犯罪嫌疑重大，並以甲有勾串在逃共犯乙之虞為由，向法院聲請羈押。試問法院下列羈押審查程序是否合法？

(一)設若甲於先前偵查階段已經選任戊律師為辯護人，但法官並未通知戊律師到場。羈押審查中，戊律師主動到場並要求在場陳述意見，但法官以偵查不公開為由禁止之。

(二)法官於羈押審查程序並未親自傳訊證人丙、丁到場。

(三)法官於訊問被告甲後，認為甲無串證之虞。據此，法官遂以並無羈押原因為由，逕命以50萬元具保。（89律師）

解碼關鍵

辯護人於羈押審查程序中應得在場並陳述意見；羈押審查採自由證明程序，而排斥傳聞法則；欠缺羈押事由應釋放被告。

擬答

一、羈押審查之辯護權

法院爲羈押與否之審查時，被告得否選任辯護人到場並陳述意見，刑事訴訟法雖未定有明文，然羈押審查屬偵查期間干預人民基本權之強制處分審查，本於下述理由，辯護人應得在場並陳述意見：

(一) 依同法第27條第1項及第245條第2項規定，被告於偵查及審判中均得隨時選任辯護人，且辯護人有在場權及陳述意見權。且偵查不公開原則係對參與偵查程序之相關人（被告、辯護人）以外之人而言。

(二) 再依同法第95條規定之告知義務以觀，及有關羈押之第101條第3項、第101條之1第2項均明定須將羈押原因所依據之事實告知辯護人，益證選任辯護人得到場並陳述意見。

(三) 羈押乃嚴重限制干預人民基本權利之強制處分，基於法治國原則對人民正當法律程序之保障，更應如是解釋，故所謂偵查不公開，其對象乃指訴訟當事人與關係人以外之人，辯護人當不在其列，是以本題法官就此之審查程序不合法。

二、羈押審查程序

嚴格證明程序（法定調查證據方法）對證人之調查須以直接、言詞審理爲原則，惟此係指於審判程序言，至羈押審查程序非對犯罪實體有罪無罪之終局判斷，且宥於裁定時程之緊迫性，應無須適用嚴格證明程序，而僅依自由證明程序即可，易言之，法官於羈押審查時得不直接傳喚訊問證人，僅依證人於前偵訊中之供述筆錄代替而提示予被告即可，乃排斥傳聞法則之適用，故本題程序合法。

三、羈押原因欠缺之處理

依本法規定，無法定羈押原因時，法院應裁定駁回檢察官羈押之聲請，並當庭釋放被告，僅於有羈押原因而無必要性時，方得以具保、責付或限制住居代替之，而不論羈押、具保、責付、限制住居，均爲干預限制人民基本權利之強制處分，僅係侵害程度之別，故若無法定事由即不得爲任何強制處分，是故本題裁定不合法。

另類思考：

一、被告本於憲法第8條正當法律程序、第16條訴訟防禦權及第23條之保障，於偵審程序中均有辯護權，審判中並有嚴格證明法則之適用，此外強制處分之發動應符合法律保留，並有相當犯罪嫌疑與合理目的（法定事由）爲要件。

二、理由論述

(一) 辯護權之內容包括：選任權、在場權、辯論權、交通權、聲請調查證據權等，若未落實，即非有效辯護。

(二) 嚴格證明程序之內涵在於直接審理（直接性與原始性之證據調查），故其適用傳聞法則；相對於此，強制處分之審查僅在爲有無犯罪嫌疑與法定事由（合理目的）之判斷，非取代審判程序，故審判程序僅需自由證明即可，因而排斥傳聞法則。

(三) 偵查不公開原則之立法目的在於保障被告與關係人之名譽與安全，並使偵查程序順暢進行，故禁止參與程序者將執行職務所知悉事項予以洩漏，非在限制辯護人行使協助被告防禦之有效辯護權（第245條第2項）。

三、結論

(一) 不合法。

(二) 合法（羈押審查排斥傳聞法則，容許傳聞證據，參照第159條第2項）。

(三) 不合法（具保爲限制人民憲法保障之財產權之強制處分，非有合理目的之法定事由爲要件，不得爲之）。

注釋資料：黃朝義，台灣法學第120期，頁40以下；同氏著，刑事訴訟法，頁178以下。

刑事訴訟法就羈押處分賦予被告等人除抗告外之其他救濟途徑為何？試說明並比較其內容差異。

解碼關鍵

撤銷羈押與停止羈押之比較。

擬答

一、羈押之救濟

按法院裁定對被告執行羈押後，對此羈押處分除得提起抗告外，尚有撤銷羈押與停止羈押二種救濟途徑，茲說明比較如後。

二、撤銷羈押

(一) 意義

法定羈押原因消滅後或於法定情形發生時，撤銷原羈押裁定，使效力向後消滅，故不得再執行羈押。

(二) 種類

1. 當然撤銷
   (1) 法定羈押原因消滅時應即撤銷羈押，釋放被告（第107條第1項）。
   (2) 羈押期間，已逾原審判決之刑期：案件經上訴之情形，將被告釋放（第109條）。
2. 擬制撤銷
   (1) 羈押期滿：達羈押期滿、延長羈押之裁定未經合法送達者，或未經起訴或裁判者，視爲撤銷羈押，法院應即將被告釋放（第108條第2、7項）。

(2) 羈押期間已該案件之最重本刑：基於比例原則，應視爲撤銷羈押。

(3) 受特定之判決：羈押之被告經諭知爲無罪、免訴、免刑、緩刑、罰金或易以訓誡或第303條第3、4款之不受理判決者，視爲撤銷羈押（第316條）。

(4) 受不起訴或緩起訴之處分：羈押之被告受不起訴或緩起訴處分者，視爲撤銷羈押（第259條第1項）。

(三) 發動

1. 法院依職權爲之。
2. 被告、辯護人及得爲被告輔佐人之人聲請。
3. 偵查中之檢察官聲請。審判中之檢察官似無撤銷聲請權（對照第107條第2項）且法院爲撤銷羈押裁定時，似乎也無須徵詢檢察官意見（對照第107條第5項）。

(四) 審理程序

法院對於撤銷羈押之聲請，得聽取被告、辯護人或得爲被告輔佐人之人陳述意見（第107條第3項）。因此，由法院裁量是否適用「言詞審理」或「書面審理」。然而，法院若欲駁回撤銷羈押之聲請時，基於聽審原則，仍應聽取被告方面之意見。若偵查中欲撤銷羈押，不論職權爲之，或經聲請爲之，除非是檢察官聲請者外，應徵詢檢察官意見（第107條第5項）。撤銷羈押或駁回撤銷羈押之聲請，係由法院以裁定爲之（第121條第1項）。不過，偵查中經檢察官聲請撤銷羈押者，法院應撤銷羈押，檢察官得於聲請時先行釋放被告（第107條第4項）。

三、停止羈押

(一) 條件與效力

仍有羈押之原因，但已無羈押之必要，此時羈押效力仍存在，僅是暫時停止羈押之執行，倘有法定情形仍可再執行羈押。

(二)種類

1. 聲請停止
   (1) 被告：第110條第1項。
   (2) 檢察官：第110條第2項。
2. 法定停止：第109條但書、第316條但書、第101條之2。

(三) 發動

1. 被告及其得爲輔佐之人或辯護人聲請。
2. 經檢察官聲請。
3. 法院依職權主動爲之。

(四) 審理程序

準用當然撤銷羈押規定，法院得聽取被告、辯護人或得爲被告輔佐人之人陳述意見（第110條第3項、第107條第3項）。偵查中法院爲具保停止羈押之決定時，除由檢察官聲請者（第110條第2項）或有不得駁回停止羈押情形者（第114條）之外，應徵詢檢察官之意見（第107條第5項）。法院許可停止羈押時，則以具保、責付或限制住居之手段代替羈押，並得依本法第116條之2規定命被告遵守一定事項。

注釋資料：黃朝義，刑事訴訟法制度篇，頁115以下。

例題10

甲持偽造的信用卡到商家消費，被商家發現有異而報警查獲。甲被檢察官A傳喚到庭偵訊，甲自白係一人所為，但對偽造信用卡一事交代不清，A懷疑背後另有龐大偽造信用卡犯罪集團。最後A認甲有勾串共犯或證人之虞而當庭諭知逮捕，並向法院聲請羈押。法官認為甲自被逮捕到聲請羈押解送法院止，已超過二十四小時，檢察官則主張甲於偵訊時忽然臉色蒼白無法應訊，因而中斷偵訊二小時，該時間應扣除。法院則以檢察官只提出甲原本患有氣喘宿疾之醫院證明，但無法更具體提出甲確因身體健康突發事由而中斷偵訊二小時之證據，因而認羈押聲請逾越二十四小時而駁回聲請並當庭釋放甲。三小時後，A再以先前對甲實施通訊監察之證據，認定甲有滅證或串證之虞而依刑事訴訟法第76條逕行拘提甲到案，訊問後即以滅證或串證之虞向法院聲請羈押。羈押審查時，檢察官向法院表示，將提出一份證人筆錄，為保護該證人人身安全，不能讓被告甲及辯護人R獲知該證人身分，因而要求法官令甲及R退庭。法官基於偵查不公開原則而同意檢察官所請，令甲及R退庭。其後甲及R再度入庭，法官亦未告知該證人筆錄內容。最後，法官以甲有滅證或串證之虞，允準檢察官聲請而羈押甲。試評釋法官上述程序之合法性。　（96政大法研）

解碼關鍵

重新聲請羈押之審查應予被告充分防禦權；羈押審查雖採自由證明程序，但仍應予被告防禦權之保障。

擬答

一、法定扣除期間

按偵查或輔助機關拘捕被告後，如欲羈押被告，本於憲法第8條正當法律程序之要求，應由檢察官依刑事訴訟法第93條或第228條第4項向法院聲請羈押，惟得扣除同法第93條之1所列各款情形所經過之時間，如第4款因被告身體健康突發之事由，事實不能訊問者。然此部分應由聲請羈押檢察官舉證釋明該事由之存在。本例聲請羈押之檢察官並未能就被告身體健康「突發」事由舉證，法院不予排除經過時間，以拘捕被告至聲請羈押逾二十四小時而不符法定程序要件，認定聲請羈押違法，駁回聲請並釋放被告，即屬合法裁定。

二、檢察官以新事由再聲請羈押之合法性

法院於偵查程序爲羈押審查時應先判斷程序要件（如拘捕前置合法性、管轄權有無等），再審查實質要件（重大犯罪嫌疑、羈押法定理由、必要性）。於兼顧偵查需求性、公共利益維護與被告人權保障等因素，如係因程序不合法而駁回羈押聲請，應許檢察官於補正程序後再行聲請（此程序補正應採嚴格標準審查），然若係因實質要件不具備，除有駁回後之新事實或新證據外，應不許之。本例被告甲因涉嫌僞造信用卡，經檢察官向法院聲請羈押，法院駁回該聲請並釋放被告，案經檢方以新事證再拘捕被告，並以監聽錄音帶爲新事證聲請羈押，如法院於羈押審查時，賦予被告就檢方所提新事證有充分防禦權之機會，未造成突襲性攻擊，則此部分程序即屬合法。

三、法院於羈押審查時調查證人之合法性

按羈押審查程序僅需採行自由證明程序即可，得容許法院調查衍生性證據，故得以證人筆錄之替代證據爲調查，然仍應保障被告之防禦權，蓋羈押係屬嚴重侵犯被告人身自由權與人格權之強制處分。本例法院雖得以證人筆錄而調查，且爲保護證人安全而命被告退庭，然嗣後應於被告入庭後告以筆錄要旨，使被告及其辯護人有陳述意見之機會，惟本例法官對此不利被告之證人筆錄竟未予被告陳述意見與辯白機會，自屬剝奪其訴訟防禦權，其據此所爲之羈押裁定即不合法。

注釋資料：同上揭例題8。

例題11

何謂「預防性羈押」？並請從「刑事訴訟之目的」說明「預防性羈押」之正當性或必要性為何？（95政風）

解碼關鍵

大法官會議釋字第665號&本法第101條之1。

擬答

一、預防性羈押之內涵

所謂預防性羈押依刑事訴訟法第101條之1規定，被告經法官訊問後，認爲犯下列各款之罪，其嫌疑重大，有事實足認爲有反覆實施同一犯罪之虞，而有羈押之必要者，得羈押之：(一)刑法第174條第1、2、4項、第175條第1、2項之放火罪、第176條之準放火罪；(二)刑法第221條之強制性交罪、第224條之強制猥褻罪、第224條之1之加重強制猥褻罪、第225條之乘機性交猥褻罪、第227條之與幼年男女性交或猥褻罪、第277條第1項之傷害罪。但其須告訴乃論，而未經告訴或其告訴已經撤回或已逾告訴期間者，不在此限；(三)刑法第302條之妨害自由罪；(四)刑法第304條之強制罪、第305條之恐嚇危害安全罪；(五)

刑法第320條、第321條之竊盜罪；(六)刑法第325條、第326條之搶奪罪；(七)刑法第339條、第339條之3之詐欺罪；(八)刑法第346條之恐嚇取財罪。前條第2項、第3項之規定，於前項情形準用之。

二、目的與檢討

(一) 羈押之目的：羈押之主要目的在於保全刑事審判與執行之進行，亦即在確保被告於刑事程序中始終在場（逃亡或逃亡之虞成爲羈押事由，第101條第1項第1款），並確保刑事偵查及審判機關得從事犯罪事實之調查與認定（湮滅、僞造、變造證據或勾串共犯證人之虞成爲羈押事由，第101條第1項第2款）。

(二) 規定之檢討：由於羈押爲刑事程序中最有效之保全手段，因之羈押被擴張濫用爲偵查手段以迫使被告就範，且亦常將其作爲提前應報犯罪或安撫被害人之刑事政策措施（重罪羈押，第101條第1項第3款）；此外，羈押常被濫用爲預防犯罪之保安監禁措施例題5（預防性羈押，第101條之1）；上述二種事由均超出保全被告與證據之目的，違反無罪推定原則，更使被告難獲無罪判決，實現公平正義。任何干預限制人民基本權力之強制處分均須有合理之目的，始符合憲法第23條之要求，故除非有明確證據得認定被告前已多次反覆實施同一犯罪，基於維持社會秩序或增進公共利益之適合性與必要性考量，方得認許預防性羈押之正當性。

注釋資料：同上揭例題7。

例題12

被告丙於審判中經合法傳喚無正當理由不到場，嗣經拘提到案，法院乃認其有逃亡之虞，裁定羈押，丙不服乃向上級法院提起抗告，經上級法院撤銷羈押裁定，於裁定書送達原裁定法官時，原裁定法官認非對被告丙羈押不足以踐行審判程序，乃以其他事由另予裁定羈押，試問本例之羈押裁定是否合法？

解碼關鍵

羈押事由競合時，應視後事由發生之時點以決定得否採用。

擬答

一、羈押要件

羈押乃將被告長期拘禁於一定場所（看守所），以防止被告逃亡及保全證據，以完成訴訟並保全刑事程序爲目的之強制處分。因其乃在有罪判決確定前拘束人身自由，而與無罪推定原則嚴重衝突，故其審查發動係採絕對法官保留之令狀主義，並應符合法定程序與要件之審查，其形式要件包括：(一)被告須經法院訊問；(二)令狀羈押，即應用羈押票；至於實質要件則有：(一)重大犯罪嫌疑；(二)法定羈押原因，即刑事訴訟法第101條第1項所列各款事由及第101條之1第1項之情形；(三)具羈押之必要性。

二、羈押事由之競合

次按同一次羈押審查中如具備多數法定羈押原因時，乃屬羈押原因之競合。本題原審查法院係以被告有本法第101條第1項第1款所指「有逃亡之虞」之單一事由裁定准予羈押，則該裁定經抗告撤銷後，原審查法院得否以被告另具其他法定事由爲裁定羈押之原因？本法就此雖無明文，惟學者見解乃認應區分不同情形認定：(一)其他羈押事由於原羈押裁定前已存在，且已爲法院所發現時，該事由本應爲法院依職權爲整體審查，其既未記載於原裁定理由書，倘經抗告撤銷原裁定時，法院更爲裁定時即不得復以其他漏未記載之事由更爲羈押裁定；(二)其他羈押事由於原羈押裁定前已存在，但發現於裁定後時，此亦與前述相同，既於原裁定時已存在，本均爲法院應依職權審查範圍，法院就此漏未審酌，仍屬同一羈押事由所及範圍，自不得以此其他羈押原因更爲不利被告之羈押裁定之基礎；(三)其他羈押事由如係發生在原裁定之後時，因非原羈押裁定所得審查，法院更爲裁定時當得將之列爲據以羈押被告之事由。

三、結論

從而本題應視法院更爲裁定時所依據之其他事由究成立於原裁定之前後爲斷，據爲認定本案更裁羈押之合法與否。

注釋資料：例解刑事訴訟法「體系釋義版」第十一章之「羈押體系表」；林鈺雄，刑事訴訟法（上），頁321-322；黃東熊，刑事訴訟法論，頁210以下。

例題13

某企業負責人甲因涉嫌掏空公司資產，經檢察官傳喚偵訊並當庭逮捕聲請羈押，聲押事由為被告甲有串證之虞，惟該聲請經法院駁回並釋放甲，檢察官遂向第二審法院提出抗告，經第二審法院裁定抗告成立發回原審重為裁定，更裁時檢察官補強事證並追加事由主張甲另涉違反公司法、偽造文書等罪名，經法院審酌認被告甲雖有串證之虞惟無羈押必要，試問法院應如何為更裁之審查及裁定？

解碼關鍵

同上揭例題12&有羈押事由但無必要性者，應視具體個案情形而定具保或釋放。

擬答

一、羈押程序之審查

羈押乃悖離法治國無罪推定原則而於刑事訴訟程序中拘禁被告人身自由之強制處分，是以法院就該處分實施與否之審查，除須就其形式與實質要件詳爲調查認定外，並應嚴格遵循刑事訴訟法明文之法定程序暨符合比例原則必要性之要求，此亦屬對被告正當法律程序保障之一環。其中厥為重要者包括：(一)檢察官為羈押聲請前是否確實踐行刑事訴訟法第228條第4項所規定之拘捕前置原則，依據該原則檢察官應將逮捕所依據之事實告知被告；此項規定之意旨在使被告於法院為羈押審查時得充分行使防禦權，避免受突襲性裁判；(二)比例原則之必要性除為羈押之實質要件外，有認如認被告有法定羈押原因而無予羈押之必要，非概均代以具保、責付、限制住居，仍應視上開代替處分與具體羈押事由間是否符合必要性原則為斷。

二、更裁之審查

本例被告甲因涉嫌背信，侵占罪名經檢察官向法院聲請羈押，法院駁回該聲請並釋放被告，案經檢方抗告，成立經第二審法院發回原審更為裁定，此際檢察官追加事由主張被告另涉違反公司法、偽造文書等罪名，該項追加程序顯違前述拘捕前置原則，蓋該原則之立法本旨乃在使被告充分知悉檢察官聲請羈押所依據之事實與罪名，俾其防禦權得充分主張，倘容許檢察官於法院為羈押審查時為突襲性追加，則本法第228條第4項之規定，無異形同具文，故法院於更裁時，就前揭追加事由即不應審認。

三、更裁之處理

更裁法院認被告有羈押原因（串證之虞，第101條第1項第2款）惟無羈押之必要，亦即被告並無「非予羈押顯難進行追訴、審判或執行」之情形，顯見法院乃認被告雖有串證之虞，然因檢察官已為證據之充分調查與蒐集，縱被告果為串證情事，亦於案件之追訴、審判無影響，現被告本處於人身自由狀態，則本法所規置之具保、責付、限制住居等處分於本案實不具替代性，故法院僅得於更裁時駁回檢察官聲請，並將被告釋回，而不代以具保、責付或限制住居。惟亦有認凡有羈押法定事由而欠缺必要性時，均應以具保、責付或限制住居代之。

注釋資料：同上揭例題12。

例題14

甲為某省轄市民選市長，任期中因被檢舉於許多重大工程發包過程舞弊貪瀆，經檢調單位蒐集相關實證，乃對甲之辦公處所及住宅進行搜索，而為防止甲湮滅事證並串證，遂於偵訊甲時當庭逮捕並向法院聲請羈押，案經合議庭認羈押之必要裁准羈押，甲對裁定甚表不服，要求法院詳為說明理由，並請求撤銷羈押，惟不為法院接受，甲乃透過其辯護人乙律師提抗告，試就本例程序說明其合法性。

解碼關鍵

羈押前置之拘捕&搜索合法性；羈押理由開示之目的與範圍。

擬答

一、羈押理由開示

按羈押既係對人民基本自由權利所爲嚴重干預與限制之強制處分，並與法治國無罪推定原則相悖離，在絕對法官保留之令狀主義下，法院自應嚴格遵循法定程序就其所應具備之形式與實質要件詳爲審查；其中，復以實質要件之犯罪嫌疑重大、法定羈押事由及羈押之必要性等厥爲重要；學者並認法院應於被告受羈押裁定而提出羈押理由開示之請求時，將羈押裁定所依據之理由詳予充分說明。

二、開示範圍之意見

關於羈押理由之開示，向有下述不同見解：一、僅單純告知以羈押之理由即可，我國刑事訴訟法第102條第2項第3款及第103條第2項所規定以押票告知被告、辯護人及親友「羈押理由及所依據之事實」即採之。二、原則上應以言詞說明羈押之理由，並充分開示得以證明犯罪嫌疑及相關羈押理由存在之證據，若於開示說明過程得認羈押裁定不當時，法院應立即撤銷羈押並釋放被告。觀諸上開不同意見，就羈押處分之嚴重干預性且抗告程序費時冗長恐亦緩不濟急，並基於人身自由保障之考量，應以後說見解較爲周延可採，修正草案亦採類同此見解之即時抗告制，以充分救濟被羈押被告之權利。故本題被告甲因對法院羈押裁定深表不服，要求法院說明理由並撤銷羈押，而爲法院所不接受，亦即法院拒就羈押理由爲符合後說採認程序之開示，堪認法院就此所踐行之程序於法未合。

三、其他程序審查

除此本例之其他程序尙應審認者，並有：一、檢調所爲之搜索：倘係已向法院聲請搜索票所實施之令狀搜索，自屬合法，否則如爲無令狀搜索，則應視有無符合本法第130條附帶搜索、第131條第1項之逕行搜索，第2項之緊急搜索或第131條之1同意搜索之情形，據以判斷搜索之合法性。二、檢察官向法院聲請羈押前先行於偵查庭逮捕被告，且聲請羈押與逮捕被告所依據之犯罪事實相同，符合本法第228條第4項拘捕前置原則之規定應屬適法。

注釋資料：例解刑事訴訟法「體系釋義版」第十一章之焦點「法院之羈押審查」。

例題15

有目擊證人甲報案指出，某強盜殺人案為乙、丙兩人所為。警察乃據此報案內容拘捕乙、丙兩人到案，惟乙、丙兩人矢口否認，調閱附近監視錄影帶也無法清楚了解乙、丙有涉案。但因目擊者指證歷歷，檢察官迫於案件之重大，乃向法院聲請羈押乙、丙兩人並獲准。羈押期間，偵查人員透過多次借提與分離偵訊之方式，分別向乙、丙兩人個別告知，對方已承認，倘自己不承認可能將受較為嚴重之處罰。嗣後，偵訊過程中經過乙、丙互為推卸責任之情形下，終於起出了作案的凶器與搶來的贓款，隨之檢察官起訴乙、丙兩人。試問：本案羈押程序合法否？偵訊所得內容可否作為證據？（101檢事官）

解碼關鍵

拘捕前置原則影響聲請羈押之合法性；共犯自白仍應符合任意性法則，方有證據能力。

擬答

一、拘捕合法性與羈押之拘捕前置原則

(一) 拘捕係干預限制人民人身自由基本權之強制處分，依刑事訴訟法規定包括事前令狀之一般拘提（本法第75條）、逕行拘提（第76條）、通緝犯逮捕（第87條）和事後令狀之緊急拘捕（第88條之1）、無令狀之現行犯逮捕（第88條）。

(二) 本例之拘捕似未持令狀且亦不符現行犯逮捕之情形，故除非有本法第88條之1第1項第4款且情況急迫不及報請檢察官核發拘票而得緊急拘捕外，警方對乙、丙之拘捕即不合法。

(三) 爲確保人民受憲法保障之人身自由權，法院爲羈押審查時，不僅應審查實質要件（本法第101條、第101條之1），亦應審查檢察官聲押之形式要件，例如前置拘捕是否合法、有無管轄權等。故若本例拘捕不合法，法院無庸爲實質要件審查，應逕以聲請不合法而裁定駁回，並釋放被告。

二、共犯偵查供述之證據能力

(一) 依本法第156條第1項規定，被告自白須非出於不正方法者，始得爲證據。本例警察向乙、丙分別佯稱對方已承認，藉以騙取乙、丙自白，即係以詐欺之不正方法取得乙、丙之非任意性自白，此自白不具證據能力。

(二) 乙、丙之自白於對方案件中雖屬證人供述，惟兩人於偵訊中陳述時仍不失被告之身分，且因偵查人員使用詐欺之不正訊問方法，更易使倆人爲卸己責而誣陷對方，致使供述內容（涉及對方）存在高度虛僞風險，揆諸本法第156條第1、2項之立法意旨，共犯（被告）之非任意性自白當無證據能力。何況實務見解亦認一般證人因受不正訊（詢）問方法所爲之陳述，應比照本法第156條第1項同一法理而排除其證據能力（最高法院100年台上第1667號、101年台上第876號判決參照）；舉輕以明重，具備被告身分之共犯自白倘出於不正方法，於其他共同被告之案件自亦應依同一法理而不得爲證據。

(三) 被告以外之人（含共犯）於審判外向檢察官或司法警察官之陳述（傳聞證據），如欲依本法第159條之1第2項或第159條之2、之3傳聞法則例外規定有證據能力，均以具有「可信性情況保證」爲前提。本例乙、丙偵查中供述既存在不正訊問方法而無任意性，自不具備可信性情況保證，故亦無從依傳聞例外而認有證據能力。

注釋資料：黃朝義，台灣法學第120期，頁40以下；何賴傑，刑事訴訟法實例研習，頁50以下。

例題16

刑事訴訟程序中鑑定留置與鑑定人所為之鑑定應由何人審查？有無期間限制？又司法警察甲因調查某殺人案件，欲對犯罪嫌疑人乙及證人丙分別採集指紋及毛髮，試問其合法性要件為何？試依92年修正之刑事訴訟法相關規定說明之。

解碼關鍵

鑑定留置具長期拘束人身自由之性質；司法警察之強制取證權應區分類型以定其要件。

擬答

一、鑑定處分與法治國

依法治國法律保留原則任何限制干預人民基本權利之強制處分均應有法律依據，鑑定留置係長期拘束被告於醫院或其他處所，性質類同羈押處分，另檢查處分（檢查身體、解剖屍體、進入住居處所等）及穿刺處分（採取指紋、血液、毛髮等）亦均係直接對被告身體之自主權形成干涉，故宜同其他強制處分般，非僅應有法律依據，且該等處分之發動、實施程序與期間等均須由法律明確規範，故本次修法除對鑑定留置與鑑定人處分明定其審查機制，並就具長期拘束性質之鑑定留置限定其實施之期間，以符法治國原則之法律保留與比例原則。

二、鑑定留置與鑑定人處分

如前所述鑑定留置之性質類同羈押處分，是以不論偵查或審判中同採法官保留原則暨絕對令狀主義，亦即偵審階段鑑定留置之實施應均由法官審查並核發鑑定留置票，至其預定期間爲七日以下，如延長則不得逾二月，又留置日數視同羈押日數，故得折抵刑期（刑事訴訟法第203至203條之4），另依同法第204至205條之1所規定之鑑定人處分，其發動審查，偵查中由檢察官決定，審判中採法官保留，並由審查者核發許可書，資爲憑據。

三、司法警察之鑑定處分

(一) 按在廣義刑事訴訟程序中檢察事務官或司法警察（官）常因調查犯罪之需要而實施性質等同強制處分之作爲，由於該些作爲未符法律保留原則卻對人民之基本權利形成限制、干預，故爲學者批評有違憲之虞，立法者亦見此弊乃有新法第205條之2之增訂，其謂「檢察事務官或司法警察（官）因調查犯罪情形及蒐集證據之必要，對於經拘提或逮捕到案之犯罪嫌疑人或被告，得違反犯罪嫌疑人或被告之意思，採取其指紋、掌紋、腳印，予以照相、測量身高或類似之行爲；有相當理由認爲採取毛髮、唾液、尿液、聲調或吐氣得作爲犯罪之證據時，並得採取之。」

(二) 上述規定可歸納得知：1.檢事官或司法警察（官）縱因調查犯罪情形或蒐集證據之必要，不得對任何不具犯罪嫌疑人或被告身分之人，在違反其意思時，實施本法第205條之2所列之行爲；2.檢事官或司法警察（官）縱因調查犯罪情形或蒐集證據之必要，不得對未經拘提或逮捕到案之犯罪嫌疑人或被告，在違反其意思時，實施本法第205條之2所列之行爲；3.檢事官或司法警察（官）欲對經拘提或逮捕到案之犯罪嫌疑人或被告實施本法第205條之2前段所列之行爲時，基於調查犯罪情形及蒐集證據之必要，即可違反得渠等之意思爲之；惟若係實施同條後段所列之行爲時，尚應符合有相當理由認爲得作爲犯罪之證據之要件始可。

注釋資料：林鈺雄，月旦法學第113期，頁64-65；張麗卿，司法周刊第1172期。

例題17

執法人員於下午五時二十分聲請搜索票，預計搜索時間為當日下午五時三十分至九時，若該日之日沒時刻為五時四十分，依情形不可能在日落前趕赴應行搜索之處所，法官應否核發搜索票？ (95政風)

解碼關鍵

夜間搜索禁止之例外情形&各規定之涵義。

擬答

一、夜間搜索之禁止

本於人權保障與避免偵查機關任意對人民之憲法基本權造成無謂之侵害，刑事訴訟法原則上明文禁止司法機關於夜間爲偵審行爲，如夜間搜索、扣押、證據保全、勘驗、詢問、深夜羈押審查訊問等涉及人權保障之侵害。刑事訴訟法第146條即規定，有人住居或看守之住宅或其他處所，不得於夜間入內搜索或扣押。

二、禁止夜間搜索扣押之例外

(一) 依本法第146條但書及第147條規定，司法機關於下列情形得例外爲夜間搜索扣押：

1. 經住居人、看守人或可爲其代表之人承諾者：執行人員須先行告知得拒絕夜間搜索扣押之權利、提示身分證件、同意權人出於自願性明示同意、將同意載明於筆錄。
2. 有急迫情形者：學者認爲應符合優越利益原則（重罪案件）、緊急性、必要性與適合性。
3. 日間已開始搜索扣押者得繼續至夜間：此款認定應具合理性，例如：執法人員故意於日落前一小時方開始搜索。又執法人員於日間搜索時不得藉故爲無必要之拖延至夜間。
4 特定場所：(1)假釋人住居或使用者；(2)旅店、飲食店或其他於夜間公眾可以出入之場所，仍在公開時間內者；(3)常用爲賭博、妨害性自主或妨害風化之行爲者。

(二) 學說另主張夜間搜索與扣押之禁止乃係針對執行人員而非審查人員，易言之，搜索票之令狀審查法官如審酌個案具體情況而同意夜間搜索扣押並載明搜索票者，亦得爲之。

三、結論

本例執法人員於下午五時二十分聲請搜索票，預計搜索時間爲當日下午五時三十分至九時（該日之日沒時刻爲五時四十分），依情形不可能在日落前趕赴應行搜索之處所，法官應否核發搜索票？淺見以爲，應視個案情況而定，倘若執法人員卻有具體個案之需求，本於偵查時效性與證據保全之必要性，法院仍應准予合法搜索令狀。惟如係執法人員故爲規避刑事訴訟法禁止夜間搜索之規定而故爲，法院應駁回此惡意之聲請。如前所言，本法有關夜間搜索禁止之規定乃係對執行人員所爲之規範，而非限制搜索令狀之審查法官，故搜索票審查法官自可衡酌個案情事而認爲確有適合性與必要性時爲裁量許可，並於搜索票上載明同意夜間搜索之指示（本法第128條第2項）。

注釋資料：王兆鵬，當事人進行主義之刑事訴訟，頁91以下。

例題18

司法警察（官）有依法執行搜索、扣押之職權。試問：哪些處所不得於夜間入內搜索，扣押？哪些處所則可？

解碼關鍵

同上揭例題18。

擬答

一、夜間搜索之禁止

本於人權保障與避免偵查機關任意對人民之憲法基本權造成無謂之侵害，刑事訴訟法原則上明文禁止司法機關於夜間爲偵審行爲，如夜間搜索、扣押、證據保全、勘驗、詢問、深夜羈押審查訊問等涉及人權保障之侵害。刑事訴訟法第146條即規定，有人住居或看守之住宅或其他處所，不得於夜間入內搜索或扣押。

二、禁止夜間搜索扣押之例外

(一) 依本法第146條但書及第147條規定，司法機關於下列情形得例外爲夜間搜索扣押：

1. 經住居人、看守人或可爲其代表之人承諾者：執行人員須先行告知得拒絕夜間搜索扣押之權利、提示身分證件、同意權人出於自願性明示同意、將同意載明於筆錄。
2. 有急迫情形者：學者認爲應符合優越利益原則（重罪案件）、緊急性、必要性與適合性。

3. 日間已開始搜索扣押者得繼續至夜間：此款認定應具合理性，例如：執法人員故意於日落前一小時方開始搜索。又執法人員於日間搜索時不得藉故爲無必要之拖延至夜間。

4. 特定場所：(1)假釋人住居或使用者；(2)旅店、飲食店或其他於夜間公眾可以出入之場所，仍在公開時間內者；(3)常用爲賭博、妨害性自主或妨害風化之行爲者。

(二) 學說另主張夜間搜索與扣押之禁止乃係針對執行人員而非審查人員，易言之，搜索票之令狀審查法官如審酌個案具體情況而同意夜間搜索扣押並載明搜索票者，亦得爲之。

注釋資料：例解刑事訴訟法「體系釋義版」第十一章之焦點「夜間搜索之限制與例外」。

刑事訴訟法第132條規定，被告抗拒搜索者得用強制力為之，惟對此有何限制規定，試申述其義。 (91法制)

解碼關鍵

搜索之涵義與實施程序遵循比例原則必要性之探討。

擬答

一、搜索涵義

所謂搜索乃爲發現被告或犯罪證據或其他可得沒收之物，而搜查被告或第三人之身體、物件、住宅或其他處所之強制處分，故其兼屬對人與對物之處分。搜索之令狀審查，偵審程序均採法官保留原則，至無令狀搜索包括附帶搜索（第130條）、急迫搜索（第131條）及同意搜索（第131條之1）。應注意者，搜索乃前置性強制處分，倘達成搜索目的，嗣必伴隨有拘捕或扣押等處分。

二、比例原則必要性

搜索既屬干預人民基本權利之強制處分，其發動之審查與執行自均應符合法治國原則之規範，故我國刑事訴訟法第122條第1項及第2項規定對被告或犯罪嫌疑人之搜索須於必要時方得爲之，至對第三人更以有相當理由爲限，即是對搜索發動審查之限制，此於搜索執行程序上亦然，尤其使用強制力搜索之對象客體更應使其受法治國原則之保障，本法第132條即規定：「抗拒搜索者，得用強制力搜索之。但不得逾必要之程度」，從而執行搜索機關如欲使用強制力，須以被搜索者抗拒搜索爲前提，且不得逾越必要之程度，至所謂必要之程度即法治國原則中比例原則之必要性而言（比例原則包含適合性，必要性及狹義比例性），故執行搜索機關爲達上揭搜索目的而採行之強制手段，惟當不能選擇其他同樣有效且對受搜索人之基本權利限制更少之方法時，方符合必要性（又稱最小干預原則）。例如執行搜索機關欲搜索被告藏收於保險箱之文件時，應先命其交付或提出，其拒絕時雖可使用強制力，惟應先考量對受搜索人損害干預最小之方式（如先請鎖匠開啓而非逕予破壞），當無逕行破壞該保險箱之必要。

注釋資料：例解刑事訴訟法「體系釋義版」第十一章之焦點「法治國原則與強制處分」。

相關試題

甲涉嫌違反公司法及證券交易法，經證管會函請檢察官偵辦，經檢察官向法院聲請搜索票，交由調查員持至甲宅搜索，甲見狀不從而抗拒，調查員遂使用強制力，試問刑事訴訟法對此有何限制規定？

考點提示：強制處分之比例原則必要性。

答題架構：

一、法治國原則與憲法第23條要求下之強制處分，應遵循
- 憲法優位
- 法律保留
- 比例原則
  - 適合性
  - 必要性
  - 狹義比例性

二、搜索強制處分乃干預限制人民憲法上之身體、名譽、隱私、住居、財產等基本權利之處分，應符合上揭法治國原則要求。

搜索的合法依據
- 令狀→搜索票應記載應搜索之處所、應扣押之標的（搜索標的爲物證時）
- 無令狀→附帶、急迫、同意

令狀搜索之合法程序：提示搜索票請求被搜索相對人提出應扣押物→拒絕時方爲搜索→抗拒時始用強制力，然應符合必要性與狹義比例性之要求（引用刑事訴訟法第132條）。

例題20

甲因涉嫌某殺人案件，經檢察官提起公訴，法院審理中經合法傳喚無正當理由拒不到場，法院遂簽發拘票責由司法警察乙拘提之，乙執行拘提時見甲攜有疑似內藏刀械之長型包裹，遂逕行搜索，惟發現係一支球棒，試問乙之搜索是否合法？又如甲僅是該刑事案件之證人時，則乙之搜索是否合法？

解碼關鍵

附帶搜索之涵義&目的在保全證據與保障執法人員安全。

擬答

搜索乃干預人民身體、隱私、住居、名譽、財產基本權之強制處分，應以令狀搜索為原則，惟本於偵查時效性、權利處分同意性與其他緊急必要性考量，刑事訴訟法另設有附帶、急迫與同意等無令狀搜索之規定。

一、附帶搜索之涵義

按依刑事訴訟法第130條規定，檢察官、檢察事務官、司法警察官或司法警察逮捕被告、犯罪嫌疑人或執行拘提、羈押時，雖無搜索票，得逕行搜索其身體、隨身攜帶之物件、所使用之交通工具及立即可觸及之處所。此即所謂之附帶搜索，為搜索令狀原則之例外，惟此附帶搜索須以合法之逮捕、拘提、羈押為前提。

二、附帶搜索之目的

本件司法警察乙執行拘提時為附帶搜索，是否因甲之身分為被告或證人而有不同效果，學者認為：

(一) 自法條文義觀之，其僅稱「執行拘提」而未如逮捕限被告及犯罪嫌疑人，故應包括對證人之拘提亦得附帶搜索。

(二) 自本法條之立法規範目的係為保障執法人員之安全以排除被拘提者攜帶武器或危險物品而言，亦應認定執行拘提之附帶搜索對象包括證人。

綜上所陳，本題甲之身分為證人或被告，乙持拘票執行拘提時，因認其攜帶武器而為附帶搜索均屬合法。

三、保全證據仍得附帶搜索

有疑義者乃執行拘提時，如係為避免被拘提而湮滅隨身證據時，是否同上述之解釋，有學者即持否定見解，蓋對證人拘提之目的意在使其到庭應訊，只須執行過程得保障執行人員之安全即可，不應將「避免隨身證據湮滅」列為附帶搜索之合法事由。惟亦有學者認若為防止隨身證據之湮滅，應得為之，此為多數學者所採。

注釋資料：林鈺雄，月旦法學第75期，頁14以下。

例題21

甲因涉嫌觸犯偽造文書罪與強盜罪，經有權單位發布通緝，某日，甲在住宅處遭刑警隊之員警予以逮捕，之後，員警在無搜索票之下打開甲的保險櫃，發現甲涉嫌利用他人需錢恐急而貸以重利，且以之為常業，於是將此資料一併帶回，問員警所查獲之資料是否得以認定甲違犯常業重利罪之證據？

解碼關鍵

同上揭例題21&違法搜索扣押之證據排除法則。

擬答

一、無令狀搜索

按搜索乃屬對人民之身體、住居、名譽、財產與隱私權等基本權利所爲限制干預之強制處分，依刑事訴訟法第128條第3項之規定，原則上須由法官簽發搜索票爲之，此即法官保留之令狀主義，惟基於偵查犯罪時效性之急迫因素或其他考量，本法亦於具備法定條件下，例外容許無令狀之搜索，茲分述其情形如下：

(一) **附帶搜索**：依本法第130條規定「檢察官、檢察事務官、司法警察官或司法警察逮捕被告、犯罪嫌疑人或執行拘提、羈押時，雖無搜索票，得逕行搜索其身體、隨身攜帶之物件、所使用之交通工具及其立即可觸及之處所」，其立法目的乃在保障執行拘捕、羈押處分之公務員之人身安全，避免被處分人以隨身或可立即觸及處所預藏之危險武器之攻擊，是以欲爲此項附帶搜索即需以客觀情狀顯現有安全威脅爲前提，且搜索之標的亦限於危險器具。另學者亦認倘僅爲取得或保全證據則亦屬之。

(二) **急迫搜索**：依本法第131條第1、2項之規定，又可區分爲對犯罪者之逕行搜索與對證據之緊急搜索。

(三) **同意搜索**：依本法第131條之1規定「搜索，經受搜索人出於自願性同意者，得不使用搜索票。但執行人員應出示證件，並將其同意之意旨記載於筆錄」。

二、結論

本題司法警察無搜索票而取得犯罪嫌疑人甲置放保險箱內之重利證據，顯非因於執行逮捕甲時，甲隨身或立即可觸及之處所顯現危險物件之跡證，致有威脅執行人員安全之虞所爲之附帶搜索，再依題旨，亦無時效急迫而未及聲請搜索票之情形，且受搜索人亦未表示同意；揆諸前揭說明，堪認本件司法警察之無令狀搜索不合法，其因此扣得之證據，應由法院依刑事訴訟法第158條之4規定，權衡裁量其證據能力。

注釋資料：柯耀程，月旦法學第101期，頁118以下；王兆鵬，搜索扣押與刑事被告的憲法權利，頁190-195。

例題22

甲因強盜罪嫌而被通緝，刑警乙得知甲在某屋內，竟未持搜索票，逕行進入該屋一樓內搜索而逮捕到甲，更因搜索屋內二樓小保險箱而查獲甲另犯常業重利罪之相關帳冊予以扣押，試問：乙搜索小保險箱所扣押之帳冊，有無證據能力？

（92檢事官）

解碼關鍵

附帶搜索與一目瞭然原則之範圍。

擬答

一、無令狀搜索

按搜索乃屬對人民之財產權與隱私權等基本權利所爲限制干預之強制處分，依刑事訴訟法第128條第3項之規定，原則上須由法官簽發搜索票爲之，此即法官保留之令狀主義，惟基於偵查犯罪時效性之急迫因素或其他考量，本法亦於具備法定條件下例外容許無令狀之搜索，茲分述其情形如下：

(一) **附帶搜索**：依本法第130條規定「檢察官、檢察事務官、司法警察官或司法警察逮捕被告、犯罪嫌疑人或執行拘提、羈押時，雖無搜索票，得逕行搜索其身體、隨身攜帶之物件、所使用之交通工具及其立即可觸及之處所」，其立法目的乃在保障執行拘捕、羈押處分之公務員之人身安全，避免被處分人以隨身或可立即觸及處所預藏之危險武器之攻擊，是以欲爲此項附帶搜索即需以客觀情狀顯現有安全威脅爲前提，且搜索之標的亦限於危險器具，另倘爲取得或保全證據則亦屬之。惟亦有採不同見解者，其認爲保全隨身證據時不得爲附帶搜索。

(二) **急迫搜索**：依本法第131條第1、2項之規定，又可區分爲對犯罪者之逕行搜索與對證據之緊急搜索。

(三) **同意搜索**：依本法第131條之1規定：「搜索，經受搜索人出於自願性同意者，得不使用搜索票。但執行人員應出示證件，並將其同意之意旨記載於筆錄。」

二、結論

本題司法警察乙無搜索票而進入私宅搜索並逮捕強盜罪通緝犯甲，符合本法第131條第1項第1款執行逮捕被告之逕行搜索規定（具備犯罪嚴重性、有明顯相當理由相信被告確實在內、若不立即逮捕被告極可能逃逸等要件），然其逮捕甲後，另行無令狀搜索甲置放保險箱內之他案常業重利罪證據，顯非因於執行逮捕甲時其隨身或立即可觸及之處所顯現危險物件之跡證，致有威脅執行人員安全之虞，而爲之附帶搜索，而依題旨，他案部分亦無時效急迫而未及聲請搜索票之情形，且受搜索人亦未表示同意；揆諸前揭說明，堪認本件司法警察之無令狀搜索不合法，其因此扣得之證據應由法院依刑事訴訟法第158條之4規定，權衡裁量其證據能力。縱依不同意見認爲防止隨身證據湮滅亦得爲附帶搜索，則本件對保險箱內證據之搜索亦非合法。

另類思考：

一、法治國於強制處分之要求：

法律保留
- 相當理由之犯罪嫌疑
- 合理目的（法定事由）
- 法律依據

比例原則
- 適合性
- 必要性

二、搜索種類：

(一) 令狀搜索。

(二) 無令狀搜索。

1.附帶搜索：合法拘捕時，本於防止隨身證據湮滅及保障執法人員安全之目的，限被拘捕人隨身及可立即觸及之處所。

2.急迫搜索，分成兩類：

(1) 逕行搜索：對象爲被告或現行犯等，注意第131條第1項第1款限持法官拘票，第2款須符合熱追緝或溫追緝之要件。

(2) 緊急搜索：對象爲證物，須檢察官爲主體，且限於二十四小時內有湮滅、僞、變造之虞。

3.同意搜索：自由意志之明示同意，並記明筆錄。

三、結論：

(一) 搜索與逮捕→符合急迫逕行（第131條第1項第1款）或同意搜索（第131條之1）則合法。

(二) 搜索與扣押

1.附帶搜索→非立即可觸及範圍，不合法。

2.急迫緊急搜索→主體不符，且無湮滅或僞變造之虞，不合法。

3.同意搜索→合法。

4.一目瞭然原則→非目視範圍，不合法。

上述不合法之搜索用證據排除法則，權衡裁量（第158條之4）。

注釋資料：王兆鵬，路檢盤查與人權，頁50以下；黃朝義，刑事訴訟法，頁226。

相關試題

> 警員甲某日接獲線報，知悉因殺人罪嫌遭通緝之乙藏身於某民宅中。試問甲之下列行爲是否適法？
> (一) 甲未申請搜索票即衝入該民宅內，於臥室中發現乙並逮捕之。
> (二) 逮捕乙並押解回地檢署後，甲復在該民宅客廳內發現一保險櫃，打開後發現櫃內有制式手槍一枝，甲遂扣押該槍。（98地特）

考點提示：同上揭例題22。

甲因竊盜罪科刑確定，而受執行之通緝。被司法警察循線於甲家中將其逮捕，並於逮捕之時，對於甲之人身及住所加以搜索，從甲家中查得數十張借據及本票，乃將甲解送通緝之指定處所，並將所搜得之物報交檢察官。檢察官經偵查後，認為甲涉有重利之罪嫌，乃依重利罪加以起訴，一審法院審理後，依據搜索所取得之借據與本票及其所串連之證據，認定甲重利罪成立，科處一年有期徒刑。案經甲以搜索不合法提起上訴，試問：二審法院應如何審理認定？（92中正）

解碼關鍵

附帶搜索之目的與範圍限制；違法取證之證據排除法則。

擬答

一、無令狀搜索

按搜索乃屬對人民之財產權與隱私權等基本權利所為限制干預之強制處分，其發動與執行均應遵循法治國原則，尤其比例原則之適合性與必要性。依刑事訴訟法第128條第3項之規定，原則上須由法官簽發搜索票為之，此即法官保留之令狀主義，惟基於偵查犯罪時效性之急迫因素或其他考量，本法亦於具備法定條件下，例外容許無令狀之搜索，茲分述其情形如下：

(一) **附帶搜索**：依本法第130條規定「檢察官、檢察事務官、司法警察官或司法警察逮捕被告、犯罪嫌疑人或執行拘提、羈押時，雖無搜索票，得逕行搜索其身體、隨身攜帶之物件、所使用之交通工具及其立即可觸及之處所」，其立法目的乃在保障執行拘捕、羈押處分之公務員之人身安全，並防止被拘捕人湮滅隨身證據。

(二) **急迫搜索**：依本法第131條第1、2項之規定，又可區分為對犯罪者之逕行搜索與對證據之緊急搜索。其中第131條第1項第1款規定，司法警察雖無搜索票，如因逮捕被告（通緝犯）而有事實足認被告確實在內者，亦得逕行搜索住宅逮捕之。惟通說見解認為此限於對被拘捕人之住宅始得為之，否則無異使司法警察得藉拘捕被告為名，任意進入全國人民之民宅而無限制。

(三) **同意搜索**：依本法第131條之1規定「搜索，經受搜索人出於自願性同意者，得不使用搜索票。但執行人員應出示證件，並將其同意之意旨記載於筆錄」。通說認為，合法之同意搜索應具備：執行搜索人出示證件、告知被搜索人得拒絕同意無令狀搜索之權利、經有同意權人明示且自願性同意、將同意之旨載明搜索筆錄。

二、本例搜索扣押之合法性

本例司法警察為逮捕通緝犯甲，雖無搜索票，仍得依本法第131條第1項第1款之逕行搜索規定，進入甲宅搜索逮捕之。又司法警察於合法逮捕甲後，並得依本法第130條之規定於甲之身體、隨身攜帶之物件和身體可立即觸及之處所為附帶搜索，以保障執法人員安全，但若基於防止隨身證據煙滅之目的，因甲之竊盜罪業經判決確定，即不得為之；若逾前揭範圍之搜索，因欠缺合理目的性，即屬違法。故本例應視司法警察搜索扣得之借據與本票是否在上述附帶搜索之合法範圍內，若否，即屬違法取證，違法之搜索扣押所取得之證據，應依本法第131條或第158條之4規定，由法院審酌人權保障與公共利益之均衡維護，權衡裁量以取捨其證據能力。另有學者主張附帶搜索應與拘捕具有同案性，方符合其目的性。

注釋資料：林鈺雄，搜索扣押注釋書，頁130；柯耀程，月旦法學教室第81期，頁72。

例題24

某日，員警P接獲匿名電話密報，謂通緝犯甲正在乙家聚賭，P不及查證消息可靠與否，即獨自前往乙家查看，P趕往乙家，從門外即聽到屋內人聲嘈雜，P即破門而入，當場發現桌上有賭具及現金。P不准現場所有人離開，並打電話向警局要求支援，半小時後，一干警員趕到現場，不但對於所有人搜身且搜查每人隨身皮包，又為確認甲是否躲藏在屋內，進而搜查屋內每個房間，於屋內發現有一只保險櫃，P即要求乙打開該保險櫃，乙打開後P將保險櫃內一本疑似每日現金收入之帳冊及現金數萬予以查扣，現場所有人隨即被強制載往警局問筆錄，其中一人丙向警員表示，其係乙之兒子，只是在家看電視，並未參與聚賭，惟警員不信，丙仍被強制帶到警局，試評析該刑事程序之合法性。　（92政大）

解碼關鍵

線民舉報之雙叉法則（訊息可信性與線民信用性）之要求。

擬答

一、無令狀搜索

按搜索乃屬對人民之財產權與隱私權等基本權利所為限制干預之強制處分，其發動與執行均應遵循法治國原則，尤其比例原則之適合性與必要性。依刑事訴訟法第128條第3項之規定，原則上須由法官簽發搜索票為之，此即法官保留之令狀主義，惟基於偵查犯罪時效性之急迫因素或其他考量，本法亦於具備法定條件下，例外容許無令狀之搜索，茲分述其情形如下：

(一) 附帶搜索：依本法第130條規定「檢察官、檢察事務官、司法警察官或司法警察逮捕被告、犯罪嫌疑人或執行拘提、羈押時，雖無搜索票，得逕行搜索其身體、隨身攜帶之物件、所使用之交通工具及其立即可觸及之處所」，其立法目的乃在保障執行拘捕、羈押處分之公務員之人身安全，並防止被拘捕人湮滅隨身證據。

(二) 急迫搜索：依本法第131條第1、2項之規定，又可區分為對犯罪者之逕行搜索與對證據之緊急搜索。其中第131條第1項第1款規定，司法警察雖無搜索票，如因逮捕被告（通緝犯）而有事實足認被告確實在內者，亦得逕行搜索住宅逮捕之。惟通說見解認為此限於對被拘捕人之住宅始得為之，否則無異使司法警察得藉拘捕被告為名，任意進入全國人民之民宅而無限制。

(三) **同意搜索**：依本法第131條之1規定：「搜索，經受搜索人出於自願性同意者，得不使用搜索票。但執行人員應出示證件，並將其同意之意旨記載於筆錄。」通說認為，合法之同意搜索應具備：執行搜索人出示證件、告知被搜索人得拒絕同意無令狀搜索之權利、經有同意權人明示且自願性同意、將同意之旨載明搜索筆錄。

二、本例刑事程序合法性判斷

搜索係干預限制人民基本權利之強制處分，故須符合法律保留與比例原則之前提下始得為之，刑事訴訟法乃規定，對犯罪嫌疑人有必要時，而對於第三人則須有相當理由時，方可發動之。至線民檢舉密報是否即有合理根據，學者認為應視其有無信用性與可信性之要件為斷，本題屬匿命舉報，無從查證其信用性與可信性，故不得為發動搜索之合理根據。其次，搜索之範圍需為合理，若搜索標的為人，即不可能於抽屜或保險箱為之；又倘為附帶搜索，亦不可能於被拘捕人未得立即觸及之處所為之，如保險箱等；且違法進入住宅後之現行犯逮捕亦屬違法，則於違法逮捕後自不得為附帶搜索。最後，同意搜索應確保被搜索人於自由意志下之明示同意始可。故本例中司法警察所為之所有搜索、扣押、逮捕等強制處分程序均屬違法。

注釋資料：王兆鵬，搜索扣押與刑事被告的憲法權利，頁40以下。

例題25

警察甲與乙於巡邏時，發現某棟大樓人員出入異常，且出入者各個衣著時髦，門口皆有人為之接送。當下，甲、乙兩人判斷該處應為高級應召站無誤，經向分局報備後，隨之直接衝入搜索。其結果，發現該處為一專以時尚婦女為主之職業詐騙賭場，逮獲主持者與多名賭客外，並取出多項賭具與籌碼賭資。試問甲、乙搜索行為之合法性為何？取得相關賭博證據，其法律效果為何？　(92基警)

解碼關鍵

急迫搜索（本法第131條第1、2項）之合法性要件；本案&另案扣押均以合法搜索為前提。

擬答

一、急迫搜索

(一) 任何限制或干預人民基本權利之強制處分均應符合法治國原則，刑事訴訟法之令狀主義即為確保法治國之踐行，故強制處分之發動與實施，除因急迫情形或受處分人同意等明文排除例外，乃以令狀審查為原則。

(二) 搜索既係干預限制人民隱私權之強制處分，依刑事訴訟法第128條第1項規定，原則上應用搜索票爲之，惟如前所述，本於偵查急迫性或受處分人權利處分之考量，同法亦規定有第130條（爲維護執行拘捕人員安全並防止受搜索人隨身證據湮滅之附帶搜索），第131條（急迫搜索）及第131條之1（同意搜索）等無令狀搜索。

(三) 上揭無令狀搜索中之急迫搜索，包括有第1項之逕行搜索與第2項之緊急搜索，其中第1項逕行搜索之實施主體爲檢察官、檢察事務官及司法警察（官），搜索標的則爲被告或犯罪人，至第2項緊急搜索之實施主體則限檢察官，檢察事務官與司法警察（官）應受檢察官之指揮始得行之，此搜索之標的乃係證據。

二、違法搜索後之逮捕與扣押亦均不合法

(一) 本題司法警察於監控多時後，認某棟大樓爲應召站之據點，乃先報備分局後直接入內爲無令狀搜索，此際因未經受搜索人同意，且非執行拘提逮捕，故與前揭之同意搜索與附帶搜索之要件不相符合，又若司法警察入內係爲搜索犯罪證據，因本法第131條第2項之緊急搜索限檢察官或受檢察官指揮方得爲之，故亦未合。至若係爲本法第131條第1項之逕行搜索，必該項第1款與第2款之搜索對象係被告、犯罪嫌疑人、現行犯或脫逃人，均與本件情形不同。另第3款則以有明顯事實足信爲有人在內犯罪而情形急迫者，觀諸本題情形，縱有明顯事實足信爲有人在內犯罪，然司法警察似無急迫情事致未得呈報檢察官指揮或向法院聲請搜索票，是以本件之無令狀搜索堪認非屬合法。

(二) 司法警察爲違法無令搜索後，發現該處時係一職業賭場，乃以現行犯逮捕主持人與賭客，雖依本法第88條第1項規定，現行犯不問何人得逕行逮捕之，惟通說見解認爲，此項逮捕如係在住居處所爲之，仍以合法進入爲前提，本件既係違法入內搜索，故此項逮捕即非合法。

(三) 末按無論本案令狀扣押、本案附帶扣押抑或另案附帶扣押，均與前揭逮捕同，係以合法搜索爲前提，本件司法警察所爲搜索既係違法，則對賭具與籌碼賭資之扣押即非合法，依本法第131條第4項或第158條之4之規定，法院於審判時得權衡裁量宣告上開扣案之物不得爲證據。

注釋資料：例解刑事訴訟法「體系釋義版」第十一章之焦點「學說對急迫搜索（第131條）之重要見解」。

例題26

檢察事務官（對涉嫌強盜罪之乙）執行附帶搜索（刑事訴訟法第130條）另對共犯丙為同意搜索（刑事訴訟法第131條之1），是否應於執行後三日內報告該管檢察署檢察官及法院？其理由為何？　(92檢事官)

解碼關鍵

搜索之法治國原則與監督機制；本法第131條第3項於附帶搜索與同意搜索之類推適用。

擬答

一、搜索之法治國原則與正當法律程序之保障

(一) 按搜索乃屬干預或限制人民隱私權之強制處分，是其發動實施與救濟程序均應符合法治國原則之要求，被搜索人並受憲法所賦予之實質正當法律程序之保障，就強制處分之發動審查而言，原則上應採事前同意之令狀主義，倘例外因被處分人之自願同意或急迫情形等而為無令狀處分，該處分亦應受有權機關之事後監督，被處分人並得有救濟之途徑。

(二) 基此，刑事訴訟法關於搜索之發動即係以法官保留之事前同意令狀主義為原則，並考量實務偵審程序之需求，例外酌採無令狀主義，其情形包括本法第130條之附帶搜索、第131條之急迫搜索與第131條之1之同意搜索，其中第131條第1、2項之急迫搜索依同條第3項之規定若為檢察事務官所為者應於執行後三日內報告該管檢察署檢察官與法院，使受有權機關之事後監督之審查。

二、附帶搜索與同意搜索之類推適用

(一) 本法第130條為保障執行拘捕人員人身安全之附帶搜索與第131條之1本於被處分人自由意願之同意搜索則均未如有前開本法第131條急迫搜索應受事後監督審查之規定，則執行附帶或同意搜索等強制處分之人員，其實施要件（如被搜索人有無於自由意願下為明示同意或被拘捕對象有無攜帶威脅執法人員安全之武器或工具）是否具備與實施程序是否符合比例原則適合性、必要性與狹義比例性等，均無從審查監督，顯違法治國原則與憲法賦予人民實質正當法律程序保障之精神。

(二) 基於本法第131條第1項逕行搜索與第2項緊急搜索，尚需接受事後監督之審查，不具急迫情形之附帶與同意搜索，尤應受相同機制之監督制衡，故學說主張該二者無令狀搜索均應類推適用第131條急迫搜索之規定，亦即檢察事務官於執行附帶或同意搜索後三日內應報告該管檢察署檢察官及法院。

延伸資料：例解刑事訴訟法「體系釋義版」第十一章之焦點「刑事訴訟法就搜索強制處分採行之制度」。

我國刑事訴訟法就扣押之強制處分有何規定，試詳述之。

解碼關鍵

依扣押之標的、決定&執行機關、種類、實施程序與限制，分為說明。

擬答

按扣押指爲保全可爲證據或得沒收之物，而對其暫時占有之強制處分。

一、客體

包括可爲證據之物（目的在保全證據，以利追訴且防止湮滅）及得沒收之物（刑法第38條第1項所列三款、刑事訴訟法第133條第1項）。

二、參與機關

(一) **決定機關**：偵查審判中均爲法官（第136條第1項），由法官於搜索票上記載扣押標的物。

(二) **執行機關**：司法警察（官）、檢察事務官、檢察官、法官（第136條第2項），無論令狀扣押或無令狀附帶扣押，實施後均須製作扣押收據交予相對人。

三、種類

(一) **附帶扣押（第137條，本案扣押）**：檢察官、檢察事務官、司法警察官或司法警察執行搜索或扣押時，發現本案應扣押之物爲搜索票所未記載者，亦得扣押之。第131條第3項之規定，於前項情形準用之。

(二) **另案扣押（第152條，非本案扣押）**：實施搜索或扣押時，發現另案應扣押之物亦得扣押之，分別送交該管法院或檢察官。

(三) **囑託扣押（第153條）**：搜索或扣押，得由審判長或檢察官囑託應行搜索、扣押地之法官或檢察官行之。受託法官或檢察官發現應在他地行搜索、扣押者，該法官或檢察官得轉囑託該地之法官或檢察官。

(四) **強制扣押（第138條）**：應扣押物之所有人、持有人或保管人無正當理由拒絕提出或交付或抗拒扣押者，得用強制力扣押之。

四、程序令狀與證件之出示（第145、148條）、扣押之在場及通知（第148至150條）、扣押之必要處分（第144、151條）、扣押筆錄製作（第42條）、交付收據（第139條第1項）。

五、限制

(一) **比例原則**：應先依第133條第2項命其提出或交付，方可再依第138條規定使用強制力。

(二) **公務物件**：第134條第1、2項。

(三) **郵件電報**：第135條（第2款有違憲之虞，且已爲通訊保障及監察法所廢止）。

注釋資料：刑事訴訟法第133至139、144至153條。

相關試題

司法警察甲、乙持搜索票至丙宅欲搜索扣押丙涉嫌殺人案件之兇刀，搜索過程除搜索得扣押票上記載之兇刀外，另搜得海洛因毒品一包，試問甲乙得否將該毒品併予扣押？刑事訴訟法就該扣押程序與限制有何規定？

考點提示：一目瞭然原則、合法扣押之前提要件、扣押種類。

某週刊擬於即將發行之當期刊物登載甲記者撰稿涉及國家安全機密之報導文章，事為國安局知悉轉知高檢署，由該署檢察官持法院核發之搜索票指揮搜索該週刊社，嗣並當場扣押即將發行之當期刊物3,000本，試問該搜索、扣押程序是否合法？

解碼關鍵

搜索之證明門檻；對媒體搜索之要件與比例原則。

擬答

一、搜索之門檻

按依刑事訴訟法第122條第1、2項之規定，對被告或犯罪嫌疑人之搜索須於「必要時」爲之，至對第三人搜索之門檻則限「有相當理由」，通說均認對第三人之搜索牽連廣大且屬嚴重干預非被告身分之人民之基本權利，故搜索發動之門檻應較被告更爲嚴格，即「相當理由」之程度應高於「合理之懷疑」。

二、對媒體搜索之合法性

搜索媒體屬對第三人之搜索，以本題爲例，撰稿記者甲爲犯罪嫌疑人，其所屬之週刊社即爲第三人，學者認爲對媒體搜索應注意如下問題：

(一) **拒絕證言權**：如媒體消息來源得自特定人，此人信賴媒體不會揭露來源，則媒體享有拒絕證言權，即不應成爲搜索對象；惟若係其自行採訪所得，自無拒絕證言權。

(二) **比例原則**：如得以其他方式取得證據資料，即不應逕以對媒體搜索或扣押，以符合比例原則，如：可先請求交付。故本題之搜索程序是否合法合宜從上開說明依具體情形判斷之。

三、對雜誌刊物之扣押似未合法

(一) 依本法第133條第1項規定，扣押之客體爲證據或得沒收之物。次依刑法第38條之規定，供犯罪所用或供犯罪預備之物及因犯罪所得之物以屬於犯人者爲限方得沒收，至違禁物則無此限。惟本題之雜誌刊物非屬違禁物，且爲週刊社（第三人）所有，非犯罪嫌疑人（記者甲）所有，故不得依「得沒收之物」沒收。

(二) 若將當期雜誌列爲證據而予扣押，雖符合比例原則之適合性，惟扣押3,000本雜誌當證據顯有違其必要性（蓋扣押一本即足爲證據），是認高檢署扣押3,000本當期刊物之程序於法未合。

注釋資料：張麗卿，驗證刑訴改革脈動，頁58以下。

司法警察官甲持拘票前往被告乙之家進行拘提時，發見有另案應扣押之物，甲除拘提乙外，對另案應扣押之物亦予以扣押。問甲之所為是否合法？　（93司法官）

解碼關鍵

持檢察官之拘票得否爲本法第131條第1項之逕行搜索；扣押以合法搜索爲前提；另案扣押之一目瞭然原則。

擬答

一、合法扣押之前提

所謂扣押乃指爲保全可爲證據或得爲沒收之物，而對其暫時占有之強制處分，至扣押之種類除扣押票上所記載之本案扣押外，依刑事訴訟法之規定尚包括有本案附帶扣押（本法第137條）與另案附帶扣押（本法第152條），依通說見解，此之本案或另案之附帶扣押均以合法之拘提或搜索爲其前提要件。

二、本法第131條第1項第1款之限縮

司法警察持執拘票得否無令狀進入被告住宅？按無令狀搜索依刑事訴訟法之規定包括有附帶搜索（第130條）、急迫搜索（第131條第1、2項）及同意搜索（第131條之1），其中得使司法警察執持拘票進入被告住宅搜索者，僅限第131條第1項第1款之逕行搜索與第131條之1之同意搜索，又倘係依第131條第1項第1款之逕行搜索，學者認應限縮於司法警察持法官簽發之拘票方得爲之。蓋法官本有核發搜索票之權力，至若持檢察官簽發之拘票則不得爲上開逕行搜索，否則即有以拘票取代搜索票而規避搜索令狀審查之嫌，違背法治國原則。

三、一目瞭然原則

又依學說見解，司法警察爲無令狀搜索扣押時，尚應依循一目瞭然原則，茲就該原則之定義與要件分述如下：

(一) 定義

警方於合法搜索時，落入警方目視範圍之違禁物、證據，可無令狀搜索。此亦適用於

附帶扣押（第137條）及另案扣押（第152條）。

(二) 要件

1. 因合法搜索、拘提、其他合法行爲，而發現應扣押之物。
2. 有相當理由相信所扣押之物係證據、違禁物（立即、明顯、直接）。
3. 限令狀所載應扣押物發現前，若發現標的物後即不得再行無令狀搜索。

四、結論

承前所論，本題司法警察甲若係持法官簽發之拘票並符合第131條第1項第1款逕行搜索或符合第131條之1之同意搜索之規定進入乙宅，且拘捕後之搜索扣押程序亦符依上揭一目瞭然原則之內涵或拘捕時爲合法附帶搜索，則此項另案附帶扣押即屬合法。

注釋資料：王兆鵬，路檢盤查與人權，頁64-86以下；同氏著，當事人進行主義之刑事訴訟，頁85以下。

相關試題

檢察官認定甲有販賣毒品之重大嫌疑，且有事實足認其有逃亡之虞，乃簽發拘票拘提甲。警察持拘票至甲宅執行拘提，敲門後無人應門，即破門而入。在搜尋甲之過程中，發現浴室地板上有手槍一把，即扣押之；在冰箱上層之冷凍室發現五百公克海洛因，亦扣押之。請分析各證據取得之合法性。

考點提示：

一、執行逕行拘提時，得依刑事訴訟法第131條第1項第1款之規定，進入被拘提人之住宅爲急迫性逕行搜索。

二、合法進入住宅搜索拘提時，在合理搜尋被拘提人之範圍內，得爲本案或另案之附帶扣押。浴室屬於搜尋被拘提人之合理範圍，故發現之地板上手槍一把得爲另案附帶扣押（相對於販賣毒品案件，違法持有手槍屬於另案），自得爲證據；至冰箱之冷凍室顯非得躲藏被拘提人之處，是以該搜索已違反合理目的之適合性範圍，該違被比例原則之違法搜索所扣得之物，應由法院依本法第131條第4項之規定，審酌人權保障與公共利益之均衡維護，權衡裁量其證據能力。

相關試題

甲涉嫌僞造貨幣，司法警察持搜索票前往甲的住處搜索。在甲的住處，除搜得僞幣的半成品與印製材料之外，並意外發現甲基安非他命一公斤。此外，司法警察在書桌抽屜裡發現甲涉嫌恐嚇取財之信件多封。試問：針對搜索票所未記載的甲基安非他命與信件，司法警察得否一併扣押？有無證據能力？（100法制）

考點提示：

一、一目瞭然，原則之三要件：

(一) 因合法搜索、拘提、其他合法行爲，而發現應扣押之物。

(二) 有相當理由相信所扣押之物係證據或違禁物（立即、明顯、直接）。

(三) 限令狀所載應扣押物發現前，若發現標的物後即不得再行無令狀搜索，否則違反比例原則之適合性。

二、另案附帶扣押（本法第152條）。

警員甲既未持有搜索票，也未持有拘票，不顧乙的反對，即侵入乙宅搜索，並將丙制伏搜身扭送警局法辦。問：依現行刑事訴訟法的規定，在如何的情況下，甲之所作所為仍屬合法？（94律師）

解碼關鍵

無令狀之附帶、急迫、同意搜索&拘捕之合法要件。

擬答一

一、無令狀搜索

按搜索乃屬對人民之財產權與隱私權等基本權利所爲限制干預之強制處分，依刑事訴訟法第128條第3項之規定，原則上須由法官簽發搜索票爲之，此即法官保留之令狀主義，惟基於偵查犯罪時效性之急迫因素或其他考量（如權利人之同意性），本法亦於具備法定條件下，例外容許無令狀之搜索，此法定條件之具備與否，仍應由有權之法官爲判斷，以符憲法第8條與第23條之要求。

(一) **附帶搜索**：依本法第130條規定：「檢察官、檢察事務官、司法警察官或司法警察逮捕被告、犯罪嫌疑人或執行拘提、羈押時，雖無搜索票，得逕行搜索其身體、隨身攜帶之物件、所使用之交通工具及其立即可觸及之處所。」其立法目的乃在保障執行拘捕、羈押處分之公務員之人身安全，避免被處分人以隨身或可立即觸及處所預藏之危險武器之攻擊，是以欲爲此項附帶搜索即需以客觀情狀顯現有安全威脅爲前提，且搜索之標的亦限於危險器具。另學者亦認倘僅爲取得或保全證據則亦屬之。

(二) **急迫搜索**：依本法第131條第1、2項之規定，又可區分爲對犯罪者之逕行搜索與對證據之緊急搜索，茲說明如下：

1. 不論依第131條第1項之逕行搜索，抑或第88條之1第3項（準用第131條第1項）爲緊急拘捕而搜索，搜索標的僅限人而不包含其他證據，欲搜索範圍則限住宅處所，不可對身體物件爲之（因不可能藏人）。

2.依第131條第1項第1款依進入住宅爲通緝犯逮捕或緊急拘捕，學者認應具備之要件有：

(1)犯罪嚴重性。

(2)合理懷疑嫌犯攜帶兇器。

(3)有明顯相當理由相信嫌犯確實涉案。

(4)有強烈理由相信嫌犯在建物內。

(6)若不立即逮捕，嫌犯極可能逃逸。

3.依第131條第1項第2款爲現行犯或脫逃犯之追躡逮捕，學者認應區分熱追緝或溫追緝，而有不同之要件：

(1)熱追緝（自犯罪現場立即持續追緝）要件：

①有相當理由相信犯罪之發生，且有相當理由相信嫌犯在某處所內。

②情況緊急不及聲請令狀。

(2)溫追緝（追緝行動距離犯罪時間過長）要件：

①嚴重（暴力）犯罪。

②嫌犯攜帶兇器。

③有明顯相當理由。

④有強烈理由相信嫌犯在建物內。

⑤若未立即逮捕，嫌犯可能逃跑。

⑥警察和平進入。

4.第1項第3款有明顯事實足信有人在內犯罪而情形急迫者。

(三) **同意搜索**：依本法第131條之1規定：「搜索，經受搜索人出於自願性同意者，得不使用搜索票。但執行人員應出示證件，並將其同意之意旨記載於筆錄。」

二、結論

本題雖未經乙同意而無令狀且無拘票進入乙宅搜索，倘符合上揭本法第131條第1項所列各款情形，仍屬合法。又丙符合現行犯或準現行犯之要件時，亦得爲合法逮捕，而於逮捕時並可於法定範圍內爲附帶搜索。

擬答二

一、國家司法機關任何干預限制人民憲法基本權之強制作爲均屬強制處分，爲確保強制處分之發動與實施皆得遵循法治國原則之要求，刑事訴訟法（下簡稱本法）乃設置令狀審查制度，惟基於偵查時效性與權利同意性之考量，本法亦容許無令狀處分之例外，然實施後仍應得令狀審查機關之監督（如緊急拘捕、急迫搜索）。

二、拘捕處分係對人民身體、自由之限制，搜索處分則對人民之隱私、人格、身體、財產與住居安全形成干預，本法於此亦以令狀主義爲原則，惟本於上揭說明，另規定有如下之例外：

(一) 無拘票之拘捕：包括有通緝犯逮捕（以通緝書為據，無需拘票，第85條）、現行犯逮捕（第88條），緊急拘捕（應於事後聲請核發拘票，檢察官不核發即應釋放被告，第88條之1）。

(二) 無搜索票之搜索：包括有附帶搜索（以確保執法安全並防證據湮滅為目的範圍，第130條）、急迫之逕行搜索（以進入住宅拘捕為目的，第131條第1項）、急迫之緊急拘捕（以緊急保全證據為目的，第131條第2項）、同意搜索（限自願性明示同意，第131條之1）。

三、本題警員甲雖未經乙同意，惟如係為緊急拘捕或逮捕通緝犯或追躡逮捕現行犯丙，則得依本法第131條第1項第1、2款進入乙宅搜索、拘捕丙，並得於拘捕時附帶搜索丙之身體，以保障自身安全並防丙湮滅證據，甲之實施程序即屬合法。如若不服前揭情形而為違法拘捕、搜索，本於正當法律程序之要求，法院或檢察官應即釋放丙，並得於審判時依證據排除法則宣告其扣得之物無證據能力。

注釋資料：同上揭例題29。

相關試題

> 甲涉嫌販毒，經合法傳喚無正當理由不到場，檢察官簽發拘票拘提之。警察持此拘票至甲宅執行拘提，敲門後無人應門，警察有相當事實基礎認為甲躲藏在內，於是請鎖匠開門，於進入後在客廳內發現鴉片，警察於是扣押之，但未發現甲，檢察官起訴甲違反毒品危害防治條例。在審判中，甲屢傳不到，法官簽發拘票拘提甲，法警知道甲常在其未婚妻乙之家中出入，乃逕至乙宅拘提。其敲門但無回應，但因有相當事實顯示甲躲藏在內，警察於是破門而入，進入後在搜尋甲之過程中，於浴室內發現屬於甲之海洛因。請分析本案之證據。（91台大）

考題提示：

持檢察官拘票不得為第131條第1項第1款之逕行搜索，須持法官拘票方可，惟仍限對被拘提人之住宅處所，對第三人仍不可。另一目瞭然原則之適用須以合法拘提或搜索為前提。

相關試題

> 司法警察甲因乙涉嫌販毒，持搜索票前往乙家進行搜索毒品，意外發現有槍枝兩把。甲除為扣押毒品外，應否對於槍枝，亦予以扣押？（97政風）

考點提示：

一目瞭然原則應以搜索標的物搜得扣押前，落入執法人員目視範圍內者為限，方得為本法第152條之另案附帶扣押。

例題31

甲涉嫌犯毒品、強盜二案，警察欲搜索甲家中以發現毒品、強盜二案之證據。某日警察至甲住處敲門，甲不在家。甲之妻乙開門警察表示甲涉及「毒品」案（警察未表明強盜案），欲前來搜索，乙僅有小學畢業，對於警察之來訪非常惶恐，但自認家中未藏有毒品，言：「可以」。警察在客廳中巡視，察覺沙發底下似藏有物品，取出後發現為嗎啡，乙非常惶恐，此時甲正好回來，警察將嗎啡拿給甲看問「這個是你的，對不對」，甲承認為其所有，警察於是逮捕甲，並搜索甲之身體，在口袋中發現安非他命五瓶，在口袋中之皮夾內發現100萬之支票一張，嗣後證明該支票為他人遺失之支票。警察又繼續搜索甲、乙之臥房，在臥房內發現名貴的珠寶項鍊，警察認為甲不可能有此名貴項鍊，將該項鍊提示與甲，問甲「這個項鍊是你搶來的，對不對」，甲點頭坦承不諱。請分析此案各相關證據在審判中之證據能力。

（98台大法研）

解碼關鍵

同意搜索以同意權人自願性同意爲要件；違法進入住宅所爲之拘捕亦違法；違法拘捕所爲之附帶搜索亦違法。

擬答

一、無令狀搜索

按搜索乃屬對人民之財產權與隱私權等基本權利所爲限制干預之強制處分，其發動與執行均應遵循法治國原則，尤其比例原則之適合性與必要性。依刑事訴訟法第128條第3項之規定，原則上須由法官簽發搜索票爲之，此即法官保留之令狀主義，惟基於偵查犯罪時效性之急迫因素或其他考量，本法亦於具備法定條件下，例外容許無令狀之搜索，茲分述其情形如下：

(一) **附帶搜索**：依本法第130條規定「檢察官、檢察事務官、司法警察官或司法警察逮捕被告、犯罪嫌疑人或執行拘提、羈押時，雖無搜索票，得逕行搜索其身體、隨身攜帶之物件、所使用之交通工具及其立即可觸及之處所」，其立法目的乃在保障執行拘捕、羈押處分之公務員之人身安全，並防止被拘捕人湮滅隨身證據。

(二) **急迫搜索**：依本法第131條第1、2項之規定，又可區分爲對犯罪者之逕行搜索與對證據之緊急搜索。其中第131條第1項第1款規定，司法警察雖無搜索票，如因逮捕被告（通緝犯）而有事實足認被告確實在內者，亦得逕行搜索住宅逮捕之。惟通說見解認爲此限於對被拘捕人之住宅始得爲之，否則無異使司法警察得藉拘捕被告爲名，任意進入全國人民之民宅而無限制。

(三) **同意搜索**：依本法第131條之1規定「搜索，經受搜索人出於自願性同意者，得不使用搜索票。但執行人員應出示證件，並將其同意之意旨記載於筆錄」。通說認爲，合法之同意搜索應具備：執行搜索人出示證件、告知被搜索人得拒絕同意無令狀搜索之權利、經有同意權人明示且自願性同意、將同意之旨載明搜索筆錄。又此同意權包含「兼具共通進入與共通使用權」之第三人或共同權限人之同意在內，配偶即屬之，惟仍應符合自由意志下之明示同意等要件。

二、本例證據能力之判斷

(一) 本例雖甲之配偶乙有搜索同意權，惟其並未自願性明示同意，且司法警察亦未踐行上揭同意搜索之程序要件，故所爲之無令狀同意搜索即屬違法，則因搜索扣得之毒品，乃違法扣押之物證。

(二) 司法警察既係違法進入甲之住宅，則對甲之逮捕亦不合法，而甲在違法拘捕下所爲之自白，通說認係於非自由意志下所爲之非任意性陳述，自無證據能力。又違法逮捕後，對被告甲身體所爲之附帶搜索亦不合法，因之司法警察自甲口袋扣得之安非他命與支票，均屬違法扣押之物證。

(三) 司法警察搜得毒品並逮捕甲後，進而搜索甲、乙之臥房，亦不符合附帶搜索限定可立即觸及之範圍（且該附帶搜索本屬違法），此外又無同意搜索（如前述）或急迫搜索之情形，故違法搜索扣得之珠寶亦屬違法物證。

(四) 違法之搜索扣押所取得之證據，應依本法第131條或第158條之4規定，由法院審酌人權保障與公共利益之均衡維護，權衡裁量以取捨其證據能力。

注釋資料：謝志鴻，月旦法學第165期，頁235以下；林鈺雄，搜索扣押注釋書，頁172以下。

相關試題

> 某日甲與朋友三人在張三所經營的餐館用餐，無意間甲碰撞到隔桌以A爲首的四人中一人；A乃與甲理論，過程中兩人話語不合，兩群人大打出手，多人掛彩。警方據報到達現場，欲將鬧事者帶回警局處理之際，甲不悅，心想曾向張三賒帳未還，一定是被張三藉機報復而出賣報案，因而於警察面前胡亂指摘說，張三的餐館三樓房間藏在槍與毒。警察頓時錯愕，二話不說直接衝往三樓搜扣，果眞如指摘內容，意外地起出制式手槍二枝、子彈五十發、安非他命五十公克；執行搜扣行爲後，警察也取得張三同意搜索的簽章。試問本案警察搜扣行爲合法否？所搜扣的槍、毒品有無證據能力？
>
> （101法制）

考點提示：

一、本例警察有無拘捕行爲雖題旨不明，但因搜索地點非當事人立即可觸及處所之範圍，故不符本法第130條附帶搜索。

二、本例未得檢察官指揮亦無本法第131條第1項所列各款情形，故亦不符同法第131條第

1、2項之急迫搜索。

三、本法第131條之1同意搜索須事先踐行告知義務並得明示自願同意，事後同意並不合法，故本例亦不符合規定。

例題32

銀行發生搶案，有現行犯當場被捕。偵訊時，現行犯供述，另有甲涉案，現場也採集到甲的指紋。檢察官可否搜索甲的住處？如果甲與父母同住，可否一併搜索甲父母的房間？如果搜索時發現甲的房間內有毒品一包，可否一併扣押？　(95政風)

解碼關鍵

進入住宅之無令狀搜索拘捕須符合逕行搜索或同意搜索之要件；同意搜索之範圍；附帶搜索與一目瞭然原則。

擬答

一、無令狀搜索

按搜索乃屬對人民之財產權與隱私權等基本權利所爲限制干預之強制處分，依刑事訴訟法第128條第3項之規定，原則上須由法官簽發搜索票爲之，此即法官保留之令狀主義，惟基於偵查犯罪時效性之急迫因素或其他考量，本法亦於具備法定條件下，例外容許無令狀之搜索，茲分述其情形如下：

(一) **附帶搜索**：依本法第130條規定「檢察官、檢察事務官、司法警察官或司法警察逮捕被告、犯罪嫌疑人或執行拘提、羈押時，雖無搜索票，得逕行搜索其身體、隨身攜帶之物件、所使用之交通工具及其立即可觸及之處所」，其立法目的乃在保障執行拘捕、羈押處分之公務員之人身安全，避免被處分人以隨身或可立即觸及處所預藏之危險武器之攻擊，是以欲爲此項附帶搜索則需以客觀情狀顯現有安全威脅爲前提，且搜索之標的亦限於危險器具。另學者亦認倘僅爲取得或保全證據則亦屬之。

(二) **急迫搜索**：依本法第131條第1、2項之規定，又可區分爲對犯罪者之逕行搜索與對證據之緊急搜索。

(三) **同意搜索**：依本法第131條之1規定「搜索，經受搜索人出於自願性同意者，得不使用搜索票。但執行人員應出示證件，並將其同意之意旨記載於筆錄」。

二、本題承辦檢察官得向法官聲請搜索票至甲住處為搜索（此時包含甲父母之房間）

若符合上揭急迫搜索或同意搜索之要件時，亦得無搜索票搜索甲之住處，前者倘有相當理由相信被告或應扣押之物在甲父母房間，亦得搜索之；後者，若甲父母自願性同意檢察官入渠等房間搜索，自亦得爲之（甲則無權同意檢察官進入父母房間搜索）。

三、另案附帶扣押

若上揭之搜索合法，因毒品係屬另案得扣押之物（得為證據且屬得為沒收之違禁物），依刑事訴訟法第152條之規定，執法人員得為另案附帶扣押，惟應注意者，此需以搜索合法為前提。

注釋資料：同前揭例題30、32。

例題33

警方接獲通緝犯甲藏身於某民宅的線報後，未聲請搜索票即進入該民宅欲逮捕甲。試問以下之毒品以及制式手槍可否做為法院認定犯罪事實之證據？

(一)進入該住宅後，警方在客廳沒有發現甲，但在客廳的電視櫃抽屜內找到毒品一包並扣押之。

(二)後警方在臥室衣櫥內發現甲並加以逮捕後，又在廚房櫃子內搜到制式手槍一把並扣押之。

解碼關鍵

無令狀進入住宅拘捕之合法依據為逕行搜索或同意搜索；附帶搜索之範圍；附帶扣押之一目瞭然原則。

擬答

一、無令狀搜索

按搜索乃屬對人民之財產權與隱私權等基本權利所為限制干預之強制處分，其發動與執行均應遵循法治國原則，尤其比例原則之適合性與必要性。依刑事訴訟法第128條第3項之規定，原則上須由法官簽發搜索票為之，此即法官保留之令狀主義，惟基於偵查犯罪時效性之急迫因素或其他考量，本法亦於具備法定條件下，例外容許無令狀之搜索，茲分述其情形如下：

(一) 附帶搜索：依本法第130條規定「檢察官、檢察事務官、司法警察官或司法警察逮捕被告、犯罪嫌疑人或執行拘提、羈押時，雖無搜索票，得逕行搜索其身體、隨身攜帶之物件、所使用之交通工具及其立即可觸及之處所」，其立法目的乃在保障執行拘捕、羈押處分之公務員之人身安全，並防止被拘捕人湮滅隨身證據。

(二) 急迫搜索：依本法第131條第1、2項之規定，又可區分為對犯罪者之逕行搜索與對證據之緊急搜索。其中第131條第1項第1款規定，司法警察雖無搜索票，如因逮捕被告（通緝犯）而有事實足認被告確實在內者，亦得逕行搜索住宅逮捕之。惟通說見解認為此限於對被拘捕人之住宅始得為之，否則無異使司法警察得藉拘捕被告為名，任意進入全國人民之民宅而無限制。

(三) **同意搜索**：依本法第131條之1規定「搜索，經受搜索人出於自願性同意者，得不使用搜索票。但執行人員應出示證件，並將其同意之意旨記載於筆錄」。通說認為，合法之同意搜索應具備：執行搜索人出示證件、告知被搜索人得拒絕同意無令狀搜索之權利、經有同意權人明示且自願性同意、將同意之旨載明搜索筆錄。

二、本例搜索扣押之合法性

(一) 承前所述，司法警察因逮捕通緝犯甲而無令狀進入某民宅搜索，如該宅為甲之住居所，即屬合法，反之即為違法搜索。

(二) 強制處分之發動與實施應符合比例原則之適合性（即合理目的），本例司法警察既在搜索逮捕通緝犯，則電視櫃抽屜即無可能藏匿通緝犯，對之為搜索並未得達成搜捕之目的，因欠缺適合性，該毒品乃屬違法搜索扣押。

(三) 逮捕通緝犯後依法得為同法第130條之附帶搜索，惟附帶搜索僅限於被逮捕人之身體、隨身攜帶物件與立即可觸及之處所或交通工具。本例在臥室逮捕甲，卻於廚房櫥櫃搜索扣押手槍，顯非合理範圍，故亦屬違法搜索扣押。

(四) 違法之搜索扣押所取得之證據，應依本法第131條或第158條之4規定，由法院權衡裁量以取捨其證據能力。

注釋資料：同前揭例題30、32。

例題34

檢察官因接獲線報，得知其轄區內鄉長甲為特定候選人買票，並收賄款5,000元。經證實消息可靠後，遂於當晚十時許簽發指揮書，命警察多人前往甲宅進行搜索。員警進門後，立即翻箱倒櫃，大肆搜尋，卻查無買票名單、帳冊或賄款。甲雖於現場一再否認有買票行為，仍被強制載往地檢署接受檢察官偵訊，隔日即被提起公訴。試問：檢警之偵查是否合法？

解碼關鍵

緊急搜索之合法要件；強制載往地檢署屬於拘捕處分；夜間搜索&詢問之禁止與例外。

擬答

一、無令狀強制處分

按國家司法機關任何干預限制人民憲法基本權之強制作為均屬強制處分，為確保強制處分之發動與實施皆得遵循法治國原則之要求，刑事訴訟法（下簡稱本法）乃設置令狀審查制度，惟基於偵查時效性與權利同意性之考量，本法亦容許無令狀處分之例外，然實施後仍應得令狀審查機關之監督（如緊急拘捕、急迫搜索）。又拘捕處分係對人民之身體與自由所為之限制，搜索處分則係係對人民之隱私、人格、身體、財產與住居安全所形成之干預侵害，本法於此亦以令狀主義為原則，惟本於上揭說明，另規定有如下之例外：

(一) 無令狀搜索

1. 附帶搜索：以確保執法安全並防證據湮滅為目的範圍，乃於實行拘捕之時或隨後為之（第130條）。
2. 急迫之逕行搜索：以進入住宅拘捕被告為目的（第131條第1項）。
3. 急迫之緊急搜索：以緊急保全證據為目的，故需以證據於二十四小時內有偽造、變造、湮滅或礙難使用為要件，且須由檢察官或得其同意方得為之（第131條第2項）。
4. 同意搜索：限被搜索人或同意權人自願性明示同意，並經載明筆錄（第131條之1）。

(二) 無拘票之拘捕

1. 通緝犯逮捕：以通緝書為據，無需拘票（第85條）。
2. 現行犯逮捕：是否為現行犯應以客觀明確事證為認定（第88條）。
3. 緊急拘捕：須具備法定事由並有急迫而不及報告檢察官之情形，且應於事後聲請核發拘票，檢察官不核發即應釋放被告（第88條之1）。

二、搜索程序之合法性

(一) 無令狀搜索：次按選舉賄選案件，其證據之搜集保全與犯罪之調查向來具有急迫性，如獲線報非即時為之，相關之賄款可能已行發放且選舉人名冊亦遭銷毀。本題之無令狀搜索之標的顯係相關賄選物證，因未徵得被搜索人之同意，故核其所得為之依據應為急迫之緊急搜索，而此搜索依法僅限於檢察官實施或指揮偵查輔助機關執行，執行時應告知逕行搜索之理由等事項，並載明於筆錄，並應具有急迫性要件，確有「相當理由」認為情況急迫來不及向該管法院聲請核發搜索票為限。所謂「相當理由」，應依當時情況是否急迫、犯罪證據是否存在、是否有立即實施搜索之確實必要等情審慎衡量判斷之，亦即檢察官依本法第131條第2項為逕行搜索時，應以具有相當理由顯示其情況急迫，且如不實施搜索，證據在二十四小時內有遭偽造、變造、湮滅或隱匿之危險情形，而無法即時向法院聲請搜索票者為限。至有無相當理由，應於搜索後呈報法院審查之，如未於三日內陳報法院，即違反本法第131條之規定而非屬合法搜索。本題應符合急迫之緊急搜索之要件，然仍須視搜索後有無踐行向法院呈報之程序而定其合法性。

(二) 夜間搜索：復按刑事訴訟法本於人權保障之貫徹，原則禁止司法機關於夜間對有人住居或看守之住宅或其他處所實施搜索或扣押。然若下列情形時則得例外為之：

1. 第146條第1項但書規定經住居人、看守人或可為其代表之人承諾或有急迫之情形者。所稱「急迫情形」，指具有時間上之急迫性，如受拘捕人可能逃匿或證物可能藏匿或湮滅者而言。同條第3項，日間已開始搜索或扣押者，得繼續至夜間；第147條所規定之假釋人住居或使用者、旅店飲食店或其他於夜間公眾可以出入之處所，仍在公開時間內者以及常用爲賭博、妨害性自主或妨害風化之行爲者。

2.除上開法律規定外，學者認爲如經搜索令狀審查法官認定具有適合性與必要性，同意夜間搜索並載明搜索票者，自亦得爲之。

本題案例情形既認爲符合急迫之緊急搜索之要件，偵查機關自得以急迫情形爲夜間搜索之合法依據。

三、拘捕訊問程序之合法性

末按本題司法警察於實施搜索後雖無拘票仍強制載甲至地檢署偵訊，即屬對甲之人身自由之無令狀拘捕強制處分，自未符合本法第75條一般拘提、第76條逕行拘提之規定，且甲亦非通緝犯，搜索程序中亦未搜得任何賄選事證，自不屬現行犯，且可據此認定無本法第88條之1緊急拘捕之必要性，因之足認偵查機關對甲之拘捕違法。至檢察官於夜間訊問被告甲部分，因本法第100條之3夜間詢問之禁止係對司法警察而言，檢察官之夜間訊問仍得爲之，惟偵查機關對甲之拘捕既屬非法，其後對甲實施訊問縱取得其自白或不利供述，依學者見解以欠缺自由意志之任意性，援引毒樹果實理論而認不具證據能力。

注釋資料：例解刑事訴訟法「體系釋義版」第十二章之焦點「司法警察（官）夜間詢問取得之自白或不利陳述，得爲證據者（具證據能力）」；另同前揭例題18、26。

相關試題

警員張三在台北縣烏來鄉山區某工寮，當場查獲犯罪嫌疑人甲竊取自中華電信機房之分離式冷氣機，因爲該機房先前已有多次失竊冷氣機之情形，警員乃於同日，前往犯罪嫌疑人甲位於台北縣新店市之住處搜索其他失竊之贓物。試問警員之搜索是否合法？（99基警）

考點提示：

此類題型乃強制處分（尤其是搜索處分）考題中最常見之題型，解題方向係以現行法規定之各種合法搜索規定逐一檢驗本例司法警察搜索行爲之合法性。

一、令狀搜索：本例司法警察並未聲請搜索票。

二、附帶搜索：本例並非於拘捕被告之同時爲搜索行爲，且搜索處所已非被告所得立即觸及。

三、同意搜索：本例未得被告明示自願性同意。

四、急迫搜索之逕行搜索：本例非屬進入住宅拘捕被告。

五、急迫搜索之緊急搜索：本例雖屬保全證據之對物搜索，惟被告既經逮捕，其住處內之贓物或證物即無立即湮滅之虞，換言之，司法警察應有充裕時間聲請搜索票爲之。

六、綜上所陳，本例搜索違法，應由法院依刑事訴訟法第131條第4項或第158條之4權衡裁量扣押物之證據能力。

例題35

某甲為被告某乙竊盜案件之偵查中辯護人，某日甲律師因不滿檢察官之訊問態度不佳，於庭訊結束後，遂偕同某乙共同召開記者會，指摘檢察官出言恐嚇被告自白，並將檢察官訊問之內容作成筆記提供A報記者刊登。檢察官認為甲涉嫌洩漏偵查秘密，乃分案偵辦其刑事責任。試問：

(一)對於被告某乙涉嫌竊盜之案件，檢察官依據刑事訴訟法之規定，得對甲律師採取何措施？甲律師得為何種主張？

(二)對於甲律師涉嫌洩密之案件，檢察官請A報記者提供甲律師交付之偵訊內容筆記，惟A報記者否認持有該筆記。檢察官遂打算搜索甲律師及A報記者之辦公室及住宅。則檢察官於向法院聲請搜索票時，就上開不同對象及處所之搜索，其應具備之條件有何不同？試從刑事訴訟法之相關規定申論之。

解碼關鍵

偵查不公開之目的非限制辯護人之在場權；對律師與媒體之搜索扣押權應區分不同情形判斷其合法性。

擬答

一、偵查不公開與辯護人之在場權

按依刑事訴訟法（下簡稱本法）第245條規定：「偵查，不公開之。被告或犯罪嫌疑人之辯護人，得於檢察官、檢察事務官、司法警察官或司法警察訊問該被告或犯罪嫌疑人時在場，並得陳述意見。但有事實足認其在場有妨害國家機密或有湮滅、僞造、變造證據或勾串共犯或證人或妨害他人名譽之虞，或其行爲不當足以影響偵查秩序者，得限制或禁止之。檢察官、檢察事務官、司法警察官、司法警察、辯護人、告訴代理人或其他於偵查程序依法執行職務之人員，除依法令或爲維護公共利益或保護合法權益有必要者外，不得公開揭露偵查中因執行職務知悉之事項。」此條規定之目的，除避免偵查內容以確保偵查程序之順利進行，並本於無罪推定原則以維護被告名譽及保障關係人（告訴人或證人等）之安全，同時亦兼顧被告本於憲法第8條正當法律程序與第16條訴訟防權中之辯護權（辯護人在場權自屬辯護權之內涵）。

二、檢察官之措施與辯護人之主張

本件偵查檢察官如認爲律師甲洩漏偵查程序之訊問內容，提供A報記者刊登，有違偵查不公開規定，除得追訴其刑法洩密罪外，並得依上開規定限制或禁止律師甲於檢察官訊問被告時在場。至被告乙之辯護人律師甲得主張其召開記者會揭露「檢察官恐嚇被告自白」係爲保護被告乙不受不正訊問方法對待之合法權益，且若律師甲認爲檢察官採取之上揭措施違法侵害其辯護權，學者主張依現行刑事訴訟法，被告羈押階段的接見通信等遭違法禁止或扣押者，得循抗告或準抗告救濟（本法第404條、第416條第1項），然非羈押階段之違法限制接見通信（第34條但書），卻無抗告等救濟途徑，因而有必要儘速修正本法第404條及第416條之規定，將限制接見通信及偵訊時在場權之處分列為得聲明不服請求救濟的範圍，故律師甲應得類推適用本法第404條與第416條第1項之規定，提起準抗告以資救濟。

三、對律師與媒體之搜索扣押權

(一) 對律師之搜索扣押權

學者主張律師因業務上知悉之秘密或製作之文件，此涉及辯護人與被告間之信賴關係，依本法第182條之規定本有拒絕證言權，偵查機關自不得對之為搜索扣押，如被告向辯護人坦承犯罪事實所作成之文書紀錄，應不得為搜索扣押之客體，否則亦將侵害被告之辯護依賴權。本件律師甲涉及刑法洩密罪，故搜索票審查法官仍得以此核發搜索票，惟搜索範圍及應扣押物僅以甲洩密罪為限，不得藉故搜索扣押竊盜案被告乙之辯護資料，否則即有侵犯被告乙之訴訟防禦權之虞。

(二) 對新聞媒體之搜索扣押權

刑事訴訟法雖未賦予新聞媒體拒絕證言權，然學者主張新聞自由為民主社會之重要基石，保障記者與資訊來源之私密溝通又是新聞自由之重要環節；新聞媒體非政府偵查輔助機關，為保護新聞媒體獨立性，免除新聞媒體從業人員因努力發掘眞相，而須時常到法庭作證之困擾，應在新聞自由及司法利益之間取得均衡。因此對於新聞媒體從業人員因業務知悉應秘密之事項，例如記者允諾秘密線民保證不洩漏其身分或消息來源而取得揭露政府機關弊端之訊息，原則上不宜傳喚其作證。但執法機關於無其他可行方式取得該訊息、且有重大司法利益時，權衡新聞自由及司法正義的需要，應可強迫記者作證。亦即對新聞媒體之搜索扣押應就下列情形判斷：

1. 拒絕證言權：如媒體消息來源得自特定人，此人信賴媒體不會揭露來源，則媒體享有拒絕證言權，即不成為搜索對象；惟若係其自行採訪所得，自無拒絕證言權。亦有學者主張如係媒體記者於業務製作之文件，且有相當理由認屬犯罪關聯之文件，則得扣押之。
2. 比例原則：倘得以其他方式取得之證據資料，即不應逕以對媒體搜索或扣押，例如可先請交付。本件搜索票審查法官應，衡量公共利益與新聞自由維護以為認定。

注釋資料：王兆鵬，刑事訴訟講義，頁135以下；同氏著，路檢盤查與人權，頁30以下。

例題36

調查單位偵辦一件賭博電玩案件時，懷疑有公務員涉嫌索取賄款包庇違法情事，經過初步蒐證確實有貪瀆之情形，經向承辦檢察官報告，認有必要進一步取得相關物證，因此規劃至涉嫌人相關處所搜索，請問：

(一)如何依法進行搜索？

(二)假設涉嫌之公務員聞聲匆忙利用晚上至辦公室擬銷毀相關事證，辦案人員察覺有異，立即陳報承辦檢察官，請問依法有何處理方式？

(三)處理前及處理後應特別注意踐行何程序？　（100檢事官）

解碼關鍵

執行緊急搜索與夜間搜索之合法要件&應依循之法定程序&比例原則。

擬答

一、搜索之法定程式

搜索扣押乃侵犯憲法保障人民之財產、名譽、隱私、住居安全等權利之強制處分，故其發動與執行程序，原則上應由司法機關審查並監督。故刑事訴訟法（以下稱本法）第128條之1第1項規定，偵查中檢察官認有搜索之必要者，除第131條第2項所定情形外，應以書面記載第128條第2項各款之事項，並敘述理由，聲請該管法院核發搜索票。第128條之1第2項規定，司法警察官因調查犯罪嫌疑人犯罪情形及蒐集證據，認有搜索之必要時，得依同條第1項規定，報請檢察官許可後，向該管法院聲請核發搜索票。

本例檢調單位如欲至涉嫌人相關處所搜索物證，即應依上述規定爲之。

二、緊急搜索與夜間搜索之要件與程式

(一) 爲保全證據以發現眞實，維護公共利益與公平正義，本法於令狀主義之外，容許特定條件下之無令狀搜索。依本法第131條第2項規定，檢察官於偵查中確有相當理由認爲情況急迫，非迅速搜索，二十四小時內證據有僞造、變造、湮滅或隱匿之虞者，得逕行搜索，或指揮檢察事務官、司法警察官或司法警察執行搜索，並層報檢察長。此係爲了避免證據在二十四小時內遭到僞造、變造、湮滅或隱匿，故本法規定檢察官得以未經法院簽發搜索票便進行搜索，以保全重要證據。

(二) 此外，本法第146條第1項本文雖規定，有人住居或看守之住宅或其他處所，不得於夜間入內搜索或扣押。但有急迫之情形者，不在此限。此急迫情形乃指重罪、緊急性、必要性與適合性。

(三) 本例涉嫌人至公務辦公室銷毀事證，縱該公務機關有人看守，仍可認符合上述緊急與急迫之要件，而得於夜間對該處發動緊急搜索。但因涉嫌人爲公務員，仍應注意本法第126、149條關於公務機關搜索扣押之規定。

三、處理前後應特別注意踐行之程序

(一) 處理前：令狀搜索部分，司法警察應報請檢察官許可，由檢察官以書面記載本法第128條第2項各款事由並敘述理由，向法院聲請。至緊急搜索部分，司法警察官應得檢察官指揮，檢察官並應層報檢察長。

(二) 處理後：令狀搜索部分，執行後應將搜索票交還法官（第128條第2項第4款）。緊急搜索部分，司法警察官應於實施後三日內報告該管檢察官及法院；檢察官亦應於實施後三日內報告法院。

注釋資料：例解刑事訴訟法「體系釋義版」第十一章之「搜索體系表」；刑事訴訟法第128、131、146條。

例題37

王姓警察為蒐集毒梟甲製毒或販毒的事證（如製毒工廠地點），見甲將汽車停在路旁下車購物，遂將無線電發射器，裝置在該汽車上，試問，其裝置行為是否合法？（99檢事官）

解碼關鍵

搜索之涵義在於對人民隱私、財產之侵犯性；高科技搜索之態樣與定義。

擬答

一、偵查行為

強制處分乃屬國家公權力機關對於人民憲法基本權之干預與限制性作爲，原則上該處分行爲之實施前應接受司法審查以符合令狀主義之要求，如對人民之隱私、財產、名譽有所妨害之搜索扣押處分；惟如任意性偵查行爲，無論偵查機關（檢察官）或偵查輔助機關（檢察事務官、司法警察官、司法警察），因未直接對人民基本權形成侵害，故原則上均得視個案需求而自行爲之。

二、搜索之定義

學者認爲「搜索」不應定義爲「搜查檢索」或「搜尋探索」行爲，而應依以下的標準判斷：

(一) 政府物理侵入法律所保護之區域，構成搜索行爲，依刑事訴訟法第122條，法律所保護之區域爲「身體、物件、電磁紀錄及住宅或其他處所」。例如政府將針孔攝影機自門縫中穿入，得知被告空屋內有毒品（因爲不是通訊，不受通訊保障及監察法之保護），若以是否構成「搜查檢索」或「搜尋探索」爲判斷標準，將造成極爲分歧或爭議的結果。反之，以物理侵入的方式爲判斷標準，得極輕易、極一致認定爲構成搜索行爲。

(二) 政府雖無物理侵入行爲，如侵犯人民隱私權，亦構成搜索行爲。例如以熱顯像儀掃描屋內人民的行動狀況，雖無物理侵入行爲，但顯示人民生活的私密細節（熱顯像儀得顯示夫妻在臥室內的親熱動作），構成搜索行爲。反之，若政府未物理侵入法律所保護之區域，亦未侵犯人民的隱私權，則不構成搜索行爲。例如偵查機關爲偵查組織犯罪，在嫌疑犯「住宅外」，對出入之人以高倍照相機照相存檔，因爲未物理侵入住宅，且未侵犯嫌疑犯之私權，不構成搜索，無須事先向法院聲請搜索票，且得無相當理由爲之。又如電波追蹤，如在公共場所追蹤不需搜索票，但在私人處所則需搜索票爲之。依學者上述搜索之定義與判斷標準，認定侵犯隱私權的高科技偵查行爲構成搜索，並非宣告政府不得使用新科技，只是要求其在實施前，必須具備實質要件與形式要件。如同其他的搜索行爲，偵查機關在具備實質理由後，得依刑事訴訟法第128條向法院聲請搜索票。若情況急迫，得依刑事訴訟法第131條規定，以高科技實施緊急搜索。從另一個角度觀察，當偵查機關具備實質要件而聲請搜索票時，法院「必須」發給搜索票；如具備實質理由，且有急迫情況而緊急實施時，法院事後「不得」撤銷高科技的偵查行爲。

三、結論

綜上所述，本例司法警察於人民之私用汽車裝置無線電發射器之行爲，其性質應視追蹤範圍而定，若於公用道路或公共場所，則屬任意性偵查，僅需得其長官（警察局長）同意即可；但若追蹤進入私人住宅，即屬對個人合理隱私期待範圍之窺探，而具搜索性質，除有急迫情形符合無令狀搜索之規定外，原則上應取得法官簽發之搜索票方得爲之。

注釋資料：王兆鵬，新刑訴新思維，頁63以下。

警察實施臨檢盤查勤務之性質究屬單純行政權運作，抑或兼具刑事訴訟處分之特質，試就法治國原則之概念説明之。

解碼關鍵

大法官會議釋字第535號；臨檢盤查與刑事搜索之界限與法治國原則對人權之保障。

擬答

一、概念

警察參與社會治安工作，可分爲事前之危害預防和事後之犯罪偵查，前者如巡邏、守望、值班等屬行政權之運作，通常並未直接干預人民之基本權利，故毋庸特別由法律或法院加以約束；後者如逮捕、搜索、扣押等屬刑事偵查程序的一環，涉及基本權之干預應依法律保留原則，須有法律授權爲依據，並依法定程序爲之。在此二者之間亦存有灰色地帶，如警察爲前階段工作時，執行過程常因之干預人民基本權，而爲逮捕、搜索、扣押等行爲，此灰色地帶之警察勤務即是盤查。

二、盤查處分

綜上所陳，盤查乃是介於預防性與干預性，行政法（警察法）與刑事訴訟法之處分，典型之警察盤查可分爲攔阻（相對→逮捕）、盤詰（相對→偵訊）、檢視或檢查（相對→搜索），其他尚包括路檢臨檢及集體（掃蕩式）盤查等，其可謂結合了多種強制處分之干預性行爲，惟我國就此原僅有警察勤務條例，而無具體之授權、條件及程序之規定，因之易衍生警察借盤查之名規避法治國原則之限制拘束之情形，致有合憲與否之爭議。嗣於釋字第535號後則制定有警察職權行使法。

三、盤查之立法與執行

詳閱大法官會議釋字第535號解釋及警察職權行使法。

注釋資料：大法官釋字第535號；臨檢盤查與刑事搜索之界限與法治國原則對人權之保障。

相關試題

何謂盤查？「警察職權行使法」的規定與刑訴中的強制處分有何關係？大法官釋字第535號解釋如何看「盤查」？（94律檢）

考點提示：參見上揭例題38。

例題39

B為國稅局稅務員，利用查察該管稅區商家之機會，向商家店主Z表示，可助其調降營業額以逃稅，但Z需向B支付50萬元的「酬謝」。Z向B佯稱要一點時間考慮，並在B離去後旋即向警方報案。隔日，Z在承辦警員P的指示下，打電話給B佯裝商談酬謝支付的細節，並在B不知情底下將兩人的電談錄音，後把錄音帶交給P。案經檢察官偵查後，起訴B貪污罪名，並將該電談錄音帶作為對B不利之證據（案例基礎事實改編自：最高法院93年度台上字第2949號刑事判決）。

審判中，被告B之辯護人V抗辯電談錄音帶證據因違反下列規定而無證據能力：

(一)錄音帶中B對己不利之陳述，係警方以詐欺之不正訊問方法所取得，應禁止使用。

(二)警方取證程序，利用B的不知情而誘導其自證己罪，違反緘默權及告知義務之規定，故B對己不利陳述應禁止使用。

(三)警方違反「通訊保障暨監察法」規定，未依法事先聲請通訊監察書，乃違法監聽，所得之錄音帶證據應禁止使用。

(四)B與Z的電談內容屬於審判外陳述，乃傳聞證據，且因不符任何一種的例外規定，故不得作為有罪裁判之證據。

試分析以上V之四點抗辯有無理由。（95台大法研）

解碼關鍵

不正方法係以國家機關地位訊問爲前提；得通訊一方同意之無令狀監聽之合法性；電談錄音帶應以直接方法調查證據。

擬答

一、告知義務之踐行

通說認爲刑事訴訟法第98條與第156條之詐欺不正方法，乃被告面對司法公權力機關時，因處於不利之訴訟地位，爲確保其本於憲法第8條正當法律程序、第16條訴訟防禦權與不自證己罪原則之權利，故明定以司法機關地位訊問被告時有踐行告知義務並禁止詐欺不正方法之使用。惟若司法警察係隱藏偵查機關身分進行偵查手段，此乃發現眞實之合理且必要手段，即無詐欺不正方法之問，同時因非以公權力機關之地位進行訊問，故亦無告知義務踐行之適用。本例辯護人主張司法警察以詐欺偵查手段取得被告自白，且未於訊問前踐行告知義務等抗辯，違反不自證己罪與緘默權之規定，即無理由。此時另應考量誘捕偵查合法性，倘屬犯意誘發型（被告本無犯意），則爲陷害教唆而爲不法；如屬機會提供型（被告原具犯意），則爲釣魚偵查應爲合法。

二、得通訊一方同意之無令狀監聽之合法性

(一) 合法說

有學者認爲通訊監察法之目的在保障通訊當事人意志決定與形成自由狀態下之陳述權，使當事人雙方秘密通訊之隱私性得獲不受外界干預之保障，但於通訊雙方間即無秘密可言，易言之，倘經通訊一方同意時，憲法保障之秘密通訊狀態即不存在，故偵查人員經通訊一方同意進行之無令狀監聽，非屬不正方法取得自白，亦未違反告知義務之踐行，並不構成秘密通訊自由之干預，該通訊內容應具證據能力。

(二) 違法而有證據能力說

此說學者認爲受通訊監察法保護之通訊需具有「隱私或秘密之合理期待」者（通保法第3條第2項），如當事人間之通訊內容不具有隱私或秘密之合理期待，應認爲不具有權利之侵害性，則無秘密通訊保障之必要，縱然未事先取得通訊監察書，仍屬合法。而若當事人之間之通訊具有隱私或秘密之合理期待，如未事先取得通訊監察書，縱令具有當事人之一的同意，仍具有侵害性，但警察機關得援引通訊保障監察法第29條第3款之事由，主張監聽出於正當目的而阻卻刑事違法，但仍屬違法取證。

(三) 違法而無證據能力說

1. 實務見解對上述見解持相反意見，最高法院93年台上字第2949號判決認：通訊保障及監察法之得通訊一方同意可免責之規定，僅係基於衡平原則對於通訊一方之保護措施，非謂司法警察機關得藉此爲無令狀監聽，迴避通訊保障監察法之規範，故該監聽內容之證據能力有無，應依刑事訴訟法第158條之4規定權衡裁量。
2. 有學者基於如下理由亦持反對見解：
   (1) 通訊他方之隱私期待亦應予以保障：在對話進行的當時，當事人一方僅對於對話之他方放棄其對話內容的秘密性，建立在特殊信賴關係上，對於非對話之當事人，因欠缺此種信賴，無法認爲當事人亦對第三人放棄對話內容的秘密性。亦即當事人不論在主觀上或客觀上，對於非其所選定之對話者，仍有其對於隱私權不受干擾之期待。因此，對話內容秘密性的放棄，也僅存在已經對話之一

方與由其所選定之他方當事人之間。

(2) 當事人間「即時性」的對話應予保障：縱使對話的內容事後透過他方當事人加以洩漏而失去秘密性，此時失去秘密性的，並非當事人間的「即時性對話」本身，而是洩漏對話之他方當事人「依其記憶所建構的對話內容」，在範圍上，兩者仍有不同。

三、電談錄音帶之合法調查

B與Z之電談錄音帶，乃屬被索賄者與索賄被告兩人商談犯罪細節之原始證據，與傳聞證據無涉，爲本於直接審理主義，法院需將該電談原始錄音帶依本法第165條之1第2項之規定，於審判期日當庭以勘驗（影音）之證據方法，即以適當設備顯示錄音帶內容，使兩造當事人得對該電談錄音帶內容陳述意見，如被告抗辯錄音帶內容之交談者非其聲音，法院則進而將該錄音帶送交專業機構鑑定聲紋，如此即屬合法調查程序。

注釋資料：例解刑事訴訟法「體系釋義版」第十一章之焦點「得通訊一方同意之無令狀監聽」。

例題40

通訊保障監察法乃國家機關實施監聽處分之法律保留依據，試問甲司法警察對其偵辦中之某毒品案件，欲對嫌疑犯乙使用之電話掛線監聽，此際甲應踐行如何之法定程序其監聽方屬合法？又甲如認乙利用其私宅與其他嫌犯丙、丁密商私運毒品入境，可否潛入乙宅裝設竊聽設備實施監聽？甲於監聽過程中發現乙另涉某殺人案件，該監聽內容得否作為他罪（殺人案件）之證據？試分別說明之。

解碼關鍵

通訊監察之合法性要件&住居監聽之禁止。

擬答

一、通訊監察之涵義

通訊監察即所謂之監聽，爲限制、干預人民基本權利之強制處分，影響人民隱私及通訊自由權利甚鉅，故其發動與實施均應符合法治國原則之法律保留與比例原則，而通訊保障及監察法即其法律保留之依據。

二、通訊監察之要件

由於通訊監察與羈押同屬干涉人民基本權利最爲嚴重之處分，故二者所依據之法律均明文禁止無令狀處分之實施，亦即均採絕對令狀原則，縱係急迫情形實施緊急監聽，亦需於二十四小時內補發令狀（通保法第6條），該法明定通訊監察書（令狀）之核發，偵查中與審判中則均採法官保留原則，而依學者見解，令狀之核發應考量如下要件始得爲之：

(一) **重罪原則**：應採列舉規定並兼顧目的性與適當性，學者認本法容許範圍似失之過寬。

(二) **相關性原則**：有相當理由可信其通訊內容與本案有關。

(三) **補充性原則**：偵查中之特定案件已不能或難以其他方法蒐集或調查證據或有重大危險時，方得以監聽方式蒐證，此即最後手段原則。

(四) **一定期間原則**：令狀核發應明定限一定期間內實施，屆期倘有必要應再行聲請並重新審查。

(五) **犯罪嫌疑**：須有具體事證證明其犯罪嫌疑。

(六) **事後通知原則**：以書面通知受監察人，使其有救濟之機會。

三、住居竊聽之禁止

基於住居權利不可侵犯性，學者認國家機關侵入人民住居處所裝設竊聽設備實施私人談話之監聽乃係對住居平穩與隱私權益之雙重侵害，故本題甲自不得潛入乙宅裝設竊聽設備監聽乙丙丁之談話，通訊保障及監察法第13條第1項但書即明文禁止之。

四、結論

甲於監聽乙涉嫌販賣毒品案之過程中意外發現乙另涉某殺人案件，其監聽所得資料得否爲乙所另犯他案之證據，此即越案監聽合法性之問題，學者認應依執行監聽機關之善惡意、另案是否屬於通訊保障監察法所規定之重罪範圍、或是否屬於與本案監聽具關聯性之非重罪案件等因素而爲認定，如係依法監聽過程中隨機偶然獲得之資料，因對受監聽人之隱私權益之侵害未擴大，執行監聽機關亦無脫法行爲，則容許將該資料做爲他罪之證據使用；惟若係司法警察機關自始以監聽他案（殺人案件）爲目的，卻佯稱監聽本案（販賣毒品）而聲請核發通訊監察書，顯係惡意利用本案爲手段，其意在規避檢察官或法官對他案之審查，該監聽所得資料即不得作爲他案之證據。

（注意：通訊自由爲憲法保障之基本權利，對其限制應符合法律保留，故法律規定前之監聽即不合法；學者另有認，倘經通訊一方同意之違法監聽，其內容得爲證據。）

注釋資料：例解刑事訴訟法「體系釋義版」第七章之「通訊監察強制處分體系表」。

詳附理由解答以下與證據規定有關之問題：

(一)警察人員為偵辦甲所涉之擄人勒贖案件，但卻苦於無具體事證得以聲請監聽票以進行監聽。因而為方便計，警察人員乃利用甲持有槍砲罪之監聽票以監聽甲所涉之擄人贖案件。試問警察人員取得與擄人勒贖案件有關之監聽內容，在法律上之評價為何？

(二)依刑事訴訟法規定，證據調查程序中，檢察官如何落實其「舉證責任」？

解碼關鍵

通訊保障及監察法最新修正之相關規定。

擬答

一、案例一

(一) 通訊監察（監聽）之要件

按通訊監察乃限制干預人民通訊自由與隱私基本權利之強制處分，其偵審程序中之發動實施係採令狀主義由法官爲司法審查，至此項令狀之核發，並應符合如下之要件：

1. 重罪原則：學者主張應採列舉規定並兼顧目的性與適當性。
2. 相關性原則：有相當理由可信其通訊內容與本案有關。
3. 補充原則：特定案件已不能或難以其他方法蒐集或調查證據或有重大危險者，始得以監聽方式爲之，此即最後手段性。
4. 一定期間原則：令狀核發應明定一定期間內實施，屆期倘有必要應重新聲請。
5. 犯罪嫌疑：有具體事證證明。

(二) 越案監聽之法律評價

司法警察人員實施監聽A案過程中，所取得B案犯罪資料之情形即屬越案監聽，該越案蒐集之證據資料可否爲B案之證據？依修正後通保法規定，若司法警察爲越案監聽之另案是屬於通訊保障監察法第5條所規定之重罪範圍且與本案監聽具關聯性者，例外得爲證據，否則該越案監聽之內容及其衍生之證據均無證據能力。

二、案例二

(一) 刑事審判程序之舉證責任：按本於法治國原則之無罪推定原則，被告未經審判證明有罪確定前，推定其爲無罪，刑事訴訟法第154條第1項亦定有明文，是故檢察官應舉證證明被告有罪至毫無合理懷疑之程度，方得推翻前揭被告無罪之推定，亦即檢察官於刑事審判程序中應肩負犯罪事實存否之舉證責任。

(二) 檢察官舉證責任之方法：至檢察官於審判程序中之舉證方法即爲蒞庭實行公訴以落實法庭活動，倘有違反而法院仍爲判決者，即屬本法第379條第8款之判決當然違背法令，茲將舉證方法之程序與內涵另分別列述如下：

1. 檢察官應於審判期日出庭（本法第280條）。
2. 陳述起訴要旨（本法第286條）。
3. 提出證據並聲請調查證據（本法第163條第1項）。
4. 詢問（本法第163條第1項）。
5. 詰問（本法第166條第1項）。
6. 辯論證據證明力（本法第288條之2）。
7. 事實與法律之辯論（本法第289條）。

注釋資料：例解刑事訴訟法「體系釋義版」第十一章之焦點「通訊保障及監察法之修法要點與評析」。

相關試題

司法警察以臨檢名義夜間進入酒店，要求酒店客人出示身分證件，員警並進入包廂，在某包廂內，偶然發現沙發底下有數包疑似毒品之不明粉末。警察查扣該物，且因包廂內之客人無人承認該不明粉末從何而來，因而皆被逮捕，強制帶到警局。試依刑事訴訟法說明警察行爲之合法性及警察查扣之物得否作爲證據？

考點提示：

一、依大法官會議第535號解釋：「除法律另有規定外，警察人員執行場所之臨檢勤務，應限於已發生危害或依客觀、合理判斷易生危害之處所、交通工具或公共場所爲之，且應遵守比例原則，不得逾越必要程度，臨檢前，應對在場者告以實施之事由及出示證件表明其爲執行人員之身分，始無悖於維護人權之憲法意旨。」本例之臨檢須符合前揭解釋之要件方屬合法。

二、依刑事訴訟法第88條規定，現行犯與準現行犯得逮捕之，惟本例雖發現數包疑似毒品之不明粉末，但尚無具體明確對象可認係現行犯或準現行犯，逕將全部客人逮捕違反比例原則且不符合現行犯逮捕之規定，故應認不合法。

三、無令狀搜索中，附帶搜索以合法拘捕爲前提，緊急搜索須受檢察官指揮，同意搜索須被搜索人明示自願同意。本例搜索皆不符上述規定，故嗣後之扣押自不合法。

相關試題

甲遭人檢舉販賣毒品海洛因，經警方初步查證屬實，因此向檢察官報告，由檢察官簽發拘票交由警方派員前往甲之住處逕行拘提到案，警方人員到達後，除立即壓制甲外，並對甲之身體及隨身皮包搜查，找出小包裝之毒品海洛因十五包；嗣由甲帶同警方人員進入其所居住之房間搜索，在床鋪下查出土製鋼管槍一枝及子彈四顆，予以扣押爲證。試問本案拘提、搜索、扣押是否均合法？請分別說明其理由。　（103警特）

考點提示：

一、刑事訴訟法第131條第1項第1款規定，執行拘提得爲無令狀之逕行搜索。實務見解多肯定包含司法警察執檢察官簽發之拘票所爲之拘提。然通說認爲如此將使檢察官以拘票代替搜索票而變相擁有搜索令狀核發權，故否定之。

二、檢察官對涉犯販賣第一級毒品之被告，得依刑事訴訟法第76條之規定，簽發拘票爲不經傳喚之逕行拘提。但因本件進入住宅之搜索已不合法，則此拘提亦然。

三、本法第130條規定之無令狀附帶搜索，係以前置之拘提、逮捕、羈押合法爲前提要件，本件拘提既不合法，則搜索與隨後之扣押亦均不合法。此外，本法第152條之另案附帶扣押亦須以合法搜索爲前提；然本件警方進入甲房間搜索並未符合同法第131條之1同意搜索之要件（出示證件、同意權人之明示任意性自願同意、載明筆錄），故本件之毒品與槍彈之扣押均不合法，應由法院依本法第158條之4權衡裁量其證據能力。

相關試題

司法警察甲持檢察官簽發之拘票前往拘提犯罪嫌疑人某乙，嗣發現某乙駕車搭載某丙在某處路口停等紅燈，遂將乙所駕駛汽車攔下，並命乙開啓車門，隨後甲即出示拘票，並對該汽車執行搜索，詎料於丙所坐之副駕駛座上，發現丙所隨身攜帶之背包內有殺傷力之制式手槍一支，遂將該支手槍扣押。請附理由回答：司法警察甲扣押上開手槍是否合法？（103廉政）

考點提示：

一、刑事訴訟法第130條附帶搜索之範圍，僅限於被合法拘捕者之身體、隨身攜帶之物件與其可立即觸及之場所（含交通工具）。換言之，拘捕身處汽車內之犯罪嫌疑人時，得無令狀附帶搜索之範圍僅限被拘捕者之身體、隨身物件和汽車內其可立即觸及範圍，而非整部汽車內之所有空間。

二、本例警察拘捕乙，卻搜索副駕駛座上丙之背包，除非該背包係乙可立即觸及之範圍，以防止證據湮滅或保障執法人員安全，否則該搜索扣押即不合法，應依本法第158條之4權衡裁量其證據能力。

相關試題

甲因涉嫌竊取某銀樓之金飾，經檢察官合法傳喚無正當理由不到場，檢察官遂簽發拘票，命司法警察乙執行拘提。當甲由工作場所走出，準備駕車離去時，乙即上前出示拘票並表明來意。當乙將甲解送至地檢署後，又返回甲停放車輛之地點，對車輛予以搜索，並在後行李箱中發現銀樓所失竊之金飾，乙遂將金飾予以扣押，試問：乙之搜索及扣押行爲是否合法？（103司法官）

考點提示：

一、刑事訴訟法第130條之附帶搜索僅以被拘捕者可立即觸及之範圍爲限，本例甲被解送地檢署後，警方始返回停車處搜索甲之車，不符本條規定。

二、本例甲既已被拘捕，則搜索甲車已無緊急必要性，蓋警方已能監控甲車，並向法院聲請搜索票，無證據被湮滅之虞。此外，本例搜索亦未得甲同意，故均不符同法第131條緊急搜索、第131條之1同意搜索之規定，是以乙之搜索扣押皆不合法，應由法院依同法第158條之4權衡裁量扣押物之證據能力。

相關試題

> 甲涉及多起重大經濟犯罪遭羈押，但甲對許多案情均拒絕回答，偵查陷於膠著。某日，警方借提甲至警局，並通知甲妻乙亦至警局，希望乙能勸甲說明案情，後警方藉故上廁所離開，甲見四下無人，遂偷偷告訴乙某個藏有鉅額不法所得的秘密人頭帳戶，囑乙想辦法處理。但警方早就在偵訊室桌底下裝設隱藏式竊聽器，這些談話都被錄下，並循線查獲該帳戶。試問，此錄下之談話以及查扣之帳戶資料可否作爲將來法院認定甲有罪之證據？（103司法官）

考點提示：

一、依通訊保障及監察法第3條規定，利用電信設備儲存、接受具有隱私或秘密之合理期待之通訊內容，應受該法保障，對之通訊監察即有該法之規範。再依同法第13條第1項規定，不得於私人住宅裝置竊聽器，其立法意旨亦在保護私人對話之隱私與秘密，故在本例之偵訊室內，無任何司法警察情況下，甲、乙夫妻之私密對話，亦屬合理隱私秘密之範圍，應受通保法保障。因之，本例警方裝設竊聽器而竊錄甲乙之對話，即屬違法取證，此以「不正方法」取得甲對乙陳述之「自白」內容，不論依通保法第18條或刑事訴訟法第156條第1項之規定，皆不得爲證據。

二、再依刑事訴訟法第158條之2第2項之規定，司法警察詢問犯罪嫌疑人若未踐行本法第95條第2、3款之規定，其取得之自白原則上不得爲證據。而本例警方採用竊聽器竊錄甲、乙於偵訊室之對話，應屬學說所稱之「功能訊問（實質已發動國家訊問權）」，故亦得依此認定甲之自白無證據能力。

三、爲澈底杜絕偵審機關以不正方法取得被告自白，毒樹果實理論放射性效力即認爲，偵查機關循不正方法所取得之自白內容所衍生之線索，再依法定程序（搜索）取得之物證，仍不得爲證據。故本例錄下之談話及查扣之帳戶資料均不得爲證據。

相關試題

> 民眾以電話向警局檢舉某護膚店從事色情按摩。警員P即佯裝民眾打電話去該店打探服務內容及收費情形，果然發現該店提供色情按摩服務。P將與該店店主甲電話通話內容予以秘密錄音。其後，P喬裝男客前往該店消費，由店主甲出面接待引領P進入包廂由乙女爲其服務。P以暗語詢問可否爲半套色情按摩，乙女表示對不認識的客人沒有此種服務。P再以高於市價行情兩倍之價碼請求乙女提供色情按摩，乙女終於答應，而於提供色情按摩服務時，當場被P查獲，P並查扣店內相關證物。甲被提起公訴。其後，法院採證警員P與被告甲電話通話之錄音內容及查扣之店內相關證物作爲甲有罪證據。試評論法院採證之合法性。（104律師）

考點提示：

一、得通訊一方同意之監聽，其合法性有不同見解，通說與實務多採肯定得爲證據之見解（參見例解刑事訴訟法「體系釋義版」第七章之焦點「得通訊一方同意之無令狀監聽」&最高法院101年台上第3287號）。

二、誘捕偵查中犯意誘發型係當然違法，因此取得之證據，應予強制排除；至於機會提供型（釣魚偵查），則應視偵查行爲有無逾越一定之法律界限而定（參見例解刑事訴訟法「體系釋義版」第九章之焦點「誘捕偵查適法性之探討」&最高法院99年台上第5202號）。

三、本例錄音內容應認合法；至於誘捕偵查部分，因乙女原已拒絕，係P警一再高價誘使犯罪，故P之偵查行爲違法，扣案證物由法院依本法第158條之4權衡其證據能力。

相關試題

警方經實施合法之通訊監察得知毒販甲與乙即將進行毒品交易。爲掌握毒犯甲之行蹤，警方在毒犯甲的汽車底盤裝置全球衛星定位系統（GPS）追蹤器，透過GPS追蹤器傳送的位置訊息，警方追蹤甲至乙住所車庫前之私人車道上。在甲進入乙住所不久後，警方在未聲請核發搜索票下，即進入房屋逮捕甲與扣押放置於餐桌上的毒品，問，警方裝置GPS行爲是否爲強制處分？逮捕甲與扣押毒品的行爲是否合法？

（104檢事官）

考點提示：

一、學者主張，GPS定位掌握被偵查對象之活動時間及地點，侵犯干涉個人自主控制之隱私範圍。

二、GPS定位追蹤如係在公共領域爲之，且定位時間較短，則可定位爲任意處分，唯仍需偵查機關長官之同意。但若定時間長達足以解析出被偵查者生活型態或社交活動類型，則已構成強制處分，應先聲請法院許可。

三、另詳見例解刑事訴訟法「體系釋義版」強制處分章之焦點說明。

相關試題

甲因施用毒品罪被判刑確定，因未到案執行而受通緝。警員A據線報得知甲在某地出現。A即刻趕往該地，果眞發現甲而予以逮捕。在警局，A懷疑甲另犯竊盜罪，因而欲對甲採取指紋，且以甲有煙毒前科，懷疑甲繼續施用毒品，欲對甲採尿以供檢驗。甲拒絕按捺指紋也拒絕接受採尿。A即以強制方法對甲按捺指紋，且強灌甲一大瓶礦泉水。不久，甲因腹脹受不了而欲解尿，A因而取得甲尿液。尿液經送檢驗，果眞有施用毒品反應。案經檢察官起訴，法院即依該尿液檢驗報告判甲施用毒品有罪。試問警員A按捺指紋及法院採證之合法性。 （104警特）

考點提示：

一、依刑事訴訟法第205條之2之規定，前段檢查處分在符合「必要性」條件時，得對經拘提或逮捕之被告或犯罪嫌疑人爲之，故本例採集指紋之處分合法。

二、至同條後段之侵入性（穿刺性處分）處分，則必須「有相當理由認爲得作爲犯罪證據」之要件，本例被告係因施用毒品案件遭通緝逮捕，依施用毒品者之慣癮性，堪認爲具有上述相當理由之要件。而得採集其尿液。另實務見解亦肯認司法警察得以命犯罪嫌疑人喝水、走動之方式，促其產生尿意（最高法院103年台上第447號判決）。

相關試題

A警偵辦甲涉嫌毒品犯罪，獲知其以部分贓款購買精品、名車，並提供不知情之女友乙使用。A警經向法官聲請搜索獲准後，持票前往乙女住所進行搜索。稍後，A警爲能釐清搜索過程扣案證物、比對說詞等，以證人的名義分別出示約談「通知書」、「傳票」，惟乙女悍然拒絕到案。另A警原預期有此情形，經提示檢察官開具「拘票」將其帶回，隨後偵訊乙女過程並無律師在場。試問A警前述約談過程蒐證保全之合法性？（107法警）

考點提示：

一、依刑事訴訟法規定，具有相當理由時，對第三人仍得爲搜索；本案例司法警察機關持法官核發之搜索票對乙爲搜索扣押，即屬合法。

二、通知書與傳票如有急迫情況，依法仍未必須於到場期日二十四小時前送達；本案例中如有急迫情況，基於發現眞實之公共利益，仍得同時出示通知書與傳票。惟司法警察將傳票與拘票同時出示，兩者於時間與空間上即未有相當間隔，已與刑事訴訟法第75條一般拘提之性質不符合，而相當於同法第76條之逕行拘提，然逕行拘提係以具有重大嫌疑之被告爲對象，本例乙則爲無犯罪嫌疑之證人，對其採行逕行拘提，自有違反正當法律程序之違法。

三、又因司法警察採行之逕行拘提係將乙以重大犯罪嫌疑之被告對待，本於正當法律程序之要求，警察機關詢問乙時，即應有律師在場陪同。

相關試題

檢察官告知到場接受訊問的甲下次應到場的日、時及處所，並強調其若不到場，將被拘提。告知的內容程序皆記明於筆錄。屆時甲並未到場，且無正當理由，檢察官遂簽發拘票。警察持檢察官簽發的拘票，前往甲的住所，聽見屋內有可能是甲說話的聲音傳出，於是破門而入。甲果然在內，故予以拘提。試問，甲的拘提是否合法？請附詳細理由說明之。（107高考）

考點提示：

一、刑事訴訟法第72條規定，對於到場之被告，經面告以下次應到之日、時、處所及如不到場得命拘提，並記明筆錄者，與已送達傳票有同一之效力；被告經以書狀陳明屆期到場者，亦同。據此，本案例之檢察官自得簽發拘票拘提被告甲。

二、另依本法第131條第1項第1款規定，有左列情形之一者，檢察官、檢察事務官、司法警察官或司法警察，雖無搜索票，得逕行搜索住宅或其他處所：一、因逮捕被告、犯罪嫌疑人或執行拘提、羈押，有事實足認被告或犯罪嫌疑人確實在內者。然有爭議者，若司法警察人員持檢察官簽發之拘票得否適用本規定而進入被告住宅爲無令狀搜索與拘捕？如採肯定說，本案例之司法警察持拘票進入甲宅拘捕被告甲即屬合法，然此似有容許檢察官以拘票架空法院之搜索審查權之嫌，故有學者持否定見解。

相關試題

司法警察調查犯罪案件，對於到案的犯罪嫌疑人，於警詢完畢後之處理方式。試回答下列問題：

(一) 犯罪嫌疑人到案的情形，分有「強制到案」及「自行到案」。試問二種不同到案的情形各爲何？

(二) 不同到案的情形，警詢完畢後，各應如何處理？ （106廉政）

考點提示：

一、司法警察調查犯罪案件時，犯罪嫌疑人到案之情形，如爲「強制到案」即指拘束人身自由之拘提或逮捕；至所謂「自行到案」，乃指司法警察機關依刑事訴訟法第71條之1通知犯罪嫌疑人而犯罪嫌疑人自行到司法警察機關接受詢問者。

二、拘提與逮捕均係於一定時期內拘束被告人身自由之強制處分，其目的乃在保全被告與證據；二者均應受憲法優位原則與比例原則之拘束。其種類分別如下：

(一) 拘提：乃指具備令狀（拘票）而拘束人身自由之強制處分。

1. 一般拘提：對象爲被告（刑事訴訟法第71條之1、第75條）或證人（第178條），此須以合法傳喚無正當理由不到場爲前提，蓋本於比例原則，傳喚與拘提就使被告或證人到場而言均具適合性，惟就必要性以觀，傳喚顯較拘提對被告之侵害輕微，故應先以傳喚爲之。

2. 逕行拘提：對象僅限犯罪嫌疑重大之被告（第76條），此際無須先經傳喚即得執持拘票逕行拘提，此因若被告具有第76條所列四款情形，則傳喚已無適合性，依比例原則有必要逕以拘提爲之。

3. 緊急拘捕：對象爲偵查中之被告（第88條之1），係由檢察官或司法警察（官）未經傳喚程序且事前未具拘票，緊急拘捕被告，乃因被告具備第88條之1第1項所列四款事由且司法警察（官）情況急迫不及報告檢察官之情形者，已未得先予傳喚並事前聲請核發拘票，故依比例原則有必要容許先予拘捕再事後聲後補發。另學者主張公共場所之拘捕方具急迫情況，倘於住宅拘捕則否。

(二) 逮捕：乃指無令狀或通緝書而拘束人身自由之強制處分。其種類有：

1. 通緝犯之逮捕：對象限被告，原因為被告逃亡或藏匿之時（第84條）偵查中由檢察長決定，審判中由法院院長決定，再由檢察官、司法警察官或利害關係人逕行逮捕（解送）（第87條第1、2項）。

2. 現行犯之逮捕：依刑訴法第88條第1項：「現行犯，不問何人得逕行逮捕之。」此為憲法第8條第1項承認之例，而構成阻卻違法事由（刑法第21條），其與通緝犯逮捕相同應即解送，又其情形有二，分別為第88條第2項及88條第3項（準現行犯），現行法規定過於寬鬆有侵害人權之虞（例如持有贓物，時間似欠急迫性）。

三、為確保被告之人身自由與其他權利得受正當法律程序之保障，故「強制到案」拘提逮捕被告或逮捕現行犯後應為如下處理：

(一) 拘提逮捕被告之處理程序：依刑事訴訟法第91條之規定，因拘提或通緝逮捕之被告，應即解送至指定之處所；如二十四小時內不能達到指定之處所者，應分別其命通緝者為法院或檢察官，先行解送較近之法院或檢察機關，訊問其人有無錯誤。

(二) 逮捕現行犯後之處理程序：依同法第92條規定，司法警察或司法警察官逮捕現行犯或接受現行犯時，應即解送檢察官。但所犯最重本刑為一年以下有期徒刑、拘役或專科罰金之罪、告訴或請求乃論之罪，其告訴或請求已經撤回或已逾告訴期間者，得經檢察官之許可，不予解送。

四、如犯罪嫌疑人係「自行到案」，因司法警察機關非偵查主體，並無強制處分權，不得逕命犯罪嫌疑人具保、責付、限制住居或聲請法院羈押，故僅得讓犯罪嫌疑人自行離去；但如有必要，得報請檢察官核發傳票與拘票將犯罪嫌疑人移送檢察署複訊。

相關試題

司法警察於路檢時發現甲開車形跡可疑，乃準備予以盤查，惟甲因無照駕駛心虛，乃加速逃逸，警察隨即加以追緝。之後甲因慌張而自撞路樹，遂棄車逃逸，跑不到100公尺，即為警所拘捕。警察隨即搜查其所駕駛之車輛，發現車中載有一批不明疑似犯罪的工具，乃予以查扣。試問：

(一) 本案司法警察是否需向檢察官聲請補發拘票？

(二) 如檢察官拒簽發拘票時，司法警察應如何處理甲及查扣物？　（106廉政）

考點提示：

一、拍觸、搜索、攔阻、逮捕均屬干預限制憲法保障人民基本權利之作為，僅係侵犯程度不同。臨檢、盤查、拍觸、攔阻為行政作為，依警察職權行使法之規定，需合理懷疑有犯罪嫌疑之虞，始得為之。至拘提逮捕與搜索扣押為刑事作為，依刑事訴訟法之規定，需有相當理由始可發動，且除非具有偵查時效性與急迫性，或被處分對象之同意，否則應取得合法令狀方得爲之。兩者之區別應自「拘束自由的手段、目的、地點（現場或警局）、時間（長短）等一切情狀爲綜合判斷。依本例情形，可認警察前階段所爲之路檢盤查合法。

二、依刑事訴訟法第88條之1緊急拘捕之規定，檢察官、司法警察官或司法警察偵查犯罪，有左列情形之一而情況急迫者，得逕行拘提之：一、因現行犯之供述，且有事實足認爲共犯嫌疑重大者；二、在執行或在押中之脫逃者；三、有事實足認爲犯罪嫌疑重大，經被盤查而逃逸者。但所犯顯係最重本刑爲一年以下有期徒刑、拘役或專科罰金之罪者，不在此限；四、所犯爲死刑、無期徒刑或最輕本刑爲五年以上有期徒刑之罪，嫌疑重大，有事實足認爲有逃亡之虞者。前項拘提，由檢察官親自執行時，得不用拘票；由司法警察官或司法警察執行時，以其急迫情況不及報告檢察官者爲限，於執行後，應即報請檢察官簽發拘票。如檢察官不簽發拘票時，應即將被拘提人釋放。第130條及第131條第1項之規定，於第1項情形準用之。但應即報檢察官。

本例司法警察既無任何拘票，如欲依上述緊急拘捕之規定爲拘捕，自應於拘捕甲後向檢察官聲請簽發拘票。又甲雖於警察路檢盤查時逃逸，但其僅係無照駕駛，題旨並未顯示有任何甲有符合上述緊急拘捕所列之四款情形，則司法警察之無令狀拘捕即不合法，檢察官自不應簽發拘票。

三、另刑事訴訟法所規定之無令狀搜索（含附帶搜索）係以合法拘捕爲前提，本例之拘捕既不合法而爲檢察官拒絕簽發拘票，則該搜索扣押亦均屬違法，則該違法扣得之物，依刑事訴訟法第158條之4規定，應由法院審酌人權保障與公共利益之均衡維護，權衡裁量其證據能力之有無。至法院之權衡標準依立法說明包括：

(一) 違反法定程序之情節。

(二) 違背法定程序時之主觀意圖。

(三) 侵害犯罪嫌疑人或被告權益之種類及輕重。

(四) 犯罪所生之危險及實害。

(五) 禁止使用證據對預防將來違法取證之效果。

(六) 偵審人員如依法定程序有無發現該證據之必然性。

(七) 證據取得之違法對被告訴訟防禦不利益之程度。

相關試題

被告甲犯背信罪，因有逃亡及毀證之虞，偵查中檢察官聲押獲准，並於偵查中羈押滿四個月時提起公訴：一審法院亦以有逃亡之虞，裁定羈押，於羈押滿九個月時審判終結，宣判甲背信罪成立，判處一年有期徒刑。同時一審爲使二審亦能順利接續下來的審判程序，乃對甲先做延長羈押之裁定。試問原審法院於宣判時所爲之延長羈押裁定是否合法？論述之。

（106廉政）

考點提示：

一、羈押概念

指將被告拘禁於一定場所（看守所），防止被告逃亡及保全證據，以完成訴訟並保全刑事程序為目的之強制處分；惟因此乃在有罪判決前拘禁人身之自由，嚴重侵害限制被告武器平等及有效防禦權，並與無罪推定原則具衝突性，故必須在有具體事證確有重大公益需求與法定要件（重大犯罪嫌疑、羈押理由、必要性）始得為之，且羈押之期間並應符合比例原則。

二、羈押期間

(一) 期間計算：自簽發押票之日起算，但羈押前之逮捕、拘提，法定障礙事由所需時間均應算入；終點至卷證送交時為分界，故第一審羈押期間應算至第一審卷證併送至上訴審法院為止。

(二) 延長羈押：所犯最重本刑為十年以下有期徒刑之被告，其受羈押之限制，偵查中二月，可延一次（屆滿前五日聲請），審判中三月，第一、二審可延三次，第三審可延一次，每次限二月，但發回者更新計算。故第一審之羈押期間以九月為限。

三、違法羈押與救濟

承上所述，本例背信案件之第一審法院於判決宣示時，羈押已滿九個月，而達第一審得羈押之法定期限，則第一審法院再行裁定延長羈押（自宣示判決至卷證併送上訴審法院為止之羈押）即屬不合法，法院應依檢察官或被告之聲請，或依職權撤銷羈押並釋放被告。

相關試題

承上題，檢察官認原審科處刑度過輕，具明理由提起上訴。上訴審法院是否亦得對甲為羈押之裁定？上訴審若欲為程序之擔保時，應如何為適當之處置？　（106廉政）

考點提示：

一、撤銷羈押

(一) 意義

法定羈押原因消滅後或於法定情形發生時，撤銷原羈押裁定，使效力向後消滅，故不得再執行羈押。

(二) 種類

1. 當然撤銷

(1) 法定羈押原因消滅時應即撤銷羈押，釋放被告（第107條第1項）。

(2) 羈押期間，已逾原審判之刑期：案件經上訴之情形，將被告釋放（第109條）。

2. 擬制撤銷

(1) 羈押期滿：達羈押期滿、延長羈押之裁定未經合法送達者，或未經起訴或裁判者，視為撤銷羈押，法院應即將被告釋放（第108條第2、7項）。

(2) 羈押期間已該案件之最重本刑：基於比例原則，應視為撤銷羈押。

(3) 受特定之判決：羈押之被告經諭知為無罪、免訴、免刑、緩刑、罰金或易以訓誡或第303條第3、4款之不受理判決者，視為撤銷羈押（第316條）。

(4) 受不起訴或緩起訴之處分：羈押之被告受不起訴或緩起訴處分者，視為撤銷羈押（第259條第1項）。

(三) 發動

1. 法院依職權為之。
2. 被告、辯護人及得為被告輔佐人之人聲請。
3. 偵查中之檢察官聲請。審判中之檢察官似無撤銷聲請權（對照第107條第2項）且法院為撤銷羈押裁定時，似乎也無須徵詢檢察官意見（對照第107條第5項）。

二、案例解析

案件經上訴者，被告羈押期間如已逾原判決之刑期者，應即撤銷羈押，將被告釋放。但檢察官為被告之不利益上訴者，得命具保、責付或限制住居，刑事訴訟法第109條定有明文。

故本例上訴審法院基於比例原則與上述規定，應不得再對甲裁定羈押，以符法治國原則，惟若上訴審法院欲為程序擔保（保全被告），得命具保、責付或限制住居。

相關試題

警員P以現行犯逮捕正在施打毒品的甲，在警局，P詢問甲並製作筆錄，甲供出係向乙購買毒品。P查證發現乙是毒品通緝犯，乙經P緝捕到案詢問後，承認施用毒品，但否認販賣毒品。P將乙尿液及查扣之毒品送到地檢署事前以公文選定的醫院鑑驗。其後，P將乙隨案移送檢察官，經檢察官S複訊，乙仍承認吸毒，但否認販毒。S以乙有逃亡之虞且所犯為重罪，向法院聲請羈押乙。法院尚未開始進行羈押審查程序，乙配偶丙為乙委任的辯護人L趕到法院，L要求法院先讓其跟乙交談，並要求檢閱檢察官偵查卷證資料。法院不允准L與乙會面交談，且因偵查卷證尚未送至法院，因而暫時無法交付卷證資料與辯護人。檢察官聲請羈押三小時後，偵查卷證始送至法院，法院才通知辯護人L檢閱。辯護人影印資料及準備開庭又歷經一小時，才開始羈押審查程序。檢察官雖受通知，仍未到庭。法院審查時，辯護人L以檢察官未將全部卷證資料交伊檢閱而向法官異議。法官以檢閱卷證範圍如何為檢察官之決定，辯護人無權異議，且法院亦無權限得命檢察官檢附所有偵查卷證，因而當庭駁回異議。最後，法院允准羈押乙，被告以此為由提起抗告，法院以無理由駁回抗告。乙於羈押執行中，辯護人L要求丙私下去見甲，希望甲改變供詞。檢察官S獲知此事，即檢附相關文件向法院聲請限制辯護人L接見羈押的乙，也聲請禁止乙押所與外人接見。法院未經訊問被告乙，亦未聽取辯護人L之意見，即簽發限制書允准限制乙接見。試問：
(一) 法院羈押審查程序之合法性。
(二) 法院限制接見處分之合法性。　（106司法官）

考點提示：

一、刑事訴訟法第101條第4項規定，被告、辯護人得於第1項訊問（法官爲羈押審查訊問）前，請求法官給予適當時間爲答辯之準備。另依本法第93條之規定，檢察官聲請羈押時應以聲請書敘明犯罪事實並所犯法條及證據與羈押之理由，備具繕本並檢附卷宗及證物，聲請該管法院羈押之。但有事實足認有湮滅、僞造、變造證據或勾串共犯或證人等危害偵查目的或危害他人生命、身體之虞之卷證，應另行分卷敘明理由，請求法院以適當之方式限制或禁止被告及其辯護人獲知。同法第101條第2、3項並規定，法官爲前項之訊問時，檢察官得到場陳述聲請羈押之理由及提出必要之證據。但第93條第2項但書之情形，檢察官應到場敘明理由，並指明限制或禁止之範圍。第1項各款所依據之事實、各項理由之具體內容及有關證據，應告知被告及其辯護人，並記載於筆錄。但依第93條第2項但書規定，經法院禁止被告及其辯護人獲知之卷證，不得作爲羈押審查之依據。本例中：

(一) 法院於羈押審查程序中限制被告與辯護人之接見通信，顯已違反刑事訴訟法第101條第4項之規定與憲法第8條正當法律程序、第16條賦予被告訴訟防禦權（尤指被告對辯護人之倚賴權）之保障。

(二) 檢察官聲請羈押時，卻未同時將卷宗證物檢送法院，遲延達三小時，即於法未合。

(三) 法院於檢察官尚未檢送卷證前，應先將羈押聲請書之繕本交付辯護人，使其得爲有效訴訟防禦，如未爲之，亦不合法。

(四) 檢察官基於偵查需求雖得爲分卷，請求法院限制或禁止被告及其辯護人獲知，但法院亦不得以此分卷之內容作爲羈押審查之依據。

(五) 檢察官如爲分卷請求限制或禁止被告及辯護人獲知時，依法即應到場敘明理由，並指明限制或禁止之範圍，本例中檢察官卻未到場，則羈押審查程序當然違法。

三、法院欲限制被告之接見通信權時，原則上應予被告及辯護人陳述意見之機會，但如確有偵查急迫性與隱密性需求時，法院仍應得逕依本法第105條第2、3項之規定，禁止羈押被告與外人接見，另依本法第34條第1項、第34條之1第1、4、5項之規定，限制其與辯護人之接見通信。

相關試題

警察接獲線民甲密報查獲涉嫌販毒成員A，另經比對相關蒐證資料後認 A 犯罪嫌疑重大，且仍有共犯尚未到案，乃移送地檢署進行複訊以及聲押程序。法院羈押訊問過程中，A 矢口否認並認遭人誣陷，因而請求開示線民甲之身分，惟檢察官恐被告 A 對甲尋仇，影響甲人身安全。試問：依據正當法律程序的論理，法院應如何裁定？並舉例說明之。（105司法）

考點提示：

一、刑事訴訟法相關規定

(一) 依修正後刑事訴訟法第33條之1規定，辯護人於偵查中之羈押審查程序，除法律另有規定外，得檢閱卷宗及證物並得抄錄或攝影。無辯護人之被告於偵查中之羈押審查程序，法院應以適當之方式使其獲知卷證之內容。

(二) 修正後同法第93條規定，被告或犯罪嫌疑人因拘提或逮捕到場者，應即時訊問。偵查中經檢察官訊問後，認有羈押之必要者，應自拘提或逮捕之時起二十四小時內，以聲請書敘明犯罪事實並所犯法條及證據與羈押之理由，備具繕本並檢附卷宗及證物，聲請該管法院羈押之。但有事實足認有湮滅、偽造、變造證據或勾串共犯或證人等危害偵查目的或危害他人生命、身體之虞之卷證，應另行分卷敘明理由，請求法院以適當之方式限制或禁止被告及其辯護人獲知。

(三) 修正後同法第101條第3項規定，依第93條第2項但書規定，經法院禁止被告及其辯護人獲知之卷證，不得作為羈押審查之依據。

二、偵查中之羈押審查程序，係由檢察官提出載明羈押理由之聲請書及有關證據，向法院聲請裁准及其救濟之程序。此種聲請之理由及有關證據，係法官是否裁准羈押，以剝奪被告人身自由之依據，基於憲法正當法律程序原則，除第93條第2項但書規定，得予限制或禁止部分之卷證，以及其他法律另有特別規定之外，自應許被告之辯護人得檢閱檢察官聲請羈押時送交法院之卷宗及證物並得抄錄或攝影，俾能有效行使防禦權。

三、偵查階段之羈押審查程序，係由檢察官提出載明被告所涉犯罪事實並所犯法條與羈押理由之聲請書及提出有關證據，向法院聲請裁准及其救濟之程序。此種聲請羈押之理由及有關證據，係法官是否裁准羈押以剝奪被告人身自由之依據，檢察官向法院聲請羈押時，自應以聲請書載明被告所涉之犯罪事實、法條、證據清單及應予羈押之理由，並備具聲請書繕本及提出有關卷證於法院，如未載明於證據清單之證據資料，既不在檢察官主張之範圍內，法院自無庸審酌。此外，配合第33條之1規定，已賦予辯護人閱卷權。惟卷證資料如有事實足認有湮滅、偽造、變造證據或勾串共犯或證人等危害偵查目的或危害他人生命、身體之虞，而欲限制或禁止被告及其辯護人獲知者，檢察官為偵查程序之主導者，熟知案情與偵查動態，檢察官自應將該部分卷證另行分卷後敘明理由，並將限制或禁止部分遮掩、封緘後，由法官提供被告及辯護人檢閱、提示或其他適當方式為之，以兼顧偵查目的之維護以及被告及其辯護人防禦權之行使。

四、至於卷證資料有第93條第2項但書所定應限制之部分，若能經以適當之方式，使被告及其辯護人獲知證據資訊之梗概者，則被告及其辯護人防禦權之行使，並未受到完全之剝奪，法院以之作爲判斷羈押之依據，自與憲法第23條之比例原則無違；惟被告及其辯護人未能獲知之禁止部分，其防禦權之行使既受到完全之剝奪，則該部分自不得作爲羈押審查之依據。

相關試題

檢察官於偵查階段向法院聲請羈押某犯罪嫌疑人，該嫌疑人及其辯護人向法院聲請閱覽羈押卷宗之相關卷證，法院依刑事訴訟法第33條規定，以裁定駁回其聲請。試問該裁定是否合憲而有理由（大法官解釋觀點），請申論之？（105司法）

考點提示：

一、偵查階段之羈押審查程序中，修正前刑事訴訟法並未賦予辯護人閱卷權，惟學者多主張本於正當程序保障之理念，應修法賦予辯護人此項資訊請求權。大法官會議釋字第737號解釋亦採肯定見解，解釋文謂：本於憲法第8條及第16條人身自由及訴訟權應予保障之意旨，對人身自由之剝奪尤應遵循正當法律程序原則。偵查中之羈押審查程序，應以適當方式及時使犯罪嫌疑人及其辯護人獲知檢察官據以聲請羈押之理由；除有事實足認有湮滅、僞造、變造證據或勾串共犯或證人等危害偵查目的或危害他人生命、身體之虞，得予限制或禁止者外，並使其獲知聲請羈押之有關證據，俾利其有效行使防禦權，始符憲法正當法律程序原則之要求。其獲知之方式，不以檢閱卷證並抄錄或攝影爲必要。刑事訴訟法第33條第1項規定：「辯護人於審判中得檢閱卷宗及證物並得抄錄或攝影。」同法第101條第3項規定：「第一項各款所依據之事實，應告知被告及其辯護人，並記載於筆錄。」整體觀察，偵查中之犯罪嫌疑人及其辯護人僅受告知羈押事由所據之事實，與上開意旨不符。

二、依修正後刑事訴訟法第33條之1規定，辯護人於偵查中之羈押審查程序，除法律另有規定外，得檢閱卷宗及證物並得抄錄或攝影。辯護人持有或獲知之前項證據資料，不得公開、揭露或爲非正當目的之使用。辯護人之被告於偵查中之羈押審查程序，法院應以適當之方式使其獲知卷證之內容。

三、偵查中之羈押審查程序，係由檢察官提出載明羈押理由之聲請書及有關證據，向法院聲請裁准及其救濟之程序。此種聲請之理由及有關證據，係法官是否裁准羈押，以剝奪被告人身自由之依據，基於憲法正當法律程序原則，除第93條第2項但書規定，得予限制或禁止部分之卷證，以及其他法律另有特別規定之外，自應許被告之辯護人得檢閱檢察官聲請羈押時送交法院之卷宗及證物並得抄錄或攝影，俾能有效行使防禦權。

四、爲擔保國家刑罰權正確及有效之行使，並兼顧被告及辯護人防禦權之維護，辯護人雖得檢閱、抄錄或攝影卷證資料，但因案件仍在偵查程序中，其檢閱、抄錄或攝影所持有或獲知之資料，自不得對外爲公開、揭露並僅能爲被告辯護目的之訴訟上正當使用，爰增訂第2項，明定其應遵守之義務，以明權責。至於如有刑法第132條第3項之情形者，即應依法追訴其刑責，自不待言。

五、被告有辯護人者，得經由辯護人檢閱卷宗及證物並得抄錄或攝影，以利防禦權之行使。惟如指定辯護人逾時未到，而經被告主動請求訊問者，此時被告無辯護人，既同有行使防禦權之必要，自亦應適當賦予無辯護人之被告有獲知檢察官據以聲請羈押所憑證據內容之權利。但因被告本身與羈押審查結果有切身之利害關係，如逕將全部卷證交由被告任意翻閱，將有必須特別加強卷證保護作為之勞費，為兼顧被告防禦權與司法程序之有效進行，爰增訂第3項，明定無辯護人之被告在偵查中之羈押審查程序，法院應以適當之方式使其獲知卷證內容，以利其行使防禦權。至於卷證內容究以採法官提示、告知或交付閱覽之方式，則由法官按個案情節依職權審酌之。

相關試題

公務員甲涉有貪污犯罪嫌疑，偵查中檢察官檢具甲與行賄人A通聯的監聽譯文、訊問證人A之偵訊筆錄等證據，聲請法院羈押受賄之犯罪嫌疑人甲。地方法院合議庭訊問時，法官告知甲及其選任辯護人，檢察官聲請羈押之事由與所據之事實，甲之選任辯護人隨即聲請法院准許閱覽監聽譯文及檢察官訊問證人A之偵訊筆錄，檢察官當場異議，表示偵查不公開，本案仍在偵查中，為避免甲串證、干擾證人，不同意辯護人之請求。法院遂駁回辯護人之聲請，並准許羈押犯罪嫌疑人甲。試問：

(一)本件羈押審查程序是否適法？理由為何？

(二)案件經起訴後，承辦偵查中羈押聲請案件之法官，就同一案件應否迴避？

（105高考廉政）

考點提示：

一、偵查階段之羈押審查程序中，修正前刑事訴訟法並未賦予辯護人閱卷權，惟學者多主張本於正當程序保障之理念，應修法賦予辯護人此項資訊請求權。大法官會議釋字第737號解釋亦採肯定見解，解釋文謂：本於憲法第8條及第16條人身自由及訴訟權應予保障之意旨，對人身自由之剝奪尤應遵循正當法律程序原則。偵查中之羈押審查程序，應以適當方式及時使犯罪嫌疑人及其辯護人獲知檢察官據以聲請羈押之理由；除有事實足認有湮滅、偽造、變造證據或勾串共犯或證人等危害偵查目的或危害他人生命、身體之虞，得予限制或禁止者外，並使其獲知聲請羈押之有關證據，俾利其有效行使防禦權，始符憲法正當法律程序原則之要求。其獲知之方式，不以檢閱卷證並抄錄或攝影為必要。刑事訴訟法第33條第1項規定：「辯護人於審判中得檢閱卷宗及證物並得抄錄或攝影。」同法第101條第3項規定：「第一項各款所依據之事實，應告知被告及其辯護人，並記載於筆錄。」整體觀察，偵查中之犯罪嫌疑人及其辯護人僅受告知羈押事由所據之事實，與上開意旨不符。

二、上開解釋之理由書並謂：偵查階段之羈押審查程序，係由檢察官提出載明羈押理由之聲請書及有關證據，向法院聲請裁准之程序。此種聲請羈押之理由及有關證據，係法官是否裁准羈押，以剝奪犯罪嫌疑人人身自由之依據，基於憲法正當法律程序原則，自應以適當方式及時使犯罪嫌疑人及其辯護人獲知，俾得有效行使防禦權。惟爲確保國家刑罰權得以實現，於有事實足認有湮滅、僞造、變造證據或勾串共犯或證人等危害偵查目的或危害他人生命、身體之虞時，自得限制或禁止其獲知聲請羈押之有關證據。現行偵查階段之羈押審查程序是否滿足前揭憲法正當法律程序原則之要求，應綜合觀察刑事訴訟法相關條文而爲判斷，不得逕以個別條文爲之。刑事訴訟法第33條第1項規定：「辯護人於審判中得檢閱卷宗及證物並得抄錄或攝影。」同法第101條第3項規定：「第一項各款所依據之事實，應告知被告及其辯護人，並記載於筆錄。」致偵查中之犯罪嫌疑人及其辯護人得從而獲知者，僅爲聲請羈押事由所依據之事實，並未包括檢察官聲請羈押之各項理由之具體內容及有關證據，與上開憲法所定剝奪人身自由應遵循正當法律程序原則之意旨不符。有關機關應於本解釋公布之日起一年內，基於本解釋意旨，修正刑事訴訟法妥爲規定。逾期未完成修法，法院之偵查中羈押審查程序，應依本解釋意旨行之。至偵查不公開爲刑事訴訟法之原則，係爲使國家正確有效行使刑罰權，並保護犯罪嫌疑人及關係人憲法權益之重要制度。然偵查中之羈押審查程序使犯罪嫌疑人及其辯護人獲知必要資訊，屬正當法律程序之內涵，係保護犯罪嫌疑人憲法權益所必要；且就犯罪嫌疑人及其辯護人獲知資訊之範圍，上開解釋意旨亦已設有除外規定，已能兼顧犯罪嫌疑人及關係人憲法權益之保護及刑罰權之正確行使。在此情形下，偵查不公開原則自不應妨礙正當法律程序之實現。據此，依修正後刑事訴訟法第33條之1規定，辯護人於偵查中之羈押審查程序，除法律另有規定外，得檢閱卷宗及證物並得抄錄或攝影。辯護人持有或獲知之前項證據資料，不得公開、揭露或爲非正當目的之使用。辯護人之被告於偵查中之羈押審查程序，法院應以適當之方式使其獲知卷證之內容。承上所述，本例法院之羈押審查程序自不合法。

三、按迴避制度設置之立法目的在於使訴訟當事人於刑事訴訟程序中獲得公平審判之待遇，故刑事訴訟第17條第8款乃規定，法官曾參與前審之裁判者，於該管案件應自行迴避。實務見解多認爲此規定所稱之前審當指審級而言，不包含強制處分之審查程序。然有學者認爲，羈押處分係以被告有重大犯罪嫌疑爲要件，個案羈押審查裁准之法官，前此已對被告形成有罪傾向，顯具預斷之偏見，難期嗣後爲公平公正之調查與審判，故宜列入迴避之對象。

四、立法院審議中之法院組織法第14條之1修正草案，效法德國偵查法官制度、法國羈押與自由權法官制度，其規定：地方法院與高等法院分設強制處分法庭，管轄刑事訴訟法或其他法律所定由法官或法院核發之強制處分審查。強制處分法庭之法官，不得於同一案件之審判程序執行職務。

此項增設強制處分法庭或令狀法官之目的，在兼顧強制處分核發之時效性、專業性及中立性，除因應日益繁重且需即時復核的司法審查業務之需求外，並在維護法官之中立性要求，貫徹公平審判之法官迴避制度的本旨。換言之，強制處分審查法官不應同時或隨後擔任本案審理之法官，以符合司法院釋字第392號、第631號解釋之意旨。綜上所述，本例承辦偵查階段中羈押聲請案件之法官，就同一案件採應迴避之見解爲宜。

相關試題

警員於夜間在路口值勤時，發現甲駕駛汽車蛇行後自撞電線桿停下，嗣靠近駕駛座後發現車內有數瓶酒瓶且酒氣沖天，爲取得甲蛇行自撞電線桿之證據，乃進入車內取得其行車紀錄器內之SD記憶卡一張並扣案，經酒精測試儀測試後，甲吐氣每公升高達0.75毫克，警員爰以甲爲酒駕之現行犯逮捕之，並載送至警察局製作筆錄。試問：警員因調查證據之必要，於警察局要求採取甲之指紋、掌紋以供比對，甲不同意，警員得否違反甲之意思採取之？又警員所取得上開行車紀錄器內之SD記憶卡一張有無證據能力？（106檢事官）

考點提示：

一、司法警察逮捕現行犯甲後，得依刑事訴訟法第205條之2強制取證權之規定，在違反被拘被告之意願下，強制採取被告甲之掌紋與指紋。

二、依刑事訴訟法第130條附帶搜索之規定，係於合法拘捕被告時，得就其立即可觸及之處所爲無令狀搜索，以保障執法人員安全並防止被拘捕人湮滅隨身證據，本案例中係司法警察先行爲無令狀搜索，再經酒測後，方行逮捕被告，與附帶搜索應與拘捕同時之規定及立法意旨不符，故本例之搜索扣押違法，由法院依本法第158條之4規定權衡裁量其證據能力。

相關試題

某汽車竊案發生後，偵查機關雖未能即時逮捕嫌疑犯，但查獲被竊之汽車，並通知被害車主領回。爲能查明嫌疑犯身分，必須於該車中進行指紋之採驗並進行鑑定。而該汽車爲一高級跑車，車主不願偵查機關對其所有之跑車進行指紋之採驗及鑑定，若偵查人員持搜索票強制爲之，試評述其刑事程序之合法性。（105司法）

考點提示：

一、搜索係干預限制人民憲法所保障之隱私、財產、名譽等基本權與人性尊嚴之司法強制處分，故其發動與實施程序皆應遵守法治國原則。惟若基於發現刑事犯罪眞實之社會秩序與公共利益之維護，尤其在客觀中立之偵查法官以司法審查判斷個案符合搜索要件並核發令狀後，偵查機關自得依令狀爲之。

二、本例偵查機關欲對第三人（被害人）所有之失竊汽車進行搜索採樣鑑定，乃係爲追緝犯罪行爲人並蒐集本案犯罪證據所需，具有相當理由之合理性與必要性，且經法院司法審查核發搜索令狀，故其搜索程序應屬合法。

相關試題

為偵查甲的竊車案件，檢察官向法院聲請搜索票搜索甲的住所。搜索票上的應扣押之物記載為：「失竊之車輛、零件等物品」。警察持搜索票，進行搜索。警察在甲住所裡，翻閱桌上的冊子後，發現其為行賄官員的帳冊。其後，警察進入到甲的臥室，發現床上有槍枝。最後，在甲住所後院發現失竊的車輛。搜索結束後，警察扣押車輛、帳冊及槍枝。試問，警察所扣押的帳冊及槍枝是否得作為證據之用？請附詳細理由說明之。（107廉政）

考點提示：

一、扣押強制處分之種類

(一) 令狀扣押：依刑事訴訟法第128條規定進行令狀搜索，並扣得搜索票所載之標的物時，稱之為本案令狀扣押。

(二) 無令狀扣押，又區分為：

1. 本案附帶扣押：指依本法第137條規定，執法人員於執行搜索或扣押時，發現本案應扣押之物而為搜索票所未記載者，亦得扣押之。
2. 另案附帶扣押：指依本法第152條規定，指法人員執行搜索或扣押時，發現「另案」應扣押之物者，亦得扣押之，扣押後應分別送交該管法院或檢察官。惟限於偶然非刻意之發現，又此之「另案」，不問係偵查中或審判中之刑事案件，亦包括尚未發現之刑事案件。

二、一目了然原則

所謂一目了然原則乃指偵查機關於合法搜索時，落入警方目視範圍之違禁物、證據，可無令狀搜索。此亦適用於附帶扣押（第137條）及另案扣押（第152條）。蓋僅需搜索合法，即無可能要求執行人員對偶然意外發現之其他證據不予重視。本法第137條第2項就附帶扣押已準用第131條逕行搜索之事後審查規定。另有學者主張應將附帶扣押與另案扣押限縮於發現搜索票所記載之物以前所發現之應扣押物或另案應扣押物。其適用要件為：

(一) 因合法搜索、拘提其他合法行為，而發現應扣押之物。

(二) 有相當理由相信所扣押之物係證據、違禁物（明顯、立即、直接）。

(三) 限令狀所載應扣押物之發現前，若發現標的物後即不得再行無令狀搜索。

三、本例判斷

(一) 扣案贓物車輛：屬於本案令狀扣押而屬合法。

(二) 扣案之帳冊：本件行賄帳冊放置於甲宅桌上，一望即知非屬搜索票所載之應搜索扣押標的物，執法人員翻閱其內容方得知為另案犯罪證據，即違反比例原則之適合性與目的性（與達成本件搜索目的無關），故扣押不合法，由法院依本法第158條之4規定，權衡裁量其證據能力之有無。

(三) 扣案之槍枝：因本件搜索票欲搜索之標的包含汽車零件，臥室為可能藏放處所，該槍枝又係執法人員於搜索票標的物發現前所搜得，故屬合法之另案附帶扣押。

相關試題

警方接獲線報，稱通緝犯甲正在某處民宅內逗留，遂立刻前往逮捕。在無搜索票的情況下，警方衝入民宅，發現現場實爲一地下賭場，惟疑因消息走漏致進入後已經人去樓空，警方只在現場發現一監視錄影器以及桌上疑似賭金10萬元。警方均予以扣押。試問上述警方入宅搜索、扣押監視錄影器及10萬元是否合法？（105檢事官）

考點提示：

一、司法警察進入民宅部分：得依刑事訴訟法第131條第1項第3款「有明顯事實足信爲有人在內犯罪而情形急迫」之規定，進行急迫性無令狀逕行搜索。至同條項第1款依通說見解，應僅限於被拘捕人之住宅方得爲之。

二、司法警察搜索扣押監視錄影器以及賭金10萬元部分：得依一目了然原則爲合法搜索扣押。

相關試題

爲偵查甲的僞造貨幣案件，檢察官向法院聲請搜索票搜索甲的住所。搜索票上應扣押之物的記載爲：「與僞造貨幣罪相關之不法證物」。警察持搜索票，執行搜索，並在甲的住所，扣押了僞鈔的成品、半成品及油墨。試問，法院所核發的搜索票是否有效？警察所扣得的物品是否得爲證據之用？請附詳細理由說明之。（107高考）

考點提示：

一、附隨於搜索之扣押包含本案令狀扣押（刑事訴訟法第128條之搜索票所記載應搜索扣押之標的物）、本案附帶扣押（本法第137條）與另案附帶扣押（本法第152條）僞鈔半成品。

二、法院核發之搜索票應具體詳載應搜索扣押之標的物，若如本案例中之搜索票抽象記載「與僞造貨幣罪相關之不法證物」，即有空白授權而亦爲執法人員濫權侵犯人民之憲法基本權，自不合法。

三、本案附帶扣押之合法性係以本案令狀搜索扣押合法爲前提，故本案例無論自本案令狀扣押或附帶扣押觀之，均於法未合，法院應依本法第158條之4之規定權衡審酌其證據能力。

相關試題

警察在偵辦甲的竊盜案件時，發現停放於路邊停車格的汽車是甲所竊得的汽車，附近乙於其店面所安裝的監視錄影器恰巧可以拍攝到甲將車輛停放於該停車格的過程。警察在陳報檢察官後，檢察官以扣押命令扣押該汽車及乙儲存該段時間影像的硬碟。試問，該汽車及錄影是否得作爲證據之用？請附詳細理由說明之。（107高考）

考點提示：

一、現行刑事訴訟法關於扣押處分之審查採法官保留原則，本法第133條之1第1項規定，非附隨於搜索之扣押，除以得爲證據之物而扣押或經受扣押標的權利人同意者外，應經法官裁定。

二、同法第133條之2另規定，偵查中檢察官認有聲請前條扣押裁定之必要時，應以書面記載前條第3項第1、2款之事項，並敘述理由，聲請該管法院裁定。司法警察官認有爲扣押之必要時，得依前項規定報請檢察官許可後，向該管法院聲請核發扣押裁定。檢察官、檢察事務官、司法警察官或司法警察於偵查中有相當理由認爲情況急迫，有立即扣押之必要時，得逕行扣押；檢察官亦得指揮檢察事務官、司法警察官或司法警察執行。前項之扣押，由檢察官爲之者，應於實施後三日內陳報該管法院；由檢察事務官、司法警察官或司法警察爲之者，應於執行後三日內報告該管檢察署檢察官及法院。法院認爲不應准許者，應於五日內撤銷之。第1項及第2項之聲請經駁回者，不得聲明不服。

相關試題

警員甲獲知通緝犯乙正藏匿於某出租公寓，爲順利執法，甲找到房東丙，告訴丙房客乙是通緝犯，屋內有槍枝及毒品，丙聞後臉色大變，痛斥乙說謊騙人，並應允全力配合警方辦案。丙拿出鑰匙悄悄打開公寓房門，甲順利逮捕正在客廳呼呼大睡的乙，並於乙身上搜出一包毒品，隨後並於臥房內之衣櫥查獲制式手槍一把，子彈三顆，過程中，乙均在現場且不發一語。後乙遭起訴，乙爭執警員甲之逮捕及查獲毒品、手槍、子彈之過程均屬違法。乙之主張有無理由？（106檢事官）

考點提示：

一、房東丙將公寓出租予乙，故其對乙租住之公寓即無刑事訴訟法第131條之1之同意權，故司法警察甲僅得依同法第131條第1項第1款逕行搜索之規定，合法進入通緝犯乙之租住公寓逮捕乙。

二、甲逮捕乙時，得依同法第130條附帶搜索之規定，搜索扣押其身上之毒品；至於逮捕乙後，既已達成本次搜捕之目的，本於適合性原則，甲不得再行搜索，何況藏放衣櫃之槍彈已非被逮捕之乙所得立即處即取得，故亦不得依附帶搜索之規定爲搜索，是以違法搜索扣押之槍彈其證據能力有無，由法院依同法第158條之4權衡裁量之。

相關試題

檢警偵調詐欺犯罪時，發現甲宅是某詐騙集團的總部。檢察官於是向法院聲請核發搜索票，搜索甲宅，順利逮捕犯罪集團首腦甲及多名詐騙集團成員，並扣押電腦主機、變聲器等詐騙工具。隨後，檢察官進一步獲悉該集團騙得數億新臺幣，甲的生活奢侈，並以詐騙所得購買豪宅、名車。對此，甲辯稱該豪宅所有人是母親乙，與自己無關；至於名車則出借女友丙使用。經警察調查後，知悉該豪宅所有權人登記為乙，名車則停放在丙家車庫。試問：偵查中，該豪宅及名車，檢察官能否扣押且應如何為之？（105律師）

考點提示：

一、名車與豪宅均得扣押之依據：名車屬於刑法第38條之1第1項，豪宅屬於刑法第38條之1第2項；兩者均符合刑事訴訟法第131條第1項。

二、扣押程序：依刑事訴訟法第133條之1、第133條之2；屬於第三人之豪宅另依刑事訴訟法第455條之12、第455條之13、第455條之14、第455條之19。

相關試題

甲有多次施用毒品前科之紀錄，於某日夜間吸食毒品後，駕駛自小客車違規闖紅燈，經值勤員警攔阻未果，並加速離去。該員警以警車追逐之，並於某路段上將之攔阻。員警要求其下車接受檢查，甲拒絕下車。警察要求甲出示證件，並問甲是否有攜帶違禁品，甲顧左右而言他，相當啓人疑竇。警察要求甲將車門打開讓他看一下，甲雖不情願，但仍開啓車門，員警乘機利用目光環視車內，發現副駕駛座上有包透明塑膠袋內裝有粉末狀之物，於取出該物品後，詢問甲此為何物。甲發現事跡敗露，承認為毒品無誤，警察便查扣該毒品並於製作筆錄時，將同意搜索事項記載其中，甲亦於筆錄中簽名。案經檢察官起訴後，於法院審理期間，甲之辯護人主張警察任意攔檢，且違反甲之意願違法搜索取得證據。試問該證據是否應予排除？（105司法）

考點提示：

一、臨檢盤查乃基於維持公共秩序、防止危害為目的，依客觀合理之判斷，就易生危害之人、物、通工具、公共場所進行檢查之行政處分。至搜索則係干預限制人民憲法所保障之隱私、財產、名譽等基本權與人性尊嚴之刑事司法強制處分。為免警察機關藉臨檢盤查之名，以規避刑事搜索之令狀審查與法定要件，故於有犯罪嫌疑之情狀時，即應依搜索處分為之，其發動與實施程序皆應遵守法治國原則與刑事訴訟法法定程序。

二、搜索處分之發動以法官核發令狀為原則，基於偵查時效性與被搜索人權利處分性之無令狀為例外（包括附帶搜索、急迫搜索、緊急搜索與同意搜索）。其中同意搜索必須具備：(一)執法人員出示證件；(二)權利告知，使被搜索人知悉有拒絕無令狀搜索之權利；(三)具同意權人明示且自願性同意；(四)將同意之旨載明筆錄等要件。

三、本例甲駕駛自小客車違規闖紅燈，經值勤員警攔阻未果，並加速離去，故司法警察之攔檢即屬合法。惟嗣後打開車門搜索之行為並不符合同意搜索與其他無令狀搜索之要件，該違法搜索扣押之證據應由法院依刑事訴訟法第158條之4規定權衡裁量其證據能力。

相關試題

檢察官偵辦被告甲詐欺之案件，依偵查中之相關證據，有相當理由認應沒收第三人乙之財產時，於刑事程序上應為如何之處置？嗣被告甲之詐欺案件經起訴後，第三人乙應如何向法院聲請參與沒收之程序？若第三人乙未向法院聲請參與沒收之程序，法院應如何處理？（106檢事官）

考點提示：

參照刑事訴訟法第455條之13、第455條之14、第455條之20之規定。

相關試題

甲涉嫌竊盜，經檢察官提起公訴並請求法院沒收甲犯罪所得。法院審理時，檢察官向法院表示，甲將犯罪部分所得，儲存於甲配偶乙名下之某銀行帳戶內，請求法院依職權裁定扣押該存款。法院即裁定扣押，並依職權裁定命乙參與沒收程序。乙委任律師L為其代理人，聲請參與沒收程序，經法院裁定准許。L主張乙帳戶內存款，為乙父母所贈，非受贈於甲，但L提不出足以經嚴格證明之證據。另L主張法院依職權扣押存款，並不合法。審理終結，法院判處甲罪刑，並於判決理由內表明，法院依自由證明方式認定該存款非受贈於甲，因而不應宣告沒收。檢察官對原審判決未諭知沒收提起上訴。第二審法院審理時，法院未命乙參與沒收程序，乙也未聲請參與沒收程序，因而乙並未參與。審理終結，法院判處甲罪刑，且於判決主文諭知沒收乙帳戶內部分存款。全案因不得上訴第三審而確定。乙隨即向該管法院聲請再審。試問本件第一審程序、第二審程序及聲請再審之合法性。（107高考）

考點提示：

一、依實務見解，犯罪利得存否之沒收，涉及犯罪事實有無、既未遂等認定，及對被告、第三人財產權之干預、剝奪，故應適用嚴格證明法則為認定，並應於審判期日依法定程序為調查（最高法院106台上3464）；反之，第三人主張其財產非受贈於犯罪行為人者，其僅須為達自由證明之舉證即可，故本例第一審程序合法。

二、依刑事訴訟法第455條之12第3項規定，法院應依職權命第三人參與程序，以保障其財產權，故本例第二審程序違法。

三、本例並無本法第420條第1項所列之再審理由，故不得聲請再審，然得依同法第455條之29聲請撤銷沒收之確定判決。

相關試題

> 甲警察爲查緝走私毒品，私自裝置GPS衛星定位追蹤器（Global Positioning System）於犯罪嫌疑人乙停放門前廣場之貨車下方底盤，用以接收其所在位置經緯度、地址及停留時間等行蹤數據。稍後，甲警察回收GPS傳遞資料多達百餘筆，包括乙停放上開貨車地點外，尚有逐筆停留日期時間、地址等詳細車輛位置相關資訊。試問依據我國實務判決之論理，甲警察彙整乙行動軌跡資訊有無證據能力？（107法警）

考點提示：

一、實務認爲國家機關在私人汽車上裝置GPS衛星定位追蹤器，屬於新型強制處分，欠缺法律依據，與憲法第8條之正當法律程序與第23條法治國之法律保留原則不符，如未經司法審查，該強制處分之發動更屬違法（詳見最高法院106年度台上字第3788號判決）。

二、本案例之強制處分既屬違憲違法，因此所取得之證據應認無證據能力，非得由法院依刑事訴訟法第158條之4權衡裁量之。

第八章　證　據

研讀聚焦

證據章於實務運作、學理探究&國考應試準備上之重要性，實不待贅言。在此，分就不同面向析述提點，以供讀者研習時參用。

證據原則以證據裁判主義下之無罪推定&罪疑唯輕，及不自證己罪原則為最要，其中不自證己原則於民事程序之效力&衍生之拒絕證言權、被告與證人地位之轉換，更為學者關注所在。

證據概念與流程方面，證據能力與證據證明力之涵義&區別、嚴格證明與自由證明法則（程序&程度）、證據保全制度、舉證責任分配&被告之強制取證權、起訴審查制&法院調查職權、證據證明力之評價方法與限制、被告自白&共犯自白之補強法則等，皆為學習重點。

證據適格之取得（亦即證據能力之判斷因素），包括有：被告自白（不正訊問方法、夜間詢問禁止、告知義務違反、連續錄音或錄影之違反與瑕疵、筆錄製作程式、法定障礙期間取得之自白、未即時訊問被拘捕被告之效果，功能訊問之效力、緘默之證據能力）、證人之供述（未經具結之檢訊筆錄、未連續錄音或錄影之供述、傳聞法則各例外情形之內涵&同意傳聞證據後之再爭執、對質詰問權與傳聞證據之關聯性）、違法取得物證之證據排除法則、權衡裁量&強制排除&證據禁止理論、毒樹果實理論之效力（放射性&繼續性）與例外、私人違法取證原則具證據能力&例外等，是乃國考命題熱區。

最後，在嚴格證明程序之直接審理主義下，法定調查證據方法（被告、人證、鑑定人、文書、勘驗、影音）與調查程序之內涵，例如被告對不正方法之抗辯&自白內容之調查次序、測謊之證據效力、共同被告（共犯）之證人適格&合併或分離審判、衍生性文書（通訊監察譯文、扣押清單）之合法性調查方法、誘導詰問與不正詰問方法之禁止、對質詰問權於上訴審之適用、證人指認犯罪嫌疑人之方法（成列指證）、本位證人與次位證人之程序概念、自訴人之證人適格等，皆為研讀時所應慎意。

案例試題

例題1

甲夥同乙竊取丙之現款3萬元，得手後，甫裝入甲攜帶之皮袋，即為丙所發覺，乙迅速先行逃離，丙則呼人追捕甲，甲情急將該皮袋藏入附近之某草叢，拔腿狂奔，其時適乙之弟丁路過該處，乃與丙協力將甲逮捕送警，移交該管檢察官偵辦。偵查中被害人丙指陳如何被竊，如何與丁追獲甲之上情，丁亦具結陳述其時與丙如何將甲逮獲之情節，但甲則堅不吐實，經檢察官曉諭其若能自白以示悔過，來日當可減輕其刑，甲因乃自白竊盜之事，經依此自白，尋跡果於現場附近草叢起出該裝有贓款之皮袋。其間，丁向伊兄乙言及協力捕獲甲之事，乃乙卻向丁稱，其時之稍早渠亦路過該地，目睹甲竊盜之事。丁遂將此情報告檢察官，經檢查官傳訊乙，乙亦具結陳述確見及甲竊取丙之現款無訛。檢察官因此以被告甲之自白，丙、丁、乙前開之證言暨查獲之贓款，將甲以竊盜罪嫌提起公訴。審理中，丙、丁、乙均亦到庭具結為如前之所言。甲聞及乙之證述，大為憤怒，因供出其係與乙共同竊盜之事實，質之於乙，乙乃承認甲此之所言，經予移送檢察官偵查後，乃以共同竊盜罪嫌將乙提起公訴，受訴法院則就甲、乙兩人分離調查及辯論。問：

(一)甲於審理中抗辯，其於偵查時之自白，係出於檢察官之利誘，且贓款亦非其所交出，故不得以此自白及贓款作為其犯罪之證據云云。此項抗辯是否有理由？

(二)乙於其本人案件審理時亦抗辯丁係其親弟，丁依法得拒絕證言，檢察官、法官均未予以告知，則該丁之證言自不具證據能力等語。此一抗辯是否可取？

(三)乙先前以證人身分所為之陳述，可否用為證明甲犯行之證據？　(95律師)

解碼關鍵

利誘取得被告自白之證據能力&毒樹果實放射性效力；違反拒絕證言權&不自證己罪原則所取得之供述，無證據能力。

擬答

一、證據能力

按任何提呈於法院之證據資料均須與待證事實具關聯性，且未經證據排除法則排除或禁止者，亦即具證據能力之證據資料始得提出於法庭接受合法調查，此觀諸刑事訴訟法（下簡稱本法）第155條第2項及大法官會議釋字第582號解釋自明，被告自白依本法第156條第2項規定既得爲法院認定事實之證據，依前揭說明，自當先具備證據能力始得於審判期日提出。

二、證據排除法則與被告自白

次按證據排除法則於自白證據能力之認定，可概分爲違法取證與毒樹果實理論，茲分述如下：

(一) 自白之違法取證

1. 被告之自白，出於強暴、脅迫、利誘、詐欺、疲勞訊問、違法羈押或其他不正之方法，縱與事實相符者，不得爲證據，即無證據能力（本法第156條第1項反面）。

2. 檢察事務官或司法警察（官）詢問受拘提逮捕之被告或犯罪嫌疑人，未盡本法第95條第2款或第3款之告知義務，此等取得之被告自白原則上亦無證據能力（本法第158條之2）。此於法官、檢察官之訊問時應類推適用。

(二)毒樹果實理論

1. 繼續性效力：被告於警詢中因受不正方法而為非任意性自白，則其嗣於檢察官偵訊中之自白，縱未經施以不正方法，惟因此際被告已受前揭不正方法繼續作用之影響，毒樹果實理論乃認該偵訊自白已無任意性而不具證據能力。
2. 放射性效力：學者有認若被告係經違法拘捕，則其到案後所為之自白，係自該違法拘捕所衍生之證據，本於毒樹果實放射性效力，該自白縱無不正方法之存在，亦無證據能力。

三、證人之拒絕證言權

(一) 身分關係（第180條）：證人對於共同被告或自訴人中一人或數人有該條三款所列關係者，得拒絕證言。但就僅關於他共同被告或他共同自訴人之事項為證人者，不得拒絕證言。

(二) 不自證己罪與利害關係（第181條）：證人恐因陳述致自己或與其有前條第1項關係之人受刑事追訴或處罰者，得拒絕證言。

(三) 告知義務：有第181條不自證己罪或其他利害關係時，應依第186條第2項規定踐行告知義務。有第180條第1項之身分關係拒絕證言情形時，應依第185條第2項告知。

(四) 告知義務違反效果：第181條與第186條乃為保護該證人權利而設（非保護當事人），故若違反告知義務時，形同以脅迫（具結）之不正方法取得自白，依同法第156條第1項即無證據能力。應注意者，雖該證人之供述不得為採為追訴審判該證人（自己案件被告）不利之證據，但通說認為仍得為本案被告之證據。

四、本例證據能力之判斷

(一) 被告可否減輕其刑乃屬法官職權，洵非檢察官之權限所得為之，本案例檢察官以此交換被告之自白，即屬利誘之不正方法，依刑事訴訟法第156條第1項規定自不得為證據；又本於該非任意性違法自白內容所衍生而合法取得之證據（裝有贓款之皮袋），倘承認學理上之毒樹果實理論放射性效力，則該證據原則上無證據能力，惟應考量是否有獨立來源或必然發現之例外。

(二) 本案例證人丁具有刑事訴訟法第180條身分關係之拒絕證言權，應依同法第185條第2項為告知，始為合法，此項違反將致乙、丁之家庭和諧與兄弟倫常蒙受更大損害，故法院宜依同法第158條之4之規定裁量丁之供述不具證據能力。

(三) 基於刑事訴訟法第181條利害關係之拒絕證言權乃憲法位階不自證己罪原則之保障，易言之，其所保障之乃具有利害關係之該名證人，倘違反此一規定所取得不利於該名證人之供述（實際上即為該名證人之自白），將來自不得據為追訴審判該名證人時之不利證據（形同以具結脅迫該人自白）。惟因未影響本案被告之訴訟防禦權利，故仍得為其審判之證據。

注釋資料：楊雲驊，台灣本土法學第99期，頁161-169；林鈺雄，台灣本土法學第93期，頁223以下。

例題2

甲男乙女是夫妻，婚後育有一子丙，現年二歲。甲為該家庭經濟收入唯一來源，由於甲平日工作壓力頗大，時而喝酒抒解其壓力。某夜晚甲酒後返家，因為小孩丙哭鬧，於是甲動手修理丙，致造成丙重傷。此家暴案件為鄰居所知，乃報警處理，而由檢察官丁展開偵辦。在檢察官丁訊問甲時，甲主張緘默權。至於甲妻乙（也是丙的媽媽），則為恐家計受影響，而行使拒絕證言權。檢察官丁為瞭解本件案情，尤其是丙受傷之情況，乃欲對丙進行身體檢查。然而甲、乙，對於檢察官丁要對丙作身體檢查，均拒絕予以承諾。甲的辯護律師戊，則主張，在本案丙的父母甲、乙，既然對於檢察官對丙作身體檢查，均拒絕承諾，則對檢查丙身體之行為，因未得承諾，應為違法行為。至於丙，則因年齡關係，自始無法作證。請就刑事訴訟法的法條與相關學理，探討檢察官丁，於本案，在丙無法為證人之情況下，得否直接對丙為身體檢查，作為真實發見之證據方法？（97台大法研）

解碼關鍵

不自證己罪原則就非供述證據而言，適用於主動基準，但不適用被動基準。

擬答

一、學說及實務見解

(一) 學者主張，關於不自證己罪原則，向來有兩種基本的理解方向，一是供述基準，二是主動基準。前者是指將此原則的射程距離，理解爲禁止強制取得「供述證據」；「主動基準」則是將此原則指向：禁止國家機關強制被告以主動積極方式來配合對己的刑事追訴，換言之，規範內涵及重心落在禁止國家機關強制被告配合自我入罪，無論是強制被告以供述證據或非供述證據來自我入罪，皆在禁止的範圍。若是涉及供述證據，即屬被告緘默權或證人因不自證己罪的拒絕證言權之內涵，據此，不自證己罪原則是大範圍的上位概念，緘默權是小範圍的下位類型。最高法院亦認，不自證己罪特權具有超越緘默權的內涵，射程距離及於禁止國家機關課予被告主動提出非供述證的配合義務。反面而言，被告或有利害關係之證人被動面對國家機關強制搜取非供述證據時，即無行使不自證己罪權利之餘地。

(二) 最高法院94年台上字第7169號判決表示：「事實之認定，應憑證據，如未能發現確實之證據，或證據不足以證明，自不能以推測或擬制之方法，以爲裁判基礎。犯罪事實所憑之證據，雖不以直接證據爲限，間接證據亦包括在內，然無論直接或間接證據，其爲訴訟上之證明，須於通常一般人均不致有所懷疑而得確信爲眞實之程度，始得據爲有罪之認定，倘其證明尚未達此程度而尚有合理之懷疑存在時，本諸無罪推定之原則，自應爲被告無罪之諭知。又被告否認犯罪事實所持辯解縱使不能成立，除非有確實證據足以證明對於被告犯罪已無合理之懷疑外，不能遽爲有罪之認定；刑事訴訟法規定被告有緘默權，被告基於『不自證己罪原則』，既無供述之義務，亦無眞實陳述之義務，同時亦不負自證清白之責任，不能因被告未能提出證據資料證明其無罪，即認定其有罪。」

二、本例解析

(一) 關於被告之不自證己罪原則，就供述證據部分得行使緘默權，就非供述證據部分，則以主動基準與被動基準爲區分，於前者（國家司法機關要求被告主動提供）屬不自證己罪範圍，被告得拒絕；若後者（國家司法機關以合法強制處分採證），被告無拒絕之權利。

(二) 證人本於利害關係行使刑事訴訟法第181條之拒絕證言權，可能係本於實質被告地位，亦可能基於爲被告之特定親屬關係而行使，惟無論如何，其行使範圍均與上述相同。

(三) 本題檢察官欲對具有本法第181條之利害關係之證人（被害人）丙爲身體檢查以發現眞實，屬於具強制處分性質之非供述證據採集，故甲乙即不得主張不自證己罪原則而予以拒絕。

注釋資料：最高法院94年台上第7196號判決；王兆鵬，新刑訴新思維，頁98以下；同氏著，台灣本土法學第95期，頁68以下。

相關試題

甲因吸食毒品遭逮捕。檢察官於訊問過程中，要求甲據實陳述後，問甲：「毒品向誰買的？」甲答稱：「向乙買的！」但檢察官未盡告知甲可拒絕證言之義務。日後乙遭起訴，試問甲上述證稱：「向乙買的！」證詞可否作爲認定乙犯罪之證據使用？

（97地特政風）

考點提示：同上揭例題2。

例題3

甲是知名整型外科診所醫師。某日，地檢署接獲病患告發，指稱該診所使用未經衛生署核准的藥品及整型技術，多位愛美女士因而毀容或身體不適，檢察官於是展開偵查。檢察官懷疑甲涉嫌重大，但欠缺具體事證，於是先以關係人傳喚甲，打算取供後再行起訴，試問此種偵查作為是否合法？設若病患乙向地檢署告訴甲犯業務過失重傷罪嫌，並經檢察官起訴，審理中，甲抗辯乙之毀容肇因於未定期回診及遵守術後醫囑，非藥品及手術失誤所致。經法院囑託萬芳醫院醫學美容中心鑑定後認為甲確有疏失。甲不服，請求鑑定醫師出庭接受詰問或詢問，試問萬芳醫院得否拒絕？（99司法官）

解碼關鍵

被告與證人（訴訟關係人）之訴訟權利不同，應於偵查程序中明確認定；鑑定證據方法之合法調查程序。

擬答

一、被告與證人之訴訟權利與地位

(一) 被告本於憲法第8條實質正當法律程序與第16條訴訟防禦權之保障，於偵審機關訊問前應受刑事訴訟法第95條之告知，包括犯罪嫌疑與罪名，使其能爲充分之事實與法律防禦，並得行使不自證己罪之緘默權，選任辯護人在場協助及請求調查有利於己之證據，此於訴訟關係人則否。由於被告與訴訟關係人於刑事訴訟程序上之權利有前揭異同，是以，確認進入刑事訴訟程序者究居於被告抑或訴訟關係人地位即具重要實益，尤其偵查人員除可能非因惡意而未能明確認定兩者之定位，亦可能係爲規避被告所擁有之前開正當法律程序之權利，而惡意使實質被告立於訴訟關係人之地位，藉由剝奪實質被告所應受正當法律程序之保障，以利偵查程序之進行。

(二) 學者認爲，檢察官以訴訟關係人身分通知後，該訴訟關係人有拒絕之權利，甚至於到場有隨時離去之權利，蓋此屬任意偵查之一環而不具強制性，對於到場後之偵訊，其可選擇拒絕供述，且無庸具結，此乃訴訟關係人與證人地位相異之處。如檢察官違反此一任意偵查作爲，所取之偵訊內容（同自白）應認爲不具證據能力而全數予以排除。且若檢察官於偵查中，蓄意規避踐行本法第95條所定之告知義務與被告正當法律程序之相關權利，對於犯罪嫌疑人以關係人之身分予以傳喚，令其陳述後，又採其陳述爲不利之證據，列爲被告，提起公訴，無異剝奪被告緘默權及防禦權之行使，尤難謂非以詐欺之方法而取得自白。此項以不正方法取得之非任意性供述資料，自不具證據能力，應予以排除。

二、鑑定方法之合法調查程序

(一) 被告以外之人（含證人與鑑定人）所爲言詞或書面供述，因具有高度之不可靠性，需藉由反對詰問制度以確保供述證據之憑信性與正確性，故證人或鑑定人於審判外之言詞或書面陳述，既無從經由具結擔保與反對詰問彈劾檢驗供述證據之內容，影響程序正義甚鉅，亦無益於實體眞實之探求，傳聞法則乃認其原則上不得爲證據。又直接審理主義包含原始證據原則（事實認定應依與待證事實最密切之證據，強調證據之原始性，不得以其他證據代用，屬證據能力問題）與直接調查原則（證據應於爲判決之法官面前親自調查，不得由他人代行，屬證據調查方式之要求）。

(二) 關於機關鑑定所提出之鑑定報告，實務見解向認爲，法院依本法第208條規定囑託醫院、學校或其他相當之機關、團體爲鑑定時，只須其以言詞或書面提出之鑑定報告，符合第206條第1項、第208條所規定之形式要件，即具有證據能力，此即屬於第159條第1項（傳聞法則）所稱「法律有規定」之特別情形。而受託從事鑑定之機關、團體提出之鑑定報告，其證明力如何，則由法院本於確信自由判斷，如其所爲判斷，並不違背經驗法則及論理法則，即不得指爲違法。據此，有無命實際實施鑑定之人到場，以言詞報告或說明之必要，事實審法院自有依具體個案情節斟酌決定之權；至鑑定機關萬芳醫院並無自行審酌拒絕與否之權限。惟此觀點無異架空傳聞法則之內涵且違背直接審理主義之精神，並剝奪被告之交互詰問權與訴訟防禦權，故學者主張該條應解釋爲，鑑定人應到庭以言詞陳述鑑定結果，而於必要時得以書面輔助說明報告；則本例法院囑託萬芳醫院醫學美容中心鑑定後認爲被告甲確有疏失，若被告甲不服請求鑑定醫師出庭接受詰問或詢問，萬芳醫院即應提供實施鑑定之人之身分資料，以供法院傳喚到庭踐行調查程序，不得拒絕被告之請求。

注釋資料：王兆鵬，新刑訴新思維，頁124以下；最高法院92年台上第4003號判決。

何謂罪疑唯輕原則與無罪推定原則？二者間具有何種關係，試申論之。

解碼關鍵

有疑唯利被告&有罪判決確定前，應推定被告無罪。

擬答

一、罪疑唯輕原則

所謂罪疑唯輕原則，又稱「有疑，唯利被告」之原則，係指關於實體犯罪事實之認定，法院若已竭盡所許可之證據方法，而仍無法證明者，應爲對被告有利之認定。亦即，法院依照調查證據之結果，心證上並無法排除有利被告事實之合理懷疑時，就應爲該有利被告事實的認定。現行法雖未明文規定「罪疑唯輕原則」，亦即法律並未要求法院在無法確證之時，必須爲對被告有利之認定。不過，罪疑唯輕原則與無罪推定原則息息相關，同屬法治國刑事訴訟程序下支配刑事裁判之基礎原則。刑事之處罰，乃對於人民基本權之干預行爲，依照法治國原則，在此必須立足法律所定犯罪成立要件，亦即被告的罪責必須獲致充分的確信，否則即屬違法之侵害，此亦爲嚴格證明法則所要求。

二、無罪推定原則

無罪推定原則之涵義，乃是被告在法律上被證明有罪之前，應被推定為無罪。亦即，被告之罪責必須於合乎訴訟規則之程序，被證明至令法院產生確信之心證程度後，法院始能對其為有罪判決；依刑事訴訟法第154條規定：「被告未經審判證明有罪確定前，推定其為無罪。犯罪事實應依證據認定之，無證據不得認定犯罪事實。」又如，「被告犯罪已證明者」，始能諭知有罪（科刑或免刑）判決；反之，「不能證明」則應諭知無罪判決。此之證明，必須到達「有罪判決之確信」之程度，亦即，對於被告犯罪已無任何「合理之懷疑」；反之，法院對於被告有罪一事，存有合理之懷疑，則對於被告犯罪嫌疑並未達到有罪判決之確信程度，應該依照無罪推定與罪疑唯輕原則而判決被告無罪。

三、二者間之關係

罪疑唯輕原則，評價證據之後，亦即依照調查證據程序所得並且以自由心證加以評價之後，方能適用之原則，故並不適用於偵查機關；反之，無罪推定原則支配法院形成有罪確信時點之前之所有程序，包括偵查程序，亦即偵查機關仍然應該遵守無罪推定原則。罪疑唯輕原則之適用，僅存在於「事實領域」的疑問，不包含「法律問題」的疑義。故被告不得主張基於罪疑唯輕原則，法院應採取有利於被告之法律解釋見解。例如，擬闖空門竊盜之被告侵入住宅時，即被屋主捕獲，事實明確而無疑義。法院不能認為依照部分學說見解（認定著手之形式客觀說），其係預備，尚非竊盜未遂，而部分見解（認定著手之主客觀混合說）係未遂，因此依照罪疑唯輕原則，應採有利於被告之法律解釋，從而判處被告不成立竊盜未遂罪。於此，學說究應如何選擇，乃法院本於其法律確信加以裁判之問題，可能採取較不利被告之解釋，但皆與罪疑唯輕原則無涉。

注釋資料：例解刑事訴訟法「體系釋義版」第十二章之焦點「證據裁判主義與證據原則」。

相關試題

檢察官起訴被告甲於夜間侵入乙住宅，意圖竊取財物，構成加重竊盜罪未遂罪名（刑法第321條）。法官最後確認起訴書所載之實體事實成立：「甲意圖竊取財物，故於夜間以萬能鑰匙開啓乙宅公寓大門，適遇巡邏警員撞見。」被告律師雖不爭議該實體事實，但卻抗辯，由於此種情形已否著手，實務學說見解尚有疑問，因此，法官應依罪疑唯輕原則，為對被告有利之認定，亦即判定其行為僅止於預備階段，不能據以判定為未遂犯。試問：抗辯有無理由？又罪疑唯輕與無罪推定原則之關係為何？

考點提示：證據裁判主義，罪疑唯輕之適用範圍（事實爭議與法律爭議）。

試說明刑事訴訟程序不自證己罪原則之內涵。

解碼關鍵

不自證己罪原則於被告之體現爲緘默權，於證人則爲拒證權。

擬答

一、不自證己罪之涵義

不自證己罪原則即任何被告基於個人人格權並非訴訟客體而係訴訟主體，被告既爲訴訟主體乃有權不使自己陷於不利地位致證明自己有罪，其憲法上依據除釋字第384號之實質正當法律程序外，並有人性尊嚴（意思決定與活動自由）之普世價値。其適用對象含括偵審程序之實質被告，惟仍未排除強制處分之忍受義務。

二、被告之不自證己罪

刑事訴訟法爲確保被告不自證己罪之權利，乃於本法明定訊（詢）問被告前應先爲第95條第2款緘默權之告知，第98條嚴禁偵審人員以不正方法突破被告之緘默權，否則因此取得之非任意性自白依第156條第1項即不具證據能力，至有無不正方法之存在，第156條第3項明定由檢察官肩負舉證責任；且縱該自白出於自由意志，亦不得爲有罪判決之唯一證據，以防免偵審人員過度依賴自白，進而誘發渠等使用不正方法以迫使被告放棄不自證己罪之緘默；又若被告行使不自證己罪之緘默，依第156條第4項不得因此推斷其罪行，否則無異剝奪其不證己罪權。

三、證人之不自證己罪

偵查程序中，被告與證人之地位極易混淆難辨，故證人亦可能爲實質被告；爲澈底落實對被告正當法律程序之保障，不自證己罪原則適用於被告之權利即爲緘默權行使（第95條第2款、第98條、第156條第1項），適用於證人之權利即爲拒絕證言權（第186條第2項、第181條）。應注意者，同一程序中證人不得僅就一部事實陳述而就部分事實行使拒絕證言權，此於詰問時亦同（第181條之1）；至不同程序，證人雖於先前或其他程序爲陳述，於另一程序仍得行使拒絕證言權。又被告之不自證己罪可對所有問題概括拒絕答覆，惟證人之不自證己罪需就個別具體問題逐一分別主張，使法官得判斷該問題有無使證人自證己罪之可能性。此外，拒絕證言權屬證人不自證己罪之權利，非當事人所得主張之權利，故若違反第181條及第186條第2項，僅將來不得爲追訴審判該證人之不利證據（此無異以具結程序迫使證人爲眞實陳述，違反第156條第1項規定），然仍得爲本案被告之證據。另共同被告原有之被告權利（包括不自證己罪權利），不因第287條之2而受影響，故未分離審判前，共同被告行使者爲緘默權；分離審判後，其身分轉換爲證人，所行使者則爲拒絕證言權。

注釋資料：林鈺雄，刑事訴訟法（上），頁528以下；王兆鵬，月旦法學第145期，頁178以下。

例題6

甲立法委員涉嫌貪瀆罪，檢察官認為某乙對案件可能知悉，又不確信乙是否為共犯，乃在偵查中以「證人」身分傳喚乙訊問。經過數月偵查後，檢察官相信甲、乙為共犯，將乙列為「被告」而與甲一同提起公訴。假設一、檢察官在訊問乙時，有踐行刑事訴訟法第186條第2項之告知義務。假設二、檢察官在訊問乙時，未踐行刑事訴訟法第186條第2項之告知義務。在假設一、假設二之不同情形，請分別回答：乙在偵查中以「證人」身分所作不利於自己之陳述，在乙為被告之審判中是否得成為證據？ (94台大法研)

解碼關鍵

偵查中被告與證人身分之認定；爲保障證人之不自證己罪權利，應踐行本法第186條第2項之告知。

擬答

一、被告與證人之訴訟權利與地位

被告本於憲法第8條實質正當法律程序與第16條訴訟防禦權之保障，於偵審機關訊問前應受刑事訴訟法第95條之告知，包括犯罪嫌疑與罪名，使其能爲充分之事實與法律防禦，並得行使不自證己罪之緘默權，選任辯護人在場協助及請求調查有利於己之證據，此於證人則否，蓋證人除法律另有規定外，有作證以協助發現實體眞相之義務（本法第176條之1），且其非被告，自無尋求辯護人辯護與請求調查有利證據之必要。由於被告與證人於刑事訴訟程序上之權利有前揭異同，是以，確認進入刑事訴訟程序者究居於被告抑或證人地位即具重要實益，尤其偵查人員除可能非因惡意而未能明確認定兩者之定位，亦可能係爲規避被告所擁有之前開正當法律程序之權利，而惡意使實質被告立於證人地位，藉由剝奪實質被告所應受正當法律程序之保障，以利偵查程序之進行。

二、證人之不自證己罪權利

刑事訴訟法爲澈底保障實質被告之不自證己罪權利，防免偵審人員對實質被告與證人地位之誤判或惡意規避而影響被告防禦之權利，遂於本法第181條規定「證人恐因陳述致自己……，受刑事追訴或處罰者，得拒絕證言」，並於同法第186條第2項規定「證人有第181條之情形者，應告以得拒絕證言」，而爲偵審人員訊問證人前應踐行之告知義務，與本法第95條第2款對被告緘默權之告知義務具相同實益，故若偵審人員有所違反，即屬侵害實質被告之不自證己罪權利。

三、有無踐行第186條第2項告知義務之法律效果

(一) 若檢察官訊問乙時，業已踐行本法第186條第2項之告知義務，因該證人乙之不自證己罪權未受剝奪，是其所爲不利於己之陳述，原則上得爲證據。惟該證人乙另本於正當法律程序應受保障之權利（如受罪名告知、選任辯護人與請求調查有利證據）仍受侵害，故尚應探求檢察官有無蓄意規避本法第95條之告知義務，如爲肯定，即有違反正當法律程序，而無證據能力。本件檢察官認乙可能知悉甲涉嫌貪瀆（惟未能確定其是否爲共犯，似無惡意規避本法第95條告知義務之意），故審判中應認該不利於己之陳述得爲證據。

(二) 若檢察官訊問乙時，未爲本法第186條第2項規定之告知，則證人不自證己罪之權利顯受侵奪，證人於具結擔保與僞證罪刑責之壓制下，其所爲不利於己之陳述即已喪失自由意志而無任意性，審判中應依本法第156條第1項之規定認無證據能力。

注釋資料：同前揭例題3。

相關試題

甲是某縣政府承辦土地徵收之公務員。某日，地檢署接獲民眾告發，指稱縣政府地政局公務員集體收賄，檢察官於是分案，傳喚甲，以「關係人」身分，協助調查。甲認爲自身清白，完全依照地政法規行事，遂未請律師陪同前往。試問：

(一) 偵查庭中，檢察官意外發現覺甲涉嫌重大，並未採信甲對地政法規的法律見解，且檢察官認爲甲大學法律系畢業，故未爲任何權利告知，隨即將其逮捕並聲請羈押，過程是否合法？

(二) 若檢察官自始即懷疑甲涉嫌重大，但欠缺具體事證，於事先以「關係人」傳喚，打算取供後再將其起訴，此種訴訟技巧是否合法？（97政風）

考點提示：同上揭例題6。

例題7

試就刑事訴訟法規定，說明訊問被告之方法程序及訊問後可生如何之效力？

例題8

甲於赴友人喜宴後，深夜酒醉駕車不慎將騎乘機車之乙撞死，交通員警完成肇事現場處理後，旋將甲帶回警局製作警詢筆錄，則司法警察於對甲行詢問時，應依循何方法與程序？如果經起訴後，法院對被告甲之訊問方法與程序有無相同？

解碼關鍵

告知義務踐行、不正方法&夜間詢問之禁止、全程連續錄音錄影、證據強制排除。

擬答

為保障被告本於憲法第8條實質正當法律程序與第16條之訴訟防禦權，訊問被告應遵循如下程序：

一、訊問被告之程式

(一) 人別訊問

訊問被告，應先詢問其姓名、年齡、籍貫、職業、住、居所，以查驗其人有無錯誤，如係錯誤應即釋放（刑事訴訟法第94條）。

(二) 告知義務之踐行（此項踐行開啓被告正當法律程序之保障，如有違反分依第156條第1項或第158條之2之規定）

訊問被告應先告知下列事項（第95條）

1. 犯罪嫌疑及所犯所有罪名。罪名經告知後，認為應變更者，應再告知。
2. 得保持緘默，無須違背自己之意思而為陳述。
3. 得選任辯護人。
4. 得請求調查有利之證據。

(三) 連續陳述與隔別訊問

訊問被告，應與以辨明犯罪嫌疑之機會；如有辨明，應命就其始末連續陳述；其陳述有利之事實者，應命其指出證明之方法（第96條）；對於被告所為之陳述，並應於筆錄內明確記載（第100條）。被告有數人時，應分別訊問之；其未經訊問者，不得在場。但因發現眞實之必要，得命其對質（第97條）。

(四) 不正訊問之禁止（違反依第156條第1項之規定）

訊問被告應出以懇切之態度，不得用強暴、脅迫、利誘、詐欺、疲勞訊問或其他不正之方法（第98條）。

(五) 通譯之使用

被告為聾或啞或語言不通者，得用通譯，並得以文字訊問或命以文字陳述（第99條）。

(六) 全程錄影錄音（違反有認依第100條之1第2項或依第156條第1項或依第158條之4或類推適用第158條之2第1項）

訊問被告，應全程連續錄音；必要時，並應全程連續錄影。但有急迫情況且經記明筆錄者，不在此限（第100條之1）。

(七) 夜間詢問之禁止（違反依第158條之2第1項及但書）

刑事訴訟法原則上禁止司法警察或司法警察官，於夜間詢問犯罪嫌疑人，但有下列情形者，則例外允許之（第100條之3）：

1. 經受詢問人明示同意者。
2. 於夜間經拘提或逮捕到場而查驗其人有無錯誤者。
3. 經檢察官或法官許可者。
4. 有急迫之情形者（須符合重罪、適當、急迫與必要等條件）。

除此，司法警察（官）對犯罪嫌疑人之詢問程序依本法第100條之2準用前揭(一)～(六)之規定。又若係羈押審查，則禁止於深夜訊問被告（第93條第5項）。

二、訊問後之效力

(一) 訊問被告所得之供述即爲自白，如經嚴格證明程序之調查，且無刑事訴訟法第156條之不正訊問及違反上述訊問方法情形，並與事實相符，即得爲證據。但不得作爲有罪判決之唯一證據，仍應調查其他必要之補強證據，以察其是否與事實相符。

(二) 無論偵查或審判中對被告實施羈押之強制處分前，須先以訊問被告爲前提程序，此參諸本法第93條、第101條第1項、第101條之1之規定即明。

注釋資料：例解刑事訴訟法「體系釋義版」第五章之「刑事訴訟法對被告正當法律程序之保障體系表」。

答題架構：

一、被告本於憲法第8條正當法律程序與憲法第16條訴訟防禦權，具有不自證己罪之緘默權、受事實罪名告知權、選任辯護權及聲請調查有利證據權。

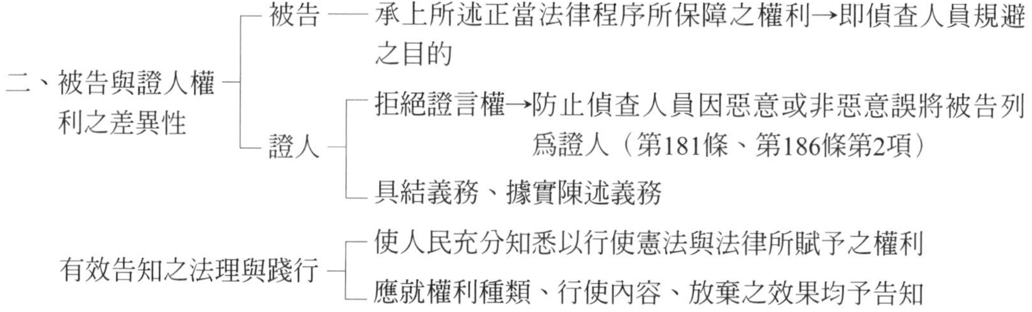

三、檢察官錯置被告與證人地位違法訊問之效果

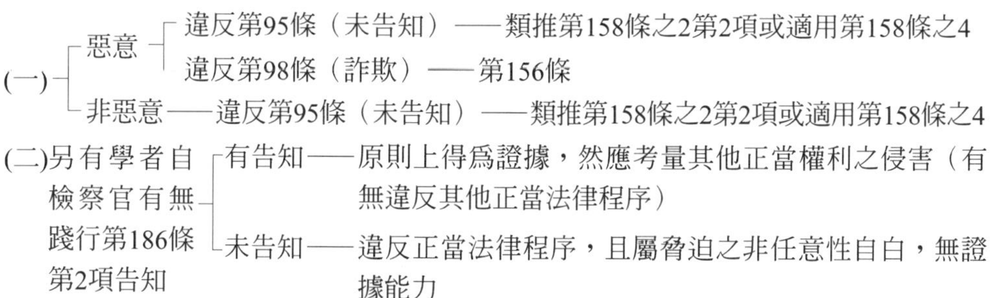

注釋資料：例解刑事訴訟法「體系釋義版」第十二章之焦點「被告地位之認定」。

相關試題

甲涉嫌於晚間在街上販賣毒品，被巡邏員警乙逮捕，乙當場對甲進行相關偵訊。請問：甲於接受偵訊時，依刑事訴訟法相關規定，得主張何種權利？乙在何種情況下，才能對甲加以夜間詢問？（95政風）

考點提示：同前揭例題7。

例題9

乙因遭蒙面歹徒侵入私宅強制性交，檢察官幾經調查乃以證人身分傳訊乙之前任男友甲，檢察官認甲涉嫌重大，惟為避免甲有所警覺無法取得其供述，故自始均以證人身分訊問，迨至偵查終結始將甲改列被告提起公訴，並引用甲不利己之供述為證；試問：

(一)檢察官踐行之程序合法否？

(二)法院得否採甲於偵查中之陳述為裁判基礎？

解碼關鍵

被告與證人權利義務之差異&錯置之違反效果。

擬答

一、被告與證人在刑事訴訟上地位及法律上之權利與義務

(一) 被告在刑事訴訟上之權利義務

1. 權利：聽審權、辯護權、在場權、聲請調查證據權、對質與詢問與詰問權、救濟權、緘默權及自由陳述權，此等權利藉由刑事訴訟法第95條告知義務之踐行而開啓，均屬憲法第8條正當法律程序所保障之權利。
2. 義務：在場、對質、忍受強制處分之義務。

(二) 證人在刑事訴訟上之權利義務

1. 權利：領取證人旅費、有限制之拒絕證言權利（包含不自證己罪）及不具結權利。
2. 義務：到場、陳述、具結眞實之義務。

(三) 小結

綜上可知，被告與證人之訴訟上權利保護有甚爲明顯差異，惟因於偵查中極易爲偵查人員規避法律所利用，致犯罪嫌疑人無形中喪失法律程序對其所爲之保障，故偵查中被告地位形成之判定，不應任由偵查人員主觀認知，而應藉由客觀程序進行之種類與程度爲斷（如羈押實施對象即可認其被告地位形成）；被告地位一旦形成即應踐行本法第95條告知義務而啓動其權利保障程序。故本件檢察官之偵查程序即不合法。

二、違反效果

檢察官違反本法第95條告知義務乃有本法第158條之2之適用，且隱瞞心中真意而蓄意詐欺甲使其陷於錯誤而為陳述，亦違反本法第156條第1項之不正訊問禁止之規定，則甲於偵查中之自白供述即屬證據絕對禁止之範疇而不具證據能力，法院不得採為判決基礎。

注釋資料：林鈺雄，刑事訴訟法實例研習，頁3以下。

例題10

檢察官偵查某乙涉嫌犯罪中，得知某甲亦有犯罪嫌疑，惟為規避踐行刑事訴訟法第95條所定之告知義務，故意不以被告身分傳喚某甲到案訊問，而以證人身分傳喚某甲到庭，命其以證人身分具結並為陳述之後，始採取該證言中不利於某甲之部分，作為某甲犯罪之證據，對某甲提起公訴。試問：某甲作證時所陳述不利於己之證言，有無證據能力？理由安在？　(97司法事務官)

解碼關鍵

區分偵查機關錯置被告與證人地位之善惡意，及有無踐行本法第186條之告知義務。

擬答

一、被告於偵查中之權利保障

按被告本於憲法第8條正當法律程序與不自證己罪原則之保障，其於受國家司法偵查機關訊問時得享有如下權利：合法訊問程序（刑事訴訟法第95條告知義務踐行，含犯罪嫌疑與所犯罪名、得保持緘默，選任辯護人，請求調查有利證據；第98條不正訊問方法禁止；第100條之1全程連續錄音或錄影；第100條之3夜間詢問禁止、第93條第5項羈押審查深夜訊問禁止等）、緘默權、選任辯護權（第27條）、請求調查有利證據權、對質詰問權（第97、248條）、救濟權（如第416條對檢察官強制處分之準抗告等）。

二、被告地位之認定

次按上開憲法正當法律程序權利與不自證己罪原則之適用，非僅限於形式被告而應包含具有實質被告身分者，如於刑事訴訟偵查程序中經列為證人與關係人者，故刑事訴訟法第181條乃規定有證人之拒絕證言權以為落實，防免偵查機關因偵查需求性或因疏忽或因為惡意規避實質被告行使正當防預權利等考量，而誤以證人或關係人身分傳喚之，致該實質被告之憲法基本權利蒙受不當之侵害，致使其違反自由意志而為非任意性自白或不利陳述。

三、案例解析

本題案例所示可區分偵查機關將實質被告錯置為關係人（或證人）究屬惡意與否為不

同論述：

(一) **偵查機關惡意規避被告正當法律程序權利**：此顯係以詐欺之不正手段取得實質之自白證據，若又未踐行本法第186條告知義務，使之知悉第181條之拒絕證言權，即令其具結而為陳述者，亦屬以脅迫之不正方法取得非任意性自白，依本法第156條第1項之規定自無證據能力。

(二) **偵查機關非惡意之錯置**：

1. 發現錯置前：若已踐行本法第186條告知義務使之知悉行使第181條之拒絕證言權，雖對其正當法律程序之其他權利（如辯護權、對質詰問權等）未盡周延之保障，然因該自白陳述具任意性，原則上得為證據。反之若未踐行此項拒絕證言權之告知而令其具結陳述者，乃屬上開脅迫之不正方法所取得之非任意性自白，自無證據能力。
2. 發現錯置後：偵查機關發現該關係人或證人實為被告時，即應轉換其訴訟地位，踐行本法第95條之告知義務，並確保前揭正當法律程序之落實，否則即有本法第158條之2第1項規定之違反，亦即除能証明該自白係出於自由意志（已屬非惡意違反）外，原則上無證據能力。

注釋資料：例解刑事訴訟法「體系釋義版」第五章之「偵查程序中被告與證人地位之轉換體系表」。

例題11

試論述嚴格證明程序之審理原則為何？又言詞審理主義有何例外？

解碼關鍵

直接&言詞&公開&集中審理原則；言詞審理之例外為書面審理&不待陳述之審理。

擬答

一、嚴格證明程序之內涵

按刑事訴訟法之通常審判程序採嚴格證明程序，必以經法院判斷具證據能力且經審判庭於直接、言詞、公開、集中審理原則下，依法定證據方法（被告、證人、鑑定人、勘驗、文書、影音）與法定調查程序為合法調查後，方得憑自由心證方法評價證據證明力之可信價值，以採為判決基礎。

(一) **直接審理主義**：強調證據調查之直接性與證據內容之原始性，亦即應使調查證據之法院與兩造當事人均得直接檢驗原始證據，以確保證據之眞實性與審判結果之正確性，並保障被告之訴訟防禦權（如對質詰問權）。

(二) **公開審理原則**：藉由不特定人得自由旁聽之公開審判，得以對審判法官形成監督制衡，確保其踐行合法公正之審判程序，避免其專斷濫權。

(三) 集中審理原則：促使法院持續不間斷地進行證據調查、言詞辯論等審判程序，以期法院對任何採為判決基礎之證據皆得保有明確深刻之心證印象，達成實體眞實發現之目的，故若兩次審判期日相隔逾十五日以上，即應更新審理。

(四) 言詞審理原則：惟以言詞進行刑事訴訟之審理，兩造當事人方有就事實法律爲辯論與陳述意見之機會，被告之訴訟防禦權亦方得落實，此爲憲法聽審權之表徵，故除有特別規定外，應行兩造辯論方始得爲判決。

二、言詞審理之例外

依言詞審理原則，兩造當事人須到場辯論或陳述意見，惟其例外情形下，得不經言詞審理：(一)不待某造陳述之言詞審理：1.法院認爲應科拘役、罰金或應諭知免刑或無罪之案件，被告心神喪失、因疾病不能到庭、經合法傳喚不到庭或被告拒絕陳述、未受許可退庭者；2.自訴人於辯論終結前，喪失行爲能力或死亡，且無承受訴訟之人或逾期不爲承受者；3.第二審上訴，被告經合法傳喚無正當理由不到庭者。

(二)書面審理：1.免訴、不受理或管轄錯誤判決；2.第二審法院認爲上訴不合法而駁回上訴之判決，以及第二審法院對於原審法院諭知管轄錯誤、免訴或不受理之判決上訴時，認其無理由而駁回上訴，或認爲有理由而發回該案件之判決；3.爲受判決人之利益聲請再審之案件，受判決人已死亡或於再審判決前死亡者；4.第三審法院、非常上訴、簡易處刑、協商之判決。

注釋資料：例解刑事訴訟法「體系釋義版」第二章之「刑事訴訟之基本原則體系表」。

何謂證據能力？何謂證據證明力？傳聞法則中所稱可信性情況保證係指證據能力抑或證據證明力？

解碼關鍵

證據未經排除而具證據能力，再經合法調查方得評價其證明力；可信性情況保證指證據能力。

擬答

一、嚴格證明法則

按嚴格證明法則下之刑事訴訟審判，以具證據能力且經合法調查之證據，並以該證據之證明力足始法院產生確信之心證，始得爲被告有罪之判決。此方符合證據裁判主義下無罪推定與罪疑唯輕原則之要求。

二、證據能力

次按所謂證據能力乃指該證據與待證事實具關聯性且未經證據排除法則之禁止（刑事訴訟法第156條第1項、第158條之3、第158條之4、第159條第1項、第160條等），而具有提呈於審判法庭接受調查之資格而言，如被告未經使用不正方法之任意性自白，又如證人經具結之合法供述皆屬之。至所謂之證據證明力則指具證據能力並經法院依法定證據方法（被告、人證、鑑定人、勘驗、文書、影音）與法定調查程序之合法調查，再由法院於不違背經驗法則、論理法則（第155條第1項但書），自白補強法則（第156條第2項），緘默推斷禁止法則（第156條第3項），審判筆錄準據法則（第47條），暨憲法平等原則下，依自由心證方法判斷評價證據之可信價值。

三、可信性情況保證

刑事訴訟法於傳聞法則規定中所稱之「可信性情況保證」，係謂證人於審判外陳述時之外在環境（外部情況）無不當干預而具任意性與信用性，非指該供述內容之證明力，否則無異先以該供述證據具證明力，方再據認定其證據能力，即與前揭所述之嚴格證明法則暨證據理論相違。

注釋資料：例解刑事訴訟法「體系釋義版」第十二章之「證據之概念層次體系表」；林鈺雄，台灣法學第119期，頁114。

例題13

依92年修正之刑事訴訟法規定，當事人（檢察官、自訴人、被告或犯罪嫌疑人）或訴訟關係人（告訴人、辯護人）得分別於審判或偵查程序中聲請證據保全，試說明其內涵、程式與執行為何？

解碼關鍵

依本法第219條之1至之8規定。

擬答

按證據保全係基於預定提出供調查之證據有湮滅、僞造、藏匿或礙難使用之虞時，爲能有助實體眞實發現與保障被告防禦權之目的，依訴訟進行之階段，由告訴人、被告、犯罪嫌疑人或辯護人向檢察官，或由當事人、辯護人向法院提出聲請，使檢察官或法院爲一定之保全處分，此等爲防止證據滅失或發生礙難使用情形之預防性措施，即類同急迫搜索、扣押及羈押之強制處分之部分法定理由般，在確保刑事追訴、審判程序之順暢進行。依修正新法所設計之證據保全程式可因訴訟進行之階段爲偵查或審判而異：

一、偵查中之證據保全

由告訴人、犯罪嫌疑人、被告或辯護人向該管檢察官或調查中司法警察（官）所屬機關所在地之地方法院檢察署檢察官以書狀載明法定事項並釋明理由，聲請爲搜索、扣押、鑑定、勘驗、訊問證人或其他必要保全處分，此時檢察官除認聲請不合法或無理由予以駁回外，基於保全證據之急迫性，應於五日內爲保全處分；惟縱檢察官駁回聲請或未於五日內爲保全處分，聲請人尙得逕向該管法院聲請保全證據以資救濟，法院對該聲請於徵詢檢察官之意見後，倘認不合法律程序得命補正，法律上不應准許或無理由者，應以裁定駁回，若有理由則爲准許保全證據之裁定（本法第219條之1至之3、之5參照）。

二、審判中之證據保全

限第一審法院審判中，由被告、辯護人、檢察官或自訴人在第一次審判期日前聲請法院或受命法官爲之，其聲請程式與裁定情形則與偵查階段同（第219條之4參照）。至第一次審判期日後或第二審審判中，若有保全證據之必要者，立法理由謂於審判期日聲請法院調查證據已足，然保全證據與調查證據之性質迥然有異，證據既有湮滅、僞造、變造、隱匿或礙難使用之虞，而有亟欲保全之急迫情事，如何能待審判期日再行聲請調查？故是項限制規定實有商榷餘地。

三、證據保全之執行

偵查中檢察官欲爲保全處分，除搜索處分可能有令狀搜索需另向法院聲請搜索票，或急迫搜索另於事後呈報法院審查外，其執行應無困難；至若係偵查或審判中經法院裁定准許之保全處分，依新法第219條之8明文準用本法搜索、扣押、證據與訊問之相關規定即可，而實施保全證據程序中，原則上聲請人並有在場權（本法第219條之6參照）。

注釋資料：柯耀程，月旦法學第97期，頁41以下；黃朝義，刑事訴訟法，頁317以下。

例題14

試依我國刑事訴訟法之規定，說明訴訟當事人之舉證責任分配為何？

解碼關鍵

檢察官&自訴人就犯罪事實負舉證責任，被告對抗辯負舉證責任。

擬答

按依刑事訴訟法第3條之規定，本法稱當事人者，謂檢察官、自訴人及被告。其有無舉證責任，茲分述如下：

一、檢察官

依刑事訴訟法第161條之規定，檢察官就被告犯罪事實，應負舉證責任。明定檢察官有舉證責任，就檢察官提起公訴而言，於起訴書固應列舉犯罪事實及犯罪證據，在審判中檢察官亦應到庭執行職務，對於證人、鑑定人，與被告及辯護人同有直接詢問、詰問及覆問之權，並聲請法院調查證據，是均說明檢察官有舉證之責，且依同法第154條第1項無罪推定原則觀之，益證檢察官應舉證以推翻該對被告無罪之推定。茲將其舉證範圍列說如下：

(一) 犯罪構成要件該當之事實。

(二) 被告抗辯阻卻違法或阻卻責任時。

(三) 客觀處罰案件與刑罰加重事由。

(四) 訴訟條件經被告抗辯不存在時。

二、自訴人

所謂自訴，指犯罪之被害人，對於特定被告之特定犯罪事實，逕向法院請求確定其刑罰權之有無及其範圍而提起之訴，提起自訴之人稱爲自訴人。自訴人有無舉證之責任，有不同之見解：

(一) 肯定說

1. 刑事訴訟法第161條檢察官應負舉證責任之規定，係總則編之規定，於自訴程序亦應準用之。
2. 爲防止濫行自訴，故自訴人應負舉證責任。
3. 貫徹舉證責任之目的，避免刑事訴訟制度之分裂。

(二)否定說

1. 自訴人無強制處分權，蒐集調查證據較困難。
2. 命自訴人舉證有抑制自訴之嫌。

(三) 現行法規定

刑事訴訟法明定自訴之提起與進行均應委任律師代理，且自訴狀應載明犯罪事實及證據並所犯法條（第319條第2項、第320條第2項、第329條第1項參照）觀之，顯認自訴人應負舉證責任無疑。

三、被告

被告雖有提出證據之權利，但依本法第154條、第156條第4項、第161條第1項規定無舉證之義務，法院不得以被告保持緘默未提出相當之證據而遽爲被告不利之認定。另依本法第96條規定「訊問被告，應予以辨明犯罪嫌疑之機會……」、第161條之1規定「被告得就被訴事實指出有利之證明方法」、第288條之1第2項並明定「審判長應告知被告得提出有利之證據」，均明示被告訴訟上之權利及法院之照料義務。

注釋資料：吳巡龍，月旦法學第133期，頁22以下。

例題15

甲臨時起意赴某觀光夜市吃消夜，途中適逢A與B兩幫派在鄰近公園聚眾鬥毆，甲素來對A幫派較有好感，故在場為A幫派助勢；有路人報警將幫派分子多人及甲逮捕，檢察官並對甲起訴論以刑法第283條之罪，認甲應對B幫派分子乙之重傷負責。甲主張其適逢路過並未下手實施傷害，故不應對乙之重傷負責；但警方調閱公園中之錄影帶，卻清楚顯示甲有在場助勢之行為。試問法院應如何審理此案件？請依刑事訴訟法之規定，詳述檢方及辯方的舉證責任：包括其必要性、順序、層次及範圍。

解碼關鍵

同上揭例題14。

擬答

一、法院之審理方式

(一) 依刑法第283條規定，聚眾鬥毆致人於死或重傷者，在場助勢而非出於正當防衛之人，處三年以下有期徒刑，下手實施傷害者，仍依傷害各條之規定處斷。其中「致人於死或重傷」之要件，依通說見解屬於客觀處罰條件，亦即以客觀上存在該事實爲處罰行爲人之要件，至行爲人主觀對該客觀事實有無認識，則非所問。同法第278條規定，使人受重傷者，處五年以上十二年以下有期徒刑。本例設若被告甲有下手實行毆打或幫助實行毆打之行爲導致乙受重傷者，甲應成立刑法第283條後段、第278條之聚眾鬥毆重傷罪；如其確未下手，則成立同法第283條前段之聚眾鬥毆助勢罪。本例依現場影帶顯示，甲僅有在場助勢行爲，並無造成被害人重傷之其他犯行，檢察官卻認甲應對B幫派分子乙之重傷負責，顯係以刑法第283條後段聚眾鬥毆重傷罪起訴，該起訴適用法律即有違誤，法院審理後，如認犯罪事實明確，則應於踐行變更罪名之告知義務後，變更起訴法條，改論以同法第283條前段聚眾鬥毆在場助勢罪處斷。

(二) 被告甲所涉犯之聚眾鬥毆助勢罪，屬刑事訴訟法第376條第1款最重本刑三年以下有期徒刑之罪，依同法第284條之1反面解釋，得適用自由證明程序之簡易訴訟制度審判，故受命法官應於準備程序依同法第273條第1項規定：「法院得於第一次審判期日前，傳喚被告或其代理人，並通知檢察官、辯護人、輔佐人到庭，行準備程序，爲下列事項之處理：一、起訴效力所及之範圍與有無應變更檢察官所引應適用法條之情形。二、訊問被告、代理人及辯護人對檢察官起訴事實是否爲認罪之答辯，及決定可否適用簡式審判程序或簡易程序。三、案件及證據之重要爭點。四、有關證據能力之意見。五、曉諭爲證據調查之聲請。六、證據調查之範圍、次序及方法。七、命提出證物或可爲證據之文書。八、其他與審判有關之事項。」決定應否變更檢察官之起訴罪名，並訊問被告是否為有罪答辯，以決定適用簡式或簡易程序與否（依當事人進行主之精神，協商程序僅得由檢察官發動），同時就案件之重要爭點（事實與法律）、證據能力之判斷、調查證據之範圍次序及方法等為處理。

二、舉證責任分配與範圍

(一) 依刑事訴訟法第161條之規定，檢察官就被告犯罪事實，應負舉證責任。明定檢察官有舉證責任，就檢察官提起公訴而言，於起訴書固應列舉犯罪事實及犯罪證據，在審判中檢察官亦應到庭執行職務，對於證人、鑑定人，與被告及辯護人同有直接詢問、詰問及覆問之權，並聲請法院調查證據，是均說明檢察官有舉證之責，且依同法第154條第1項無罪推定原則觀之，益證檢察官應舉證以推翻該對被告無罪之推定。茲將其舉證範圍列說如下：1.犯罪構成要件該當之事實；2.被告抗辯阻卻違法或阻卻責任時；3.客觀處罰案件與刑罰加重事由；4.訴訟條件經被告抗辯不存在時。實務見解亦指出，刑事訴訟法第161條已於民國91年2月8日修正公布，其第1項規定：檢察官就被告犯罪事實，應負舉證責任，並指出證明之方法。因此，檢察官對於起訴之犯罪事實，應負提出證據及說服之實質舉證責任。倘其所提出之證據，不足為被告有罪之積極證明，或其指出證明之方法，無從說服法院以形成被告有罪之心證，基於無罪推定之原則，自應為被告無罪判決之諭知（最高法院92年台上字第128號判例參照）。

(二) 辯方（被告與辯護人）雖有提出證據之權利，但依本法第154條、第156條第4項、第161條第1項規定，並無就犯罪事實之不存在負舉證之義務，法院不得以被告保持緘默未提出相當之證據而遽為被告不利之認定。另依本法第96條規定「訊問被告，應予以辯明犯罪嫌疑之機會……」、第161條之1規定「被告得就被訴事實指出有利之證明方法」，第288條之1第2項並明定「審判長應告知被告得提出有利之證據」，均明示被告訴訟上之權利及法院之照料義務。惟若檢察官已舉證證明構成犯罪該當事實與客觀處罰條件存在，而辯方提出阻卻違法或罪責事由抗辯時，該阻卻事由之有無即應由辯方負舉證責任。

(三) 綜上所陳，本例檢察官應對被告甲「在場助勢」及「客觀上有他人聚眾鬥毆至人於死或重傷」之事實，肩負舉證責任。至被告若主張有刑法第283條規定之正當防衛情事者，則應由辯方舉證證明之。

注釋資料：例解刑事訴訟法「體系釋義版」第十二章之「檢察官舉證責任之內涵體系表」。

何謂起訴駁回？依法應如何為之？如檢察官「依法補正」後，法院仍認為不足，是否可直接「駁回起訴」？

解碼關鍵

起訴審查之目的在於防止濫行起訴，並令檢察官補正事證之制度；無罪判決較不受理更利於被告。

擬答

一、起訴審查制

按刑事訴訟法第161條第2項規定，法院於第一次審判期日前，認爲檢察官指出之證明方法顯不足認定被告有成立犯罪之可能時，應以裁定定期通知檢察官補正，逾期未補正者，得以裁定駁回起訴，此即學理上所稱之起訴審查制，乃爲促使檢察官落實舉證責任並防止其濫行起訴，以免被告承受不必要之訟累，再參酌本法有關檢察官對司法警察（官）移送案件之退案審查制度精神及美德法制而爲前開增訂，且若檢察官未撤回起訴或逾期未補正證明方法時，並賦予一定法律效果，即增訂之本條第4項之規定。惟就本條文之增修，有認己違反無罪推定原則，蓋檢察官未補正或撤回時，法院裁定駁回而非判決無罪，如此檢方仍再行起訴，起訴後逕諭知不受理判決，檢方尚得上訴，反增加被告之訟累，顯非有利於被告。

二、起訴審查之標準

次按依法準備程序似仍可爲起訴審查，顯有不妥。又法院之審查程序究應以言詞爲之抑僅須書面審理，似有不同意見，學者有謂書面審查即可，司法院頒行之「法院辦理刑事訴訟案件應行注意事項」第95點規定「……法院於第一次審判期日前，審查檢察官起訴或移送併辦意旨及全案卷證資料……」，亦採此見解，另有學者認對龐雜案件爲能明確釐清，法院自得通知檢察官以言詞說明其證據方法，而非僅限書面審理，況所稱第一次審判期日前，顯然業經調查程序之案件仍有起訴審查制之適用，而調查程序當然以言詞爲之，雖因此有扭曲立法本旨之虞，惟就文義以觀，仍應爲是解釋，且本法既未明文排除言詞審理，當應肯定其適用。至所謂「指出之證明方法」，最高法院91年第4次刑事庭決議認應包括「指出調查之途徑，與待證事實之關聯及證據之證明力等事項」；有爭議者乃法院之審查標準，亦即法院以如何之標準認定檢察官指出之證明方法顯不足認定被告有成立犯罪之可能？依法院頒行之上開注意事項第95點謂「依客觀之論理與經驗法則，從形式上審查客觀上可立即判斷檢察官舉出之證明方法根本不足認定有成立犯罪之可能而言」；王兆鵬師則舉美國各州主要之審查標準有二，其一爲「相當理由」，乃如通常謹慎之人，對被告會形成有罪的強烈懷疑，即具備相當理由；其二爲「證據之形式上有罪」，指就已存之證據，即令毋須詮釋，也足以擔保有罪判決之成立，其認我國宜採後項見解。林鈺雄師另認應依起訴事證可明顯判斷未達起訴法定門檻（依偵查所得證據足認被告有犯罪嫌疑），且案件不符法定起訴門檻須達極其明顯之程度，亦即該制度之目的不在替代無罪判決，僅爲離譜控制之作用。

三、補正不足之處理

因起訴審查制於檢察官指出之證明方法顯不足以認定被告有成立犯罪之可能時，尙予檢察官有補正之機會而非爲無罪判決，雖有避免濫行起訴之作用，惟卻可能因之使被告蒙受訴訟上之不利益，故學者多主張於起訴審查時，宜從寬爲之，倘檢察官補正結果，法院尙有所不足，應使該案件進入審判程序，嗣再於審理調查後爲無罪判決，蓋無罪判決較諸駁回裁定與檢察官再行起訴後之不受理判決，對被告更形有利。

注釋資料：例解刑事訴訟法「體系釋義版」第十二章之焦點「起訴審查制之相關探討」。

被告或犯罪嫌疑人之自白，於哪些情形下，無證據能力？

解碼關鍵

同前揭例題7&毒樹果實繼續性效力。

擬答

一、證據能力

按任何提呈於法院之證據資料均須與待證事實具關聯性，且未經證據排除法則排除或禁止者，亦即具證據能力之證據資料始得提出於法庭接受合法調查，此觀諸刑事訴訟法（下稱本法）第155條第2項及大法官會議釋字第582號解釋自明，被告自白依本法第156條第2項規定既得爲法院認定事實之證據，依前揭說明，自當先具備證據能力始得於審判期日提出。

二、證據排除法則與被告自白

次按證據排除法則於自白證據能力之認定，可概分爲違法取證與毒樹果實理論，茲分述如下：

(一) 自白之違法取證

1. 被告之自白，出於強暴、脅迫、利誘、詐欺、疲勞訊問、違法羈押或其他不正之方法，縱與事實相符者，不得爲證據，即無證據能力（本法第156條第1項反面）。
2. 違背本法第93條之1第2項法定障礙期間不得訊問之規定、第100條之3第1項夜間不得詢問之規定，檢察事務官或司法警察（官）詢問受拘提逮捕之被告或犯罪嫌疑人，未盡本法第95條第2款或第3款之告知義務，此等取得之被告自白亦無證據能力（本法第158條之2）。
3. 檢察事務官、司法警察（官）詢問未經拘提逮捕之被告或犯罪嫌疑人，或法官、檢察官訊問被告，未盡本法第95條所列各款之告知義務，亦得認定該自白無證據能力（類推本法第158條之2）。

4. 訊問（詢問）被告筆錄所記載之被告陳述與錄音或錄影之內容不符者，除有特別規定外，其不符部分之自白亦無證據能力（本法第100條之1第2項）。此外，如係該自白筆錄完全未經錄音或錄影者，通說見解認爲除檢察官得舉證證明該被告自白出於自由意志外，應推定該自白不具任意性而無證據能力。

(二) 毒樹果實理論

1. 繼續性效力：被告於警詢中因受不正方法而爲非任意性自白，則其嗣於檢察官偵訊中之自白，縱未經施以不正方法，惟因此際被告已受前揭不正方法繼續作用之影響，毒樹果實理論乃認該偵訊自白已無任意性而不具證據能力。
2. 放射性效力：學者有認若被告係經違法拘捕，則其到案後所爲之自白，係自該違法拘捕所衍生之證據，本於毒樹果實放射性效力，該自白縱無不正方法之存在，亦無證據能力。

注釋資料：林鈺雄，刑事訴訟法實例研習，頁108以下；黃朝義，刑事訴訟法證據篇，頁60。

例題18

被告之自白具證據能力之要件為何？證人之供述具證據能力之要件為何？

解碼關鍵

同上揭例題17&證人供述需符合具結、傳聞法則、意見法則之規定。

擬答

一、證據排除法則與被告自白

次按證據排除法則於自白證據能力之認定，可概分爲自白之違法取證與毒樹果實理論，茲分述分下：

(一) 自白之違法取證

1. 被告之自白，出於強暴、脅迫、利誘、詐欺、疲勞訊問、違法羈押或其他不正之方法，且與事實相符者，不得爲證據，即無證據能力（本法第156條第1項反面）。
2. 違背本法第93條之1第2項法定障礙期間不得訊問之規定，第100條之3第1項夜間不得詢問之規定，檢察事務官或司法警察（官）詢問受拘提逮捕之被告或犯罪嫌疑人，未盡本法第95條第2、3款之告知義務，此等取得之被告自白亦無證據能力（本法第158條之2）。
3. 檢察事務官、司法警察（官）詢問未經拘提逮捕之被告或犯罪嫌疑人，或法官、檢察官訊問被告，未盡本法第95條所列各款之告知義務，亦得認定該自白無證據能力（類推適用本法第158條之2或適用第158條之4）。

4. 訊問（詢問）被告筆錄所記載之被告陳述與錄音或錄影之內容不符者，除有特別規定外，其不符部分之自白亦無證據能力（本法第100條之1第2項）。此外，如係該自白筆錄完全未經錄音或錄影者，通說見解認為除檢察官得舉證證明該被告自白出於自由意志外，應類推適用本法第158條之2，原則上推定該自白不具任意性而無證據能力。
5. 警詢筆錄原則上應由行詢問以外之人製作（本法第43條之1），違反時，類推適用本法第158條之2。

(二) 毒樹果實理論

1. 繼續性效力：被告於警詢中因受不正方法而為非任意性自白，則其嗣於檢察官偵訊中之自白，縱未經施以不正方法，惟因此際被告已受前揭不正方法繼續作用之影響，毒樹果實理論乃認該偵訊自白已無任意性而不具證據能力。
2. 放射性效力：學者有認若被告係經違法拘捕，則其到案後所為之自白，係自該違法拘捕所衍生之證據，本於毒樹果實放射性效力，該自白縱無不正方法之存在，亦無證據能力。

二、證據排除法則與證人供述

(一) 按證人之觀察、知覺、記憶、表達與真誠性均具有高度不可靠性，故其供述內容須藉具結擔保與交互詰問檢驗提高其憑信性，證人於審判外之陳述屬傳聞證據，未得藉由具結擔保與交互詰問檢驗降低其虛偽風險，傳聞法則乃謂傳聞證據除有例外情形者，即無證據能力。另證人供述之價值在其對待證事實之親身見聞與經歷，故若屬個人意見或推測之詞，原則上亦不得為證據。

(二) 綜上所述，證人供述應於供前供後具結（第158條之3）、符合傳聞法則（第159至159條之5）及意見法則（第160條），方具證據能力。

注釋資料：例解刑事訴訟法「體系釋義版」第十二章之「證據能力與證據排除法則體系表」。

例題19

甲經檢察官起訴瀆職罪，在偵查與審判中皆經裁定羈押。審判長在審判中訊問甲時，明白向甲表明：「如果你否認犯行，將續行羈押且禁見；若坦承犯行，馬上可讓你交保出去」，甲因此坦承犯行。問甲之陳述是否得為證據？法理基礎為何？（97司法官）

解碼關鍵

被告自白之任意性法則、預防性法則&嚇阻性法則。

擬答

按刑事訴訟法第98條與第156條第1項規定，「訊問被告應出以懇切之態度，不得用強暴、脅迫、利誘、詐欺、疲勞訊問或其他不正之方法」、「被告之自白，非出於強暴、脅迫、利誘、詐欺、疲勞訊問、違法羈押或其他不正之方法，且與事實相符者，得爲證據」，亦即被告自白必須具備任意性與眞實性，該自白始有證據能力。惟此標準究應如何解釋，實務與學說見解不一，茲分述如下：

一、被告自白證據能力之實務見解

(一) 最高法院95年度台上字第1365號

若被告先前受上開不正之方法，精神上受恐懼、壓迫等不利之狀態，有事實足證已延伸至其後未受不正方法所爲之自白時，該後者之自白，仍不具有證據能力。從而被告於司法警察詢問之自白，有無以不正方法取供？該等不正之方法，是否已延伸至檢察官偵訊時猶使被告未能爲任意性之供述？審理事實之法院，遇有被告對於提出非任意性之抗辯時，應先於其他事實而調查，苟未加調查，遽行採爲有罪判決所憑證據之一，即有違背證據法則之違法。

(二) 最高法院94年度台上字第2997號

被告在檢察官訊問時承認犯行，是否屬非任意性之自白，端視該自白是否係出於被告自由意思之發動而定，與調查人員先前是否曾以不正方法使被告爲非任意性之自白，並無必然之關聯。調查人員擅自以不正方法訊問被告，乃調查人員個人之不當行爲，對檢察官依法執行職務並無影響。而被告所受之強制，既來自於調查人員之不當行爲及被告於該次訊問所處之環境等外在因素，一旦訊問之人及所處之環境改變，妨害被告意思自由之外在因素消失，除非該不正方法對被告造成強制之程度非常嚴重（例如：對借提之被告刑求強迫其自白，並脅迫該被告如果翻供將繼續借提刑求；或對被告施用詐術，使被告誤信如持續爲不實之自白，將可實現其意欲達成之某種目的……等等），否則，被告之意思自由自然隨之回復，此乃事理所當然。故調查人員在訊問時或訊問前對被告施以不正方法，原則上僅影響到被告在該次訊問所爲自白之任意性，而不及於嗣後應訊時所爲之自白，倘無具體明確之證據，足以證明被告所受之強制確已延續至其後應訊之時，自不能以主觀推測之詞，遽認被告於嗣後應訊時仍持續受到強制。尤有進者，調查人員借提被告訊問後，將被告解還交由檢察官複訊，時間上必定接近，僅因檢察官有指揮及命令調查人員偵查犯罪之權責，複訊之時間接續及被告之情緒持續，即將被告在檢察官複訊時所爲之自白與調查人員以不正方法所取得非任意性之自白，一體觀察而爲概括之評價，無異於強令檢察官承受調查人員不當行爲之結果，不僅抹煞檢察官依法偵查犯罪之職權行使，亦違背證據法則。

(三) 最高法院96年台上字第829號

共同被告……應警詢問後，旋於當日……被解送至檢察官偵查訊問……距警詢製作完成筆錄之時間，相隔未逾四小時，則共同被告……警詢供詞是否出於司法警察以不正方法所取得？苟確係司法警察以不正方法取得，該不正方法之強制性是否確已延續至檢察官偵訊時？即有待查明釐清。

(四) 最高法院96年度台上字第3102號

被告……遭員警非法拘束其人身自由，並提解至彰化地方法院檢察署……是被告因員警非法拘束其人身自由之不正方法所受身體上、精神上遭強制之狀態，於檢察官偵訊當時，顯然依舊存在，被告……偵訊時之自白，即非任意性之自白。

(五) 綜上，最高法院實務見解有採

客觀說（以訊問機關有無使用不正方法為準）、主觀說（以被告自白供述時有無基於自由意志之任意性為準）、限制主觀說（以訊問機關使用之不正方法與被告自白之非任意性間，有無因果關係為準）。

二、學說見解

(一) 學者批評上開見解：有判斷標準不明確、容許精神刑求，欺凌弱勢人民等缺失。

(二) 學者主張應兼採：

1. 任意性法則：已足證明非出於自由意志下之非任意性自白供述，當無證據能力。
2. 預防性法則：本法第158條之2即屬之，但應再行擴大，所有違反法定程序取得之被告自白供述，均應先推定無任意性（非僅有預防非任意性自白成為審判證據之效果，且可節省訴訟資源並避免法院錯誤判斷），除非檢察官得舉證推翻前開推定。
3. 嚇阻性法則：毒樹果實理論之繼續效力屬之，包括以違法手段拘捕被告後，再以合法訊問取得被告自白；又如先以不正方法（刑求）訊問被告取得非任意性自白，嗣後再為第二次訊問時（檢察官或司法警察），雖未使用不正方法，因此非法強制狀態仍繼續延續影響被告，為嚇阻先前之不正方法出現，並考量飛語難收理論、舉證責任及避免偵查機關濫權，宜認為第二次自白應比照毒樹果實理論之放射性效力，認其無證據能力，但應承認稀釋例外。

注釋資料：王兆鵬，月旦法學第154期，頁155以下；最高法院96年台上第829號、96年台上第3102號判決。

例題20

試依我國刑事訴訟法之相關規定說明違法取得之證據禁止使用之內涵與標準為何？

解碼關鍵

違法取證之強制排除法則與權衡裁量理論。

擬答

證據排除法則乃證據資料取得證據能力之消極要件，其中違法證據之禁止之內涵與標準為何，各國向有不同立法例，矧就其內涵而言可分為證據取得禁止與證據使用禁止，所謂證據取得禁止即禁止違法取證之意，惟應注意者，並非所有違法取得之證據概均禁止使用而認其不具證據能力，仍須區分不同情況予以判定：

一、強制排除

法律明文「應」禁止使用者，此即「證據強制排除理論」之範疇，依修正後刑事訴訟法規定所列舉者，包括本法第156第1項之不正訊問方法（出於強暴、脅迫、利誘、詐欺、疲勞訊問、違法羈押或其他不正方法），第158條之2違背法定障礙事由期間所為之訊問暨違法之夜間訊問，及檢察事務官、司法警察（官）違反第95條第2款或第3款之告知義務對受拘提、逮捕之被告或犯罪嫌疑人之詢問，第158條之3違背具結規定，證人、鑑定人之證言或鑑定意見。又其既採「證據排除理論」經法律明文應禁止，一經違反法律所列舉之規定，該違法取得之證據自不具證據能力，法院不得採為判決之基礎；於此應補充說明者：

(一) 我國審判實務過度依賴被告自白為其有罪判決依據，進而提供司法警察（官）動輒以不正訊問方法取得被告自白之誘因，而此等違法取供乃屬情節最嚴重之證據取得禁止之方法，故本法爰仿英美法系將自白是否出於任意性，列為事實之先決問題，如有疑義，應由法院先於其他事證而為調查。又關於爭執自白任意性時之舉證責任歸屬，新法亦引英美日體系之法例，由檢察官就自白出於自由意志負舉證責任，由其指出證明方法；此外，疲勞訊問本為刑事訴訟法第98條所禁止，新法第156條第1項增補其為使用禁止之列，乃屬當然之理。

(二) 在修正後新法明文應禁止使用之規定中，除第158條之2屬相對應禁止使用外，餘均為絕對應禁止使用，依該條文規定之內容復可區別三種學理所稱善意例外之情形：

1. 違背第93條之1第2項規定而於法定障礙事由期間內所取得之自白或不利陳述，原則應不得為證據，然如有但書「經證明其違背非出於惡意，且該自白或陳述係出於自由意志者」之情形，例外許其證據能力。
2. 司法警察（官）對犯罪嫌疑人或被告夜間詢問所取得之自白或不利陳述，原則亦不得為證據，惟若符合第100條之3第1項但書所列四款合法詢問情事，或雖違反該條規定所為之非法夜間詢問，但「經證明其違背非出於惡意，且該自白或陳述係出於自由意志者」，仍例外具證據能力。
3. 檢察事務官、司法警察（官）詢問受拘提、逮捕之被告或犯罪嫌疑人時，未盡依第95條第2款「得保持緘默，無須違背自己之意思而為陳述」及第3款「得選任辯護人」之告知義務，其取得之自白及不利陳述，原則不得為證據，然具備同上但書規定之情形時，亦承認其證據能力；應注意者，依第158條之2第2項規定之反面解釋，如係法院或檢察官訊問被告或犯罪嫌疑人時（無論受拘提、逮捕與否）抑或檢察事務官、司法警察（官）對未受拘提、逮捕之被告或犯罪嫌疑人詢問時之違反，抑或檢事官、司法警察（官）對經拘捕之被告或犯罪嫌疑人詢問時未踐行第95條第1、4款之告知義務，學者主張應類推適用該條規定。

(三) 訴訟法上具結之目的乃在使證人、鑑定人藉此擔保其證言係據實陳述或鑑定意見為公正誠實，由於證人、鑑定人均為嚴格證明程序之法定證據方法，為法院認事判決之重要憑恃，故如未令證人、鑑定人於供前或供後具結，致該證言或鑑定意見欠缺法定之程序要件，自應不得作爲證據。

二、權衡裁量

法律明文「得」禁止使用者，此屬「證據權衡裁量理論」之範疇，其經增修新法明定者，包括違反第131條急迫搜索規定所扣得之物（含檢察官、檢察事務官、司法警察官及司法警察所爲）、第416條經法院撤銷搜索、扣押處分所扣得之物（限審判長、受命法官、受託法官及檢察官所爲）、第158條之4概括規定凡因違背法定程序取得之證據而法律未規定其效果者。依該條規定「除法律另有規定外，實施刑事訴訟程序之公務員因違背法定程序取得之證據，其有無證據能力之認定，應審酌人權保障及公共利益之均衡維護」，即乃證據使用禁止權衡理論之概括規定，其當已涵蓋違反第131條急迫搜索規定及第416條經撤銷之搜索、扣押所扣得之物，法院得宣告不得作爲證據之情形，亦即所有未在本法第156條、第158條之2及第158條之3證據使用禁止絕對或相對應排除之規範內者，概由法院審酌人權保障及公共利益之均衡維護以評斷其證據能力；然則權衡理論之難題即在於何謂「人權保障及公共利益之均衡維護」？更根本的癥結乃法院權衡審酌之標準爲何？雖立法者就個案之型態、情節、方法之差異，提出法院於個案中權衡個人利益及刑事追訴利益時，得斟慮之七項標準（違背法定程序時之主觀意圖、侵害犯罪嫌疑人或被告權益之種類及輕重、違背法定程序之情節、犯罪所生之危險或實害、禁止使用證據對於預防將來違法取得證據之效果、偵審人員如依法定程序有無發現該證據之必然性、證據取得之違法對被告訴訟上防禦不利益之程度），但無論如何，其亦僅屬法院得自由參酌之抽象概念而已，審判者仍得就具體案例依其主觀考量逕予認定，此等因人解讀不同且毫無拘束效力之標準，嚴格言之並無實益，且易造成法院恣意而不公平審判之情事，誠然基於發現實體眞實之刑事訴訟基本課題，不宜全盤否定違反法定程序而取得之證據其證據能力，惟因權衡裁量理論具有前述主觀恣意之高度危險，學者對此乃有應均採相對強制排除理論之主張，亦即以強制排除爲原則，並允許明示列舉之例外。

注釋資料：陳運財，月旦法學第113期，頁34以下；王兆鵬，新刑訴新思維，頁8以下。

相關試題

擄人勒贖案件之被告戊於被訴後委任A律師爲辯護人，審判中A律師主張檢察官所提被告戊之警詢自白係刑求所得、扣案制式手槍一把則屬違法搜索所取及證人甲之偵查供述筆錄爲傳聞證據，均無證據能力，試依證據排除法則說明之。

考點提示：

被告正當法律程序之權利、證據排除法則（供述證據之強制排除與非供述證據之權衡裁量）。

例題21

筆錄內所載被告之陳述與錄音內容不符者，其不符之部分可否採為證據？試說明之。 （90律）

解碼關鍵

違反錄音規定之效果，有權衡裁量、類推本法第158條之2第1項但書&適用本法第100條之1第2項之不同見解。

擬答

按刑事訴訟法第100條之1第2項規定：「筆錄內所載之被告陳述與錄音或錄影之內容不符者，除有前項但書情形外，其不符之部分，不得作爲證據。」關於本項之解釋適用，茲敘述如下：

一、證據能力之判斷

揆諸上開規定，僅排除筆錄內所載被告陳述之證據能力，而未排除該錄音帶、錄影帶之證據能力。故於該被告陳述之證據能力被排除後，法官爲發現實體眞實，仍可調查該錄音帶、錄影帶內容是否眞實，以爲論罪科刑之基礎，蓋該錄音錄影帶經調查後仍具有證據能力。

二、內容不符之涵義

所謂「內容不符」，非僅包括被告訊問筆錄與錄音帶有所記載，而所載內容不相符合者；即已全程連續錄音，但錄音效果不清晰，致無從判斷兩者內容是否相符時，甚或筆錄所載與錄音內容完全相符，惟錄音係事後造假等，亦皆應視爲「內容不符」之情形，而認該筆錄不具證據能力。

三、相關探討

倘第100條之1第1項之違反是否構成同條第2項之「內容不符」，則有不同見解，學說有認由於國家偵查機關一方面需負本條第1項錄音錄影義務，且依第2項應負擔保所爲筆錄正確性與合法性之義務，因此，在違反第1項義務之情形，亦應有第2項規定之適用。亦有認如國家機關違反第100條之1第1項規定，未實施錄音時，除非國家機關能提出反證證明未有侵害被告緘默權之情事、或有符合同條第1項但書之情形，否則該項自白不得作爲證據。另有認可類推適用第158條之2第1項但書規定，視國家機關之違反究屬善意或惡意而爲區分。至部分實務則依本法第158條之4規定以觀司法警察（官）詢問犯罪嫌疑人如違背第100條之1第1項之規定，其所取得之供述筆錄，究竟有無證據能力，原應審酌司法警察（官）違背該法定程序之主觀意圖、客觀情節、侵害犯罪嫌疑人權益之輕重、對犯罪權益之輕重、對犯罪嫌疑人在訴訟上防禦不利益之程度，以及該犯罪所生之危害，暨禁止使用該證據對於抑制違法蒐證之效果，及司法警察（官）如依法定程序有無發現該證據之必然性等情形，本於人權保障與社會安全之均衡維護精神，依此原則具體認定之。

注釋資料：陳運財，台灣本土法學第24期，頁30以下；何賴傑，月旦法學第62期，頁162以下。

例題22

試依刑事訴訟法採行之審理原則——直接審理主義與傳聞法則，說明二者之訴訟關係。

解碼關鍵

職權進行主義下之直接審理主義涉及證據調查程序，當事人進行主義下之傳聞法則乃關係證據能力之判斷。

擬答

一、二者之涵義

(一) 傳聞法則發展於英美法系之當事人進行主義，並演化爲職權主義之直接、言詞審理主義，所異同者乃當事人進行主義尚藉由反對詰問制度以確保供述證據之憑信性與正確性，然無論傳聞法則或直接、言詞審理主義，均屬嚴格證明程序之合法證據調查所共通之原則。至傳聞法則之簡賅意涵乃因傳聞證據有悖直接、言詞審理主義，且無從經詰問彈劾過程檢驗供述證據內容，影響程序正義甚鉅，亦無益於實體眞實之探求；故傳聞證據排除乃當事人進行主義與職權進行主義所共認。修正後刑事訴訟法第159條第1項規定：「被告以外之人於審判外之言詞或書面陳述，除法律有規定者外，不得作爲證據。」即採傳聞法則。

(二) 直接審理原則包含：

1. 原始證據原則：事實認定應依與待證事實最密切之證據，強調證據之原始性，不得以其他證據代用，屬證據能力問題。
2. 直接調查原則：證據應於爲判決之法官面前親自調查，不得由他人代行，屬證據調查方式之要求。

(三) 承上所述，著重當事人與證據間關係之傳聞法則，其所別於著重法院與證據間關係之直接、言詞主義，即在被告反對詰問權之保障，倘自本次刑事訴訟法增修內容以觀，傳聞法則（第159條）與交互詰問程序（第166至167條之7）之明文入列，已足昭顯本法訴訟結構欲朝當事人進行主義建構之意圖。

二、二者之區別異同

基於直接審理原則，本來就禁止使用該證據之替代品，因此，就調查證人與鑑定人之供述證據而言，直接審理原則與傳聞法則之結論相同。就種類而言，直接審理原則禁止的範圍，反比傳聞法則更爲廣泛，包括禁止使用被告自白之替代品（尤其是偵訊筆錄），且對於非供述證據，亦不得使用證據之替代品，而傳聞法則乃僅針對證人供述證據之法則。惟應注意者，在傳聞法則中，當事人（控、辯）雙方之反對詰問權，乃是可放棄之權利，故若已給予反對詰問機會時，即已符合傳聞法則的要求。復因傳聞法則爲當事人（含被告）進行主義採行，被告既爲調查證據者，其自不再爲被調查之對象。

然在直接審理原則，強調法院直接與原始證據接觸此亦係審判法院之義務所在，而無所謂裁量之餘地，否則，將違反嚴格證明程序、澄清義務，又直接審理原則既爲職權進行主義所採，即無交互詰問制度之採行（法院所爲係訊問），且被告於此乃成爲被調查之對象。不論直接審理或傳聞法則之適用，皆有其「例外」之情形。

注釋資料：例解刑事訴訟法「體系釋義版」第十二章之焦點「直接審理主義與傳聞法則之比較」。

何謂傳聞法則？何種程序不適用傳聞法則？何種情形允許傳聞法則之例外？試依修正後刑事訴訟法之規定説明之。

解碼關鍵

區分不適用傳聞法則（本法第159條第2項&其他自由證明程序）&傳聞法則之例外（本法第159條之1至之5）。

擬答

一、傳聞法則之意義與不適用之程序種類

(一) 所謂傳聞法則乃指對待證事實親自見聞之原始證人在審判外之供述未經當事人（尤指被告）對質詰問程序，以檢驗其供述內容之知覺正確性、記憶正確性、供述誠實性與敘述適當性，故排除該傳聞證據之證據能力，刑事訴訟法第159條第1項即明定「被告以外之人於審判外之言詞或書面陳述，除法律有規定者外，不得作爲證據」。

(二) 傳聞法則與直接審理主義關係密切，同爲嚴格證明程序所採，故相對之自由證明程序與非行直接審理之書面審理即無採行傳聞法則之必要；依本法第159條第2項及上述説明，下列程序不適用傳聞法則：

1.簡易程序。

2.簡式審判程序。

3.起訴審查之審查程序。

4.法律審審理程序（第三審與非常上訴審）。

5.聲請交付審判之審查程序。

6.強制處分審查程序（羈押、搜索、鑑定留置、鑑定許可、證據保全及其他依法所爲者）。

7.協商程序。

二、傳聞法則之例外

按應行嚴格證明之審判程序，即應採傳聞法則，惟基於供述者於審判中供述不能並在可信性情況保證或證據必要性考量下，例外容許傳聞證據之證據能力，茲將本法就此之相關規定陳列如下：

(一) 被告以外之人於審判外向法官所爲之陳述，得爲證據（本法第159條之1第1項）。

(二) 被告以外之人於偵查中向檢察官所爲之陳述，除顯有不可信之情況者外，得爲證據（本法第159條之1第2項）。

(三) 被告以外之人於檢察事務官、司法警察官或司法警察調查中所爲之陳述，與審判中不符時，其先前之陳述具有較可信之特別情況，且爲證明犯罪事實存否所必要者，得爲證據（本法第159條之2）。

(四) 被告以外之人於審判中有下列情形之一，其於檢察事務官、司法警察官或司法警察調查中所爲之陳述，經證明具有可信之特別情況，且爲證明犯罪事實之存否所必要者，得爲證據：

1.死亡者。

2.身心障礙致記憶喪失或無法陳述者。

3.滯留國外或所在不明而無法傳喚或傳喚不到者。

4.到庭後無正當理由拒絕陳述者（本法第159條之3）。

(五) 除前三條之情形外，下列文書亦得爲證據（第159條之4）：

1.除顯有不可信之情況外，公務員職務上製作之紀錄文書、證明文書。

2.除顯有不可信之情況外，從事業務之人於業務上或通常業務過程所須製作之紀錄文書、證明文書。

3.除前二款之情形外，其他於可信之特別情況下所製作之文書。

(六) 被告以外之人於審判外之陳述，雖不符前四條之規定，而經當事人於審判程序同意作爲證據，法院審酌該言詞陳述或書面陳述作成時之情況，認爲適當者，亦得爲證據（第159條之5第1項）。

(七) 當事人、代理人或辯護人於法院調查證據時，知有第159條第1項不得爲證據之情形，而未於言詞辯論終結前聲明異議者，視爲有前項之同意（第159條之5第2項）。

注釋資料：例解刑事訴訟法「體系釋義版」第十二章之「傳聞法則體系表」。

例題24

甲某日提早下班，在任職之電子公司旁因會款糾紛殺乙。甲於警局調查時承認與乙因會款爭吵但否認殺人，於審判中則否認當日與乙會面及殺人。嗣甲於民庭訴請乙子繼承給付會款時，於民庭法官丙前言及殺乙，甲當日提早下班經守衛丁記載於工作日誌上，同事戊在公司上廁所時適望見甲殺乙，於派出所初作筆錄時明確陳述望見情形，嗣於檢察官及法院偵審時則囿於同事之情否認望見之事。問下列證據資料有無證據能力試分別說明之：

(一)如甲被緊急拘提時拘提警官匆忙未告知得選任辯護人，其在警局中承認與乙爭吵之筆錄。

(二)甲向民庭法官丙之陳述筆錄。

(三)守衛丁記載之工作日誌。

(四)戊在派出所之陳述筆錄。 (97警特)

解碼關鍵

未踐行告知義務之效果區分善惡意定之；傳聞書證與司法警察筆錄依本法第159條之2、之4、之5判斷。

擬答

一、傳聞法則暨其例外

(一) 按傳聞法則乃當事人進行主義之重要精神所在，其目的乃藉由反對詰問以確保被告以外之人供述內容之憑信性與正確性，此因傳聞證據無從經詰問彈劾過程檢驗供述內容，顯違背嚴格證明之直接審理主義。至所謂傳聞法則，依我國刑事訴訟法第159條第1項規定，乃指「被告以外之人於審判外之言詞或書面陳述，除法律有規定者外不得作爲證據」，而本法第159條之1至之5即爲法律所規定之例外。惟比較美、日立法例，其所容許之傳聞法則例外，乃須以證人在審判中供述不能且該傳聞證據具可信性情況保證與證據必要性始可，蓋若無嚴格限制傳聞證據之採認，將有致交互詰問制度空洞化，並架空直接審理主義之虞。

(二) 次按刑事訴訟法第159條之1至之5定有傳聞法則之例外規定，茲爲簡述如下：

1. 第159條之1證人於審判外向法官、檢察官所爲之陳述。通說認爲仍應賦予被告對質詰問證人之機會，或有供述不能之情形，方得認有證據能力。
2. 第159條之2證人於審判外向司法警察（官）所爲之陳述而有供述矛盾之情形。有關供述矛盾之規定，學說則有不同意見：一說認該陳述者已在審判中出庭具結陳述，此時當事人與法院親自觀察該陳述者先後供述不一之反應，並得親自爲對質詰問，故應容許該供述矛盾之供述證據；惟另說則認畢竟先前矛盾之供述並未經交互詰問之檢驗，率予承認其得爲證據，易造成法院藉此規避直接言詞審理主義。淺見以爲無論採認何說，均應認該矛盾供述僅具證據能力，尙須經嚴格證明程序之合法調查，方無違直接、言詞審理主義。

3. 第159條之3證人於審判外向司法警察（官）所爲之陳述而有供述不能之情形。供述不能之規定，其明訂須兼具可信性特別情況保證與證據必要性之要件，方得爲證據，符合前揭說明之嚴格限制，應値肯定。

4. 第159條之4特種文書。通說認爲應具備一般性、例行性、機械性、良心性。如爲個案性或預料將來做爲刑事證據所用者，因具高度虛僞風險，不得爲證據。

5. 第159條之5：「被告以外之人於審判外之陳述，雖不符前四條之規定，而經當事人於審判程序同意作爲證據，法院審酌該言詞陳述作成時之情況，認爲適當者，亦得爲證據。當事人、代理人或辯護人於法院調查證據時，知有第一百五十九條第一項不得爲證據之情形，而未於言詞辯論終結前聲明異議者，視爲有前項之同意。」

二、本例證據能力之判斷

(一) 司法警察對經拘捕之被告未踐行本法第95條第3款得選任辯護人之告知義務，該自白筆錄依同法第158條之2第2項準用第1項之規定，原則無證據能力，惟如係匆忙未告知顯非惡意，且該自白出於自由意志而有任意性者，仍得爲證據。

(二) 被告非證人，其於審判外之陳述與傳聞法則無涉，惟其於民事庭法官前所爲陳述，因民事訴訟程序未如刑事訴訟程序於訊問前有爲本法第95條之權利告知，以使被告得行使其訴訟防禦權，故有違反本法第158條之2規定之虞。

(三) 證人丁於審判外所製作之工作日誌屬書面傳聞證據，須具備一般性、例行性、公示性、良心性、機械性之要件，方得依本法第159條之4規定有證據能力，倘屬個案性或預料將來欲作爲刑事證據用者，因具高度虛僞風險，即無證據能力，本例如例行性文書，故得爲證據。

(四) 證人戊於審判外向司法警察所爲之陳述屬傳聞證據，原則無證據能力，然如與審判之陳述不一致，如具備本法第159條之2與第159條之5之規定，例外得爲證據。

注釋資料：林鈺雄，台灣法學第119期，頁114。

相關試題

甲酒後駕車不愼撞傷機車騎士乙，乙昏迷不醒，經路人丙送往醫院救治，由急診室醫生丁治療。應警員要求，丁所屬醫院依丁之診斷紀錄而開立驗傷診斷證明書。乙於陷入昏迷前，曾告訴路人丙撞伊的車子型號與顏色。甲被提起公訴後，丙於審判期日到庭作證，證稱被害人乙曾告訴伊肇事車子的型號與顏色。醫生丁因出國並未出庭作證。乙則因昏迷不醒，亦未出庭作證。法院最後仍採用丙之當庭陳述及丁所屬醫院之驗傷診斷證明書，作爲甲有罪判決之證據。試問法官採用該證據之合法性。

（101廉政）

考點提示：

一、本例之驗傷診斷證明書係醫師依警員要求所開立，屬個案性而非業務例行性文書，且已預料供刑事證據之用，故不符合本法第159條之4傳聞法則例外性規定，不得為證據。

二、丙為傳聞證人，因其轉述之來源（原始證人）乙昏迷未能出庭，學說與實務見解皆認可類推適用同法第159條之3供述不能之規定，承認丙在審判中之供述具證據能力。

檢察官甲赴國外旅遊，適在國外發現潛逃國外之重大經濟罪犯乙，隨即跟蹤並僱用當地徵信社跟監乙，及蒐集相關犯罪證據及資料；甲回國後以上開自國外蒐集之證據，向法院聲請搜索票，搜索乙在台北相關住所，扣得記載乙犯罪所得之相關帳冊。試問：上開國外蒐集之證據及在國內搜索所得之證據，有無證據能力？

（97律師）

解碼關鍵

私人違法取證若具任意性（非強暴脅迫），原則上得為證據；毒樹果實放射性效力之範圍。

擬答

按本於檢察一體之概念與性質，無論本例之甲檢察官是否為承辦被告乙所涉經濟犯罪案件之承辦檢察官，其仍得代表國家為偵查行為。至其在國外委託當地徵信社蒐集證據資料，該徵信社之蒐證行為倘有違法，其證據能力應如何判斷，茲為如下之分析敘明：

一、私人違法取證之效果

私人以違法方式取得證據，實務與通說均認為並無證據排除法則之適用（僅限公權力違法取證之範疇），至該違法證據之證據能力如何向有不同見解。學者有主張：證據排除法則係就國家強制力取證之規定，不適用於私人違法取證。而因私人多採秘密取證方式，被告乃處於不知且自由意志狀態，任意性未被侵奪，亦無誘發虛偽陳述之危險，故除非私人係使用強暴或脅迫方式致被取證對象喪失自由意志，有違大法官釋字第384號解釋所指之實質正當法律程序保障和基本人權暨法律核心價值，或者其方法已違背社會良心或有誘發虛偽陳述之危險，應類推刑事訴訟法第156條第1項之規定認無證據能力，否則如以違法之和平手段取證時，均應承認其證據能力。亦即以私人違法取證手段之態樣為區分，凡以竊錄、竊聽等和平手段為之者，有證據能力；若以利誘、詐欺方式取證，因無公權力介入，且未使用強制力侵害被告人身自由，被告若未犯罪，縱私人以不實方法詢問，被告亦不會承認，經驗法則上並無誘發陳述之風險，故亦有證據能力；但如以強暴、脅迫之方式為之，承上說明之理由，即應排除該證據。另有學者認為：私人違法取證固無證據排除法則之適用，惟法院基於維護司法正潔性之觀點，審酌違法情節、違法手段與證據取得之關聯性、案件之重大性、使用證據之必要性，及提出於法庭調查是否會另行侵害關係人之隱私權益等因素為權衡，認有違反審判之公正者，得裁量排除私人不法取得之證據。應注意者，倘若立法者對該違法取證手段業具排除不得於審判使用之意思，即應排除其證據能力，如徵信社對通姦活動或談話或之錄影或錄音，依刑法第315條之2第3項、第315條之3、通訊保障及監察法第25、19、26條規定之立法理由與法律解釋，應排除該錄影帶或錄音帶之證據能力。

二、公權力違法取證與私人違法取證之界線

學者認為，若私人違法取證屬自發性者，應依上述私人違法取證之標準判斷其證據能力之效果。倘私人違法取證係公權力機關指示或教唆，屬公權力取證而有證據排除法則之適用。本題我國檢察官僱用徵信社蒐集資料，或有認為縱使徵信社非屬我國偵查機關，但因受偵查追訴機關委託為輔助蒐證，仍屬受司法偵查機關指揮與監督，而為國家司法機關手足之延伸，其受託蒐證行為即可視為國家追訴機關之行為，而屬國家偵查機關之公權力取證，自應遵循我國刑事訴訟法規範之合法取證程序，並有證據排除法則之適用。然此情形若係在本國委託徵信社當得為此認定，惟本例檢察官卻係他國委託當地徵信社為之，其在他國領域得行使本國公權力乎？他國徵信社受其指揮監督乎？顯然均屬否定，如此又豈能將該他國徵信社在他國之蒐集資料行為視為我國司法機關手足之延伸。換言之，淺見認為本題該徵信社之蒐證行為如有採用違法手段者，仍應適用前揭私人違法取證之法律效果以判斷其證據能力。

三、毒樹果實理論之適用範圍

毒樹果實理論放射性效力是否限於偵查機關以不正訊問方法取得被告非任意性自白，再依循該自白內容所顯示之線索（如被告供述贓物所在），另以合法方式取得其他證據（如向法官聲請搜索票為合法搜索）時方有其適用？對此，學者有不同見解。學者（王兆鵬）基於澈底杜絕偵查機關違法取證之目的性考量，主張偵查機關縱然以其他違法方式取得取證據，再自該違法證據之內容所顯示之線索，另以合法途徑取得之衍生性證據，仍應有該理論之適用而排除其證據能力。換言之，本題若檢察官以經判斷屬違法之證據為資料向法官聲請搜索票，法官不察而核發，則偵查機關所為之令狀搜索雖符合刑事訴訟法第122條與第128條之規定，本於上開毒樹果實理論放射性效力之說明，以國外違法取證為毒樹，國內合法蒐證為毒果，仍應排除在乙住宅搜索所扣得之帳冊之證據能力。倘採不同見解，則該帳冊仍得為證據。

注釋資料：林鈺雄，刑事訴訟法（上），頁536；吳巡龍，刑事訴訟與證據法實務，頁96-115。

例題26

嚴格證明程序中有關「被告」之調查證據方法，其法定調查程序為何？試依刑事訴訟法之規定說明之。

解碼關鍵

依本法第94至100條之3、第161條之3、第288條第3項。

擬答

一、被告自白

(一) 被告自白須非出於不正訊問方法且與事實相符，並有關聯性補強證據始得爲有罪判決，倘被告抗辯其自白出於不正方法時，應先於其他事證調查，並由檢察官就其提出之自白出於任意性負舉證責任；而法院訊問被告時，應先告知本法第95條所列事項，再命其就辨明內容之始末連續陳述，被告有數人時應隔離訊問並得對質，而訊問之全程尚應連續錄音或錄影。其調查程序並依刑事訴訟法第94至100條之3、第156條、第286條至第290條之規定。

(二) 依本法第161條之3及第288條第3項均明定被告自白（被訴事實）應於其他證據調查後方得爲之，惟第156條第3項則規定，「被告陳述其自白係出於不正之方法者，應先於其他事證而爲調查」，則此前後是否相衝突？應注意者，乃後者所稱應先爲調查部分係指偵審人員有無使用不正方法而言，非調查自白內容。亦即先調查確認有無使用不正方法，若無，則該自白即具任意性而有證據能力，乃第161條之3所謂之「得爲證據之被告自白」，嗣再將該自白列於其他證據調查次序之後而爲調查。

二、共同被告自白之證人適格

至共同被告之自白是否得爲認定本案被告犯罪事實之證據？學說與各國立法例向有不同見解，如依本法第156條第2項之規定，「被告或共犯之自白，不得作爲有罪判決之唯一證據」、第176條之1規定「不問何人，於他人之案件，有爲證人之義務」、第287條之2規定「法院就被告本人之案件調查共同被告時，該共同被告準用有關人證之規定」及第186條刪除本案共犯不得令其具結之規定觀之，顯然我國刑事訴訟法係採認共同被告（含共犯）具證人適格，僅係如欲爲有罪判決時，倘該共同被告兼具共犯身分時，除其自白與事實相符外，尚須有其他補強證據始可，而此補強證據不得仍係其他共犯之自白（如：被告甲否認犯行，共犯乙自白被告甲亦參與犯行，不得以共犯丙之自白爲補強證據），蓋共犯自白所以限定有補強證據，乃因共犯與被告間常存有緊密之利害相反關係，致共犯自白存有誣陷被告之高度危險性，而其他共犯自白之補強自無從去除該誣陷之危險。

注釋資料：例解刑事訴訟法「體系釋義版」第十二章之焦點「被告自白之不正方法抗辯」。

例題27

嚴格證明程序中有關「人證」之調查證據方法，其法定調查程序為何？試依刑事訴訟法92年修正後之規定說明之。

解碼關鍵

依本法第166至196條之1。

擬答

一、證人之內涵

(一) 於刑事訴訟程序中陳述自己對系爭案件之待證事實所見聞之訴訟第三人；即以陳述內容爲供述證據。

(二) 證人適格：告訴人、告發人、共同被告、鑑定證人及其他被告以外之人。

(三) 義務：到場義務（違反時得拘提、罰鍰）、具結義務與眞實陳述義務（違反時應負僞證罪責）。

(四) 權利：符合刑事訴訟法第179條、第180條、第181條及第182條規定者得拒絕證言；並得請求日費與旅費。

(五) 再行傳喚之限制：第196條。

(六) 調查方式：由法院以訊問方式，或由當事人、辯護人或代理人以詰問、詢問方式爲之，必要時得對質。

(七) 調查程序則依本法第166至196條之1之規定。

二、92年修正新規定之說明

(一) 本於刑事訴訟爲發現實質眞實之目的，明文作證之法定性義務，並藉由提高罰鍰與聲請傳喚一造之積極作爲，促使證人到場具結陳述，俾利審判程序之順暢進行。

(二) 限縮拒絕證言權與免除具結義務之適用範圍，除有助眞實發現，並增進證人供述內容之可信性。修正前本法第186條第4款所定不得令其具結之人，因渠等依同法第180條、第181條之規定本已有拒絕證言權，倘若其考量自身刑責或與被告間之關係，即得行使拒絕之權，倘其審酌後願放棄該項權利而爲供述，因其具較高之虛僞陳述危險，故宜令其具結使之同受僞證罪責之拘束。又新法增訂之第181條之1亦在限制拒絕證言權之行使範圍，蓋被告以外之人如具本法第180、181、182條規定之身分或關係時，本得拒絕證言，惟因該被告以外之人（尤指共同被告）常與被告本人間有防禦上之利害衝突，爲免其於檢察官行主詰問時爲不利被告本人之陳述，再選擇於反詰問時拒絕證言，致被告本人及辯護人未能彈劾其供述內容之信用性，有失審判程序之公允，爰明定該被告以外之人於此際即不得拒絕證言。

(三) 新法有關人證之法定調查程序之增修最易衍生爭議者，乃第192條改定本法第98條不正訊問方法之禁止規定，於訊問證人時不再準用，其立法理由係謂使用不正方法訊問之限制因已於修正新法第166條之7第2項第2款定有明文規範，故已無準用之必要云云，然新法第166條之7係指當事人於審判程序如對證人或鑑定人之交互詰問，與第98條適用範圍涵蓋司法警察（官）、檢察事務官、檢察官、當事人、辯護人、代理人及法院對證人之訊（詢、詰）問，均不得使用不正方法，二者存有極大差異，倘再就立法目的觀之，第98條意在防止非公開性之偵查程序中司法警察（官）、檢事官或檢察官加諸被告、證人之不正方法，至當事人對證人之詰問係處於可受監督公評之審判程序，如有不正詰問情事，非但他造當事人得聲明異議，指揮訴訟之審判長亦得禁止之，立法者未明其旨而率予刪除準用第98條之規定，則若係當事人以外之人（司法警察、檢事官、檢察官）以不正方法所取得之證人供述，即缺乏禁止使用該供述證據之規範可資依憑，此項嚴重立法缺失，未免令人聯想及爾後或將有更多刑求逼供、屈打成招之警偵訊筆錄，得藉由新法第159條之1第2項及第159條之2有關傳聞法則之例外規定，提呈於公判庭而為合法證據。

(四) 交互詰問制度之落實暨詰問內容範圍之具體明確。

注釋資料：例解刑事訴訟法「體系釋義版」第十二章之「法定調查證據程序體系表」。

嚴格證明程序中有關「鑑定」之調查方法，其法定調查程序為何？並試說明92年修正後刑事訴訟法就此程序之新規定與法治國原則之關係。

解碼關鍵

依本法第197至210條。

擬答

一、鑑定之內涵

(一) 以其專門知識，輔助法院判斷特定證據問題之人，法院仍有自主審查權（故若法院委由醫院鑑定被告醫師有無過失，即涉及責任能力判斷）。

(二) 專門知識可替代性亦可拒卻（刑事訴訟法第200條第1項），故不得拘提。

(三) 鑑定證人指依特別專門知識而得知已往事實之人（同法第210條），性質為證人。

(四) 義務：到場、具結與報告義務。

(五) 其鑑定之程序則依本法第197至210條之規定。

二、鑑定程序新規定與法治國原則

92年修法中將具有強制處分性質之鑑定留置方法予以明文，除賦予此正當法律依據並就其實施定有詳細規範，此項契合法治國原則之立法，甚值肯定，茲為如下說明：

(一) 首先，因鑑定而有必要時得留置被告爲修正前刑事訴訟法第203條第3項原有規定，惟此鑑定留置亦係於一定期間內限制被告之身體自由，其性質實與羈押之強制處分無異，爲免漫無限制而戕害人權，新法明定七日以下之預定期間，如欲延長亦不得逾二個月，且鑑定留置日數視爲羈押日數，亦即得折抵刑期；又承上所述，鑑定留置既與羈押處分同爲被告人身自由之限制，自應採行相同之法官保留之絕對令狀主義，方符法治國原則對人民正當程序保障之旨，故鑑定留置應用鑑定留置票，審判中由法官簽名核發，偵查中則由檢察官聲請法院爲之；其執行過程亦準用本法第89條、第90條有關比例原則必要性之規定。

(二) 其次，因鑑定之必要而須檢查身體、解剖屍體、毀壞物體或進入有人住居之處所，亦屬干預、限制人民基本權利之強制處分，其中進入住居處所之性質更類同搜索處分，故新法亦明定應採絕對令狀主義，偵查中由檢察官簽名，審判中由法官簽名核發許可書；又執行此項鑑定（採取分泌物、排泄物、血液、毛髮或其他出自或附著身體之物，或採取指紋、腳印、聲調、筆跡、照相或其他相類行爲）時，自應遵守強制處分之相關規定。

(三) 再者，鑑定之過程與結果，影響當事人之訴訟權益甚鉅，故新法賦予當事人、代理人或辯護人有在場權，同時爲有助於實體眞實之發現，並保障當事人之權利，當事人等亦得於實施鑑定或審查之人爲言詞說明時進行詢問或詰問。

三、鑑定報告之調查

實務見解向認爲本法第206條乃鑑定人得不到庭陳述鑑定結果，而以書面報告代之。惟此無異架空傳聞法則之內涵且違背直接審理，並剝奪被告之交互詰問權，學者主張該條應解釋爲：鑑定人應到庭以言詞陳述鑑定結果，惟必要時得以書面輔助說明報告。

注釋資料：同上揭例題27。

例題29

嚴格證明程序中「勘驗」、「文書」與「影音」等調查證據方法，其調查程序為何？並說明法院欲調查扣案之誹謗錄音帶（證據）時三者適用上之區別。

解碼關鍵

勘驗依本法第212至219條；文書依本法第164至165條之1第1項；影音依本法第165條之1第2項。

擬答

一、勘驗

(一) 乃透過人之感官知覺而對犯罪相關之人、地、物等證據與犯罪情形之調查方法；法院及檢察官爲勘驗主體（刑事訴訟法第212條），當事人則可依第163條之1第1項之規定聲請勘驗。

(二) 部分勘驗因其性質而爲直接審理原則之例外（例如：犯罪現場之履勘），即以勘驗筆錄於審判期日提示，朗讀筆錄爲證據方法，屬原始勘驗證據所衍生之證據替代品。

(三) 現場模擬之違法：司法警察非勘驗主體，被告非自願有違無罪推定與不自證己罪原則，周知媒體採訪乃有罪推定傾向。

(四) 限制：應符合法律保留原則與比例原則，且依循本法第212條至第219條之規定。

(五) 特殊勘驗：相驗與提示（本法第164條第1項屬勘驗、第2項屬朗讀）。

(六) 本次修法於勘驗部分主要乃保障當事人之在場權，蓋修正前刑事訴訟法僅明示當事人在審判中行勘驗時得在場，至偵查中有無此項權利則付諸闕如，新法將偵查階段之缺漏補足，予當事人在訴訟程序上更周延之保障。此外，新法爲符實務需要增訂強制力之使用，而既屬強制勘驗即應受到比例原則必要性之拘束。

二、文書

(一) 指一切具有可讀性之思想內容的文章書面，與刑法文書之概念不盡相同，其調查方法爲宣讀或告以要旨（本法第165條第1項）。

(二) 本法所稱文書證據係指原始文書而言，亦即該原始證據之形態本爲文書，故倘爲證據替代品乃屬派生（衍生）性文書，自不得依提示、宣讀或告以要旨之法定書證方式爲調查；新法因應實際需求亦將與文書具有相同效用之證物納入書證調查程序之範疇，顯證此文書仍保有原文字性與可讀性之限制。須注意者，乃本法第165條第1項所稱卷宗內之筆錄可爲證據者究指爲何？學者乃舉犯罪現場之勘驗筆錄爲例，除此，因修正新法增採傳聞法則暨容許例外，故符合傳聞法則例外規定之警詢、偵訊或訊問筆錄及現場模擬勘驗筆錄等，均爲此項文書之涵攝範圍。

(三) 文書之調查程序則依本法第164至165條之1第1項。

三、影音

影音證物不具文字性及可讀性，故非屬文書，其調查方法爲原刑事訴訟法所未明定，是以法院實務爲圖審判期日調查證據程序之簡化便利，常將影音證物之內容譯文、節文或扣押清單視爲文書證據而爲調查（提示、宣讀或告以要旨），其殊不知上開文書既爲原始影音證據所派生，即非得適用本法文書之調查方法，學者以爲應依勘驗方法呈現影音內容，或以鑑定方式辨明其眞僞；新法增訂此項法定調查方法謂「以適當之設備、顯示聲音、影像、符號或資料，使當事人、代理人、辯護人或輔佐人辨認或告以要旨」；又若當事人就當庭播放影音內容之眞僞另有爭執時，法院應另送鑑定。

注釋資料：同上揭例題28。

例題30

下列第一審法院踐行之程序是否合法？請附具理由解答：

(一)甲涉嫌偽造新台幣，被檢察官提起公訴，後經第一審法院判處罪刑。甲自始爭執犯行，在第一審審判期日，法院僅向甲提示該扣押物清單，並未提示扣押中的二百張偽造千元紙幣。

(二)甲涉嫌錄製毀損乙名譽之錄音帶，散布於眾；經乙依法告訴後，檢察官對甲提起公訴，後經第一審法院判處刑罰。在第一審審判期日，甲辯稱錄音帶內容未涉誹謗且卷內節譯文斷章取義，惟法院並未當庭播放該捲扣押中的錄音帶，而僅提示該捲錄音帶並宣讀錄音帶的節譯文。（91律師）

解碼關鍵

嚴格證明之直接審理原則，強調證據調查者直接接觸原始證據。

擬答

一、刑事訴訟法所稱「文書」證據之涵義

任何採為判決基礎之證據資料於通常審判程序必須經嚴格證明程序之合法調查，此項合法調查應於審判庭以直接審理方式為之。而嚴格證明程序中所有之法定調查證據方法原則上係對原始證據為之，始符合直接審理主義；故刑事訴訟法所稱之「文書」應僅限於原始文書證據始屬之，衍生性文書證據則不得依本法第164條第2項或第165條第1項之規定為宣讀或告以要旨方式之調查，而應回溯該衍生文書之原始證據，再依其性質定應適用之法定調查方法。

二、扣押物品之法定調查方法

扣押物品清單乃係衍生性文書，承上所述，法院不得僅提示該清單而為調查，否則即違直接審理主義，蓋扣押清單之提示並未能於公判庭內呈現該扣押物品之內容，故應回溯該清單之原始證據即扣押之二百張千元偽造紙幣，依勘驗之法定調查方法當庭調查該證據方為合法，倘就其真偽有爭議則送鑑定。

三、影音證據之法定調查方法

(一) 按「錄音、錄影、電磁紀錄或其他相類之證物可為證據者，審判長應以適當之設備，顯示聲音、影像、符號或資料，使當事人、代理人、辯護人或輔佐人辨認或告以要旨」，刑事訴訟法第165條之1第2項定有明文。

(二) 本題錄音帶節譯文亦屬上揭之衍生性文書證據，法院僅提示錄音帶並宣讀節譯文，其調查程序即不合法，法院應依上開影音證據之調查方法，以適當設備顯示該錄音帶之內容使當事人（被告甲）為辨認或告以要旨，倘被告否認其為錄音帶內之對話當事人

或對眞僞有爭議時，法院應另送鑑定爲聲紋比對。

（注意：本題論述內容係以適用嚴格證明程序之通常審判爲前提）

注釋資料：黃朝義，刑事訴訟法，頁17以下。

相關試題

甲涉嫌販毒，經偵查機關依法監聽，錄製十捲之監聽錄音帶並經製作監聽節譯文，案經檢察官提起公訴，審判中，甲始終否認涉案，並抗辯監聽節譯文斷章取義，實乃欲加之罪，要求法院當庭播放錄音帶爲證。

(一)設若法院以過於冗長爲由，雖當庭出示該十捲之監聽錄音帶，但並未當庭播放，僅提示、宣讀偵查機關製作之監聽節譯文，令甲就監聽之節譯文辯論，試問法院踐行之證據調查程序是否合法？

(二)設若該監聽錄音帶因爲偵查機關保存不當而滅失，法院遂僅提示、宣讀偵查機關製作之監聽節譯文，令甲就監聽節譯文辯論，試問法院踐行之證據調查程序是否合法？（89政大）

考點提示：

偵查機關之保存過失不應由被告承擔該不利益，亦即被告應受嚴格證明程序保障之權利未受影響，故兩小題之結論並無不同。

例題31

檢察機關處理之案件有他字案與偵字案，此兩類有何不同？又偵查中檢察官向法院聲請羈押，所應提出的證據門檻應到達何種程度？此項證明門檻與法官審判時的有罪證據門檻有何不同？試說明之。（95司法官）

解碼關鍵

「他案」指尚未達構成犯罪嫌疑程度；有罪判決應達嚴格證明程度，其餘多採自由證明程度。

擬答

一、他案與偵案之區別

檢察機關依犯罪嫌疑之具備與否，將案件區分爲他案與偵案。其中所謂他案即該案件尚未有構成犯罪情事之嫌疑之程度，並未進入偵查階段，檢察官如查無實據僅需行政簽結，無庸爲任何處分；至偵案即該案件依現存證據因構成犯罪情事之嫌疑，已屬刑事訴訟之偵查階段，故檢察官需視偵查結果分別為起訴、不起訴或緩起訴處分。通常於影響公共利益或政經穩定或社會安定之案件，未免產生重大影響，檢察機關多先以他案進行調查，嗣有相當之證據認已構成犯罪情事時，方改分偵案進行偵查。

二、心證程度

(一) 通說認為，心證程度可區分嚴格證明程度與自由證明程度，前者適用於有罪判決，亦即需至毫無合理懷疑之確信，法院方得對被告為有罪判決。

(二) 學者依美國法之心證門檻認為，開始偵查之犯罪嫌疑為合理懷疑，強制處分之犯罪嫌疑為相當理由，提起公訴之犯罪嫌疑為過半證據；而我國刑事訴訟法規定強制處分之發動須有重大犯罪嫌疑，然提起公訴卻僅需犯罪嫌疑，顯有錯置不當之處，故強制處分之重大犯罪嫌疑宜改為相當犯罪嫌疑。換言之，強制處分之證據門檻僅需自由證明程度之相當犯罪嫌疑即可，有罪判決則須嚴格證明程度之毫無合理懷疑確信。

(三) 相當理由：乃指國家機關對個別特定之人或物，有客觀事實及證據，形成相當理由，相信某人犯罪或某處藏有應扣押之物，此時代表被處分之相對人（人民）有一定程度之嫌疑（可責性）。

(四) 合理懷疑：乃指國家機關之行為是否合憲，應依行為當時之事實或情狀判斷，若依當時事實及情狀判斷係屬合理，則國家機關行為即合憲；至是否合理，應以權衡原則衡量國家利益與個人利益及其必要性，故在合理性標準下，人民縱無任何可責性，國家機關仍得侵犯限制其基本權利。

注釋資料：例解刑事訴訟法「體系釋義版」第十二章之「證據證明力體系表」。

何謂自由心證主義？試申論其意義。

解碼關鍵

自由心證乃在一定原則與限制下，由審判者自由評價證據之可信價值高低。

擬答

一、自由心證主義之涵義

按刑事訴訟法（下簡稱本法）第155條第1項前段規定，證據之證明力，由法院本於確信自由判斷，此即自由心證主義。易言之，證據之可信價值高低，原則上不於法律中加以規定，而委由法官於本其自由心證加以判斷。與此自由心證方法相對者乃法定證明力方法，亦即證據之證明力如何，由法律依據不同類型與標準明定之，法院並無自由裁量判斷之餘地。又法院本於自由心證主義為證據評價與判斷時，係以該證據與待證事實具關聯性且未經證據排除法則所禁止，並經法定證據方法與法定調查程序之合法調查為前提，以符合嚴格證明法則之要求（本法第155條第2項參照）。

二、自由心證主義之優缺

(一) 優點：法定證明力方法有其未盡合理與周延之處，違反公平正義與平等原則。故如採法定證明力方法評價證據價值，而於法律中明定各種證據證明力之高低，因證據之種類千差萬別，未可能由法律逐一規定，顯欠缺務實性與公平性，唯有由法官審酌個案具體情情況而爲綜合判斷，方符合實際需求，並達發現眞實之目的。且自由心證主義有助於司法審判之獨立，避免立法者以法律明文方式對法官形成無謂之干預與限制。

(二) 缺點：自由心證主義既賦予法官自由裁量評價證據價值之權力，如若未對之爲合理適當之限制，極易造成法官個人之恣意專斷，有違審判之公平正義，是以我國法亦如同各國立法例對之爲一定限制。

三、自由心證主義之限制

(一) 審判筆錄法定證明力原則：本法第47條規定，審判期日之訴訟程序，專以審判筆錄爲證。故法官不得以審判筆錄以外之其他證據，認定審判期日之訴訟程序。

(二) 論理法則與經驗法則：本法第155條第1項但書規定，法院依自由心證判斷證據證明力時，不得違背經驗法則與論理法則。

(三) 自白補強法則：被告或共犯之自白須有補強證據：本法第156條第2項規定，被告或共犯之自白不得作爲有罪判決之唯一證據，法院仍應調查其他必要之證據，以察其是否與事實相符。

(四) 緘默推斷禁止法則：本法第156條第4項規定，被告未經自白，又無證據，不得僅因其拒絕陳述或保持緘默，而推斷其罪行。

(五) 憲法平等原則：「恣意禁止原則」即爲適例。倘法官以「被告獐頭鼠目，故其所辯顯不足採」爲判決理由，則顯然逾越此一原則。

注釋資料：同上揭例題31。

依據刑事訴訟法之規定，偵查機關發動偵查所須之被告犯罪嫌疑程度，與實施強制處分所須之被告犯罪嫌疑程度，其意涵有無不同？試申論之。

解碼關鍵

發動偵查僅須合理懷疑，強制處分則應有相當理由。

擬答

一、證明程度之內涵

按刑事訴訟程序中之證明程度乃指國家司法機關（偵查中之檢察官、審判中之法官）認定待證事實是否存在所應具備之心證程度，其可大略分爲嚴格證明與自由證明，前者須達毫無合理懷疑之確信，如審判中之有罪判決，本於罪疑唯輕原則，法院之心證即應符合嚴格證明程度之要求；後者僅須達相當理由或合理懷疑即可，如檢察官發動偵查之犯罪嫌疑、檢察官發動強制處分之犯罪嫌疑、檢察官起訴被告之犯罪嫌疑等均屬之。

二、自由證明程度之標準

自由證明程度如依美國法之心證門檻，可進一步區分爲明確證據、過半證據（優勢證據）、相當理由與合理懷疑等程度。其中明確證據之標準多用於國家與人民間之民事訴訟；過半證據標準除用於一般民事訴訟外，並用於刑事程序事項之舉證、取證合法性與檢察官偵查終結起訴被告之判斷；相當理由標準則用於強制處分之發動與審查；合理懷疑標準則爲檢察官發動偵查或司法警察官進行臨檢盤查之前提。惟我國刑事訴訟法規定強制處分之發動須有重大犯罪嫌疑，提起公訴卻僅需犯罪嫌疑即得爲之，顯有錯置不當之處，故學者主張強制處分之重大犯罪嫌疑宜改爲相當犯罪嫌疑，方爲妥適。

三、相當理由與合理懷疑

承上所述，對被告發動實施強制處分之犯罪嫌疑程度須達相當理由，至檢察官發動偵查之犯罪嫌疑程度僅須合理懷疑即可；而所謂相當理由，乃指國家機關對個別特定之人或物，有客觀事實及證據，形成相當理由，相信有保全被告或保全證據之必要性，如某處藏有應扣押之物、某證據有湮滅僞造變造之虞、某被告有逃亡串證之虞等；又所謂合理懷疑，則指國家機關依當時之事實或情狀判斷，被告就某刑事案件之犯罪事實有一定程度之可責嫌疑，亦即被告有實施刑法某犯罪之可能性，即具合理懷疑。

注釋資料：黃朝義，台灣本土法學第59期，頁192-193；吳巡龍，月旦法學第113期，頁70。

例題34

甲涉嫌販賣毒品，警察取得檢察官之拘票，合法在甲宅拘提甲。在將甲帶回警察局的車上，警察問甲：「你賣海洛因，對不對？賣多久了，都賣給誰？誰提供給你的？……」甲皆如實回答。在警察局作筆錄時，警察於詢問前告知刑事訴訟法第95條權利，並將詢問過程錄音、錄影，甲又作出與車上相同的陳述。甲在(一)車上的陳述，(二)警察局的陳述，於審判中是否具證據能力？

解碼關鍵

違背法定障礙期間不得詢問&未踐行告知義務取得之自白，採相對強制排除。

擬答

一、被告偵查程序之保障

(一) 按依刑事訴訟法第93條規定，被告或犯罪嫌疑人經拘提或逮捕到場者，偵查中檢察官應即時訊問，認有羈押之必要者，應自拘提逮捕之時起二十四小時內，向法院聲請羈押，否則應命具保責付、限制住居或釋放，惟如遇同法第93條之1第1項所定法定障礙事由時，爲免影響上述檢察官或司法警察（官）共同使用之二十四小時期間，致延宕遲誤案件偵查之進行，則該障礙事由存在期間即應排除於二十四小時法定限制外，然此障礙期間既未計入二十四小時之檢警偵查期間，自亦不容許檢警詢問被告而變相延長二十四小時之法定限制。

(二) 次按爲使被告於刑事訴訟程序中，本於法治國原則所受之正當法律程序保障，包括罪名防禦權、辯護權與證據調查請求權等，得以踐行落實，本法第95條並明定，訊問被告時應先爲該條所列四款事項之告知。

(三) 復按爲確保筆錄記載之眞誠性，及被告於國家機關訊（詢）問時爲自由意志之任意性供述，未受不正方法之影響，本法第100條之1第1項亦另規定，訊問被告時除有急迫情況外，應全程連續錄音。

二、證據排除法則

(一) 違背第93條之1第2項之規定，所取得被告或告犯罪嫌疑人之自白及其他不利之陳述，不得作爲證據。但經證明其違背非出於惡意，且該自白或陳述係出於自由意志者，不在此限。檢察事務官，司法警察官或司法警察詢問受拘提逮捕之被告或犯罪嫌疑人時，違反第95條第2、3款之規定者，準用前項之親定，本法第158條之2定有明文，此乃本法就證據排除法則之相對排除所爲之規定，亦即違背上揭規定取得之被告自白或其他不利陳述，除兼具善意例外與供述任意性外，原則上不具證據能力。

(二) 至違背本法第100條之1第1項訊問連續錄音之規定，而完全未錄音或未完全錄音者，該被告自白或不利陳述之筆錄效力如何，則有不同見解：有認此形同筆錄之記載與錄音錄影不符，依同條第2項之規定即不得爲證。亦有認係實施刑事訴訟程序之公務員違背法定程序，依本法第158條之4規定，由法院權衡裁量其證據能力。通說則認應推定該自白無任意性及筆錄不正確，而不得爲證據（類推本法第158條之2）。惟若檢察官能以其他方式證明該被告自白之任意性與筆錄記載之正確性。則該自白筆錄仍具證據能力。

三、結論

(一) 本件被告甲於警車上所爲之自白與不利陳述，因屬本法第93條之1法定障礙期間內之供述，且司法警察詢問前未先踐行本法第95條所列各款事項之告知，亦未進行全程連續錄音，揆諸上揭說明，應認該自白不具證據能力。

(二) 另甲於警局之自白供述，除詢問前先經本法第95條之權利告知之外，並為全程錄音錄影，既未違背法定程序，如非出於不正訊問方法，該任意性自白即得為證據。

注釋資料：例解刑事訴訟法「體系釋義版」第十二章之焦點「證據排除之修法評析」。

例題35

甲涉嫌貪瀆罪，乙於警詢中言：「甲要我交給他100萬元。」於檢察官複訊時又言：「甲要我交給他100萬元。」之後乙即遠渡國外不歸。檢察官起訴甲貪瀆罪，在甲的審判中，乙於偵查中之陳述，是否得成為證據？請依法條、大法官解釋、學說理論，分析之。(95台大法研)

解碼關鍵

傳聞法則之例外；對質詰問權本質之理論（證人產生論、眞實性擔保論）。

擬答

一、刑事訴訟法規定

按證人之供述因觀察、知覺、記憶、表達與其眞誠性，均具有高度之不可靠性，故應藉由具結擔保與交互詰問之檢驗提高其憑信性，證人於審判外陳述之傳聞證據，既無從為具結擔保與對之為交互詰問檢驗，故傳聞法則認傳聞證據原則上無證據能力，我國刑事訴訟法第159條第1項定有明文，證人於審判外向司法警察所為之陳述乃屬傳聞證據，依前揭說明自無證據能力，惟依本法第159條之3規定，倘該證人有法定供述不能情形，且具備可信性特別情況保證與證據必要性時，該警詢之陳述即例外得為證據，又所謂之情況保證乃指證人警詢陳述時之外部環境無不正方法影響與干預，得自由任意陳述，非指陳述內容之證明力，否則以具備證明力為證據能力判斷之前提，顯與證據理論有違，至有無可信性特別情況保證，應由檢察官肩負舉證責任。

二、大法官會議解釋與學理

次按對質詰問權之本質，學說理論上有證人產生理論、眞實性擔保理論與防止政府濫權理論，茲分別概述如下：

(一) 證人產生理論認為對質詰問權之目的，在逼使檢察官傳喚審判外陳述之證人出庭作證，以供被告行使對質詰問權，當檢察官已盡力傳喚審判外陳述之人，仍不能使該陳述者出庭時，使用該審判外陳述為證據，方屬未侵害被告之對質詰問權，大法官會議釋字第582號解釋採之，其認為除非有客觀上不能接受詰問之情形，否則仍應使審判外陳述之證人到庭接受被告之對質詰問，始有證據能力。

(二) 眞實性擔保理論認爲對質詰問權之唯一功能在發現眞實，利用與證人之對質詰問，確保證人陳述之眞實性，如有其他因素得確保證人審判外陳述之憑信性，即令被告未親自爲對質詰問，已無甚重要，易言之，使用眞實性確保之審判外陳述爲證據，並未侵害被告之對質詰問權。防止濫權理論則認爲對質詰問權之目的如同憲法其他基本權利，在對抗政府機關濫用權力，對質詰問權具有證據排除之功能，排除傳聞證據，故除非證人有未能作證之情形，且被告在先前之程序中已有對質詰問之機會，否則不得侵害限制被告之對質詰問權，美國聯邦最高法院先後採此兩說。

注釋資料：王兆鵬，刑事被告的憲法權利，頁316以下；同氏著，台灣本土法學第75期，頁33以下。

例題36

警察有相當理由相信甲、乙共同販毒。警察先對甲發詢問通知，甲到警察局接受詢問，警察問甲：「你與乙共同販毒？」甲答稱：「我只是負責送貨的，貨品買賣是大哥乙負責的，乙要我送哪我就送哪，我不知道是毒品。」警察於是依法取得拘票並合法拘提乙，在拘提乙後，警察問乙：「甲是你的手下，你叫他送毒，對嗎？」乙答：「甲是我的好朋友，不是手下，我知道他有賣毒，但我從未叫他送毒，毒品與我完全無關。」警察又附帶搜索其身體，在口袋內發現子彈，於是問乙：「槍呢？」乙答：「在床底下。」警察果然在該處發現手槍一支。檢察官依上述事實起訴甲、乙共同販賣毒品，乙非法持有槍械，於甲、乙之審判中上述各「陳述」之證據能力為何？

解碼關鍵

訊問被告之合法程序；附帶&同意&緊急搜索之合法要件；共同被告&共犯之證人適格。

擬答

一、共同被告與共犯之證人適格

(一) 按被告或共犯之自白，不得作爲有罪判決之唯一證據，仍應調查其他必要之證據，以察其是否與事實相符；又除法律另有規定者外，不問何人，於他人之案件，有爲證人之義務（共犯或共同被告對本案被告之案件即屬他人）；再法院就被告本人之案件調查其他共同被告時，該共同被告準用有關證人之規定，刑事訴訟法第156條第2項、第176條之1及第287條之2分別定有明文。亦即我國刑事訴訟法肯認共同被告或共犯於本案被告刑事訴訟程序中具有證人之適格，大法官會議釋字第582號亦認共同被告於本案被告之審判程序中應依證人之法定證據方法爲調查，始爲適法，惟應先裁定分離審判始可。

(二) 共同被告或共犯於本案被告之審判程序中既居於證人之地位，自適用刑事訴訟法有關證人調查程序之規定，如：應傳喚證人到庭具結陳述，並接受法院之訊問及經當事人之詢問與交互詰問或對質之檢驗，以提高其供述內容之憑信性，是故此際即有傳聞法則之適用。

二、甲警詢供述之證據能力

(一) 次按被告之自白，非出於強暴、脅迫、利誘、詐欺、疲勞訊問、違法羈押或其他不正之方法，且與事實相符者，得為證據。本法第156條第1項亦有明文規定，且依同法第95條與第100條之1規定，訊問被告其應先為防禦權利（緘默權、辯護權、請求調查證據權）之告知，訊問過程並應全程連續錄音或錄影，此均係保障被告訴訟權利之正當程序。

(二) 本件被告甲於警局接受詢問前，倘業由詢問人員為本法第95條之米蘭達權利告知，詢問全程並經連續錄音或錄影以證明其供述之任意性，則該陳述自白對被告甲自己而言即具證據能力。至其指述共同被告乙之部分，承前說明，因屬證人在審判外供述之傳
例題3
聞證據，除有本法第159條之2（供述矛盾）、第159條之3（供述不能）、第159條之5（當事人合意）外，依同法第159條第1項之規定即不得為證據。

三、乙警詢供述之證據能力

(一) 末按為保障執法人員之安全並防止被告或證人之隨身證據湮滅，司法警察（官）等執行合法拘提逮捕時，依本法第130條規定得為無令狀之附帶搜索，故本件司法警察持依法取得之拘票拘提被告乙，並對其身體為附帶搜索應屬合法（搜得子彈），惟此項附帶搜索之範圍，限於被告身體、隨身攜帶之物件、所使用之交通工具及立即可觸之處所，故司法警察嗣後經被告乙告知槍枝藏放處，旋即搜索床下而取得該把手槍，顯不符上開附帶搜索之規定，且乙業經合法拘捕，亦無湮滅、偽造、變造證據之緊急搜索需求（第131條第2項），然如經被搜索人乙同意，則可依本法第131條之1規定肯認其合法性，該搜索扣押之子彈與手槍即均具證據能力。

(二) 另被告乙於司法警察執行拘提當場所為詢問之供述，尚未經本法第95條之權利告知，依同法第158條之2第2項準用第1項之規定，原則上應認無證據能力，又縱經告知惟未全程連續錄音或錄影者，應推定該供述無任意性與正確性而不得為證據，然若經檢察官舉證證明為任意性者乃屬例外。

(三) 倘被告乙之供述取得程序經證明符合前揭刑事訴訟法之規定，則其供述內容對被告乙自己而言即具證據能力。至對共同被告甲而言，因屬傳聞證據，揆諸前開說明，除有法定例外情事，仍應不得為證據。

另類思考：

合法訊問程序
- 權利告知（第95條）
- 不正方法禁止（第98條）
- 法定障礙期間訊問禁止（第93條之1）
- 夜間訊問禁止（第100條之3）
- 連續錄音錄影之要求（第100條之1）（毒樹～繼續性效力）
- 訊問與製作筆錄者非同一人（第43條之1）

合法搜索之強制處分
- 令狀
- 無令狀
  - 附帶
  - 爭迫
    - 逕行
    - 緊急
      - 主體：檢察官
      - 限制：即時保全需要性
  - 同意

結論
- 甲、乙供述屬共犯自白、具備上述要件即有證據能力，惟依第156條第2項之規定與自白補強法則之適用
- 子彈：合法拘提且附帶搜索之範圍，故有證據能力
- 手槍：除有同意搜索情形，因不符附帶與緊急搜索之要件，屬違法搜索，依第158條之4權衡裁量

注釋資料：例解刑事訴訟法「體系釋義版」第十二章之焦點「共同被告與共犯之證人適格」。

例題37

高科技公司老板某甲懷疑員工乙對外洩漏公司營業機密，遂委請徵信社竊聽乙之私人電話，徵信社員工丙於竊聽時，果然多次聽見乙與他公司負責人商談甲公司營業機密，丙並錄音存證。甲見時機成熟後，遂對乙提出告訴，並將該些錄音帶交給檢方。試問如果將來檢察官起訴乙，法院可否傳喚丙為證人，以及使用該些錄音內容當作證據使用？　（94政大法研）

解碼關鍵

同前揭例題25。

擬答

一、私人違法取證之法律效果

按證據排除法則之內涵，包括本法第100條之1訊問過程連續錄音或錄影、第156條第1項不正訊問方法禁止、第93條之1法定障礙期間訊問禁止、夜間詢問原則禁止及訊問前米蘭達權利告知之要求、第158條之3證人與鑑定人供述之具結、第158條之4其他違法取證之權衡裁量、第159條傳聞法則、第160條意見法則暨毒樹果實理論。此證據排除法則於公權力違法取證當然適用無疑，惟於私人違法取證之情形，其法律效果如何？有無該法則之相同適用，則有如下不同之見解：

(一) **具證據能力說**：此說認為證據排除法則僅限公權力取證方有適用，至私人之取證方式多為秘密進行，故被告係處於不知且自由意志狀態下，其任意性既未被剝奪，虛偽性甚低，除私人以強暴或脅迫方式剝奪他人任意性而取得證據外，則應具證據能力，淺見以此說為當。

(二) **無證據能力說**：此說認應視立法者就私人違法取證有無明文排除之規定，即該取證手段倘為法律所欲處罰者，即有證據排除法則之適用，應由法院依本法第158條之4權衡裁量，惟若該手段為法律所未予處罰時（如通訊保障及監察法第29條規定，得通訊一方同意之違法監聽者不罰），其取得之證據即有證據能力。

(三) **折衷說**：此說認私人違法取證原則上無證據排除法則之適用，但法院基於維護司法正潔性之觀點。應審酌違法情節、違法與證據取得之關聯性、案件之重大性、使用證據之必要性、及該證據提出於法庭調查是否另行要害關係人之隱私權益等因素權衡，認有違反審判之公正者，得裁量排除該證據之證據能力。

二、違法取得之錄音帶具證據能力

承上所述，淺見以私人違法取證原則上具證據能力而無據排除法則之適用，故本題科技公司老板甲委請徵信社員工丙為違法竊聽，所取得員工乙私人電話通訊內容之錄音帶應具證據能力，審判中法院得使用為證據。

三、法院得傳喚證人丙

證人丙受甲委託進行違法竊聽，其係屬親自經歷乙與他公司負責人電話通訊商談商業機密之人，故為原始證人，雖係違法手段，然此私人取證手段既未剝奪乙通訊陳述時之任意性，亦具證據能力，法院應得傳喚丙證人到庭具結陳述。

注釋資料：王兆鵬，刑事訴訟講義，頁33-35；楊雲驊，法學講座第31期，頁81-91。

某煙毒犯販毒時失風被逮。警員甲於偵訊時，依規定準備了錄音設備進行全程錄音，而該毒販亦於偵訊時自白犯罪。未料在偵訊結束後，警員甲才發現錄音機不知何時故障，該自白完全未被錄下。試問，記載該自白的警詢筆錄可否作為證據使用？ （92律檢）

解碼關鍵

錄音錄影有瑕疵之自白筆錄，其證據能力依本法第100條之1第2項或類推本法第158條之2第1項判斷之。

擬答

一、訊問程序之錄音或錄影

按「訊問被告，應全程連續錄音；必要時，並應全程連續錄影」，又「本章之規定，於司法警察官或司法警察詢問犯罪嫌疑人時，準用之」，刑事訴訟法第100條之1、第100條之2分別定有明文，是以司法警察對犯罪嫌疑人爲詢問時即應全程連續錄音。

二、自白筆錄之證據能力

次按「除法律另有規定外，實施刑事訴訟程序之公務員因違背法定程序取得之證據，其有無證據能力之認定，應審酌人權保障及公共利益之均衡維護」。本法第158條之4亦有明文規定，故部分實務則認倘司法警察對犯罪嫌疑人爲詢問時未予全程連續錄音，則其自白筆錄之證據能力即由法院依上開規定爲權衡裁量之認定。另有學者主張，此際未予錄音或錄影之情形即屬第100條之1第2項不符之情形，應不具證據能力；亦有認可類推適用第158條之2第1項，區分未予錄音究係善惡意之情形爲斷。通說則採不利推定說，先推定自白無任意性且筆錄不正確，再視檢察官得否舉證（過半證據之心證）證明其任意性與正確性而定。

三、結論

本題司法警察甲於詢問煙毒犯時已依本法第100條之1、之2規定進行全程錄音，並無違反法定程序情事，而與前述本法第158條之4規定未符，蓋錄音設備之故障非可歸責於實施刑事訴訟程序之司法警察甲。又被告於警詢中之自白雖非於審判中所爲，惟依本法第159條第1項之規定，須被告以外之人於審判外之言詞或書面陳述方屬傳聞法則否認其證據能力之傳聞證據，亦即本題犯罪嫌疑人於警詢之自白筆錄非屬傳聞證據應具證據能力而得作爲證據使用。

注釋資料：林鈺雄，刑事訴訟法（上），頁158-159；吳巡龍，月旦法學第113期，頁70-75。

例題39

甲、乙二人擄丙勒贖鉅款，甲於某日深夜取贖時為警逮捕，乙見狀乃挾丙逃逸，偵查人員惟恐人質慘遭撕票，遂立即對甲為調查詢問（警詢），然甲數次矢口否認犯行，警方遂施以刑求，甲始自白並供出乙、丙下落，警方因而得救出人質並逮捕嫌犯乙，乙到案後由司法警察丁對其詢問並製作筆錄，其深知悔悟而自白，試問甲、乙之警詢自白之證據能力為何？

解碼關鍵

夜間詢問之急迫情形應具備重罪、適合性、必要性、緊急性；毒樹果實繼續性效力。

擬答

一、夜間詢問之適法性

按「司法警察官或司法警察詢問犯罪嫌疑人，不得於夜間行之。但有下列情形之一者，不在此限：一、經受詢問人明示同意者。二、於夜間經拘提或逮捕到場而查驗其人有無錯誤者。三、經檢察官或法官許可者。四、有急迫之情形者。」刑事訴訟法第100條之3第1項定有明文，其中所謂「急迫情形」，依學者見解應符合重罪原則、比例原則適合性與急迫性。本題司法警察（官）對涉擄人勒贖重罪之犯罪嫌疑人甲進行夜間詢問，係恐人質丙遭逃逸之共犯乙所殺害，爲達營救人質之目的與緊急情事而爲，顯符合上揭急迫情形之要件，是該夜間詢問即屬合法。

二、不正方法詢問之效力

次按「被告之自白，非出於強暴、脅迫、利誘、詐欺、疲勞訊問、違法羈押或其他不正之方法，且與事實相符者，得爲證據。」刑事訴訟法第156條第1項亦有明文，本件對被告甲之夜間詢問雖合法，惟其既經司法警察以強暴（刑求）之不正方法致爲非任意性自白，揆諸前開說明，其警詢自白即無證據能力。

三、結論

再依同法第43條之1第2項規定，司法警察（官）對犯罪嫌疑人詢問筆錄之製作，應由行詢問以外之人爲之；且本例司法警察丁對犯罪嫌疑人乙行詢問時並無前項規定但書所列之情況急迫或事實上之原因不能爲之情形，卻仍由行詢問之丁自行製作筆錄，顯係實施刑事訴訟程序之公務員因違背法定程序而取得犯罪嫌疑人之警詢自白，依本法第158條之4，應由法院審酌人權保障及公共利益之均衡維護以定有無證據能力。另甲因受不正方法而自白，司法警察並因此逮捕共犯乙，於茲有無毒樹果實理論放射性效力之適用？應視乙之供述內容而定，其供述自己犯罪部分乃屬本案被告自白，即無適用該效力之餘地，惟若指述甲犯行部分，則爲共同被告（或共犯）自白，對被告甲而言即爲證人，即爲非任意性自白所衍生之合法證據（任意性自白），應依毒果理論放射性效力排除該部分之證據能力；且該指述甲部分之警詢筆錄亦屬傳聞證據，故尚可依本法第159條第1項規定排除其證據能力。

另類思考：

一、被告本於憲法第8條正當法律程序，第16條訴訟防禦權及第23條強制處分合理性之保障、偵查程序中對被告之訊問應符合法定程序。

取證之強制處分亦應具備法定條件（法律保留與合理目的）。

二、合法訊問程序
- 權利告知（第95條）
- 不正方法禁止（第98條）
- 法定障礙期間訊問禁止（第93條之1）
- 夜間訊問禁止（第100條之3）
- 連續錄音錄影之要求（第100條之1）（毒樹～繼續性效力）
- 訊問與製作筆錄者非同一人（第43條之1）

三、毒樹果實理論
- 法理→為澈底杜絕違法取證，有必要禁止藉違法取證而衍生之合法性證據之證據能力，以減少偵查人員違法取證之誘因
- 放射性效力→不正方法取得被告非任意自白、依自由內容再循線依法定程序取得之合法證據、即無證據能力

四、結論
- 甲自白
  - 不正方法之非任意自白→無證據能力（第98條、第156條第1項）
  - 夜間詢問之急迫性（第100條之3第1項第4款）
    →重罪、適合、緊急、必要
    →本題符合、然仍缺任意性
- 乙自白
  - 被告自白（乙）→任意自白、有證據能力（注意第43條之1違反）
  - 共犯自白（甲）→毒樹果實放射性效力、除有獨立來源或必然發現情形應無證據能力

注釋資料：王兆鵬，新刑訴新思維，頁50以下；林鈺雄，刑事訴訟法實例研習，頁108以下。

例題40

刑事訴訟法第100條之3第1項第4款規定「有急迫之情形者」，司法警察人員例外的得於夜間詢問犯罪嫌疑人，所謂有急迫之情形所指為何？　（94檢事官）

解碼關鍵

同上揭例題39&夜間詢問禁止之立法目的，在保障人權。

擬答

一、夜間詢問之相關規定

按刑事訴訟法第100條之3規定：「司法警察官或司法警察詢問犯罪嫌疑人，不得於夜間行之。但有下列情形之一者，不在此限：一、經受詢問人明示同意者；二、於夜間經拘

提或逮捕到場而查驗其人有無錯誤者；三、經檢察官或法官許可者；四、有急迫之情形者。犯罪嫌疑人請求立即詢問者，應即時爲之。稱夜間者，爲日出前，日沒後。」如有違反，依同法第158條之2第1項規定：「違背第九十三條之一第二項、第一百條之三第一項之規定，所取得被告或犯罪嫌疑人之自白及其他不利之陳述，不得作爲證據。但經證明其違背非出於惡意，且該自白或陳述係出於自由意志者，不在此限。」

二、禁止夜間詢問之立法目的

次按夜間詢問禁止之目的乃在於保障人權，避免被告於夜間面對公權力之強勢詢問時，因心生恐懼而爲陳述。應注意者，夜間詢問禁止應與防止疲勞詢問有所區別，蓋本法第98條已就疲勞詢問之禁止另設明文，且依本法第156條第1項之規定，疲勞詢問之效果係絕對強制排除該自白之證據能力，至違法夜間詢問取得之自白僅爲相對強制排除，又疲勞詢問之禁止並無例外之容許，夜間詢問依本法第100條之3第1項即有例外情形，何況個人之生理作息不一，並非任何人於夜間受詢問即有疲勞情狀。

三、急迫情形之要件

按刑事訴訟法第100條之3第1項規定：「司法警察官或司法警察詢問犯罪嫌疑人，不得於夜間行之。但有下列情形之一者，不在此限：……四、有急迫情形者。」此即夜間詢問之禁止與例外容許規定，至但書所稱之「急迫情形」，依學者見解應符合優越利益之重罪原則（涉嫌重罪罪名，以符合狹義比例原則）、適當性原則（夜間詢問適合達成所欲之目的）、緊急性原則（夜間詢問之目的具急迫要求，例如倘未夜間詢問則對社會秩序或被害人之生命身體有明顯立即危害）及必要性原則（對受詢問者應盡正當法律程序之保障）。

注釋資料：例解刑事訴訟法「體系釋義版」第十二章之焦點「司法警察（官）夜間詢問取得之自白或不利陳述，得爲證據者（具證據能力）」。

例題41

甲、乙二人於夜間侵入丙宅竊盜，得手欲離去之際為巡邏警網察覺追捕，甲遁入暗巷逃匿無蹤，乙則為警捕獲，警方旋於派出所對乙進行詢問，並要求其供出甲與贓物之下落，警方為保障人民（失主）財產權益遂祭出101招之刑求絕活，乙受刑後痛不欲生，深感悔悟，乃自白案情，試問被告乙之自白效力為何？

解碼關鍵

違法取得被告自白之競合（不正訊問方法&夜間詢問&未連續錄音）。

擬答

一、夜間詢問之合法性

按刑事訴訟法第100條之3第1項規定：「司法警察官或司法警察詢問犯罪嫌疑人，不得於夜間行之。但有下列情形之一者，不在此限：……四、有急迫情形者。」此即夜間詢問之禁止與例外容許規定，至但書所稱之「急迫情形」，依學者見解應符合重罪（涉嫌重罪罪名）、適當（夜間詢問適合達成所欲之目的）、緊急（夜間詢問之目的具急迫要求，例如倘未夜間詢問對社會秩序或被害人生命身體有明顯立即危害）、必要（對受詢問者盡正當法律程序之保障）等原則。本題偵查人員僅係爲追緝竊盜共犯並尋起贓物，顯未符合前揭重罪與緊急原則，故認司法警察對犯罪嫌疑人乙之夜間詢問不合法。

二、自白證據能力之判斷

次按「被告之自白非出於強暴、脅迫、利誘、詐欺、疲勞訊問、違法羈押或其他不正之方法，且與事實相符者，得爲證據」，又「違反第100條之3第1項之規定，所取得被告或犯罪嫌疑人之自白及其他不利之陳述，不得作爲證據。但經證明其違背非出於惡意，且該自白或陳述係出於自由意志者，不在此限」。刑事訴訟法第156條第1項、第158條之2第1項分別定有明文，此乃分屬證據強制排除原則之絕對性（前者）與相對性（後者）之規定。如前所述，本題係屬違法夜間詢問，所應探究者乃其是否符合第158條之2第1項但書之規定，就司法警察之違背有無非出於惡意而屬善意例外，因題旨並未明示致未得遽斷，惟犯罪嫌疑人乙之自白既非於任意性下所爲，自不得依前開但書例外取得證據能力。

三、效果規定之競合

尙有疑義者，犯罪嫌疑人乙之警詢自白不具證據能力，究係依本法第156條第1項之不正訊問方法抑或第158條之2第1項之違法夜間訊問？淺見以爲應屬證據強制排除規定之競合，惟因本法第156條第1項不正訊問方法乃最嚴重之違法取證，具有絕對排除效力，至第158條之2第1項則容許但書之例外而僅生相對排除效力，故宜優先適用本法第156條第1項之規定排除犯罪嫌疑人乙於警詢自白之證據能力。

注釋資料：例解刑事訴訟法「體系釋義版」第十二章之焦點「證據排除之修法評析」。

例題42

刑事偵查員甲、乙奉命偵辦多起銀行強盜案件，經鎖定某強盜集團經常出入之民宅據點進行長期監控，嗣於某日發現疑為犯罪集團成員之丙、丁扛背二大布袋入內，甲、乙疑係強盜所得贓款，遂迫丙、丁離去後入內查看，果發現布袋內藏有鉅款，經銀行辨識驗證後確為強盜案之失款，檢察官遂命司法警察將丙、丁拘提到案，警詢中丙丁雖均自白，惟因二人吵鬧不休並企圖自盡，至警詢人員疏未告知渠等得選任辯護人，案經檢察官將丙、丁提起公訴，審判中並經銀行職員戊指證丙、丁涉案無誤，惟法院以戊乃被強盜銀行之職員為由未命其具結，試問法院應對丙、丁被起訴之強盜案如何判決？

解碼關鍵

未具結之證言不得爲證據；未踐行告知義務之自白，則區分善惡意，以定證據能力；自白補強證據之限制。

擬答

一、急迫搜索之涵義

(一) 搜索乃爲發現被告或犯罪證據或其他可得沒收之物而干預限制人民基本權利之強制處分，是其發動原則上須符合法官保留之令狀主義，惟立法者基於偵查犯罪之需要，對此另增訂無令狀搜索之例外，其包括刑事訴訟法第130條之附帶搜索，第131條之急迫搜索，第131條之1之同意搜索。而急迫搜索依學說見解復可區分爲：

1. 符合本法第131條第1項所明文3款法定情形之逕行搜索，其搜索主體爲檢察官、檢察事務官及司法警察官。
2. 符合同條第2項所定之緊急搜索，其搜索主體則僅限檢察官，餘檢察事務官及司法警察官均應受檢察官之指揮始得爲之。急迫搜索後並應報請法院爲事後審查。

(二) 承上所述，具備司法警察身分之刑事偵查員若欲於偵查程序中實施無令狀之逕行搜索，須：

1. 因逮捕被告、犯罪嫌疑人或執行拘提、羈押，有事實足認被告或犯罪嫌疑人確實在內者。
2. 因追躡現行犯或逮捕脫逃人，有事實足認現行犯或脫逃人確實在內者。
3. 有明顯事實足信爲有人在內犯罪而情形急迫者。

故知逕行搜索之客體乃爲犯罪行爲人，惟本題司法警察逕入民宅爲無令狀搜索，其目標客體係犯罪之證據贓款，顯與上揭所列法定情形有間，且縱有緊急搜索情事，亦應於檢察官指揮下方得實施，且渠等於搜索後亦未陳報法院審查，是以本例之搜索程序即未合法。

(三) 本案之搜索偵查程序既非適法，則受搜索人究應有何救濟途徑？依現行刑事訴訟法之規定該人僅能依本法第131條第4項之規定，法院得宣告所扣得之物不得作爲證據，而不得如檢察官所爲之急迫搜索般，得依本法第416條之規定提起準抗告。又本法就違法搜索扣得之物之證據效力，係採權衡理論，賦予法院裁量權而非絕對排除，雖立法理由明列七項審酌標準，然該標準內涵之認定亦易因不同法院之主觀見解而異，故是項立法頗受質疑。

二、丙、丁自白與證據能力

(一) 按「檢察事務官、司法警察官或司法警察詢問受拘提、逮捕之被告或犯罪嫌疑人時，違反第95條第2款、第3款之規定者，準用前項規定」（即所取得被告或犯罪嫌疑人之自白或其他不利之陳述，不得作爲證據。但經證明其違背非出於惡意，且該自白或陳述係出於自由意志者，不在此限），又「證人、鑑定人依法應具結而未具結者，其證言或鑑定意見，不得作爲證據」。刑事訴訟法第158條之2、第158條之3分別定有明文。本題經拘提到案之丙、丁於警詢時因司法警察未盡本法第95條第3款之告知義務，致未選任辯護人，則渠等之自白本不具證據能力。惟司法警察係因丙、丁二人吵鬧並企圖自盡而疏於告知，其違背顯非出於惡意而屬善意例外，倘丙、丁二人自白均本於自由意志之任意性，依前揭規定即認得有證據能力。

(二) 另證人戊僅爲被害銀行之職員，既不具本法第186條所定「未滿十六歲者」或「因精神障礙，不解具結意義及效果者」之情形，法院自應於戊供述證言前令其具結，蓋依本法第156條第2項意旨以觀，證言得作爲有罪判決之唯一依據，爲法院認事判斷之重要憑恃，允宜愼重，藉此擔保其證言係據實陳述。本例戊未於審判時具結，依本法第158條之3規定其證言即不具證據能力。

三、結論

末按依本法第156條第2項規定，被告自白不得爲有罪判決之唯一證據。本案被告丙、丁自白揆諸前開規定具證據能力，證人戊之證言則否，故應視法院審酌扣案贓款證據之證據能力爲斷，肯定時，即得以之爲被告自白之關聯性補強證據，而爲被告丙、丁之有罪判決。但亦有認共犯丙、丁間之自白得互爲補強，法院應對被告丙、丁均諭知有罪判決（有學者認共犯自白不得爲補強證據）。

注釋資料：黃朝義，刑事訴訟法實例研習，頁151以下&162以下；同氏著，月旦法學第102期，頁215。

例題43

警員A獲得情資，指稱甲等為籌錢購買毒品，專門在台北市仲介槍枝買賣圖利。某日，A發現甲現身台北市中山區，馬上趕赴現場，發現甲與乙共乘一輛轎車正要離開，A即一路駕車尾隨，直到該車停下，甲下車時，A即上前盤查。甲見狀逃跑，A在後後追趕，不久即將甲制伏，並在甲身上查獲槍枝一把。當A制伏甲時，A發現乙駕車趕來，A又持槍喝令乙下車，將乙制伏，隨後在乙車後行李箱內起獲兩包海洛因毒品。A在警局訊問甲乙槍枝毒品來源時，兩人皆保持沉默。突然從乙身上搜出而置於桌上的乙的手機響起。A不待乙同意，即拿起手機假裝是乙而接聽電話，結果是丙要向乙購買毒品。A與丙約在某路口交易，丙屆時出現，但發現A是警察而開槍拒捕，結果被A擊斃。最後，法院基於A向檢察官所提查獲甲槍枝的報告及扣案的槍枝，判甲有罪；基於A當庭證稱接聽到丙向乙購買毒品的電話及扣案的海洛因，判乙有罪。（94政大法研）

解碼關鍵

線民密報做為拘捕、搜索依據之要件；附帶搜索之目的性範圍；誘捕偵查之合法類型；司法警察調查報告不符合傳聞例外。

擬答

一、緊急拘捕之合法性

(一) **拘捕甲部分**：按依刑事訴訟法第88條之1規定，司法警察（官）偵查犯罪，於有事實足認某人犯罪嫌疑重大，經盤查而逃逸，且情況急迫而不及報告檢察官者，得逕行拘提，再於執行後立即報請檢察官簽發拘票。本件司法警察A獲得情資顯示甲爲籌錢購毒乃仲介槍枝買賣圖利，倘A依客觀標準判斷，就所知之事實與情況有合理可信之訊息，足使一般謹慎之人相信犯罪已發生，嫌疑犯甲爲犯罪行爲人，甲即具備相當犯罪嫌疑，則A對甲之盤查與緊急拘捕即屬合法，另依同法第90條規定，被告抗拒拘提、逮捕或脫逃者，得用強制力拘提或逮捕之，但不得逾必要之程度，是以A於甲脫逃時即得追捕並予制伏。

(二) **拘捕乙部分**：乙與甲同車同行，且嗣後甲亦經搜得槍枝等犯罪事證，自有相當理由相信乙亦有共犯之犯罪嫌疑，並爲防止乙亦持有槍械，故司法警察A持槍喝令乙下車並予制伏之現行犯逮捕程序亦認合法。

二、搜索扣押之合法性

(一) **槍枝部分**：次按依同法第130條規定，司法警察（官）逮捕被告，犯罪嫌疑人或執行拘提，羈押時，雖無搜索票，得逕行搜索其身體、隨身攜帶之物件、所使用之交通工具及立即可觸及之處所。其目的在保障執法人員安全並防止隨身證據之湮滅，惟此須以拘捕合法爲前提要件，故本件司法警察A於緊急拘捕時得附帶搜索犯罪嫌疑人甲之身體，因之搜索扣押之槍枝應屬合法。

(二) **毒品部分**：搜索既係干預限制人民基本權利之強制處分，自以令狀搜索爲原則，倘偵查人員欲例外爲無令狀搜索，即應以法律嚴格限制之。承前所述，附帶搜索之目的既在保障執法人員安全並防止隨身證據之湮滅，是應本其目的而爲搜索範圍之限定，即需以被拘捕人可立即觸及之處所爲限，逾此範圍，被拘捕人即無取得凶器攻擊執法人員或湮滅證據之可能，執法人員宜另行聲請搜索票始得爲之，本件司法警察A於車外拘捕乙，則乙駕駛之汽車無論車內或引擎蓋或行李箱，因均非乙所立即可觸及之處所，自不得爲附帶搜索，故毒品之搜索扣押即非合法。

三、誘捕偵查之合法性

誘捕偵查之種類與效果，依通說見解分別爲：(一)犯意誘發型（又稱引發犯意型或陷害教唆），即誘捕偵查實施者誘發犯罪者產生犯意，此因已逾偵查必要且違憲法基本人權之保障，故因此取得之證據即無證據能力；(二)機會提供型（又稱已有犯意型或釣魚偵查），即誘捕偵查實施者僅提供本有犯意之犯罪者實現犯意之機會，原則上具證據能力。本件司法警察A不待乙之同意即行接聽乙之電話，佯稱爲乙而得與丙詳談毒品交易內容並進而爲毒品交易，即屬機會提供型之誘捕偵查，則此商談與交易毒品之過程，A乃成爲親身經歷待證事實之直接證人，其於審判中經具結後之陳述內容，依前揭說明應有證據能力。

四、司法警察調查報告書之證據能力

司法警察調查報告書包括司法警察調查犯罪及蒐集證據之親自經歷，亦兼有其個人意見與推測，後者依本法第160條之意見法則，不具證據能力；前者屬傳聞證據，於嚴格證明中原則亦無證據能力，且其具有個案性質，非屬本法第159條之4所列之特種文書範圍，本件報告書又非於檢察官面前製作完成，故亦不符合本法第159條之1第2項之例外，是以，本件司法警察A向檢察官所提之調查報告書應不得爲證據。

五、結論

綜上所論，法院將依司法警察A向檢察官所提調查報告報告書採爲證據即不合法，惟依查獲扣案之槍枝論被告甲有罪則屬合法。另司法警察A到庭陳述毒品交易之通訊內容，爲合法誘捕偵查所得並爲直接原始證據，法院採爲被告乙有罪之證據應屬合法，至違法無令狀附帶搜索扣得之海洛因，得由法院依本法第158條之4規定權衡裁量其證據能力之有無，故法院若以之爲被告乙有罪之證據，尚無不合。

注釋資料：例解刑事訴訟法「體系釋義版」第十一章之焦點「司法警察聲請拘票或搜索票之核發要件」。

相關試題

甲與乙共同於A銀行中犯下強盜罪，於取得贓款100萬元後分頭開車逃逸，警察隨後追捕並於某路口攔下甲所駕駛之車，甲棄車逃逸，路人丙見義勇爲將甲攔下並逮捕之，另主動對甲進行搜身，於甲身上搜出作案用槍一把，警察則於甲被逮捕後，搜索汽車，於駕駛座旁發現贓款，另於後車行李箱內搜出乙之日記本，內容並記載此次之犯罪計畫細節，隨後將兩者交給警察。請問：槍枝、贓款100萬元、以及日記等，是否得作爲本案之證據？（95高大法研）

考點提示：

刑事訴訟法第130條之附帶搜索，限於司法偵審機關執行拘捕羈押時，對被拘捕人所爲無令狀搜索，目的在防止隨身證據湮滅並保障執法人員安全，故搜索範圍限於被拘捕人之身體，隨身攜帶物件與立即可觸及之處所或交通工具，本題路人丙爲現行犯逮捕，雖非司法偵審機關，然本於附帶搜索之立法目的，應得類推適用許其附帶搜索；又甲係逃離車外遭逮捕，該車內部之駕駛座與後車行李箱，均非被逮捕人甲所得立即觸及之處所，故不得爲司法警察附帶搜索之範圍，此違法搜索取得之贓款與日記本，由法院權衡裁量其證據能力。

相關試題

警察甲、乙兩人開巡邏車巡邏，路經某銀行附近，發現路旁一輛車怠速中，車內丙、丁、戊三人偶而對外查看，行蹤略有可疑。警察甲、乙兩人下車向前盤詢，丙、丁、戊三人一時慌張而支吾其詞。警察甲、乙兩人高度懷疑丙、丁、戊三人有問題，欲進一步了解情形之同時，丙、丁、戊三人所駕駛的車輛已啓動要離開。警察甲、乙兩人想攔住他們但已經來不及，車已開走。警察甲、乙兩人乃透過無線電傳呼另外警網支援共同攔車，最後在某一路口丙、丁、戊所駕駛的車輛終被攔下，警察乃直接對其全車（包括後車箱）進行搜扣，發現有槍枝三枝、子彈數十發、布袋兩個（預爲裝錢用）、口罩、安全帽等預備作案工具。試問：本案警察所爲的搜扣行爲可否列爲無令狀搜索之一種？在案件處理上檢警關係爲何？（101檢事官）

考點提示：

一、本例不符合本法第131條急迫搜索（第1項入宅搜索、第2項檢察官指揮）與第131條之1同意搜索。

二、如警察合法拘捕丙、丁、戊，則對該車在「三人立即可觸及範圍內」之搜索，依同法第130條附帶搜索規定即合法，逾此範圍（如後車箱）則違法。應說明者，本例可否僅以丙、丁、戊可疑即行無令狀拘捕？顯待商榷，既無同法第88條之1第1項所列情形（至少欠缺犯「某罪」之嫌疑）亦非現行犯，足見難有合法拘捕事由。

三、警方欲爲第131條第2項緊急搜索或第88條之1緊急拘捕，前者應得檢察官指揮，後者應事後聲請檢察官補發拘票，此因檢察官係偵查唯一主體，警察僅係輔助機關。

例題44

甲因涉犯私行拘禁罪接受訊問，刑事訴訟法為保障被告之訴訟權利，規定於人別辨別後，應先為那些事項之告知？如漏未踐行告知程序，對於案件有無影響？

解碼關鍵

依本法第95條&第158條之2規定，並區分未告知之事項&訊（詢）問主體爲說明。

擬答

一、告知事項

刑事訴訟法有關對被告正當法律程序之保障乃自本法第95條之告知義務而啓動，揆諸該條規定，訊問被告時所應告知之事項包括：

(一) 犯罪嫌疑及所犯所有罪名。罪名經告知後，認爲應變更者，應再告知。

(二) 得保持緘默，無須違背自己之意思而爲陳述。

(三) 得選任辯護人。

(四) 得請求調查有利之證據。

至司法警察官之詢問則依本法第100條之2準用之。

二、違反告知義務之效果

(一) 本法第158條之2第2項：「檢察事務官、司法警察官或司法警察詢問受拘提、逮捕之被告或犯罪嫌疑人時，違反本法第九十五條第二款、第三款之規定者，準用前項規定。」之適用條件：

1. 須檢事官、司法警察（官）所爲。
2. 須對經拘提逮捕之被告或犯罪嫌疑人之詢問。
3. 須違反第95條第2、3款之告知義務。

(二) 下列情形均不直接適用本法第158條之2第2項之規定，惟通說認爲得類推適用該條規定；亦有主張此等違法取證應依本法第158條之4：「除法律另有規定外，實施刑事訴訟程序之公務員因違背法定程序取得之證據，其有無證據能力之認定，應審酌人權保障及公共利益之均衡維護。」定其效果；淺見採前說：

1. 法官、檢察官對任何被告訊問時違反第95條第1、2、3、4款之告知義務。
2. 檢事官、司法警察（官）對未經拘提逮捕之被告或犯罪嫌疑人詢問時違反第95條第1至4款之告知義務。
3. 檢事官、司法警察（官）對拘提逮捕之被告或犯罪嫌疑人詢問時違反第95條第1、4款之告知義務。

注釋資料：例解刑事訴訟法「體系釋義版」第十二章之焦點「偵審階段違反告知義務取得自白之法律效果」。

例題45

甲、乙二人共同強盜殺害丙，甲因良心譴責乃向警方自首並自白，其於警詢與檢察官偵訊時因不知得選任辯護人，故迨至審判時方由其配偶丁委任A、B為其辯護律師，乙則於逃亡數月後經通緝逮捕到案，嗣因其於警局企圖自盡並吵鬧不休，致偵查人員疏未踐行本法第95條之告知義務，即行詢問，後因乙於警詢時堅不吐實且態度頑劣，警詢人員遂予痛加「修理」曉以大義，乙深明大義後終自白犯情，審判中乙之父親戊亦委任B、C為其辯護律師，試分別說明本案廣義訴訟程序之適法性及其效果為何？

解碼關鍵

同前揭例題41&44；除利害相反外，原則上容許共同辯護。

擬答

一、證據排除法則

按「檢察事務官、司法警察官或司法警察詢問受拘提、逮捕之被告及犯罪嫌疑人時，違反第95條第2款、第3款之規定者，準用前項規定（即所取得被告或犯罪嫌疑人之自白或其他不利之陳述，不得作爲證據。但經證明其違背非出於惡意，且該自白或陳述係出於自由意志者不在此限）」，又「除法律另有規定外，實施刑事訴訟程序之公務員因違背法定程序取得之證據，其有無證據能力之認定，應審酌人權保障及公共利益之均衡維護」。刑事訴訟法第158條之2及第158條之4分別定有明文。前者屬相對性之證據強制排除法則；後者則屬法官權衡裁量範疇，即凡違法取得之證據，供述證據之證據能力採強制排除法則（本法第156條、第158條之2、第158條之3），非供述證據則由法院依個案審酌取捨（本法第158條之4）。

二、甲、乙自白之證據能力

本題甲接受警偵訊時不知得選任辯護人，顯係因行詢問之司法警察（官）與偵訊之檢察官均未踐行本法第95條第3款之告知義務，惟因犯罪嫌疑人甲乃自首到案，非處受拘提逮捕狀態，且就偵訊階段言，亦非司法警察（官）或檢察事務官所爲，故未符前揭本法第158條之2第2項所規定須係「檢察事務官、司法警察（官）」對「受拘提、逮捕之被告或犯罪嫌疑人」違反「第95條第2、3款」等要件，自不得逕依該條規定排除甲於警詢中所爲自白之證據能力，惟此非謂其自白即得爲證據，而應依本法第158條之4規定由承審法院權衡裁量之。至犯罪嫌疑人乙係經逮捕到案接受司法警察詢問，警詢人員既未踐行本法第95條第3款之告知義務，其自白依前文說明本應依本法第158條之2第2項、第1項本文之規定認其無證據能力。再依題意，司法警察乃因疏忽而未踐行告知義務，其違背應非出於惡意，然乙之自白既基於刑求之不正訊問方法，自亦不得依同條但書規定例外容許其證據能力，則乙之自白效力，即有本法第156條第1項與第158條之2競合規定之適用，爰考量前者之不正訊問方法乃屬情節最爲嚴重之違法取供而具絕對排除效力，後者僅具相對性之排除效力（有但書之例外），故淺見以爲宜優先適用本法第156條第1項之規定排除乙自白之證據能力。

三、選任辯護人之適法性

次按「被告有數人者，得指定一人辯護。但各被告之利害相反者，不在此限」，本法第31條第3項即共同辯護原則允許例外禁止之規定，雖該條文僅就指定辯護情形設置規範，惟因選任辯護案件逢有數被告共同辯護時亦同此法理，故學者均認得類推適用前揭規定。本題甲之配偶丁與乙之父戊係依本法第27條第2項分別獨立爲渠等委任B律師爲辯護人而屬共同辯護，揆諸上開說明，倘被告甲乙間無利害相反關係，該項委任即為合法。

注釋資料：同前揭例題41、44；例解刑事訴訟法「體系釋義版」第五章之「辯護人體系表」。

例題46

甲為國中一年級新生，因欣羨同儕多人均以最新日本進口之戰鬥陀螺於課後比試，卻無資力購買，乃於某玩具城行竊，嗣為店員乙發現欲扭送法辦，甲情急持預藏防身之瑞士刀將乙殺死，警詢時甲堅拒陳述，司法警察頗感無奈，遂曉以大義謂若能供述詳情願請檢察官勿向法院聲請羈押，甲乃同意自白案情，司法警察另對目睹行兇過程之店員丙製作筆錄，檢察官依少年事件處理法規定向法院起訴（按少年涉嫌殺人罪由仍由普通法院審判），審判中證人丙未到庭，被告甲之辯護人丁律師主張甲無當事人能力，惟法院仍依被告於審判中自白與證人丙之警詢供述為據，判處甲殺人罪有期徒刑十二年，試問法院之判決是否合法？

解碼關鍵

非任意性自白與毒樹果實繼續性效力；傳聞法則供述不能之例外；被告無責任能力應諭知無罪。

擬答

一、毒樹果實理論

按被告之自白，非出於強暴、脅迫、利誘、詐欺、疲勞訊問、違法羈押或其他不正之方法，且與事實相符者，得為證據，刑事訴訟法第156條第1項定有明文。又刑事訴訟法學理上所謂毒樹果實理論之繼續性效力，係指對被告為不正訊問方法以取得非任意性自白之效力，會汙染被告第二次之合法自白，致其亦不具證據能力，惟第三次任意性自白基於毒果稀釋原則仍承認其得為證據。

二、傳聞法則

次按被告以外之人於審判外之言詞或書面陳述，除法律有規定者外，不得作為證據，本法第159條第1項亦定有明文，至所謂法律有規定者當包括同法第159條之3供述不能或第159條之5當事人合意之情形；易言之，倘證人無供述不能情事，復未於審判期日到庭陳述並受交互詢問，則其供述即不具證據能力。

三、被告責任能力

末按刑法第18條第1項規定（未滿十四歲人之行為不罰），亦即未滿十四歲之行為人非無當事人能力，係欠缺責任能力，倘經起訴者，法院應為無罪判決。

四、結論

本題被告警詢自白係於司法警察利誘下所爲，應不具證據能力，惟審判中任意性自白依前揭說明則得爲證據，然依同法第156條第2項規定仍應有補強證據始得諭知被告有罪判決，至證人丙於警詢中之供述倘無本法供述不能或當事人合意情形，即無證據能力，但無論本案之證據證明力如何，被告甲（國中一年級生）因未滿十四歲，辯護人丁主張其無當事人能力雖無理由，然其既無責任能力，法院即應爲無罪諭知，故本題之判決不合法。

注釋資料：黃朝義，刑事訴訟法證據篇，頁60；王兆鵬，月旦法學教室第69期，頁18-19。

例題47

甲涉嫌強盜銀行金庫，警方未聲請搜索票亦無急迫情事即強行進甲宅搜索，隨即扣押甲作案計畫用記事本，並依記事本所載起出贓款及作案手槍，試問：

(一)上開證據之證據能力為何？

(二)若甲係警詢時遭刑求（非違法搜索）而供述贓款與手槍下落，嗣為警持搜索票起出扣案，其證據能力有無不同？

(三)承上，甲於偵審中之任意性自白其證據能力為何？試分別析述之。

解碼關鍵

毒樹果實理論之放射性&繼續性效力。

擬答

一、毒樹果實理論

按不正訊問方法乃最嚴重之違法取證，是其所取得之被告自白之證據能力即予絕對強制排除，甚而影響基此衍生之合法證據及該被告其後之第二次合法自白之證據能力，此即毒樹果實理論所探討之內涵。茲爲如後說明：

(一) **放射性效力**：即基於不正訊問方法所取得之非任意性自白內容而合法取得之衍生性證據，因受該不正訊問方法汙染而不具證據能力。

(二) **繼續性效力**：被告雖於檢察官偵查中所爲第二次自白非出於不正方法，惟因被告身心已受前不正方法之影響，致其第二次自白仍非基於自由意志而無證據能力，然若被告爲自白時業經檢察官爲加重告知，則例外承認其證據能力；另被告第三次任意性自白因稀釋原則而認原不正方法之汙染毒素已減弱而認具證據能力。

(三) **其他違法取證方法**：通說認毒樹果實理論之汙染源應僅限不正訊問方法取得之非任意性自白，蓋其具絕對排除效力；至其他違法取證之方法則無此理論之適用，否則易生違法取得證據具證據能力，合法取得證據反不具證據能力之矛盾情事。惟亦有學者認爲本於人權保障並遏止偵審人員違法取證之目的，縱其他違法取證方法，亦有毒果理論之適用。

二、依題旨所示情形分別析述

(一) 不正訊問方法有毒樹果實理論適用

1. 承上所述，不正訊問方法爲最嚴重之違法取證，本此之毒樹果實理論放射性效果，即否認該違法自白所衍生之合法證據（本題之贓款與手槍）之證據能力。
2. 再依前揭之毒樹果實理論之繼續性效力，被告偵查（檢察官）中所爲第二次合法自白倘未經加重告知則無證據能力，至審判中所爲第三次任意性自白依稀釋原則即具證據能力。

(二) 任意性自白之衍生證據有證據能力

按本法第156條第1項規定，被告之自白，非出於強暴、脅迫、利誘、詐欺、疲勞訊問、違法羈押或其他不正之方法，且與事實相符者，得爲證據。蓋刑事訴訟法禁止不計代價、不擇手段、不問是非之取證，以維眞實發現與法治程序之衡平。本例甲於偵審中之任意性自白及經該自白而得之衍生性證據（贓款與手槍）均具證據能力，要無可疑。惟若依相反見解，則認偵查中任意性自白與衍生性證據無證據能力。

注釋資料：例解刑事訴訟法「體系釋義版」第十二章之「毒樹果實理論體系表」。

例題48

設某甲涉嫌賄選案件，經檢察官傳喚到場訊問，檢察官表示倘被告甲坦承賄選，且交出相關帳冊資料，將可對其為緩起訴處分。甲為求有利之處分，遂自白賄選經過，並供出相關資料寄放在友人乙家中，檢察官依法向法院聲請取得搜索票後，至乙家中搜索取出相關賄選賬冊資料，惟之後檢察官仍以被告甲涉嫌賄選提起公訴。試問此例中，被告甲之自白筆錄得否作為證明其有罪之證據？又之後搜索取得之帳冊資料，得否作為證明甲有罪之證據？ （94檢事官）

解碼關鍵

非任意性自白與毒樹果實放射性效力。

擬答一

一、證據排除法則

證據排除法則之主要目的在於排除刑事訴訟程序中違法取證或受違法取證方法所污染之證據，俾使被告本於正當法律程序之權利得受保障，公平審判之理念得以落實，兼顧刑事訴訟爲發現實體眞實與藉由法治程序保障人權之功能。

二、不正訊問方法之自白與毒樹果實理論

按被告之自白，非出於強暴、脅迫、利誘、詐欺、疲勞訊問、違法羈押或其他不正之方法，且與事實相符者，得為證據，刑事訴訟法第156條第1項定有明文。

次按不正訊問方法乃最嚴重之違法取證，是其所取得之被告自白之證據能力即予絕對強制排除，甚而影響基此衍生之合法證據及該被告其後之第二次合法自白之證據能力，此即毒樹果實理論所探討之內涵，此理論之目的在於澈底杜絕偵查機關違法取證之情事。茲為如後說明：

(一) **放射性效力**：即基於不正訊問方法所取得之非任意性自白內容而合法取得之衍生性證據，因受該不正訊問方法污染而不具證據能力。惟如有獨立來源或必然發現之例外不在此限。

(二) **繼續性效力**：被告雖於檢察官偵查中所為第二次自白非出於不正方法，惟因被告身心已受前不正方法之影響，致其第二次自白仍非基於自由意志而無證據能力，然若被告為自白時業經檢察官為加重告知，則例外承認其證據能力；另被告第三次任意性自白因稀釋原則而認原不正方法之汙染毒素已減弱而認具證據能力。

三、結論

本題檢察官以緩起訴處分誘得被告自白，仍係以利誘之不正方法取得被告甲之非任意性自白，依本法第156條第1項之規定即無證據能力，至依該非任意性自白而合法搜索取得之帳冊資料，乃屬衍生性證據，除具獨立來源或必然發現之例外，依毒樹果實放射性效力，亦無證據能力。

擬答二

一、緘默權之保障

被告本於憲法第8條正當法律程序與第16條訴訟防禦權之保障，其於偵審程序均受無罪推定原則與不自證己罪原則之保護，本此被告就國家司法機關之任何訊問均享有緘默權以免自陷證己有罪之情況，換言之，偵審機關於訊問被告應先為緘默權利告知，且不得於被告保持緘默時，施以強暴、脅迫、利誘、詐欺等不正方法，倘有違反，其因此所為之非任意性自白或不利供述即應為證據排除法則否定其證據能力，至不正方法之有無依法應由檢察官負有舉證責任，甚且審判法院不得因被告行使緘默權而推斷其罪行；此均在確保不自證己罪原則與被告訴訟防禦權之落實。

二、偵訊機關不正取供之效果

依題示情形，甲涉嫌之強盜案件，顯非屬得以緩起訴處分之案件，本題檢察官以緩起訴處分利誘被告自白，乃係乘被告不知法律而為詐欺之手段。為期能澈底杜絕偵查機關違法取證，尤指以不正訊問剝奪被告之自由意志而取得非任意性自白供述，刑事訴訟法學理上即有所謂之「毒樹果實放射性效力」理論，其謂偵察機關對被告施以不正方法取得非任意自白後，再依循自白內容提供之資訊，令以符合法定程序之方式取得其他不利被告之證

據，因該證據係源自於前揭違法自白，受公權力不正手段之污染，故應併與否定其證據能力，以澈底消除偵查機關希圖違法取證之誘因。

三、結論

本題檢察官以緩起訴處分誘得被告自白，乃係以詐欺、利誘之不正方法取得被告甲之非任意性自白，依刑事訴訟法第156條第1項之規定即無證據能力，至依該非任意性自白而合法搜索取得之贓款，乃屬衍生性證據，除具獨立來源或必然發現之例外，依毒樹果實放射性效力，亦無證據能力。

注釋資料：同上揭例題46、47。

乙開設之銀樓被搶，警方懷疑有強盜前科之甲涉案。惟無急迫情況，但警方未聲請搜索票即強行進入甲宅搜索，隨即扣押疑似因作案用之開山刀及記載贓物藏匿地點之桌曆。警方隨後根據該桌曆而循線起出贓物珠寶，經乙指認無誤。案經檢察官提起公訴，並以開山刀、桌曆及贓物珠寶為證，試附具理由說明法官可否將上述證據採為有罪裁判之基礎？

解碼關鍵

違法搜索取證之權衡裁量；毒樹果實放射性效力之適用範圍之爭議。

擬答

按本題司法警察違反刑事訴訟法第131條急迫搜索之規定所爲搜索乃屬違法搜索，該違法搜索所取得之證據乃原始證據，而經由原始證據所提供之線索而合法取得之證據則爲衍生證據。原始證據之證據能力係依證據排除法則或法律明文規定決定之；衍生證據的證據能力則是依毒樹果實理論之放射性效力判斷之。茲說明本題之證據效果如下：

一、開山刀及桌曆之證據能力

刑事訴訟法中關於搜索扣押之規定，主要目的係在於分配國家與被告間之攻擊防禦，國家只有在合乎法律所規定的要件之下，方可發動搜索扣押，以取得對被告不利之證據，證明被告之犯罪嫌疑，若不合乎法律之要件，即不得發動強制處分取得對被告不利之證據。而依刑事訴訟法第158條之4規定，「實施刑事訴訟程序之公務員因違背法定程序取得之證據，其有無證據能力之認定，應審酌人權保障及公共利益之均衡維護」，據此淺見乃認本題無急迫情形且未於檢察官指揮下爲之，違反本法第131條規定違法搜索取得之開山刀與桌曆經權衡裁量後應不具證據能力。

二、珠寶之證據能力

關於毒樹果實理論之放射性效力，學說向有不同見解，茲分述如下：

(一) **否定說**：爲求實體眞實之發現，應否定衍生性合法證據有毒樹果實理論放射性效力之適用，亦即合法取得之珠寶具證據能力。

(二) **肯定說**：爲能保障人權，落實憲法對人民實質正當法律程序保障，應承認毒樹果實理論之放射性效力，任何違法取證所衍生之合法證據均不具證據能力，此包含違法搜索衍生之合法證據，以遏止偵審人員違法取證之動機。

(三) **折衷說**：承認不正訊問方法取得自白所衍生之合法證據有毒樹果實理論放射性效力之適用，因不正訊問方法乃最嚴重之違法取證之態樣，且其效力依本法第156條第1項規定系屬絕對排除；至其餘違法取證方法之效力均屬相對排除或權衡裁量，因可能出現法律承認該違法取得證據具證據能力，惟衍生性合法證據依毒樹果實放射性效力反無證據能力之矛盾情形（如違法搜索取證倘依權衡裁量認具證據能力，其衍生之合法證據依毒果放射性效力反無證據能力），故排除此部分於毒樹果實理論放射性效力之適用；淺見採之。

三、結論

承上所述，開山刀及桌曆因違法搜索而由法院權衡裁量其證據能力。珠寶如依上述折衷說見解則具證據能力，按本法第155條規定，如經合法調查，且未違經驗法則及論理法則，法官自得本於確信自由判斷該珠寶之證據證明力，並進而採爲有罪判決之依據。惟倘依肯定說，該珠寶因毒樹果實放射性效力適用，即不具證據能力。

注釋資料：王兆鵬，新刑訴新思維，頁50以下；柯耀程，月旦法學教室第85期，頁33。

例題50

何謂傳聞法則、傳聞法則之例外與傳聞法則之排斥？其與交互詰問有何關係？試依下列案例說明之：甲因涉嫌竊盜罪在司法警察調查中，經目擊證人乙指證甲竊盜丙之財物無誤，審判中甲之辯護人丁聲請傳喚乙作證，若(一)乙無故未到庭，檢察官提出乙之警詢筆錄為證，或(二)乙因移居德國未克到庭，或(三)乙出庭時改稱「當時天色昏暗，不確定所目擊竊盜丙財物之人是否為甲」。試問乙之警詢筆錄有無證據能力？倘法院分依通常審判程序或簡式審判程序進行審判，其認定有無不同？

解碼關鍵

傳聞法則之例外（本法第158條之2、之3）與排斥（簡式審判程序）。

擬答

一、傳聞法則暨其例外

(一) 按傳聞法則乃當事人進行主義之重要精神所在，其目的乃藉由反對詰問以確保被告以外之人供述內容之憑信性與正確性，此因傳聞證據無從經詰問彈劾過程檢驗供述內容，顯違背嚴格證明之直接審理主義。至所謂傳聞法則，依我國刑事訴訟法第159條第1項規定，乃指「被告以外之人於審判外之言詞或書面陳述，除法律有規定者外，不得作爲證據」。而本法第159條之1至之5即爲法律所規定之例外。惟比較美日立法例，其所容許之傳聞法則例外，乃須以證人在審判中供述能且該傳聞證據具可信性情況保證與證據必要性始可，蓋若無嚴格限制傳聞證據之採認，將有致交互詰問制度空洞化，並架空直接審理主義之虞。

(二) 次按「被告以外之人於檢察事務官、司法警察官或司法警察調查中所爲之陳述，與審判中不符時，其先前之陳述具有較可信之特別情況，且爲證明犯罪事實存否所必要者，得爲證據」，又「被告以外之人於審判中有滯留國外或所在不明而無法傳喚或傳喚不到者，其於檢察事務官、司法警察官或司法警察調查中所爲之陳述，經證明具有可信之特別情況，且爲證明犯罪事實之存否所必要者，得爲證據」。本法第159條之2、第159條之3第3款分別定有明文。茲爲如下說明：

1. 第159條之3供述不能之規定，其明訂須兼具可信性特別情況保證與證據必要性之要件，方得爲證據，符合前揭說明之嚴格限制，應値肯定。
2. 第159條之2有關供述矛盾之規定，學說則有不同意見：一說認該陳述者已在審判中出庭具結陳述，此時當事人與法院得親自觀察該陳述者先後供述不一之反應，並得親自爲對質詰問，故應容許該供述矛盾之供述證據；惟另說則認畢竟先前矛盾之供述並未經交互詰問之檢驗，率予承認其得爲證據，易造成法院藉此規避直接言詞審理主義。淺見以爲無論採認何說，均應認該矛盾供述僅具證據能力，尙須經嚴格證明程序之合法調查，方無違直接言詞審理主義。

(三) 綜上所陳，依我國刑事訴訟法規定，本題無論證人移居他國致供述不能或先後供述矛盾抑或當事人合意，倘符合證據必要性與可信性特別情況保證之要求，並經嚴格證明程序之調查，即得爲有罪判決之依據。

二、傳聞法則之排斥

次按本法第159條第2項及第273條之2均明定同法第159條第1項之傳聞法則於簡式審判程序不適用之，此即傳聞法則之排除；易言之，法院於該程序承認傳聞證據之證據能力，是以本題證人乙於警詢供述之筆錄無論有無供述不能（情況(一)(二)）抑或供述矛盾（情況(三)）情形，均具證據能力，僅供述矛盾（警詢與審判不一致）時，法院另依自由心證評斷二者之證明力矣。

注釋資料：例解刑事訴訟法「體系釋義版」第十二章之「傳聞法則體系表」。

例題51

刑事偵查員A根據可靠情資，獲悉甲在貓空一帶販賣第一級毒品海洛因。某日，A逮捕到毒犯乙，從乙處，A得知甲之行動電話號碼且甲販賣毒品對外皆以行動電話連絡。A即向檢察官B報告，檢察官B決定對甲之行動電話予以監聽，因而核發通訊監察書，其後且成功監聽到丙要跟甲購買毒品的對話。檢察官B以甲有刑事訴訟法第76條第4款重罪事由而將甲拘提到案。甲當庭自白販賣第一級毒品。丙於警局曾以證人身分到庭陳述，但其後因涉他案逃逸而無法傳喚到庭。後甲被提起公訴。審判時，審判長依職權調查發現甲丙通話監聽之時間，已逾越檢察官核發之通訊監察書記載之監聽時間三天。審判長隨即詢問甲，對檢察官之監聽及監聽譯文有無意見，甲表示無意見。丙仍在逃，無法到庭陳述。審判長卻詢問甲，對丙於警局所為之陳述有無意見，甲亦表示無意見。最後，審判長即採甲於檢察官面前之自白、甲與丙之監聽通話內容、丙之警詢筆錄、丙與甲之監聽通話內容為甲有罪判決依據。試評釋該判決之合法性。 (95政大法研)

解碼關鍵

具任意性且依法定程序取得之自白具證據能力；證人警詢筆錄屬傳聞證據；違法監聽不得爲證據。

擬答

一、被告自白之證據能力

依刑事訴訟法規定，被告自白於下列情形排除其證據能力：

(一) 被告之自白，出於強暴、脅迫、利誘、詐欺、疲勞訊問、違法羈押或其他不正之方法，不得爲證據，即無證據能力（本法第156條第1項反面）。

(二) 違背本法第93條之1第2項法定障礙期間不得訊問之規定，第100條之3第1項夜間不得詢問之規定，檢察事務官或司法警察（官）詢問受拘提逮捕之被告或犯罪嫌疑人，未盡本法第95條第2款或第3款之告知義務，此等取得之被告自白亦無證據能力（本法第158條之2）。

(三) 檢察事務官、司法警察（官）詢問未經拘提逮捕之被告或犯罪嫌疑人，或法官、檢察官訊問被告，未盡本法第95條所列各款之告知義務，亦得認定該自白無證據能力（類推適用本法第158條之2）。

(四) 訊問（詢問）被告筆錄所記載之被告陳述與錄音或錄影之內容不符者，除有特別規定外，其不符部分之自白亦無證據能力（本法第100條之1第2項）。此外，如係該自白筆錄完全未經錄音或錄影者，通說見解認爲除檢察官得舉證證明該被告自白出於自由意志外，應推定該自白不具任意性而無證據能力。

二、傳聞法則及其例外

(一) 按傳聞法則乃當事人進行主義之重要精神所在，其目的乃藉由反對詰問以確保被告以外之人供述內容之憑信性與正確性，此因傳聞證據無從經詰問彈劾過程檢驗供述內容，顯違背嚴格證明之直接審理主義。至所謂傳聞法則，依我國刑事訴訟法第159條例題18第1項規定，乃指「被告以外之人於審判外之言詞或書面陳述，除法律有規定者外不得作爲證據」，而本法第159條之1至之5即爲法律所規定之例外。惟比較美、日立法例，其所容許之傳聞法則例外，乃須以證人在審判中供述不能且該傳聞證據具可信性情況保證與證據必要性始可，蓋若無嚴格限制傳聞證據之採認，將有致交互詰問制度空洞化，並架空直接審理主義之虞。

(二) 第159條之3證人於審判外向司法警察（官）所爲之陳述而有供述不能之情形。供述不能之規定，其明訂須兼具可信性特別情況保證與證據必要性之要件，方得爲證據，符合前揭說明之嚴格限制，應値肯定。

(三) 第159條之5：「被告以外之人於審判外之陳述，雖不符前四條之規定，而經當事人於審判程序同意作爲證據，法院審酌該言詞陳述作成時之情況，認爲適當者，亦得爲證據。當事人、代理人或辯護人於法院調查證據時，知有第159條第1項不得爲證據之情形，而未於言詞辯論終結前聲明異議者，視爲有前項之同意。」

三、本例證據能力之判斷

(一) 丙之警詢筆錄屬證人審判外陳述之傳聞證據，如有符合刑事訴訟法第159條之3供述不能（證據必要性與訊問外部情況之可信性特別情況保證）或第159條之5第1項當事人明示同意情形，即得爲證據。惟應注意者，被告乃無專業法律知識之人，何謂傳聞法則，何謂傳聞證據，皆非其所能理解，故審判長宜向被告詳細闡明，並徵求其明示同意，未可逕以被告表示無意見，即認其已表明同意之意。

(二) 關於被告甲之自白，若檢察官之拘提合法，訊問前亦已踐行本法第95條之告知，並全程連續錄音或錄影，且未使用任何不正方法，則該出於被告自由意志之任意性自白即得爲證據。

(三) 通訊監察乃屬絕對令狀之強制處分（緊急監聽仍應符合法定條件並事後補發令狀），故需於通訊監察書所定期限內爲之方屬合法，逾期違法之通訊監察，並不會因被告表示無異議而治癒瑕疵，該通訊監察內容仍屬違法取證，雖有認爲應由法院依本法第158條之4權衡審認其得否爲證據，惟因該違法通訊監察乃侵犯憲法保障人民之秘密通訊與隱私自由權，故應逕爲認定無證據能力。

注釋資料：例解刑事訴訟法「體系釋義版」第十一章之「通訊監察強制處分體系表」及第八章之「證據排除法則體系表」。

例題52

甲於親友間宣稱：其於某時某地曾親睹乙殺死A等語，丙聞及此事並不以為意。嗣乙經人舉發殺人之事，檢察官偵查後，依相關之證據及甲在偵查中之證言，認乙有殺死A之罪嫌，乃予提起公訴。法院審理時，適甲出國未歸，檢察官為證明乙確有殺死A之事實，遂舉丙其人為證，法院傳喚丙到庭，經具結後證稱：「確有聽到甲曾經說他於某時某地親眼見到乙殺害A」云云。問：丙之此一供述，就上開檢察官所欲證明之事實言，究竟有無證據能力？試就法理詳予說明。　(92律師)

解碼關鍵

傳聞證人在審判庭中所爲之陳述，仍屬傳聞證據。

擬答

一、傳聞法則及其例外

按因證人之知覺、觀察、記憶、表達及眞誠性本身均具有不可靠性，並存有誣陷之風險，是藉由直接目擊證人於審判期日到庭具結供述並接受當事人或辯護人、代理人等之交互詰問與對質之檢驗，以確保該供述證據之憑信性，傳聞證據因係直接目擊證人於審判期日外之言詞或書面陳述，致當事人或辯護人、代理人未得於公判庭內就其供述內容爲交互詰問與對質之檢驗，傳聞法則原則上乃否認該傳聞證據之證據能力。我國刑事訴訟法第159條第1項亦規定「被告以外之人於審判外之言詞或書面陳述，除法律有規定者外，不得作爲證據」，所謂法律之規定包括本法第159條之1至之5及特別刑法之規定，其中本法第159條之1係向法官或檢察官之陳述，第159條之2及第159條之3係向檢察事務官或司法警察（官）之陳述，第159條之4乃特定文書，第159條之5則爲當事人合意承認傳聞證據之證據能力。

二、傳聞證人之性質

次按傳聞證人乃指於審判期日在公判庭內轉述親睹待證事實之證人，在法庭外對其所爲供述之內容之非直接證人，亦即傳聞證人係以目擊待證事實之證人在審判期日外之言詞陳述爲其供述內容，此供述證據無異於直接目擊證人之警詢筆錄或對待證事實所爲之書面報告般，均未得使當事人或辯護人、代理人對直接目擊證人爲交互詰問與對質，而爲直接供述證據之替代品同屬傳聞證據之範疇。

三、結論

本題甲爲親睹乙殺人之直接證人，其於偵查中向檢察官所爲之陳述除顯有不可信之情況外，依前揭說明（本法第159條之1第2項）即具證據能力，至其於審判期日外向丙轉述目擊之內容，即屬傳聞證據，丙則爲傳聞證人，雖其於審判期日到庭供述，亦無解於傳聞證據之性質，除符合上開本法第159條之5之規定，由當事人合意或擬制合意外（因甲之陳述對象非法官、檢察官、檢察事務官或司法警察官或司法警察），應認丙之供述不具證據能力。

注釋資料：王兆鵬、陳運財、林俊益合著，傳聞法則之理論與實踐，頁10。

例題53

甲為丙毆打成傷之目擊證人，其於司法警察調查中所為之陳述，可否採為證據？試依刑事訴訟法之規定說明之。

解碼關鍵

傳聞法則之例外（通常審判程序）與傳聞法則之排斥（簡式、簡易、協商）應予區分。

擬答

一、傳聞法則及其例外

按因證人之知覺、觀察、記憶、表達及真誠性本身均具有不可靠性，並存有誣陷之風險，是藉由直接目擊證人於審判期日到庭供述並接受當事人或辯護人、代理人等之交互詰問與對質之檢驗，以確保該供述證據之憑信性，傳聞證據因係直接目擊證人於審判期日外之言詞或書面陳述，致當事人或辯護人、代理人未得於公判庭內就其供述內容為交互詰問與對質之檢驗，傳聞法則原則上乃否認該傳聞證據之證據能力。我國刑事訴訟法第159條第1項亦規定「被告以外之人於審判外之言詞或書面陳述，除法律有規定者外，不得作為證據」，所謂法律之規定包括本法第159條之1至之5及特別刑法之規定，其中本法第159條之1係向法官或檢察官之陳述，第159條之2及第159條之3係向檢察事務官或司法警察（官）之陳述，第159條之4乃特定文書，第159條之5則為當事人合意承認傳聞證據之證據能力。

二、排斥傳聞法則

承上所述，交互詰問乃嚴格證明程序中有關人證之調查方法所實際踐行之法定調查程序，故於僅須適用自由證明程序調查證據之訴訟程序，即無必然採用對質詰問制度，亦因此直接目擊證人之供述內容自無接受檢驗之必要性。易言之，傳聞證據之證據能力於此等訴訟程序中即獲承認，從而排斥傳聞法則，故證據調查適用自由證明之簡式審判程序、簡易程序與或協商程序即均排斥傳聞法則之適用，刑事訴訟法第159條第2項及第273條之2亦定有明文。

三、甲之警詢陳述之證據能力應分別定之

(一) 本件丙所涉爲刑法第277條第1項之傷害罪，倘其自白犯罪，依刑事訴訟法第273條之1及第449條規定，法院就該案件得依通常程序、簡式程序或簡易程序爲審判，若符合第455條之2之法定要件，亦得依協商程序而爲判決。

(二) 倘依通常審判程序即應有傳聞法則之適用，除證人甲有本法第159條之2供述矛盾、第159條之3供述不能或第159條之5當事人合意之情形外，其警詢陳述不得爲證據。惟若採簡式審判、協商或簡易程序，即排斥適用傳聞法則，亦即承認任何傳聞證據之證據能力，則證人甲之陳述自得爲證據。

注釋資料：同上揭例題52。

例題54

甲、乙共同傷害丙，被害人丙於偵查中向檢察官告訴綦詳，並提出診斷證明書為憑，被告甲於偵查中向檢察官陳述：「我與乙確實共同傷害丙無誤」，被告乙則拒不到庭，檢察官偵查終結起訴被告甲、乙共同傷害丙，起訴書證據清單載明「告訴人丙之告訴筆錄」、「共犯甲之自白」、「診斷證明書」，審判中，乙於準備程序到庭抗辯：「告訴人丙之告訴筆錄與甲之自白筆錄均係傳聞證據」，公訴檢察官則主張：「上開二訊問筆錄，雖係傳聞證據，但依刑事訴訟法第159條之1第2項之規定，屬於傳聞例外之證據，得作為證據」，試問：何者所言於法有據？

(95政大法研)

解碼關鍵

診斷證明書不符本法第159條之4傳聞書證之要件；告訴人之證據方法爲證人；共犯之證據方法應兼顧其被告與證人之性質。

擬答

一、嚴格證明之審理

按嚴格證明之審判程序，乃由法院就具證據能力並經合法調查之證據，本於自由心證評價其證明力，其中所謂證據能力乃指該證據與待證事實具關聯性，並未經法律排除禁止（如傳聞法則），而有接受法院調查之資格；所謂合法調查，需本於直接、言詞、公開與集中原則，以法定證據方法與法定調查程序爲調查，至刑事訴訟法明定之證據方法則包括被告、證人、鑑定人、勘驗、文書與影音。次按傳聞法則認爲證人於審判外陳述之傳聞證據，因未得以具結擔保與交互詰問檢驗提高其憑信性，且違反直接審理原則，故刑事訴訟法第159條第1項乃規定，除有特別規定外，原則上無證據能力。又同法第159條之1第2項所定，證人於審判外向檢察官所爲陳述，除顯有不可信情況外，得爲證據，即屬特別規定。

二、告訴人之告訴筆錄

告訴人乃被告以外之第三人，其於嚴格證明程序之法定證據方法應爲證人，原則上應命其於審判期日到場具結陳述，並受兩造當事人之交互詰問。惟如前所述，被告以外之人於審判外向檢察官所爲陳述，除顯有不可信情況外，仍得爲證據。依此，告訴人於偵查中向檢察官所爲陳述之告訴筆錄，如於陳述時業經具結，即有證據能力。然通說見解認此將剝奪被告之對質詰問權，故主張除有供述不能情形外，仍應予被告對質詰問之機會，大法官會議釋字第582號解釋亦認，除有客觀不能情事外，應使證人到庭接受交互詰問，方屬適法。

三、共犯之自白筆錄

共犯自白之證據方法，實務早期見解認屬被告自白性質，故若該陳述具任意性即得逕採爲證據，惟此乃將同一案件與同一訴訟程序相混淆，且剝奪被告本於憲法第8條正當法律程序與第16條訴訟防禦權之對質詰問權，蓋刑事訴訟法關於相牽連案件之合併審判，並未改變共犯案件乃屬數案件之本質（不同被告即爲不同案件），故共犯縱然因共同被告而合併審判，其他共同被告仍爲本案被告案件之第三人，其證據方法自屬證人無疑。則共犯於審判外向檢察官所爲陳述之自白筆錄關於其他共犯部分，其證據能力之判定，即與上述之告訴筆錄同。

四、診斷證明書

尙需說明者乃診斷證明書，依本法第159條之4規定，符合該條所列各款之特種文書，雖屬傳聞證據，若具可信性情況保證（指製作該文書時之外部環境非內部證明力），亦得爲證據，惟此特種文書需具備一般性、例行性、公示性、良心性、機械性、制裁性，倘係個案性或製作時預料作爲將來訴訟之用，因具有高度之虛僞可能，即非屬本條規定之文書，自不得爲證據。通說認爲傷害案件之診斷證明書，即屬就具體個案爲將來訴訟之用而特意製作之文書，故應無證據能力。

注釋資料：葉建廷，傳聞法則之理論與實踐，頁205以下；王兆鵬，新刑訴新思維，頁138以下。

依我國刑事訴訟法之規定，被告以外之人於檢察事務官調查中所為之陳述，符合何項情形，得於審判中作為證據？　（94檢事官）

解碼關鍵

供述不能或供述矛盾且具可信性特別情況保證&證據必要性。

擬答

一、傳聞法則暨其例外

(一) 按傳聞法則乃當事人進行主義之重要精神所在，其目的乃藉由反對詰問以確保被告以外之人供述內容之憑信性與正確性，此因傳聞證據無從經詰問彈劾過程檢驗供述內容，顯違背嚴格證明之直接審理主義。至所謂傳聞法則，依我國刑事訴訟法第159條第1項規定，乃指「被告以外之人於審判外之言詞或書面陳述，除法律有規定者外不得作爲證據」，而本法第159條之1至之5即爲法律所規定之例外。惟比較美、日立法例，其所容許之傳聞法則例外，乃須以證人在審判中供述不能且該傳聞證據具可信性情況保證與證據必要性始可，蓋若無嚴格限制傳聞證據之採認，將有致交互詰問制度空洞化，並架空直接審理主義之虞。

(二) 次按「被告以外之人於檢察事務官、司法警察官或司法警察調查中所爲之陳述，與審判中不符時，其先前之陳述具有較可信之特別情況，且爲證明犯罪事實存否所必要者，得爲證據」，又「被告以外之人於審判中有滯留國外或所在不明而無法傳喚或傳喚不到者，其於檢察事務官、司法警察官或司法警察調查中所爲之陳述，經證明具有可信之特別情況，且爲證明犯罪事實之存否所必要者，得爲證據」。本法第159條之2、之3、之5分別定有明文。茲爲如下說明：

1. 第159條之3供述不能之規定，其明訂須兼具可信性特別情況保證與證據必要性之要件，方得爲證據，符合前揭說明之嚴格限制，應値肯定。
2. 第159條之2有關供述矛盾之規定，學說則有不同意見：一說認該陳述者已在審判中出庭具結陳述，此時當事人與法院親自觀察該陳述者先後供述不一之反應，並得親自爲對質詰問，故應容許該供述矛盾之供述證據；惟另說則認畢竟先前矛盾之供述並未經交互詰問之檢驗，率予承認其得爲證據，易造成法院藉此規避直接言詞審理主義。淺見以爲無論採認何說，均應認該矛盾供述僅具證據能力，尙須經嚴格證明程序之合法調查，方無違直接、言詞審理主義。
3. 第159條之5：「被告以外之人於審判外之陳述，雖不符前四條之規定，而經當事人於審判程序同意作爲證據，法院審酌該言詞陳述作成時之情況，認爲適當者，亦得爲證據。當事人、代理人或辯護人於法院調查證據時，知有第一百五十九條第一項不得爲證據之情形，而未於言詞辯論終結前聲明異議者，視爲有前項之同意。」

(三) 綜上所陳，依我國刑事訴訟法規定，本題無論證人供述不能或先後供述矛盾抑或當事人合意，倘符合證據必要性與可信性特別情況保證之要求，並經嚴格證明程序之調查，即得爲有罪判決之依據。

二、傳聞法則之排斥

次按本法第159條第2項及第273條之2均明定同法第159條第1項之傳聞法則於簡式審判程序不適用之，此即傳聞法則之排除。蓋自由證明程序係採間接審理，容許傳聞證據具證據能力，故若於簡式審判程序或簡易程序或協商程序中，因排斥傳聞法則，被告以外之人於檢察事務官調查時所爲陳述，即具證據能力。

注釋資料：例解刑事訴訟法「體系釋義版」第十二章之焦點「傳聞法則之相關探討」。

例題56

甲喝酒後且超速開車而撞倒乙，乙成重傷。甲被警方酒測，酒精濃度超過法定標準，此外，甲之超速、闖紅燈等違規，均被道路攝影機清晰照到，即錄影帶中有車牌號碼，並有超速的速度數據。承辦警員丙到車禍現場，除對犯罪現場照相、製圖外，丙並且詢問甲，製作「警詢筆錄」後，並附上甲超速及其他違規錄影帶、酒精濃度檢測報告等，移送給檢察官丁。檢察官丁傳甲、丙到偵查庭訊問，並製作偵查訊問筆錄。檢察官丁起訴甲過失致重傷罪及其他罪名，並附上相關證據及其他資料。起訴後，在審判程序中，審判長戊在調查證據時，於朗讀「警詢筆錄」、「偵訊筆錄」後，訊問甲對該等筆錄之內容有無意見，試問在此之「警詢筆錄」、「偵訊筆錄」，其在刑事訴訟法上得否為證據，及其性質為何種類之證據，依法應依何種證據程序調查之？審判長戊在「審判筆錄」中，引用甲之超速、闖紅燈等錄影帶，作為「審判筆錄」之「附錄」者，則此錄影帶在刑事證據法上應該認為是何種證據，又應行何種證據調查程序，始為合法？對於「偵訊筆錄」中的記載事項，審判長戊可否直接引用作為其認定甲有罪判決的基礎？以上各點，請就刑事訴訟法之條文與相關之刑事訴訟法、證據法學理，予以條理或論述。（96台大法研）

解碼關鍵

通常審判程序適用傳聞法則&嚴格證明程序，簡式&簡易&協商程序則排斥不適用。

擬答

一、嚴格證明程序

按嚴格證明之審判程序，乃由法院就具證據能力並經合法調查之證據，本於自由心證評價其證明力，其中所謂證據能力乃指該證據與待證事實具關聯性，並未經法律排除禁止（如傳聞法則），而有接受法院調查之資格；所謂合法調查，需本於直接、言詞、公開與集中原則，以法定證據方法與法定調查程序為調查，至刑事訴訟法明定之證據方法則包括被告、證人、鑑定人、勘驗、文書與影音。次按傳聞法則認為證人於審判外陳述之傳聞證據，因未得以具結擔保與交互詰問檢驗提高其憑信性，且違反直接審理原則，故刑事訴訟法第159條第1項乃規定，除有特別規定外，原則上無證據能力。

二、本例之證據能力與合法調查

(一) 本例過失致重傷案件可能適用嚴格證明之通常審判程序，亦可能適用自由證明之簡易訴訟制度（簡式、簡易、協商）。前者採直接審理並適用傳聞法則，後者採間接審理並排斥傳聞法則。

(二) 警詢筆錄與偵訊筆錄均爲衍生性文書證據而屬傳聞證據。於通常審判程序，僅限原始文書證據始得以文書之證據方法爲調查，上揭筆錄除符合傳聞法則例外之規定（本法第159條之1第2項、第159條之2、之3、之5），且已確保被告之反對詰問權並有供述矛盾或供述不能之情形外，否則審判長不得以朗讀筆錄方式爲調查。至若採行簡易訴訟制度爲審理，則上開筆錄非僅有證據能力，且得以文書之證據方法爲調查。

(三) 錄影帶屬影音證據，於嚴格證明之合法調查應採本法第165條之1第2項之特殊勘驗方法調查之（以適當設備顯示影音內容），以使當事人得就錄影帶之內容陳述意見。至偵訊筆錄乃傳聞證據，其記載事項得否採爲判決基礎，仍應上述之說明認定之。

注釋資料：例解刑事訴訟法「體系釋義版」第十二章之「證明程序與證明程度體系表」。

例題57

甲以行動電話與女友吵架，適乙行經該巷，甲認為乙在瞪他，隨手拿起路旁之拖把接續毆打乙的頭部，乙也出手加以反擊，造成兩人皆有傷害。第一審判決時，證人即警員丙證稱：「路人說是甲先動手打人。」試問第一審是否可以對丙之證詞直接採為論罪之依據？

解碼關鍵

傳聞證人在審判期日所爲陳述，仍屬傳聞證據，區分適用何種審判程序以定其證據能力。

擬答

一、傳聞法則與傳聞證據之意涵

(一) 按證人之知覺、觀察、記憶、表達及眞誠性本身具有不可靠性，是其供述內容應於審判期日接受訴訟當事人之交互詰問與對質之檢驗，以確保供述證據之知覺、觀察與記憶之正確性、供述之誠實性及敘述之適當性。

(二) 傳聞證據因係證人（或其他被告以外之人）在審判期間外之言詞或書面陳述，致當事人未得於公判庭內就其供述內容爲對質詰問之檢驗，藉以提高供述證據之憑信性，故除法律另有規定外，該傳聞證據即不具證據能力。

二、傳聞證人之性質

次按傳聞證人乃指在審判期日轉述直接目擊證人在法庭外所爲供述內容之證人，亦即傳聞證人係以直接目擊證人在審判外之言詞陳述爲其轉述內容，此無異在公判庭內轉述傳聞證據之內容而爲傳聞證據之替代品，故其性質應仍屬傳聞證據之範疇。

三、傳聞法則暨其例外

刑事訴訟法第159條第1項規定，傳聞證據除法律有規定外，不具證據能力，其中本法第159條之2供述矛盾及第159條之3供述不能情形，即法律所規定之例外。

四、結論

本題警員丙轉述直接目擊證人在審判外之陳述內容：「是甲先動手打人」，承前所述，丙乃屬傳聞證人而爲傳聞證據之一，因該路人並未到庭陳述，自無供述矛盾情形可言，此際若採通常審判程序應視其有無本法第159條之3所列不能到庭陳述之情事，以定警員丙所爲之傳聞供述有無證據能力，倘該路人無第159條之3供述不能或第159條之5當事人合意之情形，則丙之供述即屬傳聞證據而依傳聞法則認其無證據能力，第一審法院自不得採爲論罪之依據。惟如採簡式、簡易或協商程序，因排斥傳聞法則之適用，則丙之供述即得具證據能力。

注釋資料：同前揭例題52。

相關試題

某地發生車禍，肇事之大卡車司機甲遭檢察官起訴。審判中，法官傳喚當時經過路口之乙到庭作證，乙證稱：「他並未目睹車禍發生，但當時有聽到不知身分之路人講『大卡車闖紅燈後就撞上去了』」。問乙之此一證詞可否作做爲認定甲有罪之證據？（96政大法研）

考點提示：同上揭例題57。

例題58

目擊證人甲於檢察官訊問時，具結並陳述被告乙殺人之經過。法院審判時，辯護人主張甲的陳述是審判外之陳述，不得作為證據。試問辯護人之主張是否符合刑事訴訟法規定？請依刑事訴訟法規定說明之。

解碼關鍵

本法第159條之1第2項；傳聞法則之「可信性情況保證」係指證人陳述時之外部環境，而非內容之證明力。

擬答

一、傳聞法則及其例外

按因證人之知覺、觀察、記憶、表達及眞誠性本身均具有不可靠性，並存有誣陷之風險，是藉由直接目擊證人於審判期日到庭供述並接受當事人或辯護人、代理人等之交互詰問與對質之檢驗，以確保該供述證據之憑信性，傳聞證據因係直接目擊證人於審判期日外之言詞或書面陳述，致當事人或辯護人、代理人未得於公判庭內就其供述內容爲交互詰問與對質之檢驗，傳聞法則原則上乃否認該傳聞證據之證據能力。我國刑事訴訟法第159條第1項亦規定「被告以外之人於審判外之言詞或書面陳述，除法律有規定者外，不得作爲證據」，所謂法律之規定包括本法第159條之1至之5及特別刑法之規定，其中本法第159條之1係向法官或檢察官之陳述，第159條之2及第159條之3係向檢察事務官或司法警察（官）之陳述，第159條之4乃特定文書，第159條之5則爲當事人合意承認傳聞證據之證據能力。

二、證人向檢察官陳述之效力

次按被告以外之人於偵查中向檢察官所爲之陳述，除顯有不可信之情況者外，得爲證據，刑事訴訟法第159條之1第2項定有明文其中條文規定之「陳述」，依通說見解包含言詞與書面之陳述，又所謂「除顯有不可信之情況」，學者亦認係檢察官訊問時之外部環境無虛僞情事，而非指內部證明力言。惟學說亦批評此條項規定之不當，認將架空傳聞法則與直接審理原則之適用，故應限於供述矛盾或供述不能或經交互詰問之情形始具證據能力。

三、結論

本題證人於檢察官前所爲之具結陳述雖屬傳聞證據，惟依前開說明，除顯有不可信情況外，於審判中應具證據能力，被告辯護人之主張即無理由。

注釋資料：例解刑事訴訟法「體系釋義版」第十二章之焦點「傳聞法則之相關探討」。

例題59

下列情形，各有無證據能力？分別附具理由說明之。

(一)證人甲於檢察事務官調查中，陳述目睹乙持刀殺害丙，審判中甲亦為相同之陳述。但甲依法應具結而法官未令其具結，甲之證言有無證據能力？

(二)司法警察乙在未具急迫情況下詢問犯罪嫌疑人甲，並由司法警察丙製作詢問筆錄。甲自白犯罪，但司法警察詢問時未全程連續錄音、錄影，甲之自白有無證據能力？

解碼關鍵

審制中未具結之證言不得爲證據；檢察事務官詢問筆錄屬傳聞證據；被告未連續錄音錄影之自白，除舉證證明具任意性，否則無證據能力。

擬答

一、證據排除法則

證據排除法則乃證據資料取得證據能力之消極要件，然則證據排除之內涵與標準爲何，各國向有不同立法例，矧就其內涵而言可分爲證據取得禁止與證據使用禁止，所謂證據取得禁止即乃違法取證之意，惟應注意者，並非所有違法取得之證據概均排除使用而認其不具證能力，仍須區分不同情況予以判定；其中法律明文「應」排除使用者，此即『證據排除理論』之範疇，依修正後刑事訴訟法規定所列舉者，包括本法第156條第1項之不正訊問方法（出於強暴、脅迫、利誘、詐欺、疲勞訊問、違法羈押或其他不正方法），第158條之2違背法定障礙事由期間所爲之訊問暨違法之夜間訊問，及檢察事務官、司法警察官或司法警察違反第95條第2款或第3款之告知義務對受拘提、逮捕之被告或犯罪嫌疑人之詢問，第158條之3違背具結規定，證人、鑑定人之證言或鑑定意見。又其既採「證據排除理論」經法律明文應禁止，一經違反法所列舉之規定，該違法取得之證據自不具證據能力，法院不得採爲判決之基礎；於此應補充明者：訴訟法上具結之目的乃在使證人、鑑定人藉此擔保其證言係據實陳述或鑑定意見爲公正誠實，由於證人、鑑定人均爲嚴格證明程序之法定證據方法，爲法院認事判決之重要憑恃，故如未令證人、鑑定人於供前或供後具結，致該證言或鑑定意見欠缺法定之程序要件，自應不得作爲證據。

二、傳聞法則

所謂傳聞法則乃指對待證事實親自見聞之原始證人在審判外之供述未經當事人（尤指被告）對質詰問程序，以檢驗其供述內容之知覺正確性、記憶正確性、供述誠實性與敘述適當性，故排除該傳聞證據之證據能力，刑事訴訟法第159條第1項即明定：「被告以之人於審判外之言詞或書面陳述，除法律有規定者外，不得作爲證據。」按應行嚴格證明之審判程序，即應採傳聞法則，惟基於供述者於審判中供述不能並在可信性情況保證及證據必要性考量下，例外容許傳聞證據之證據能力，茲將本法就此之相關規定陳列如下：

(一) 被告以外之人於偵查中向檢察官所爲之陳述，除顯有不可信之情況者外，得爲證據（本法第159條之1第2項）。

(二) 被告以外之人於檢察事務官、司法警察官或司法警察調查中所爲之陳述，與審判中不符時，其先前之陳述具有較可信之特別情況，且爲證明犯罪事實存否所必要者，得爲證據（本法第159條之2）。

三、結論

依前揭說明，本題(一)證人甲於審判中陳述未經具結，依本法第158條之3規定不具證據能力；至其於檢事官調查中所爲陳述係屬傳聞證據，倘無上開本法第159條之2供述矛盾、第159條之3供述不能或第159條之5當事人合意情形，亦無證據能力。本題(二)依本法第100條之2準用第100條之1第1項之規定，司法警察於詢問時既未全程連續錄音錄影，有認甲之自白顯屬違背法定程序取得之證據，應由法院依本法第158條之4規定權衡裁量其證據能力；亦有認依本法第100條之1第2項排除其證據能力或類推適用第158條之2區分違反者係善惡意爲斷；通說則自立法目的論述，認連續錄音錄影之目的在確保被告自由之任意性，故未錄音錄影時，除檢察官舉證證明被告自白出於自由意志外，即推定該自白無任意性而不得爲證據。

注釋資料：林鈺雄，刑事訴訟法（上），頁158-159；王兆鵬，刑事訴訟法講義，頁350-351。

例題60

某天深夜，被害人甲在他時常光顧的路邊攤吃宵夜。突然之間，一名頭戴全罩式安全帽的人騎機車靠近甲，趁甲尚未注意的時候就掏出手槍近距離對甲連開了兩槍，然後加足油門，揚長而去。甲因失血過多，在送醫急救之後不久，即被宣告不治。檢察官於偵查後認定乙犯罪嫌疑重大，乃將乙以殺人罪為由提起公訴。並擬於審判中向法院聲請調查以下證據：

(一)醫生A所撰寫的急診室日誌（編號X），其中除記載甲之傷勢與醫院所為急救措施外，A另外寫到，甲於臨終前說：「我一定要找乙報仇！」

(二)警詢筆錄（編號Y），內載有路邊攤老闆B所為陳述，其中提及：「乙在案發兩天前，曾跟甲在他的路邊攤大吵一架，乙在離去時還撂下狠話，叫甲要小心一點。」

(三)證人C，其擬提出以下證詞：「我的朋友D看到乙隔天騎車到河邊丟了一包東西，我猜裡面八成是什麼見不得人的東西。」

你是被告乙的辯護律師。請附理由說明你對上述證據X、Y以及證人C之證詞有何法律意見？ (93律師)

解碼關鍵

本法第159條之4傳聞書證之要件；傳聞證人之供述不適用本法第159條之2&第159條之3；意見法則對證人供述之排除。

擬答

一、傳聞法則

按因證人之知覺、觀察、記憶、表達與眞誠性均具有不可靠性，並存有誣陷之風險，須藉由直接目擊證人於審判期日到庭供述並接受當事人或辯護人、代理人之交互詰問與對質之檢驗，以確保該供述證據之憑信性，傳聞證據乃證人於審判外之陳述，因未得於審判中接受詰問與對質之檢驗，故傳聞法則即謂傳聞證據無證據能力，此於刑事訴訟法第159條第1項亦定有明文，至同法第159條之1至之5則爲傳聞法則之例外。

二、案例(一)

本題證據X係急診醫師製作之急診日誌內所載之被害人臨終遺言，此遺言部分因與醫療事項無涉，故尚非屬該名醫師執行業務或通常務過程之業務紀錄，未符本法第159條之4第2款之規定且該供述內容非有利於被告，辯護人自不依本法第159條之5與檢察官合意，故被告乙之辯護人得主張該X證據不具證據能力。依通說見解，本法第159條之4所列之特種文書，須具客觀、公示、例行（一般）、機械、良心或制裁性，倘為個案性質之文書則否，本題即屬之。

三、案例(二)

本題證據Y係直接證人於司法警察調查中陳述之紀錄，則該警詢筆錄自屬傳聞證據，雖該證據得依本法第159條之2或第159條之3而認具證據能力，惟B證人似無供述不能或供述矛盾情形，故被告乙之辯護人得主張該Y證據無證據能力（辯護人當不與檢察官合意有證據能力），且該證據至多屬間接證據，亦未能遽此直接證明被告乙是否殺甲之待證事實，故亦得主張該證詞與待證事實不具直接關聯性而予排除。

四、案例(三)

本題證人C供稱「朋友D看到乙隔天到河邊丟一包東西」云云，乃其聽聞直接目擊證人D之轉述而來，則證人C即屬傳聞證人，其供述自屬傳聞證據，且無例外情事，辯護人亦不與檢察官合意其證據能力，被告乙之辯護人自得主張該傳聞證據自無證據能力。另證人C所稱「我猜裡面八成是什麼見不得人的東西」云云，則為其個人意見與推測之詞，非證人親自經歷目擊之事實，依本法第160條意見法則之規定，亦不得為證據。

注釋資料：同前揭例題52、54。

例題61

被告始終否認犯罪，證人甲於偵查中經檢察官傳喚到庭，為不利於被告之陳述，檢察官以該偵訊筆錄為證據，提起公訴，審判中，檢察官未請求法院傳喚甲作為證人，辯護人應否主動聲請傳喚甲到庭作證？甲如經法院依職權傳喚到庭作證，經審判長訊問後，甲之證述仍不利於被告時，審判長應如何定詰問之次序？（94律師）

解碼關鍵

本於檢察官舉證責任與被告防禦權保障，起訴時未列入證據清單者，法院無庸審酌，如欲審酌，則應傳喚證人予被告詰問權。

擬答

一、證據裁判主義

按具證據能力且經合法調查之證據資料，即得由法院依自由心證評價該證據之證明力，並採爲有罪裁判之基礎，至所謂合法調查，於通常審判程序須符合嚴格證明之直接、言詞、公開與集中原則（若於簡易訴訟制度則僅需自由證明程序即可），並應達毫無合理懷疑之確信程度，方得爲有罪判決，此依刑事訴訟法第154、155條規定自明。

二、傳聞法則與證明程序

(一) 按因證人之知覺、觀察、記憶、表達及眞誠性本身均具有不可靠性，並存有誣陷之風險，是藉由直接目擊證人於審判期日到庭供述並接受當事人或辯護人、代理人等之交互詰問與對質之檢驗，以確保該供述證據之憑信性，傳聞證據因係直接目擊證人於審判期日外之言詞或書面陳述，致當事人或辯護人、代理人未得於公判庭內就其供述內容爲交互詰問與對質之檢驗，傳聞法則原則上乃否認該傳聞證據之證據能力（本法第159條第1項）。又被告以外之人於偵查中向檢察官所爲之陳述，除顯有不可信之情況者外，得爲證據，本法第159條之1第2項定有明文，其中條文規定之「陳述」，依通說見解包含言詞與書面之陳述，又所謂「除顯有不可信之情況」，學者亦認係檢察官訊問時之外部環境無虛僞情事，而非指內部證明力言。惟學說亦批評此條項規定之不當，認將架空傳聞法則與直接審理原則之適用，故應限供述矛盾或供述不能或經交互詰問之情形始具證據能力。

(二) 自由證明程序容許間接審理，故其不適用傳聞法則，具替代性質之傳聞證據於該程序均具證據能力，本法第159條第2項亦有明文。

三、案例之證據能力

故若本題適用嚴格證明程序，且該偵訊筆錄符合本法第159條之1第2項之規定或該審判採自由證明程序，即具證據能力，則法院即得評價其證明力而採爲證據。雖本於無罪推定原則，犯罪事實之存在應由檢察官負舉證責任（本法第161條第1項），然若檢察官業將該偵訊筆錄列爲起訴證據之清單，並於審判中提出，其又未傳喚證人到場，辯護人應聲請傳喚該證人到庭具結並受詰問，以彈劾辨明其陳述內容，爲被告利益行有效防禦。惟倘檢察官僅將該證人偵訊筆錄附卷，卻未列爲起訴證據之清單，亦未於審判程序之舉證活動中提出，依學者見解，法院即無庸審酌該證據，檢察官不得引用本法第163條第2項卸免其舉證之責，被告辯護人自亦無須聲請傳喚該證人到庭作證。

四、交互詰問之次序

我國刑事訴訟結構係採改良式當事人進行主義，法院仍得依職權調查證據（本法第163條第2項），故法院依本法第166條之6規定傳喚證人，即由審判長先行訊問，再由當事人爲交互詰問，其詰問次序雖由審判長依職權酌定之，惟其應考量本題證人係爲檢察官之友性證人而爲被告之敵性證人，故宜由檢察詰問，次由被告及其辯護人爲反詰問，以使被告得爲誘導詰問並彈劾辨明證人陳述之證明力（本法第166條之2）。

注釋資料：黃朝義，月旦法學第113期，頁11以下；例解刑事訴訟法「體系釋義版」第十二章之「交互詰問體系表」。

例題62

請分別回答下列問題：

(一)被告因運輸毒品案。高等法院採用「緝毒警員親眼目睹之目擊紀錄、其他警員訪談關係人之訪談筆錄，以及緝毒警員根據目擊紀錄與訪談筆錄所作成之毒品運輸分析報告」等證據，判決被告有罪；被告上訴最高法院，上訴理由指摘上述目擊紀錄、訪談筆錄、分析報告，均欠缺證據能力。

(二)甲、乙為同學，租住於同一住址；某日，甲發生車禍，致人於死；唯恐判罪影響學業，乃擅自取用乙之身分證，以乙之姓名至警局自首；果然蒙混過關，移送書記載乙為犯罪嫌疑人。及至檢察官偵查，甲親自到庭應訊，檢察官未查覺姓名之誤，起訴書因循記載被告姓名為乙；迨至第一審審判，甲如法炮製，仍以乙之姓名應訊；故第一審判決書判決乙有罪。第一審判決書送達，由甲收受判決；甲以乙之姓名提起上訴，並到庭辯論；第二審審理時始發覺上述冒名情形。問：第二審法院應如何判決？理由安在？（94司法官）

解碼關鍵

目擊紀錄與訪談筆錄與分析報告皆屬傳聞證據，除符合例外規定（本法第159條之1至之5），否則不得爲證據；欠缺證據能力之證據採爲判決基礎，得上訴第三審；冒名應更正姓名。

擬答

一、被告以證據欠缺證據能力，得作為上訴第三審之上訴理由

(一) 依題示被告涉嫌運輸毒品，觸犯毒品危害防制條例第4條之運輸毒品罪，高等法院判決被告有罪所憑證據有三：1.緝毒警員親眼目睹之目擊紀錄；2.其他警員訪談關係人之訪談筆錄；3.緝毒警員根據前述證據所作成之毒品運輸分析報告。該等證據有無證據能力，涉及傳聞法則及證據禁止法則問題，分述如下：

1. 按被告以外之人於審判外之言詞或書面陳述，除法律有規定者外，不得作爲證據，刑事訴訟法（下稱刑訴法）第159條第1項定有明文。該目擊被告運輸毒品之員警屬於證人地位，依前述規定，原則上該目擊紀錄，亦屬證人於審判外陳述之傳聞證據，不得採爲證據，除非符合第159條之1至之5規定，始例外具有證據能力。另外其他員警訪談關係人之訪談筆錄，該關係人亦屬於被告以外之第三人，同前述原則上亦不得採爲證據，除非符合第159條之2或第159條之3規定，例外有證據能力。緝毒警員根據前述證據所作成之毒品運輸分析報告亦同前所述。

2. 又該目擊員警或製作訪談筆錄之員警，若係違法取證，則尚要依刑訴法第158條之4判斷證據是否禁用。

(二) 第三審法院上訴理由之限制：按刑事第三審法院爲法律審，其上訴非以判決違背法令爲理由，不得爲之（刑訴法第377條）；復按犯罪事實應依證據認定之，無證據不得認定犯罪事實（刑訴法第154條第2項）；又無證據能力、未經合法調查之證據，不得作爲判斷之依據，刑訴法第155條第2項亦訂有明文。本題高等法院有罪判決所憑證據若係屬無證據能力之證據，則可能構成判決不適用前述法則或適用不當之違法，且應認爲非顯於判決無影響，應得成爲上訴第三審事由（刑訴法第378條、第380條）。另亦有認爲，如未經證人到庭陳述而採納其證言（刑訴法第159條第1項），則屬嚴格證明程序之違反；又該證據若爲法院認定事實、適用法律基礎之重要證據者（釋字第238號），將構成刑訴法第379條第10款之應於審判期日調查之證據而「未予以調查」之違法，亦應認爲得作爲上訴第三審之上訴理由。

二、第二審法院應如何判決

(一) 基於不告不理之控訴原則，法院僅得就檢察官起訴之被告與犯罪事實審判，故刑訴法第268條規定：「法院不得就未經起訴之犯罪審判」，若審判範圍大於起訴範圍，則構成未予以請求之事項，而予以裁判之訴外裁判之違法（刑訴法第379條第12款後段）。而起訴對被告之效力，依刑訴法第266條復規定：「起訴之效力，不及於檢察官所指被告以外之人」，關於檢察官所起訴被告究爲何人，有如下之判斷標準：

1. 表示說：此說以檢察官起訴書之記載爲準。
2. 行動說：以實際上以之爲被告實施訴訟行爲，或以之爲審理對象進行訴訟程序者爲準。
3. 意思說：以檢察官主觀的意思爲準。
4. 通說見解則認爲，原則上採表示說，例外於發生人的錯誤或記載錯誤時，輔以行動說。

(二) 依題意所示，甲涉嫌觸犯刑法第276條第2項之過失致死罪，嗣擅自取用乙之身分證，以乙之姓名至警局自首，於檢察署及第一審法院亦均冒乙名應訊，致檢察官誤以乙名起訴，第一審法院判決書判決乙有罪。實務認爲，此時僅「被告姓名錯誤」，應採前述行動說，亦即以實際上採取行動之人爲檢察官所指被告之人。故檢察官所指之被告乃甲，訴訟關係不存在於被冒名之乙，法院亦得對甲加以審判，並非未經起訴（70年台上字第101號判例參照）。嗣甲以乙之姓名提起上訴，並到庭辯論，既經第二審查明被告甲犯罪冒用乙名義，即應將第一審判決撤銷改判，予以訂正姓名錯誤即可（51年台上字第594號判例參照）。

注釋資料：同前揭例題58。

例題63

員警A偵辦甲涉嫌槍擊殺人案件，由法官核發通訊監察書後，對甲為電話監聽。後從甲乙電話通話中得知，甲確有參與該殺人事件，且該殺人案之主謀是丙，另外也得知乙吸食安非他命。A取得法官核發對甲住處之搜索票後，趕到甲住處，埋伏在甲家門口。不久，甲回來，在家門口即被A抓住。A出示搜索票，表示要搜索甲家，甲不得不打開家門，讓A進入搜索，但並無所獲。A發現甲有汽車鑰匙，即表示要搜查並要甲帶路。甲不置可否，即帶A走到停在數條街外之路邊，由A以車鑰匙打開甲車。果然在後行李廂底下搜出一把手槍。後經刑事警察局鑑驗，該槍確為該殺人案之凶槍。甲供出丙是主謀，A即逮捕丙。丙雖否認犯罪，詢問後仍被強制按指紋。經刑事警察局鑑驗，確認該指紋與殺人現場所留指紋吻合。其後，A取得檢察官核發之鑑定許可書，趕到乙住處，出示鑑定許可書後，強制將乙帶到警局。到警局後，A即對乙採尿。該尿液經醫院檢驗，證實乙有吸食安非他命。後甲、乙、丙皆被起訴。法官依監聽譯文、扣案手槍及鑑驗報告等相關證據，判決甲殺人有罪；法官依監聽譯文、指紋鑑驗報告等相關證據，判決丙殺人有罪；法官依監聽譯文、醫院之毒品鑑驗報告，判決乙施用毒品有罪，試評釋上述刑事程序之合法性。（97政大法研）

解碼關鍵

在嚴格證明之直接審理原則下，監聽譯文屬衍生性文書；附帶搜索之目的性範圍限制；強制採集指紋之限制要件；鑑定許可書非拘捕之令狀依據。

擬答

一、監聽譯文之調查

嚴格證明之合法調查，乃以直接審理主義爲中心，強調調查證據之直接性與原始性，蓋唯有使法院與兩造當事人的於審判庭直接調查原始性證據，方得使當事人有檢驗證據並爲攻擊防禦之機會，並使法院產生直接合理之心證。本例司法警察實施監聽取證部分應屬合法，其中另案監聽亦屬非惡意取得，故監聽內容原則上得爲證據。惟如法院於審判期日以監聽譯文之衍生性文書證據而爲調查，即屬間接審理，違反前揭嚴格證明之直接審理原則。

二、違法搜索扣押之效力

本例司法警察於被告家門口逮捕甲後，帶往搜索汽車部分，顯已逾越本法第130條拘捕被告之附帶搜索範圍，亦未符合第131條第1項拘捕被告之逕行搜索與第2項之緊急搜索（警方已逮捕被告，有充裕時間聲請搜索票，未具二十四小時之急迫性，且未得檢察官指揮），另被告對汽車搜索持不置可否態度，與第131條之1同意搜索須具備明示同意、踐行得拒絕無令狀搜索之告知義務等要件不符，故屬違法搜索，該扣押之制式手槍，由法院依第158條之4規定權衡裁量其證據能力。

三、指紋鑑驗之合法性

按任何對人民基本權利形成干預或限制而具強制性質之處分，均應有法律依據，俾使其實施主體，發動實施所應具備之條件，受處分客體及其救濟途徑均有明確規範，以符法治國原則下法律保留之要求，而對人民毛髮之採集，因係對人民身體權之干預侵犯，自屬前述強制處分之一種，故刑事訴訟法第205條之2乃明定：「檢察事務官、司法警察官或司法警察因調查犯罪情形及蒐集證據之必要，對於經拘提或逮捕到案之犯罪嫌疑人或被告，得違反犯罪嫌疑人或被告之意思，採取其指紋、掌紋、腳印，予以照相、測量身高或類似之行爲；有相當理由認爲採取毛髮、唾液、尿液、聲調或吐氣得作爲犯罪之證據時，並得採取之。」故本例司法警察依本法第205條之2前段規定，對拘捕到場之被告得違反其意願採其指紋乃屬合法。惟有學者主張此強制採集處分僅限於辨識身分（後段方得採集爲證據之用）。

四、毒品檢驗報告之證據能力

鑑定許可書僅容許爲強制鑑定之用，非得爲拘捕被告而限制其人身自由之令狀，故此拘捕顯係違法，本於毒樹果實理論放射性效力，該尿液採集自屬違法。另該毒品鑑定報告書屬審判外業務文書之傳聞證據，因具個案性，不符本法第159條之4之例外規定，惟若係檢察官或法官依第198條或第208條規定爲鑑定，再由鑑定人依第206條提出鑑定報告書，則屬本法第159條第1項之例外規定。

注釋資料：林鈺雄，月旦法學第113期，頁65；最高法院98年台上第1073號判決。

相關試題

司法警察A合法取得搜索犯罪嫌疑人甲住處之搜索票後，立即趕到甲住處要搜索甲家。因按門鈴無人應門，A即在甲家門口埋伏等甲回家。不久，甲回家，在門口拿出鑰匙正要開門時，A上前出示搜索票表示要搜甲家，甲即開門讓A進入。A搜索後毫無所獲，但發現桌上有汽車鑰匙。A即表示要搜車子，並要甲帶路。甲拿起車鑰匙，帶A走了數條街，找到甲的車，由甲持鑰匙開車門，讓A搜車，果眞在車後行李廂內搜出毒品。試問A搜索行爲之合法性？（101廉政）

考點提示：

一、司法警察持搜索票搜索甲宅合法。

二、司法警察前往搜索票未記載之甲車搜索，並非刑事訴訟法第130條之附帶搜索（未拘捕）、同法第131條之急迫搜索（無緊急情況）或同法第131條之1同意搜索（未踐行可不同意搜索之告知，且未得明示自願同意），故搜索不合法。

例題64

甲委任C律師為其被訴常業詐欺罪辯護，審判中C律師聲請傳喚證人癸，癸經法院傳喚到場具結後，旋由C律師與檢察官對其進行交互詰問，試依92年增修之刑事訴訟法說明交互詰問之次序、範圍及異議程序。

解碼關鍵

依本法第166至167條之5相關規定。

擬答

按交互詰問制度之目的在檢驗供述證據之憑信性與正確性，俾益於實體眞實之發現；爰將修正新法就此制度之相關規定歸納而爲如下之說明：

一、詰問次序

交互詰問除法院依職權傳喚之證人或鑑定人或二者同時聲請傳喚但不能合意決定時，其詰問次序由審判長定之外，主詰問與覆主詰問係由聲請傳喚之當事人、代理人或辯護人爲之，反詰問與覆反詰問則由他造行之。

二、詰問範圍

主詰問與反詰問之範圍除前者就待證事項及關聯性事項，後者就彈劾主詰問所顯現事項及關聯性事項外，均另包括辨明供述內容證明力之必要性事項；至覆主詰問僅限就反詰問所顯現之事項及關聯性事項，覆反詰問亦限辨明覆主詰問所顯現證據證明力之必要性事項。

三、誘導詰問

主詰問與覆主詰問除有本法第166條之1第3項但書所列七款情事外，均不得行誘導詰問；反之，反詰問與覆反詰問則於必要時得爲之，此因受詰問之證人或鑑定人通常係傳喚一造之友性證人，其較不易於供述時迎合反詰問他造之意欲。

四、詰問乃當事人訴訟上權利

除審判長認當事人等所爲詰問不當外，不得限制或禁止之，倘被告放棄詰問權時，其仍享有對證人或鑑定人之詢問權。本法第166條之7第2項並明定十款詰問方式禁止之規定。

五、詰問與審判長訊問之次序

證人或鑑定人係由當事人等聲請傳喚時，應由當事人等直接詰問，詰問完畢後，審判長始得爲訊問。然若係法院依職權傳喚者，於當事人等行詰問前，應先由審判長訊問，蓋此際以審判長最明瞭該證人或鑑定人所欲證明之待證事實，如是，詰問程序方得順暢進行，詰問完畢後審判長仍得續行訊問。

六、主反詰問之易位

行反詰問時，就支持自己主張之新事項，經審判長許可，得為詰問。依前項所為詰問就該新事項視為主詰問（本法第166條之3），此因該證人就新事項之陳述已轉為原反詰問一方之友性證人。

七、詰問之異議權

異議之對象為他造之詰問與證人、鑑定人之回答，異議之理由包括違法性與妥當性，至審判長就當事人所聲明之異議有不同處理：(一)異議有理由，應視情形分別為中止、撤回、撤銷、變更或其他必要處分；(二)異議無理由或有遲誤時機、意圖延滯訴訟、其他不合法情形，應為駁回處分（但遲誤時機所提事項與案情有重要關係者不在此限），且不得再聲明不服。

注釋資料：例解刑事訴訟法「體系釋義版」第十二章之焦點「交互詰問之修法評析」。

例題65

被告於警察訊問時，因受強暴而自白其犯罪，但嗣於該案件移送檢察署後，該被告又於偵查時，在檢察官面前任意為相同之自白。惟該案經檢察官提起公訴，於法院審判時，被告卻主張，其於警察局及檢察官面前所為之自白均無任意性，而要求排除之。於此情形，審判長應如何處理？試申論之。 (78司法官)

解碼關鍵

不正方法抗辯由檢察官負舉證責任並優先調查，但法院無庸依職權為之；毒樹果實繼續性效力。

擬答

一、不正方法抗辯之舉證責任

按依刑事訴訟法第156條第1項、第3項之規定，被告自白出於強暴之不正訊問方法時，不得為證據；倘被告就其自白係出於不正方法提出抗辯時，法院應先於其他事證為調查，若係檢察官提出該自白時，應由其就自白出於自由意志負舉證責任。

二、毒樹果實理論

次按被告於不正訊問方法所為第一次自白後，嗣另於自由意志下所為第二次自白得否採為證據，有不同見解：

(一) 甲說：被告之自白不得做為證據

被告在檢察官面前雖未被刑求而為自白，然卻係受員警之刑求陰影之影響而為自白，基於不正方法取得自白乃最嚴重之違法取供，違反實質正當之法律程序，應認被告之第二次自白係受第一次不正方法所污染（影響）而出於非任意性，不得作為證據。

(二) 乙說：被告之自白原則上可以做為證據

被告雖遭到員警刑求而為非任意性之自白，但由於偵訊主體已經轉換成檢察官，導致自白非出於任意性之因素業經消失，故其在檢察官面前所為之任意性自白應可做為證據，但若有跡象顯示，之前員警刑求之作用力仍存在時，例如警察威脅被告倘若在檢察官面前翻供，就給他好看等情形，則應認刑求與非任意性自白之間仍具有因果關係，則不得採為證據。

(三) 淺見以為基於不正訊問方法乃違法取證中最嚴重情形

此際應承認毒樹果實理論之繼續性效力，即被告在無不正方法下所為第二次自白除經檢察官加重告知外仍不得採為證據。

三、調查次序

審判長就被告之不正訊問等方法抗辯應先於其他事實調查，倘該自白係檢察官提出者，並由其指出二次自白均出於自由意志之證明方法，否則縱採前述乙說，法院亦不得採認第二次自白為有罪判決之依據。

注釋資料：林鈺雄，月旦法學第48期，頁14以下。

因殺人案件而受法院審理之某甲指稱，其在警察局之自白係出於刑求，但並未提出證據以支持其抗辯。試問：

(一)審判長應否告知被告得提出有關刑求之證據方法。

(二)審判長應否主動傳喚警察局之有關人員出庭作證。　(85司法官)

解碼關鍵

同上揭例題64。

擬答

按「被告之自白，非出於強暴、脅迫、利誘、詐欺、疲勞訊問、違法羈押或其他不正之方法，且與事實相符者，得為證據。……被告陳述其自白係出於不正之方法者，應先於其他事證而為調查。該自白如係經檢察官提出者，法院應命檢察官就自白之出於自由意志，指出證明之方法」。刑事訴訟法第156條第1、3項分別定有明文。依此規定，分別說明本案例情形如下：

一、被告刑求抗辯之舉證責任

(一) 92年修法前，學說就此有不同見解：

1.甲說：法院應依職權調查之。

此說認爲，被告刑求之抗辯屬於事實審法院應依職權調查之事項，不受被告不主張或不聲明之拘束。亦即，縱使被告並未主張因偵訊機關使用不正方法而自白，法院仍得逕行調查之。

2.乙說：應由檢察官舉證。

此說認爲，應責由檢察官就其引爲起訴證據之自白，指出證明出於任意性之方法，例如檢察官證明被告在自白前已受本法第95條各款事項告知，足見出於自由陳述，或檢察官提出依本法第100條之1做成之錄音、錄影資料，以證明於訊問時並無施用不正手段。

(二) 惟依現行刑事訴訟法第156條第3項規定，倘此項被告自白係由檢察官提出者，即應由其對被告之刑求抗辯負舉證責任，法院毋庸依職權爲調查，被告亦不負舉證之責，審判長自不須告知被告提出證據方法。

二、法院對被告刑求抗辯之調查

承上所述，法院就被告之刑求抗辯應先於其他事證而爲調查，惟調查時僅須命檢察官負舉證責任即可，法院既無依職權調查義務，自毋庸主動傳喚警局人員作證，倘檢察官未能舉證說明，法院即應認被告之自白非出於自由意志。

注釋資料：林鈺雄，刑事訴訟法（上），頁165以下；黃東熊，刑事訴訟法論，頁388以下。

例題67

試根據我國刑事訴訟法之規定，回答下列問題：

(一)何種自白方有證據能力？

(二)被告如於法庭中主張，其在偵查中所以自白，乃是因為被刑求而不得不為時。法院應如何處理？（95政風）

解碼關鍵

同前揭例題7 & 64。

擬答

一、自白證據能力之要件

被告自白需非出於不正訊問方法且與事實相符，並有關聯性補強證據始得爲有罪判決，倘被告抗辯其自白出於不正方法時，應先於其他事證調查，並由檢察官就其提出之自白出於任意性負舉證責任；而法院訊問被告時，應先告知刑事訴訟法第95條所列事項，再命其就辨明內容之始末連續陳述，被告有數人時應隔離訊問並得對質，而訊問之全程尙應連續錄音或錄影。其調查程序並依刑事訴訟法第94條至第100條之3、第156條、第286條至第290條之規定。綜言之，被告自白需非出於不正方法而有任意性，訊問前應爲權利告知並全程連續錄音或錄影，且不得逾法定障礙期間，同時未違反夜間詢問之規定，如爲警詢中，需由行詢問以外之人製作筆錄，則該自白即具證據能力。

二、自白調查程序之次序

關於自白之調查，依本法第161條之3及第288條第3項均明定被告自白（被訴事實）應於其他證據調查後方得爲之，惟第156條第3項則規定，「被告陳述其自白係出於不正之方法者，應先於其他事證而爲調查」，則此前後是否相衝突？應注意者，乃後者所稱應先爲調查部分係指偵審人員有無使用不正方法而言，非調查自白內容。亦即先調查確認有無使用不正方法，若無，則該自白即具任意性而有證據能力，乃第161條之3所謂之「得爲證據之被告自白」，嗣再將該自白內容列於其他證據調查次序之後而爲調查。

注釋資料：例解刑事訴訟法「體系釋義版」第十二章之焦點「被告自白之不正方法抗辯」。

例題68

刑事審判上的「共同被告」中一人的「不利於己之陳述」，得否採納作為「其他共同被告」犯罪事實之證據？

解碼關鍵

共同被告之證據適格&調查方法；協商程序中所爲自白之證據能力。

擬答

一、共同被告之證據適格

刑事審判之共同被告中一人所爲不利於己之陳述，得否採爲其他共同被告犯罪事實之證據，首應探討共同被告證據適格之問題，雖有不同立法例之爭議，惟依本法第156條第2項「被告或共犯之自白，不得作爲有罪判決之唯一證據」，第176條之1「不問何人，於他人之案件，有爲證人之義務」，第287條之2「法院就被告本人之案件調查共同被告時，該共同被告準用有關人證之規定」及大法官會議釋字第582號解釋「共同被告對於其他共同被告之案件而言，爲被告以外之第三人，本質上屬於證人」以觀，我國現行法與通說見解顯係承認共同被告之證據適格，且認其於其他共同被告案件之證據地位應爲證人而非屬被告。

二、共同被告證人適格之前提要件

共同被告於其他共同被告案件既居於證人地位，自應遵循證人之法定調查程序而爲調查，亦即應傳喚其到場命其具結，並經法院訊問及接受當事人之交互詰問、對質與詢問，惟該共同被告如與其他共同被告合併審判，則於該審判程序仍屬自己案件而爲被告身分，此時本於不自證己罪原則即不得令其放棄緘默權而爲具結，否則該陳述則不具任意性，無論對該共同被告或其他共同被告均不得爲證據。故通說主張應由法院先爲分離審判，使其於其他共同被告案件中居於證人地位，再行令其具結；至該共同被告於其他共同被告案件之審判外陳述屬傳聞證據，依本法第159條第1項之規定屬傳聞證據，原則上無證據能力；又該共同被告「不利於己之陳述」仍屬自白，是以仍應具任意性始足當之。綜上所述，共同被告不利於己之陳述欲採爲其他共同被告犯罪事實之證據，應具備如後之前提要件：(一)分離審判程序；(二)應命具結；(三)陳述具任意性；(四)適用傳聞法則。

三、協商程序之特別規定

末按本法考量協商程序係以被告自白犯罪爲前提，倘嗣後兩造當事人未得完成協商或其他法定原因致法院未爲協商判決，則該協商程序將轉換爲審判程序，此際，被告協商程序前所爲不利之自白或陳述，勢對被告或其他共犯（共同被告）形成防禦上重大不利益，故於第455條之7規定，「法院未爲協商判決者，被告或其代理人、辯護人在協商過程中之陳述，不得於本案或其他案件採爲對被告或其他共犯不利之證據」，此爲前揭說明之例外規定。

注釋資料：同前揭例題36；刑事訴訟法第455條之7。

相關試題

甲、乙涉嫌共同強盜罪，甲在警詢中言：是我與乙共同強盜的，但乙是主謀，我只是把風。乙則保持緘默。檢察官訊問二人時，甲又做出內容完全相同之陳述，乙仍保持緘默。檢察官起訴甲、乙二人，在二人之審判中，法官合法訊問甲時，甲言：我是因爲被警察恐嚇始承認犯案，我與乙二人均不曾犯案。分析此案甲於警詢及檢訊中所爲陳述，是否各得作爲甲犯罪及乙犯罪之證據？

考點提示：

一、數人共犯一罪乃屬刑事訴訟法第7條之相牽連案件，雖本於訴訟經濟與避免裁判矛盾之考量，依法得利用同一訴訟程序合併審判，惟並未改變其分屬不同案件之本質。

二、共同被告於本案被告之案件，仍屬被告以外之第三人，其所爲有關本案被告之供述仍屬於證人供述，審判中應依證人之證據方法爲調查，命其到庭具結，並於陳述後使本案被告與辯護人有詰問對質之機會，至其於審判外之陳述（警詢或檢訊）乃屬於傳聞證據。至其有關自己案件之陳述，仍屬被告自白，依被告證據方法之法定調查程序，如該自白具備任意性，並訊問前業經爲本法第95條之告知、全程經連續錄音或錄影且未違反夜間詢問限制之規定，則該自白即有證據能力，而與傳聞法則無涉。

三、承上，共同被告（證人）於審判外之陳述（傳聞證據），如屬於警詢中所為者，因無具結之規範，故於符合本法第159條之2（供述矛盾）或第159條之3（供述不能）或第159條之5（當事人合意）之法定要下，例外得為證據，但仍應使其於審判中到庭具結陳述，並予本案被告與辯護人詰問對質之機會。至證人於檢訊中所為者，依法應另具結，並於符合本法第159條之1第2項（陳述時之外部環境顯無不可信情況）之法定要件下，例外得為證據。但學者於此有兩項重要見解：其一，有認為未經具結之檢訊筆錄符合傳聞法則例外時，仍有證據能力；其二，檢訊筆錄如欲具有證據能力，仍應該證人有審判中供述不能或供述矛盾之情形下，方得容許之，亦即應嚴格緊縮本法第159條之1第2項之解釋內涵。

例題69

檢察官合併起訴被告A、B涉嫌共同強盜被害人V的財物，請附具理由說明下列第一審程序之問題：

(一)審判中，共同被告A與B得否共同選任同一律師為其辯護人？若其未選任辯護人，審判長得否指定同一公設辯護人為A、B的共同辯護人？

(二)設若A選任R律師為辯護人，B經審判長指定公設辯護人S為其辯護。審判中，共同被告B表示其於案發時雖在場，但強盜乃A臨時起意單獨所為；R隨即要求詰問B並要求審判長應命B具結。試問審判長應如何處置始為合法？

(三)承(二)前段所述，設若審判中，審判長以「被害人」名義傳喚V，V到庭陳述其被A、B強盜財物經過。辯護人R、S隨即要求詰問V並要求審判長應命V具結，但審判長以V乃被害人而非證人為由，駁回R、S之請求。試問審判長所踐行之程序是否合法？

(四)承(二)前段所述，設若審判中，R與S皆聲請審判長傳訊V到庭，但審判長既未依職權亦未依聲請傳訊V，而直接朗讀V於偵查中在檢察官前作成之偵訊筆錄，最後並將其採為判處A、B罪刑的證據之一。試問審判長所踐行之程序是否合法？

(94台大法研)

解碼關鍵

共同被告證人適格之前提要件；被害人之調查證據方法；偵訊筆錄屬傳聞證據；共同辯護不得利害相反。

擬答

一、共同辯護

按刑事訴訟法第31條第3項規定，被告有數人者，得指定一人辯護，但各被告之利害相反者，不在此限。亦即除於共同被告利害相反時，為避免被告防禦權利受損者外，刑事訴訟程序容許共同指定辯護之存在，故本件審判長得指定同一公設辯護人為共同被告A、B共同辯護。又雖本法未就共同被告選任辯護時可否共同辯護定有明文，然兩者之法理並無不同，學者乃認得類推適用上開共同辯護之規定，是以除有利害相反之情形，共同被告A、B仍許共同選任同一辯護人為辯護。

二、共同被告之證人適格

(一) 共同被告之證據適格：刑事審判之共同被告中一人所為不利於己之陳述，得否採為其他共同被告犯罪事實之證據，首應探討共同被告證據適格之問題，就此，雖有不同立法例之爭議，惟依本法第156條第2項「被告或共犯之自白，不得作為有罪判決之唯一證據」、第176條之1「不問何人，於他人之案件，有為證人之義務」、第287條之2「法院就被告本人之案件調查共同被告時，該共同被告準用有關人證之規定」及大法官會議釋字第582號解釋「共同被告對於其他共同被告之案件而言，為被告以外之第三人，本質上屬於證人」以觀，我國現行法與通說見解顯係承認共同被告之證據適格，且認其於其他共同被告案件之證據地位應為證人而非屬被告。

(二) 共同被告證人適格之前提要件：共同被告於其他共同被告案件既居於證人地位，自應遵循證人之法定調查程序而為調查，亦即應傳喚其到場命其具結，並經法院訊問及接受當事人之交互詰問、對質與詢問，惟該共同被告如與其他共同被告合併審判，則於該審判程序仍屬自己案件而為被告身分，此時本於不自證己罪原則即不得令其放棄緘默權而為具結，否則該陳述即不具任意性，無論對該共同被告或其他共同被告均不得為證據，故通說主張應由法院先為分離審判，使其於其他共同被告案件中居於證人地位，再行令其具結；至該共同被告於其他共同被告案件之審判外陳述屬傳聞證據，依本法第159條第1項之規定屬傳聞證據，原則上無證據能力；又該共同被告「不利於己之陳述」仍屬自白，是以仍應具任意性始足當之。綜上所述，共同被告不利於己之陳述欲採為其他共同被告犯罪事實之證據，應具備如後之前提要件：1.分離審判程序；2.應命具結；3.陳述具任意性；4.適用傳聞法則。故本件被告A之辯護人R請求共同被告B具結並對之為詰問，審判長應先裁定共同被告A與B分離審判始為合法。

三、法定證據方法

嚴格證明程序之合法調查，乃係以法定證據方法及法定調查程序呈現當事人所提出於審判庭之證據資料（具證據能力）之內容為前提，又刑事訴訟法所規定之證據方法，包括有被告、證人、鑑定人、勘驗、文書及影音等，除此之其他證據方法既非本法明定自非合法。至其中證人之法定調查程序，則需使證人到庭具結以擔保其陳述內容之真誠性，並接受法院之訊問與當事人對質詰問之檢驗，以提高其憑信性。本件審判長以「被害人」名義傳喚V到庭陳述被告A、B強盜財物之經過，顯非屬前述之法定證據方法，其復於辯護人請求詰問V並使之為具結時，以V非證人為由駁回所請，亦違證人之法定調查程序，堪認審判長踐行之審判程序於法有違。

四、傳聞法則之適用與例外

強盜案件應適用通常審判程序之嚴格證明，有本法第159條傳聞法則之適用，本件證人V於偵查中檢察官前完成之偵訊筆錄乃爲審判外之陳述而屬傳聞證據，原則上應無證據能力，審判長不得就該衍生性文書以文書方法爲調查；然依同法第159條之1第2項除顯有不可信之情況外或第159條之5當事人明示合意與擬制合意之規定，該偵訊筆錄例外得爲證據，審判長即得依文書之證據方法直接朗讀而爲調查。應注意者，乃學者通說認爲本法第159條之1第2項之情形，需由檢察官舉證證明可信性情況存在（此之可信性情況係指偵訊時之外部環境而非證人陳述內容之證明力），又因偵查中辯護人無詰問權，被告復不擅長詰問，故此規定宜限縮證人供述不能、供述矛盾或業經反對詰問時方得適用，否則例外失之過寬，易架空傳聞法則之實質精神。另釋字第582號並認爲該傳聞證據雖依法有證據能力，惟除客觀不能外，尚應賦予當事人交互詰問權。

注釋資料：陳運財，律師雜誌第286期，頁113以下；最高法院99年台上第1497號判決。

例題70

甲、乙、丙三人經檢察官以共同殺人罪嫌提起公訴，甲乙皆於審判中自白犯行，渠等均供稱「我們確有殺害丁，且是與丙共同犯案」，惟丙則矢口否認涉案，丙之辯護人戊則請求法院命甲乙具結並聲請詰問之，試問辯護人戊之請求（聲請）是否准許？又倘若別無其他積極證據，法院對甲乙丙三人應如何判決？

解碼關鍵

共同被告與共犯之證人適格；自白補強證據之適格限制（共犯自白不得互爲補強）。

擬答

一、共同被告之證人適格

按共同被告是否具證人適格，實務與學說迭有爭議，持否定學說之見解認爲，共同被告倘具證人適格，其證據證明力較諸被告自白爲強，亦即其無須補強證據即得爲本案被告有罪認定之唯一依據，且修正前刑事訴訟法第186條更賦予共犯爲證人供述毋庸具結負僞證罪責之權利，更益增共同被告本於利害相反或私人嫌怨而誣陷他人之可能性。

二、現行法之相關規定

92年是次修法爲杜絕上揭爭議並降低共同被告誣陷本案被告之風險暨提高其供述之憑信性，乃於刑事訴訟法第156條第2項明定「被告或共犯之自白，不得作爲有罪判決之唯一證據」，第287條之2明定：「法院就被告本人之案件調查共同被告時，該共同被告準用有關人證之規定。」此外並刪除第186條原共犯不得令其具結之規定資爲配合，足徵本法除明文承認共同被告之證人適格外，並使其準用證人之調查方法，受當事人交互詰問之檢驗，且應就其供述內容之虛僞擔負僞證刑責，又縱該共同被告之供述已取得證據能力，仍應有具關聯性之補強證據始得爲本案被告有罪之判決。

三、自白之補強證據

承上所述，本法第156條第2項之關聯性補強證據所指爲何？亦即可否以共同被告間之自白互爲補強？有學者以爲，倘共同被告間就犯罪事實均已自白，則彼此間應得互爲補強，法院即可據此爲各共同被告之有罪判決，惟若有被告否認犯行時，應不得以其他數共同被告間之自白互爲補強，而爲被告有罪之認定。亦有學者及部分實務見解主張該補強證據不得爲其他共同被告或共犯之供述，亦即不得以共同被告或共犯自白爲補強。

四、結論

綜上所陳，本件被告丙之辯護人戊聲請詰問共同被告甲、乙即應准許，惟僅限甲、乙所稱「是與甲（乙）、丙共同犯案」部分，蓋此部分方屬共同被告自白。至渠等另稱「我確有殺害丁」一語則爲被告自白，依法不得詰問之，又被告甲、乙均自白犯案，且彼此均指述對方罪行，揆諸前開說明，有學者認得互爲自白之補強，法院得對該二人爲有罪判決，至被告丙自始堅決否認，即不得以共同被告甲乙之自白指述互爲補強證據，而論斷丙之殺人罪行。亦有見解認上述情形，均不得以共同被告自白爲補強。

注釋資料：同前揭例題36；黃朝義，刑事訴訟法實例研習，頁151以下、162以下。

例題71

甲夥同乙竊取A之機車一輛，甫經得手，甲即為巡警逮獲，乙則乘隙逃逸。甲經移送該地檢察署檢察官偵查時，供認其與乙共同竊取A機車之事實無訛；被害人A亦指稱：伊之機車當時為人竊取，適警察路過發現，而將竊盜犯之甲逮捕等語。檢察官仍將甲以共同竊盜罪嫌提起公訴。第一審法院審理中，甲一反先前偵查時之供述，謂機車係其一人單獨所竊取云云。未幾，甲因病致心神喪失，該法院乃予停止審判。此際，乙經警緝獲移送該管檢察署檢察官偵辦時，則矢口否認有與甲共同竊取A機車之犯行，並以其時係因他事在場為辯。但檢察官仍依甲在前案（甲之竊盜案）偵查中之自白及前述被害人之指陳，將乙以共同竊盜之罪嫌提起公訴。此案於第一審法院審理時，乙雖猶否認如上，惟該法院仍依據檢察官前開起訴之證據，認定乙與甲共同竊取A之機車一輛，並予判處罪刑在案。試問：受理乙竊盜案之該第一審法院之判決，其認定事實所為之採證，是否適法？試就刑事訴訟法上之根據並其相關之法理詳予說明。　（91律師）

解碼關鍵

共同被告之證人適格；補強證據須與待證事實具關聯性。

擬答

一、共同被告之證人適格

有關共同被告於刑事訴訟程序中得否為本案被告待證事實之證人，亦即共同被告之自白得否採為本案被告有罪判決之依據，學說與實務向有不同見解：

(一) **肯定說**：應承認共同被告之自白得為認定本案犯罪事實之證據，亦即其具證人適格，僅在證明力層次為判斷評價。

(二) **否定說**：共同被告與本案被告常具利害相反之衝突關係，乃具有誣陷他人入罪之高度危險，故不宜使共同被告具證人適格。

(三) **折衷說**：仍承認共同被告之證人適格，惟其如為共犯時宜有與待證事實具關聯性之補強證據，且該共同被告轉換為證人地位為證人供述應予具結使負偽證責任，以降低誣陷之風險。我國刑事訴訟法第156條第2項、第186條（刪除共犯不得具結之規定）及第287條之2之規定即採此見解。

二、第一審判決之適法性

現行刑事訴訟法原則上肯認共同被告之證人適格，惟依本法第156條第2項規定：「被告或共犯之自白，不得作為有罪判決之唯一證據，仍應調查其他必要之證據，以察其是否與事實相符。」而此之補強證據須與待證事實具關聯性始可，本題雖有證人A之供述證據為補強，惟其供述內容與被告乙之待證事實並無關聯性，且共同被告甲之自白亦先後供述不一，法院遽以具共犯身分之共同被告甲之自白為被告乙有罪判決之唯一證據，已違本法上開明文規定，亦悖證據論理法則，故認第一審法院所為之判決應非適法。

（注意：甲對乙案而言具證人適格，其於偵查中對乙之指述即屬傳聞證據，惟因具第159條之1第2項情形，故仍具證據能力。）

注釋資料：同前揭例題69。

例題72

甲、乙、丙三人於民國84年6月27日凌晨2時許，前往A縣某農場，盜伐該場所有相思樹五株，案經農場保警查獲，甲、乙、丙均供認有盜伐事實。惟甲在保警察總隊供稱，另有丁亦參與盜伐，且用車將贓木搬運至某地原木行藏匿。但丁卻否認有共同盜伐林木情事，謂是夜其乘夜間氣候涼爽，用車送客返回至某農場附近馬路時，忽然甲、乙等攔車，聲稱有購伐之木材待運，願出運費200元，要求順便運往某地原木行，同時出示文件一紙，謂為搬運證，丁不識文字無法鑑別，遂勉為接受載運置辯，並請傳喚車中乘客戊以資證明。法院可否不傳喚戊作證，僅憑甲之供述而對於丁為共同盜伐之有罪證據？　　　　（85司法官）

解碼關鍵

不必要調查證據之情形；共同被告之證人適格與共犯自白補強法則。

擬答

一、法院有調查證人戊之必要

按刑事訴訟法第163條之2第1項規定，當事人、代理人、辯護人或輔佐人聲請調查之證據，法院認爲不必要者，得以裁定駁回之。因之，法院是否可以不傳喚證人戊，應視其是否爲不必要調查之證據而定：

(一) 所謂不必要證據，依同法條第2項規定，包括：1.不能調查者；2.與待證事實無重要關係者；3.待證事實已臻明瞭無再調查之必要者；4.同一證據再行聲請者。

(二) 本題丁所聲請傳喚之證人戊，係當日之乘客，藉由其證詞可以得知丁是否係爲犯案而到現場，抑或僅係單純載送戊而到犯罪現場，此一部分證據攸關丁是否參與犯罪行爲，戊之證言既與待證事實具有論理之關聯性，法院即有調查之必要。

二、甲於丁涉嫌盜伐木材具證人適格

(一) 甲與丁於同一程序起訴審判時，依本法第287條之2規定：「法院就被告本人之案件調查共同被告時，該共同被告準用有關人證之規定。」故甲得爲丁涉嫌盜伐之證人；倘甲與丁係分於不同程序審判時，因甲就丁案而言乃被告以外之人，依本法第176條之1規定，當然亦具證人適格。

(二) 另依本法第156條第2項規定「被告或共犯之自白，不得作爲有罪判決之唯一證據，仍應調查其他必要之證據，以察其是否與事實相符」，是以具共犯關係（不論是否爲共同被告）之證人，其指述另一共犯之自白仍須補強證據，惟若非共犯關係，僅爲共同被告，其指述另一共同被告之自白通說認爲仍應有補強證據；故本題甲、丁具共犯關係且屬共同被告，故甲對丁之指述自須補強證據。

三、結論

承上所述，本題共同被告甲對被告丁之指述，因二人具共犯關係，故甲對丁之自白指述即需關聯性之補強證據，法院對丁聲請傳喚復具調查必要性、關聯性與可能性之證人戊仍應傳喚調查，其竟未傳喚，判決即屬本法第379條第10款之當然違背法令，且違反自白補強法則。

注釋資料：同前揭例題69。

例題73

A工廠將備用零件隨意放置倉庫內。某日甲、乙基於共同竊盜之犯意潛入該倉庫竊取該等零件時，適丙亦單獨潛入該倉庫之另一端竊取零件。三人經竊其中部分之零件後，各自攜贓，步出工廠。路過之巡警見狀認有可疑，正擬上前盤查之際，甲、乙、丙三人則即刻逃離，途中甲、乙將竊得之零件隨手拋棄，巡警驅車在後追趕，終將三人逮獲，但僅查得丙所竊取之零件，乃將三人移送檢察官偵辦。偵查中甲、乙坦承竊盜事實，丙亦供認竊盜犯行，雖A工廠負責人因零件為數甚多，無從指陳其確有失竊之實據，然檢察官仍以甲、乙有共同竊盜罪嫌，丙有竊盜罪一併提起公訴，該管法院亦一併提起審理。審理中甲、乙仍自白共同竊取零件無訛；丙亦單獨供認竊得零件，攜贓步出工廠外，見警即拔腿而逃，後被逮獲，而與甲、乙一併被移送偵辦等語屬實。該受理之法院除判處丙竊盜罪刑外，另依丙上開之供述，認其係共同被告不利於己之陳述，以之為其他共同被告甲、乙自白之補強證據，而認甲、乙共同竊取A工廠零件，予以判處甲、乙共同竊盜罪刑。問：該法院關於甲、乙犯罪事實之認定，其在證據法則上是否妥適？試就相關法理詳予論述。

解碼關鍵

共同被告之證人適格、調查方法&自白補強證據之適格。

擬答

一、共同被告證人適格之爭議

本題甲、乙與丙係屬同時犯，檢察官依相牽連案件之規定（刑事訴訟法第7條）將三人利用同一程序，一併提起公訴，法院於審理過程中，依共同被告丙之自白補強其他兩位共同被告之自白，以認定甲、乙之犯罪事實，在同一程序中，丙爲共同被告，卻又居於證人之地位，證明甲、乙之犯罪行爲，則此時被告丙是否具證人適格，學說上之見解如下：

(一) **形式之共同被告概念**：端賴形式上之程序是否同一爲斷，只要利用同一程序合併審理，共同被告不得做爲證人，反之一旦程序分離，即可互相成爲證人。

(二) **實質之共同被告概念**：認爲只要共同被告共犯一罪之情形，無論對其所進行程序之方式如何，亦即，無論係分別審理或合併審理，皆不相互爲證人。

(三) **形式與實質之混合見解**：從追訴機關發動追訴之意思行爲的時點，予以形式判斷（形式觀點），若將其共同被告之偵查程序合併，則就此一時點開始，共同被告即不得相互做爲證人，不論後來程序是否分開，亦不論共同被告後來的程序角色爲何（實質觀點）。反之，當某個先前的共同被告之程序，已經終局判決之後，則此一共同被告在其他共同被告之程序得爲證人。

二、現行刑事訴訟法之規定

(一) 依修正後刑事訴訟法第156條第2項規定：「被告或共犯之自白，不得作爲有罪判決之唯一證據」、第176條之1規定：「不問何人，於他人之案件，有爲證人之義務」，及同法第287條之2規定：「法院就被告本人之案件調查共同被告時，該共同被告準用有關人證之規定」以觀，顯然已明文承認共同被告（共犯）之證人適格。

(二) 惟因具共犯身分之共同被告與本案被告常具利害相反關係，致其爲證人供述時具有誣陷之高度危險，故上開第156條第2項乃明定其須有補強證據始得採爲本案被告有罪判決之依據，且92年修正新法並刪除第186條有關共犯不得具結之規定，使其爲證人時若虛僞供述即須負僞證罪責，以降低其誣陷之危險性，提昇其供述之憑信性。至共犯或共同被告之自白供述可否爲第156條第2項之補強證據？向有肯定說與否定說之不同見解，淺見採肯定說，惟需以被告自白爲前提，不得以共犯（共同被告）間自白互爲補強。

承上所述，本題共同被告丙雖具證人適格，其所爲供述證據縱得爲被告甲、乙自白之補強證據，惟仍應與待證事實具關聯性方可，故以丙之供述爲補強即有未當，但得以甲、乙二人之自白互爲補強證據而爲有罪判決。

注釋資料：林鈺雄，刑事訴訟法（上），頁380以下。

例題74

甲涉嫌於夜間販毒被巡邏警網逮捕，警員乙、丙當場對甲進行詢問，試問甲於偵訊時得主張何種權利？又警員於何種情形下方得對甲為夜間詢問？

解碼關鍵

訊問被告之正當法律程序；容許夜間詢問之事由&急迫情形（重罪、適合、必要、緊急）。

擬答

一、訊問被告之正當程序

被告本於憲法第8條正當法律程序及第16條訴訟防禦權之保障，其於面臨偵查機關訊問時，得受如下基本權利之保護，包括：告知義務之踐行（刑事訴訟法第95條）、不自證己罪之緘默權、選任辯護權暨辯護人之在場權與陳述意見權、請求調查有利證據權，請求對質詰問權、法定障礙期間拒絕受訊權、夜間拒絕受詢問權及合法訊問程序之對待（如：不正訊問方法之禁止、有利陳述權之賦予、連續錄音或錄影、行詢問以外之人製作筆錄等）。

二、夜間詢問禁止之例外

被告於面對國家司法公權力機關時，本即易生畏佈之心，此於夜間受程序不公開之司法警察詢問時尤爲顯然，刑事訴訟法本於人權保障之普世價值，遂於第100條之3第1項規定，除有下列但書情形外，禁止司法警察爲夜間詢問：

(一) **經受詢問人明示同意**：限於明示且自願性同意，並應將同意書載明筆錄。

(二) **於夜間經拘捕到場者，查驗其人有無錯誤**：目的在儘早釋放受錯誤拘捕之人，以保障人權。

(三) **經法官或檢察官同意**：學者有認此項同意之規定並無法理依據，顯屬不當立法。

(四) **急迫情形**：應具優越利益（重罪原則），並符合緊急性、必要性、適合性之要件。

三、自白證據能力之排除

偵查機關訊問被告所爲程序若未符合上揭之規定，其因此所取得之被告自白或不利供述即有證據排除法則之適用，而於審判中禁止該供述證據之證據證明力，如第100條之1第2項、第156條第1項、第158條之2。

注釋資料：同前揭例題7、39。

例題75

丁為甲涉嫌搶奪案件之目擊證人，其將目擊犯案過程告訴友人丙，試問丙與丁於警詢中所為之陳述，何種情形得為證據？

解碼關鍵

傳聞法則之例外規定僅適用於原始證人，不適用傳聞證人；不同審判程序與傳聞法則之關係。

擬答

一、傳聞法則之內涵

按證人之觀察、知覺、記憶、表達與眞誠性均具有高度不可靠性，故其供述內容須藉具結擔保與交互詰問檢驗提高其憑信性，證人於審判外之陳述屬傳聞證據，未得藉由具結擔保與交互詰問檢驗降低其虛僞風險，傳聞法則乃謂傳聞證據無證據能力。

二、傳聞法則之排斥

嚴格證明之通常審判程序採直接審理主義，故適用傳聞法則，傳聞證據除有法律特別規定（如第159條之1至之5）外，不得爲證據。至自由證明之簡易訴訟制度（簡式、簡易、協商）因採間接審理主義，容許替代性、衍生性證據（如傳聞證據），因而排斥傳聞法則。又刑事訴訟法有關傳聞法則之例外規定分別有第159條之1（證人於審判外向法官、檢察官之陳述）、第159條之2（證人於審判外向司法警察官陳述而有供述矛盾）、第159條之3（證人於審判外向司法警察官陳述而有供述不能）、第159條之4（例行性、一般性非個案性之特種文書）、第159條之5（當事人明示或擬制合意）等，應注意者，乃此所稱之證人係指原始證人而言，傳聞證人係原始證人於審判外向其爲陳述之第三人，故不屬之。

三、案例解析

本題甲涉嫌搶奪案件，丙、丁警詢筆錄之證據能力應視情形分別論述：

(一) 通常審判程序：警詢筆錄原則上無證據能力，惟有如下例外：

1. 傳聞證人丙因屬原始證人於審判外向其爲陳述之第三人，故無傳聞法則例外規定之適用，惟依第159條之5之規定，若當事人明示或擬制合意時，例外得爲證據。
2. 原始證人丁之警詢筆錄如具有第159條之2、之3、之5所規定之情形時，亦得作爲證據。

(二) 簡易訴訟制度（簡式、簡易、協商程序）：因排斥傳聞法則，故丙、丁警詢筆錄之傳聞證據皆得爲證據。

注釋資料：同前揭例題23。

例題76

法院若將被告的犯罪自白作為有罪判決的基礎，在訴訟程序上有何限制，請依據刑事訴訟法的規定說明之。

解碼關鍵

採爲判決基礎之證據須經證據能力判斷&合法調查&證明力評價。

擬答

一、嚴格證明之內涵

按於嚴格證明法則之要求下，必具有證據能力之證據資料並經法院合法調查後，使得由法院依自由心證方法評價該證據之證明力而採爲判決基礎。所謂證據能力乃指與待證事實具關聯性之證據資料，且未經法律規定或證據排除法則所排除與禁止，而有提呈於審判庭接受合法調查之資格者。所謂合法調查乃經法院於遵循直接、言詞、公開、集中審理原則，依法定證據方法（被告、證人、鑑定人、勘驗、文書等）與法定調查程序合法調查之證據，再由法院依自由心證原則評價該證據之可信價值。

二、自白之證據能力與合法調查

承上所述，法院欲將被告自白作爲有罪判決之基礎，應符合刑事訴訟法如下之規定：

(一) 證據能力：

1. 刑事訴訟法第98條自白任意性：訊問被告不得有不正方法（強暴、脅迫、利誘、詐欺、疲勞訊問、違法羈押等），否則依第156條第1項無證據能力。
2. 本法第93條之1法定障礙期間訊問禁止、第95條訊問前告知義務踐行（罪名與涉嫌之犯罪事實、緘默權、得選任辯護人、請求調查有利證據）、第100條之3夜間詢問禁止規定（除得被訊問人同意、對夜間拘捕到場者查驗其人有無錯誤、得檢察官或法官同意及急迫情形外，司法警察不得爲夜間詢問；所謂急迫情形應具備重罪原則、緊急性、適合性、必要性）之符合：違反時除得證明違反非出於惡意且被告自白具任意性，否則依本法第158條之2規定排除。
3. 本法第100條之1全程連續錄音或錄影規定之符合：筆錄與錄音或錄影不符者不得爲證據；若無全程連續錄音或錄影，依通說見解則推定該自白不具任意性而無證據能力。
4. 本法第43條筆錄製作規定之符合：筆錄製作應由行詢問以外之人爲之，否則有證據排除法則之適用（依本法第158條之4）。
5. 毒樹果實理論繼續性效力之判斷。

(二) 合法調查：法院對具有證據能力之自白，應依刑事訴訟法第95條至第100條之3之法定程序爲調查。

(三) 證據證明力：法院依自由心證評價自白證據能力時不得違反：

1. 驗法則與論理法則：刑事訴訟法（下稱本法）第155條第1項但書。
2. 自白補強法則：本法第156條第2項。
3. 緘默推斷禁止法則：本法第156條第4項。
4. 憲法平等原則：禁止法官專斷恣意。

注釋資料：例解刑事訴訟法「體系釋義版」第十二章之「證據之概念層次體系表」。

有關被告之緘默權與證人之拒絕證言權，在何種情形之下法院負有告知義務？如有違反其法律效果如何？

解碼關鍵

不自證己罪之告知義務（被告第95條第2款&證人第186條第2項），未踐行則排除自白與供述之證據能力。

擬答

一、告知義務之踐行

按被告本於憲法第8條正當法律程序與第16條訴訟防禦權之保障，其於刑事訴訟之偵查審判程序中均受不自證己罪原則之保障，亦即其有權得不證明自己犯罪，爲落實此項原則之保障，適用範圍自應包括形式被告與實質之被告（如經司法偵查機關本於惡意或非惡意而誤列爲證人之被告），此於形式被告而言即爲緘默權，於實質被告之證人而言即爲刑事訴訟法第181條之拒絕證言權。然因被告（不論形式或實質）輒因不諳法律至不知有不自證己罪權利之存在而未行使，故刑事訴訟法乃課以國家司法機關於訊問被告或證人前應先踐行告知義務，於被告即爲本法第95條第2款，至證人則爲第186條第2項（證人身分關係之拒絕證言權，其告知義務則爲本法第185條第2項）。

二、告知義務之違反

(一) 被告部分

1. 情形：檢事官、司法警察（官）對受拘提、逮捕之被告或犯罪嫌疑人詢問而未告知第95條第2、3款，依第158條之2強制相對排除。至檢事官、司法警察（官）對受拘提、逮捕之被告或犯罪嫌疑人詢問而未告知第95條第1、4款；檢事官、司法警察（官）對未經拘捕之被告或犯罪嫌疑人詢問而未告知第95條第1至4款；法官、檢察官對被告和犯罪嫌疑人（無論是否受拘提逮捕）訊問而未告知第95條第1至4款，有認爲均依第158條之4權衡裁量，亦有認爲既屬供述證據，應類推適用第158條之2。
2. 說明：第95條告知義務應於人別訊問後，事物訊問前爲之。
3. 加重告知之瑕疵治療：司法警察詢問之初未盡告知義務，被告先爲部分自白，倘詢問後盡加重告知義務，則其後被告之繼續自白有證據能力，即詢問程序之瑕疵被治癒（注意：告知前之自白仍依第158條之2第2項不具證據能力）。至加重告知內容，乃除第95條之告知事項，尙對「先前違法詢問將導致證據使用禁止」之法律效果告知被告。
4. 第95條第4款告知規定之意義：積極上請求國家以強制手段蒐集有利證據，包括第163條第1項、第166條第1項、第219條之1、第275條。消極上國家機關不得隱匿或湮滅有利被告之證據，不得教唆證人僞證或不一致陳述，亦不能使被告喪失詰問證人之機會。
5. 被告如放棄緘默權或律師權，仍得隨時恢復其權利，且得隨時終止訊問程序；另偵審人員不得游說被告放棄前揭權利。

(二) 證人部分

1. 刑事訴訟法爲澈底保障實質被告之不自證己罪權利，防免偵查人員對實質被告與證人地位之誤判或惡意規避而影響被告防禦之權利，遂於本法第181條規定「證人恐因陳述致自己……，受刑事追訴或處罰者，得拒絕證言」，並於同法第186條第2項規定「證人有第181條之情形者，應告以得拒絕證言」而爲偵查人員訊問證人前應踐行之告知義務，與本法第95條第2款對被告緘默權之告知義務具相同實益，故若偵審人員有所違反，即屬侵害實質被告之不自證己罪權利。

2. 有無踐行第186條第2項告知義務之法律效果：若檢察官訊問證人時，業已踐行本法第186條第2項之告知義務，因該證人之不自證己罪權未受剝奪，是其所為不利於己之陳述，原則上得為證據，惟該證人另本於正當法律程序應受保障之權利（如受罪名告知、選任辯護人與請求調查有利證據）仍受侵害，故尚應探求檢察官有無蓄意規避本法第95條之告知義務，如為肯定，即有違反正當法律程序，而無證據能力。若檢察官訊問證人時，未為本法第186條第2項規定之告知，則證人不自證己罪之權利顯受侵權，證人於具結擔保與偽證罪刑責之脅迫下，其所為不利於己之陳述即已喪失自由意志而無任意性，審判中應依本法第156條第1項之規定認無證據能力。

注釋資料：楊雲驊，台灣本土法學第99期，頁161-169；林鈺雄，台灣本土法學第93期，頁223以下。

例題78

試比較說明被告之緘默權（刑事訴訟法第95條第2款、第156條第4項）與證人恐因陳述致自己受刑事追訴或處罰而得拒絕證言之權利（刑事訴訟法第181條）兩者有何差異。　（96地特）

解碼關鍵

同上揭例題76。

擬答

一、緘默權與拒絕證言權之差異性

(一) 不自證己罪原則適用於被告之權利即為緘默權行使（第95條第2款、第98條、第156條第1項），適用於證人之權利即為拒絕證言權（第186條第2項、第181條）。同一程序中證人不得僅就一部事實陳述而就部分事實行使拒絕證言權，此於詰問時亦同（第181條之1）；至不同程序，證人雖於先前或其他程序為陳述，於另一程序仍得行使拒絕證言權。被告之不自證己罪可對所有問題概括拒絕答覆，惟證人之不自證己罪需就個別具體問題逐一分別主張，使法官得判斷該問題有無使證人自證己罪之可能性。共同被告原有之被告權利（包括不自證己罪權利），不因第287條之2而受影響，故未分離審判前，共同被告行使者為緘默權；分離審判後，其身分轉換為證人，所行使者則為拒絕證言權。

(二) 前者，公權力訊問機關應依刑事訴訟法第95條第2款為告知，若未踐行告知義務，即有本法第158條之2第2項之證據排除效果；另被告緘默權係可對訊問內容為全面行使，亦可就部分訊問問題為選擇性行使，且行使時無庸另為釋明該受訊問問題與不自證己罪之關係。後者，公權力訊問機關應依本法第186條第2項爲告知，若未踐行告知義務，可能有以詐欺或脅迫之不正方法取得實質被告自白證據之虞，即有本法第156條第1項之證據排除效果；另拒絕證言權之行使，僅得就有第181條與己利害關係部分爲之，不得就全部受訊問題爲全面性行使，且受訊人應釋明該利害關係之存在或以具結代釋明。

二、未告知拒絕證言權於本案被告與證人之訴訟效果

拒絕證言權屬證人不自證己罪之權利，非當事人所得主張之權利，故若違反第181條及第186條第2項，僅將來不得爲追訴審判該證人之不利證據（此無異以具結程序迫使證人爲眞實陳述，違反第156條第1項規定），然仍得爲本案被告之證據。茲就此未告知證人拒絕證言權之法律效果，爲不同見解之介紹：

(一) 實務見解

依照最高法院95年台上第909號判決、95年台上第2426號判決以及96年台上第1943號判決可知，最高法院認爲法官或檢察官未依刑事訴訟法第186條第2項之踐行對證人之告知義務時，因未侵害被告之權利，故不得上訴第三審；該證言證據能力有無之認定，95年台上第909號認爲對被告權利不生影響，應有證據能力，95年台上第2426號及96年台上第1043號判決則認爲應依權衡法則證斷證據能力，但依其內容所載，亦應是認爲無證據能力。96年台上第1043號判決：「其因此所取得之證人供述證據（按即違反第186條第2項應證人拒絕證言權之告知義務而取得證人供述證據），是否具有證據能力，應分別情形以觀：其於被告本人之案件，應認屬因違背法定程序所取得之證據，適用刑事訴訟法第158條之4所定均衡原則爲審酌、判斷其有無證據能力，而非謂純屬證據證明力之問題。」

(二) 學者評析

1. 藉由告知拒絕證言權，以使證人避免陷於自證己罪之危險，以使證人避免陷於自證己罪之危險，其目的固在於保護證人，但不容忽略的是，此一設計亦兼含有促進眞實的目的。因證人會發生「恐因陳述致自己受刑事追訴或處罰者」的情形時，常與被告間有共犯或其他之利害關係，如未告知其可以拒絕證言，而使其誤認爲無不自證己罪之權利，將使其誣陷被告或其他共犯，以卸免己責，如此，不免有嫁禍於其他共同被告或本案被告而爲不利證詞之虞，妨礙發現眞實，因此，此項告知可拒絕證言之義務，不僅在保護證人免於陷於困境以自證己罪，亦同時保護被告。簡言之，此告知義務亦保護被告免於「陷入困境之證人所爲虛僞不實陳述」之不利益。故如我國刑事訴訟法第156條第2項規定共犯之自白不得作爲被告有罪判決之唯一依據。
2. 學者另認爲不應「程序違法得否上訴第三審」與「程序違法所得之證據有無證據能力」相提並論，因提起法律審上訴與證據禁止的目的並非全然不同，法律審上訴之目的在於維護法之一致性與實現個案正義，而證據禁止在於維護人民受憲法保障的權利以及憲法確立之價值秩序，因此，「程序違法與可否上訴法律審」與「程序違法是否導致無證據能力」二者應個別以觀，沒有一致之必然性。亦即該供述仍有證

據能力，惟訴訟程序，依然違法。

有學者主張被告得隨時任意行使緘默權，亦即先爲陳述，嗣再選擇性緘默並無不可；另有認爲被告得隨時中止訊問程序以行使緘默權，但法院對其選擇性陳述得排除證據能力；亦學者認爲法院得自由評價選擇性陳述之證明力。

注釋資料：王兆鵬，新刑訴新思維，頁98以下；同氏著，台灣本土法學第95期，頁68以下。

例題79

公務員甲、乙、丙三人共犯利用職務詐取財物罪，嗣為政風人員查獲。於政風人員調查中，甲自承犯罪，並謂乙、丙亦參與共犯該罪行；乙則否認參與共犯，並謂該罪行係由甲、丙二人所共犯；丙亦否認參與共犯，並謂該罪行係由甲、乙二人所共犯。上開甲、乙、丙於政風人員調查中之供述，是否可為甲、乙、丙犯罪之證據？試申論之。

解碼關鍵

共同被告分離審判，以證人方法調查之；政風人員非司法警察，無傳聞法則供述不能&供述矛盾例外之適用。

擬答

一、共犯之證人適格

按被告或共犯之自白，不得作爲有罪判決定唯一證據，仍應調查其他必要之證據，以察其是否與事實相符；又除法律另有規定者外，不問何人，於他人之案件，有爲證之義務（共犯或共同被告對本案被告之案件即屬他人）；再法院就被告本人之案件調查其他共同被告時，該共同被告準用有關證人之規定，刑事訴訟法第156條第2項、第176條之1及第287條之2分別定有明文。亦即我國刑事訴訟法肯認共同被告或共犯於本案被告刑事訴訟程序中具有證人之適格，大法官會議釋字第582號亦認共同被告於本案被告之審判程序中應依證人之法定證據方法爲調查，始爲適法，惟應先裁定分離審判始可。

二、共犯或共同被告之調查程序

共同被告或共犯於本案被告之審判程序中既居於證人之地位，自適用刑事訴訟法有關證人調查程序之規定，如：應傳喚證人到庭具結陳述，並接受法院之訊問及經當事人之詢問與交互詰問或對質之檢驗，以提高其供述內容之憑信性，是故此際即有傳聞法則之適用。而依本法第159條第1項傳聞法則之規定，除法律有特別規定外，被告以外之人（如證人、鑑定人）於審判外之陳述，因未得藉由具結擔保與受交互詰問檢驗，提高供述內容之憑信性，故於採嚴格證明之通常審判程序中即不具證據能力，而本法第159條之1至第159

條之5即屬上揭之例外特別規定。惟如於自由證明程序（如簡式審判、簡易程序、協商程序、強制處分審查、證據保全審查、起訴審查等程序），因無傳聞法則之適用，傳聞證據仍得爲證據。

三、政風人員之定位

依法務部廉政署組織法第2條規定，本署執行貪瀆或相關犯罪調查職務之人員，其爲薦任職以上人員者，視同刑事訴訟法第229條、第230條之司法警察官；其爲委任職人員者，視同刑事訴訟法第231條之司法警察。又公務員利用職務罪依貪污治罪條例乃屬最輕本刑七年以上重罪，其僅得進行嚴格證明程序之通常審判，故有傳聞法則之適用。綜上所陳，本題甲乙丙於審判外向政風人員所爲之供述，即屬傳聞證據，除非有本法第159條之2供述矛盾、第159條之3供述不能之情形，或經依本法第159條之5有經當事人明示同意或擬制同意之情形外，應不得爲證據。

注釋資料：同前揭例題76。

例題80

甲、乙原是舊識，一日，兩人因細故起衝突，甲憤而隨手拿起在旁之鐵器猛擊乙之頭部，乙應聲倒地，甲乘隙逃逸。乙之子丙獲悉趕至，見伊父昏倒地上乃予扶起並延醫救治，未幾乙甦醒，丙即向之訊問究竟，乙告以經過始末，同時指明係甲所為。翌日，乙因腦出血不治死亡。檢察官以甲逃逸無蹤，乃蒐集有關證據並以丙其人為證據方法之一，認甲有殺人罪嫌，將之提起公訴。法院審理中，丙經傳喚不到，而將乙所告知之前述經過內容以書面提出於該法院。嗣丙因與甲為民事上和解，遂移民他國不歸，甲經法院傳喚則到庭並坦承檢察官之起訴事實無訛在案。問：審理之法院得否以前揭丙之書面陳述內容為甲該犯罪行為認定之依據？試就問題所涉之相關法理詳予說明。

解碼關鍵

傳聞書證具高度虛僞風險，欠缺可信性特別情況保證，不得類推適用本法第159條之3。

擬答

一、被告自白

依本法第156條第1項、第158條之2之規定，被告自白之取得應符合法定訊問程序，且具備任意性與眞實性。又依刑事訴訟法（下稱同法）第156條第2項之規定，自白不得成爲有罪判決之爲一依據，仍應調查其他必要之補強證據，又依大法官釋字第582號解釋見解，補強證據亦須經嚴格證明程序。

二、傳聞證據之證據能力排除與例外

(一) 按證人之觀察、知覺、記憶、表達與眞誠性均具有高度不可靠性，故其供述內容須藉具結擔保與交互詰問檢驗提高其憑信性，證人於審判外之陳述屬傳聞證據，未得藉由具結擔保與交互詰問檢驗降低其虛僞風險，傳聞法則乃謂傳聞證據無證據能力。至傳聞證據之形態包括傳聞書面與傳聞證人。本題甲涉嫌傷害乙，乙經救治甦醒後向丙子告知經過始末，同時指明係甲所爲，翌日即因傷死亡。因原使證人乙於死亡前並非向法官、檢察官或偵查輔助機關所爲陳述，未符本法第159條之1至之3之例外規定，且丙僅爲傳聞證人，縱丙於審判中到庭轉述乙在審判外所爲之陳述，依法原則上無證據能力。

(二) 學者對上開傳聞法則之規定認應有所檢討，宜類推適用既有法理與相關規定，擴大例外承認傳聞陳述之證據能力。實務見解亦有採相同見解者，例外承認類推適用第159條之3規定，認爲「若原供述之人供述不能或傳喚不能或不爲供述爲前提，並以其具有可信性之特別情況，且爲證明犯罪事實之存否所必要者（不可或缺之必要性），依同法第159條之3法理，亦得例外作爲證據，用以兼顧人權保障與眞實發現，並維護司法正義」（最高法院96年度台上字第4064號）。本例原始證人乙雖已死亡，符合前述傳喚不能及證據必要之不可或缺性要件，然因傳聞證人丙於法院審理中經傳喚不到，僅將乙轉述之內容以書面提出於法院，屬傳聞證人之傳聞書面證據，屬高度虛僞不實風險之證據替代品，應認未具可信性特別情況保證，且丙亦未到庭具結擔保陳述並受交互詰問之檢驗，違反嚴格證明程序之合法調查，故不得類推適用第159條之3規定，應認其無證據能力。

注釋資料：王兆鵬，月旦法學教室第69期，頁18-19；大法官釋字第582號。

甲因故一棒同時毆傷乙、丙二人，嗣丙因傷重致死，檢察官相驗後簽分偵辦，乙（非律師）知悉上情後，速向法院自訴甲犯傷害罪嫌，法院應如何處理？另檢察官偵查後，以甲之警詢自白筆錄及相關卷證，起訴甲涉犯傷害致人於死罪嫌，甲於準備程序進行中，抗辯其警詢自白筆錄係遭警刑求所致，受命法官可否於準備程序先行傳喚相關證人調查有無刑求情事，並判斷其警詢自白筆錄有無證據能力？

（97律師）

解碼關鍵

公訴優先原則與自訴不可分性；準備程序得先調查自白取得之合法性，再由合議庭判斷其證據能力。

擬答

一、公訴優先原則與自訴不可分性

(一) 按依刑事訴訟法第323條第1項公訴優先原則與例外之規定，非告訴乃論之罪經檢察官依本法第228條第1項開始偵查時，即不得自訴，惟告訴乃論之罪之被害人仍得例外委任律師為代理人提起自訴。另本法第319條第3項規定，犯罪事實之一部提起自訴者，他部雖不得提起自訴亦以得提起自訴論（即全部得自訴）。但不得提起自訴部分係較重之罪者，不在此限（即全部不得自訴）。此為學理上所稱之自訴不可分性。

(二) 本例甲一棒毆傷乙並致丙死亡，為想像競合犯，不論依傳統實體法說近來學者通說之事理緊密關聯性說，均屬單一案件而有不可分性（含自訴不可分）。另依前揭說明，甲對乙之傷害罪屬告訴乃論之罪，檢察官簽分偵辦後仍得自訴，至甲對丙之傷害致死罪屬非告訴乃論之罪，檢察官偵查後即不得自訴；此時該案件一部得自訴，一部不得自訴，因不得自訴部分係較重之罪，故全部均不得自訴，且乙復未依本法第319條第2項委任律師提起自訴，則法院應依本法第334條為不受理判決。

二、自白證據能力之調查與判斷

嚴格證明法則係以證據資料具證據能力並經法院依法定證據方法與程序之合法調查後，始得由法院在不違反經驗法則與論理法則下，本於確信依自由心證評價該證據之證明力。至證據能力之有無，依本法第156條第3項（被告陳述其自白出於不正方法者，應先於其他事證而為調查）、第273條第1項第4款與第2項（準備程序得調查證據能力，經合議庭判斷無證據能力者不得於審判期日主張之）之規定與實務暨通說見解，審判中證據之證據能力得先於準備程序由受命法官調查，再於審理期日由合議庭判斷之，亦即準備程序不得就證據之實質內容調查，亦不得先行判斷證據之證據能力，避免架空合議庭之審判權力並違反直接審理主義，然受命法官得先行傳喚證人以調查證據之形式合法性（即證據能力）。

注釋資料：黃朝義，刑事訴訟法證據篇，頁211以下；陳運財，月旦法學第113期，頁45。

某甲涉嫌共同殺人，經檢察官提起公訴。一審法院以檢察官起訴所附之證據（共犯某乙於檢察官偵訊時未經具結之陳述、兇刀、現場錄影光碟、目擊證人之警詢、偵訊筆錄等證據）判處某甲有期徒刑十五年。某甲以量刑過重為由提起上訴。二審法院認為案情明確，且無其他應調查之證據，乃於審判期日詢問某甲及檢察官對起訴書與一審判決書中所引用之證據資料有無意見。雙方當事人皆表示無意見，審判長遂命書記官於審判筆錄一一載明已經依法調查該些證據。試問：共犯某乙於檢察官偵訊時未經具結之陳述，其證據能力為何？就我國上訴審訴訟構造之觀點而論，請詳附理由說明某甲之上訴及二審之審判程序是否合法？得否為上訴第三審之理由？

（97律師）

解碼關鍵

未經具結之檢訊筆錄，通說&近期實務肯定有證據能力；第二審上訴理由應具體明確且採覆審制，原則上應為嚴格證明之調查。

擬答

一、未經具結之證人檢訊筆錄

關於未經具結之證人檢訊筆錄，其證據能力如何，學者有認為本於司法警察（官）之詢問筆錄無庸具結即得藉由本法第159條之2或第159條之3傳聞法則之例外規定有證據能力，則較具可信性情況保證之檢察官訊問筆錄反需經具結始得適用第159條之1例外規定，顯然比例輕重失衡。至實務見解則分歧異常：最高法院96年度台上字第3527號、97年度台上字第483號、97年度台上字第3033號判決認為，本法第158條之3規定：「證人、鑑定人依法應具結而未具結者，其證言或鑑定意見，不得作為證據。」係指檢察官或法官以證人身分傳喚被告以外之人到庭作證，或雖非以證人身分傳喚到庭，而於訊問調查過程中，轉換為證人身分為調查時，此時其等供述之身分為證人，則自應命證人供前或供後具結，其陳述始符合第158條之3之規定，而有證據能力。若非以證人身分傳喚，而以告訴人、共犯、共同被告等身分傳喚，其身分既非證人，即與「依法應具結」之要件不合，縱未命其具結，純屬檢察官或法官調查證據職權之適法行使，當無違法可言，不能因陳述人未經具結，即一律適用本法第158條之3規定，排除其證據能力，惟就審判中被告之案件而言，仍屬傳聞證據，應受第159條第1項規定之拘束，原則上無證據能力。惟此見解未將共犯視為實質證人，是否違背法定證據方法之合法調查規定及有無影響共犯供述之可信性情況保證（共犯誣陷被告以求卸責之不實風險，遠較一般證人為高），顯待商榷。另最高法院94年度台上字第913號、94年度台上字5651號判決本於大法官釋字第582號解釋之精神，認為被告以外之人，不論告訴人、共犯或共同被告，偵查中向檢察官之陳述，須經具結，並予被告有詰問之機會，始有證據能力。

二、第二審上訴理由書

依刑事訴訟法第361條規定，不服地方法院之第一審判決而上訴者，應向管轄第二審之高等法院為之。上訴書狀應敘述具體理由。上訴書狀未敘述上訴理由者，應於上訴期間屆滿後二十日內補提理由書於原審法院。逾期未補提者，原審法院應定期間先命補正。另依立法理由說明，第二審上訴書狀必須具備理由，為上訴必備之程式，上訴書狀未記載理由者不宜逕生影響上訴權益之效果，故仍應予上訴期間屆滿後二十日內之補提期間，逾期未補提者，再由原審法院定期補正。又上訴人雖已逾法院裁定命補正期間，並不當然發生失權效果，在法院尚未據以為裁判前，仍得提出理由書狀以為補正，乃屬當然。據此，若上訴人逾補提期間（本法第361條第3項前段），復未遵守原審裁定定期補正（同條項後段），但僅需在原審法院尚未為駁回裁定前，補提上訴理由書者，仍補提仍屬有效，原審法院不得依本法第362條規定以上訴不合法律上之程式裁定駁回上訴。實務見解則認爲，必係依據卷內既有訴訟資料或提出新事證，指摘或表明第一審判決有何採證認事、用法或量刑等足以影響判決本旨之不當或違法，而構成應予撤銷之具體事由，始克當之；倘僅泛言原判決認定事實錯誤、違背法令、量刑失之過重或輕縱，而未依上揭意旨指出具體事由，或形式上雖已指出具體事由，該事由縱使屬實，亦不足以認爲原判決有何不當或違法者，皆難謂係具體理由，俾與第二審上訴制度旨在請求第二審法院撤銷、變更第一審不當或違法之判決，以實現個案救濟之立法目的相契合（最高法院97年度台上字第2357號判決參照）。本題被告僅泛言量刑過重爲上訴理由，難認爲已說明具體事由，故應屬上訴程式不合法，第二審法院逕爲實體有無理由之審理判斷，顯於法未合。

三、第二審調查證據程序之合法性

刑事訴訟第二審係採覆審制，上訴審法院應就上訴部分爲調查，包含於原審已提出調查之證據與當事人另提出之新證據，且此項證據調查應符合嚴格證明之直接審理主義，將原始證據提出於審判庭供調查與檢驗，倘係未經合法調查之證據，依本法第155條之規定不得作爲判斷之依據。本題第二審法院認爲案情明確，且無其他應調查之證據，乃於審判期日詢問某甲及檢察官對起訴書與一審判決書中所引用之證據資料有無意見。雙方當事人皆表示無意見，審判長遂命書記官於審判筆錄一一載明已經依法調查該些證據，即違反嚴格證明之合法調查，所爲判決顯屬本法第378條判決不適用法則或適用不當、第379條第10款應於審判期日調查之證據而未予調查及第14款判決不載理由之違背法令，自得爲上訴第三審之理由。

注釋資料：陳運財，月旦法學教室第49期，頁20-21；王兆鵬，刑事救濟程序之新思維，頁11-39。

例題83

甲因涉嫌對丙女強制性交，經友人勸說後乃向警局自首投案，警員乙對甲進行詢問並自行作成自白筆錄後，為蒐集其他證據，遂在甲拒絕下仍強採甲之毛髮送交刑事局與丙女受害後所採集之毛髮，進行比對，經化驗結果證實甲毛髮之DNA與採自丙之部分毛髮之DNA相符。試問法院得否以此為甲自白之補強證據，而為甲有罪判決之諭知？

解碼關鍵

司法警察強制取證權之要件；違法取證之權衡裁量；自白補強證據之適用要件。

擬答

一、司法警察之鑑定處分

按任何對人民基本權利形成干預或限制而具強制性質之處分，均應有法律依據，俾使其實施主體於發動實施所應具備之條件、受處分客體及其救濟途徑均有明確規範，以符法治國原則下法律保留之要求，而對人民毛髮之採集，因係對人民身體權之干預侵犯，自屬前述強制處分之一種，故刑事訴訟法第205條之2乃明定：「檢察事務官、司法警察官或司法警察因調查犯罪情形及蒐集證據之必要，對於經拘提或逮捕到案之犯罪嫌疑人或被告，得違反犯罪嫌疑人或被告之意思，採取其指紋、掌紋、腳印，予以照相、測量身高或類似之行爲；有相當理由認爲採取毛髮、唾液、尿液、聲調或吐氣得作爲犯罪之證據時，並得採取之。」亦即倘司法警察欲違反犯罪嫌疑人之意思而採取其毛髮，應具備如下要件：(一)因調查犯罪情形及蒐集證據之必要；(二)須該犯罪嫌疑人係經拘捕者；(三)有相當理由認爲採取之毛髮得作爲證據。基此，本題司法警察對自首投案之犯罪嫌疑人甲強行採取毛髮之處分即不合法。

（注意：惟應注意者，學者認本條規定就發動實施之令狀審查、受處分相對人之救濟途徑等均付諸闕如，故亦違反實質法律保留原則。）

二、詢問筆錄之製作程序

以依同法第43條之1第2項規定，司法警察對犯罪嫌疑人行詢問時，除有情況急迫或事實上之原因不能者，應由行詢問以外之人製作筆錄，是故本題司法警察乙對犯罪嫌疑人甲行詢問時並逕自製作筆錄亦非適法。

三、證據排除法則

末按關於證據排除理論向有強制排除與權衡裁量之不同立法例，強制排除理論係以法律明確規範違反特定情事取得之證據即強行排除，此等強制排除後區分爲絕對排除與相對排除，前者如同法第156條第1項，其不容許任何例外，一經違反概予禁止使用，後者則於符合但書規定之特定條件下，方許違法取得之證據得爲證據，如本法第158條之2，惟仍與權衡裁量理論不同，蓋權衡裁量乃完全委諸法官之主觀判斷爲違法證據之取捨，如本法第158條之4所定：「除法律另有規定外，實施刑事訴訟程序之公務員因違背法定程序取得之證據，其有無證據能力之認定，應審酌人權保障及公共利益之均衡維護。」即屬之。本題實施刑事訴訟程序之司法警察違背法定程序所取得之前揭證據，非屬本法強制排除規定之範疇，故應由法院審酌人權保障及公共利益之均衡維護以裁量是否具證據能力，倘爲肯定時則得依本法第156條第2項之規定，爲被告自白之補強證據。

四、結論

承上所述，甲於警局之自白及DNA採集並不合法，均屬本法第158條之4所規定之權衡裁量範疇。故DNA鑑定證據得否爲甲自白之補強，需視法院權衡裁量結果而定。

注釋資料：同前揭例題69；黃朝義，刑事訴訟法，頁527。

例題84

被告或犯罪嫌疑人之自白，於哪些情形下，無證據能力？

解碼關鍵

自白違法取證之態樣&毒樹果實理論。

擬答

一、證據能力

按任何提呈於法院之證據資料均須與待證事實具關聯性，且未經證據排除法則排除或禁止者，亦即具證據能力之證據資料始得提出於法庭接受合法調查，此觀諸刑事訴訟法（下稱本法）第155條第2項及大法官會議釋字第582號解釋自明，被告自白依本法第156條第2項規定既得爲法院認定事實之證據，依前揭說明，自當先具備證據能力始得於審判期日提出。

二、證據排除法則與被告自白

次按證據排除法則於自白證據能力之認定，可概分爲自白之違法取證與毒樹果實理論，茲分述分下：

(一) 自白之違法取證

1. 被告之自白，出於強暴、脅迫、利誘、詐欺、疲勞訊問、違法羈押或其他不正之方法，不得爲證據，即無證據能力（本法第156條第1項反面）。
2. 違背本法第93條之1第2項法定障礙期間不得訊問之規定，第100條之3第1項夜間不得詢問之規定，檢察事務官或司法警察（官）詢問受拘提逮捕之被告或犯罪嫌疑人，未盡本法第95條第2款或第3款之告知義務，此等取得之被告自白亦無證據能力（本法第158條之2）。
3. 檢察事務官、司法警察（官）詢問未經拘提逮捕之被告或犯罪嫌疑人，或法官、檢察官訊問被告，未盡本法第95條所列各款之告知義務，亦得認定該自白無證據能力（本法第158條之4）。
4. 訊問（詢問）被告筆錄所記載之被告陳述與錄音或錄影之內容不符者，除有特別規定外，其不符部分之自白亦無證據能力（本法第100條之1第2項）。此外，如係該自白筆錄完全未經錄音或錄影者，通說見解認爲除檢察官得舉證證明該被告自白出於自由意志外，應推定該自白不具任意性而無證據能力。

(二) 毒樹果實理論

1. 繼續性效力：被告於警詢中因受不正方法而爲非任意性自白，則其嗣於檢察官偵訊中之自白，縱未經施以不正方法，惟因此際被告已受前揭不正方法繼續作用之影響，毒樹果實理論乃認該偵訊自白已無任意性而不具證據能力。

2. 放射性效力：學者有認若被告係經違法拘捕，則其到案後所爲之自白，係自該違法拘捕所衍生之證據，本於毒樹果實放射性效力，該自白縱無不正方法之存在，亦無證據能力。

注釋資料：同前揭例題7。

例題85

第一審法院審判甲搶奪乙財物之案件，採納被害證人乙及目擊證人丙之不利證詞，做為被告甲有罪判決之依據，法院雖皆於訊問前依法踐行證人具結程序，但系爭證詞皆未經被告甲對質、詰問。

(一)設若審判期日，法院因被告甲之聲請而傳喚乙到庭作證，惟證人乙既未到庭亦未陳明未到庭之理由。法院並未拘提乙，即以經傳喚不到為由，逕行朗讀乙於警詢時之筆錄，作為裁判之依據。試說明法院踐行程序有無違誤？此外，設若甲並未聲請調查證人乙，試問情形有無或有何不同？

(二)設若目擊證人丙因舉家移民，有於審判期日不能到場之正當理由，法院遂於準備期日傳喚丙出庭作證，惟漏未傳喚被告甲到場，甲因而未能質問丙。事後，法院於審判期日朗讀證人丙於準備期日之訊問筆錄，並予被告甲答辯之機會，甲雖爭執丙證人未經其依法質問，但法院仍將丙證詞採為裁判之基礎。是附具理由說明法院踐行程序有無違誤？此外，設若本案未能質問之理由，乃因甲於起訴後即逃亡，及至審判期日始經通緝到案、到庭，試問情形有何或有無不同？

(98台大法研)

解碼關鍵

法官例外於準備程序訊問證人，仍應予被告對質詰問權之保障，但被告得放棄行使。

擬答

一、對質詰問權

按被告對證人之對質詰問權，爲憲法保障被告之訴訟防禦權，亦爲法院審判時所應踐行之正當法律程序，大法官釋字第582號解釋即認此權利不容法院任意剝奪侵害。亦惟有賦予被告對證人、鑑定人之對質詰問權，方得使被告檢驗不利於己之供述證據，並爲己進行訴訟防禦與事實及法律之辯護，此於人權保障與實體眞實之發現，均有重要作用。是以通說見解均認爲，事實審法院至少應賦予被告對特定證人之一次性對質詰問權，然若已予被告相當之對質詰問機會，而爲被告捨棄未行使，則法院之證據調查與審判程序即無違法可言。通常審判程序適用傳聞法則，證人於審判外向司法警察之陳述乃屬傳聞證據，除有刑事訴訟法第159條之3供述不能、第159條之2供述矛盾或第159條之5當事人合意之情形外，即無證據能力。且縱有前揭供述矛盾之情形，亦應予被告詰問證人之機會始可。本例法院傳喚證人未到，即朗讀筆錄而採爲判決基礎之證據，違反傳聞法則之證據能力判斷，且屬間接審理之違法調查，自不合法。

二、嚴格證明之審理

證據能力之判斷，乃法院應依職權爲之，且任何採爲判決基礎之證據，均應先認定有無證據能力，同時經過嚴格證明（直接、言詞、公開、集中）之合法調查，始足當之，故縱本例被告未聲請調查證人乙，法院仍應本於本法第163條第2項之規定依職權爲之。故本例法院之程序仍不合法。另如就當事人主義之精神而言，雖法院應持超然中立不介入證據調查之立場，若當事人未聲請調查之證據，法院即不得依職權傳喚調查，惟此須有國選辯護制度之配合，蓋被告多屬不諳法律與訴訟程序，防禦能力亦屬薄弱，故如無該制度配合，被告亦未選任辯護人時，自不得以被告未聲請調查證據而據以爲有罪判決基礎。

三、證人審判期日前之供述

刑事訴訟法第276條第1項規定，預料證人不能於審判期日到場者，得於審判期日前訊問之。通說見解認爲，法院如遇有前揭本法第276條第1項之情形，而於準備程序訊問證人時，應同時傳喚被告與其辯護人到場，賦予詰問對質之機會，否則仍屬剝奪被告之正當法律程序之權利與訴訟防禦權，該供述即無證據能力，蓋本法第159條之1第1項證人於審判外向法官之供述，仍以賦予被告對質詰問權爲要件。

四、對質詰問權之放棄

學者認爲質問權保障的是「適當機會」，而非現實上的行使。亦即，關鍵在於應賦予被告對不利證人行使對等提問與要求回答的「可能性」，若已賦予被告質問機會而被告卻不行使者（尤其是主動放棄質問），也不會違反質問權的要求。又如被告因可歸責於己之事由（逃亡）不到場而未爲對質詰問，嗣後通緝到案時，證人已屬供述不能時，法院自得依本法第159條之1第1項、第276條第1項，認定證人丙之供述有證據能力，其程序即屬合法。

注釋資料：楊雲驊，台灣法學第120期，頁82以下；林鈺雄，台灣法學第119期，頁95以下。

例題86

甲因涉嫌瀆職罪，於偵查中，甲原本拒絕為任何陳述，但因為證人丙之陳述，不利於甲，甲考慮到自己家人的利益，而為自白，檢察官即起訴甲。

(一)法院於審理中，如何對於被告甲之自白，為調查證據？

(二)如被告甲於審判中反悔，在法庭上不為陳述，則承審法官得否以甲在偵查中之自白筆錄，作為判處甲有罪之證據？

(三)法院調查甲的自白「任意性」，認為在偵查中甲之陳述有任意性，得為證據，試由證據法觀點，探討此種自白證據之問題。
(四)自由證明與嚴格證明之不同處何在？
(五)有關構成要件該當性、違法性、有責性、文書、被告自白的證明，應採自由證明或嚴格證明，試論述之。　(98台大法研)

解碼關鍵

犯罪成立要件與判決基礎之證據均採嚴格證明之調查（直接、言詞、公開、集中）；自白不適用傳聞法則。

擬答

一、不正方法之調查

刑事訴訟法第156條第3項規定，被告抗辯其自白係出於不正之方法，應先於其他事證而爲調查。該自白如係經檢察官提出者，法院應命檢察官就自白之出於自由意志，指出證明方法。故本例法院應先就有無不正方法先爲調查，並命檢察官負舉證責任，如經調查後認有證據能力，則於審判期日調查其他事實證據完畢後，始對該任意性自白內容之眞實性爲調查（刑事訴訟法第156條、第161條之3）。

二、緘默權之放棄與行使

被告本於憲法第8條正當法律程序與第16條訴訟防禦權之理念，於刑事偵審程序中均受不證己罪原則之保障，故得隨時行使其緘默權，且不因曾於先前程序放棄緘默權並爲自白而喪失。惟如其先前所爲自白係出於自由意志而具任意性，因具證據能力，法院仍得採爲有罪判決之基礎，僅不得爲有罪判決唯一之證據而已（本法第156條第2項）。應注意者，被告審判外自白與傳聞法則無涉。

三、被告自白之證據能力

偵查中自白乃檢察官於不公開之訊問，並基於與被告對立立場及上對下不平等之地位所取得，脅迫與詐欺之不正手段最爲常見，如本例，倘檢察官以暗示性的牽連被告家人（列爲共犯）方式爲訊問，絕大多數被告因顧及家人利益，放棄緘默權而配合檢方供述，故此等自白之任意性實屬持疑。

四、自由證明與嚴格證明

(一) 所謂嚴格證明程序乃法院採行直接、言詞、公開、集中審理原則，並適用傳聞法則，依法定證據方法（被告、證人、鑑定人、勘驗、文書、影音）與法定調查程序爲合法調查。

1. 直接審理主義：強調證據調查之直接性與證據內容之原始性，亦即應使調查證據之法院與兩造當事人均得直接檢驗原始證據，以確保證據之眞實性與審判結果之正確性，並保障被告之訴訟防禦權（如對質詰問權）。

2. 公開審理原則：藉由不特定人得自由旁聽之公開審判，得以對審判法官形成監督制衡，確保其踐行合法公正之審判程序，避免其專斷濫權。

3. 集中審理原則：促使法院持續不間斷地進行證據調查、言詞辯論等審判程序，以期法院對任何採爲判決基礎之證據皆得保有明確深刻之心證印象，達成實體眞實發現之目的，故若兩次審判期日相隔逾十五日以上，即應更新審理。

4. 言詞審理原則：惟以言詞進行刑事訴訟之審理，兩造當事人方有就事實法律爲辯論與陳述意見之機會，被告之訴訟防禦權亦方得落實，此爲憲法聽審權之表徵，故除有特別規定外，應行兩造辯論方始得爲判決。

(二) 自由證明程序乃法院採間接審理原則，排斥傳聞法則，容許衍生性證據（如傳聞證據），且可採書面審理方式爲之。

(三) 本例屬重罪案件，應採通常審判程序，故其構成要件該當性、違法性、有責性乃屬犯罪成立要件，屬於實體審理判斷之範圍，另文書與被告自白均屬判決基礎之證據，故均應採嚴格證明程序調查之。又其中之文書證據部分，如符合例外規定情形，則容許以衍生性、替代性文書，例如犯罪現場勘驗筆錄、符合傳聞法則相關規定之供述筆錄（不適用傳聞法則或傳聞法則之例外）、預料證人審判期日不能出庭之期前訊問筆錄等。

注釋資料：例解刑事訴訟法「體系釋義版」第十二章之焦點「嚴格證明與自由證明之範圍」。

例題87

甲因持有毒品遭警緝獲。偵查中檢察官訊問甲：「你身上的毒品是向誰買的？」，甲答稱：「向乙購買！」，但當時乙不在場，未有機會詰問甲。後乙遭檢方起訴。試回答下列問題：

(一) 一審法院傳甲出庭具結作證，但甲卻改口證稱：「是向綽號阿狗者購買毒品！我不認識乙。」法院問乙對甲在偵查中之陳述有無意見，要否詰問甲？乙回答：「不用了！」後法院認為甲在偵查中「向乙購買！」之陳述較為可信，作為認定乙有罪之證據。是否合法？

(二) 一審法院傳甲出庭具結作證如上，卻未給乙詰問甲之機會，後一審法院判決被告乙有罪。上訴至二審，乙聲請傳喚甲出庭作證，未料甲棄保逃亡，遍尋無人。二審法院認為乙之聲請屬調查不能，並維持原一審認定乙有罪之判決，是否合法？（98政大法研）

解碼關鍵

傳聞法則例外之可信性情況保證；對質詰問權之一次性保障&供述不能。

擬答

一、對質詰問權之保障

按被告本於憲法第8條正當法律程序與第16條之訴訟防禦權，其於刑事審判程序應受嚴格證明法則之保障，此項保障包含大法官會議釋字第582號所稱之對質詰問權，而亦惟有賦予被告對證人、鑑定人之對質詰問權，方得使被告檢驗不利於己之供述證據，並爲己進行訴訟防禦與事實及法律之辯護，此於人權保障與實體眞實之發現，均有重要作用。是以通說見解均認爲，事實審法院至少應賦予被告對特定證人之一次性對質詰問權，然若已予被告相當之對質詰問機會，而爲被告捨棄未行使，則法院之證據調查與審判程序即無違法可言。

二、學說見解

(一) 學者認爲質問權保障的是「適當機會」，而非現實上的行使。亦即，關鍵在於應賦予被告對不利證人行使對等提問與要求回答的「可能性」，若已賦予被告質問機會而被告卻不行使者（尤其是主動放棄質問），也不會違反質問權的要求。

(二) 面對面質問，以保障被告的「在場權」爲前提，在場又以事先「通知」到場爲必要。因此，在未通知被告或其辯護人到場情形，除了已經實際到場且能有效辯護的瑕疵治癒（Heilung）情形，當然構成對質問權的違法侵害。又既然面對面是質問權的保障內涵，反過來說，只保障被告（或其辯護人）「提問」但卻沒有「面對面」提問的程序踐行，皆是對質問權的「限制」；既然是限制，就要進而討論有無限制的「正當化事由」，也就是是否構成限制質問權的容許「例外」。

三、實務見解

自近年來最高法院之見解，可得如下結論：

(一) 最高法院已經逐漸掌握質問核心內涵的精義。尤其是至少賦予被告和不利證人「一次」「面對面」質問「機會」的保障，包含事先通知、同時在場等附隨內涵。

(二) 最高法院判決審查下級審程序合法性時，著重的都是「實質上」質問權是否被保障，而非「形式上」是否屬於傳聞證據及有無傳聞例外。此觀點，甚至於貫穿新法第159條以下增修前後，也跨連釋字第582號解釋公布前與公布後。

(三) 承上所述，上開判決在審查質問權是否受侵害時，係以「訴訟作爲一個整體」的觀察角度來審查，而非以傳統的以「審級爲單位」的基準來審查。

四、本例解析

(一) 刑事訴訟法第159條之1第2項之傳聞法則例外規定（證人於審判外向檢察官所爲之陳述），實務與通說見解認爲，除應具備可信性情況保障外，尙應予被告於審判中就該偵查中陳述有詰問證人之機會，或有證人於審判中供述不能之情形，始得認有證據能力。

(二) 本例第一審法院於證人甲偵審供述矛盾之情形下，已賦予被告乙詰問證人甲之機會，則該甲於審判外之傳聞供述，在具備可信性情況保障下，自得有證據能力。同理，原審已賦予被告乙詰問之機會，上訴審再行傳喚證人時，亦有供述不能之情形，揆諸前開見解，上訴審法院亦得將證人甲於偵查中之供述採爲證據，而爲有罪判決之基礎，但應考量共犯自白補強法則。

注釋資料：林鈺雄，月旦法學第143期，頁10以下。

甲到銀行要提款100萬匯給乙，銀行行員警覺有異而阻止甲，並向警察報案。警察未經訊問甲乙，隨即通報銀行將乙帳户列為警示帳户。乙因而無法將該帳户內存款匯款出來，他人也無法匯款進該帳户。乙向銀行查詢，始知其帳户被凍結。乙向銀行異議，經銀行向警察通報，警察查證後始發現是甲誤會，乙並無詐騙等犯行，乙之警示帳户始獲解除，但乙已蒙受重大營業損失。後檢察官懷疑乙洗錢，傳訊乙到庭訊問，並當庭要求乙為示清白，應簽署同意書，讓檢察官可以藉此查詢乙於國外某銀行之帳户資料。乙被迫同意配合，檢察官因而取得該帳户資料。最後乙被起訴，該帳户資料也成為乙有罪判決之依據。乙被起訴後，準備程序期日原由A審判庭審理，不知何故，審判期日改由B審判庭審理，乙之辯護人雖提出異議，B審判庭仍繼續審理並判決乙有罪。試評釋上述程序之合法性。 （98政大法研）

解碼關鍵

毒樹果實放射性效力；準備程序更易法官，原則不用更新審判。

擬答

一、凍結銀行帳戶之合法性

司法警察因銀行之通報而將乙之帳戶列爲警示帳戶，可認其係有合理懷疑，且爲保護一般民眾（包含甲）免受詐騙之財產損失與金融交易安全之措施，故尙無違法，且若先行訊問甲、乙，恐有遺誤偵查時效並使犯罪行爲人警覺而湮滅證物或逃亡之虞。當然，若警察機關於僅訊問甲又不致使犯罪嫌疑人警覺而湮滅罪證或逃亡時，警方仍宜先詢問甲以釐清眞相，如此更可保障乙之權利，減少其財產之不必要損失。

二、簽署同意書之合法性

按爲澈底杜絕偵查機關以不正方法施加於被告，違反其自由意志以取得非任意性自白，毒樹果實理論之放射性效力乃稱：被告於偵訊中因受不正方法而爲非任意性自白，偵查機關嗣再由該自白內容所顯示之線索，依循合法手段取得該證據，該證據乃衍生自不正方法之非任意性自白，故原則上應認無證據能力。本例乙受檢察官所迫而簽署同意書，使檢方得調取資料並據以爲有罪證據而起訴，此應有毒樹果實理論放射性效力之適用。蓋乙受脅迫而簽署即非出於自由意志之任意性，檢察官取得該簽署之同意書顯不合法，本於該不合法之同意書而取得對乙不利之有罪證據，即係違法取證手段之衍生物證，若無必然發現或獨立來源之例外，該外國銀行之帳戶資料即不得為證據。

三、法官未更易之合法性

依刑事訴訟法第292條之規定，審判期日之法官有更易時，應更新審判，若係準備程序法官之更換，即無更新審判之必要。按更新審判之目的，在貫徹嚴格證明之直接、言詞審理主義，並使為判決之法官始終參與審理，直接接觸原始證據並親聞兩造當事人之辯論與證人之陳述。故雖本法為如上之規定，惟若個案之準備程序之法官依本法第276條第1項（預料證人不能於審判期日到場）而為審判期前訊問或其他實體證據之調查，或於準備程序為證據能力之取捨判斷，因均直接影響犯罪事實之判斷與法官之心證暨當事人之訴訟權，此時仍應更新審判，以符合嚴格證明程序之要求，並保障當事人，尤指被告之訴訟防禦權與正當法律程序之權利。

注釋資料：同上前揭例題47。

例題89

警察甲調查一起幫派販毒案，只知乙可能涉案，並無其他線索。某日甲看到乙與一不知名的高中男生交談，並交給他一個小型包裹。甲靈機一動，依據校服的樣式，以學生家長身分，打電話向該所高中匿名密告該校有男學生在校園內販毒。該校訓導主任丁遂於升旗時檢查大約十多個訓導處平日已在注意之男學生的書包、抽屜與置物櫃，在丙的書包中發現一個密封包裹，打開後發現裡頭有搖頭丸等毒品，在另一名學生戊的上鎖置物櫃內發現一把改造手槍。丙並在丁的質問下，供出毒品由乙提供。假設乙、丙、戊均滿十八歲，丁所獲得之毒品與槍，日後是否能作為三人之有罪判決的基礎？（98律師）

解碼關鍵

私人違法取證如未使用強暴脅迫方法，原則上得為證據。

擬答

關於私人違法取證之證據能力判斷，通說認為不適用證據排除法則，蓋此僅限於國家公權力之強制取證，至私人違法取證之證據能力如何認定，則有不同見解：

一、有證據能力說

學者有主張因私人多採秘密取證方式，被告乃處於不知且自由意志狀態，任意性未被侵奪，亦無誘發虛偽陳述之危險，故除非私人係使用強暴或脅迫方式致被取證對象喪失自由意志，有違大法官釋字第384號解釋所指之實質正當法律程序保障和基本人權暨法律核心價值，或者其方法已違背社會良心或有誘發虛僞陳述之危險，應類推刑事訴訟法第156條第1項之規定認無證據能力，否則如以違法之和平手段取證時，均應承認其證據能力。亦即以私人違法取證手段之態樣爲區分，凡以竊錄、竊聽等和平手段爲之者，有證據能力；若以利誘、詐欺方式取證，因無公權力介入，且未使用強制力侵害被告人身自由，被告若未犯罪，縱私人以不實方法詢問，被告亦不會承認，經驗法則上並無誘發陳述之風險，故亦有證據能力；但如以強暴、脅迫之方式爲之，承上說明之理由，即應排除該證據。又若配偶違法私錄取得通姦證據，雖因此違反刑法第315條之1妨害秘密罪，且其法定刑較同法第239條通姦罪爲重，然無須考量比例原則，亦即仍應認該私人違法取得之證據得爲證據。

二、權衡裁量說

學者陳運財教授則認爲：私人違法取證固無證據排除法則之適用，惟法院基於維護司法正潔性之觀點，審酌違法情節、違法手段與證據取得之關聯性、案件之重大性、使用證據之必要性，及提出於法庭調查是否會另行侵害關係人之隱私權益等因素爲權衡，認有違反審判之公正者，得裁量排除私人不法取得之證據。

三、實體法判斷說

學者另有認爲，私人違法取證無國家公權力介入，且無普遍性，何況有甚多法律機制得制裁遏止私人之非法行爲，例如受違法取證之被害人得請求民事侵權損害賠償，或請求刑事追訴，無須藉助證據排除法則之救濟方式，即可達到嚇阻效果。如此就刑事被告而言，證據仍得使用，有罪者不致逍遙法外；就非法取證之人而言，被告得請求民事或刑事訴追，使違法取證者受應有之制裁。應注意者，倘若立法者對該違法取證手段業具排除不得於審判使用之意思，即應排除其證據能力，如徵信社對通姦活動或談話或之錄影或錄音，依刑法第315條之2第3項、第315條之3、通訊保障及監察法第25、19、26條規定之立法理由與法律解釋，應排除該錄影帶或錄音帶之證據能力。此外，基於隱私與秘密之合理期待，雇主於客廳或主臥房裝設監視系統係屬合法蒐證行爲，惟若於傭人房間未經同意而密設，則屬違法取證。

四、結論

本例丁未使用強暴脅迫之不正方法，故未導致被取證人之自由意志受壓抑，該證據之內容無虛僞風險，且其取證方式於刑法上亦無處罰之規定，故取得之毒品與手槍應有證據能力。

注釋資料：林鈺雄，刑事訴訟法（上），頁536；吳巡龍，刑事訴訟與證據法實務，頁96-115。

例題90

甲涉嫌殺人而被警方合法逮捕。警察A認為本案一定有共犯，不過，甲堅稱係其一人所為。A未經甲同意即察看甲被扣押之手機內簡訊，發現甲乙於案發前曾有多封以密語傳送之簡訊。A認乙有犯罪嫌疑，即趕到乙住處，要乙到警局說明，乙未置可否，即隨A到警局。A為怕打草驚蛇，以關係人身分詢問乙並記明筆錄，乙即陳述對其自身不利之事實。其後，A將甲乙以殺人罪移送地檢署偵辦。檢察官S依刑事訴訟法第95條為權利告知後訊問乙，並提示乙於警局之筆錄，乙因而自白與甲共犯殺人。隨後甲乙以殺人罪共同被告被提起公訴。試回答下列問題：

(一)法官能否採用乙於警局之陳述作為乙有罪判決之證據？

(二)法官能否採用乙對檢察官之自白作為乙有罪判決之證據？ (98律師)

解碼關鍵

惡意錯置證人與被告地位且未踐行拒證權之告知，取得之陳述即不得爲證據；一般性告知未能洗淨不正方法之毒素。

擬答

一、不自證己罪原則之違反

(一) 被告本於憲法第8條實質正當法律程序與第16條訴訟防禦權之保障，於偵審機關訊問前應受刑事訴訟法第95條之告知，包括犯罪嫌疑與罪名，使其能爲充分之事實與法律防禦，並得行使不自證己罪之緘默權，選任辯護人在場協助及請求調查有利於己之證據。此於證人或關係人則否，蓋證人除法律另有規定外，有作證以協助發現實體眞相之義務（本法第176條之1），且其非被告，自無尋求辯護人辯護與請求調查有利證據之必要。由於被告與證人（或關係人）於刑事訴訟程序上之權利有前揭異同，是以，確認進入刑事訴訟程序者究居於被告抑或證人地位即具重要實益，尤其偵查人員除可能非因惡意而未能明確認定兩者之定位，亦可能係爲規避被告所擁有之前開正當法律程序之權利，而惡意使實質被告立於證人地位，藉由剝奪實質被告所應受正當法律程序之保障，以利偵查程序之進行。

(二) 刑事訴訟法爲澈底保障實質被告之不自證己罪權利，防免偵審人員對實質被告與證人地位之誤判或惡意規避而影響被告防禦之權利，遂於本法第181條規定「證人恐因陳述致自己……，受刑事追訴或處罰者，得拒絕證言」，並於同法第186條第2項規定「證人有第181條之情形者，應告以得拒絕證言」，故若偵審人員有所違反，即屬侵害實質被告之不自證己罪權利。

(三) 本例司法警察故意隱匿乙之被告身分，而以關係人地位詢問，未踐行包括刑事訴訟法第95條告知義務在內之正當法律程序，惡意規避被告本於憲法第8條與第16條訴訟防禦之訴訟權，顯屬以詐欺手段之不正手段取得實質之自白證據，若又未踐行本法第186條告知義務，使之知悉第181條之拒絕證言權，故依本法第156條第1項之規定當無證據能力。

二、毒樹果實理論之繼續性效力

爲澈底杜絕偵查機關以不正方法施加於被告，違反其自由意志以取得非任意性自白，毒樹果實理論之繼續性效力乃稱：被告於警詢中因受不正方法而爲非任意性自白，則其嗣於檢察官偵訊中之自白，縱未經施以不正方法，惟因此際被告已受前揭不正方法繼續作用之影響，仍認該偵訊自白已無任意性而不具證據能力。通說見解亦認，如被告於第二次自白與第一次自白之違法取證，於客觀上具有關聯性，除非第二次訊問之偵查機關已爲加重告知（非僅指本法第95條之告知，尙應告知被告，前階第一次違法取得之自白並無證據能力，於現階段得本於自由意志爲任意性陳述或保持緘默，無需受前階司法警察機關違法手段之影響等等，此即學裡所謂之加重告知，可洗淨第一階毒素之污染），否則第二次以合法法定程序所取得之自白，亦被認定無證據能力。本例檢察官既未爲加重告知，故被告乙於偵查中自白即無證據能力。而檢察官僅爲本法第95條之一般性告知，故被告自白仍無證據能力。

注釋資料：同前揭例題1、3；楊雲驊，台灣本土法學第41期，頁3以下；林鈺雄，刑事訴訟法（上），頁175以下。

例題91

甲男於夜間侵入乙女住處竊盜，翻取財物之際驚醒乙女，起意對乙女強制性交得逞後逃逸。檢察事務官於甲男拘提到案後，為供辨識，乃違反甲男自由意志，測量並記錄甲男之身高及取得指紋、唾液，經檢察官送內政部警政署刑事警察局檢驗結果，與警員於現場取得指紋及醫師在乙女身體取得男性分泌物之DNA相合，分別出具檢驗報告書。甲男於法院審理時抗辯非出於自由意志而取得指紋、唾液，其身高紀錄書面資料及上揭檢驗報告書則屬於傳聞，均無證據能力，有無理由？

（98檢事官）

解碼關鍵

司法警察強制取證權應具備之要件與立法缺失；傳聞書證得爲證據之要件。

擬答

一、司法警察之鑑定處分

按任何對人民基本權利形成干預或限制而具強制性質之處分，均應有法律依據，俾使其實施主體，發動實施所應具備之條件，受處分客體及其救濟途徑均有明確規範，以符法治國原則下法律保留之要求，而對人民毛髮之採集，因係對人民身體權之干預侵犯，自屬前述強制處分之一種，故刑事訴訟法第205條之2乃明定「檢察事務官、司法警察官或司法警察因調查犯罪情形及蒐集證據之必要，對於經拘提或逮捕到案之犯罪嫌疑人或被告，得違反犯罪嫌疑人或被告之意思，採取其指紋、掌紋、腳印，予以照相、測量身高或類似之行爲；有相當理由認爲採取毛髮、唾液、尿液、聲調或吐氣得作爲犯罪之證據時，並得採取之。」亦即倘司法警察欲違反犯罪嫌疑人之意思而採取其毛髮，應具備如下要件：(一)因調查犯罪情形及蒐集證據之必要；(二)須該犯罪嫌疑人係經拘捕者；(三)有相當理由認爲採取之毛髮得作爲證據。基此，依本法第205條之2強制取證權之規定，本例取證合法，惟應說明學說對此條文之評論，蓋此有違法治國令狀審查與監督主義之精神，故應僅限於身分辨識時方得爲之，如係爲採爲認定犯罪事實之證據，仍應受司法令狀審查與監督之規範。

二、特種文書之傳聞證據

(一) 按傳聞法則乃當事人進行主義之重要精神所在，其目的乃藉由反對詰問以確保被告以外之人供述內容之憑信性與正確性，此因傳聞證據無從經詰問彈劾過程檢驗供述內容，顯違背嚴格證明之直接審理主義。至所謂傳聞法則，依我國刑事訴訟法第159條第1項規定，乃指「被告以外之人於審判外之言詞或書面陳述，除法律有規定者外不得作爲證據」，而本法第159條之1至之5即爲法律所規定之例外。

(二) 第159條之4特種文書。通說認爲應具備一般性、例行性、機械性、良心性。如爲個案性或預料將來做爲刑事證據所用者，因具高度虛僞風險，不得爲證據。本例之DNA檢驗報告書乃屬個案性且係特定將來爲刑事審判證據所用，故不符合上揭傳聞法則特種文書例外規定之要件，應無證據能力。

注釋資料：黃朝義，刑事訴訟法，頁527。

例題92

刑事訴訟法第156條第2項規定：「被告或共犯之自白，不得作為有罪判決之唯一證據，仍應調查其他必要之證據，以察其是否與事實相符。」其中，「仍應調查其他必要之證據，以察其是否與事實相符」，所指為何？試說明之。　(98檢事官)

解碼關鍵

自白補強證據須與自白相互作用而使事實得確信，並應具證據能力&合法調查。

擬答

一、自白補強法則

按被告自白向於證據理論上被稱爲證據之王，而爲偵查、審判機關所極度倚賴，然亦因此易造成偵審機關企圖以不正之方法（強暴、脅迫、利誘、詐欺、疲勞、違法羈押或其他不正方法）取得被告自白，被告果因此而爲自白供述，自非出於自由意志，此非任意性自白當然有高度之不實風險，非僅違反不自證己罪原則與正當法律程序原則，更無助於實體眞實之發現。故刑事訴訟法除於第98條、第156條第1項明文禁止以不正方法取得被告自白外，且於第156條第2項規定，被告自白不得作爲有罪判決之唯一證據，仍應調查其他必要之證據，以察其與事實是否相符。此即自白補強法則，以促使偵查機關不致倚賴自白證據，善盡客觀偵查義務，並避免法官之預斷偏見，並使其之有罪判決達到嚴格證明程度之毫無合理懷疑確信。又以我國之刑事訴訟構造不採犯罪事實之認罪協商（僅採量刑協商），則自白補強法則之規範亦屬必然。

二、補強證據之內涵

自白補強法則應要求補強自白內容之證據，所謂補強證據，依實務最高法院74年台覆第10號判例，除該自白本身外，其他足資以證明自白之犯罪事實確具有相當程度眞實性之證據而言，其所補強者，非以事實之全部爲必要，但亦須因補強證據與自白之相互利用，而足使犯罪事實獲得確信者，始足當之。又該補強證據應具備證據能力，並經合法調查，且與待證事實有關聯性，同時與自白內容互相印證符合，又此項調查應先於自白內容爲之。另就補強證據之證明力而言，釋字第582號解釋指出，就其證明力之程度，非謂自白爲主要證據，其證明力當然較爲強大，其他必要之證據爲次要或補充性之證據，證明力當然較爲薄弱，而應依其他必要證據之質量，與自白相互印證，綜合判斷，足以確信自白犯罪事實之眞實性，始足當之。

注釋資料：黃朝義，刑事訴訟法實例研習，頁151以下&162以下；黃東熊，刑事訴訟法論，頁365以下。

例題93

甲曾多次施用第一級毒品海洛因，經法院判處罪刑確定。民國98年8月1日22時許，甲在某公園內，以新台幣1,000元之代價，向乙購得第一級毒品海洛因一包後，即在原地施用，經警巡邏時當場查獲。甲思減輕其施用毒品刑責，向警供出毒品來源。本案經檢察官偵查取得其他補強證據後，以乙涉有販賣第一級毒品罪嫌起訴（甲施用毒品另案起訴）。法院審理時，依檢察官聲請傳喚甲到庭證明乙販賣第一級毒品海洛因供其施用之事實，甲卻以陳述可能致其受刑事處罰為理由拒絕到庭及拒絕一切證言。試問：甲之主張是否合法？（98司法事務官）

解碼關鍵

不自證己罪之拒證權得隨時行使；案件是否單一之認定，實務採實體法說。

擬答

一、不自證己罪原則

刑事訴訟程序中之人民本於憲法第8條正當法律程序與第16條訴訟防禦權之理念，均有受不自證己罪原則之保障，此於被告之行使爲緘默權，於證人之行使則爲刑事訴訟法第181條之拒絕證言權，該條規定：「證人恐因陳述致自己或與其有前條第1項關係之人受刑事追訴或處罰者，得拒絕證言。」本法爲確保此項權利之實現，並分別於第95條第2款與第186條第2項規定偵審機關訊問被告或證人前，應先爲此項權利之告知。通說並認爲此項不自證己罪之權利，被告或證人均得隨時行使，不受其曾於先前之程序放棄而有所影響。故本例雖甲曾於偵查機關爲不利於己之陳述，其仍得於審判中主張行使拒絕證言權。

二、單一案件之認定

按關於案件單一性之判斷標準，實務採實體法說，即以實體法之罪數而爲訴訟法之案件數。學者通說則採緊密事理關聯性說，以行爲人所爲犯罪行爲之時間、地點、方法、手段、侵害之法益種類、目的是否具有緊密關聯爲判斷（因如此方有審理可能性）。次按連續犯依現行刑法已廢除數罪一罰之規定而改依數罪併罰處斷，又此兩次犯行，其時間、場所均不具緊密關聯性，故不論依傳統見解之實體法說或通說之事理緊密關聯性說，本例甲於施用毒品罪判決確定後再行施用均屬相牽連之數案件，而非單一案件，該犯行自不爲原確定判決效力所及，無一事不再理原則之適用，故其若據實陳述，即有面臨刑事追訴處罰之虞，當然符合上揭拒絕證言權之要件而得行使。

注釋資料：林鈺雄，刑事訴訟法（上），頁528以下；同氏著，月旦法學第122期，頁45以下；王兆鵬，刑事訴訟講義，頁658以下。

例題94

甲因涉案遭逮捕後，於警察局接受詢問，時間是某日十四時至二十時。後甲遭起訴，一、二審均採用甲於該警詢期間內之自白，作為判決甲有罪之證據。甲所選任之辯護人乙未於第二審審判中爭執此點，而是於上訴第三審時，主張該詢問違法。試問，辯護人乙之此一主張是否合法？（99檢事官）

解碼關鍵

夜間詢問被告之禁止與例外情形；法院依職權調查證據之範圍。

擬答

一、訊問被告之正當程序

被告本於憲法第8條正當法律程序，於受司法警察詢問程序中應獲合法詢問方法之保障。刑事訴訟法第100條之3原則上禁止司法警察為夜間詢問，其規範目的不僅在於消極防止疲勞刑訊，且具有積極的權利保護內涵，一方面是彰顯基於人道上之處遇，另一方面是承認犯罪嫌疑人有免於受夜間訊問的自由，且具有擔保緘默權的機制，乃刑事程序中使犯罪嫌疑人自由權益之侵害抑止於最低限度所不可或缺的建制，故屬於憲法第8條第1項正當法律程序保障的內容。在此意義下，司法警察如欲實施夜間詢問，除非是犯罪嫌疑人明示同意（權利之任意放棄），或是具有急迫情形，認有此保障緘默權更高之利益存在，且有立即實施詢問之必要者（符合比例原則），否則即屬違反正當法律程序。依刑事訴訟法第158條之2規定，違背第93條之1第2項、第100條之3第1項之規定，所取得被告或犯罪嫌疑人之自白及其他不利之陳述，不得作為證據。但經證明其違背非出於惡意，且該自白或陳述係出於自由意志者，不在此限。亦即本法對違法夜間詢問所取得之被告自白係採相對排除法則。

二、夜間詢問禁止之例外

本法規定夜間詢問禁止之例外情形，包括有：

(一) 查驗夜間受拘捕人有無錯誤，以免誤認致戕害人權。

(二) 經受詢問人明示同意：明示同意，在於捨棄不受夜間詢問之權利，學者認為為確保權利放棄之任意性，以及避免犯罪嫌疑人是否曾同意接受夜間詢問之問題日後引起爭議，故於技術層面應有一定之機制確保犯罪嫌疑人係在充分理解其權利的狀態下，基於自由意志同意接受夜間詢問。因司法警察於實施夜間詢問前，除應依第95條之規定為防禦權益之告知外，尚應同時告知犯罪嫌疑人得自由決定是否接受夜間詢問，若犯罪嫌疑人表示同意接受夜間詢問者，應以書面明示，經其簽名或捺印者始為有效之同意。此外犯罪嫌疑人一開始雖同意夜間詢問，惟這並非表示在該項詢問的過程中犯罪嫌疑人已不得再行使緘默權，既然犯罪嫌疑人同意夜間詢問，可視為緘默權之放棄，則司法警察人員實施夜間詢問途中，遇有犯罪嫌疑人再行主張行使緘默權者，應認再生禁止夜間詢問之效果，該項詢問應即中止。

(三) 急迫之情形：就比例原則而言，所謂之「急迫情形」，依學者見解應符合優越利益原則（重罪原則）、適當性原則、緊急性原則、必要性原則。

(四) 檢察官或法官許可：此項規定甚為不當，蓋若僅因檢察官或法官之許可，即可違反犯罪嫌疑人之同意，強行實施夜間詢問，則此項夜間詢問，無異於係本法所創設的新型強制處分，但是關於檢察官或法官許可夜間詢問之要件、基準如何，本法卻隻字未提，不啻違反「強制處分法定原則」，亦與本法明文保障緘默權之精神有違，故解釋上仍應具備急迫情形始可。

(五) 本例詢問自日落前直至日落時，即應停止並詢問被告是否同意接受夜間詢問，故本例夜間詢問仍屬違法。

三、法院對被告自白之合法調查

本法第379條第10款規定「法院應於審判期日調查之證據」，綜合實務見解，原則上指該證據具有與待證事實之關聯性、調查之可能性，客觀上並確為法院認定事實適用法律之基礎，亦即具有通稱之有調查必要性者屬之（司法院大法官會議釋字第238號解釋；71年台上字第3606號、72年台上字第7035號、78年台非字第90號、80年台上字第4402號判例；77年8月9日、77年度第11次刑事庭會議貳之甲第14項決議意旨參照），除依法毋舉證外，並包括間接證據、有關證據憑信性之證據在內，但應摒除無證據能力之證據，且以踐行調查程序，經充足之調查爲必要，否則仍不失其爲本款調查未盡之違法，復不因其調查證據之發動，究竟出自當事人之聲請，抑或法院基於補充性之介入而有差異。本法第163條第2項前段所定法院爲發見眞實，「得」依職權調查之證據。原則上固不在「應」調查證據之範圍，惟如爲發見眞實之必要，經裁量認應予調查之證據，仍屬之。且依通說與實務見解，具有證據能力之證據始得於審判期日受合法調查，此時方有調查責任歸屬之問題，至當事人所提出之證據有無證據能力則應由法院依職權調查判斷之，尤其涉及供述證據（如被告自白）任意性者，縱未經被告抗辯，法院仍應主動依職權審認之，何況依實務見解（最高法院101年第2次刑庭決議）認爲，於被告有利益事項，法院應依職權調查。本例事實審法院應於審判前閱卷時主動審查警詢筆錄之製作時間，當發現係對被告爲夜間詢問時，即應依職權調查判斷有無符合上述合法例外規定之情形，若無，自應依法適用本法第158條之2相對排除法則之規定，否則如逕採爲被告有罪判決之依據，即有本法第379條第10款之當然違背法令。但若事實審法院已踐行上開證據能力調查程序並經依法認定該自白有證據能力時，辯護人之第三審上訴主張即不合法。

注釋資料：例解刑事訴訟法「體系釋義版」第十二章之焦點「調查責任評析」及「最高法院對本法第161條與第163條之適用標準」。

某案件審理中，審理法官委由法官助理勘驗並製作勘驗書面，之後檢察官與被告於審判中均表示同意該文書做為證據。試問：該文書是否具有證據能力？

（100政風）

解碼關鍵

法官助理非勘驗主體，所爲調查程序不合法。

擬答

一、法定證據方法之調查主體

按審判程序之合法證據調查，須踐行法定之證據方法與調查程序。其中，勘驗乃由法官透過感官知覺之運用，觀察現時存在之物體狀態，或場所之一切情狀，就接觸所得之過程，依其認知藉以發見證據之調查證據方法。依刑事訴訟法第212條亦明定，法院（法官）爲審判中，實施勘驗之主體。

二、法官助理非合法勘驗主體

(一) 刑事訴訟法第159條之5雖規定，當事人明示或默示合意，得使傳聞證據具有證據能力，惟此仍須以該傳聞證據係本於法定程式所取得者爲限，若無從去除其證據取得之違法性或已失其作爲證據之意義者，自不得僅因「同意」而承認其證據能力。

(二) 法官助理並非勘驗主體，即代法官所爲勘驗之程序已不合法。又勘驗僅能原狀客觀呈現，因勘驗行爲所形成之勘驗結果，其展示、取得之證據資料或仍不免因勘驗者存有主觀判斷之要求而受影響甚或滋生爭議，從而假手法官助理製作之勘驗書面，不惟與法定程式不符，且因已失其作爲證據之意義，故縱當事人同意，作爲證據，仍無予容許其取得證據之餘地（99年台上第5930號判決參照）。

注釋資料：最高法院99年台上第5930號判決；林鈺雄，刑事訴訟法（上），頁379以下。

(一)何謂「證據能力」？請簡要說明之。

(二)另請判斷下列情形有無證據能力？

1.犯罪嫌疑人在警局自白之陳述，未全程錄音；

2.司法警察未取得同意，但報經檢察官許可，在夜間詢問犯罪嫌疑人，所取得之詢問筆錄；

3.檢察官對可疑之犯罪嫌疑人以關係人身分傳喚，令其陳述，未告知改列被告，其中不利己之陳述。（100檢事官）

解碼關鍵

未連續錄音取得之自白宜先推定無證據能力；檢察官得許可爲夜間詢問；惡意規避被告權利所爲詢問程序不合法。

擬答

一、證據能力

按任何提呈於法院之證據資料均須與待證事實具關聯性，且未經證據排除法則排除或禁止者，亦即具證據能力之證據資料始得提出於法庭接受合法調查，此觀諸刑事訴訟法（下稱本法）第155條第2項及大法官會議釋字第582號解釋自明，被告自白依本法第156條第2項規定既得爲法院認定事實之證據，依前揭說明，自當先具備證據能力使得於審判期日提出。

二、未全程錄音之被告自白

我國對未連續錄音或錄影之被告筆錄證據能力判斷之見解爲：

(一) 無證據能力說：有學者認爲，偵訊錄音的目的不僅是爲擔保筆錄的正確性，也在確保偵訊過程之合法性，當執法機關遵守規定而錄音錄影，但其內容與筆錄不符，筆錄不符部分不能作為證據；完全未錄音與有錄音但與筆錄不符之情形相較，完全未錄音程序違法的情況較為嚴重，故若執法機關違反錄音義務而未全程錄音，應認為筆錄記載全部與錄音不符，整份筆錄應認為無證據能力（何賴傑師）。

(二) 權衡排除說：故司法警察（官）詢問犯罪嫌疑人如違背上開規定，其所取得之供述筆錄，究竟有無證據能力，原應審酌司法警察（官）違背該法定程序之主觀意圖、客觀情節、侵害犯罪嫌疑人權益之輕重、對犯罪嫌疑人在訴訟上防禦不利益之程度，以及該犯罪所生之危害，暨禁止使用該證據對於抑制違法蒐證之效果，及司法警察（官）如依法定程序有無發現該證據之必然性等情形，本於人權保障與社會安全之均衡維護精神，依比例原則，具體認定之（部分實務判決）。

(三) 不利推定說：錄音與筆錄不符時，因錄音係純機械操作，能忠實地反映說話者之確實用語與筆錄含有製作者取捨之判斷不同，故筆錄所載與錄音不符者因不具眞實性，應排除其證據能力，乃當然之理。若錄音效果不清楚、未全程錄音或完全未錄音、錄影的情形，既違反規定，應推定該自白無任意性及筆錄不正確，不得作為證據，倘檢察官能以其他方式證明該被告自白的任意性與筆錄記載正確性，則應仍得為證據，檢察官對於此等事項之舉證責任以「過半證據」為已足，而不需達到「無合理可疑」的確信程度。若對被告自白無急迫情形而未錄音，檢察官又不能提出「過半證據」證明被告自白的任意性與筆錄記載正確性，則該筆錄應不得作為證據（王兆鵬師、陳運財師、吳巡龍師，部分實務判決）。

三、經檢察官許可之夜間詢問

刑事訴訟法原則上禁止司法警察或司法警察官，於夜間詢問犯罪嫌疑人，但有下列情形者，則例外允許之（第100條之3）：

(一) 經受詢問人明示同意者。

(二) 於夜間經拘提或逮捕到場而查驗其人有無錯誤者。

(三) 經檢察官或法官許可者。

(四) 有急迫之情形者（須符合重罪、適當、急迫與必要等條件）。

除此，司法警察（官）對犯罪嫌疑人之詢問程序依本法第100條之2準用訊問之規定。又若係羈押審查，則禁止於深夜訊問被告（第93條第5項）。

四、偵查中關係人於己不利陳述之證據能力

(一) 按被告本於憲法第8條正當法律程序與不自證己罪原則之保障，其於受國家司法偵查機關訊問時得享有如下權利：合法訊問程序（刑事訴訟法第95條告知義務踐行，含犯罪嫌疑與所犯罪名、得保持緘默，選任辯護人，請求調查有利證據；第98條不正訊問方法禁止；第100條之1全程連續錄音或錄影；第100條之3夜間詢問禁止、第93條第5項羈押審查深夜訊問禁止等）、緘默權、選任辯護權（第27條）、請求調查有利證據權、對質詰問權（第97、248條）、救濟權（如第416條對檢察官強制處分之準抗告等）。

(二) 次按上開憲法正當法律程序權利與不自證己罪原則之適用，非僅限於形式被告而應包含具有實質被告身分者，如於刑事訴訟偵查程序中經列爲證人與關係人者，故刑事訴訟法第181條乃規定有證人之拒絕證言權以爲落實，防免偵查機關因偵查需求性或因疏忽或因爲惡意規避實質被告行使正當防預權利等考量，而誤以證人或關係人身分傳喚之，致該實質被告之憲法基本權利蒙受不當之侵害，致使其違反自由意志而爲非任意性自白或不利陳述。

(三) 結論：本例檢察官對可疑之犯罪嫌疑人以關係人身分傳喚，令其陳述，顯係惡意規避被告受憲法與刑事訴訟法保障之權利，即係以詐欺之不正方法取得被告非任意性自白，且嚴重違反正當法律程序，故其陳述自無證據能力。

注釋資料：同前揭例題3、21、39。

例題97

民國100年7月1日，甲於百貨公司扒竊乙之皮包。得手後，見皮包內有户名為乙之郵局存摺及該存摺印鑑章，甲旋即填寫取款條並蓋用該印鑑章於其上，連同乙之郵局存摺，持向郵局人員領得帳户內現款新台幣5,000元。乙報案，甲為警循線查獲，經檢察官提起公訴。乙於警詢及檢察官偵訊時中均以被害人身分，未經具結，先於警詢指認甲曾在百貨公司與乙搭訕，應為行竊之人，繼於偵訊時陳述遭竊經過及所失財物。第一審審理中，證人丙到庭於甲詰問時證稱某日閒聊時曾聽聞甲表示該竊案係其本人所為。第一審乃據以判決論處甲竊盜罪，另就甲行使偽造私文書及詐欺取財犯行，依想像競合犯從一重論處甲行使偽造私文書罪等罪刑。

(一) 若檢察官及甲於第一審審理中，對乙警詢、偵查中之陳述及丙之證言均表示同意作為證據，甲僅辯稱該供證均不實在。第一審判決後，甲不服，合法提起第二審上訴，於第二審法院審理中，主張乙歷次陳述及丙之證言皆屬傳聞，均無證據能力。問該乙警詢、偵查中之陳述及丙之證言，第二審得否援引為認定甲有罪之依據？

(二) 若第二審判決駁回甲之上訴，甲具狀提起第三審上訴，聲明對第二審判決不服，並以其犯罪所得財物有限為由，指摘第二審判決量刑過重。時甲適另案在押，乃於上訴期間內將上訴書狀提出於看守所長官。詎看守所未及將上訴狀轉送至法院，甲即暴斃。問第三審應如何裁判？　(100司法官)

解碼關鍵

同意傳聞作爲證據後又爭執之處理；未經具結之檢訊筆錄得爲證據；第三審上訴之不可分性&上訴期間。

擬答

一、傳聞法則與其例外

(一) 按傳聞法則乃當事人進行主義之重要精神所在，其目的乃藉由反對詰問以確保被告以外之人供述內容之憑信性與正確性，此因傳聞證據無從經詰問彈劾過程檢驗供述內容，顯違背嚴格證明之直接審理主義。至所謂傳聞法則，依我國刑事訴訟法第159條第1項規定，乃指「被告以外之人於審判外之言詞或書面陳述，除法律有規定者外，不得作爲證據」。而本法第159條之1至之5即爲法律所規定之例外。惟比較美日立法例，其所容許之傳聞法則例外，乃須以證人在審判中供述能且該傳聞證據具可信性情況保證與證據必要性始可，蓋若無嚴格限制傳聞證據之採認，將有致交互詰問制度空洞化，並架空直接審理主義之虞。

(二) 本法第159條之5規定，傳聞證據經當事人明示或默示同意且經法院認爲適當時，得爲證據。至此項同意得否再於第二審撤回或另爲爭執？實務見解採分別處理，對於第159條之5第1項之明示同意，本於訴訟安定性與集中審理主義之要求，倘經當事人於第一審明示同意，則於第二審不得再爲異議或撤回同意（99台上717）；但於第159條之5第2項默示同意情形，仍許當事人或辯護人爲爭執或聲明異議（98台上4219）。故本例乙之警詢供述與丙在審判中轉述聽聞甲陳述之內容（傳聞證人供述）均得爲第二審之證據。

二、未經具結之檢訊筆錄

(一) 刑事訴訟法第158條之3規定，證人依法應具結而未具結者，其證言不得作爲證據。惟學者本於下列理由主張偵查中檢察官訊問證人未經具結者，其製作之訊問筆錄，並不受到刑訴法第158條之3規定之限制：

1. 偵查中檢察官訊問證人是證據蒐集的程序，與審判中證人到庭受交互詰問等法定調查證據程序，性質上有所不同，證人偵查中所爲之陳述，基本上屬傳聞證據，有無證據能力，應依傳聞法則處理。
2. 審判中訊問證人應命其具結，除了擔保其據實陳述外，同時擔保審判中他造當事人對該證人能爲有效反對詰問的機會。相對的在偵查中訊問證人屬證據蒐集的性質，除另有透過法院保全證據之必要，否則基本上並無擔保他造爲有效反詰問的情形。
3. 司法警察人員訊問證人不需證人具結，其所作成的筆錄於符合刑訴法第159條之3或第159條之5經被告同意者，可例外承認有證據能力。如依最高法院判決，檢察官偵查中訊問證人未經具結者，縱使被告同意，受第158條之3之限制，卻仍無證據能力，兩者相較顯失均衡。
4. 依第158條之3立法理由說明，本條係參考最高法院過去判例所增訂，惟觀察此判例均屬審判中因原審未命證人或鑑定人具結，違反法定的調查程序，無法擔保據實陳述發現眞實，致不得作爲認定事實之依據。

(二) 承上所述，乙於偵查中未經具結之檢訊筆錄，其證據能力如何，則視採實務或學說見解而異其判斷。

三、第三審上訴之合法性要件

(一) 刑事第三審採法律審之事後審查制，提起第三審上訴應以判決違背法令爲理由，並具體指摘原判決如何違背法令。違背何法令法則或如何不適用，若僅泛稱原判決不當。量刑過輕或過重，或僅援引原審答辯狀等，均非具體指摘，該上訴即不合法。本例甲之上訴僅以犯罪所得有限而量刑過重爲由，即不合法。

(二) 甲所犯之竊盜罪屬本法第376條所列不得上訴第三審之案件。至另所犯之詐欺罪雖亦同爲不得上訴第三審，然因與得上訴第三審之行使僞造私文書罪具有裁判上一罪單一案件之關係，本於上訴不可分性，仍得上訴第三審。故甲對竊盜案件之上訴不合法，僅得對詐欺與行使僞造私文書部分提第三審上訴。

(三) 在監所之被告，於上訴期間內向監所長官提出上訴狀者，視爲上訴期間內之合法上訴，至監所轉送之期間即與上訴是否合法無影響。惟本例如上所述，甲之上訴不合法，故第三審法院仍應逕以判決駁回，不得依職權調查甲是否死亡（此須以合法上訴爲前提），自亦不得爲不受理判決。

注釋資料：同前揭例題81；吳巡龍，台灣本土法學第16期，頁191以下。

例題98

某夜，甲將同居人乙送至T大醫院急診，由於乙有中毒徵兆，醫院立即電召毒物專科醫生丙至急診室處理，但乙仍於當夜休克死亡。隨後，甲因涉嫌下毒殺死乙而被偵查、起訴。審理期間，法院委託T大醫院鑑定死因，由於丙乃國內毒物權威及當夜急診醫生，故T大醫院鑑定報告皆由丙負責執行。

丙為求鉅細靡遺，於上開報告中提到急診當夜情形及後來鑑定結果，報告內容主要包含以下三點：A、急診當夜丙趕至醫院時，目睹甲與乙二人的互動情形。B、急診當夜，關於乙中毒臨床症狀的觀察與診斷。C、乙死後，丙受委託鑑定、解剖、檢驗後關於乙死因為葡萄催芽劑中毒之判斷。

審判中，甲之辯護人聲請丙親自到庭，主張丙應具結並接受對質、詰問，否則報告中所提的以上A、B、C三點，皆不得採為裁判基礎。試分別就A、B、C三點，說明其抗辯有無理由？ （100律師）

解碼關鍵

鑑定報告書不適用傳聞法則&調查程序；鑑定人之性質。

擬答

一、傳聞法則之涵義與例外

(一) 所謂傳聞法則乃指對待證事實親自見聞之原始證人在審判外之供述未經當事人（尤指

被告）對質詰問程序，以檢驗其供述內容之知覺正確性、記憶正確性、供述誠實性與敘述適當性，故排除該傳聞證據之證據能力，刑事訴訟法第159條第1項即明定「被告以外之人於審判外之言詞或書面陳述，除法律有規定者外，不得作爲證據」。

(二) 上述所謂之特別規定，依實務見解包含刑事訴訟法第159條之1至之5，審判長或檢察官依同法第198條或第208條命鑑定而由鑑定人依第206條提出之鑑定報告書。

二、鑑定之內涵與鑑定人報告之調查

(一) 鑑定之內涵

1. 以其專門知識，輔助法院判斷特定證據問題之人，法院仍有自主審查權（故若法院委由醫院鑑定被告醫師有無過失即涉及責任能力判斷）。
2. 專門知識可替代性亦可拒卻（刑事訴訟法第200條第1項），故不得拘提。
3. 鑑定證人指依特別專門知識而得知已往事實之人（同法第210條），性質爲證人。
4. 義務：到場、具結與報告義務。
5. 其鑑定之程序則依本法第197至210條之規定。

(二) 鑑定人報告之調查

有無命實施鑑定之人到場，以言詞報告或說明之必要，最高法院見解多數認爲事實審法院自有依具體個案情節斟酌決定之權，若法院認爲鑑定人所提出之鑑定報告，內容完備而明確，無傳喚鑑定人爲言詞報告或說明之必要，與鑑定報告之證據能力並無干涉。法院依據鑑定人所提出之鑑定報告爲判決之基礎，並不違背經驗法則及論理法則。亦即實務見解向認爲本法第206條乃鑑定人得不到庭陳述鑑定結果，而以書面報告代之。惟此無異架空傳聞法則之內涵且違背直接審理，並剝奪被告之交互詰問權，學者主張該條應解釋爲：鑑定人應到庭以言詞陳述鑑定結果，惟必要時得以書面輔助說明報告。

三、結論

(一) 丙於A項之報告：此部分丙非以專業知識之判斷，而係就親自見聞之陳述，既立於證人地位而爲之而屬傳聞證據，且無例外規定之適用，故丙應到庭具結並受對質、詰問，否則無證據能力。

(二) 丙於B項之報告：此屬於病歷診斷內容之摘取，丙乃立於鑑定證人之地位所撰寫之傳聞書面證據，此種急診醫師之診斷病歷紀錄具有例行性與一般性，符合本法第159條之4之業務性文書之規定，故得爲證據（最高法院99年台上1391號）。

(三) 丙於C項之報告：此即上述之鑑定人所提出之鑑定報告，依實務見解，得由法院斟酌是否傳喚鑑定人到場，惟淺見同學說見解，應命丙到場具結並受對質、詰問，否則該個案性且預料作爲刑事證據之鑑定報告自不得爲證據。

注釋資料：例解刑事訴訟法「體系釋義版」第十二章之焦點「傳聞法則之相關探討」、「嚴格證明程序之修法評析」。

相關試題

檢察官以被告甲竊取他人機車一部得手，涉犯刑法第320條第1項：「意圖爲自己或第三人不法之所有，而竊取他人之動產者，爲竊盜罪，處五年以下有期徒刑、拘役或五百元以下罰金。」規定之竊盜罪嫌，將某甲向法院提起公訴。法院在第一次行準備程序時，法官對被告訊問「你對檢察官起訴之犯罪事實有何意見？」此一問題，某甲回答：「我認罪。但我當時眞的不是有意要把這部機車據爲己有，我當時看對方未把鑰匙拔走，只是貪圖一時方便把這部機車騎走去兜風，一個小時以後就把機車騎回原來的地方，誰知道這時被害人已經報警，請法官判我輕一點，我以後再也不敢了。」請問：被告某甲對於被訴事實僅籠統回答「我認罪。」該等陳述是否即應視爲被告已經對檢察官起訴之犯罪事實「自白」？（103廉政）

考點提示：

一、本例甲之陳述內容屬於學理上所謂之使用竊盜，亦即主觀上不具不法所有之意圖，而與刑法第320條竊盜罪之構成要件不完全該當。

二、審判中之自白係被告對被訴之犯罪事實具體爲全部之承認，則本例甲之陳述內容並未就主觀上具有不法所有意圖爲承認，故不得認定其陳述係對被訴事實爲自白。

相關試題

甲涉嫌夜間騎機車搶奪婦女皮包，剛得手即被路人制伏，旋即被趕到之員警A逮捕。適值其他員警皆因勤務外出，派出所只剩員警A一人。等候一小時後，仍不見其他員警回派出所，A只好一人詢問甲並製作筆錄，甲也坦承犯罪，但A卻忘記詢問時應全程連續錄音錄影。審理時，甲抗辯該自白無證據能力，但法院最後仍採認該自白。試問本件法院採證程序之合法性。（102廉政）

考點提示：

一、依刑事訴訟法第43條之1、第100條之1至之3規定，司法警察詢問犯罪嫌疑人，原則上不得於夜間爲之，且應由行詢問人以外之人製作筆錄，並應全程連續錄音或錄影。

二、本例A對甲製作警詢筆錄均違反上述正當法律程序。通說見解認爲，除非檢察官能舉證證明被告自白出於自由意志，否則應認無證據能力。實務則多認爲由法院依同法第158條之4權衡裁量之。

相關試題

甲以販賣營利之意圖購買大量毒品，除部分供自己吸食外，其餘欲伺機出售予不特定人，某日爲警方依法查獲及扣得上述毒品，隨即被警方帶回警局，由司法警察乙在製作筆錄前以聊天、溝通方式與甲進行對話，並威脅、暗示如不承認即不製作筆錄，甲、乙對話內容如下進行：「乙問：甲你有沒有將毒品賣給他人？甲回答：應該沒有。乙再問：你擁有這麼大量的毒品是否有販賣意圖？甲再回答：有要賣，但還沒賣出去。」後，乙始依刑事訴訟法之規定進行權利告知義務，全程連續錄音、錄影，並製作甲全面承認前述事實之筆錄。不久後，甲被檢察官依法提起公訴，於審判庭中，乙以證人身分於交互詰問時，否認有對被告甲說不承認即不製作筆錄云云。請詳述理由說明上開警詢陳述是否得作爲法院裁判之依據？（102司法官）

考點提示：

一、刑事訴訟法第98條、第156條第1項明定，被告自白須出於任意性（自由意志）且與事實相符，方得爲證據。其目的在杜絕偵審機關使用不正方法取得被告自白。

二、本例司法警察乙以脅迫方式取得被告甲之自白，依上所述當然不得爲證據（參見101年台上第2165號），且實務亦認爲，法院訊問該警察有無使用不正方法，衡諸經驗法則，該警察爲規避刑事責任，自必矢口否認，此等調查方法並非適當。

三、何況本法第95條之被告權利告知應於「實質訊問（不論以聊天或筆錄方式）」之始即爲之，且錄音錄影亦應全程連續，而非僅於筆錄製作之時。亦即凡係功能上具詢問之性質者，皆應踐行對被告正當程序之保障，實務見解與學說均採之。故本例警詢程序明顯違法，被告自白無證據能力。

相關試題

商人甲於民國100年在台北市行賄承辦公共工程標案之公務員乙新台幣1,000萬元。甲數次向親密女友丙閒談其行賄經過，司法警察丁得知後未經法院核准，擅自違法搜索甲在台北市住所，查獲記載行賄經過之日記一本，甲見日記曝光自忖無法脫罪，於警詢中自白認罪。事經週刊披露，丙亦提錄音帶向丁檢舉並就其上開見聞作證。試申論下述問題：

(一) 丁違法搜索甲宅，所查獲甲之上述日記本有無證據能力？

(二) 甲之自白有無證據能力？

(三) 甲於閒談時向丙自承行賄之陳述，是否爲自白？

(四) 丙之證言，有無證據能力？（103檢事官）

考點提示：

一、違法搜索所得之證物，其證據能力之有無依刑事訴訟法第158條之4由法院審酌人權保障與公共利益之均衡維護認定之。

二、甲於警詢中之自白，其證據能力之有無依本法第156條第1項，若具任意性且與事實相符者，得為證據。至其閑談中之陳述仍屬自白，蓋被告審判外陳述並無傳聞法則之適用。

三、私人錄音縱係違法為之，依通說與實務見解，如非以強暴、脅迫之暴力方式而違背陳述人自由任意性取得者，均認有證據能力。

四、丙並未親自見聞甲行賄之過程，則其向司法警察轉述甲閒談之內容乃屬傳聞證人之陳述，不符合本法第158條之2、之3之規定（限原始證人方適用），故除非有同法第158條之5當事人同意之情形，否則不得為證據。

相關試題

請依刑事訴訟法關於訊（詢）問時錄音、錄影之規定，附理由回答下列問題：

(一) 於檢察官訊問證人或司法警察詢問證人時，如仍以錄音或錄影，是否為刑事訴訟法所禁止？

(二) 承上，倘遇有檢察官、司法警察訊（詢）問證人筆錄與錄音、錄影內容不相符時，對該不符部分之筆錄，有無證據能力？（103廉政）

考點提示：

一、實務見解認為，本法就檢察官訊問證人及司法警察詢問證人未明定應全程連續錄音或錄影，乃是立法疏漏，故若為之，並非法所不許。

二、依上述實務見解，應類推適用刑事訴訟法第100條之1第2項規定之相同法理，對該不符部分之筆錄排除其證據能力（參見最高法院102年台上第2490號判決）。

相關試題

甲因乙欠錢不還，認有詐欺嫌疑而向檢察官提出告訴。檢察官以案情不明，有待進一步偵查，即以關係人身分傳訊乙到庭訊問，亦未命乙具結。訊問後，檢察官基於乙之陳述，認定乙確有詐欺罪嫌，旋即對乙提起公訴。審理時，乙以檢察官訊問程序違法而主張該陳述不得作為證據，但法官最後仍採認該證據。試問本件法官採證之合法性？（102廉政）

考點提示：

一、偵查程序中之訴訟關係人並非刑事訴訟法明定之身分，往昔輒為檢察官用以規避被告正當法律程序與訴訟防禦權保障之偏徑，通說與近來實務見解均認此種以不正訊問方法（詐欺）和違反不自證己罪原則之訊問，所取得之自白不得為證據。

二、另應注意，證人於偵查中未經具結之檢訊筆錄，學者與近期實務多認仍具證據能力，惟應於審判中賦予被告反對詰問權。

相關試題

> 檢察官偵辦甲涉嫌強盜案件，指揮檢察事務官於詢問證人乙時應命其具結，檢察事務官乃於詢問筆錄記載斯旨，並使乙具結陳述。請附理由說明如何判斷乙具結證言之證據能力。（102檢事官）

考點提示：

一、檢察事務官在定位上屬於司法警察官，其雖受檢察官之指揮詢問證人，仍屬司法警察官詢問證人之性質，與檢察官訊問證人有間。最高法院99年台上第334號判決亦謂：現行刑事訴訟關於偵查權之行使，其主導權在於檢察官；依據法院組織法第66條之3第1項第2款、第2項之規定，檢察事務官受檢察官之指揮，處理「詢問告訴人、告發人、被告、證人或鑑定人」事務，視爲刑事訴訟法第230條第1項之司法警察官。故檢察事務官性質上係直屬於檢察官之司法警察官，其於偵查中受檢察官之指揮詢問證人，依刑事訴訟法第196條之1第2項所列有關訊問證人之準據規定，其中同法第186條第1項「證人應命具結」之規定，並不在準用之列。是證人於檢察官偵查中對證人所爲訊問之偵查筆錄，因其訊問時之外部狀況，積極上具有一定程度之可信性，除消極上顯有不可信之情況者外，依刑事訴訟法第159條之1第2項規定，均容許作爲證據；至檢察事務官調查時對證人所爲之詢問筆錄，性質上本屬傳聞證據，又不須具結，即令具結，亦不生效力，得否爲證據，自應依其是否符合刑事訴訟法第159條之1、之3、之5等規定之要件爲斷，尚無從僅因檢察事務官受檢察官之指揮而詢問證人，即謂其詢問筆錄具有證據能力，此與檢察官囑託鑑定，鑑定人依刑事訴訟法第206條規定出具之鑑定書面，係屬法律規定得爲證據之傳聞例外，迥然有別。

二、本例檢察事務官詢問證人乙之筆錄，乃審判外之陳述而屬傳聞證據，除有符合刑事訴訟法第159條之2供述矛盾或第159條之3供述不能或經當事人同意之例外情形，否則原則上無證據能力。

相關試題

> 甲、乙涉嫌貪污一併被提起公訴。法官行準備程序時，檢察官所提之證據清單含有檢察官訊問被告乙之訊問筆錄（以下稱證1）及調查局調查員詢問證人丙（甲之配偶）之詢問筆錄（以下稱證2）。甲之辯護人抗辯：關於證1，共同被告乙訊問筆錄，因檢察官未給與甲有詰問乙之機會，因而該筆錄不具證據能力；關於證2，調查局調查員詢問丙時，既知丙爲甲之配偶，卻疏未告以得拒絕證言，因而該筆錄亦不具證據能力。審判期日，乙已棄保潛逃，經法院裁定分離審判。法院以乙無法傳喚而駁回甲之辯護人聲請傳喚證人乙到庭接受詰問之請求。證人丙經法院傳喚到庭，經法院告以得拒絕證言後，丙拒絕證言而未陳述。法院最後仍採認證1及證2作爲甲有罪之證據。試說明法院如此採證之合法性。（103司法官）

考點提示：

一、刑事訴訟法第248條第1項規定，檢察官訊問證人時，如被告在場者，被告得親自詰問。實務與部分學說見解乃認爲，檢察官訊問證人時，並不必須傳喚被告到場或經被告詰問，縱未經被告親自詰問，或因被告不在場而未給予詰問之機會，不影響訴人陳述之可信性情況保證（最高法院97年台上第1653號判決參照）。

二、共同被告於本案被告之訴訟程序中，係屬於證人地位，其供述內容之證據能力與調查程序，均依人證之調查方法。換言之，「具結與傳聞法則」影響其供述之證據能力，至接受當事人之交互詰問則屬法定調查程序之範疇，與證據能力無涉。

三、本例乙於偵查中之供述筆錄，於甲案乃屬審判外陳述之傳聞證據，依上述見解及本法第159條之1第2項之規定，應認有證據能力，惟若乙能於甲案審判中到庭，仍應予甲有詰問乙之機會，然因乙棄保潛逃，依供述不能之法理，則乙之偵訊筆錄應得爲證據。

四、本法第180條因身分關係所規定之拒絕證言權係基於人倫關係維持和人性尊嚴之考量，不應因證人係處於司法警察調查階段或偵審程序而有所區別，否則即難達成本條規定之立法宗旨，且觀諸本條規定於總則編，益徵應適用於廣義之刑事訴訟程序。

五、本例丙於警詢時未經告知得行使拒絕證言權，至審判中則行使權利拒絕證言，足見其行使該權利之眞意，故應認定警詢程序違法。惟有學說認爲此項拒證權之規定是爲保護證人權利而設，如有違反，於本案被告之案件不生影響。

六、警詢筆錄乃證人於審判外向司法警察所爲之陳述，此傳聞證據須具備本法第159條之2供述矛盾或第159條之3供述矛盾之情形，方得爲證據。本例丙行使拒證權，依通說見解係屬「有正當理由拒絕陳述」，並非本法第159條之3第4款所列之情形，故上該警詢筆錄仍不得爲證據，本例法官之採證即不合法。

相關試題

檢察官偵辦被告甲涉嫌違反著作權法案件，經傳喚證人乙（即甲之胞弟）爲證，依刑事訴訟法第185條第2項及第186條第2項之規定，告以其得拒絕證言，乙表明願意作證後，檢察官乃令乙具結陳述而取得不利於甲之證言。案經偵查終結，提起公訴。第一審法院審理中，檢察官爲實行公訴，自行囑託A國立大學爲鑑定，提出由該大學出具之鑑定報告書一份，作爲甲侵害著作權之證據，並聲請詰問證人乙。乙到庭後，以其與被告甲爲親兄弟拒絕證言。試問：

(一) A國立大學出具之鑑定報告得否作爲證據？

(二) 法院對於乙行使拒絕證言權，應如何處理？（102司法官）

考點提示：

一、實務見解向認爲，法官或檢察官選任之鑑定人所爲鑑定並依刑事訴訟法第206條所製作之鑑定報告，係屬本法第159條第1項所稱「法律有規定」之傳聞法則例外，具有證據能力（參見最高法院98年台上第1730號、99年台上第1237號判決）。

二、學說有批評上述見解，認為將架空傳聞法則和直接審理主義，並剝奪當事人之對質詰問權，故應由鑑定人到庭具結行鑑定報告，並受當事人之交互詰問。

三、身分關係拒絕證言權之立法目的，在於維護家庭倫理與人性尊嚴之考量。此項權利雖可捨棄，惟應逐次行使，亦即某次作證時之捨棄並非永久性拋棄，此就偵查中與歷次審級審判中，檢察官與各審級審判長均應於證人作證前告知此項權利可徵。因之，本例證人乙雖於偵查中暫時性放棄拒絕證言權，但仍得於審判中恢復行使該權利。

相關試題

甲之住家於民國102年3月1日上午遭竊，甲懷疑是有竊盜前科之鄰居乙所為，乃報警處理，經警到場勘察，發現甲宅確有竊案發生，除製有勘察報告，並對甲製作警詢筆錄。偵查中，檢察官傳訊乙未到，即依竊盜罪嫌提起公訴。審判中，乙對警察製作之勘察報告及甲之警詢筆錄均同意作為證據，但否認有竊盜犯行，並辯稱：甲家中失竊當日，其人在外地等語。嗣法院調查結果，發現乙當日並未外出，所辯並不實在。證人丙到庭具結證稱：甲曾經告訴伊家中失竊的情形，且懷疑是乙所為等詞。請附理由說明法院應如何判決？（102檢事官）

考點提示：

一、司法警察依刑事訴訟法第230、231條所製作之勘察報告，係屬傳聞證據，雖係公務員職務上製作之文書，惟因係為個案製作，欠缺一般性、例行性，不符合本法第159之4條傳聞書證之要件，但得因被告乙之同意（本法第159條之5）而具證據能力。

二、至甲之警詢筆錄不論是否具備本法第159條之2供述矛盾、第159條之3供述不能之要件，亦可因被告乙之同意而得為證據。

三、證人丙到庭具結所為之陳述，因丙為傳聞證人而仍屬傳聞證據，並不符合本法第159條之5第1項之規定（此限直接見聞之原始證人向法官之陳述），故不得為認定犯罪事實之證據，但通說與實務肯認得為彈劾證據。

四、綜觀上述三項證據，均未得直接或間接證明乙犯本案之竊盜罪，何況依通說與實務見解，為避免誣陷風險，告訴人之指述仍應有補強證據，始得認定被告有罪。

相關試題

檢察官以甲、乙共犯違反貪污治罪條例之違背職務收受賄賂罪嫌，將其二人向法院提起公訴。案件於法院審理中，甲因逃亡，傳拘無著為法院發布通緝，乙最後則為法院判處罪刑確定，並發監執行。之後甲為警緝獲到案，甲在其案件於第一審法院審理時，聲請傳喚已經在監執行之乙為證人，經法院提解乙到庭，乙以刑事訴訟法第181條規定：「證人恐因陳述致自己或與其有前條第一項關係之人受刑事追訴或處罰者，得拒絕證言。」對甲之辯護人所詰問問題，全部概括行使拒絕證言權。請附理由回答：乙上開拒絕證言權之行使，是否合法？（103廉政）

考點提示：

一、證人之拒絕證言權如係基於刑事訴訟法第180條身分關係者，得概括拒絕證言，除此之其他拒證權（包括第181條利害關係不自證己罪之拒證權）均須就個別具體問題，逐一分別主張而不得概括拒絕一切問題，故本例乙之拒證權行使即不合法。

二、本例尚應注意者，乃乙業經有罪判決確定，則其到庭就甲案作證是否有本法第181條「恐因陳述致自己受刑事追訴者」之情形，頗值商榷，如否，則乙即不得行使拒證權。

相關試題

甲涉嫌殺死丁，乙全程目睹。在調查中，警察丙想調查乙，對乙發出通知書。根據該通知書，乙應在民國103年8月15日下午2時到警察局，就甲涉嫌實行殺死丁的案件，以證人身分接受詢問，無故不到場得處以新台幣3萬元以下之罰鍰。乙按照上述通知書所載時間準時抵達警察局。丙在詢問乙之前，要乙先朗讀當據實陳述絕無匿飾增減的書面，然後在上面簽名並蓋指印；請問，根據刑事訴訟法，丙的作法是否完全正確？請詳述理由。（104檢事官）

考點提示：

一、司法警察以通知書通知證人接受詢問，若證人無正當理由不到場，現行法並無科處罰鍰或準用刑事訴訟法第178條之規定。

二、司法警察詢問證人時，現行法並無證人需具結或準用刑事訴訟法第168條之規定，故若誤命證人具結，該具結並不合法，亦無效力，縱證人有虛僞陳述，亦不負刑法第168條僞證罪之刑責。

相關試題

警察在某大樓三樓逮捕現行犯張三後，搜索了其停放一樓的汽車，查獲槍枝一把。在移送回警察局後，警察搜索張三衣褲口袋，發現了數包海洛因。檢察官擬以該槍枝及毒品作爲證據，證明張三的相關犯罪事實。試問上述的槍枝及毒品有無證據能力？請附理由詳述之。（105檢事官）

考點提示：

一、刑事訴訟法第130條規定之無令狀附帶搜索，係基於執行合法拘捕時，爲保障執法人員安全並防止被拘捕人湮滅隨身證據之目的而容許之。故其執行搜索之範圍以被拘捕人之身體、隨身攜帶之物件與其立即可觸及之處所爲範圍。

二、本例司法警察在大樓三樓逮捕甲，自不得搜索逾越被拘捕人立即可觸及範圍之一樓所停放之汽車。至嗣後被拘捕人既已經解送回警局，顯已於司法公權力控制範圍下，勘認已無攻擊執法人員與湮滅隨身證據之虞，此時如仍欲對被拘捕人搜索，應向法院聲請搜索票爲之，始爲適法。本例違法搜索扣押之物，應由法院依刑事訴訟法第158條之4規定權衡裁量其證據能力。

相關試題

甲經營賭博性電子遊戲場，爲免遭管區派出所取締，涉嫌行賄請求警員乙惠予照顧，不要動輒取締，並約定由甲自民國（下同）100年12月份起，每月交付新臺幣（下同）20,000元給乙。調查局線民丙，於100年12月20日，向調查局密報稱：「曾聽聞甲曾向顧客表示，安啦！管區警員乙，已打點好了。」經製作調查筆錄在案。調查員懷疑甲、乙二人涉有不法情事，爲過濾線索的眞實性，於翌日12月21日自行秘密監聽，發現甲、乙二人之通話內容提及「茶葉好了，有空過來喝」等曖昧用語。調查員研判是二人約定之暗語，遂於同年月28日檢具丙告發之調查筆錄及上開監聽譯文，洽請檢察官向法院聲請核發通訊監察書，監聽甲、乙二人手機號碼的通話。法院核准聲請，並於通訊監察書上載明監聽期間爲：「自100年12月30日上午10時起至101年1月30日上午10時止」。調查員於101年2月1日通知甲、乙二人到案說明，甲、乙均否認犯罪。偵查中檢察官以證人身分傳喚丙，丙具結後供稱：「向調查員所供全是道聽塗說」，檢察官認爲丙於調查局之供述較爲可信，偵查終結，以甲、乙分別涉犯違背職務行賄、受賄罪，於101年5月1日提起公訴。檢察並提出線民丙之調查筆錄、監聽之錄音光碟及監聽譯文，作爲證據。其中，監聽譯文是由調查局人員製作但未經簽名，內容則載明：「兩手機通話時間爲100年12月31日XX點XX分至YY分……甲手機發話：……茶葉好了可以來喝了……乙手機回話：謝謝啦！馬上過去喝。下個月初，可能有自強活動（意指分局有擴大臨檢之暗語）」。檢察官於起訴書中，除指明甲、乙二人於100年12月31日行賄、受賄20,000元外，另於第一審辯論終結前，追加起訴甲、乙二人101年1月份之行賄、受賄之犯行。經法院審理結果，認爲甲、乙100年12月份之行賄、受賄部分固然成立犯罪，但檢察官追加起訴101年1月份的部分，屬犯罪不能證明，遂於判決主文就100年12月份甲之行賄，乙之受賄，分別論處罪刑；對於追加起訴部分，認爲不成立犯罪部分，未於主文另爲宣告，僅於理由說明追加起訴部分，犯罪不能證明，爰不另爲無罪之諭知。試問：

(一) 100年12月31日之監聽光碟及監聽譯文，得否作爲認定甲乙二人有罪之證據？

(二) 檢察官認爲丙於偵查中訊問時已翻供，故本案審判中未再聲請傳喚丙爲證人，經法院依職權傳喚丙未到，法院得否採用調查員詢問丙之調查筆錄作爲證據？

(三) 法院審理結果，第一審法院判決之諭知方式是否正確？檢察官對於第一審判決未提起上訴，僅被告上訴之情形，試問第二審法院之審判範圍爲何？　（107律師）

考點提示：

一、司法警察調查員於通訊監察書核准前所爲自行監聽，依通訊保障及監察法第5條之規定當屬違法，本例又不具備同法第6條緊急監聽之要件，依同法第18條之1第3項之規定，該違法監聽內容與衍生之證據均不得為證據。又本例之監聽譯文不僅屬於違法監聽之衍生證據，製作該譯文之公務員且未依刑事訴訟法第39條規定簽名，同時部分內容亦屬刑事訴訟法第160條規定之製作者個人意見與推測之詞，故應認該譯文不得為證據，而不應容許法院權衡裁量其證據能力，否則執法人員違法監聽取得之內容雖不得為證據，然監聽譯文卻可能權衡裁量認可其得為證據，豈非本末倒置且有鼓勵違法監聽之嫌？

二、本例證人丙經合法傳喚，無正當理由不到場時，本於證人之不可替代性，法院應依法拘提到場，尚不得據此認定屬證人供述不能而依刑事訴訟法第159條之3傳聞法則之例外規定認有證據能力；故法院應依職權傳喚丙或曉諭檢察官聲請傳喚之。

三、本例縱被告有先後多次行賄與受賄犯行，然仍屬侵害一個國家法益而僅成立實體法上一罪，本於單一案件不可分性，檢察官起訴一部事實，效力及於全部，不論檢察官以函請併辦或追加起訴方式為之，均不影響其為單一案件之性質，法院僅須就本案於主文中為一判決即可，故本例法院於主文為一個有罪諭知，另於理由中就無罪部分為說明，即屬合法。至於上訴審審理範圍，依刑事訴訟法第348條第2項上訴不可分規定，無論被告或檢察官上訴，第二審法院均得就全部事實為審理。

相關試題

> 於準備程序，檢察官表示，預備於審判期日中提出證人於警察詢問時作成的筆錄作為證據，被告甲及其辯護人表示同意。於審判期日，調查數個證據後，法院指示調查前述的證人警詢筆錄，甲的辯護人表示反對，擬撤回對於該筆錄的同意。請問，該證人的筆錄有無證據能力？請附詳細理由說明之。　（107廉政）

考點提示：

一、準備程序調查證據能力之合法性

按關於準備程序得處理事項，是否包含對證據能力之調查與判斷，有不同見解，通說認為受命法官依刑事訴訟法第273至278條之規定行使職權，得就證據能力之關聯性部分為判斷，至於證據之取證合法性與其他判斷，應由合議庭為之，以避免架空合議庭之審判職權且違反直接審理主義。

二、傳聞法則及其例外

按因證人之知覺、觀察、記憶、表達及真誠性本身均具有不可靠性，並存有誣陷之風險，是藉由直接目擊證人於審判期日到庭具結供述並接受當事人或辯護人、代理人等之交互詰問與對質之檢驗，以確保該供述證據之憑信性，傳聞證據因係直接目擊證人於審判期日外之言詞或書面陳述，致當事人或辯護人、代理人未得於公判庭內就其供述內容為交互詰問與對質之檢驗，傳聞法則原則上乃否認該傳聞證據之證據能力。我國刑事訴訟法第

159條第1項亦規定「被告以外之人於審判外之言詞或書面陳述，除法律有規定者外，不得作爲證據」，所謂法律之規定包括本法第159條之1至之5及特別刑法之規定，其中本法第159條之1係向法官或檢察官之陳述，第159條之2及之3係向檢察事務官或司法警察（官）之陳述，第159條之4乃特定文書，第159條之5則爲當事人合意承認傳聞證據之證據能力。

三、傳聞例外之當事人合意與再爭執

(一) 明示合意：同意權人限當事人，不包括代理人、辯護人或輔佐人。當事人同意後，法院對「可信性情況保證」有裁量權。

(二) 擬制合意：包含當事人、辯護人與代理人。

(三) 同意傳聞供述作爲證據之再爭執，依實務最高法院見解如下：

1. 當事人明示合意後，基於安定性與確實性要求，如意思表示無瑕疵，原則上於原審與上訴審均不得撤回；例外情形限於當事人尚未進行證據調查&他造未異議且法院認適當者。
2. 擬制合意乃基於當事人消極緘默而法律擬制效果，並非本於當事人積極處分而使其效力恆定，自應容許當事人於言詞辯論終結前、第二審及更審程序中再行爭執抗辯。

(四) 本例若認爲準備程序就傳聞證據之調查合法，依上述見解，被告與辯護人即不得就同意傳聞證據之證據能力在爭執，其撤回同意自不生效力；反之，當事人仍得就傳聞證據之證據能力再行表示是否同意。

相關試題

檢察官起訴甲男性侵乙女之案件。法院審理後，根據證人乙女於偵查中具結後向檢察官對甲男性侵經過之陳述，以及乙女之友人丙女於法庭上證稱：「案發當日乙女深夜來找我，哭得很傷心，邊講甲男如何灌醉她後性侵的經過，一邊掉眼淚，情緒很激動！」、「案發後乙女長期意志消沉，常有自殺念頭！」等的陳述，判決甲男有罪。試問：法院之判決是否合法？　（106檢事官）

考點提示：

一、強制性交案件屬於重罪案件，應適用嚴格證明之通常審判程序，故依傳聞法則之原則性規定，傳聞證據除有法定例外情形，否則即無證據能力。

二、被害人乙以證人身分於檢察官偵訊時具結而爲陳述，該偵訊筆錄屬於傳聞證據，依刑事訴訟法第159條之1第2項之規定，除顯有不可信之情況外，應得爲法院採爲判決基礎之證據；又縱不符合本條規定，但若兩造當事人合意者，依同法第159條之5規定仍得有證據能力。

三、證人丙於本案審判中陳述乙被侵害後找其傾訴之言行舉措、情緒反應與心理表徵等情狀，就此丙乃屬於親身經歷之原始證人，故其陳述當然有證據能力。

相關試題

甲某日在KTV酒後與在隔壁包廂唱歌之著名影星乙起爭執，乙當場將甲毆成重傷。警方在約詢甲時，拿出乙之照片供甲指認，甲立刻大喊「就是他沒錯！把我打得好慘！」，之後乙遭起訴。審判時，甲不幸因車禍過世。試問甲之前述指認是否有證據能力？（105檢事官）

考點提示：

一、通說與部分實務見解認為，證人對人犯或被告知指認，原則上應採真人成列指認方式，不得採一對一或照片指證，以求慎重無訛。但實務另認為，若被告係社會知名人士、熟識朋友、具顯著特徵、曾長期近距離接觸、現行犯或準現行犯者，則例外得當面單獨指認（最高法院95台上3954）。本例乙為著名影星，甲為當面單獨或照片指認，應可認為具有可信性情況保證。

二、證人於警局對人犯之指證屬於審判外之陳述，該傳聞證據於通常審判程序原則上無證據能力，例外於符合刑事訴訟法第159條之3供述不能或第159條之5當事人同意之要件時，得為證據。但若本例係適用簡式、簡易或協商程序時，因此三種不適用傳聞法則，則該傳聞證據即具有證據能力。

相關試題

犯罪嫌疑人甲涉犯重傷罪，乙及丙親眼看到整個過程。乙隨後向丁說：「我親眼看到甲把別人打得頭破血流！」丙將甲涉重傷行為經過，以書信方式寫下寄送到警察局。於審判中，法院傳喚丁。丁到場具結後，經雙方當事人詰問。此外，檢察官提出了丙寄出的書信作為證據。請問，丁及丙所撰寫的書信有無證據能力？請附詳細理由說明之。（107廉政）

考點提示：

一、傳聞法則及其例外

按因證人之知覺、觀察、記憶、表達及真誠性本身均具有不可靠性，並存有誣陷之風險，是藉由直接目擊證人於審判期日到庭具結供述並接受當事人或辯護人、代理人等之交互詰問與對質之檢驗，以確保該供述證據之憑信性，傳聞證據因係直接目擊證人於審判期日外之言詞或書面陳述，致當事人或辯護人、代理人未得於公判庭內就其供述內容為交互詰問與對質之檢驗，傳聞法則原則上乃否認該傳聞證據之證據能力。我國刑事訴訟法第159條第1項亦規定「被告以外之人於審判外之言詞或書面陳述，除法律有規定者外，不得作為證據」，所謂法律之規定包括本法第159條之1至之5及特別刑法之規定，其中本法第159條之1係向法官或檢察官之陳述，第159條之2及之3係向檢察事務官或司法警察（官）之陳述，第159條之4乃特定文書，第159條之5則為當事人合意承認傳聞證據之證據能力。

二、傳聞證人與傳聞文書之性質

次按傳聞證人乃指於審判期日在公判庭內轉述親睹待證事實之證人，在法庭外對其所爲供述之內容之非直接證人，亦即傳聞證人係以目擊待證事實之證人在審判期日外之言詞陳述爲其供述內容；另傳聞書證乃指目擊待證事實之原始證人，將其目擊過程於審判期日外將之書寫於書面，再轉呈於審判庭；此兩者均未經原始證人之具結擔保並受兩造當事人之交互詰問與對質，而爲直接供述證據之替代品，同屬傳聞證據之範疇。

三、結論

本例甲所涉犯之重傷罪，應採嚴格證明之通常審判程序，而有傳聞法則之適用，故丁於審判庭中之傳聞供述與丙之傳聞書證，除符合上開本法第159條之5之例外規定，由當事人合意或擬制合意外（因甲之陳述對象非法官、檢察官、檢察事務官或司法警察官或司法警察），均應認爲不具證據能力。

相關試題

甲於被訴僞造文書罪之審判程序中，主張證人乙之警詢陳述無證據能力。惟於法院傳喚乙到庭後，乙翻供其警詢所言，甲卻不發一語。法院得否以乙之警詢陳述作爲甲有罪判決之依據？（105地特廉政）

考點提示：

一、證人之警詢陳述屬於傳聞證據，於採行嚴格證明之通常審判程序中，原則上無證據能力，但本例甲雖不同意該傳聞證據之證據能力，惟如符合刑事訴訟法第159條之2供述矛盾之可信性特別情況保證與證據必要性時，例外得有證據能力。

二、但如本例係適用自由證明之簡式審判程序時，因該程序不是用傳聞法則，則該傳聞證據即有證據能力。

相關試題

犯罪嫌疑人甲被逮捕後，移送至警察機關，於傍晚八時許開始接受詢問。甲自白犯罪後，解送至地檢署。檢察官於深夜十一時許開始訊問，甲爲同樣內容的自白。試問，甲在警察詢問及檢察官訊問的自白有無證據能力，應如何判斷？請附詳細理由說明之。（107高考）

考點提示：

一、依刑事訴訟法第100條之3規定，若無但書所列之情形，司法警察（官）禁止於夜間詢問犯罪嫌疑人，否則所取得之自白依本法第158條之2第1項本文之規定，原則上即無證據能力，除非檢察官得舉證證明該違反非出於惡意且犯罪嫌疑人之自白係出於自由意志。

二、司法警察機關若以不正方法詢問被告（第一次）後，再移送檢察官複訊，雖檢察官之訊問（第二次）符合法法定程序，然依毒樹果實理論繼續效力之觀點，該不正方法對被告自由意志之抑制影響將繼續至時間密接之檢察官複訊，故認爲檢察官訊問所取得之自白亦無證據能力。然有疑問者，如司法警察機關之第一次詢問係違反不正方法以外之其他法定程序（如本案例之夜間詢問禁止），移送檢察官複訊所取得之自白，是否仍有毒樹果實理論繼續性效力之適用，即有不同見解，本案例中檢察官訊問取得之被告自白，其證據能力有無即視採何種見解而定。

相關試題

公務員甲因涉嫌收賄遭法務部調查局約談，調查員乙告知甲刑事訴訟法第95條之內容後，即開始詢問，但甲皆答以「不知道」，或不發一語。乙遂大聲的說：「你什麼都不講，到時檢察官聲押你，誰也幫不了你」，隨後即離開偵訊室。半小時後，換調查員丙詢問甲，甲一見到丙，立即表示願意詳述收賄經過而自白。一小時後，檢察官複訊甲，但未告知甲可以保持緘默，甲隨即再次詳述收賄經過，並希望檢察官讓其交保，不要聲押。試問，甲之兩次自白可否做爲證據？　（105高考法制）

考點提示：

一、司法警察（調查員）乙脅迫之不正方法詢問被告取得之非任意性自白，依刑事訴訟法第156條第1項之規定不得爲證據。

二、司法警察乙檢察官聲請羈押之不正方法脅迫被告甲爲非任意性自白，該脅迫性勢將繼續影響被告隨後於面對檢察官偵訊時之自由意志，且檢察官偵訊時亦未踐行本法第95條第2款之告知義務，通說認爲應類推適用第158條之2規定，而排除被告於檢訊中自白之證據能力。

相關試題

甲涉嫌詐欺與內線交易，因偵查中被乙丙等人署名發信檢舉甲燒毀證據並勾串證人等情事，檢察官可否持此信函爲證據，向法院聲請羈押甲？　（106法警）

考點提示：

一、乙丙所撰寫之檢舉信乃係證人於審判外之書面陳述，屬傳聞證據，因強制處分審查程序（含羈押審查程序）採自由證明程序，不適用傳聞法則，故具有證據能力。

二、至於該檢舉信得否就被告有滅證、串證之事實爲證明，乃檢察官與法院所應調查審認，雖就此事實之認定達自由證明程度即可，惟僅憑一封檢舉信是否有相當理由足以認定滅證串證之事實，不無疑義。

相關試題

> 甲基於對社會現況不滿等動機，某日夜間持爆裂物搭乘臺鐵電聯車途中加以引爆，造成附近乘客多人輕重傷，甲亦因操作不當致自己身受重傷，與其他受傷乘客一併被送醫急救。案發後，經警察機關調取車站監視器畫面，發覺甲、乙二人行跡可疑及乙趁隙逃離現場的跡證。遂依法詢問於醫院治療中之甲，並提示所調取之乙前科紀錄表之照片供甲指認，甲指稱乙係其認識多年的朋友，本件爆炸案是由乙所主謀劃云云。案經檢察官依殺人未遂及公共危險罪嫌起訴共同被告甲、乙二人，被告乙於審判中主張其僅提供火藥給甲製作爆裂物並協助搬運而已，並非由其主謀策劃。試問：
>
> (一)被告甲於警詢中依前科紀錄表之照片單一指認乙之陳述，得否作爲證明被告乙有罪之證據？
>
> (二)法院關於被告乙涉嫌殺人未遂及公共危險罪之證據調查，應如何調查共同被告甲？
>
> （105司法官）

考點提示：

一、通說與部分實務見解認爲，證人對人犯或被告知指認，原則上應採眞人成列指認方式，不得採一對一或照片指證，以求愼重無訛。但實務另認爲，若被告係社會知名人士、熟識朋友、具顯著特徵、曾長期近距離接觸、現行犯或準現行犯者，則例外得當面單獨指認（最高法院95台上3954）。本例乙爲甲認識多年之朋友，甲爲當面單獨或照片指認，應可認爲具有可信性情況保證。

二、證人於警局對人犯之指證屬於審判外之陳述，該傳聞證據於通常審判程序原則上無證據能力，且本例並無符合刑事訴訟法第159條之2供述矛盾、第159條之3供述不能或第159條之5當事人同意之情形，故此項指認應不得爲證據。

三、依刑事訴訟法第287條之2規定，法院就被告本人之案件調查共同被告時，該共同被告準用有關人證之規定。換言之，共同被告於本案被告之案件中，應使其立於證人地位，適用人證之調查方法與程序，命其到場具結擔保其供述之眞誠性，並接受兩造當事人交互詰問暨與被告對質之檢驗，以符合大法官會議釋字第582號解釋之意旨。

相關試題

> 甲爲地政局科員，承辦乙祭祀公業土地變更登記事宜。甲私下約乙會面，對乙表示可通融其變更登記，但乙必須和甲預立佣金2億元之土地仲介契約，作爲變更登記酬勞並掩飾賄款本質。甲、乙討價還價後以4千萬元成交。乙應允並交付前金1千萬元後越想越反悔，認爲甲根本是趁機敲竹槓，遂向警方報案。本案承辦警官丙以證人地位詢問乙並製作筆錄（證據1-1），但丙未曾告知乙因陳述恐自證己罪之拒絕證言權。此外，丙於乙同意下，爲乙的手機安裝電話自動錄音軟體，並指示乙用該手機打給甲。乙遂與不知情的甲通話，錄得甲表示會盡速完成變更登記、乙表示於完成變更登記後會分

次支付等對話內容。乙隨即將該錄音（證據2）交給警官丙，由警方將甲涉貪案件一併移送該管地檢署。檢方偵查期間，檢察官丁曾以證人地位傳訊乙出庭作證，但漏未告知乙因陳述恐自證己罪之拒絕證言權，乙依法具結後詳爲陳述（證據1-2）。本案終結偵查後，檢察官以違背職務收賄罪名起訴甲，起訴書並援引上開電話錄音（證據2）及乙在警詢及偵查中之證言（證據1-1、1-2），作爲對甲不利之證據。試分析被告甲之辯護人所爲下述之抗辯有無理由？

(一) 乙偵查中向檢察官丁所爲之證言（即證據1-2）乃違法取得證據，不得作爲對甲不利之證據。

(二) 乙向警官丙所爲之證言（即證據1-1）乃違法取得證據，不得作爲對甲不利之證據。

(三) 警方取得電話錄音（證據2）之程序，係利用甲的不知情而誘導其自證己罪，侵害緘默權且違反訊（詢）問被告之告知義務的規定，此外亦構成詐欺之不正方法，故甲不利於己之陳述，不得作爲對甲不利之證據。

(四) 警方取得電話錄音（證據2）之程序，係違反「通訊保障及監察法」規定，未依法事先取得通訊監察書，乃違法監聽錄音，錄音內容不得採爲證據。

(五) 電話錄音（證據2）之內容屬於「審判外陳述」，乃傳聞證據，且因不符任何一種法定例外規定，故不得作爲裁判之基礎。（107司法官）

考點提示：

一、檢察官訊問具有刑事訴訟法第181條自證己罪利害關係之證人，未踐行同法第186條第2項拒絕證言權告知義務卻命其具結陳述時，因屬脅迫（僞證罪）與詐欺之不正方法而取得該證人之供述，依同法第156條第1項，自不得作爲該證人將來列爲被告後之自白證據，但得否爲本案被告之證據？學說與早期實務見解主張，利害關係拒絕證言權之規定並非在保護本案被告，如有違反告知義務，對之仍得爲證據（最高法院100台上1409）；近期實務見解則認爲，違反此項告知義務，仍屬違背法定程序取證而與正當法律程序不符，故由法院依本法第158條之4權衡裁量其證據能力（最高法院107台上1700）。

二、承上所述，因司法警察詢問證人毋庸命其具結，本法亦未規定要求其踐行拒絕證言權之告知，故有見解認爲本例之取證合法；然學說主張此乃立法漏洞，證人行使不自證己罪拒絕證言之權利，不應因此被剝奪，故應類推適用本法第186條第2項之規定，與上述爲相同判斷標準。

三、通說與實務見解就國家公權力機關對被告取得自白之手段，採實質訊問、功能訊問理論，亦即基於被告訴訟防禦權保障與程序公平之維護，以擔保其陳述之任意性，司法警察詢問被告或犯罪嫌疑人時，只要在功能上係相當於對案情之詢問，不論出於任何方式或在任何地點，均應遵守正當法律程序，包括刑事訴訟法第95條告知義務踐行、第98條不正訊問方法禁止等規定（最高法院99台上1893）；又私人（含線民）受國家機關實力支配或囑託而代為取證時，該私人所為即屬國家機關手足之延伸，即應視為國家機關取證之一環；故本例司法警察藉由私人乙之協助而違法錄音，誘導不知情之甲為自證己罪之陳述，即屬國家機關對被告為詐欺不正方法之取證，依本法第156條第1項之規定，即無證據能力，另又對未經拘捕之被告甲踐行同法第95條之權利告知，亦可類推適用第158條之2第2項之規定，否定其證據能力。

四、實務見解認為，依通訊保障及監察法第29條第3款規定，得通訊一方同意之無令狀監聽，而非出於不法目的者，不罰，此時因受監察者對通訊一方而言，並無通訊秘密與隱私期待，故得阻卻違法，且此為執法公務員保全證據所必要實施之作為，故取得之該監聽內容應有證據能力（最高法院101台上3287）；然學者主張，通訊雙方均應享有通訊秘密之權利，不得由一方支配決定他方之秘密通訊權利，縱得通訊一方同意之無令狀監聽，仍不得合理化或正當化其違反正當法律程序之無令狀通訊監察，故應依同法第18條第1項第3款之規定否定其證據能力。

五、實務見解認為，監聽錄音內容有無證據能力，係以取證合法性為判斷，因其外觀上係審判外陳述，但係以科技設備眞實保存當時通話內容，並非透過人的意思活動所傳達之內容，性質上應為證物，故不適用傳聞法則（最高法院97台上6611、100台上5561、102台上4200）。

相關試題

甲駕車與乙發生車禍，致乙受傷，雙方皆自認自己沒過失，不欲和解，正由警方調查中。乙之友人丙獲知此事，即到甲家告訴甲，若甲不到警局向警員承認全是自己的過失且賠償乙所有損失，丙會對甲不利。甲知丙為幫派分子，因而心生畏懼，第二天即趕到警局，向警員承認都是自己的過失，並願意賠償乙損失。不料乙不願意和解，也不願意撤回告訴。全案移送檢察官偵辦。檢察官訊問甲時，乙在場，甲擔心乙會告訴丙，因而仍承認自己有過失。乙仍不願意和解。檢察官對甲提起公訴。審理時，甲之辯護人丁向法院表示，甲先前向警員及檢察官所為之自白，係因受丙威脅所致，因而要撤回自白。請試圖為甲辯護人丁說明其主張之法律依據及理由。　（105地特法制）

考點提示：

實務與通說見解認為，私人違法取證如係出於強暴或脅迫等手段，致使被取證人喪失自由意志而為陳述者，應認該取得之供述證據無證據能力。故本例甲受丙脅迫所為之自白因欠缺任意性，應類推適用刑事訴訟法第156條第1項之規定而不得為證據。

相關試題

A長期在外經商，因涉犯走私槍砲罪嫌，偵查中員警甲持法院簽發之搜索票，利用執行搜索A住宅的機會，意圖為自己不法之所有，暗中將A放於茶几上之名貴打火機放入自己之口袋，全部犯行被A私自裝設的防盜針孔攝影機錄下。A返家後發現，遂以錄影光碟爲證，向地方法院檢察署提出告訴。檢察官偵查終結以甲觸犯刑法第321條第1項第1款加重竊盜罪提起公訴，案經地方法院以「易」字案件分案。試問：

(一) 第一審法院承審法官行準備程序時，甲否認犯罪，法官認爲甲可能觸犯刑法第134條、第320條第1項假借職務上機會竊盜罪，程序上應如何處理？

(二) 檢察官扣押A提出之錄影光碟作爲證據，該光碟有無證據能力？法院應如何調查？

（106高考）

考點提示：

一、檢察官原起訴被告涉犯刑法第321條第1項第1款加重竊盜罪，法院變更起訴罪名爲刑法第134條、第320條第1項假借職務上機會竊盜罪，即應更新審判程序，並依刑事訴訟法第95條第1項第1款重新踐行告知義務。

二、告訴人所提之監視錄影雖係私人取證，但其取證程序並無不法，自應有證據能力。此外，法院應依影音證據之調查方法與程序調查該錄影光碟，意即依刑事訴訟法第165條之1第2項之規定，以適當設備顯示該監視錄影光碟之影像，使當事人、代理人、辯護人或輔佐人辨認或告以要旨。

相關試題

甲之住宅某日遭警方搜索，扣得制式手槍一把以及海洛因十包，後甲遭檢察官起訴，一審判決甲有罪。案件上訴至二審，法官於審判期日未提示該手槍及海洛因，而是同時提示該手槍及海洛因之二份鑑定報告給甲看，甲看後說「這些東西都不是我的，我是被冤枉的！」二審最後仍判決甲有罪。試問，二審之上述程序有無違法？甲提起第三審上訴有無理由？

（105高考法制）

考點提示：

實務見解認爲，法院將扣案證物之原物照片與相關鑑驗通知書提示予當事人辨認，足以表徵證物之同一性，如法院於當事人辨認後並訊問其意見，則該調查證據程序即屬合法。但如當事人對證物之同一性有所爭執，則法院即應提示實物（最高法院101台上900）。本例被告甲於二審法院提示證物鑑定報告時有所抗辯，二審法院未踐行實物證據之提示並予被告就提示有陳述意見之機會，當屬刑事訴訟法第379條第10款「應於審判期日調查之證據而未予調查」之判決當然違背法令。

相關試題

警察查獲甲「闖空門」，偵訊過程甲承認犯罪，並供出乙協助行竊把風、銷贓，後經檢察官將兩人合併提請公訴。審理過程中，甲仍如偵查中之說詞，乙則矢口否認。試

問法院若欲以甲之供述認定甲、乙所涉之犯罪事實，應如何進行本項證據調查？（107法警）

考點提示：

相牽連案件之合併審判仍不影響其爲數案件之本質，故甲於乙案中仍具證人身分，基於對被告訴訟防禦權與對質詰問權之保障，應先分離審判，以證人之證據方法，將甲立於證人地位，命其具結並受被告乙之反對詰問，方屬適法。

相關試題

檢察官偵辦甲攜帶兇器強盜超商之案件，依偵查所得之證據，包括：甲於偵查中坦承：「我有攜帶水果刀強盜之行爲」等語，並作成偵訊筆錄；證人即店員乙於偵查中具結證稱：「甲當日有至超商持水果刀抵住我脖子，並要我把錢全部拿出來給甲」等語，其證詞亦製作成偵訊筆錄；此外，並有扣案之監視錄影畫面光碟一張及水果刀一把在卷可稽，本案於起訴後經指定辯護人到庭爲被告辯護。試問：法院於審判期日進行中，對於上開被告之供述、證人之證述、監視錄影畫面光碟一張及水果刀一把，各應如何依刑事訴訟法之相關規定進行合法之調查，以作爲認定事實、形成心證之基礎？（106檢事官）

考點提示：

一、被告自白之調查部分，若被告爲不正方法之抗辯，則有無不正方法應先於其他事實證據爲調查，若無抗辯，則被告自白應於其他事實證據調查方爲調查，避免法院存有預斷偏見；調查程序則依刑事訴訟法第94條至第100條之1之被告證據方法規定。

二、證人調查部分，法院於審利中仍應命證人到場具結並受交互詰問之檢驗；至其偵訊筆錄之證據能力，本例採嚴格證明之通常審判程序，故依本法第159條之1第2項、第159條之5傳聞法則之例外規定，認定有證據能力，再依本法第165條第1項文書之證據方法爲調查。

三、監視錄影光碟應依本法第165條之1第2項影音證據方法之規定，以適當設備顯示其影像，並使當事人有陳述意見與辯論之機會；扣案水果刀應依本法第164條勘驗證據方法之規定，於審判庭提示供當事人辨認，並使之有陳述意見與辯論之機會。

相關試題

不識字之甲於乙被訴僞造文書罪之審判程序中，以證人身分經傳喚到庭證述。審判長僅要求甲詳細看清楚結文內容後，即命其於結文內簽名。甲嗣後所爲不利於乙之陳述，是否具證據能力？（105地特廉政）

考點提示：

對於不識字之證人，法院應朗讀結文之內容並告以要旨以代閱覽，使證人明確知悉結文之意義，亦方得眞正落實具結擔保證人供述眞實性之立法意旨。本例證人既不明結文意義，則具結之擔保性即無從實現，與未經具結無異，故應認甲之證人供述依刑事訴訟法第158條之3規定無證據能力。

相關試題

甲持有毒品甲基安非他命一包約0.3公克，經警查獲。於應警詢時，甲自白所查扣之毒品係爲供販賣而買入。檢察官乃起訴甲涉犯販賣第二級毒品未遂罪嫌。審判中，甲之辯護人爲甲辯護稱：「甲所稱毒品係供販賣用之自白欠缺補強證據」、「甲有施用毒品甲基安非他命習慣，持有之上開毒品係供己施用」。試問：辯護人之上開二點辯護有無理由？（107檢事官）

考點提示：

一、本於刑事訴訟法第156條第1項自白補強法則之要求，被告自白不得爲有罪之唯一證據，故本案審判法院不得僅憑被告甲之自白認定其有罪。

二、司法與社會實務上，0.3公克安非他命爲吸毒者通常購買之數量，則是否得因此做爲甲販賣毒品之補強證據，即不無疑義。

相關試題

被害人A之住處遭竊財物一批，嗣警方在現場採之指紋經鑑定係甲涉案，並於附近監視器畫面查悉尚有一名共犯駕車在外把風接應。半年後甲到案承認犯罪，並供稱在外接應之人係乙，且本案係丙策劃，車輛亦係丙所提供，所竊財物已經變賣，款項三人均分等語；檢察官再傳訊乙、丙到案，乙承認犯罪，其說詞與甲均相同，亦指稱丙提供車輛且係主謀；丙則否認犯罪並稱：是乙向我借車，不知道借車的目的，也沒有分到任何金錢等語。檢察官即以甲、乙、丙三人共同犯刑法之加重竊盜罪提起公訴。試問：法院於審理本案時，得否依以上證據（監視器畫面、指紋鑑定書等）及甲、乙二人之自白，認定甲、乙、丙三人有無犯本件竊盜罪？（107檢事官）

考點提示：

一、依刑事訴訟法第156條第2項自白補強法則，被告或共犯自白不得爲有罪之唯一證據，仍須有與待證事實具有關聯性之補強證據始得爲有罪認定。

二、本案例中，被告甲、乙均自白犯罪，且有具關連性之指紋鑑定書與監視錄影可資爲補強，故得甲、乙爲有罪判決。

三、共犯自白補強法則乃係基於共犯間具有高度誣陷風險之法理，故若丙否認犯罪，通說見解認為不得已共犯間之自白互為補強，蓋同具誣陷風險之共犯自白互為補強，並未能提高其憑信性；此外，本案例中之監視錄影與指紋鑑定書亦與丙犯案與否無涉，因欠缺關聯性而不具補強證據之資格，故不得對丙為有罪判決。

相關試題

甲於夜間侵入已打烊之A賣場行竊，因觸動警鈴，警方據報至現場將之逮捕；嗣甲至警局製作筆錄時，警方就近期B賣場之夜間失竊案詢問甲，甲初僅承認A賣場部分，惟警方出示B賣場失竊案之監視錄影畫面並對其稱「畫面中行竊人之髮型及背影看起來和你很像」，甲即承認A、B賣場失竊案均為其所為，於偵查中接受檢察官訊問時亦均認罪，故檢察官將之提起公訴。惟甲於法院開庭時僅承認A賣場犯行，就B賣場部分則否認之，並稱：B賣場失竊案僅錄到行竊者之背影，我事後回想真的不是我做的等語。試問：法院能否以上開證據及甲之自白，認定甲有犯A、B賣場之二件竊盜罪？

（107檢事官）

考點提示：

一、依刑事訴訟法第156條第2項自白補強法則，被告自白不得為有罪之唯一證據。

二、因本案例之補強證據監視錄影僅有行竊者背影，就被告行竊B賣場之事實認定，並未能達毫無合理懷疑確信之嚴格證明程度，本於罪疑唯輕，就此應對甲為無罪判決。

第九章　偵查與公訴

研讀聚焦

本章之內涵由偵查與告訴公訴兩部分組成，在國考命題上，傳統題型偏重在告訴領域，若以實例題型出現時，多爲通姦、傷害或親屬竊盜案件，蓋因此可測出應試者對告訴不可分效力（含主觀與客觀）之觀念，是否清澄分明，包括絕對與相對告訴乃論、對共犯提出或撤回告訴於偵查&第二審之效力、告訴補正之合法性要件等皆是。

至於偵查題型則爲近年各類國考之熱門重點，有評論型之偵查主體一元制或雙軌制（詳見第五章）、偵查構造之糾問&彈劾偵查，並有實例題型之誘捕偵查之類型（機會提供&犯意誘發）與衍生之證據效果、偵查不公開原則與例外之合法性判斷、任意偵查與強制處分之辨明等，此等難度皆不低，殊值注意。

案例試題

例題1

甲吸食海洛因遭警員乙緝獲。乙要求甲配合辦案，由甲打電話給販賣海洛因給甲的某丙，佯稱還要購買，乙則在一旁監聽並錄音，甲同意乙之要求。丙接獲甲之電話後，不疑有他，答應販買海洛因給甲，並約定時間地點交易，未料知情之乙早已埋伏在現場，丙一出現，即遭乙逮捕，並扣押其身上之海洛因，此外，並經丙之同意，於丙所駕駛停在附近停車場內之轎車找到制式手槍一把並扣押之。試問該錄音帶、起出之海洛因以及制式手槍可否作為日後法院認定丙有罪之證據？

（97政大法研）

解碼關鍵

陷害教唆屬於犯意誘發之違法誘捕偵查；違法拘捕之附帶搜索不合法；得通訊一方同意之無令狀監聽，其證據能力之判斷爭議。

擬答

一、誘捕偵查之合法性

(一) 刑事偵查技術上所謂之「釣魚」者，係指對於原已犯罪或具有犯罪故意之人，以設計引誘之方式，使其暴露犯罪事證，而加以逮捕或偵辦者而言；而所謂「陷害教唆」者，則指行爲人原不具犯罪之故意，純因司法警察之設計教唆，始萌生犯意，進而實施犯罪構成要件之行爲者而言。前者純屬偵查犯罪技巧之範疇，並未違反憲法對於基本人權之保障，且於公共利益之維護有其必要性存在，故依此所蒐集之證據資料，原則上非無證據能力；而後者係以引誘或教唆犯罪之不正當手段，使原無犯罪故意之人因而萌生犯意而實施犯罪行爲，再進而蒐集其犯罪之證據而予以逮捕偵辦，其手段顯然違反憲法對於基本人權之保障，並已逾越偵查犯罪之必要程度，對於公共利益之維護並無意義，其因此所取得之證據資料，應不具有證據能力（最高法院94年台上字第5479號判例）。

(二) 承上所述，誘捕偵查可區分爲：犯意誘發型屬違法陷害教唆，侵害被告之憲法基本權，被告得爲誘陷抗辯。另機會提供型屬釣魚偵查，偵查所得證據應視具體情況判斷其證據能力。本例乃屬陷害教唆之違法誘捕偵查，則司法警察對被告所爲之拘捕應屬違法，違法拘捕後爲保障執法人員安全並防免證據煙滅之附帶搜索（本法第130條）即不合法。另被告在違法拘捕下其自由意志可認受到壓抑，其同意搜索應非任意性下所爲，故該同意搜索亦非適法（毒樹果實理論之放射性效力）。是以本例中所扣押之毒品海洛因與制式手槍，均應排除其證據能力。

二、得通訊一方同意之無令狀監聽，其證據能力之判斷

按如司法警察無通訊監察書，惟得通訊一方同意所爲之監聽，該監聽錄音內容之證據能力如何，有不同見解：實務與部分學者採否定說，蓋如此易使偵查機關藉以規避通訊監察之令狀審查，有架空法官保留原則精神之嫌。然另有學者認爲此情形即表示該通訊內容已無合理隱私期待，因該通訊一方之同意者亦得將通話內容錄音轉交偵查機關聽聞或轉述通話內容，故屬合法取證。淺見本於人民通訊自由與隱私權保障之考量，採前說認定無證據能力之見解，蓋通訊一方並無權利決定他方之通訊隱私權，況雖同意開放之一方得於通話後對外轉述內容，惟此究與全程通話內容之錄音有別，因於法庭轉述內容尚需接受交互詰問之檢驗，且既屬轉述，其憑信性仍易被質疑，然倘係全程監聽錄音，則該錄音內容於法庭播放時，被告之防禦地位必處於較不利之地位，故宜採否定見解。

注釋資料：例解刑事訴訟法「體系釋義版」第七章之焦點「誘捕偵查適法性之探討」。

例題2

試詳述檢察事務官在刑事訴訟上之身分地位與依法得行使之職權各為何？

解碼關鍵

法院組織法第66條之3界定檢察事務官，視爲刑事訴訟法第230條第1項之司法警察官。

擬答

一、法定職權

按檢察事務官依法院組織法第66條之3規定，檢察事務官受檢察官之指揮，處理下列事務：

(一) 實施搜索、扣押、勘驗或執行拘提。

(二) 詢問告訴人、告發人、被告、證人或鑑定人。

(三) 襄助檢察官執行其他第60條所定事項。

又檢察事務官處理前項前二款事務，視爲刑事訴訟法第230條第1項之司法警察官。故而檢察事務官於刑事訴訟程序上之定位即屬襄助檢察官執行職務並輔助偵查之機關。

二、襄助執行範圍

承上所述檢察事務官襄助檢察官執行職務之範圍包括：

(一) 實施偵查

1. 指揮偵（調）查：第228條第1、2項。
2. 篩選案件（退案審查制）：第231條之1。
3. 擔保未來審判之客觀性與正確性。

(二) 提起公訴：認被告有犯罪嫌疑者（法院本於控訴原則受其拘束）：第251條。

(三) 實行公訴

1. 於審判期日出庭：第280條、第379條第8款。
2. 陳述起訴要旨：第286條。
3. 聲請調查證據：第163條第1項。
4. 詢問：第163條第1項。
5. 詰問：第166條第1項。
6. 辯論證據證明力：第288條之2。
7. 事實與法律辯論：第289條。

(四) 協助自訴：第330條。

(五) 擔當自訴：第332條。

(六) 提起救濟

1. 上訴：第344條第1、3項、第347條。
2. 抗告：第403條第1項。
3. 再審：第427條、第428條第1項。
4. 非常上訴：第442條。

(七) 指揮執行：第457條第1項。

三、輔助偵查範圍

至等同一級司法警察官輔助偵查之範圍則爲：實施搜索、扣押、勘驗、執行拘提與詢問告訴人、告發人、被告、證人或鑑定人等。

延伸資料：例解刑事訴訟法「體系釋義版」第十一章之焦點「對第三人之勘驗或鑑定之身體檢查處分」。

例題3

試述刑事訴訟法上所規定司法警察之職務。

解碼關鍵

依刑事訴訟法之相關規定，論述其實施強制處分&調查犯罪、蒐集證據之職權。

擬答

司法警察（官）乃偵查輔助機關，依刑事訴訟法（下簡稱本法）所規定之職務，包括如下：

一、通知與詢問

司法警察因調查犯罪嫌疑人犯罪情形及蒐集證據之必要，得使用通知書通知犯罪嫌疑人到場詢問（本法第71條之1第1項）。

二、執行拘提

拘提由司法警察執行，並得於管轄區域外爲之（本法第78條及第81條）。

三、逮捕

司法警察得爲通緝犯與現行犯之逮捕（本法第87條及第88條）。

四、緊急拘捕

司法警察偵查犯罪，而有本法第88條之1第1項所列情形而情況急迫不及報請檢察官核發拘票者，得緊急拘捕（本法第88條之1）。

五、搜索

令狀搜索之聲請與執行（本法第128條之1第2項及第128條之2），及爲無令狀搜索（本法第130條附帶搜索、第131條急迫搜索、第131條之1同意搜索）。

六、扣押

扣押之執行（本法第136條第1項），包括本案扣押（本法第128條）、本案附帶扣押（本法第137條第1項）與另案附帶扣押（本法第152條）。

七、檢查與穿刺處分

因調查犯罪情形與蒐集證據之必要時，得爲本法第205條之2前段之檢查處分（採取指紋、掌紋、腳印、照相、測量身高等），有相當理由作爲犯罪證據時並得爲同條後段之穿刺處分（採取毛髮、唾液、尿液、聲調、吐氣）。

八、執行偵查與調查

司法警察承檢察官之命調查犯罪情形與蒐集證據，必要時得封鎖現場並爲即時之勘察（本法第228條第1項、第229條、第230條及第231條）。

延伸資料：例解刑事訴訟法「體系釋義版」第五章之焦點「偵查中之檢警關係定位」。

相關試題

甲之金融機構帳簿及提款卡遭詐騙集團騙取，詐騙集團在台北市及高雄市分別詐騙被害人後，誘使被害人將金錢匯入甲之帳號內並迅即提領，請依刑事訴訟法之規定回答下列三問題：

(一)台北市及高雄市警察局分別以到場詢問通知書函請甲赴各該警察局應詢，兩警察局之通知書是否合法？理由爲何？

(二)甲住於台北市內，若不願赴高雄市警察局應詢，其人身自由將有何種不利之結果？理由爲何？

(三)甲赴台北市警察局應詢時，主張乙可爲其受騙之事作證，台北市警察局得否通知乙到場詢問？若乙主動到場，詢問後警察能否命乙具結？理由爲何？　(99基警)

考點提示：

一、刑事訴訟法第196條之1規定，司法警察因調查犯罪嫌疑人犯罪情形及蒐集證據之必要，得使用通知書通知證人到場詢問。並準用第71條之1之規定，惟關於第186條具結之規定則不在準用之列。

二、本例司法警察機關若以被害人身分通知甲到場接受詢問，於刑事訴訟法上並無相關規定之依據，縱然甲未到場，亦不生不利之效果。然如司法機關改以證人身分通知甲到場，即屬於法有據，倘甲不到場，司法警察機關即得報請檢察官簽發拘票拘提之。

三、同上所述，司法警察機關得以證人身分通知乙到場接受詢問，惟不得命乙具結。（按：證人之具結僅於檢察官偵查訊問或法院審判中訊問中方得爲之。）

犯罪嫌疑人甲在司法警察官詢問時，向司法警察官坦承犯罪。承辦司法警察官即以被告承認犯罪為由而移送該管檢察官偵查。試問對於本件司法警察官僅依甲不利於己之供述即行移送，檢察官應為如何之處理？　(91檢事官)

解碼關鍵

偵查主體定位與退案審查制；起訴門檻與檢察官之舉證責任。

擬答

一、退案審查制

按刑事訴訟法第2條規定：「實施刑事訴訟程序之公務員，就該管案件，應於被告有利及不利之情形，一律注意。被告得請求前項公務員，為有利於己之必要處分。」故本件司法警察僅依甲不利於己之供述，即行移送，檢察官應再注意調查對被告有利之情形。次按同法第231條之1規定：「檢察官對於司法警察官或司法警察移送或報告之案件，認為調查未完備者，得將卷證發回，命其補足，或發交其他司法警察官或司法警察調查。司法警察官或司法警察應於補足或調查後，再行移送或報告，對於前項之補足或調查，檢察官得限定時間。」賦予檢察官在認為司法警察官移送案件偵查不完備時，可予退案或發交其他司法警察續行調查的權限，此即學理所稱之「退案審查制度」，乃確立檢察官為偵查主體的地位之明文規定，並在防止司法警察（官）未確實為證據蒐集與犯罪調查，或未盡法定客觀注意（未對被告有利部分為蒐證）。

二、檢察官之舉證責任

又同法第161條第1項亦規定，檢察官就被告犯罪事實，應負舉證責任。第156條第2項規定，自白必須要有補強證據，方可作為認定被告有罪之基礎，以避免偵查人員過度依賴自白，致易有不正方法取供之情事。本題僅有甲的自白時，檢察官並未盡到舉證責任，仍應繼續蒐集補強證據，以符合同法第161條的要求。另依司法院頒行之法院辦理刑事案件應行注意事項第95項，亦要求倘僅有被告的自白，並未達同法第161條第2項起訴門檻，應裁定命補正之；惟學者有認，此時宜使起訴通過第161條第2項之審查，再由法院為無罪之判決。

另類思考：

一、嚴格證明法則與自白補強法則

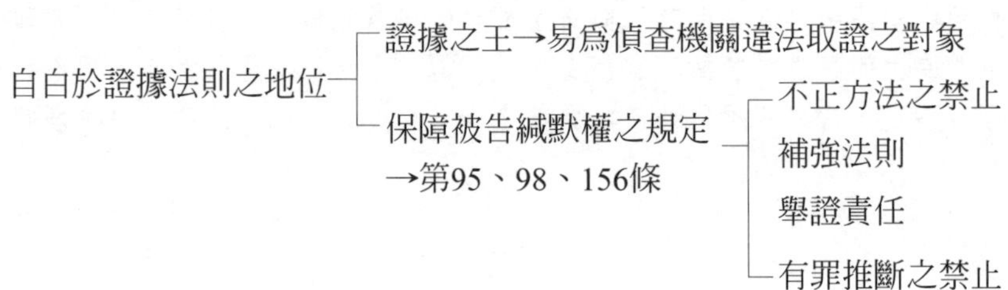

二、偵查程序主體
- 現行法：檢察官單一主體制、故司法警察（官）無案件終結權、須移送至檢察官、檢察官並有退案審查權
- 不同立法例：雙偵查主體制、司法警察（官）爲證據搜索程序主體、檢察官爲調查證據主體，檢察官不得爲退案審查，僅得逕爲不起訴處分，另容許司法警察官爲微罪案件終結

三、結論　——自白不得爲有罪判決唯一證據、司法警察官僅憑自白移送、顯有證據搜索未完備，檢察官宜行使退案審查權

*若違反逕而起訴
- 程序命補正
- 學者→應於審判中判無罪，有利被告

注釋資料：例解刑事訴訟法「體系釋義版」第七章之「偵查程序之基本概念體系表」。

例題5

乙駕駛砂石車，不知何故從後追撞甲所騎之機車，致甲摔倒受傷而死亡。甲已成年之大哥丙即委任律師丁向地檢署提出告訴。乙則委任律師戊為其辯護。檢察官偵訊乙時，戊在場，戊當場請求檢察官傳訊乙之助手庚證明乙無過失。檢察官雖表示會進一步查證，不過，及至偵查終結並未傳喚庚，亦未告知不傳喚之理由。丁知檢察官將偵訊乙而請求在場，但不為檢察官所允，因而偵訊乙時並未在場。後丁發現該承辦檢察官與乙的老闆有資金往來，因而認該檢察官執行職務有偏頗之虞遂向地檢署聲請檢察官迴避未果，即公開向媒體揭露該檢察官與乙的老闆有不正常資金往來之事實及不讓丁在場是為袒護乙等程序事項。

(一)試說明檢察官對丁及戊偵查程序之合法性。

(二)試依刑事訴訟法說明律師丁揭露偵查事項之合法性。　(91律師)

解碼關鍵

告訴代理人之在場權；被告之調查證據聲請權；偵查不公開原則之立法意旨&例外。

擬答

一、檢察官對丁之偵查程序

按告訴，得委任代理人行之。但檢察官或司法警察官認爲必要時，得命本人到場，刑事訴訟法第236條之1定有明文，且同法亦規定被害人死亡者，其三親等內之旁系血親，得爲被害人告訴。丙爲甲之大哥，屬三親等內之血親，自得爲告訴，並委任律師丁向地檢署

提出告訴。又92年修正新法既賦予告訴人委任代理人之權，如復不許代理人於偵查中有在場權，即有失該代理制度之立法意旨，故宜類推適用第245條第2項之規定。本例檢察官限制告訴人委任之代理人丁於偵訊時在場，該偵查程序即非合法。

二、檢察官對戊偵查程序

按刑事訴訟法第2條第1項規定：「實施刑事訴訟之公務員，就該管案件，應於被告有利及不利之情形，一律注意。」而傳喚庚到庭作證，乃係能證明乙無過失之有利證據方法，依同法第95條第4款及第96條之規定，聲請調查對被告有利之證明方法，乃屬被告之權利，且被告依同法第163條第1項規定，亦有聲請調查證據之權利，除非有不當者外，不得禁止之。今檢察官對乙請求傳訊其助手庚證明其無過失，但檢察官至偵查終結時，並未傳喚庚，亦未告知不傳喚之理由，揆諸前揭說明，其偵查程序即非合法。

三、丁揭露偵查事項之合法性

按辯護人除依法令或爲維護公共利益或保護合法權益有必要者外，不得公開揭露偵查中因執行職務知悉之事項，刑事訴訟法第245條第3項定有明文，藉以對被告無罪推定之名譽保護，及防止湮滅證據，但不屬於偵查中執行職務知悉之事項，及並無涉及被告名譽及湮滅證據，或爲維護公共利益或保護合法權益有必要之情形下，仍不受本條項之限制。本件丁發現檢察官有偏頗之虞之事由，聲請迴避未果，而揭露檢察官與乙之老闆有不正常資金往來之隱[illegible]及不讓丁在場，係爲袒護乙等程序事項，既不涉及被告名譽維護及湮滅證據，且係保護告訴人合法權益所必要之方法；故從目的性上解釋，丁之本項揭露應屬合法。惟丁聲請迴避未果，得依本法第23條規定提起抗告，即可保障其當事人之權益，似無向媒體公開揭露之必要。

注釋資料：例解刑事訴訟法「體系釋義版」第七章之焦點「偵查不公開原則之評析」。

例題6

被害人於偵查中有無接受訊問之義務？試說明之。　（91檢事官）

解碼關鍵

被害人於刑事訴訟程序之地位。

擬答

一、被害人之訴訟程序規定

按依刑事訴訟法第248條之1規定：「被害人於偵查中受訊問時，得由其法定代理人、配偶、直系或三親等內旁系血親、家長、家屬、醫師或社工人員陪同在場，並得陳述意見。」及第271條第2項規定：「審判期日，應傳喚被害人或其家屬並予陳述意見之機會。」以觀，被害人在刑事訴訟之偵查程序中似不若審判期日以應行傳喚為必要，然如偵查中經檢察官傳喚時，其有無接受訊問之義務？依我國刑事訴訟法就被害人於偵查中經合法傳喚無正當理由不到場或到場不為陳述之效果，並無如證人之相同規定（無正當理由不到場得處罰鍰及命拘提），應採否定說為宜。

二、被害人之地位

惟任何對系爭刑事案件之待證事實有所見聞之自然人原則上皆得為證人（本法第176條之1參照），通說見解均認被害人亦具證人之資格，亦即被害人之法定證據方法即為證人，故倘檢察官就本案之待證事實將被害人以證人身分傳喚、訊問，此時被害人於偵查中即居於證人地位，而應適用本法有關人證之相關規定，如經合法傳喚無正當理由應到場（本法第178條第1項），且除另有規定外不得拒絕具結及證言（本法第193條第1項），此際被害人即有接受訊問之義務。

注釋資料：例解刑事訴訟法「體系釋義版」第十二章之焦點「拒絕證言權之探討」、「直接審理主義與傳聞法則之比較」。

相關試題

丙因應徵工作為戊所詐騙，案件經警方移送檢察官偵查，檢察官乃傳喚被害人丙與被告戊到場訊問並對質，試問被害人有無接受訊問之義務？

考點提示：被害人之程序法定位、法定證據方法之種類。

甲向鄰宅縱火後，翌日向警方自首坦承犯行，警方詢問後應否將甲解送地方法院檢察署？如甲被詢問後欲自行離去時，司法警察及檢察官得採取何種措施？

（91檢事官）

解碼關鍵

司法警察調查犯罪之職權&無令狀拘捕權之要件；傳喚&拘提之關係。

擬答

一、司法警察之措施

按依刑事訴訟法第229條第2項及第3項規定：「司法警察官應將調查之結果，移送該管檢察官；如接受被拘提或逮捕之犯罪嫌疑人，除有特別規定外，應解送該管檢察官。但檢察官命其解送者，應即解送。」「被告或犯罪嫌疑人未經拘提或逮捕者，不得解送。」

本此則本件犯罪嫌疑人甲於對鄰宅縱火後，旋於翌日向警方自首坦承犯行，顯與本法第75條之拘提、第76條之逕行拘提及第88條之現行犯、準現行犯逮捕要件不符。有疑義者乃其是否合於同法第88條之1第1項第4款之情形（刑法第173條第1項之放火罪爲無期徒刑或七年以上有期徒刑）而得緊急拘捕？惟甲既係自行到案接受警方詢問，顯難遽認有事實足認其有逃亡之虞，是以淺見認爲司法警察應不得將甲解送地方法院檢察署，僅得將該案移送該管檢察官。

二、檢察官之措施

承上述，甲經警方詢問後，應得自行離去，雖另依本法第228條第4項規定：「被告經傳喚、自首或自行到場者，檢察官於訊問後，認有第一百零一條第一項各款或第一百零一條之一第一項各款所定情形之一而無聲請羈押之必要者，得命具保、責付或限制住居。但認有羈押之必要者，得予逮捕，並將逮捕所依據之事實告知被告後，聲請法院羈押之。」然本案例甲係向司法警察自首，非向檢察官爲之，亦與上開規定之情形不符，此際檢察官似僅得於甲受詢問後立即由司法警察持其簽發之傳票立時傳喚甲到場，再依訊問後之情形，分別命具保、責付、限制住居或當場予以逮捕，而向法院聲請羈押。

延伸資料：例解刑事訴訟法「體系釋義版」第十一章之焦點「拘捕強制處分之探討」。

相關試題

在實務上被普遍接受採用的調查事實方法——「複訊」，亦即，在偵查程序開始之後，先由司法警察對行爲人發出通知書，待其準時到場（比方，約在地方法院檢察署）並對他提出問題之後，司法警察才告訴行爲人，負責本案的檢察官將繼續對行爲人進行「訊問」。依據刑事訴訟法，在所謂「複訊」的情形，司法警察可否通知行爲人到場並且對他提出與案件事實有關的問題？若行爲人拒絕繼續配合上述由檢察官所實行的訊問並且離開，其法律效果爲何？ （95高大法研）

考點提示：

本題涉及偵查程序關係人或證人與被告地位轉換，偵查機關惡意錯置兩者間之地位，以規避被告本於正當法律程序所保障之權利，其偵查合法性即有爭議，然無論如何，本於憲法保障之不自證己罪原則，受通知之人仍得行使被告之緘默權或證人之拒絕證言權（刑事訴訟法第181條），另未經拘捕之被告（何況僅係以關係人或證人身分通知到場），依本法第229條第4項之規定，司法警察官詢問後不得解送檢察官，實務常違法逕改列被告或犯罪嫌疑人解送地檢署由檢察官進行所謂之複訊，被告得以程序違法拒絕配合，並逕行離開。（另請參照前述焦點6之說明）

例題8

刑事偵查員甲為執行掃蕩網路援交之犯罪，乃上網佯稱欲尋求援交對象，適有乙女因需錢甚急乃回覆表明意願，迨乙女如期至雙方約定之賓館應召時，甲即表明身分將乙逮捕；於審判中乙之辯護人丙提出誘捕抗辯，試問該抗辯有無理由？

解碼關鍵

誘陷抗辯之法律效果；誘捕偵查之合法性要件。

擬答

一、誘捕偵查之類型

學說對誘捕偵查將之分類爲犯意誘發型（本無犯意或犯罪傾向不存在）及機會提供型（本隱藏有犯意或犯罪傾向）二種，在外國立法例中，採主觀說者即以被告本身是否已具有犯罪傾向，若否，而係因偵查人員之誘發始犯罪者，即有「誘陷抗辯」之爭執；至採客觀說者則以「原本得以避免犯罪，且又經過與自己一番心理掙扎亦能免去通常之誘發者，設若誘其犯罪之行爲超越了通常之誘發，亦即所謂的異常之誘發，原則上是不被容許的」。換言之，偵查人員得以行使通常誘發之行爲，但卻不得行使所謂異常之誘發行爲，惟無論如何，假若偵查人員之誘捕行爲係使無辜者心中產生犯意，並進而唆使其實施犯罪時，被告於此情況，即可享有誘陷抗辯之保護。

二、誘陷抗辯之法律效果

依目前之學說與實務見解，可概分如下情形：

(一) **實體說法**：此說認爲，被誘捕者之犯罪行爲雖成立，但由於其行爲本身並未具有抽象危險性，故應阻卻其可罰性，或者由於社會對被誘捕者之犯罪行爲並非具有一定的強烈反應，有時甚至對其犯罪懷有同情之心態，故其行爲欠缺實質的違法性，不應加以處罰。因而此時之被誘捕者應受無罪之判決。

(二) **不受理說**：此說認爲，設若違法的誘捕偵查不存在，則該公訴亦不可能被提起，是以爲期防止違法偵查之產生，法院理應不受理該訴訟。

(三) **免訴說**：此說認爲，設若國家（偵查）機關實施誘捕偵查，引誘被告產生犯意時，則國家欠缺具備處罰被告之適格條件，是故不得對被告行使刑罰權。此時國家應準用公訴權消滅之法理判處被告以免訴。換言之，被誘捕者之犯罪行爲雖成立，但誘捕行爲本身違反了正當法律程序，法院應不可對被誘捕者加以處罰。

(四) **證據排除說**：此說認爲，設若違法的誘捕偵查存在時，則誘捕者所蒐集之證據，應認定爲係屬違法蒐集之證據，在一定條件之下此證據不具有證據能力，不得作爲認定事實之依據，法院應排除此證據之適用。證據排除說之見解，就以正當法律程序保障之觀點而論，對於受到偵查人員或受其委託者（線民）極度誘發下而犯罪者，依法應排除該證據之使用，否則便無法建立社會普遍的公平正義，甚且無法抑制警察人員將來違法行爲之發生。

三、誘捕偵查之合法性

學者綜合上述所論，乃對誘捕偵查實施所應具備之要件提出四項見解：(一)被告自己犯罪或被告自己主動式的意欲犯罪之情形；(二)誘捕之實施僅在於爲取得證明該犯罪之證據；(三)非實施誘捕偵查無法取得欲得到之證據或幾乎無法取得之情形；(四)誘捕偵查係針對重大、隱密、不易發現之犯行方得以實施。故而本題應審酌刑事偵查員甲誘捕乙女之過程是否符合上開要件，若係符合則乙之辯護人丙之誘陷抗辯即不能成立，反之，甲之偵查違反正當法律程序之保障，丙即得爲乙主張誘陷抗辯，排除違法取得證據之證據能力。

注釋資料：黃朝義，刑事訴訟法實例研習，頁193、204、208。

相關試題

甲因攜帶安非他命被警查獲。警員要甲配合辦案，供出販售毒品給伊的人，並要甲將該人約出來。甲即以自己手機打電話給販售毒品給伊的乙，佯稱要購買毒品，並約定翌日當面交貨。第二天甲乙交易時，乙即被警方逮捕。試依實務見解及學說，評釋警察辦案程序之合法性。（101廉政）

考點提示：

一、誘捕偵查區分爲犯意誘發之釣魚偵查與機會提供之陷害教唆，後者必無證據能力，前者依學說與近期實務見解則應視具體個案之情況以審酌判斷。

二、本例屬釣魚偵查，且依個案情形宜肯定其合法性。

例題9

甲涉嫌擄人勒贖案件，經目擊證人A向警方報案，試問：

(一)檢察官據報立即傳喚甲到署説明，以釐清案情，是否妥適？

(二)偵查中甲委任之辯護人丙律師欲陪同被告甲應訊，檢察官以有共犯乙在逃有串證之虞為由拒絕之，是否合法？

(三)甲於警詢與偵查中之筆錄其法定名稱為何？應由何人製作？

解碼關鍵

偵查中先行傳訊被告之禁止；偵查中辯護人之在場權。

擬答

一、禁止先行傳訊被告

刑事訴訟法（下稱本法）爲保障被告名譽，確保偵查程序得以順利進行，第228條第3項即規定檢察官於偵查中非有必要，不得先行傳訊被告。蓋：

(一) 檢察官開始偵查，尚未進行犯罪調查與證據蒐集時，如即先行傳喚被告，將使眞正犯罪者或其共犯有所警覺而逃亡、藏匿或僞造、變造、湮滅證據、勾串證人，必致事後之偵查作爲蒙受阻力，有礙實體眞實之發現。

(二) 偵查機關未蒐集充足之證據以確定被告有無重大犯罪嫌疑前，即冒然傳喚被告應訴，將使被告爲「標籤化」，致其名譽受難以回復之損害。

二、辯護人之在場權

被告本於憲法第8條正當法律程序與第16條訴訟防禦權之保障，其自司法警察調查犯罪開始，迄至檢察官偵查與法院審判爲止，皆有選任辯護權與受辯護人在場協助防禦之權利，偵查機關自不得以偵查不公開爲由禁止辯護人在場，此觀諸本法第27條、第245條第2項之規定自明。惟基於發現眞實之公共利益考量，本法第245條第2項但書亦明定，倘辯護人在場：

(一) 有礙國家機密。

(二) 證據僞造、變造、共犯、證人有串證之虞。

(三) 妨害他人名譽。

(四) 行爲不當影響偵查等情形時，仍得例外限制之。故本題應視辯護人丙有無上揭情形以定得否限制其在場權。

三、筆錄之製作

司法警察於警詢中對犯罪行爲人甲製作之調查筆錄，應由行詢問外之人製作，以確保筆錄記載之眞實性，而無僞造變造情事。檢察官偵查中訊問被告時，應由執行檢察事務之書記官製作訊問筆錄。

注釋資料：例解刑事訴訟法「體系釋義版」第七章之焦點「偵查不公開原則與禁止先行傳訊被告之立法目的」。

例題10

甲涉嫌施用毒品，警察A持檢察官簽發之鑑定許可書，到甲住處強制甲到警察局接受採尿處分。該鑑定許可書記載之鑑定機關為警察A所屬之警察局。到警察局後，警察A先與甲以聊天方式討論甲之案情，甲透露有施用毒品。警察A告訴甲，等下開始做筆錄時，也要如此陳述。其後，警察A依法定程序訊問甲並記明筆錄，甲也自白施用毒品。訊問完畢後，警察A依據該鑑定許可書對甲採尿。基於先前該管檢察長即以公文指示尿液一律送到某特定地區醫院檢驗，警察A即遵照該公文指示逕行將尿液送至該醫院。其後，醫院送來檢驗報告，顯示甲尿液中有毒品陽性反應。不久，甲即被提起公訴。如果你是甲之辯護人，試回答下列問題。
(一)如何抗辯警察A強制甲到警察局之合法性？
(二)如何抗辯甲之自白及醫院之檢驗報告之合法性？ (99律師)

解碼關鍵

鑑定許可書之強制性不等同拘束人身自由之效力；功能訊問&飛語難收理論之自白合法性判斷；概括囑託鑑定報告之證據能力。

擬答

一、拘束人身自由之強制處分

(一) 國家司法機關於刑事訴訟程序中以任何名義限制拘束人民人身自由之作爲，均屬強制處分，依憲法第8條正當法律程序之要求，除現行犯之逮捕外，均應由司法或警察機關依照令狀原則（無論事前審查或事後補發）取得有權機關核發之拘捕令狀（拘票或通緝書）方得爲之。對於違反令狀原則所爲之非法拘捕，非僅人民有拒絕之權利，並得尋求法院之憲法位階之提審救濟，司法機關並應主動釋放之。

(二) 本於人民憲法基本權之保障，刑事訴訟法第204條、第204條之1、第205條之1之規定，鑑定人基於鑑定之必要性，如需爲檢查身體、解剖屍體、毀壞物體或進入有人住居或看守之住宅或其他處所或採取分泌物、排泄物、血液、毛髮或其他出自或附著身體之物、或採取指紋、腳印、聲調、筆跡、照相或其他相類之行爲時，偵查中應得檢察官、審判中應得法官簽發之許可書方得爲之。此項鑑定許可書之核發係就人民之身體進行觀察、採集或檢驗之取證行爲，目的在於保障人民身體權與隱私權之完整性，與前述憲法第8條係保障人民之人身自由權仍有區別。換言之，不得恣意擴大鑑定許可書之強制範圍而代替拘捕令狀，應嚴格限制僅於時間、場所同一之情況下，方得於取證之際，在取證現場短暫限制拘束受鑑定人之人身自由。學者亦主張，進入宅處並非身體檢查處分必然附隨、不可或缺的干預內容；基於干預性質的差異及非典型附隨的理由，進入處所不應列入身體檢查處分之附帶授權範圍，若欲爲之，僅能求諸於其他的授權規定；司法警察當然不得逕以採尿之權限而進入犯罪嫌疑人的住宅或拘捕之。故如本例警察A持檢察官簽發之鑑定許可書，到甲住處強制甲到警察局接受採尿處分，此項形同拘捕之無拘捕令狀強制處分即屬違法。

二、被告自白之合法性

刑事被告本於憲法第8條正當法律程序與第16條訴訟權之規定，應受司法或警察機關合法訊問程序之保障，包括刑事訴訟法第95條告知義務之踐行、第98條不正訊問方法之禁止、第100條之1全程連續錄音或錄影及第100條之3夜間詢問之禁止等。又爲能澈底確保被告自白之任意性，避免偵審機關過度倚賴自白致有違法取供情事，學理上並有毒樹果實理論之適用，倘被告受違法拘捕而於人身自由拘束中為自白陳述，依該毒樹果實理論繼續性效力，縱該自白係本於合法詢問程序取得，因欠缺任意性而仍認無證據能力。本例甲經違法拘捕至警局方為無任意性自白，且警察A係先與甲以聊天方式使甲透露有施用毒品之犯行，使被告在無權利告知狀況下為自白，製造飛語難收之效果，甚且於嗣後告知甲於正式詢問筆錄時，亦應為相同陳述，堪認司法警察採取不正訊問方法，依本法第156條第1項、第158條之2第2項之規定，均得抗辯該警詢自白無證據能力。

三、檢驗報告之合法性

依刑事訴訟法第198條規定，鑑定人由審判長、受命法官或檢察官選任之。實務見解認為，於司法警察機關調查中之案件，為因應實務，或因量大、或有急迫之現實需求，且有鑑定之必要者，基於檢察一體原則，得由該管檢察長對於轄區內之案件，以事前概括囑託鑑定機關、團體之方式，俾便轄區內之司法警察官、司法警察對於調查中之此類案件，得即時送請先前已指定囑託之鑑定機關、團體實施鑑定，以求時效。此種由司法警察官、司法警察依檢察官概括囑託鑑定機關、團體所為之鑑定結果，與檢察官囑託為鑑定者，性質上並無差異，同具有證據能力。據此，則本例之檢驗報告即屬合法。惟學者係持不同意見，其認為實務之前揭判決理由並未說明上級檢察首長事先概括指定鑑定單位，允許司法警察得逕送鑑定，與檢察一體所欲達成的統一起訴標準之目的有何關聯性，且本法第198條之規定乃係由個案偵審主體（審判長、受命法官或檢察官）衡酌具體情況與需求後，慎選鑑定人，倘若檢察長或法院院長以事先概括委任方式，由司法警察代行本法第198條所賦予檢察官或法官之權限，事後再將司法警察委任鑑定機關製作之鑑定報告書視為檢察官或法官囑託製作之報告，顯與前揭規定與立法目的相違，故應認本例之檢驗報告不合法。

注釋資料：例解刑事訴訟法「體系釋義版」第五章之焦點「功能訊問與權利告知」；最高法院99台上1237號判決。

告訴乃論之罪，偵查中未經合法告訴，得否於法院審理時補正？試申論之。

（98檢事官）

解碼關鍵

形式訴訟條件欠缺可否補正之爭議；告訴補正時與變更起訴法條之關係。

擬答

一、告訴之補正

關於告訴之補正，實務與學說向有不同見解，有採否定說，認為法院於審判期日前應先審查訴訟條件，如有欠缺，除有得命補正之情形外，應依刑事訴訟法第302條、第303條或第304條分別爲免訴、不受理判決或管轄錯誤之判決，故並無進入實體審理並命告訴人補正之餘地。通說則採肯定說，認爲告訴乃論之罪如未經告訴權人合法提出告訴即行起訴，因如逕爲不受理判決，該判決並無實質確定力，倘經告訴權人於合法告訴期間內提起合法告訴，檢察官仍得起訴，爲避免訴訟勞費，應得命告訴權人於起訴後補行告訴，使訴訟條件具備而爲實體審理。

二、告訴補正之時點

關於告訴補正之時點，有認爲現於第一審中方可補正，因本法第238條第1項規定，告訴僅得於第一審辯論終結前撤回之，若於第二審方補行告訴，將無從適用該撤回告訴之規定。另有認爲第二審仍得容許補正。淺見認爲，如係法院變更起訴法條，使原起訴之非告訴乃論之罪變更爲告訴乃論之罪，此時非可歸責於檢察官與告訴權人，則應許其補正告訴，否則若告訴人或檢察官於偵查中已明知爲告訴乃論之罪，竟未具備告訴之訴訟條件而仍予起訴，法院即應爲不受理判決。至補正告訴之時點，則視變更起訴法條之情形發生於何審而定，毋庸爲補正審級之限定。

三、告訴乃論變更為非告訴乃論之處理

若檢察官以告訴乃論罪起訴，未經合法告訴，嗣經法院變更起訴法條爲非告訴乃論之罪時，有認爲既未經合法告訴，訴訟條件有欠缺，法院應逕爲諭知不受理判決，無從進而爲實質審理，自不生變更起訴法條之補正問題。亦有肯定說認爲於諭知不受理後再行起訴（不受理判決無實質確定力），徒增程序上之浪費，故宜許其補正，最高法院73年台上第4314號判例採之。

注釋資料：例解刑事訴訟法「體系釋義版」第七章之焦點「告訴之補正」。

例題12

甲、乙發生爭吵，甲憤而持木棍將乙打傷，雙方並鬧進警局。請問：在警局，甲向乙道歉，並表示願意賠償醫藥費，乙則聲明願捨棄告訴權。事後，甲未履行賠償，乙能否在傷害事發後六個月內提出傷害告訴？如乙在警局，提出傷害告訴，甲見狀向乙道歉，並表示願意賠償醫藥費，乙即向承辦警察撤回告訴。事後，甲未履行賠償，乙能否在傷害事發後六個月內再提出傷害告訴？又如乙提出傷害告訴，檢察官以傷害罪名，將甲提起公訴，第一審法院判決甲犯傷害罪，處罰金1,000元。甲聆聽宣判時，認刑罰不重，向法官表示感謝，並以書面聲明不會上訴。嗣甲反悔，在十日內，甲能否提起第二審上訴？甲之辯護人或配偶能否為甲提起第二審上訴？

（98司法事務官）

解碼關鍵

告訴權與上訴權捨棄之效力；偵查中合法撤回告訴之處理；獨立上訴權與代理上訴權之。

擬答

一、告訴權之捨棄

按關於告訴權之捨棄，刑事訴訟法未有明文之規定，本例甲持木棍將乙打傷，兩造於警局達成和解，乙聲明捨棄告訴權，此項捨棄於訴訟法上應不生效力（實務見解採之），況本例被告甲於和解後並未履行賠償條件，基於公平正義之考量，自應認被害人乙仍具合法告訴權，其於六個月告訴法定期限內所提之告訴仍合法有效。

二、告訴撤回之效力

依刑事訴訟法第238條第2項規定，撤回告訴之人，不得再行告訴。撤回告訴之意思表示到達法院後即生效力，無從再行撤回該意思表示，且該項告訴之撤回並不以被告履行條件爲生效前提。本例告訴人乙向偵查輔助機關撤回告訴，應認撤回合法有效，故乙依法即不得再告訴，若再行告訴，檢察官應依本法第252條第5款爲不起訴處分。

三、捨棄上訴權之效力

依本法第353條、第357至359條之規定，捨棄上訴權僅得由當事人爲之，以避免損及當事人之上訴權，此項捨棄依法應以書狀或審判期日以言詞向原審法院提出，且一經提出即生效力，無從撤回該捨棄，捨棄之當事人並因之喪失上訴權。故本例被告甲以書面向原審法院聲明捨棄後，即喪失上訴權而不得再提上訴。

四、獨立上訴權與代理上訴權

本法第345條規定，被告之配偶得爲被告利益獨立上訴，是爲配偶獨立上訴權，亦即配偶得不受被告本人捨棄上訴權意思之拘束，仍得提起合法上訴。另同法第346條規定，原審之代理人或辯護人，得爲被告之利益而上訴。但不得與被告明示之意思相反。此爲辯護人之代理上訴權，故本例被告甲捨棄上訴權後，辯護人自亦不得違反被告意思而提起上訴。

注釋資料：例解刑事訴訟法「體系釋義版」第七章之「告訴之撤回體系表」、焦點「告訴之補正」。

相關試題

甲行竊某豪宅，得贓物甚多。乙要求分贓，甲不允，發生爭執，甲持小刀刺傷乙，但傷勢不重。甲另警告乙，如果對外張揚，必對乙不利，可能斷其手腳。乙不甘受到傷害與恐嚇，於是向警方告發甲竊盜，並對於傷害與恐嚇提出告訴。警方調查後，移送地檢署。試問：檢察官針對此三案件可否一併起訴？其法律依據爲何？又如果案件均在法院審理中，乙始撤回傷害罪的告訴，法院應如何處理？（100法制）

考點提示：

一、甲所犯三案爲數罪併罰，即一人犯數罪，屬刑事訴訟法第7條相牽案件，依同法第6、15條規定，得由檢察官合併偵查、起訴，並由法院合併管轄、審判。

二、告訴乃論罪之告訴人限於第一審辯論終結前方可撤回告訴，故本件若在第一審辯論終結後或第二審審理中撤回，即不生效力，法院仍應爲實體判決；反之，若爲合法撤回，則法院依本法第303條第3款爲不受理判決。又因另二案（竊盜、恐嚇）均爲非告訴乃論之罪，不因告訴人撤回告訴而受影響，法院均爲實體判決。

例題13

甲、乙、丙三人與丁、戊素有怨隙，某日趁丁赴戊宅作客時，分持棍棒強行進入戊宅中，將丁、戊擊傷（丁、戊二人皆僅受普通傷害），並故意砸毀戊宅客廳中之花瓶、桌椅後離去，案經戊依法向檢察官對甲提出傷害之告訴。戊對甲所提上開傷害之告訴，其告訴之效力如何？試申論之。（98司法官）

解碼關鍵

告訴不可分於共犯（主觀）之效力&犯罪事實（客觀）之效力。

擬答

一、告訴不可分之主觀效力

(一) 按刑事訴訟法第239條規定，告訴乃論之罪，對於共犯一人之告訴或撤回告訴，其效力及於其他共犯。此即告訴不可分之主觀效力。

(二) 本例甲、乙、丙三人爲告訴乃論罪之共犯，故就戊被傷害部分有告訴不可分之適用。惟丁係另一被害人，本有獨立告訴權，故其是否行使對甲、乙、丙三人傷害告訴，不受戊提告訴之影響，無告訴不可分之適用。

二、告訴不可分之客觀效力

戊對甲、乙、丙三人之傷害告訴效力是否及於甲、乙、丙之毀損部分，此涉及告訴不可分有無客觀效力之問題，對此則有不同見解，實務見解認為：告訴乃論之罪，僅對犯罪事實之一部告訴撤回者，其效力是否及於其他犯罪事實之全部，此即所謂告訴之客觀不可分之問題，因其效力之判斷，法律無明文規定，自應衡酌訴訟客體原係以犯罪事實之個數為計算標準之基本精神，以及告訴乃論之罪本容許被害人決定追訴與否之立法目的以為判斷之基準。犯罪事實全部為告訴乃論之罪且被害人相同時，若其行為為一個且為一罪時（如接續犯、繼續犯），其告訴或撤回之效力固及於全部。但如係裁判上一罪，由於其在實體法上係數罪，而屬數個訴訟客體，僅因訴訟經濟而予以擬制為一罪，因此被害人本可選擇就該犯罪事實之全部或部分予以追訴，被害人僅就其中一部分為告訴或撤回，其效力應不及於全部（最高法院94年度台上字第1727號判例）。本例被告係犯數罪（傷害屬侵害身體法益，毀損則屬侵害財產法益），故戊對傷害罪與毀損罪之告訴權得分別行使，亦即對傷害部分告訴之效力不及於毀損部分。

注釋資料：例解刑事訴訟法「體系釋義版」第七章之「告訴之提起體系表」。

例題14

檢察官因告訴、告發、自首或其他情事知有犯罪嫌疑者，應即開始偵查，「告訴」與「告發」有何區別？何人可為「告訴」或「告發」？試比較說明之。

解碼關鍵

依告訴&告發之主體、性質、期間限制、救濟權、撤回權分為論述。

擬答

一、告訴與告發之區別

(一) **主體不同**：前者乃告訴權人，後者為告訴權人以外之第三人。

(二) **性質不同**：前者係告訴乃論之罪之訴訟要件，欠缺時，法院應依刑事訴訟法第303條第3款為不受理判決；後者則無訴訟條件之問題。

(三) **期間限制不同**：前者告訴乃論之罪其告訴期間有六個月之限制；後者則無期間之限制。

(四) **提出人是否須有追訴的意思**：前者應有之；後者通說採否定說，惟有學者肯定之。

(五) **再議權**：前者之告訴人有再議權；後者之告發人則無。

(六) **可否撤回**：前者於告訴乃論之罪在第一審言詞辯論終結前可撤回；後者則否。

二、得為告訴與告發之人

(一) 得為告訴之人

1. 犯罪當時直接受損害之人：實務見解限實際受損害之人。
2. 配偶

(1) 犯罪告訴權：須合法結婚且告訴時仍在婚姻關係存續中（本法第233條）。

(2) 被害告訴權：須合法結婚且被害犯罪時仍在婚姻關係存續中（本法第234條第1項第2款、第2、3項）。

3. 法定代理人：須告訴時被害人未成年且未死亡。

4. 其他親屬

(1) 本法第233條第2項。

(2) 本法第234條第1項第1、2款。

(3) 本法第235條。

5. 代行告訴權：無得爲告訴之人或得爲告訴之人不能行使告訴權時，由檢察官依職權或利害關係人聲請指定（本法第236條）。

(二) 得為告發之人

1. 私之告發人：任何知有犯罪嫌疑之人（本法第240條）。

2. 公之告發人：因執行職務知有犯罪嫌疑之公務員（本法第241條）。

注釋資料：例解刑事訴訟法「體系釋義版」第七章之「告訴之提起體系表」、「告訴之撤回體系表」。

相關試題

丙、丁二人爲某公司同事，屢因公事而有嫌隙，某日二人再生衝突，丙乃將丁毆傷，除丁得對丙提起告訴外，試問公司之上司庚得否對丙另爲告發？又此之告訴與告發有無不同？

考點提示：偵查程序啓動之因素。

例題15

告訴乃論之種類與告訴權之種類各為如何？試分別說明之。

解碼關鍵

絕對&相對告訴乃論；固有&被害告訴權；一般&本來告訴權。

擬答

一、告訴乃論之種類

(一) 絕對告訴乃論

1. 其所著重乃事實，多屬法益侵害輕微或具倫理隱私性之犯罪（例如刑法第239條通姦罪、第277條第1項普通傷害罪、第354條毀損器物罪）。

2. 須(1)申告犯罪事實；(2)表示希望追訴意思，但不以指明犯人為必要。

3. 效力：

(1) 不限於指明告訴之人。

(2) 不受其罪名之拘束（例如甲原本告訴乙侮辱，嗣後判決認為誹謗，則除非告訴人明白表示不願告誹謗。否則該誹謗罪仍為告訴效力所及）。

(3) 誤指他人亦有效（例如原本對甲提出普通傷害罪之告訴，嗣後發覺犯人為乙），蓋此類型對任何人均屬有效。

(二) 相對告訴乃論

1. 其所著重者為犯人，此類犯罪原係非告訴乃論之罪，然為維護家庭和諧等因素，刑法規定於一定親屬間此類犯罪為告訴乃論之罪（例如直系血親、配偶、同財共居親屬、五親等內血親、三親等內姻親間，犯竊盜、侵占、詐欺、背信等是）。

2. 須(1)申告犯罪事實；(2)表示希望追訴意思；(3)指明犯人。

3. 效力限於指明告訴之人。若原先告訴時未指明犯人，嗣後發覺犯人為自己之一定親屬，並不發生相對告訴乃論之罪之告訴效力。

二、告訴權之種類

(一) 固有告訴權（第232條、第233條第1項、第234條、第235條）與代理告訴權（第233條第2項）：前者為本其身分而取得之告訴權，得以本人名義獨立行之；後者為代被害人行使之告訴權，告訴乃論之罪不得與被害人明示之意思相反。

(二) 被害告訴權（第232條、第234條第1至3項）與犯罪告訴權（第233條、第234條第4、5項、第235條）：前者為因犯罪受有損害而取得告訴權，以犯罪時之身分決定告訴權之有無；後者因犯罪而取得告訴權，以告訴時身分決定告訴權之有無。

(三) 一般告訴權（第232條、第233條、第234條第4、5項、第235條）與限定告訴權（第234條第1至3項）：前者為一般告訴乃論之罪所賦予之告訴權，允許指定代行告訴人；後者為特定告訴乃論之罪所賦予之告訴權，不許指定代行告訴人。

(四) 本來告訴權（第232、233條、第234條第1至3項、第235條）與補充告訴權（第234條第4、5項）：前者是因犯罪本來取得之告訴權；後者係因特定犯罪之本來告訴權人不便或不能行使告訴權，設其補充規定。

注釋資料：陳樸生，刑事訴訟法實務，頁304-306。

例題16

試問告訴不可分原則，除適用於偵查程序外，於自訴或公訴程序是否亦有相同之適用？

解碼關鍵

告訴不可分原則限於偵查中而不及自訴程序，至公訴審判程序是否適用有爭議。

擬答

一、自訴程序並無適用餘地

(一) 犯罪之被害人，在訴訟上有告訴權亦有自訴權，其中告訴乃偵查之開始並爲訴訟條件，自訴乃訴訟關係啓動之原因，二者本質顯不相相同。

(二) 又刑事訴訟法第343條並無準用第238、239條之規定，故告訴不可分原則不能適用於自訴程序第一審。亦即告訴乃論之罪未經自訴人提起之共犯，法院不得審判，若對共犯之一人撤回自訴時，其效力不及於其他共犯。

二、公訴程序是否適用則有不同見解

(一) 否定說：告訴不可分之原則，係規定於刑事訴訟法第二編第二章第一節偵查中之第239條，亦即該條係規定於偵查程序中，僅於偵查程序始有其適用，而同法第二編第一章第三節審判程序中並無準用該條之規定，故於第一審辯論終結前對告訴乃論之罪之共犯中一人撤回告訴者，其效力不及於在審判中之其他共犯，此與同法第238條第1項告訴人得於第一審辯論終結前撤回其告訴之規定，不可相提並論（學說採之）。

(二) 肯定說：告訴乃論之罪，於第一審辯論終結前得撤回其告訴及告訴不可分之原則，均規定於刑事訴訟法第二編第一章第一節「偵查」之第238條及第239條，在審判中既得撤回其告訴，其及於共犯之效力，應無偵查中或審判中之分。況撤回告訴乃撤回所告訴之犯罪事實，祇對審判中之一人因撤回告訴諭知不受理，而仍就偵查中其他共犯追訴，情法亦難持平，自不能因其係在偵查中或審判中撤回其告訴而異其效果。故在第一審辯論終結前撤回告訴者，其效力亦應及於審判中之其他共犯（最高法院74年第6次刑庭決議採之）。

注釋資料：例解刑事訴訟法「體系釋義版」第七章之「告訴之撤回體系表」。

相關試題

丙、丁共同傷害戊，倘戊對丙提傷害自訴，則自訴效力是否及於共犯丁？又若戊對丙、丁均提告訴，惟因丙逃亡，檢察官遂先將丁提起公訴，審判中，丙經通緝到案，並由檢察官續爲偵查，丙旋與戊達成和解，戊乃撤回對丙之告訴，試問該撤回效力是否及於審判中之丁？

考點提示：同上揭例題16。

例題17

甲、乙、丙三人共同竊盜丁之財物，試問下列情形法院於檢察官提起公訴後，得否對該三人為實體判決：
(一)甲為丁之子，丁對甲提起告訴；
(二) 甲為丁之子，丁對丙提起告訴；
(三)甲乙均為丁之子，丁對甲提起告訴；
(四)甲乙均為丁之子，丁對丙提起告訴？

解碼關鍵

告訴乃論之罪方有告訴不可分效力&告訴爲形式訴訟條件之適用。

擬答

一、告訴不可分原則

按告訴乃論之罪，對於共犯之一人告訴或撤回告訴者，其效力及於其他共犯，刑事訴訟法第239條定有明文，此即學理所稱告訴不可分原則，而依前揭規定可知告訴不可分原則僅於告訴乃論之罪方有其適用，此告訴乃論之罪自包括絕對告訴乃論（如傷害罪）與相對告訴乃論（如親屬間竊盜罪）之罪。

二、案例解析

次按告訴乃法院對告訴乃論之罪得否行實體判決之形式訴訟條件（如有欠缺，法院應爲不受理判決），故倘於非告訴乃論之罪，縱未經告訴權人告訴，法院仍得對之爲實體審判。茲就本題案例分爲如下說明：

(一) 甲、乙、丙三人共同竊盜丁之財物，因甲爲丁之子，故甲所犯刑法第324條之親屬竊盜罪，依同條第2項規定須告訴乃論，今丁已對甲提告訴，故法院得對甲爲實體判決，而告訴效力不及乙丙，惟因乙、丙二人所犯爲刑法第320條第1項之非告訴乃論之普通竊盜罪，故縱未經丁告訴，法院仍得對該二人爲實體判決。

(二) 甲爲丁之子而丁僅對丙提告訴時，該告訴效力不及甲、乙二人（因丙所犯爲非告訴乃論之罪，無告訴不可分原則適用），則甲所犯既爲相對告訴乃論之罪而未經告訴，法院不得對之爲實體判決，另乙雖未經告訴，然所犯爲非告訴乃論之罪，法院仍得對乙及丙爲實體判決。

(三) 甲、乙均爲丁之子，則所犯均爲相對告訴乃論之罪，有告訴不可分原則適用，亦即丁對甲告訴之效力及於乙，又雖不及於丙，但丙所犯既爲非告訴乃論，法院對甲、乙、丙三人均得爲實體判決。

(四) 甲、乙均爲丁之子，丙所犯爲非告訴乃論之罪，無告訴不可分原則適用，則丁對丙之告訴效力不及甲、乙二人，法院僅得對丙爲實體判決，對未經告訴之甲、乙僅得爲不受理之形式判決。

注釋資料：例解刑事訴訟法「體系釋義版」第十章之焦點「法院對訴訟條件之審查與處理程序」。

例題18

甲、乙、丙三人共同竊取丁所有停放於路旁A車中之音響，於破壞車窗後得手前，為丁所發現，丁大聲呼叫路人追捕三人，適有警察戊在現場，與丁協力逮捕乙、丙，經警察訊問丙後知悉甲之身分，即甲竟為丁之舅舅，試回答下列問題：

(一)如丁向檢察官僅對乙、丙二人破壞車窗之行為提出告訴，請問該告訴之主、客觀效力範圍各為如何？

(二)如丁先對乙、丙之全部犯行提出告訴，於乙、丙已進入審理程序後，甲始被拘捕到案，經丁對甲之全部犯行提出合法告訴後進入偵查程序，丁如於此時僅對丙之全部犯罪行為撤回告訴，全案可否繼續偵查或審理？　(95高大法研)

解碼關鍵

告訴不可分原則限適用於告訴乃論罪共犯之間；公訴程序適用之爭議。

擬答

一、告訴不可分之效力

告訴不可分效力僅於告訴乃論罪之共犯間方有適用。另本題毀損罪（告訴乃論）與竊盜未遂罪（普通竊盜爲非告訴乃論，親屬竊盜則爲告訴乃論）屬想像競合犯裁判上一罪之單一案件，故：

(一) 毀損罪屬絕對告訴乃論之罪，甲、乙、丙爲告訴乃論罪之共犯，丁對乙丙告訴效力及於甲。

(二) 乙、丙所犯普通竊盜未遂罪乃屬非告訴乃論之罪，無需告訴即得起訴審判，故檢察官得就乙、丙所犯毀損罪與竊盜未遂罪均予起訴。

(三) 甲與丁爲甥舅關係，甲所犯親屬竊盜爲相對告訴乃論之罪，必須告訴人指名犯人告訴始爲合法，與毀損罪係絕對告訴乃論之罪，僅需告訴人申告犯罪事實即可，迥不相同，是以甲之毀損罪雖爲告訴效力所及，然丁既未指明申告甲，毀損罪之告訴效力自不及於親屬竊盜未遂罪，檢察官起訴後，法院僅得就毀損罪爲實體審理，親屬竊盜未遂罪部分欠缺告訴之訴訟條件，應於判決理由中爲不受理之說明（因屬單一案件，不得另於主文爲不受理諭知）。

二、告訴不可分原則於公訴程序之適用

告訴不可分僅適用於偵查階段抑或偵查審判階段均有適用向有不同見解：

(一) **否定說**：告訴不可分之原則，係規定於刑事訴訟法第二編第二章第一節偵查中之第239條，亦即該條係規定於偵查程序中，僅於偵查程序始有其適用，而同法第二編第一章第三節審判程序中並無準用該條之規定，故於第一審辯論終結前對告訴乃論之罪之共犯中一人撤回告訴者，其效力不及於在審判中之其他共犯，此與同法第238條第1項告訴人得於第一審辯論終結前撤回其告訴之規定，不可相提並論（學說採之）。

(二) **肯定說**：告訴乃論之罪，於第一審辯論終結前得撤回其告訴及告訴不可分之原則，均規定於刑事訴訟法第二編第一章第一節「偵查」之第238條及第239條，在審判中既得撤回其告訴，其及於共犯之效力，應無偵查中或審判中之分。況撤回告訴乃撤回所告訴之犯罪事實，祇對審判中之一人因撤回告訴諭知不受理，而仍就偵查中其他共犯追訴，情法亦難持平，自不能因其係在偵查中或審判中撤回其告訴而異其效果。故在第一審辯論終結前撤回告訴者，其效力亦應及於審判中之其他共犯（最高法院74年第6次刑庭決議採之）。

(三) **結論**：如依肯定說見解，丁對丙撤回告訴，效力及於甲、乙，檢察官應對甲為不起訴處分，法院應對乙為不受理判決。若依否定說，丁對丙撤回告訴，效力及於偵查中甲，但不及於審判中之乙，則檢察官應對甲為不起訴處分，法院仍應對乙為實體審理。

注釋資料：陳樸生，刑事訴訟法實務，頁322以下、334。

例題19

張三成年未婚，與父母同住。某日下午一時許，趁母親外出父親午睡，進入父親房內偷得其父所有舊手錶一只；約半小時後，見父親熟睡，再次進入偷得其父之舊打火機一只；仍不知足，又隔半小時後三度進入並從其父西裝口袋內偷得現款新台幣壹萬元。張三接續三次竊取父親財物，所犯竊盜罪依法須告訴乃論。試問：

(一)張三之父認為舊手錶及舊打火機都不值錢，僅就現款被偷部分提出告訴。此種情形，檢察官能否連同其餘兩部分一併追訴？

(二)假設檢察官僅就張三竊取現款之事實起訴，而法院亦僅就該部分論處張三竊盜罪刑併予宣告緩刑確定，由於張三毫無悔意，其父在未逾六個月告訴期間內，再就其餘兩部分提出告訴，檢察官應如何處理？

(三)假設在(二)之情形，檢察官認為舊手錶及舊打火機價值不高，對張三依竊盜罪向法院聲請以簡易判決處刑，法院應如何處理？　　(96政大法研)

解碼關鍵

告訴不可分於犯罪事實之客觀效力；單一案件不可分性判斷之緊密關聯說。

擬答

一、告訴不可分之客觀效力

實務見解認爲，告訴乃論之罪，僅對犯罪事實之一部告訴或撤回者，其效力是否及於其他犯罪事實之全部，此即所謂告訴之客觀不可分之問題，因其效力之判斷，法律無明文規定，自應衡酌訴訟客體原係以犯罪事實之個數爲計算標準之基本精神，以及告訴乃論之罪本容許被害人決定追訴與否之立法目的以爲判斷之基準。犯罪事實全部爲告訴乃論之罪且被害人相同時，若其行爲爲一個且爲一罪時（如接續犯、繼續犯），其告訴或撤回之效力固及於全部。但如係裁判上一罪，由於其在實體法上係數罪，而屬數個訴訟客體，僅因訴訟經濟而予以擬制爲一罪，因此被害人本可選擇就該犯罪事實之全部或部分予以追訴，被害人僅就其中一部分爲告訴或撤回，其效力應不及於全部（最高法院94年度台上字第1727號判例）。本例被告張三所爲係屬親屬竊盜罪（相對告訴乃論之罪）之接續犯，故張父對一部事實之告訴效力及於全部，檢察官得併予起訴。

二、單一案件不可分性

(一) 按關於案件單一性之判斷標準，實務採實體法說，即以實體法之罪數而爲訴訟法之案件數。學者通說則採緊密事理關聯性說，以行爲人所爲犯罪行爲之時間、地點、方法、手段、侵害之法益種類、目的是否具有緊密關聯爲判斷（因如此方有審理可能性）。

(二) 本例張三之犯行屬親屬竊盜罪之接續犯，無論依實體法說或事理緊密關聯性說，均屬單一案件，具不可分性，而有起訴不可分、審判不可分與既判力擴張效力之適用。則張父就業經實體判決確定之同一案件再行告訴，檢察官應依本法第252條第1款爲不起訴處分。

(三) 如檢察官就業經實體判決確定之同一案件聲請簡易判決處刑，因簡易判決僅得爲有罪判決，故法院應先依同法第452條規定改適用通常審判程序，再依同法第302條第1款爲免訴判決之諭知。

注釋資料：楊雲驊，月旦法學第122期，頁45以下。

刑法第239條之通姦罪，配偶縱容者不得告訴，如甲女縱容其夫與人通姦，嗣後向夫表示撤回縱容，禁止其夫繼續與人通姦，能否回復其告訴權，試論述之。

解碼關鍵

告訴權喪失後得否回復應考量倫常之維護。

擬答

一、通姦罪告訴權喪失之情形

刑事訴訟法第234條第2項規定：「刑法第二百三十九條之妨害婚姻及家庭罪，非配偶不得告訴。」爲專屬告訴權，此告訴權依刑法第245條第2項，配偶縱容或宥恕者，不得告訴。故如配偶事前縱容或事後宥恕其配偶與他人爲通姦行爲，即喪失告訴權。

二、已喪失之告訴權可否回復之爭議

本題嗣後向配偶表示撤回縱容者，能否回復其告訴權，實務學說有不同見解：

(一) **實務**：依25年院字1605號解釋之意旨：「縱容配偶與人通姦，告訴權即已喪失，不能因嗣後反悔而回復。」其認配偶一經縱容即概括地、永久地喪失其告訴權。惟此項見解顯有違倫常，亦無法維持夫妻永久共同之家庭生活。

(二) **學說**：縱容與宥恕，應對於特定事件爲之，非可概括視之，亦即無論一時縱容或概括性之長期縱容，經配偶明白表示禁止繼續通姦或相姦者，應回復其告訴權。淺見亦採此說。

注釋資料：褚劍鴻，刑事訴訟法論（上），頁366以下。

相關試題

甲對乙實行普通傷害罪（刑法第277條第1項）。乙到警察局，並由警察丙受理報案。丙問乙，是否要對甲提出告訴，在甲當場向乙道歉後，乙表示不想告甲了。一星期後，乙和甲發生口角，乙一氣之下遂又來到警察局並且對丙表示，要告甲對乙實行普通傷害罪。不過，丙對乙表示，因爲乙已經放棄告甲，他已經不能對甲就先前傷害乙的案件提出告訴；請問，根據刑事訴訟法，丙的說法是否正確？請詳述理由。

（104檢事官）

考點提示：

一、告訴權喪失之原因，包括告訴逾期、撤回告訴。至於「因宥恕而捨棄告訴權」則僅限於通姦罪，現行法於傷害罪並無規定。

二、本例應探求「乙表示不想告甲」之眞意是否爲撤回告訴之意，若乙於警方製作告訴筆錄後，明確表示撤回告訴，則乙之告訴權已喪失，依刑事訴訟法第238條第2項規定，自不得再行告訴，否則檢察官應爲不起訴處分。

例題21

甲、乙與不知名者共同傷害A，經A合法告訴，檢察官先對甲、乙提起公訴。後甲賠償A醫藥費，A於第一審辯論終結前對甲撤回告訴。問法院對甲、乙應為如何之判決？又A查明不知名者為丙，丙拒不賠償，A再請檢察官究辦。問檢察官對丙應如何處理？理由安在？

解碼關鍵

告訴不可分原則於審制程序之適用；審判中撤回告訴效力是否及於偵查中共犯。

擬答

一、法院對被告甲、乙之判決

A於第一審辯論終結前，撤回對甲之告訴，其撤回告訴之效力，是否會及於審判中之共犯乙，此即告訴不可分於公訴程序是否適用之爭議，茲分述不同見解如下：

(一) **肯定說**：依實務見解，認告訴乃論之罪，於第一審辯論終結前得撤回其告訴及告訴不可分之原則，均規定於刑事訴訟法第二編第一章第一節「偵查」之第238條與第239條，在審判中既得撤回其告訴，其及於共犯之效力，應無偵查中或審判中之分。依此法院應依刑事訴訟法第303條第3款，對甲、乙諭知不受理。

(二) **否定說**：乃認在起訴後撤回告訴者，刑事訴訟法第二編第一章第三節並無準用第239條之規定，其效力不及於其他共犯，與本法第238條第1項告訴人得於第一審辯論終結前撤回其告訴之規定，並不相同。且因起訴係主觀可分，故爲調和告訴之主觀不可分與起訴之主觀可分的效力，在第一審言詞辯論終結前撤回告訴者，其效力自不及於審判中之其他共犯。依此法院對甲應諭知不受理判決，對乙則應爲實體判決。

二、檢察官對丙之處理

A於審判中撤回告訴之效力，無論依肯定見解或學者見解，其撤回之效力均會及於偵查中之共犯丙，則丙既經撤回告訴，依刑事訴訟法第238條第2項規定：「撤回告訴之人，不得再行告訴。」惟A於撤回後再請檢察官對丙究辦，此時檢察官之處理方式，有下述不同見解：

(一) **甲說**：撤回告訴之人，依本法第238條第2項規定，既不得再行告訴而再行告訴，應依刑事訴訟法第252條第5款，爲不起訴處分。

(二) **乙說**：按釋字第48號解釋應依刑事訴訟法第255條第1項「其他法定理由」爲不起訴處分。

注釋資料：最高法院74年第6次刑庭決議。

例題22

告訴撤回與公訴、自訴之撤回，其主體、時間、範圍、程序及效力各有何不同？請詳細比較說明之。

解碼關鍵

公訴&自訴屬控訴原則下之起訴；告訴僅爲偵查之發動&訴訟條件。

擬答

一、主體

(一) **告訴**：限有告訴權且已實施告訴之人（即告訴人）方能為之（第238條第1項）。

(二) **公訴**：僅檢察官得撤回，惟基於檢察一體原則，不限提起公訴之檢察官（第269條第1項）。

(三) **自訴**：限提起自訴之人始得撤回（第325條）。

二、時間

均應於第一審言詞辯論終結前撤回。

三、範圍

(一) **告訴**：限告訴乃論之罪方得撤回（第238條第1項）。

(二) **公訴**：需有應不起訴或以不起訴為適當之情形（第269條第1項），惟若係裁判上一罪或實質上一罪，一部不得撤回者，全部不得撤回。

(三) **自訴**：限告訴或請求乃論之罪始可撤回（第325條）。

四、程序

(一) **告訴**：法無明文規定，故不論言詞或書狀均可，且不限向法院、檢察官或司法警察（官）為之。

(二) **公訴**：限以書面敘明理由向法院為之，並應分送告訴人、告發人、被告及辯護人（第269條第2項、第270條）。

(三) **自訴**：應以書狀為之。但於審判期日或受訊問時，得以言詞為之。且應由法院書記官速將此一事由通知被告（第325條第2、3項）。

五、效力

(一) **告訴**：撤回告訴之人不得再行告訴。蓋於告訴乃論之罪，經撤回其告訴後，即欠缺訴訟條件。於偵查中撤回，檢察官應為不起訴處分；若於審判中，則法院應依刑事訴訟法第303條第3款諭知不受理判決（第238條第2項）。

(二) **公訴**：公訴之撤回與不起訴處分有同一之效力，以其撤回書視為不起訴處分書，並需送達告訴人，因告訴人於七日內得聲請再議，故逾再議期間未再議時，撤回始屬確定（第270條）。又對共同被告一人撤回效力不及於其他被告。

(三) **自訴**：自訴一經撤回，訴訟繫屬即為消滅，法院毋庸為任何裁判，而撤回自訴之人，不得再行自訴、告訴或請求（第325條第4項）。又依本法第342條規定，自訴之撤回不影響反訴之存在，蓋反訴仍為獨立之訴。

注釋資料：例解刑事訴訟法「體系釋義版」第八章之焦點「同一案件再行告訴、公訴、自訴之處理」。

相關試題

乙對庚提侵入住宅告訴後，經檢察官偵查終結提起公訴，第一審辯論終結前，乙撤回對庚之告訴與檢察官撤回其公訴，在時間、範圍、程序及效力上有何異同？又若乙係提自訴後又撤回自訴，現行刑事訴訟法有何不同規定？

考點提示：訴訟條件之告訴與訴訟繫屬之起訴（公訴、自訴）之區別。

甲、乙係同胞兄弟，乙竟夥同無親屬關係之第三人丙，共同竊取甲之財物得逞；嗣因分贓不均，乙又將丙毆打成傷（輕傷）。但甲丙均未提出告訴。試問：檢察官對於乙之犯罪，可否逕行偵查起訴？理由安在？試申述之。

解碼關鍵

告訴乃論罪之告訴爲訴訟條件而非偵查條件，法院對欠缺告訴爲形式判決。

擬答

一、檢察官得為偵查不得起訴

按檢察官知有犯罪嫌疑而開始偵查，並不以客觀事實是否存在爲必要。依刑事訴訟法第228條第1項規定，檢察官因告訴、告發、自首或其他情事，知有犯罪嫌疑者，應即開始偵查。故告訴、告發或自首均乃檢察官開始偵查之原因，縱未經告訴、告發或自首，及因其他情事，知有犯罪嫌疑者，亦得開始偵查。至於告訴乃論之罪，其告訴爲追訴條件，並非偵查條件；故本例中，乙所犯之親屬竊盜罪及對丙之傷害罪，雖屬告訴乃論之罪，檢察官亦得不待告訴而逕行開始偵查程序。

二、檢察官之處理

起訴乃係檢察官請求法院對於特定被告之特定犯罪事實，以確定刑罰權爲內容所爲之訴訟上請求。惟檢察官提起公訴應具備訴訟條件及處罰條件，如有所欠缺，即應爲不起訴處分。而於告訴乃論之罪，告訴既爲偵查之原因，亦爲追訴條件，告訴乃論之罪欠缺告訴者，檢察官無庸爲任何處分。故本題案例因未經有告訴權人提出告訴，檢察官雖可開啓偵查程序，但無庸爲任何處分，且亦不得提起公訴，否則即屬形式訴訟條件欠缺，法院應依本法第303條第3款諭知不受理判決。

注釋資料：例解刑事訴訟法「體系釋義版」第十章之焦點「訴訟條件之相關探討」。

例題24

甲、乙、丙、丁共同傷害A，A對四人提起告訴，檢察官先對傳喚到案之甲、乙提起公訴，第一審審判中，丙、丁被緝捕歸案，試問：
(一)A對偵查中之丙撤回告訴，效力及於何人？
(二)A對第一審審判中之甲撤回告訴，效力及於何人？

解碼關鍵

詳同本章例題21。

擬答

一、告訴不可分原則之適用範圍

公訴程序是否有告訴不可分原則之適用，向有不同見解：

(一) 否定說

告訴不可分之原則，係規定於刑事訴訟法第二編第二章第一節偵查中之第239條，亦即該條係規定於偵查程序中，僅於偵查程序始有其適用，而同法第二編第一章第三節審判程序中並無準用該條之規定，故第一審辯論終結前對告訴乃論之罪之共犯中一人撤回告訴者，其效力不及於在審判中之其他共犯，此與同法第238條第1項告訴人得於第一審辯論終結前撤回其告訴之規定，不可相提並論。（學說採之）

(二) 肯定說

告訴乃論之罪，於第一審辯論終結前得撤回其告訴及告訴不可分之原則，均規定於刑事訴訟法第二編第一章第一節「偵查」之第238條及第239條，在審判中既得撤回其告訴，其及於共犯之效力，應無偵查或審判中之分。況撤回告訴乃論撤回所告訴之犯罪事實，祇對審判中之一人因撤回告訴諭知不受理，而仍就偵查中其他共犯追訴，情法亦難持平，自不能因其係在偵查中或審判中撤回其告訴而異其效果。故在第一審辯論終結前撤回告訴者，其效力亦應及於偵查中之其他共犯（最高法院74年第6次刑庭決議採之）。

二、本例撤回告訴之效力

(一) A對丙撤回告訴

1. 依學說見解，效力僅及於偵查中之丁，而不及於審判中之甲、乙，法院仍應對二人爲實體判決。
2. 依實務見解，效力及於全部，檢察官應對丙、丁爲不起訴處分，法院應對甲、乙爲不受理判決。

(二) A對甲撤回告訴

1. 依學說見解，效力僅及於偵查中之丙、丁，檢察官應對丙、丁爲不起訴處分，法院對甲爲不受理判決，對乙仍爲實體判決。

2. 依實務見解，效力及於全部，檢察官應對丙、丁爲不起訴處分，法院應對甲、乙爲不受理判決。

注釋資料：陳樸生，刑事訴訟法實務，頁322以下。

例題25

甲於民國99年1月1日與乙發生車禍致重傷陷入昏迷成為植物人，甲之配偶丙因中風行動不便，甲之長子丁見告訴其間將滿六個月，乃提出甲、丙之診斷證明書，主張甲、丙皆不能行使告訴權，且無其他得為告訴之人為由，聲請檢察官指定其為甲之代行告訴人。檢察官乃於同年6月20日指定丁為甲之代行告訴人，惟丁於同年7月8日始提出告訴。嗣乙與丁成立和解，丁乃向檢察官撤回告訴。後因甲之次子戊，不滿和解條件，主張其至同年6月1日回國始知悉甲被乙撞傷，且丁未取得丙之授權，戊則已取得丙之授權，於同年8月11日以丙有獨立告訴權，戊為丙之告訴代理人，再對乙提出告訴。問檢察官應如何偵結本案？　(99司法官)

解碼關鍵

告訴權人之認定與權利；代行告訴人與告訴代理人行使權利之限制。

擬答

一、告訴權人與代行告訴人

(一) 告訴於告訴乃論之罪屬於訴訟條件（起訴條件與審判條件），檢察官於偵查中、法官於審判中均應依職權審查，如有欠缺時，偵查中不得提起公訴（但檢察官仍得爲偵查行爲）。刑法第284條第1項之過失致重傷罪，依同法第287條之規定屬告訴乃論之罪。依刑事訴訟法第232條規定，犯罪之被害人得爲告訴。同法第233條1項規定，被害人之法定代理人或配偶，得獨立告訴。同法第237條規定，告訴乃論之罪，其告訴應自得爲告訴之人知悉犯人之時起，於六個月內爲之。同法第236條規定，告訴乃論之罪，無得爲告訴之人或得爲告訴之人不能行使告訴權者，該管檢察官得依利害關係人之聲請或依職權指定代行告訴人。又依大法官釋字第48號解釋，告訴乃論之罪，其告訴不合法或依法不得告而告訴者，檢察官應依本法第255條第1項「其他法定理由」爲不起訴處分。

(二) 承上規定，本例過失致重傷案件，被害人甲、配偶丙均有獨立告訴權，且丙之告訴權不受被害人甲意思之拘束。至於告訴權人有無提起告訴之能力，則以意思能力爲斷。另聲請指定代行告訴之利害關係人，實務見解係指依普通觀念在財產上或精神上有直接利害關係之人。本例甲陷入昏迷成爲植物人，屬於不能行使告訴權，丙雖中風行動不便，但如其意思能力並無欠缺，即非屬不能行使告訴權之情形，故縱丁身爲甲、丙之長子而可認爲符合利害關係人之要件，其聲請仍不合法。對此不合法之代行告訴，檢察官應依本法第255條第1項爲不起訴處分。

(三) 設若丙無意思能力，檢察官依法指定丁代行告訴，爲免告訴乃論案件因訴訟條件是否具備未決致處於不安定狀態，故實務與通說見解認爲代行告訴人應自檢察官指定之時起，六個月內代行告訴；本例檢察官於6月20日指定丁代行告訴，則丁於同年7月8日提出告訴即屬合法。又代行告訴人行使代行權時，依本法規定不得與被害人之明示意思相反。甲因昏迷不醒無法行使告訴權，丙又無意思能力時，丁行使代行權自不得與甲、丙之明示意思相反，故甲若陷於昏迷、丙無意思能力而無法明示其意思時，丁當然不得撤回告訴，以免影響甲、丙之訴訟權益。且依實務院解字第3568號見解，本法法第238條第1項所規定得撤回告訴之人，不包括本法第236條之代行告訴人。故丁撤回告訴不合法，檢察官仍得就合法告訴之本案於偵查終結後提起公訴。

二、告訴代理人之告訴合法性

本法第236條之1第1項規定，告訴，得委任代理人行之。同法第237條規定，告訴乃論之罪，其告訴應自得爲告訴之人知悉犯人之時起，於六個月內爲之。亦即告訴代理人之代理告訴權係源自於告訴權人本人，則告訴期間之起算自以告訴權人本人知悉犯人時爲準，而非以告訴代理人知悉事實時爲據。本例丙具有獨立告訴權人，自得授權委任次子戊子爲告訴代理人，然該告訴權應自丙知悉甲被乙撞傷之事實起算，非如戊所主張其至同年6月1日回國始知悉起算，故戊代理丙遲至同年8月11日始對乙提出告訴，已逾越六個月之告訴期間，檢察官應依本法第252條第5款爲不起訴處分。

注釋資料：例解刑事訴訟法「體系釋義版」第七章之「告訴之提起體系表」。

相關試題

甲與乙宿有冤仇，某日甲請丙、丁喝酒，甲酒後抱怨乙，丙與丁遂欲爲甲出氣共同毆打乙致傷，乙報警告知甲對其懷恨，但不知何人所爲，請警方積極緝凶繩之以法，惟警方因無特定嫌疑犯而未製作筆錄，僅作成報案紀錄，嗣循線查獲丙所爲，丙坦白承認是甲唆使，移送檢察官迅速起訴甲、丙二人，甲於第一審辯論終結前，向法院提出與乙和解書，載明甲願意賠償醫藥費，乙不得再行追訴，請問本案有無合法告訴，效力如何？是否撤回告訴，效力如何？審理中警方又查出丁亦有涉案，應如何處理？（103警特）

考點提示：

一、傷害罪係絕對告訴乃論之罪，僅須告訴權人向偵查機關申告犯罪事實即可，不須指明犯人，故本件告訴合法。

二、告訴乃論之罪依據刑事訴訟法第238條第1項之規定，得由告訴人於第一審辯論終結前，以書狀或言詞向法院撤回告訴。本件係由被告甲提出和解書，而非告訴人乙提出撤回告訴書狀，故不生撤回告訴之效力。

三、承上所述，傷害罪之告訴不須指明犯人，則告訴人乙所提告訴已足使所有本件被告所犯之傷害案件具備追訴條件，故乙無庸再另行對丁補行告訴。又甲之撤回告訴並不合法，因之乙原爲之告訴依然合法存在；況告訴亦非偵查條件（而係追訴條件），是以警方仍應對丁之涉案進行調查。

相關試題

甲與其妻乙素不和睦，緣於民國106年3月1日巧遇其國中戀人丙，甲乃向丙吐露其與乙之婚姻生活缺乏交集，甲、丙因而舊情復燃，於當日至汽車旅館發生姦淫行爲，甲並以其手機錄影留念。嗣於同年4月1日，乙偶然借用甲之手機而查覺甲、丙之上開姦情，乙憤而於當日至地方法院檢察署向檢察官對甲、丙提出告訴，嗣經丙於同年5月1日與乙和解並給付賠償，乙乃於5月2日撤回對丙之告訴，檢察官因而僅起訴甲通姦之犯行。試問：法院對於甲通姦之行爲，應爲如何之判決？（106檢事官）

考點提示：

一、本於刑事訴訟法第239條告訴不可分之規定，除係對通姦配偶撤回告訴效力不及於相姦之第三人外，告訴乃論之罪之告訴人，對共犯一人撤回告訴者，效力及於全部共犯。

二、本案例告訴人乙撤回對相姦人丙之告訴，其效力及於配偶甲，則甲案之訴訟條件即有欠缺（告訴乃論之罪欠缺合法告訴），法院應依法爲不受理判決。

第十章　自　訴

研讀聚焦

刑事控訴原則下，併列有公訴&自訴兩種啟動審判程序之模式。而由犯罪直接被害人所提起之自訴程序，應特別注意強制律師代理制度（包含提起、到場行訴訟程序&行爲、上訴審之適用）、自訴權人之認定、公訴優先原則&例外、自訴&公訴&告訴之提起與撤回之相異區別、釋字第569號與通姦罪自訴適格之關係、自訴不受理事由、自訴不可分等。

在國考命題方面，常在通姦罪之告訴&自訴上做文章，以複雜之告訴不可分&告訴或自訴撤回&公訴優先原則三者混合之實例題，測驗應試者之觀念是否涇渭分明且融通無礙，有時復加入自訴不可分性，藉由主觀（共犯）&客觀（犯罪事實）不可分性，大幅提高試題難度。此外，自訴強制律師代理制度於第二審或第三審，以及自訴人上訴或被告上訴之四種組合情形，如何適用，法院又應如何適法處理，亦爲熱門考點所在。

案例試題

例題1

某甲委任律師，向某地方法院提起自訴狀。自訴狀中關於犯罪事實部分，僅簡單記載：某乙對某甲故意殺人未遂罪。

(一)該地方法院面對此項自訴，應如何處理？

(二)地方法院審理本案時，如發現某乙對某甲故意殺人時，某乙的一個殺人行為，尚且對某丙亦構成故意殺人未遂罪。此時，該地方法院應如何處理？

（95司法官）

解碼關鍵

自訴狀記載事項之合法程式；法院裁定補正之處理；自訴之調查&起訴審查程序。

擬答

一、自訴狀之合法記載

按依刑事訴訟法第320條規定自訴狀應記載事項與公訴案件之起訴狀同，應包括犯罪事實（構成犯罪之具體事實及其犯罪之日時處所方法）及證據並所犯法條。蓋自訴案件既強制律師代理，自訴狀爲明確記載已無困難，此規定之目的在使法院之審判範圍具體及被告之防禦對象明確，有利自訴程序進行。

二、自訴審理程序

自訴程序綜觀刑事訴訟法之相關規定（含第326條）包括有調查程序（第326條第1項）、自訴起訴審查程序（第326條第3項）、準備程序（第273條）及審判程序，其中調查程序與自訴起訴審查程序均以訊問自訴人並爲必要調查爲前提，而非僅憑自訴狀之記載即得逕爲處理，此因本條之駁回於自訴人具有一事不再理之效力，屬實質性駁回之故，可知調查程序與自訴起訴審查程序屬實質審查性質，是以僅憑自訴狀記載未具法律必備程式，而不訊問自訴人亦不命補正，即行駁回自訴，是否合法顯有疑義。況自訴人之自訴狀未爲完備記載，未必表示其未提呈足資證明被告犯罪之實體證據，可否率爾認定有應或宜不起訴處分情形，亦待斟酌。易言之，自訴狀記載不備法律程式與未盡舉證責任，尚難等同視之。

三、法院對自訴案件之處理

(一) 自訴駁回後，雖檢察官仍得再行偵查公訴，然法院仍應進行審判，此不啻耗費訴訟資源，有違訴訟經濟原則。

(二) 本法第273條第6項明定起訴之法律必備程式有欠缺而情形可補正者，法院應裁定定期命補正。其目的在達成訴訟經濟之要求，並保障被害人本於憲法第16條之訴訟權，同時避免刑事犯罪者得因起訴程序瑕疵而脫免刑罰權之追訴審判。此一補正規定，於自訴程序同有適用，並未排除。

(三) 本題情形尚非屬不能補正之情形，法院宜先裁定定期命自訴人補正自訴狀之記載，再依補正之自訴狀進行訊問自訴人與被告之調查程序及自訴起訴審查程序。

(四) 本於單一案件之不可分性（起訴不可分與審判不可分），檢察官無庸再行起訴，僅需函請併辦，縱未函併，法院仍應併予審判。

注釋資料：例解刑事訴訟法「體系釋義版」第八章之焦點「自訴調查程序之探討」。

相關試題

甲委任律師代理自訴，自訴狀上僅蓋用律師章，未有自訴人簽名或蓋章，第一審法院疏未注意，亦未命自訴人補正，而於辯論終結後諭知被告無罪之判決，自訴人委由律師代理提起上訴，第二審法院發現本案起訴之程序違背規定，第一審法院誤爲實體裁判，然案件已進入第二審程序，已無從命補正，故撤銷第一審判決，改判諭知自訴不受理。試問：

(一) 第二審法院之判決是否合法？

(二) 本案如經合法上訴，第三審法院應如何解決？　（104廉政）

考點提示：

一、實務見解認爲，自訴人未於自訴狀簽名或蓋章，係起訴欠缺法律上必備之程式，因其情形非不可補正，法院如未定期命補正而逕行判決，上訴第二審法院後，難認該瑕疵已治癒，此時第二審法院應撤銷原判決，發回第一審法院，由其另爲適法處理，若第二審法院逕爲不受理判決，即不合法。

二、第三審法院對第二審諭知不受理之不當判決，應依刑事訴訟法第399條之規定，撤銷原判決，逕行發回第一審法院，以保障當事人之審級利益。

例題2

某甲明知自己支票帳户已遭銀行拒絕往來，因急需現款週轉，仍簽發支票向乙借款新台幣100萬元，約定一個月清償，詎屆期乙將支票提示，遭退票，始知甲於向其借款之前，已屬銀行拒絕往來户，認甲自始惡意詐騙，乃委任律師為代理人，以甲觸犯詐欺罪，提起自訴，第一審法院審理時，甲到庭接受審判，坦承借款事實，惟堅決否認有不法所有意圖，法院認為甲辯解不可採信，依詐欺罪判處甲有期徒刑一年，甲感事態嚴重，一面依法提起上訴，一面向其他親友告貸，籌款清償乙，第二審法院認甲之上訴合法，審理時，乙未再委任律師，惟親自到庭表示已經與被告和解，雙方誤會一場，其不想再追究。試問第二審法院應如何處理與判決？

（98司法官）

解碼關鍵

自訴強制律師代理制度於被告上訴第二審之適用爭議。

擬答

一、自訴強制律師代理制度於第二審之適用

關於自訴強制律師代理制度是否適用於第二審，實務與通說見解採肯定說，最高法院94年第6、7次刑庭決議認爲，刑事訴訟法（下稱同法）自民國92年9月1日施行後，採強制委任律師代理自訴制度，旨在限制濫訴，提高自訴品質，當無分別各審級而異其適用之理。依同法第37條、319條第2項、第329、364條規定，自訴人應委任代理人「到場」並由律師爲代理人提起第二審上訴等規定，在事實審之第二審同應適用。針對僅被告上訴第二審之情形，最高法院決議更認爲「自訴案件，被告不服第一審判決，提起第二審上訴，自訴人並未上訴，惟第二審爲事實審，仍須由自訴代理人爲訴訟行爲。或認此有強迫自訴人選任律帥爲代理人之嫌，但自訴人既選擇自訴程式，即有忍受之義務，自應採肯定見解」。故若自訴人未委任律師到場，因此係被告提起上訴，故第二審法院不得駁回上訴，而應依第364條準用第319條第2項之規定，先裁定限期命自訴人補正，逾期未補正，則依

第369條第1項之規定，撤銷原判決，改依第364條準用第329條第2項之規定為不受理之諭知。

二、學說之不同見解

少數學者基於如下理由，認為被告上訴時，即無強制自訴人委任律師之適用：

(一) 上訴權獨立性，被告與自訴人之上訴乃分屬不同的訴訟行為，不應以未上訴之自訴人並未委任律師為由，反將被告合法上訴，以不受理判決之形式裁判終結。

(二) 自被告之上訴利益面向觀察，被告提起上訴，如其上訴合法，則上訴審法院即為實體上之裁判，以維護被告上訴之權益。倘容許第二審法院以自訴人未委任律師為由諭知不受理判決，因其不具實體確定之效力，自訴人極有可能再依法提起自訴或告訴，則被告亦將陷於同一案件遭受兩次追訴程序負擔之不利益，亦不符合訴訟經濟。

(三) 造成自訴人委任律師之費用負擔，按自訴程序採律師強制代理制度，旨在防止濫訴，並合於當事人進行主義的訴訟構造。如今第一審法院判決被告有罪，顯見自訴人並無濫訴之情形，自無再次強制其應委任律師為代理人使其再度負擔沉重律師費用之必要。

(四) 可能導致被告對自訴人施壓，例如要求自訴人二審以不委任律師方式，而達其撤銷原有罪判決改判不受理結果，如此將違背刑訴追求公益發現眞實之目的。

(五) 學者乃主張，此種情形，上訴審法院固可依職權促使被上訴之自訴人委任律師代理，惟並無命其補正之義務，仍應就被告合法之上訴，經傳喚自訴人到庭調查後逕行判決，或認必要之情形，準用刑事訴訟法第330條之規定通知檢察官協助自訴。

注釋資料：例解刑事訴訟法「體系釋義版」第八章之焦點「自訴之強制律師代理制度」。

例題3

甲提起自訴謂其所有之建物被乙強行拆毀，但經法院調查結果，甲對該建物並無所有權或管領權，試由法院對該自訴應如何判決？

解碼關鍵

自訴權人中有關「被害人」之認定爭議。

擬答

一、實體判決說

刑事訴訟法第319條所稱之被害人，只須自訴人所訴被告犯罪事實，在實體法上足認其為被害之人為已足，至該自訴人實際曾否被害及被告有無加害行為，並非自訴成立之要件（本院46年台上字第1305號判例參照）。甲自訴其建築物，因乙之犯罪行為而受有侵害，其自訴即已成立。雖其係與該建築物全然無關之人，法院仍應為實體上之審判，認被告不成立犯罪而諭知無罪，不得逕予諭知不受理。

二、不受理判決說

按「犯罪之被害人得提起自訴」刑事訴訟法第319條第1項前段定有明文。故必須係因犯罪而被害之人，始得提起自訴；非因犯罪而被害之人，不得提起自訴，乃當然之解釋。該條項所稱犯罪之被害人，以因犯罪而直接被害人之人爲限制，於財產法益被侵害時，必爲其財產之所有權人，或對於該財產有事實上管領力之人，因他人之犯罪行爲，而其管領權受有侵害時，始能認爲直接被害之人（本院68年台上字第214號判例、32年非字第68號判例參照）。甲自訴其建築物被乙強行拆毀，法院既已查明甲並非該建築之所有權人，亦非有管領權之人，應認其並非因犯罪而直接被害之人，逕予諭知不受理之判決（最高法院80年第3次刑庭決議採之）。

注釋資料：陳樸生，刑事訴訟法實務，頁297以下。

律師甲在法庭上與對方律師乙發生激烈的爭執，退庭後律師甲心有未甘，乘機傷害律師乙，律師乙於是對律師甲提起傷害自訴，卻未委任律師為代理人。問律師乙所提起之自訴是否合法？　(92司法官)

解碼關鍵

自訴強制律師代理制度之立法意旨&律師爲被害人時，提自訴之適用性。

擬答

一、自訴強制代理之立法意旨

按自訴人與檢察官同居於刑事訴訟原告之地位，在訴訟程序採行當事人進行主義之構造下，二者均應就被告之被訴事實負形式與實質之舉證責任並確實踐行法庭活動，則自訴人即應如檢察官般於自訴狀具體陳明構成犯罪之事實與被告犯罪之日、時、處所、方法及證據並所犯法條，以使審判範圍明確及被告防禦對象得具體。除此，更應於審判程序中聲請調查證據，對被告以外之人實施詰問與詢問，就事實與法律爲綜合之辯論等訴訟行爲，並配合改良式當事人進行主義，主導證據調查之進行。然此對不具專業法律知識之自訴人而言，顯有事實之困難，且因現行自訴制度常爲民眾誤用或濫用爲解決私人爭議之手段，非但虛耗國家司法資源，更徒令被告承受不必要之訟累，故而本法第37條、第319條第2項及第329條乃明定，自訴之提起應委由律師提起，並由其到場代爲訴訟行爲，如自訴人未爲前項委任時，法院應定期間命其補正，逾期未補正則諭知不受理判決，此即與91年修正新法所增訂之交付審判制同採「律師強制代理」。綜其目的包括：(一)避免濫行自訴；(二)落實改良式當事人進行主義；(三)提升自訴品質（使法院審判範圍具體，被告防禦對象明確）。

二、律師乙得逕提自訴

承上所述可知，92年修正新法所增設之自訴強制律師代理制度，其立法意旨乃係爲落實當事人進行主義精神，使具法律專業素養之律師得於自訴案件中代替公訴檢察官，確實撰寫符合本法第320條所規定之自訴狀，並主導自訴程序之法庭活動與證據調查之進行。基此，本題律師乙對律師甲提起傷害自訴，雖未委任他律師爲代理人，然該自訴人既身爲具專業法律素養之律師，自得詳實撰寫自訴狀以使被告充分行使防禦權，並嫻熟且順暢進行該傷害案件之自訴程序，此與另委任他律師代爲提起自訴之效果無異，未違本次修法之上開立法意旨，故宜認律師乙所提本件傷害自訴程序合法。

注釋資料：最高法院94年度第6、7次刑庭會議決議。

例題5

刑事訴訟法上稱為告（自）訴之人與告（自）訴人，其含意有無差別？同一案件經告訴或自訴者，其他得為告（自）訴人可否再行自訴或告訴？如經判決，其效力是否及於他人？試分述之，並舉其有關為證。（78司法官）

解碼關鍵

自訴權人&自訴人之區別性；同一案件自訴後再行告訴或自訴之處理。

擬答

一、得為告（自）訴之人與告（自）訴人涵義上之差別

(一) **得為告訴之人與告訴人**：依刑事訴訟法規定之得爲告訴之人（即告訴權人）包括犯罪被害人、本法第233條、第234條所列具告訴權之人；得爲告訴之人，一經實施告訴之後，即轉變成爲告訴人，因之得爲告訴之人與告訴人之差別乃在於是否已實施告訴之行爲爲斷。

(二) **得為自訴之人與自訴人**：次依刑事訴訟法第319條第1項之規定，係指犯罪之直接被害人、直接被害人無行爲能力或限制行爲能力或死亡者，得由其法定代理人、直系血親或配偶提起自訴；得提起自訴之人，一經自訴之提起，即成爲自訴人，因之得爲自訴之人與自訴人兩者之差別在於是否已提起自訴爲斷。

二、同一案件經告訴後可否再行告訴或自訴

(一) 由於告訴權原則上係屬個別獨立存在，故其中一告訴權人之告訴不影響他告訴人之告訴權，其他告訴權人仍得再行提起告訴。

(二) 依刑事訴訟法第323條之規定，同一案件經檢察官依第228條規定開始偵查者，不得再

行自訴。但告訴乃論之罪，經犯罪之直接被害人提起自訴者，不在此限，仍得提起自訴。

三、同一案件經自訴後可否再行告訴或自訴

(一) 依刑事訴訟法第324條規定，同一案件經提起自訴者，不得再行告訴。

(二) 同一案件經提起自訴後，已生訴訟繫屬，本於一案一訴原則，自不得再行提起自訴。

四、同一案件之判決效力

此應視係本案判決與非本案判決而定：

(一) 本案判決：同一案件經法院爲本案判決者，兼具實質確定力與形式確定力，而有一事不再理原則之適用，自不得再行自訴；若有其他告訴權人再行告訴，檢察官應依刑事訴訟法第252條第1款爲不起訴處分。

(二) 非本案判決：同一案件倘經法院爲非本案判決者，因其不具實質確定力僅有形式確定力，不受一事不再理原則拘束，自得再行告訴或自訴。

注釋資料：例解刑事訴訟法「體系釋義版」第八章之焦點「同一案件再行告訴、公訴、自訴之處理」。

例題6

試述承受訴訟與擔當訴訟之意義，並言二者區別之點。　(84司法官)

解碼關鍵

自訴權人承受訴訟&檢察官擔當訴訟。

擬答

一、承受訴訟之意義

依刑事訴訟法第332條規定，自訴人於辯論終結前喪失行爲能力或死亡者，得由第319條第1項所列得爲提起自訴之人，於一個月內聲請法院承受訴訟。即由得爲自訴之人承受訴訟，取代原自訴人之地位，其訴訟關係並未消滅僅係訴訟主體之更易。故原自訴之要件是否欠缺，仍以原自訴人爲斷，並不因其承受而補正。

二、擔當訴訟之意義

檢察官擔當自訴人在自訴程序上爲訴訟行爲，其在訴訟上僅居於代理人地位，又其擔當關係之存在，乃以有法定原因之存在爲前提；故自訴案件，雖經檢察官擔當訴訟，而其擔當原因消滅時，自訴人仍得續行其訴訟行爲，並不因檢察官之擔當訴訟，而喪失其爲當事人之地位；因本法自92年起已採律師強制代理制度，故此一擔當訴訟之規定即無太大實益，依我國刑事訴訟法之規定，擔當訴訟之原因包括有：

(一) 自訴人於辯論終結前死亡而無承受訴訟之人或逾期不承受者（第332條）。
(二) 自訴人於辯論終結前喪失行爲能力者（第332條）。
(三) 因兵役被徵入營者（院字3682號）。

三、兩者之區別

(一) 擔當訴訟係由檢察官爲之；承受訴訟係由自訴人之法定代理人、直系血親或配偶爲之。
(二) 檢察官擔當訴訟僅居於代理人地位，而其擔當原因消滅時，自訴人仍得續行其訴訟行爲，並不因檢察官之擔當訴訟而喪失其爲當事人之地位。至承受訴訟，承受訴訟之人係自爲當事人，屬訴訟主體之更易，原當事人之當事人地位消滅。
(三) 擔當訴訟之檢察官對於自訴判決係根據本法第347條之規定獨立上訴，非依本法第344條，蓋其非取代原自訴人地位；至承受訴訟之人則根據第344條獨立提起上訴。
(四) 在擔當訴訟於其擔當原因消滅後，自訴人仍得續行其訴訟行爲。至承受訴訟，自訴之當事人地位一經承受，訴訟主體即生更替，原自訴人無從回復其當事人地位。
(五) 擔當訴訟時，法院通知檢察官擔當訴訟；至承受訴訟時，由承受主體於一個月內向法院聲請承受。

注釋資料：例解刑事訴訟法「體系釋義版」第八章之焦點「檢察官於自訴程序之地位與行爲」。

例題7

丙自訴乙侵入住宅，丙於第一審言詞辯論終結前喪失行為能力或死亡者，均為承受訴訟，逕行判決及擔當自訴之決定原因，試申論比較二者之適用情形為何？

解碼關鍵

同上揭例題6。

擬答

按「自訴人於辯論終結前，喪失行爲能力或死亡者，得由第319條第1項所列得爲提起自訴之人，於一個月內聲請法院承受訴訟；如無承受訴訟之人或逾期不爲承受者，法院應分別情形，逕行判決或通知檢察官擔當訴訟」，刑事訴訟法第332條定有明文，據此茲將本題情形分述如下：

一、承受訴訟

由本法第319條所列得爲提起自訴之人於一個月內聲請法院承受自訴，其包括犯罪之被害人及其法定代理人、直系血親、配偶。

二、擔當自訴

倘無上開承受訴訟之人或逾期不爲承受者，且該案件係：(一)須經言詞辯論；(二)得不待被告陳述而爲判決者（本法第305條、第306條、第294條第3項、第371條），則應通知檢察官擔當自訴，蓋檢察官於刑事訴訟程序具有公益代表人之地位，並負有代表國家追訴犯罪之職權。

三、逕行判決

倘無上開承受訴訟之人或逾期不爲承受者，必該案件係不須經言詞辯論者，法院始得逕行判決，否則即與直接、言詞審理原則有違。

注釋資料：刑事訴訟法第332條。

例題8

一狀誣告乙丙二人，乙已先向法院自訴甲誣告，如丙亦欲治甲應得之罪，應如何辦理？倘丙對甲再行自訴，或向檢察官告訴，並經提起公訴，法院應為如何之判決？試分別情形解答之，並說明理由。（77司法官）

解碼關鍵

單一案自訴一部事實之效力；法院對重行自訴與重行告訴、公訴之處理。

擬答

一、丙追訴之限制

甲一狀誣告數人之行爲，通說見解認誣告罪所侵害者乃國家法益，故本題甲僅成立一罪，爲單一案件。又被誣告者因此名譽受有直接損害，通說認其得提起自訴，故本題乙、丙均得對甲提起自訴，惟乙已對甲提自訴，依據刑事訴訟法第343條準用同法第267條之規定，對於犯罪事實一部自訴者效力會及於全部，因此，乙對於甲誣告自己之行爲提起自訴，其自訴之效力會及於甲誣告丙部分，法院自得就全部加以審理。又依本法第324條規定，「同一案件經提起自訴者，不得再行告訴或爲第243條之請求」，故丙對於甲自不得再行反訴或告訴，僅能向法院另爲意見陳述。

二、丙再自訴，法院應諭知不受理判決

甲誣告乙、丙之行爲，如上所述乃單一案件，訴訟法上爲單一訴訟客體，故乙已就犯罪事實之一部提起自訴，其效力自及於全部，法院本應就全部均予審判；倘丙對於同一案件之人再行自訴，即屬重行起訴或競合管轄，法院應分依本法第303條第2款或第7款諭知不受理判決。

三、丙再告訴

丙對於已經提起自訴之案件，再行告訴，倘檢察官誤予起訴，即屬對同一案件重行起訴或違背競合管轄，此時法院亦應依本法第303條第2款或第7款判決不受理。

注釋資料：例解刑事訴訟法「體系釋義版」第八章之焦點「自訴不可分」。

例題9

甲駕車不慎同時同地撞及乙、丙二人，乙因而受有普通傷害，丙因而死亡，試解答下列二問題：

(一)乙先自訴甲犯過失傷害罪嫌（須告訴乃論），丙之子丁嗣再告訴甲犯過失致人於死罪嫌（非告訴乃論），檢察官究如何處理？

(二)丙之子丁先告訴甲犯過失致人於死罪嫌，乙嗣再自訴甲犯過失傷害罪嫌，法院就如何處理？

解碼關鍵

公訴優先&自訴不可分；法院對不得自訴案件之處理。

擬答

一、單一案件與自訴之限制

按甲不慎同時撞傷乙、丙二人，係一行爲侵害二法益成立二罪名（過失致傷罪與過失致死罪）之想像競合犯，而爲裁判上一罪，學理與實務同認係屬單一案件。次按犯罪之被害人得提起自訴，但無行爲能力或限制行爲能力或死亡者，得由其法定代理人、直系血親或配偶爲之。犯罪事實之一部提起自訴者，他部雖不得自訴亦以得提起自訴論。但不得提起自訴部分係較重之罪者，不在此限。又同一案件經檢察官依第228條規定開始偵查者，不得再行自訴。但告訴乃論之罪經犯罪之直接被害人提起自訴者，不在此限。於開始偵查後，檢察官知有自訴在先或前項但書之情形者，應即停止偵查，將案件移送法院，刑事訴訟法第319條第1項、第3項及第323條分別定有明文。

二、檢察官就告訴部分應移請併辦

乙係甲所犯過失致傷罪之直接被害人，依前揭說明即得提起自訴，且本於單一案件不可分性，乙自訴甲過失致傷犯罪事實部分，效力及於過失致死之犯罪事實，法院本得併予審判，則過失致死被害人丙之子丁另就該部犯罪事實向檢察官提起告訴，揆諸上開本法第323條第2項之規定，檢察官應停止偵查，將該部犯罪事實移送法院併案審理。

三、法院應諭知不受理判決

(一) 過失致死罪被害人丙之子丁先提告訴，此時依本法第228條規定檢察官既已開始偵查，同一案件包括過失致死與過失致傷部分之二部犯罪事實，依本法第323條第1項規定本均不得再提自訴，惟因過失致傷罪係屬告訴乃論，另依同條項但書之規定，直接被害人乙就該部分之犯罪事實仍得自訴。

(二) 承上所論，本件過失致死之犯罪事實不得自訴，另過失致傷之犯罪事實本得自訴，然因不得自訴之過失致死罪係較重之罪，依本法第319條第3項但書之規定，本件即全部不得自訴，故法院應就乙所提自訴，依本法第334條之規定諭知不受理判決。

注釋資料：林俊益，刑事訴訟法概論（下），頁202；何賴傑，刑事訴訟法實例研習，頁309。

例題10

有夫之婦乙與丙通姦，乙之夫甲對乙、丙之通姦行為，如提起自訴，其自訴是否合法？如為告訴，告訴是否合法？如甲自訴後，再向檢察官告訴，檢察官對該告訴應如何處理？如甲向檢察官告訴，經檢察官開始偵查，甲又向法院自訴，法院應如何判決？

解碼關鍵

釋字第569號與對通姦罪共犯之自訴權；告訴乃論之罪於偵查中仍得自訴。

擬答

一、通姦罪自訴之爭議

(一) 通姦罪爲告訴乃論之罪，於有共犯情形，依早期實務及部分學者見解認有告訴主觀不可分原則之適用（刑事訴訟法第239條），而依同法第321條規定，「對於直系尊親屬或配偶，不得提起自訴」，則甲對配偶乙及丙均不得提自訴，惟有學者反對該見解，認並無不得自訴不可分之情形，且告訴不可分原則乃屬積極面（提起不可分）而無消極面（不可提起不可分），故甲對乙固不得自訴，但對共犯丙仍可自訴。

(二) 近期實務見解則改採肯定說，大法官會議釋字第569號認爲，憲法第16條明定人民有訴訟之權，旨在確保人民權益遭受不法侵害時，有權訴請司法機關予以救濟。惟訴訟權如何行使，應由法律規定，法律於符合憲法第23條意旨之範圍內，對於人民訴訟權之實施自得爲合理之限制。刑事訴訟法第321條規定，對於配偶不得提起自訴，係爲防止配偶間因自訴而對簿公堂，致影響夫妻和睦及家庭和諧，乃爲維護人倫關係所爲之合理限制，尚未逾越立法機關自由形成之範圍；且人民依刑事訴訟法相關規定，並非不得對其配偶提出告訴，其憲法所保障之訴訟權並未受到侵害，與憲法第16條及第23條之意旨尚無牴觸。刑事訴訟法第321條規定固限制人民對其配偶之自訴權，惟對於與其配偶共犯告訴乃論罪之人，並非不得依法提起自訴。本院院字第364號及院字第1844號解釋相關部分，使人民對於與其配偶共犯告訴乃論罪之人亦不得提起自訴，並非為維持家庭和諧及人倫關係所必要，有違憲法保障人民訴訟權之意旨，應予變更，最高法院29年上字第2333號判例前段及29年非字第15號判例，對人民之自訴權增加法律所無之限制，應不再援用。

二、告訴合法

甲對乙、丙所提告訴，依同法第232條規定犯罪之被害人得為告訴，即屬合法。

三、已自訴不得再告訴

按同一案件經提起自訴者，不得再行告訴，本法第324條定有明文，如被害人再行告訴，即屬依法不得告訴而告訴，依釋字第48號解釋，檢察官應依本法第255條第1項其他法定理由之規定為不起訴處分。

四、本題偵查中仍得自訴

又按同一案件經檢察官依第228條規定開始偵查者，不得再行自訴。但告訴乃論之罪，經犯罪之直接被害人提起自訴者，不在此限，本法第323條第1項亦定有明文，依此本題甲提告訴經檢察官開始偵查後，仍得對丙再提自訴，此時檢察官應例外停止偵查，由法院為該案件之實體判決。

注釋資料：大法官釋字第569號。

例題11

已婚之甲男與未婚之乙女有通姦行為。甲的妻子丙女在民國95年3月知道此事之後，在95年5月與甲離婚。問：在95年7月時

(一)丙可否向檢察官僅限定對乙提出通姦罪的告訴？

(二)若丙未提告訴，可否直接向法院對甲、乙兩人提起自訴？　(95書記官)

解碼關鍵

告訴不可分於通姦罪之適用；被害人對「前」配偶之共犯當有自訴權。

擬答

一、對配偶共犯之告訴

(一) 依刑事訴訟法第239條規定，告訴乃論之罪，對於共犯之一人告訴或撤回告訴，其效力及於其他共犯。但刑法第239條之罪（通姦相姦罪），對於配偶撤回告訴者，效力不及於相姦人，此即告訴乃論罪共犯間之告訴不可分原則。本此規定，告訴不可分原則於被害人對通姦罪之配偶與相姦共犯提起告訴仍有適用，僅於對配偶撤回告訴時方例外未及於相姦共犯，故本題被害人丙未得限定對相姦人乙提起告訴。

(二) 又本題丙女之告訴權屬被害告訴權，告訴權之有無係以丙女被害時甲丙是否為配偶為準，縱嗣後兩人離婚，丙女之告訴權仍不受影響，併此敘明。

二、對前配偶與共犯之自訴

(一) 按大法官會議釋字第569號認為，憲法第16條明定人民有訴訟之權，旨在確保人民權益蒙受不法侵害時，有權訴請司法機關予以救濟。惟訴訟權如何行使，應由法律規定，法律於符合憲法第23條意旨之範圍內，對於人民訴訟權之實施自得為合理之限制。刑事訴訟法第321條規定，對於配偶不得提起自訴，係為防止配偶間因自訴而對簿公堂，致影響夫妻和睦及家庭和諧，乃為維護人倫關係所為之合理限制，尚未逾越立法機關自由形成之範圍；且人民依刑事訴訟法相關規定，並非不得對其配偶提出告訴，其憲法所保障之訴訟權並未受到侵害，與憲法第16條及第23條之意旨尚無牴觸。刑事訴訟法第321條規定固限制人民對其配偶之自訴權，惟對於與其配偶共犯告訴乃論罪之人不得自訴，並非為維持家庭和諧及人倫關係所必要，有違憲法保障人民訴訟權之意旨，應予變更，最高法院29年上字第2333號判例前段及29年非字第15號判例，對人民之自訴權增加法律所無之限制，應不再援用。

(二) 承上可知，甲男與丙女若已離婚，即無人倫關係與家庭和諧之考量，故丙女可不受本法第321條規定之限制，得對甲男提起自訴，另對甲男之共犯乙女自亦得為之。惟亦有主張如慮及甲男乙女嗣後破鏡重圓之可能性，仍以限制丙女對甲男之自訴權為宜，然法律既未有明文限制，顯違法律保留原則。

注釋資料：同上揭例題10。

例題12

甲男與乙女均明知對方為有配偶之人，於屏東市投宿旅館通姦，為乙女之夫丁當場查獲，甲男與乙女惱羞成怒，當場聯手毆傷丁男，甲男之妻丙女先委任律師對乙女自訴通姦罪，並對甲男告訴通姦罪。乙女之夫丁男亦委任律師對甲男自訴通姦罪及傷害罪，並對乙女告訴通姦罪及傷害罪。第一審言詞辯論終結前，丙女對乙女撤回自訴。丁男則對乙女撤回告訴。請詳附理由解答下列問題：

(一)檢察官對丙女告訴甲男通姦罪應如何處理？

(二)法院就丙女自訴乙女通姦罪及丁男自訴甲男通姦罪與傷害罪應如何處理？

(97司法官)

解碼關鍵

區別告訴不可分&自訴不可分之效力，前者存在於共犯間（主觀），後者存在於單一案件之犯罪事實（客觀）。

擬答

一、大法官會議釋字第569號

(一) 被害人本於憲法第16條訴訟權之保障，其得提起告訴與自訴之刑事程序尋求救濟，故告訴權或自訴權之限制，依憲法第23條之規定，應具備合理之目的（實質要件），且以法律限制（形式要件之法律保留原則），否則即有違憲之虞。

(二) 刑事訴訟法第321條規定對配偶不得自訴，其立法目的在防止配偶間對簿公堂致影響夫妻和睦與家庭和諧，故屬維護人倫關係之合理限制，且因被害人尚保有對其配偶之告訴權，是其本於憲法所賦予之訴訟權並未被剝奪。

(三) 傳統實務見解（29年上字第2333號、29年非字第15號）認被害人對與配偶共犯告訴乃論罪之人亦不得提起自訴，惟此等限制並無如上述係爲維護人倫關係之合理性存在，且非以法律規定爲之，亦違反法律保留原則，自與憲法規定相爲牴觸。

二、本例之處理

(一) 告訴乃論之罪爲本法第323條第1項本文公訴優先原則之例外。另不論自訴在檢察官偵查之先抑或檢察官因告訴而開始偵查後，告訴乃論之被害人提出合法自訴，檢察官均應停止偵查，將案件移送自訴法院併案審理。

(二) 本例通姦罪與傷害罪均屬告訴乃論之罪，故丙對乙之通姦罪自訴、丁對甲之通姦罪與傷害罪自訴均合法。檢察官應對丙女對甲男之通姦罪告訴部分，停止偵查，移併自訴法院審理。

(三) 告訴乃論之罪共犯間有告訴不可分之適用，然被告所犯之數犯罪事實間，則無所謂不可分性效力。另告訴不可分於通姦罪適用之例外爲：若告訴人對配偶撤回告訴，效力不及於共犯。本題，丁對配偶乙之通姦罪撤回告訴效力不及於甲，但傷害罪之撤回告訴效力及於甲。故法院對丁自訴甲通姦罪部分，因仍有合法告訴，應爲實體判決，至對丁自訴甲傷害罪部分，因告訴撤回至訴訟條件欠缺，應依本法第303條第3款爲不受理判決。

(四) 自訴不可分效力係適用於單一案件，告訴乃論之罪共犯間（相牽連之數案件）即無該效力，故自訴人於第一審辯論終結前僅撤回共犯一人之自訴，效力不及於其他共犯。又撤回自訴將使訴訟係屬消滅，法院無庸爲任何判決之諭知，法院僅對未經撤回之共犯爲判決。故法院對丙女自訴乙女通姦罪部分無庸爲任何諭知。

注釋資料：例解刑事訴訟法「體系釋義版」第八章之焦點「公訴優先條款之相關探討」。

試述何人得予提起自訴及反訴，又自訴與反訴有何關係？　（72司法官）

解碼關鍵

自訴權&反訴權人之認定。

擬答

一、得提起自訴之人

依刑事訴訟法第319條第1項之規定：「犯罪之被害人得提起自訴。但無行爲能力或限制行爲能力或死亡者，得由其法定代理人、直系血親或配偶爲之」，即屬得提起自訴之人。所謂犯罪之被害人，指犯罪當時直接受有損害之人，包括自然人及法人。

二、得提起反訴之人

得提起反訴之人，需爲自訴之被告且係自訴人所涉及犯罪之被害人，亦即反訴人在自訴案件與反訴案件中之當事人（原告、被告）地位互異。

三、自訴與反訴之關係

(一) 反訴與自訴程序中需當事人（即原告、被告）地位互異（即互爲被害人、互爲被告）。若爲被害人以外之人提自訴者，即無反訴之餘地。

(二) 反訴利用自訴程序，亦屬自訴之一種，且依本法第339條明定反訴準用自訴之規定，故其應符合自訴之相關規定，應委任律師爲反訴代理人，以反訴狀爲之。

(三) 反訴之事實需與自訴之事實直接相關。

(四) 反訴依本法第338條規定應於自訴案件第一審言詞辯論終結前提起之。蓋其係爲訴訟經濟而設，如已經第一審辯論終結，即無從將自訴與反訴合併審判。

(五) 依本法第341條規定，「反訴應與自訴同時判決。但有必要時，得於自訴判決後判決之」，故反訴不可先於自訴判決而爲判決。

(六) 反訴因係爲訴訟經濟而藉自訴程序提起，彼此獨立存在，故自訴之撤回，不影響於反訴。即自訴雖經合法撤回，反訴之訴訟繫屬既未消滅，法院仍應就反訴部分依法審判。又反訴亦屬自訴，故需委任律師爲代理人，且以反訴狀爲之。

注釋資料：例解刑事訴訟法「體系釋義版」第八章之「自訴之提起體系表」。

相關試題

甲欲購二手房車爲丙知悉，丙乃設計詐騙甲之購車款，惟甲嗣因車禍受創致心神喪失，試問何人得爲甲受詐欺一事提起自訴？又若甲未生車禍，並對丙提詐欺自訴，法院審理中，甲激憤難忍乃將丙毆傷，丙得否對甲反訴傷害？

考點提示：自訴權人，反訴要件。

例題14

甲毆傷十七歲之乙，乙之父親丙乃對甲提起自訴，試問：
(一)乙又打傷甲，則甲得否對乙提起反訴？
(二)丙又打傷甲，甲得否對丙提起反訴？

解碼關鍵

反訴之提起要件包括當事人相同而地位互異&事實相關性。

擬答

一、丙自訴合法

按犯罪之被害人得提起自訴。但無行爲能力人或限制行爲能力人或死亡者，得由其法定代理人、直系血親或配偶爲之。又提起自訴之被害人犯罪，與自訴事實直接相關，而被告爲其被害人者，被告得於第一審辯論終結前，提起反訴；刑事訴訟法第319條第1項及第338條分別定有明文，依法可知，並非所有自訴人皆得爲反訴人，本題丙爲限制行爲能力之被害人乙之父親，其本得以法定代理人身分提起自訴。

二、案例(一)不得反訴

乙打傷甲之事實與本題自訴傷害事實具直接相關性，且甲爲自訴被告，故其具有反訴人適格，惟依上開規定反訴與自訴之當事人（原告、被告）需相同而地位互異始足當之，本題乙雖爲自訴案件中被害人，然非自訴人（丙方爲自訴人），故甲不得對其提起反訴。

三、案例(二)不得反訴

如上所言，丙打傷甲之事實與本題自訴傷害事實具直接相關性，且甲丙均爲自訴案件當事人，倘甲對丙反訴則屬當事人相同而地位互異，惟揆諸本法第338條規定，反訴被告限於自訴案件中之被害人且該被害人須係提起自訴之人，本題丙雖係提起自訴之人卻非被害人，故甲仍不得對丙提起反訴。

注釋資料：同上揭例題13。

例題15

甲未委任律師對乙提起詐欺自訴，法院得否為實體判決？若甲委任A律師提起自訴，經第一審法院判決乙有罪，乙乃提起第二審上訴，甲應否續委任律師為代理人？

解碼關鍵

法院對於未委任律師而提起自訴之案件應爲不受理判決；強制律師代理制度於第二審仍有適用。

擬答

一、自訴強制律師代理

我國刑事訴訟構造改採改良式當事人進行主義，原則上由兩造當事人主導證據調查之進行，且自訴人居於實質原告（控訴者）之地位，尤應肩負控訴事實明確性與舉證責任之義務。爲此，刑事訴訟法乃於自訴案件採用強制律師代理制度（自訴之提起、審判期日到場及訴訟行爲，均應委任律師行之），以提高自訴品質、避免濫行自訴，亦使自訴程序得以順暢，法院之審判範圍與被告防禦對象皆得具體明確，俾能符合控訴原則之精神並保障被告之防禦權利。

二、未委任律師之效果

依自訴強制律師代理制度之規定，自訴人須委任律師於審判期日爲訴訟行爲，否則法院得爲不受理判決。

三、第二審強制委任律師代理

刑事訴訟之第二審採覆審制，與第一審同具事實審與法律審之功能，故原則上均採言詞審理主義，兩造當事人應於審判期日到場並爲訴訟行爲（包括舉證責任之實行、調查證據、言詞辯論），揆諸前揭說明，則自訴案件以律師爲自訴代理人之功能性需求，於第二審顯無不同，且本法於第二審除有特別規定外，應準用第一審之程序規定，另有關總則之性質相容之規定自亦同有適用，故不論由被告抑或自訴人所提第一審上訴，自訴人均應委任律師爲代理人，自不待言。

注釋資料：同前揭例題2。

例題16

張三對於李四「詐欺其金錢」一事，已依法於二個月前向台北地方法院提起自訴，但因擔心敗訴，於是又向台北地方法院檢察署將該案提出告訴，檢察官將該案偵查終結向台北地方法院提起公訴，台北地方法院對於該案應如何處理？

解碼關鍵

檢察官對不合法自訴之案件仍得提起公訴；同一案件重行起訴之禁止。

擬答

一、告訴與自訴之涵義

按因犯罪行為受侵害之被害人本於憲法第16條訴訟權之保障，其得向偵查機關提出告訴，亦得向法院提出自訴。所謂告訴乃刑事訴訟法規定之告訴權人（犯罪直接被害人暨與被害人有特定關係人）向偵查機關申告犯罪事實請求檢察官訴追之意，檢察官於偵查後如認被告有犯罪嫌疑且適當時，即得對被告提起公訴，此時檢察官為訴訟當事人，告訴人則否。所謂自訴乃犯罪之直接被害人向法院對被告提起控訴，請求法院審判被告之犯罪事實之意，此時被害人即成為訴訟當事人，倘被害人死亡或無或限制行為能力時，由其法定代理人、直系血親或配偶提起（刑事訴訟法第319條第1項但書）。

二、重複起訴之禁止

次按為避免裁判矛盾，浪費審判資源並增加被告應訴之負擔，同一案件應禁止重行起訴。本件張三對於李四「詐欺其金錢」一事，已依法於二個月前向台北地方法院提起自訴，但因擔心敗訴，於是又向台北地方法院檢察署將該案提出告訴，檢察官如知有自訴在先情形時，應依刑事訴訟法第323條第2項之規定停止偵查，將案件移送法院。應說明者，本條之規定係以自訴合法為前提，故若本件自訴合法，檢察官仍於案件偵查終結後向台北地方法院提起公訴，台北地方法院應依本法第303條第2款之規定，已經提起公訴或自訴之案件，在同一法院重行起訴，而為不受理判決。

三、自訴強制律師代理

末按為落實改良式當事人進行主義，提升自訴程序之品質，避免濫行自訴，同時使法院之審判範圍與被告防禦對象具體明確，刑事訴訟法於自訴程序乃明定律師強制代理制度，包括自訴之提起與審判期日到場及為訴訟行為，均應委任律師為代理人為之。本題張三所提自訴如未委任律師為代理人，台北地方法院應先定期命其補正，逾期未補正者，即應依本法第329條第2項之規定為不受理判決。此時，檢察官所提公訴即未違反重行起訴禁止之規定而屬合法，台北地方法院自應為實體判決。

注釋資料：同前揭例題5。

第十一章　審　判

研讀聚焦

由於我國刑事審判構造由職權主義改採改良式當事人進行主義，致審判程序之類型亦趨於多元化，而不同審判程序復各有其審理原則與程序特徵，同時因審判程序間之轉換涉及審級利益&科刑種類範圍之限制，故此些均爲近年國考之命題重點。

再者，審判對象（被告）與控訴原則&被告訴訟防禦權密切相關，是以如何確認檢察官起訴所指之人、被告錯誤之類型與處理方式，亦爲讀者應行注意之另一焦點。

最後，法官於審判程序中之訴訟指揮與處分&當事人之異議權與瑕疵治癒，刑事妥速審判法係爲避免審判延滯而影響公平正義實現及當事人之訴訟權（含被告受羈押之人身自由權），加以該法規定之「不對稱上訴」於適用上之爭議，乃爲研讀時殊值留心之所在。

案例試題

例題1

檢察官起訴被告甲犯有強盜罪嫌，受命法官於第一次審判期日前，傳喚被告甲，並通知檢察官到庭，行準備程序，檢察官以被告之警詢自白為證據，被告甲則抗辯其警詢自白係出於刑求，檢察官乃聲請法院傳喚證人A（即詢問被告甲之刑警）、證人B（即製作警詢筆錄之刑警）、證人C（即錄製警詢錄音之刑警），以證明被告甲之警詢自白筆錄並無刑求之事；被告甲則聲請法院傳喚證人D（即警詢在場之律師），以證明其警詢自白係出於刑求，試問：

(一)被告甲抗辯其警詢自白係出於刑求，受命法官應如何調查？

(二)受命法官可否於準備程序先行傳喚證人A、B、C、D進行調查，並行交互詰問？

(三)受命法官是否有權判定該警詢自由非出於任意性，並無證據能力？

解碼關鍵

對被告之刑求抗辯應先於其他證據爲調查；受命法官於準備程序原則上不得爲證據調查，至於證據取捨則有爭議。

擬答

一、刑求抗辯之調查

(一) 按無證據能力，未經合法調查之證據，不得作爲判斷之依據。被告陳述其自白係出於不正之方法者，應先於其他事證而爲調查。該自白如係經檢察官提出者，法院應命檢察官就自白之出於自由意志，指出證明方法。又法院對於得爲證據（即有證據能力）之被告自白，除有特別規定外，非於有關犯罪事實之其他證據調查完畢後，不得調查，刑事訴訟法第155條第2項、第156條第3項、第161條之3分別定有明文。

(二) 是以具證據能力之自白方得於審判期日受合法調查（其他犯罪事實調查後調查），而自白是否具證據能力則視有無不正方法影響其任意性爲斷，故法院於被告抗辯自白非出於自由意志時，應先於其他事證而爲調查，資以認定其證據能力，此時若自白係檢察官提出者，應由其負舉證責任，如未能舉證證明，法院即應逕認自白無任意性而不得爲證據。

二、準備程序之證據取捨與證人詰問

(一) 受命法官於準備程序得否爲證據能力之取捨，學說與實務有不同見解：

1. 肯定說：刑事訴訟法第273條第1項第4款與第2項規定，準備程序應爲證據能力意見之處理，經認定無證據能力之證據不得於審判期日主張之，此可避免審判期日程序進行之延宕，且由合議庭以外法官於準備程序爲證據能力（包括與事實之關聯性與取得之正當性）之判斷，亦可防止合議庭審判時受違法證據之污染而有預斷偏見。實務與部分學者（黃朝義師、陳運財師）採之，淺見亦從。
2. 否定說：關於證據與待證事實之關聯性得由受命法官於準備程序取捨，惟證據取得之正當性，宜由合議庭於審判期日爲認定方爲愼重妥適（柯耀程師）。

(二) 倘依肯定說見解，本件受命法官應得於準備程序判定該警詢自白有無任意性，得否爲證據，是以受命法官當得於準備程序傳喚證人以調查該自白是否出於自由意志，復爲確保當事人之交互詰問權以爲任意性之釐清，並應准予行交互詰問。惟應注意者，此際之調查與交互詰問均應僅限於有無不正方法存在及自白出於自由意志與否，至自白之內容與證明力，揆諸前揭規定與說明，乃係該自白經認定具任意性而有證據能力，迨至審判期日時方得爲調查者。

注釋資料：黃朝義，月旦法學第113期，頁11以下；柯耀程，月旦法學教室第19期，頁260以下。

相關試題

甲在路上拾獲乙之信用卡，竟持該信用卡至賣場購物後盜刷，經店員丙察覺有異而以現行犯逮捕。檢察官偵查後，認甲雖否認犯行，但依乙、丙之證述、賣場錄影光碟資料、刷卡資料等證據，認甲涉犯行使僞造私文書、詐欺取財罪，依法提起公訴（侵占

遺失物未據起訴）。試問：

(一) 倘若甲在準備程序坦承上情，但表示係因服用精神疾病藥物後，無法控制自己的行為，受命法官於聽取當事人及辯護人之意見後，可否未經合議庭評議逕行依簡式審判程序審理？

(二) 復若甲始終否認犯行，請就修法前及現行刑事訴訟之訴訟架構，論準備程序受命法官及審理時審判長應如何進行訊問被告程序？檢察官得否經審判長同意後訊問被告？倘若辨護人認為受命法官、審判長之訊問構成誘導或係以不正方法為之，可以為何種主張？ （99律師）

考點提示：

一、行使偽造文書及詐欺取財罪之案件，依刑事訴訟法第273條之1規定，係屬得適用簡式審判程序之範圍。並依同法第284條之1採合議審判。

二、實務見解認為，審判程序之轉換應由合議庭評議為之，受命法官不得逕自更易；惟學者有持不同意見。

三、本法第273條之1所稱「有罪之陳述」依刑法概念當包含構成要件該當性、違法性與有責性，故若被告雖坦承犯行，惟提出阻卻罪責抗辯，自不宜適用簡式審判程序。

四、受命法官除依本法第273條第1項第2款訊問已自白之被告外，於準備程序僅得處理程序事項、整理爭點、列出爭執與不爭執事項，不得為實質證據調查。至審判長於審理時，則依本法第286至290條之規定程序訊問規定，並不得違反第95至100條之1之規定。

五、審判中僅審判主體得訊問被告，檢察官依本法第163條第1項之規定，得請求詢問被告，但不得訊問之。

六、受命法官與審判長依本法第98條不得以誘導訊向方式為之，否則被告所為自白依同法第156條第1項不得為證據，辯護人並得依同法第288條之3聲明異議。

例題2

檢察官起訴被告甲竊盜乙之手錶，起訴書證據清單列有被告甲之警詢自白筆錄、被害人乙之警詢指證筆錄、失竊報告及贓物領據。準備程序進行中，被告抗辯其警詢時之自白係出於刑警丙之刑求，檢察官乃聲請傳喚證人丙，試問：受命法官可否進行下列程序？

(一)傳喚證人乙到庭調查，以明被告被訴之事實是否屬實。

(二)傳喚證人丙到庭調查，以明詢問被告之程序有無不法。

(三)傳喚被告甲到庭調查，以明被告被訴之事實是否屬實。 （94政大法研）

解碼關鍵

受命法官例外得於準備程序爲實質證據調查之要件；準備程序處理事項。

擬答

一、法院於準備程序所得處理之事項

包括刑事訴訟法第273條第1項所列各款、第274條及第276至278條等規定之事項，其中「訊問被告對檢察官起訴事實是否爲認罪之答辯，及決定可否適用簡式審判程序或簡易程序」和「有關證據能力之意見」亦爲第273條第1項第2款與第4款明定得爲處理事項，且同條第2項並規定，「於前項第4款之情形，法院依本法之規定認定無證據能力者，該證據不得於審判期日主張之」，本此以觀，現行法似認法院得於準備程序就被訴事實訊問被告並爲證據能力之取捨。

二、學者就證據能力取捨之不同見解

有認證據與待證事實具關聯性與否，得於準備程序取捨，至證據取得之正當性（如取得證據之搜索手段是否合法正當），應於審判期日由合議庭審查。另有認不論證據之關聯性或證據取得之正當性，均得於準備程序判斷取捨，然宜由爲審判之合議庭以外之法官爲之，避免產生審判者預斷之偏見。

三、受命法官於準備程序之處理

(一) 除有預料證人不能於審判期日到庭而提前訊問之情形外（第276條第1項）不得傳喚證人乙到庭調查被告甲之犯罪事實，蓋調查證據以認定事實乃審判期日合議庭方得爲之，準備程序之受命法官僅得爲程序事項之處理。

(二) 傳喚證人丙到庭調查，即有上揭之不同意見，實務肯定之，學說有否定見解。

(三) 被告甲之被訴事實是否屬實，乃審判期日由合議庭所爲之判斷，惟本件被告甲所涉嫌爲竊盜罪，係得適用簡式審判或簡易程序之案件，受命法官於準備程序得就被訴事實訊問被告是否爲認罪答辯，以決定是否改用簡式審判或簡易程序。

注釋資料：例解刑事訴訟法「體系釋義版」第九章之焦點「準備程序之相關探討」。

例題3

最高法院93年台上字第2033號判例要旨：「依刑事訴訟法第279條第1項規定，準備程序處理之事項，原則上僅限於訴訟資料之聚集及彙整，旨在使審判程序能密集而順暢之進行預作準備，不得因此而取代審判期日應踐行之直接調查證據程序。調查證據乃刑事審判程序之核心，改良式當事人進行主義之精神所在；關於證人、鑑定人之調查、詰問，尤為當事人間攻擊、防禦最重要之法庭活動，亦為法院形成心證之所繫，除依同法第276條第1項規定，法院預料證人不能於審判期日到場之情形者

外，不得於準備程序訊問證人，致使審判程序空洞化，破壞直接審理原則與言詞審理原則。」另最高法院95年度台非字第204號判決則謂：「被告或辯護人對於檢察官所提出之證據是否具有證據能力，有所爭執時，參諸刑事訴訟法第273條第1項第4款、第2項規定之立法意旨，固有於準備程序時陳述對證據能力之意見，由法院先予調查，以節省勞費，避免耗費不必要之審判程序」，試問：此一判決理由與前揭判例要旨有無衝突？ （96政大法研）

解碼關鍵

證據能力（合法正當性、關聯性）取捨應由合議庭爲之抑或得由受命法官判斷之爭議。

擬答

一、嚴格證明程序之審理原則

按嚴格證明程序之審判中，任何證據資料提呈於審判期日受合法調查其實質內容與證明力前，須先具備證據能力，亦即該證據資料須與待證事實有關聯性且未經法律排除或禁止（證據排除法則），方取得受調查其實質證明力之資格。依實務見解，關於證據能力於準備程序判斷，證據之實質內容證明力則於審判期日調查。換言之，準備程序係調查該證據之形式要件之合法性，亦即證據能力之有無，審判期日乃調查證據之實質內容，以評價其證明力。例如：被告抗辯其警詢中自由係受司法警察不正方法所致，檢察官則提出警詢錄音帶爲否認，法院乃於準備程序勘驗該錄音帶以調查察明是否有不正方法，若無不正方法，該自由即有證據能力，法院則於審判期日調查該自由之內容，以評價其證明力。

承上所述，最高法院95年度台非字第204號判決所稱：「被告或辯護人對於檢察官所提出之證據是否具有證據能力，有所爭執時，參諸刑事訴訟法第273條第1項第4款、第2項規定之立法意旨，固有於準備程序時陳述對證據能力之意見，由法院先予調查，以節省勞費，避免耗費不必要之審判程序」，乃緊繫於準備程序判斷證據能力之有無，而非爲實體證據內容之調查與證明力評價，要與前開最高法院93年台上字第2033號判例所揭示，原則上應於審判期日始得爲實體證據調查，以保障被告防禦權與直接審理主義之精神之要旨並無衝突違背。

二、學者不同意見

學者對於準備程序即爲證據能力之判斷有不同意見：有認證據與待證事實具關聯性與否，得於準備程序取捨，至證據取得之正當性（如取得證據之搜索手段是否合法正當），應於審判期日由合議庭審查。另有認不論證據之關聯性或證據取得之正當性，均得於準備程序判斷取捨，然宜由爲審判之合議庭以外之法官爲之，避免產生審判者預斷之偏見。

注釋資料：同上揭例題1、2。

例題4

甲涉嫌殺人被提起公訴。準備程序期日，甲未選任辯護人，審判長亦未指定辯護人為甲辯護，受命法官仍對到庭之人行準備程序。審判期日，公設辯護人到庭為甲辯護。調查證據時，檢察官聲請傳喚之證人乙到庭，檢察官為主詰問時為誘導詰問，公設辯護人及被告未聲明異議，審判長亦未依職權限制或禁止檢察官詰問。其後，審判長依職權傳喚之證人丙亦到庭，審判長訊丙：「你當時看到被告站在何位置？」顯有誘導之嫌，但雙方當事人未聲明異議。最後，公設辯護人聲請傳喚之證人丁到庭，審判長對丁告知其先前於警詢及偵查中筆錄內之陳述，再訊問丁對該筆錄內容有無意見，但未讓公設辯護人及被告詰問，公設辯護人及被告亦未聲明異議。法院最後以證人乙、丙及丁證言及其他證據，判處甲罪刑。試評論本件準備程序及判決採證之合法性。（101律師）

解碼關鍵

準備程序之被告辯護權；實質辯護權之內涵；被告詰問權保障與程序瑕疵治癒。

擬答

一、準備程序之辯護權

(一) 實務見解認爲，準備程序原則上僅處理訴訟資料之彙整，旨在使審判程序能密集順暢進行預作準備，是否行準備程序，法院有裁量之權。而準備程序非可取代審判期日應爲之訴訟程序，是辯護人苟依法於審判期日到庭爲被告辯護，縱未於準備程序到庭參與行準備程序，依上說明，尚難逕指其辯護有瑕疵而執爲上訴第三審之合法理由（100年台上第446號判決參照）。

(二) 依刑事訴訟法第273條第1項規定，準備程序處理事項包括：起訴效力所及之範圍與有無應變更起訴法條之情形（前者涉及控訴原則之審判範圍，後者涉及法律適用與是否更新審判）、有關證據能力之意見（經認定無證據能力者，不得於審判期日主張之）、案件及證據之重要爭點……等，此皆影響被告，嗣於審判程序中之防禦權甚鉅，亟需辯護人到場提供專業之法律協助，另如同法第159條之5之傳聞證據之意見與異議，均有辯護人在場之必要；故同法第273條第1項乃明定法院得於第一次審判期日前行準備程序，「並通知」辯護人到庭。學者通說亦採肯定見解以確實保障被告之訴訟防禦權。

(三) 小結：無論強制辯護或任意辯護而經被告選任辯護人之案件，受命法官均應通知辯護人到場，否則前者即有本法第379條第7款之判決當然違背法令，後者亦屬本法第380條之訴訟程序違背法令。

二、實質有效之辯護

(一) 爲符合正當法律程序之要求，使刑事被告享有充分防禦權，大法官釋字第654號與學者均主張實質有效辯護之重要，其內涵包括辯護人在場應陳述意見並對違法程序提出異議，而非僅形式到庭而空泛言稱「請庭上明察，依法判決」，否則即形同辯護人未到場辯護。

(二) 本例公設辯護人對檢察官之誘導詰問（違反本法第166條之1），未依本法第167條之1聲明異議；另對審判長之誘導訊問和未予詰問證人機會之證據調查處分，亦未依本法第288條之3聲明異議，均屬未爲實質有效之辯護，此審判自有本法第379條第7款之當然違背法令。

三、被告詰問權保障與瑕疵治癒

(一) 實務見解對於訴訟程序之瑕疵多採「即時異議」見解，適時未提即有瑕疵治癒之效果；當事人、代理人、辯護人或輔佐人對於審判長或受命法官有關證據調查或訴訟指揮之處分不服者，依刑事訴訟法第288條之3第1項規定，得向法院聲明異議，由法院依同條第2項規定裁定之，以進行詰問證人、鑑定人程序，就證人、鑑定人之詰問及回答，以及審判長或受命法官所爲證據調查或訴訟指揮之處分。聲明異議，重在及時行使，俾審判長、受命法官或法院得以立即處分、裁定，如未適時行使，除所踐行訴訟程序有重大瑕疵，明顯妨礙程序公正及眞實發見，足認影響於判決結果者外，依刑事訴訟法第380條規定，不得執爲上訴第三審之理由（98年台上第3064號判決參照）。

(二) 惟近來實務見解認爲，「若審判長不察，許可證人概括行使免於自陷入罪之拒絕證言權（應就具體問題逐一行使），乃有關調查證據處分之違法，且屬有害於訴訟公正，不因未異議而得視爲治癒」（100年台上第4862號判決參照）。又認爲「受命法官逾越權限，於訴訟程序僭行審判長職權，致法院組織不合法所爲之審判，非但所踐行之程序顯然違法，抑且足使被告應受法院依相關法律規定與程序公平審判之訴訟權受有侵害」，此等重大瑕疵不因當事人及辯護人同意而治癒（101年台上第1088號判決參照），亦即縱使當事人等明示同意仍不得治癒瑕疵，何況當事人與辯護人僅未異議，自應相同認定。

(三) 被告詰問權乃憲法第8條與第16條保障之正當法律程序和訴訟防禦權（釋字第582號），法院未予被告及辯護人詰問證人之機會乃是嚴重侵害被告受公平審判之訴訟權（甚且本例中審判長偏頗之誘導訊問證人亦屬之），揆諸上揭說明，應認此等重大瑕疵不因被告與辯護人未異議而治癒，該審判即有本法第379條第10款之「應於審判期日調查之證據而未予調查」之當然違背法令。

四、結論

(一) 本例辯護人未到庭所行之準備程序不合法。

(二) 對檢察官誘導詰問證人乙而被告等未異議，該瑕疵可視爲治癒；然對法院誘導訊問證人丙及未予被告等詰問證人丁之重大瑕疵，應認侵害被告受公平審判之權，不因未異議而治癒，法院就此供述內容之採證即不合法。

注釋資料：台灣高等法院暨所屬法院97年法律座談會刑事類提案第47號之審查意見；同前揭例題1、2。

例題5

甲男與乙女因妨礙家庭案件（通姦罪），經地方法院簡易庭「得易科罰金之有期徒刑」簡易判決後，被告等不服而提起上訴，經地方法院合議庭認「應為無罪判決之諭知」。試問：

(一)該地方法院合議庭應適用何種程序審判該案？理由何在？

(二)該案經該地方法院合議庭審理後，將地方法院簡易庭原判決撤銷，改為「無罪判決之諭知」，但檢察官不服該地方法院合議庭「諭知無罪」之判決，是否可以上訴？理由何在？　(95司法官)

解碼關鍵

簡易程序與其他審判程序於上訴審之轉換&法院之處理方式。

擬答

一、實務見解（最高法院93年度台非字第224號）

實務認爲法院得爲簡易判決處刑者，以所科之刑係宣告緩刑、得易科罰金之有期徒刑及拘役或罰金者爲限；於檢察官聲請以簡易判決處刑之案件，經法院認應爲無罪判決之諭知者，應適用通常程序審判之，刑事訴訟法第449條第3項、第451條之1第4項但書第3款、第452條分別規定甚明。是地方法院簡易庭對被告爲簡易判決處刑後，經提起上訴，而地方法院合議庭認應爲無罪判決之諭知者，依同法第455條之1第3項準用第369條第2項之規定意旨，應由該地方法院合議庭撤銷簡易庭之判決，改依第一審通常程序審判。其所爲判決，應屬於「第一審判決」，檢察官仍得依通常上訴程序上訴於管轄第二審之高等法院，91年台非字第21號判例亦同見解。

二、學者意見

學者主張不論是通常程序轉換爲簡易或簡式程序、或是簡式或簡易程序轉回通常程序，法院均應爲程序進行方式之諭知，且須載明於審判筆錄之中，否則即不得視其程序有發生變更。故若第一審程序經法院依刑訴法第449條第2項之規定，將通常程序轉換爲簡易程序，經處刑判決後，亦完全合於簡易處刑判決之要求，後經檢察官上訴於地方法院合議庭，此時地方法院合議庭在程序之要求上，應屬於上訴審之性格，其未諭知程序轉換時，儘管所爲判決逾越簡易處刑判決之要求（如有期徒刑三年），仍僅能視其判決有所違誤，且簡易程序屬於二審終結之程序，一經上訴審判決即生確定，根本無由對該案件不服而向通常程序之高等法院提起上訴，故高等法院對此一上訴，應認上訴非法律所允許，而依第367條判決駁回上訴。惟本案第二審之地方法院合議庭判決，顯然有判決違背法令之情事，但案件已經確定，其救濟方式僅能以非常上訴救濟之。

注釋資料：柯耀程，月旦法學教室第44期，頁17。

相關試題

> 為了簡易且迅速地處理不斷膨脹的微罪案件，刑事審判程序應如何設計？我國刑事訴訟法的規定如何？請說明可以適用的範圍和如何聲請及審查的程序？又這些程序在理論上是否存有令人值得擔憂之處？（94律檢）

考點提示：參見刑事訴訟法於簡易訴訟制度（含簡式、簡易、協商）之相關規定。

例題6

司機甲受僱於某私人銀行負責駕駛運鈔車之工作，運鈔途中均有該銀行行員乙、丙二人隨車押運。某日，乙、丙二人將裝有1,000萬元之現金袋置於運鈔車內保險箱而尚未上車之際，司機甲趁隙將該運鈔車開走，惟於逃離現場不久旋即被巡邏而至的警察緊急逮捕，案經檢察官偵查終結，認被告構成刑法第325條之搶奪罪嫌，依法向管轄法院提起公訴。問：

(一)倘本案檢察官依被告之自白及行員乙、丙之目擊證言等證據，已足認定被告甲構成刑法第325條之搶奪罪時，得否依第449條第1項之規定；向管轄之地方法院簡易庭聲請簡易判決？

(二)檢察官聲請簡易判決處刑者，程序上是否應先取得被告之同意？

(三)倘本案依簡易程序判決被告搶奪罪，處有期徒刑二年，緩刑五年，甲不服上訴，惟第二審之地方法院合議庭維持原審判決，對此，甲是否得提起第三審上訴？（90東海法研）

解碼關鍵

偵查中檢察官得聲請簡易判決處刑之要件&需得被告同意之情形；簡易程序之上訴審級。

擬答

一、本例得聲請簡易判決處刑

刑事訴訟法第449條第1項規定，第一審法院依被告偵查中之自白或其他現存之證據，已足認定其犯罪者，得因檢察官之聲請，不經通常審判程序，逕以簡易判決處刑。但有必要時，應於處刑前訊問被告。第3項規定，依前二項規定所科之刑以宣告緩刑、得易科罰金或得易服社會勞動之有期徒刑及拘役或罰金爲限。本例被告於偵查中自白，並經證人乙、丙證述無訛，已足認定被告犯罪，故檢察官當可向法院聲請簡易判決處刑。

二、本例無須被告同意

按除本法第451條之1檢察官與被告於簡易程序爲量刑與負擔協商，本於當事人處分主義之精神與被告權利保障，應得被告自願性同意外，本法並無檢察官聲請簡易判決處刑須得被告同意之規定。本例既無檢察官與被告協商量刑與負擔，亦無具體向法院求刑之情形，故此檢察官簡易判決處刑之聲請毋庸被告同意。

三、被告不得提起第三審上訴

依本法第455條之1第1項及第3項規定，對於簡易判決有不服者，得上訴於管轄之第二審法院合議庭。對第1項之上訴，準用第三編（上訴審）第一章（通則）及第二章（第二審）除第361條外之規定。依此，簡易判決之上訴並未準用第三章（第三審）之規定，亦即對於地方法院合議庭之第二審簡易判決，自不得上訴第三審。應注意者，倘若案件不應爲簡易判決而誤爲之，應由地方法院合議庭改依通常審判程序爲第一審判決，對此判決得上訴高等法院，並具備法定條件下，得對高等法院之第二審判決提起第三審上訴。惟本例案件與科刑範圍均屬適法之簡易判決，故被告不得再行上訴。

注釋資料：陳運財，月旦法學第110期，頁234；黃朝義，月旦法學教室第34期，頁77以下。

相關試題

> 最重本刑爲三年以下有期徒刑、拘役或專科罰金之罪及刑法第320條與第321條之竊盜罪案件應否行合議審判？理由何在？

考點提示：

一、通常審判程序（嚴格證明程序）之第一審原則採合議審判，惟刑事訴訟法第376條第1款（最重本刑三年以下有期徒刑、拘役或專科罰金之罪）及第2款（刑法第320條、第321條竊盜罪）於修正後採獨任制。

二、簡易訴訟制度即簡式審判程序、簡易程序、協商程序（自由證明程序）之第一審均採獨任審判。

相關試題

甲因涉嫌傷害被提起公訴。甲起初一直否認犯罪，直到審判期日，甲始向法院表示願意認罪，但希望進行協商。審判長徵詢檢察官意見後，即同意雙方進行協商並裁定休庭。檢察官及甲即於法庭內進行協商，最後協商合意成立。檢察官即聲請法官爲協商判決，而由受命法官獨任依合意內容判甲有期徒刑六個月，緩刑二年，並宣告沒收供犯罪所用之工具。被告以合意內容並未包括沒收而提起上訴。第二審法院認爲該上訴違反刑事訴訟法第455條之10規定，以上訴不合法而駁回。本案確定後，檢察總長發現甲曾因故意犯罪受有期徒刑以上刑之宣告，依法不得宣告緩刑，而第一審判決並未就甲曾因故意犯罪受有期徒刑以上刑之宣告之事實依職權調查，因而提起非常上訴。請依題旨回答下列問題：

(一) 協商程序有無違法之處？

(二) 第二審判決之合法性及有無理由？

(三) 非常上訴之合法性及有無理由？

考點提示：

一、本法第455條之2之協商程序依法應由檢察官聲請發動，被告並無聲請權。故本例之協商程序顯不合法。

二、本法採行之認罪量刑協商制度僅限於符合實體事實與刑法刑罰規定之前提下，就宣告刑爲協商，亦即被告該當之罪名、有無法定加重減輕刑罰事由（如有無自首、累犯之情事等）或沒收等，均非屬當事人得協商之範圍。故被告之上訴不合法，且第一審所爲協商判決亦屬違背法令。

相關試題

甲未依「電子遊戲場業管理條例」規定辦理營利事業登記而違法設置電子遊戲機「皇冠小瑪莉」供不特定人玩樂，96年8月24日爲警查獲移送地檢署，被告甲於檢察官偵查中自白，經檢察官提起公訴，並於法院準備程序進行中認罪，表示願受拘役二十日，緩刑二年之宣告，檢察官亦依被告之表示而向法院爲同一請求，法院乃裁定逕以簡易判決處刑，並於96年9月20日判決被告甲有罪，處拘役二十日，如易科罰金，以新台幣1,000元折算一日，緩刑二年，於96年10月15日送達於被告甲，試問：

(一)如檢察官收受判決後以量刑過輕爲由提起上訴，法院應如何判決？

(二)如上開簡易判決於96年11月20日確定，而甲於96年8月24日查獲後仍不知悔改，本同一犯意自96年9月10日起在原址續設「皇冠小瑪莉」供不特定人玩樂，經警於96年10月10日查獲，移送地檢署偵辦，檢察官於97年2月3日提起公訴，法院應如何判決？

（97政大法研）

參考資料：

最高法院95年度台非字第318號判決要旨：「查電子遊戲場業管理條例第15條規定：『未依本條例規定辦理營利事業登記者，不得經營電子遊戲場業。』違反前揭規定者，依同條例第22條規定應處以刑罰。而所謂電子遊戲場業，依該條例第3條規定，係指設置電子遊戲機供不特定人益智娛樂之營利事業，從而所謂經營電子遊戲場『業』，乃指經營電子遊戲場業務而言。按刑法上所稱業務之營業犯，係指以反覆同種類之行爲爲目的之社會的活動而言，屬於集合犯之一種，爲包括一罪。」

考點提示：

一、協商判決除有本法第455條之4第1項所列之情形或量刑違反同條第2項規定之範圍者。另本法第451條之1簡易協商科刑判決依第455條之1第2項之規定亦不得上訴。故原審法院應依本法第362條以上訴爲法律所不應准許裁定駁回，上訴法院則依第367條判決駁回。

二、集合犯之包括一罪屬刑法上一罪，依實體法說乃爲單一案件而有不可分性，通說見解認爲單一案件之既判力擴張範圍以最後事實審辯論終結時爲準，惟因簡易判決係採書面審理未行言詞辯論，故以判決送達被告時爲準。是以本例被告後續之犯行應爲既判力所及，本於一事不再理原則，法院應對檢察官之後訴爲本法第302條第1款之免訴判決。

相關試題

甲涉嫌將其帳戶密碼資料交給電信詐欺集團使用，經檢察官以被告身分傳喚到庭接受訊問，甲承認提供帳戶密碼資料，但辯稱是因爲應徵工作遭騙走，並不知道此帳戶密碼會被使用於犯罪。檢察官詢問甲是否願意與告訴人和解，甲以其本身亦爲犯罪被害人爲由而拒絕之。後檢察官在無其他證據下，僅以「被告爲心智健全之成年人，亦有相當社會經驗，故意交付帳戶密碼時，當可預見將爲詐騙集團使用，竟仍故意提供，顯有幫助詐欺之不確定故意」之推論與甲承認提供帳戶密碼資料之證據資料而起訴甲。甲收到簡易判決處刑聲請書後，委任律師爲辯護人向法院提出開庭之聲請，並主張應適用通常程序，但法院逕以簡易判決處刑程序判處甲成立詐欺罪之幫助犯並科處三個月有期徒刑。試附理由分析本件判決是否合法。（104檢事官）

考點提示：

一、簡易程序之適用原則上乃以被告自白爲適用前提，但不得以被告自白爲簡易判決之唯一證據。換言之，簡易程序雖採用自由證明程序，惟其簡易（有罪）判決仍需達嚴格證明程度。

二、被告自白乃被告就主觀與客觀之構成犯罪要件該當事實均爲承認，本例甲僅承認將帳戶密碼資料提供予詐欺集團使用之客觀事實，但否認主觀上有犯罪或幫助犯罪之故意，難認甲已對「犯罪」自白（甲未承認有犯罪）故憑此所爲之簡易判決即不合法。

三、依刑事訴訟法第449條第3項之規定，簡易判決之科刑範圍有其限制，本例法院既未宣告緩刑，亦未宣告得易科罰金之標準，亦與法有違。

四、學者並認爲，基於被告訴訟防禦權之保障，如欲適用簡易訴訟制度（簡式、簡易、協商），應經被告同意。故本例實應改適用通常審判程序。

例題7

「甲」因涉嫌收受贓物，經警當場查獲。乃冒名其所拾得身分證上之「乙」名應訊，隨後經解送至檢察官訊問時，亦冒名「乙」應訊並在訊問筆錄上偽簽「乙」名，後獲交保候傳。原承辦檢察官未查明，隨後在起訴書上載明被告「乙」名。試從學理及實務分析：

(一)設若第一審法院於通常審理程序，因傳喚乙本人到庭而發現冒名情事，乙當庭請求法院「判決無罪以還其清白」。試問本案檢察官起訴之對象為何人（即訴訟關係存在於甲或乙），標準及理由何在？法院對甲應否及如何裁判、對乙應否及如何裁判，始為合法？

(二)設若本案係經書面審理之簡易判決處刑確定，判決書被告姓名欄上記載「乙」名，及至執行時始發現冒名情事，試問應否及如何救濟，始為合法？

(97台大法研)

解碼關鍵

以表示說判斷起訴被告錯誤之情形；簡易程序對冒名應訴情形予以更正被告姓名即可。

擬答

一、被告錯誤之判斷

關於被告錯誤之判斷，通說採併用說，亦即以表示說（起訴書所指之人）與行動說（到庭受審判之人）爲綜合判斷，而唯有正確判斷檢察官起訴之眞正被告，法院之審判方不致違反控訴原則與程序規定。依此：

(一) 如係犯罪人甲冒用乙名，且甲到庭受審：依表示說之被告爲乙，依行動說之被告爲甲，併用說則認定甲爲檢察官起訴之被告。若法院於第一審即發現，則逕行更正被告姓名即可（因眞正被告已到庭受審，僅係姓名記載錯誤），如於判決確定後發現，亦僅需更正被告姓名（法院既對眞正被告審理判決，則事實認定並無錯誤，且被告防禦權亦無受損）。

(二) 如係犯罪人甲冒用乙名，法院傳喚乙到庭受審：依表示說之被告爲乙，依行動說之被告爲甲，併用說則認定甲爲檢察官起訴之被告。因起訴之被告爲甲，到庭受審者爲乙，如第一審法院審判中發現時，應將乙飭回（並非爲無罪判決，蓋乙並非本案起訴之被告），另傳被告甲到案，並將被告之姓名更正爲甲，再對甲爲判決，以確保被告之聽審權與訴訟防禦權。否則，如法院逕行更名判決，即屬被告未到庭及未予最後陳述機會而爲判決之當然違背法令（刑事訴訟法第379條第6、11款）。

二、被告錯誤於簡易程序之處理

無論簡易程序亦或通常審判程序，關於被告冒名錯誤之判斷，並無不同。故本例之起訴對象（眞正被告）仍爲甲。至若本例係於簡易判決確定後始發現冒用情形時，因簡易第一審判決係採書面審理，自無言詞審理、詰問證人、陳述意見與事實法律辯論可言，雖被告姓名甲誤植爲乙，並未影響眞正被告甲之聽審權與訴訟防禦權，故僅需逕行更正姓名並傳喚甲到場執行即可，並無上揭本法第379條第6款被告未於審判期日到庭而逕行審判、第11款未予被告最後陳述之機會之當然違背法令情事。

注釋資料：例解刑事訴訟法「體系釋義版」第九章之焦點「被告錯誤之類型說明」。

例題8

甲公務員因圖利罪嫌被檢察官提起公訴。審判中，檢察官以被告甲認罪並指認其他共犯作為交換條件。許諾將向法院聲請改依協商程序並科以最低之法定刑。甲同意且在第一審言詞辯論終結前認罪並指認其他涉案共犯。試問：
(一)如要此協商（程序）有效成立，必須附有哪些條件？
(二)如果甲反悔，撤銷協商之合意將產生何種效果？（94司法官）

解碼關鍵

協商程序之要件依本法第455條之2&第455條之3；撤銷協商合意時，應爲程序轉換並對供述證據之援用爲限制。

擬答

一、協商程序之意義

審判中之協商程序，乃係檢察官就進入審判程序之非重罪案件，經法院同意後，與被告開啓協商程序，於審判外進行求刑及相關事項之協商，在當事人達成合意且被告認罪之前提下，由檢察官聲請法院改依協商內容而爲協商判決之程序。

二、協商程序有效成立之要件

(一) 案件限制：限於非「所犯爲死刑、無期徒刑、最輕本刑三年以上有期徒刑之罪或高等法院管轄第一審之案件」（刑事訴訟法第455條之2第1項）。

(二) 聲請期間限制：即檢察官需於提起公訴或聲請簡易判決處刑後至第一審言詞辯論終結

或簡易判決處刑前為之。

(三) 須經當事人雙方合意且被告認罪者。

(四) 法院應於接受前條之聲請後十日內，訊問被告並告以所認罪名、法定刑及所喪失之權利（第455條之3第1項）。

(五) 經法院同意後始得開啓協商程序。

(六) 協商期間之限制：第1項之協商期間不得逾三十日（第455條之2第3項），學者認此屬「訓示期間」之性質。

(七) 協商事項（第455條之2第1項）：

1. 被告願受科刑之範圍或願意接受緩刑之宣告。
2. 被告向被害人道歉。
3. 被告支付相當數額之賠償金。
4. 被告向公庫或指定之公益團體、地方自治團體支付一定之金額。

(八) 消極要件限制：有下列情形之一者，法院不得為協商判決（第455條之4第1項）：

1. 有前條第2項之撤銷合意或撤回協商聲請者。
2. 被告協商之意思非出於自由意志者。
3. 協商之合意顯有不當或顯失公平者：此包括協商事實與實體事實不符之情形（蓋本法不承認有罪答辯之認罪協商）。
4. 被告所犯之罪非第455條之2第1項所定得以聲請協商判決者。
5. 法院認定之事實顯與協商合意之事實不符者：此指法律事實不符之情形，如檢察官起訴被告犯有竊盜罪，檢察官與被告就此之事實進行協商，惟法院認係應為準強盜之事實。
6. 被告有其他較重之裁判上一罪之犯罪事實者。
7. 認應諭知免刑或免訴、不受理者。

(九) 協商判決之科刑範圍限制：法院為協商判決所科之刑，以宣告緩刑、二年以下有期徒刑、拘役或罰金為限。

(十) 若協商之案件，被告表示所願受科之刑逾有期徒刑六月，且未受緩刑宣告，其未選任護人者，法院應指定公設辯護人或律師為辯護人，協助進行協商（第455條之5第1項）。

三、被告反悔而撤銷協商之合意

按本法第455條之3第2項規定，被告得於訊問及告知權利程序終結前，隨時撤銷協商之合意，此時將產生下述之效果：

(一) 法院應依本法第455條之4第1項第1款規定（消極要件欠缺），不得為協商判決，並將檢察官之聲請以裁定駁回之，依本法第455條之6規定改適用通常程序為審判（第455條之6第1項）。

(二) 因法院未為協商判決，被告或其代理人、辯護人在協商過程中之陳述，依本法第455條之7規定不得於本案或其他案件採為對被告或其他共犯不利之證據，學說認為此乃爲匡正我國傳聞法則之不當立法，防止被告爲換取有利協商條件而推諉卸責、誣攀他人所設之規定。

注釋資料：吳巡龍，台灣本土法學第50期，頁91以下；王兆鵬，新刑訴新思維，頁179以下。

例題9

檢察官以攜帶兇器搶奪罪名起訴甲，並具體求刑七年。被告甲於審判期日自白認罪，法院是否有可能依該自白裁定改行簡式審判程序而繼續審判？若法院於得依法裁定改行簡式審判程序而繼續審判的情況下裁定改行簡式審判程序而繼續審判，其與行通常審判程序繼續審判，就審判期日，有何異同？若改行簡式審判程序繼續審判，於證據調查程序進行中，檢察官得否向法院聲請與被告甲於審判外進行協商？若協商完成後，檢察官向法院聲請為協商判決時，甲突然暴斃，法院應如何繼續審判？　(97律師)

解碼關鍵

簡式審制程序中「有罪陳述」要件之認定；協商判決限有罪科刑而不得爲免訴判決。

擬答

一、改依簡式審判程序之適合性

依本法第273條之1第1項規定，開啓簡式審判程序之要件爲「有罪陳述」。最高法院97年度台上第2140號判決認爲：有罪陳述解釋上不僅包括對全部構成要件之承認，且須承認無何阻卻違法或阻卻責任事由存在，始足當之，倘遇有前述阻卻犯罪事由之抗辯，自難認係「有罪之陳述」，法院仍應適用通常審判程序進行審理。因所謂被告自白乃係被告就犯罪事實之全部或一部爲有罪承認之意思表示。換言之，若被告自白後就阻卻違法或阻卻罪責事由有所主張或辯解，即非有罪陳述。故本題案例法院應視被告有無另爲阻卻違法或阻卻罪責之抗辯而定。

二、通常審判與簡式審判之異同

簡式審判程序與通常審判程序之主要區別爲：法院組織（前者採獨任制；後者採合議制）、調查證據方法（前者採自由證明程序之間接審理主義且不適用傳聞法則，容許替代性證據，排除第164至170條之規定；後者採嚴格證明程序之直接審理主義與傳聞法則，原則需原始證據方得提出於審判庭。

三、本例得為協商判決

本件加重搶奪罪屬死刑、無期徒刑、三年以上有期徒刑以外之案件，且亦得爲二年以下有期徒刑之科刑，依本法第455條之2第1項、第455條之4第2項之規定，檢察官於起訴後至第一審辯論終結前（含證據調查程序進行中），均得聲請與被告爲審判外之量刑與負擔協商。

四、協商判決不得為免訴諭知

被告死亡依法應爲第303條第5款之不受理判決，惟協商判決僅限於有罪科刑判決，故依第455條之4第1項第7款及第455條之6規定，法院應不爲協商判決，而將檢察官之協商判決聲請駁回，改適用簡式審判程序而爲不受理判決。

注釋資料：林鈺雄，月旦法學教室第25期，頁78以下；同氏著，月旦法學教室第26期，頁83以下。

例題10

甲頂替實際犯罪之乙，於偵查審判中均自白犯罪，經法院判處甲罪刑確定。起訴丙犯罪，審判中丁冒充為丙應訊受審，法院不察，亦判處丙罪刑確定。以上兩案各應如何救濟？（93律師）

解碼關鍵

頂替與冒名頂替之區別與法院之處理方式。

擬答

一、被告之確定

本於訴訟結構控訴原則之精神：不告不理與告即應理，法院僅得就檢察官起訴之被告與犯罪事實而爲審判，刑事訴訟法第266條規定，「起訴效力，不及於檢察官所指被告以外之人」即屬之，亦即法院於審判時應就審判對象之被告予以確定，而此項確定被告之標準，有如下不同見解：

(一) **表示說**：此說以檢察官起訴書所記載之人爲被告。

(二) **行動說**：以法庭所實際審判之人爲被告。

(三) **併用說**：以表示說爲原則，記載錯誤時則採行動說，此爲通說見解。

二、案例一

本題第一案，甲頂替實際犯罪之乙，依通說併用說見解，起訴書記載者與法院實際審判者均爲甲，故本案之起訴被告爲甲，惟甲並未實際犯罪，故法院應對甲爲無罪諭知，另將甲之頂替罪與乙實際所犯之罪移請檢察官偵查，如法院誤對甲爲有罪判決確定，則應依刑事訴訟法第420條第1項第6款爲被告甲利益聲請再審。

三、案例二

本題第二案，檢察官起訴丙，審判中丁冒丙之名應訊受審，即屬冒名頂替之情形，此時依上述併用說判斷，起訴被告為丙，法院如對丙判處罪刑確定，則因被告丙未實際到庭即受有罪判決，其本於憲法第8條正當法律程序之聽審權即受侵害，應依同法第379條第6款之規定提起非常上訴以為救濟。

注釋資料：例解刑事訴訟法「體系釋義版」第九章之焦點「頂替案件判決確定之救濟」。

例題11

審判長甲在被告乙殺人案件辯論終結前，問被告乙要不要陳述。被告乙答稱已經陳述過，不必再陳述，此時被告乙之辯護律師丙卻當場表示乙未犯罪請給予乙無罪判決。接著審判長甲宣示辯論終結。問本件所進行之審判程序是否合法？試說明之。

（91司法官）

解碼關鍵

通常審判程序對被告訴訟防禦權&對辯護人辯論權之保障。

擬答

一、被告程序部分

按「法院應予當事人、代理人、辯護人或輔佐人，以辯論證據證明力之適當機會」，「調查證據完畢後，應命依下列次序就事實及法律分別辯論之：一、檢察官。二、被告。三、辯護人。已辯論者，得再為辯論，審判長亦得命再行辯論」，「審判長於宣示辯論終結前，最後應詢問被告有無陳述」，刑事訴訟法第288條之2、第289條第1、2項及第290條分別定有明文。此即被告在訴訟上之意見陳述權與辯護權，亦為法院之訴訟照料義務，倘法院未予被告最後陳述意見之機會，所為判決即屬本法第379條第11款之當然違背法令。本件審判長已予被告最後意見陳述，其程序應為合法。

二、辯護人程序部分

(一) 承上所述，刑事被告之辯護人除得聲請調查證據外，並得就證據證明力暨事實及法律為辯論，本題被告乙之辯護人丙表示「乙未犯罪請給予乙無罪判決」，乃屬防禦意見之陳述，僅提醒法院就有利被告之情形予以注意，審判長於聆聽後並無庸當庭為任何意見表示（否則即有洩漏心證之虞），其逕為宣示辯論終結，審判程序無不合法。

(二) 至丙之上開陳述是否構成法院應調查證據之義務（澄清被告與待證事實之關係）？自92年修正後本法第163條第1項及第2項觀之，證據調查程序應由當事人主導，倘其主導之證據調查完畢後，待證事實仍未明確，法院為發現真實始須依職權調查證據，否則法院即無調查義務。又無論當事人聲請調查或法院依職權調查，均須該證據與待證事實間具調查可能性，關聯性與必要性始可（本法第157條、第158條及第163條之2參照）。本題辯護人之陳述並未具體符合上揭要件，亦不構成法院調查證據之義務，是故本件之審判程序應認合法。

注釋資料：例解刑事訴訟法「體系釋義版」第九章之「審判期日程序體系表」。

法院怠於依刑事訴訟法第168條之1第2項通知時，其訊問證人、鑑定人所得之陳述，可否作為證據？是否屬於第155條第2項之合法調查？又如已合法通知而當事人或辯護人等未到場又如何？

解碼關鍵

被告反對詰問權之保障與捨棄。

擬答

一、法院怠於通知時

(一) 實務見解：依刑事訴訟法第168條之1第1項規定，當事人、代理人、辯護人或輔佐人係「得」於訊問證人、鑑定人時在場，而非絕對必要，故縱法院怠於通知亦非違法。

(二) 學說見解：未依法通知被告及辯護人，以致於剝奪其在場權及其對於本案關鍵目擊證人之詰問權（本法第166條、第281條第1項）（釋字第582號認係憲法保障之防禦權，自不容任意剝奪），此項訴訟程序之瑕疵，並不因法院於審判期日踐行替代之證據方法（朗讀筆錄並命就此辯論）而治癒。且其依實務見解一來無異敞開實務規避審理庭之大門，二來嚴重剝奪被告及其辯護人之在場權與詰問權，三來連帶地架空實質之直接性原則。其實，條文所稱之「得……在場」，並非表示在場不是權利，僅是說明在場不是義務而已。

二、法院合法通知時

實務與學說就此採相同意見，承認當事人或辯護人縱未到場，亦不影響訊問程序之進行。易言之，於此情形之訊問，即屬刑事訴訟法第196條所謂之「合法訊問」之一種，因此，於該程序所製作之訊問筆錄，於審判期日乃具有證據能力而無須再傳訊該證人、鑑定人。蓋於此情形，當事人既已放棄對該證人、鑑定人之反對詢問權（詰問權），則於審判期日乃不得再主張對該證人、鑑定人之反對詢問權。是故，於此情形，審判期日對該訊問筆錄，應按刑事訴訟法第165條第1項之規定而爲調查，即屬合法之證據調查。

注釋資料：例解刑事訴訟法「體系釋義版」第十二章之焦點「嚴格證明程序之修法評析」。

相關試題

法院於審理戊涉嫌背信罪案件，訊問證人乙及鑑定人丙時，怠於通知檢察官及被告戊到場，則乙、丙所爲陳述可否爲證據？又若已合法通知當事人，則其效果有無不同？

考點提示：當事人之在場權、被告正當程序保障之權利。

例題13

被告甲涉嫌犯強盜罪，第二審法院未經檢察官到庭而為有罪判決，被告甲乃提起第三審上訴指摘原審判決違背法令，則第三審法院應如何判決？又若檢察官曾到庭朗讀「如起訴書所載」及「請依法判決」，是否有不同效果？

解碼關鍵

檢察官於審判中未到庭辯論或雖到庭但未爲實質舉證&辯論，均屬重大違背法令。

擬答

按92年修正第161條第1項規定「檢察官就被告犯罪事實應負舉證責任」，即指檢察官應負形式與實質舉證責任，即其除應形式到庭陳述外，並應進行實質之法庭舉證責任與論告活動，故本題不論前後者情形均屬重大違背審理原則與證據法則，第二審法庭所爲判決即屬本法第379條第8款之判決當然違背法令；茲分別說明如下：

一、重大違背審理原則

(一) 就控訴原則而言，控訴制度乃我國刑事訟法的基礎構造，其最重要的表徵，乃審判程序的三面構造，然而，案例所示情形，實際上僅爲類似糾問制度的雙面構造，乃最爲嚴重的違法情形之一，此亦爲本法第379條第8款規定之旨趣。況且，就文義與體系而言，本款既指未經檢察官到庭陳述而爲審判，則到庭而不陳述之情形亦屬之。所謂檢察官之「陳述」，即指本法第286條後段而言，檢察官僅形式陳述論告時，形式上已與本條所謂「陳述起訴要旨」不符，更遑論其他各條所稱之辯論或詰問程序等。

(二) 就直接、言詞審理原則而言，依前述各條及本法第221條規定可知，言詞辯論本爲審判期日應踐行的基本形式，而所謂的「如起訴書所載」，乃以起訴書狀內容替代陳述起訴要旨的意思表示，即以書面替代言詞，因此，也與言詞審理的原則悖離。同樣地，檢察官在隨後的調查證據等程序（本法第161條以下及第287條以下）缺席時，審判長勢必無從依本法第289條之言詞辯論程序進行，由於此條文亦爲強制規定（「應」命……辯論之），進而所爲的判決也因違背直接審理原則與言詞審理原則而當然違法。

二、重大違背證據法則

(一) 就證明程序而言，檢察官起訴之案件尚須經審判庭之調查證據程序，否則該證據即屬本法第155條第2項之未經合法調查而無證據能力，不得採爲裁判之基礎。

(二) 因之檢察官本於控訴原則之三面結構與客觀恆定義務之要求（本法第2條參照），負有兩項基本義務：

1. 證明被告之犯罪事實有足夠犯罪嫌疑（即有罪判決的高度可能），並就此與被告及其辯護人論辯（本法第161條以下、第280條至第289條參照）。
2. 應協助法院澄清事實，使法院獲致「有罪確信」心證之足夠證據。

（註：檢察官實行公訴、落實法庭活動之內容：審判期日出庭、陳述起訴要旨、聲請調查證據、詢問與詰問、辯論證據證明力、事實與法律辯論。）

注釋資料：林鈺雄，刑事訴訟法實例研習，頁271以下。

例題14

刑事訴訟法中對被告未於審判期日到庭而仍得逕行審判之情形有何規定？試分別列舉說明之。

解碼關鍵

得不待被告到庭陳述而逕行判決之案件；許被告用代理人之案件；判決宣示。

擬答

按被告於審判期日出庭乃爲符合嚴格證明程序之直接、言詞、公開審理原則，刑事訴訟法第281條第1項定有明文，惟若有下列情形，被告雖未於審判期日到庭，仍得逕行審判：

一、許被告用代理人之案件，得由代理人到庭（第281條第2項）

指最重本刑爲拘役或專科罰金之案件（第36條本文）。除非法院認爲有必要而命被告本人到場之情形（第36條但書），否則，被告本人毋庸到庭，僅須其代理人到庭即可進行審判。若非許用代理人之案件，縱使被告委任代理人到庭，亦非合法，法院仍應傳喚被告到庭，始屬合法。

二、得不待被告到庭陳述而逕行判決者

例如：(一)被告心神喪失或雖因疾病不能到庭，但是顯有應諭知無罪或免刑判決之情形者，得不待被告到庭而逕行判決（第294條第3項）；(二)被告未受許可而退庭者，得不待被告陳述而逕行判決（第305條後段）；(三)法院認爲應科拘役、罰金或應諭知免刑或無罪之案件，被告經合法傳喚無正當理由不到庭者，得不待其陳述逕行判決（第306

條）；(四)第二審上訴，被告經合法傳喚無正當理由不到庭（第371條）。若未經合法傳喚或有正當理由不到庭者，縱使法院認爲應科拘役、罰金或應諭知免刑或無罪判決，亦不得不待其陳述而逕行判決。

三、判決之宣示（第312條）

被告不到庭亦應爲判決之宣示。

注釋資料：林鈺雄，刑事訴訟法（上），頁635以下。

例題15

試分別說明審判程序得停止與應停止之情形為何？

解碼關鍵

若違反應停止審判規定之判決乃當然違背法令，至於得停止審判之情形則屬法院裁量權。

擬答

爲建立公平審判並保障被告受審權利，審判程序於下列情形得或應停止：

一、應停止審判之情形

(一) 被告心神喪失（刑事訴訟法第294條第1項）。但第三審不行言詞辯論，故例外不停止（100年台上第1766號）。

(二) 被告因疾病不能到庭（第294條第2項）。

(三) 自訴案件，犯罪是否成立或刑罰應否免除，以民事法律關係爲斷，而民事未起訴（第333條）。

(四) 法官被聲請迴避（第22條）。

二、得停止審判之情形

(一) 犯罪是否成立以他罪爲斷，而他罪已經起訴（第295條）。

(二) 被告犯有他罪已經起訴應受重刑之判決（第296條）。

(三) 公訴案件犯罪是否成立或刑罰應否免除，以民事法律關係爲斷，而民事已起訴（第297條）。

(四) 自訴案件，犯罪是否成立或刑罰應否免除，以民事法律關係爲斷，而民事已起訴（第343條準用第297條）。

三、二者之區別實益

(一) 應停止而未停止：判決當然違背法令（第379條第9款）。

(二) 得停止而未停止：並無違法可言，因停止與否法院有自由裁量權。

注釋資料：刑事訴訟法第22、294至297條。

例題16

試論述協商程序之積極要件與消極要件？竊盜案被告甲於審判中自白而與檢察官為量刑協商，幾經商討，檢察官提出有期徒刑八月之建議，被告甲欣然同意，此協商程序是否合法？

解碼關鍵

協商判決所科之刑逾六個月且未宣告緩刑者，應強制辯護。

擬答

一、協商程序之內涵

刑事訴訟法基於司法正義與平等原則之落實，並保障被告之當事人主體權，乃設有以自由證明進行案件審理之簡易訴訟制度，其包含有簡式審判、簡易程序與協商程序。其中認罪量刑協商程序，乃係當事人處分主義之產物，爲兼顧實體眞實之發現與當事人主體精神之顯現，本法於適用該協商程序即規定有諸多要件之限制。

二、協商程序之要件

承上所述，本法第455條之2、之4分別定有如下之要件，列舉說明如後：

(一) **積極要件**：1.限死刑、無期徒刑、最輕本刑三年以上有期徒刑、高等法院管轄第一審以外之案件；2.須於起訴或聲請簡式處刑後，言詞辯論終結或簡易處刑前；3.經法院同意於審判外協商；4.當事人合意且被告認罪。

(二) **消極要件**：1.被告撤銷協商合意或檢察官撤回協商聲請者；2.被告協商之意思非出於自由意志者；3.協商之合意顯有不當或顯失公平者；4.被告所犯之罪非得以聲請協商判決者；5.法院認定之事實顯與協商合意之事實不符者；6.被告有其他較重之裁判上一罪之犯罪事實者；7.法院認應諭知免刑或免訴、不受理者；8.限公訴案件，自訴案件爲免自訴任意縱放被告、處分案件，有違國家追訴原則，故不許之。

三、結論

未按本法第455條之5第1項規定協商之案件，被告表示願受科之刑逾有期徒刑六個月，且未經緩刑宣告，其未選任辯護人者，法院應指定公設辯護人或律師爲辯護人，協助進行協商。其目的在確保不具專業法律能力之被告，其於協商程序之基本權利得獲保障，避免被告在無辯護人情況下與檢察官協商不易科罰金且未宣告緩刑之不利被告宣告刑。故本題之協商程序即屬違法。

注釋資料：刑事訴訟法第455條之2、455條之4、455條之5。

例題17

甲經檢察官以強盜罪嫌提起公訴後，第一審法院定期審判，通知檢察官及辯護人乙，並傳喚甲與證人丙、丁。因甲明知審判結果，勢必於己不利，為拖延計，僅委任乙出庭，不附理由代為請假；丙則以當晚行將往赴國外履新任職，丁以次日經醫生安排住院進行大手術，兩人均表明短期之內，無法再行到庭，希能避免一再往返法院之勞頓。試問：

(一)審判期日何以必須傳喚被告到庭？其理由何在？

(二)法院如欲始訴訟程序不至延宕，又不影響甲之權益，且能滿足丙、丁之願望，及適合實際需要，應為如何處置？其法律依據或法理為何？

解碼關鍵

被告之訴訟聽審權與在場權&義務；被告對質詰問權之保障&準備程序傳訊證人。

擬答

一、傳喚被告之法理

(一) 訴訟聽審權與在場權：按刑事被告本於憲法第16條訴訟權之保障，依法享有請求法院聽審、公正程序、公開審判請求權及程序上之平等權等，且得於偵審機關爲搜索、鑑定及勘驗等強制處分或調查證據時，請求在場之權（第150條、第206條之1、第214條、第219條、第219條之6），尤其審判期日使被告在場更爲是落實其聽審權之前提，學者即認爲被告到庭參與訴訟之重要意義在於「法定聽審原則」之確保，蓋此一原則乃法治國原則之基本內涵，包括被告在內之所有參與法院訴訟程序之參與人均應享有發言、陳述之機會，亦即於法院判決所依據之事實及法律，均應有表達、聲請及辯論的機會，故其實具有「訴訟基本權」之地位，刑事訴訟法（下稱本法）第271條第1項即規定：「審判期日，應傳喚被告或其代理人，並通知檢察官、辯護人、輔佐人。」另第281條亦規定：「審判期日，除有特別規定外，被告不到庭者，不得審判。」法院如未經被告到庭陳述即逕行審判，除有法定情形外，即構成本法第379條第6款之判決當然違背法令。

(二) 在場義務：應注意者，在場雖屬被告之訴訟基本權，然就犯罪事實之發現與公共利益密切相關而言，被告到場以利刑事訴訟程序之順利進行並協助實體眞實發現亦爲其義務。故被告於審判程序中受合法傳喚而無正當理由不到場者，法院即得命拘提（第71條、第71條之1、第75條）。

二、訴訟程序之處理—同時保障被告與證人權益

次按依實務見解，被告無正當理由，未於審判期日到庭應審，致不能開始審判程序，僅能對於到庭之證人、辯護人、檢察官等行準備程序之情形下，倘法院預料該證人不能於下次審判期日到場者，且合議庭已全體出席，參諸本法第273條第5項所定意旨，因具有正當理由，爰裁定諭知改以準備程序訊問證人，而由檢察官及辯護人予以交互詰問，既合於本法第276條第1項規定，且被告之詰問權仍受實質保障，此調查所得之證據資料，於被告到庭之下次審判期日，依本法第158條之1第1項，屬證人於審判（期日）外向法官所爲之陳述，具有證據能力，並依本法第165條第1、2項、第288條之1、第288條之2規定，踐行開示、詢問意見及辯論程序，如此即與直接審理主義、集中審理主義之精神無違，不生侵害或剝奪被告訴訟防禦權之問題，且證人亦得如期往赴他國履新任職與進行醫療手術。蓋若另行改期再拘提被告到庭，形式上雖保障被告之對質詰問權，惟證人可能因事實不能而未得於下次審判期日到庭，則非僅被告之對質詰問權無從行使，且因證人未得到庭供述致有礙實體眞實之發現。

注釋資料：例解刑事訴訟法「體系釋義版」第五章之焦點「被告於偵審程序之正當法律權利」、本法第276條。

相關試題

教師甲涉嫌對十五歲國中生強制猥褻而被提起公訴。甲於偵查時，堅決否認犯罪。法官行準備程序時，甲因社會壓力過大，不願出庭，而由辯護人R向法官表示不認罪，R並表示被害學生於偵查庭之陳述，未經被告對質詰問，無證據能力。R並聲請傳喚被害學生到庭接受詰問。檢察官表示無意見。受命法官則裁定允許R之傳喚聲請。於審判期日，甲仍未到庭。審判長聽取檢察官、辯護人意見後，仍由辯護人、檢察官依序對被害學生乙以證人身分進行交互詰問。乙因辯護人R詰問語氣非常不客氣而一直哭泣，不願再回答問題。審判長即以R詰問不當而禁止其詰問，而由審判長自行訊問。另外一名被害學生丙則未到庭。審判長另定第二次審判期日。第二次審判期日，被告甲到庭。證人丙也傳喚到庭，但丙表示不願意在甲面前陳述。審判長即命甲退庭，由辯護人、檢察官依序對丙進行交互詰問。詰問完畢，甲再入庭，審判長並告之丙陳述要旨。甲此時始向法院表示願意認罪，但希望進行協商。檢察官表示無意見。審判長以甲第一次審判期日故不到庭，且甲也無權聲請協商，不經合議即表示不同意協商。其後，甲依然不承認犯行。最後，法院於判決理由內認爲，被害學生偵訊筆錄，未經甲對質詰問，無證據能力；第一次審判期日，甲未到庭，審判期日改行準備程序，乙證言之調查程序仍屬合法；第二次審判期日，丙證言，經R當庭詰問，有證據能力，因而採認乙丙證言，判甲有罪。請附理由說明該審判程序之合法性。　（100政大法研）

考點提示：

一、依刑訴法第281條第1項，審判期日，除有特別規定外，被告不到庭者，不得審判。此規定在貫徹直接、言詞審理並保障被告訴訟防禦權。故本例於甲未庭時對乙之證言調查採爲判決基礎，即不合法，況將審判期日改行準備程序，則準備程序原則上亦不得爲實質證據調查，否則即剝奪甲之詰問權。

二、交互詰問屬合法調查程序之內容，而與證據能力無涉，證人審判外之供述如符合傳聞法則之相關例外規定，審判中之供述倘經具結，且無不正方法介入，即具證據能力，交互詰問係屬證人證據方法之調查程序。本例判決理顯有誤解。

三、審判長依本法第167條規定，得禁止辯護人不當之詰問。但如預料證人於被告前不能自由陳述，而於其陳述時，先命被告退庭，依本法第169條則須先聽取檢察官及辯護人之意見。故本例審判長進行之程序即於法不合。

四、本例被告所犯之強制猥褻罪非最輕本刑3年以上有期徒刑之罪，符合本法第455條之2第1項得行協商程序之案件範圍，而依通說見解，除有本法第455條之4不得爲協商判決之情形，否則在被告認罪且檢察官未反對意見下，法院不得拒絕當事人之協商，此乃改良式當事人進行主義之精神體現。

例題18

甲、乙夫妻二人感情不睦，乙自訴甲詐欺取財罪嫌後，再就同一事實向警察局提出告訴，甲到案自白認罪，警察局乃函送地檢署，檢察官應如何處理？設若檢察官起訴甲犯有詐欺取財罪嫌，受命法官行準備程序時，如被告甲自白犯罪；或否認犯罪並抗辯其於警詢時之自白係出於警察刑求，且警察違法搜扣之帳冊不得作為證據。受命法官得如何處理？ (99司法官)

解碼關鍵

公訴優先原則對自訴提起之限制；簡易程序與簡式審判程序之轉換；準備程序對證據能力之判斷。

擬答

一、公訴優先原則與提起自訴之限制

(一) 依刑法第343條準用第324條第2項之規定，配偶間犯詐欺取財罪須告訴乃論，而屬於相對告訴乃論之類型。刑事訴訟法第323條規定，同一案件經檢察官依第228條規定開始偵查者，不得再行自訴。但告訴乃論之罪，經犯罪之直接被害人提起自訴者，不在此限。於開始偵查後，檢察官知有自訴在先或前項但書之情形者，應即停止偵查，將案件移送法院。但遇有急迫情形，檢察官仍應爲必要之處分。此即學理上所稱之公訴優先原則。另本於夫妻和諧與人倫關係之考量，同法第321條規定，對於直系尊親屬或配偶，不得提起自訴。同法第334條規定，不得提起自訴而提起者，應諭知不受理之判決。

(二) 本例甲被指涉之配偶間詐欺取財罪係屬相對告訴乃論之罪，但亦屬配偶不得自訴之案件，故本例雖配偶乙先對甲提起詐欺取財之自訴，對此不得自訴而仍提起之不合法自訴，法院應為不受理判決。乙雖對配偶不得提起自訴，然其告訴權仍受憲法第16條訴訟權之保障，故其仍得向偵查機關（含輔助機關）提出合法告訴，檢察官本於本法第228條第1項之偵查法定原則，應即啓動偵查程序，此項偵查自無庸因前揭不合法自訴而停止。

二、偵查主體與司法警察調查之合法性

為避免偵審機關倚賴被告自白致怠忽職務、侵害被告權益或違反眞實發現義務，刑事訴訟法第156條第2項規定，被告或共犯之自白，不得作為有罪判決之唯一證據，仍應調查其他必要之證據，以察其是否與事實相符。學理上稱之為自白補強法則。同法第234條之1規定，檢察官對於司法警察官或司法警察移送或報告之案件，認為調查未完備者，得將卷證發回，命其補足，或發交其他司法警察官或司法警察調查。司法警察官或司法警察應於補足或調查後，再行移送或報告。對於前項之補足或調查，檢察官得限定時間。此乃檢察關機於偵查主體所具有之退案審查權與退案交查權。本例司法警察機關僅憑被告自白即將案件移送檢察官，顯然未克盡調查犯罪與蒐集證據之職責，檢察官應依上述規定將案件退回原司法警察機關或發交其他司法警察機關，限期補足或調查。

三、簡易訴訟制度之轉換

刑事訴訟法第273條之1規定，除被告所犯為死刑、無期徒刑、最輕本刑為三年以上有期徒刑之罪或高等法院管轄第一審案件者外，於前條第1項程序進行中，被告先就被訴事實為有罪之陳述時，審判長得告知被告簡式審判程序之旨，並聽取當事人、代理人、辯護人及輔佐人之意見後，裁定進行簡式審判程序。同法第449條第2項規定，前項案件檢察官依通常程序起訴，經被告自白犯罪，法院認為宜以簡易判決處刑者，得不經通常審判程序，逕以簡易判決處刑。學者認為，若符合案件輕微性、被告明示自願同意且科刑範圍明確等要件，受命法官即得依本法第273條第1項第2款之規定，於準備程序中訊問被告、代理人及辯護人對檢察官起訴事實是否為認罪之答辯，如認為適當則得以裁定改適用簡式審判程序或簡易程序。

（註：協商程序應由檢察官啓動，法院不得依職權為之，否則即違反當事人進行主義之精神。）

四、準備程序關於證據能力之調查與判斷

(一) 刑事訴訟法第155條第2項規定，無證據能力、未經合法調查之證據，不得作為判斷之依據。換言之，任何證據資料均應先由法院審認判斷其證據能力之有無，經認定得為證據者，方得於審判期日提呈於公判庭接受合法調查，大法官會議釋字第582號解釋理由書亦同此見解。另本法第273第2項有關準備程序處理事項之規定中明文，於同條第1項第4款（有關證據能力之意見）之情形，法院依本法之規定認定無證據能力者，該證據不得於審判期日主張之。同法第171條規定，法院或受命法官於審判期日前為第273條第1項或第276條之訊問者，準用第164條至第170條之規定。據上規定，證據資料有無證據能力之判斷是否即得於準備程序由受命法官為之？例如本例之被告就警詢自白主張刑求抗辯涉及扣押帳冊之違法取得等等。

(二) 關於證據能力之調查與判斷，實務見解認爲，受命法官於準備程序雖可進行有關證據能力意見之調查，惟爲免受命法官專斷致有架空合議庭之職權之嫌，仍應經合議庭評議判定之，經合議庭依本法之規定認定無證據能力者，該證據不得於審判期日主張之。學者見解則不一，有認爲關於證據與待證事實具關聯性與否部分，得由受命法官於準備程序取捨；至於證據取得正當性部分，有認爲應由合議庭於審判期日審查，惟另有主張得於準備程序由合議庭以外法官爲判定，避免產生預斷之偏見。淺見則認應由受命法關於準備程序爲證據資料之證據能力之調查，調查後即由合議庭評議判斷，經認定據證據能力者，方於審判期日依法定證據方法爲合法調查程序，以調查證據之實質內容。故本法第277條所稱法院得於審判期日前爲勘驗，即指勘驗證據資料之形式合法性（取證合法性），以判斷證據能力之有無。

注釋資料：同前揭例題2、5。

相關試題

> 甲涉嫌販賣毒品而被提起公訴。於審判期日，檢察官陳述起訴要旨後，審判長立即訊問甲之被訴事實，並調查甲向檢察官所爲之自白。之後審判長命證人乙（警員）進入法庭接受交互詰問，以證明甲自白並無出於刑求等不正方法。調查完畢後，審判長命辯護人聲請傳喚之證人丙進入法庭接受詰問，以證明甲並無販賣毒品給伊。於被告甲爲最後陳述時，甲請求法官給予緩刑。審判長隨即請檢察官就此表示意見，檢察官表示反對，審判長不置可否即宣示辯論終結。試評釋本件法院審理程序之合法性。
>
> （102廉政）

考點提示：

一、依現行刑事訴訟法之規定，審判期日應踐行之程序次序分別爲：朗讀案由、踐行刑事訴訟法第95條之告知、檢察官陳述起訴要旨、調查證據、被告陳述意見、事實與法律辯論、當事人對科刑表示意見、被告最後陳述等。其中於調查證據時，應先調查有無不正方法（如被告對自白任意性提出抗辯時），次調查其他人證物證，之後方調查自白內容，最後訊問被訴事實。

二、本例審判長未先踐行告知義務，且對自白內容之調查優先於不正方法有無之調查，又未將被訴事實之訊問置於調查證據次序之最末，亦未使當事人就證據調查結果爲辯論及予被告最後陳述意見之機會，均屬違法之審理程序。

相關試題

> 被告甲涉犯在公共場所賭博財物罪嫌，遭警查獲，乃冒其胞弟乙之名應警詢製作筆錄，經警拍攝甲之照片及調取口卡片存卷後，經檢察官之許可，不予解送。嗣檢察官以乙於警詢已自白，而未爲偵查活動，即向法院聲請簡易判決處刑。第一審法院發覺乙實係甲所冒名，請問：法院應如何判決？（107檢事官）

考點提示：

一、本於控訴原則，法院應就檢察官起訴之被告與犯罪事實爲判決；至於檢察官起訴被告之認定標準，通說採併用說（表示說與行動說併用），儘量認定眞正犯罪行爲人爲起訴被告，如此可避免偵查與審判資源浪費，達訴訟經濟之目的，否則法院勢必先對非犯罪者之被告爲無罪判決，再將眞正犯罪嫌疑人另行移送偵查、起訴、審判，造成時間、程序、勞費之無謂虛耗。

二、本例犯罪行爲人甲冒用乙名接受警詢，檢察官起訴書記載之被告爲乙，又因檢察官並未傳喚甲爲實質偵查，且簡易程序第一審採書面審理，甲亦未到庭接受審判，故無行動說得以認定之被告，是以本例被告應爲乙，但乙眞正犯罪行爲人，法院本應對乙爲無罪判決，然簡易程序不得爲無罪判決，則本案依法應改用通常審判程序，並將甲之賭博罪移送檢察官偵查。

相關試題

> 甲男因案通緝，某日因聚眾賭博爲警查獲，即向警員自稱係其弟乙男及出示乙男之證件；移送地方檢察署時，仍冒用乙男之身分應訊，均未被發現。嗣後檢察官即以乙男犯刑法之賭博罪向法院提起公訴（起訴書上所有記載均係乙男之姓名及資料），試問：
> (一) 地方法院之法官於審理時傳訊乙男到庭，眞正乙男始陳稱其身分遭兄長甲男冒用，則地方法院應如何處理？
> (二) 若法院於審判期日通知乙男開庭，因乙男無故未到庭而行一造缺席判決，判處乙男賭博罪刑確定。此判決是否對乙男產生效力？（107檢事官）

考點提示：

一、本案例屬於冒名類型，檢察官起訴所指之眞正被告仍爲甲（起訴書記載者爲乙，然偵查行動之對象爲甲），甲冒用乙名，法院應將乙飭回並另傳甲到庭受審，並更正被告姓名即可。

二、如上所述，被告爲甲，則法院以一造缺席判決對未經起訴之被告乙爲有罪判決，即係違反控訴原則，而屬無效判決，故法院所爲確定判決之效力不及於乙。

相關試題

甲與鄰居A不睦，二人爭吵拉扯，甲用力推倒A，致A後腦碰及牆壁，輕微擦傷。事隔二日之後，A在家中休息，突然從椅子上傾倒，前額撞及地面，不醒人事，經其父B召救護車送醫，住院治療一個月，A始終昏迷，成爲植物人，B不得已將A轉往安養中心看護。B懷疑A之傷勢，與日前和甲拉扯跌坐後腦碰壁有關，隨即以甲涉犯傷害致重傷罪，向警局提出告訴。B嗣後爲支應A醫療看護費用，需處分A的資產，向法院聲請裁定宣告A爲禁治產人，法院於兩個月內完成A之禁治產宣告，選定B爲監護人，擔任A之法定代理人。案件經警局移送檢察官偵查終結後，以甲觸犯傷害致重傷罪嫌提起公訴，惟法院審理結果，認定A之重傷結果與甲之傷害行爲之間並無相當因果關係，逕依傷害罪論處甲罪刑。且本案審理中，甲未經選任辯護人，法院亦未指定律師爲甲辯護。試詳細析論下列問題：

(一) 法院以傷害罪論罪科刑，是否構成未受請求事項予以判決之違法？理由爲何？

(二) 本案法院論處傷害罪之判決，訴訟條件有無欠缺？法院於程序上應如何處理？

(三) 本案全部審理程序未有辯護人到場辯護，程序是否合法？

(四) 第一審法院審理結果，逕行認定甲僅成立傷害罪，而未經罪名變更之告知，該判決之效力如何？（106律師）

考點提示：

一、控訴原則係指法院就犯罪事實之審判範圍應受檢察官起訴事實之拘束，而非指罪名之適用，故本例法院認定被告雖確有傷害犯行，然其所爲之傷害與被害人之重傷間欠缺因果關係，加重結果部分不成立，故變更罪名爲傷害罪，即係在檢察官起訴之同一事實範圍內爲合法之起訴罪名變更，並無未受請求事項予以判決之違法。

二、本例被害人A宣告禁治產前，其父親B所爲告訴，並不合法，惟因檢察官起訴之傷害致重傷罪非屬告訴乃論，審判中A復經宣告禁止產，實務見解認爲此時該不合法告訴之瑕疵已治癒（最高法院105台上203），故訴訟條件即無欠缺，法院仍得逕爲實體判決；但有不同見解主張，法院仍應曉諭被害人之父親B補提告訴始爲合法。

三、通說與實務均認爲，基於對被告訴訟防禦權與辯護權之保障，無論檢察官起訴之罪名或法院認定之罪名，僅需其一屬強制辯護案件者，該案件即應有刑事訴訟法第31條第1項強制辯護之適用，本例檢察官以傷害致重傷罪起訴被告，則法院於全部審理程序均未有辯護人到場辯護，即屬本法第379條第7款之判決當然違背法令。

四、本於被告訴訟防禦權之保障與正當法律程序之要求，如法院變更檢察官起訴之罪名者，即應依本法第95條第1項第1款重新告知罪名並更新審判程序，否則即屬有同法第379條第9、10款之判決當然違背法令。

第十二章　通常救濟程序

研讀聚焦

裁判確定前之通常救濟程序，包含第二審&第三審上訴、抗告等部份。首先，上訴權人之種類&上訴利益之限制與獨立上訴權之內涵、上訴權喪失之事由（捨棄、撤回、逾期、被告死亡）與效果&對職權上訴之影響等皆為重點，尤其上訴審構造（覆審、續審、事後審查制）與其特徵&配套措施，更為聚焦所在。

其次，第二審改採強制提出上訴理由書之制度、在上訴不可分原則下之審判範圍、不利益變更禁止原則、上訴合法且有理由之判決模式等，皆為本章國考高比率之熱門考點。其中不利益變更禁止原則之例外情形、實質不利益之認定、第三審&更審&再審適用爭議、定執行刑&緩刑&易刑處分&保安處分之適用，最值重視。

再者，第三審為法律審之程序特徵與本法第376條之限制、判決違背法令&訴訟程序違背法令之區別認定（本法第379條各款&第380條）、第三審調查證據及認定事實職權之界限等，是讀者易忽略但難度偏高或易出現陷阱題之處。至於抗告（準抗告）僅留意近年修法之規定與實務相關見解即可。

案例試題

例題1

下列情形，各應如何裁判？試具理由說明之。

(一)第一審之辯護人，以自己之名義為被告提起第二審上訴。

(二)被告受第一審判處罪刑後死亡，其配偶於上訴期間內為被告提起上訴。

(三)被告不服第一審判決，逕行上訴第三審法院。

(四)第二審以累犯判處被告普通傷害罪刑，被告不服，提起第三審上訴。

(五)第一審就刑事附帶民事訴訟裁定管轄錯誤，原告提起抗告，第二審裁定將第一審裁定撤銷，抗告人提起再抗告。　（80律師）

解碼關鍵

辯護人之代理上訴權與配偶之獨立上訴權之差異；本法第376條案件之判斷標準。

擬答

一、案例(一)

辯護人之上訴權，係基於其爲被告代理人之作用，依刑事訴訟法第346條規定並非獨立上訴權，應以被告名義爲之，惟若辯護人以自己名義提起，按大法官會議釋字第306號並非不可補正，此時倘法院未予補正即逕予駁回，當可提起抗告救濟。

二、案例(二)

依刑事訴訟法第345條規定，被告之配偶得爲被告之利益，行使其獨立上訴權，惟應以被告生存爲前提；如被告業已死亡，訴訟主體已不存在，自無從獨立上訴，其上訴權已喪失，原審法院應依同法第362條裁定駁回之。

三、案例(三)

當事人得上訴於管轄第三審法院案件，除法律有特別規定外，以不服第二審判決者爲限；本題，被告對第一審判決提起第三審上訴，因該事項並未經第二審判決，非得上訴第三審之客體，故第三審法院應依刑事訴訟法第395條之規定，認被告之上訴爲法律上不應准許，而以判決駁回之。

四、案例(四)

按刑事訴訟法第376條所列各罪之案件經第二審判決者，不得上訴於第三審之法院，本題被告所犯爲傷害罪，爲最重本刑爲三年以下有期徒刑之罪，雖係累犯，依刑法第47條之規定得加重本刑二分之一，然總則之加重規定並非法定刑之延伸，故其仍屬不得上訴第三審之案件，第三審法院應依刑事訴訟法第395條上訴爲法律上不應准許之規定，以判決駁回之。

五、案例(五)

第一審就刑事附帶民事訴訟裁定管轄錯誤，此裁定因屬判決前關於管轄之裁定，依刑事訴訟法第404條之規定，本不得提起抗告，被告提起抗告，第二審誤予撤銷第一審之裁定，依釋字第135號解釋該項裁定應屬重大違背法令，固不生效力，對此提起之再抗告，因不具有刑事訴訟法第415條所列得再抗告之情形，其再抗告自不合法，抗告法院應以再抗告爲法律上不應准許，依本法第411條本文之規定以裁定駁回之。

注釋資料：陳樸生，刑事訴訟法實務，頁474-508。

例題 2

甲於民國85年間強取（盜）乙、丙之財物，並於得手之際，當場故意將乙、丙殺害。繼又遺棄乙之屍體於荒郊，以圖滅跡；復另移丙之屍體於丁家中，以圖嫁禍。嗣檢察官僅以甲觸犯刑法第271條第1項殺人、及同法第328條第1項強盜之罪嫌，將甲向管轄地方法院提起公訴。試問：該地方法院對於本案，究應如何審理判決，始為合法？理由安在？試申述之。設第一審法院，對甲僅判處殺人罪刑，另就強盜部分諭知無罪；而檢察官及被告甲，亦均僅對殺人部分之原判決，提起合法之上訴。試問：第二審法院對於本案其所得審判之範圍如何？理由安在？試申述之。

（75律師）

（註：依刑法從舊從輕原則，本例在95年7月後仍為單一案件）

解碼關鍵

是否單一案件應以第二審法院認定為準，並據以認定審判範圍。

擬答

一、實體面

甲強盜乙、丙財物既遂後，又故意殺害二人，成立刑法第332條第1項之強盜殺人罪，且甲係基於概括犯意對乙、丙為之，乃連續犯，至甲遺棄丙屍體於丁宅乃為嫁禍於丁，則其準誣告罪與遺棄屍體罪間為牽連犯，然與強盜殺人罪間為犯意個別之數罪併罰。

二、程序面

(一) 檢察官雖以刑法第271條之殺人罪、刑法第328條之強盜罪向地方法院提起公訴，惟法院並不受檢察官所引應適用法條之拘束，僅以檢察官起訴之犯罪事實為審判範圍。因之，檢察官將甲之全部犯行提起公訴，雖僅適用殺人罪與強盜罪兩法條，惟檢察官之法律評價並不足以拘束法院，法院自應就起訴之強盜與殺人犯罪事實加以審理，至遺棄屍體與準誣告事實既未經起訴，本於控訴原則不告不理，自不在審判範圍。

(二) 檢察官雖僅適用殺人罪與強盜罪將甲起訴，倘甲之全部事實業經檢察官起訴，法院自得全部加以審理，不受檢察官所引起訴法條拘束，惟法院所形成之法律評價與檢察官不同時，應依刑事訴訟法第300條之規定，踐行變更起訴法條之程序，並進行同法第95條之告知義務，暨予被告就變更後之法條重新之防禦程序，方為適法。

三、第二審之審理範圍為何，應視第二審法院之審理結果而加以認定

(一) 第二審法院認為係一罪時：對於甲之犯行，依第二審法院之審理結果，認為係屬一罪時，由於具有審判不可分之關係，故雖僅就殺人部分提起上訴，依刑事訴訟法第348條之規定，第二審法院之審理範圍及於具有審判不可分之其他有關係部分。強盜殺人罪乃實質一罪之結合犯，屬裁判上一罪，故具不可分性。

(二) 第二審法院認爲數罪時：對於甲之犯行，依第二審法院之審理結果，認爲係屬數罪或一部或全部無罪時，由於不具有審判不可分之關係，故第二審法院僅能就上訴部分之殺人罪加以審理，而不及於其他犯罪事實。

注釋資料：例解刑事訴訟法「體系釋義版」第六章之焦點「案件單一性之解題要訣」。

例題3

甲於民國89年間偽造乙之存款取款條，持交A銀行詐領乙之存款得手；經檢察官依此數罪按牽連犯將甲向該管轄法院提起公訴。乃第一審法院僅判處甲行使偽造私文書之罪行，而置檢察官已提起公訴之其餘各罪於不問；惟甲仍不服此項判處其罪刑之原判決，依法提起上訴。試問：

(一)第二審法院受理本件上訴，其應審判之範圍如何？理由安在？

(二)第二審法院所認定本件上訴之審判範圍，如屬不當（即擴大或縮小應為之審判之範圍），且該判決旋告確定；則此項確定判決之效力如何？尚有何救濟方法？（76司法官）

（註：依刑法從舊從輕原則，本例在95年7月後仍為單一案件）

解碼關鍵

第二審之審判範圍以審理結果爲斷；本法第379條第12款之漏未判決&無效判決。

擬答

一、第二審之審判範圍

第二審法院之審理範圍爲何，應視其審理結果爲斷，如當事人就判決之一部上訴時，其他部分是否上訴效力之所及而爲有關係部分，應視其是否具有審判不可分之關係而言：

(一) 倘第二審法院認爲僞造私文書與詐欺之間具有審判不可分時甲僅就僞造私文書部分提起上訴，惟詐欺部分因與僞造私文書部分具有審判不可分之關係，對於僞造私文書之部分提起上訴者，其有關係之詐欺部分視爲亦已提起上訴，第二審法院自得就全部加以審理（刑事訴訟法第348條第2項）。

(二) 倘第二審法院認爲僞造私文書與詐欺之間不具有審判不可分時甲僅就僞造私文書部分提起上訴，因僞造私文書與詐欺罪間不具審判不可分關係，故法院僅得就僞造私文書部分加以審理（本法第348條第1項）。

二、第二審法院認定不當且已確定時

(一) **範圍過小**：已受請求之事項未予判決屬漏未判決第二審法院所認定之範圍過小，即對於上訴之部分未予完全審理裁判，其所爲之判決屬刑事訴訟法第379條第12款之已受

請求事項未予判決之判決違背法令，應提非常上訴救濟，並依刑事訴訟法第447條第1項第1款規定，原判決違背法令者，將其違背之部分撤銷，此項判決未對被告不利，故僅具論理之效力。

(二) **範圍過大**：未受請求之事項予以判決第二審法院認定之範圍過大，顯係對非起訴效力所及之犯罪事實加以審判，與控訴原則之不告不理有違，亦屬本法第379條第12款之判決違背法令而屬無效判決，亦應提起非常上訴救濟，撤銷原判決違背法令部分，惟因原判決不利被告，應依本法第447條第1項第1款撤銷違法判決，效力及於被告。

注釋資料：同上揭例題2。

例題4

檢察官以被告甲係一行為而觸犯傷害及恐嚇取財之罪嫌，將甲提起公訴。第一審法院以甲所犯傷害故屬事證明確，但被告恐嚇取財部分則屬犯罪不能證明，且傷害罪與未經起訴而犯罪足以證明之殺人未遂罪間，有牽連關係，因併與審理，而從一重諭知甲殺人未遂罪刑之判決，並將甲被訴恐嚇取財部分於理由內予以說明，不另為無罪之諭知。甲對此判決之有罪部分聲明不服，提起第二審上訴。第二審法院，認甲被訴之傷害罪係屬不能證明，乃予諭知無罪之判決。至恐嚇取財及殺人未遂部分則認其罪證明確，且係個別起意，遂就此諭知殺人未遂及恐嚇取財罪刑之判決。甲對殺人未遂部分之判決，表示不服，提起第三審上訴。第三審法院以甲殺人未遂部分尚有應調查之證據而未予調查之違法，且認其與傷害、恐嚇取財間均有牽連關係，乃將第二審原判決全部撤銷，發回更審。問：第二、三審法院如此之判決是否適法？　(89律師)

(註：依刑法從舊從輕原則，本例在95年7月後仍為單一案件)

解碼關鍵

單一案件方有審判不可分之適用；本法第348條「有關係部分」之涵義。

擬答

一、第二審判決違法

(一) 按刑事訴訟法第267條之起訴不可分、審判不可分效力，係以數罪之間均屬有罪且具不可分性而言，以刑法第55條後段所稱之牽連犯而論，倘行爲人先後具方法目的或原因結果之行爲，僅其一成立犯罪，另一行爲不能證明或未成立犯罪時，該行爲人所犯係單純一罪而非裁判上一罪，二行爲間已不具不可分性，自無單一案件起訴、審判不可分效力之適用。

(二) 本題檢察官僅就傷害及恐嚇取財部分提起公訴，第一審法院因認未起訴之殺人未遂部分與傷害罪屬牽連犯之裁判上一罪，故依起訴不可分、審判不可分之法理併予判決；惟第二審法院既認被告甲經起訴之傷害部分不能證明，則該部分與殺人未遂部分即非屬牽連犯，自無審判不可分關係可言，亦即殺人未遂部分非起訴效力所及，法院不得對之為審判，否則乃違不告不理之控訴原則，而有本法第379條第12款之未受請求事項予以判決之當然違背法令，故第二審法院應將原審誤就殺人未遂所為實體判決撤銷，無庸另為其他諭知，本題第二審逕為有罪判決即屬違法。

(三) 次按本法第348條規定：「上訴得對於判決之一部為之；未聲明為一部者，視為全部上訴。對於判決之一部上訴者，其有關係之部分，視為亦已上訴。」其中第1項規定係指數罪案件之上訴，第2項則指單一案件之上訴而言，本題被告僅對殺人未遂部分上訴，第二審法院既認恐嚇取財部分與上訴部分為個別犯意，依前揭說明，恐嚇取財部分即非第二審上訴之審判範圍，第二審法院誤為有罪諭知即非合法。

二、第三審判決適法

(一) 第三審法院既認檢察官起訴之傷害罪、恐嚇取財罪及未經起訴之殺人未遂罪具牽連關係，則此三罪即屬裁判上一罪而為單一案件，承前所述，檢察官對顯在性事實起訴之效力自擴及潛在性事實，法院得就全部事實加以審判。

(二) 又國家對單一案件有一刑罰權，檢察官應就全部犯罪事實為一次公訴，法院本於控訴原則亦僅得為一次判決以終結該訴訟繫屬，判決範圍之擴大與限縮均屬本法第379條第12款之判決當然違背法令，故本題第三審法院認單一案件之判決一部既有違背法令之處，即應將判決全部撤銷發回更審，是認第三審判決適法。

注釋資料：例解刑事訴訟法「體系釋義版」第六章之焦點「單一案件不可分之整理」。

例題5

上訴人於審判期日無正當理由不到場，是否因其為當事人或非當事人而有所異同？

解碼關鍵

獨立上訴權人之合法上訴後，該上訴不因被告死亡而受影響；上訴人不到場之效果應區分其為當事人或非當事人。

擬答

就此學說有不同之見解：

一、甲說：區分上訴人為當事人或非當事人

(一) **上訴人為當事人時**：依刑事訴訟法第364條準用第一審審判之規定，仍有本法第75、327、331條之適用。

(二) **上訴人為非當事人時**：適用上不無疑義。實務上認審判期日被告如已到庭僅獨立上訴人未到庭，得不待上訴人陳述上訴要旨依法判決。如獨立上訴人死亡，更無法命其陳述上訴要旨，自得依法判決（64年第3次刑庭決議）。

二、乙說：區分上訴人為檢察官、自訴人或被告

(一) **檢察官**：應視爲撤回上訴，而爲上訴終結之裁定。

(二) **自訴人**：如爲告訴乃論之罪應視爲撤回上訴，如爲非告訴乃論之罪則應先徵求檢察官之意見，如檢察官不同意則通知其擔當訴訟。

(三) **被告**：得不待其陳述逕行審理判決。

(四) **被告之法定代理人、配偶、原審之代理人、辯護人**：應先徵得被告之意見，如被告無意上訴則視爲撤回上訴。

三、實務見解

被告法定代理人之獨立上訴權是否存在，應以上訴時爲準。其法定代理人合法上訴後，縱令死亡，並不影響其上訴之效力，第二審法院仍應予以裁判。又被告之父爲被告之利益獨立上訴後死亡，刑事訴訟法並無得由其他法定代理人承受訴訟之規定。而同法第345條之獨立上訴權，係以被告之法定代理人或配偶之名義行之，與同法第346條所定原審代理人或辯護人之上訴，係以被告名義行之者迥異。故不得命被告之母或監護人承受訴訟，亦不能視被告爲上訴人。況審判期日被告如已到庭，僅獨立上訴人未到庭者，實務上既不待上訴人陳述上訴要旨，得依法判決。獨立上訴人死亡時，更無法命其陳述上訴之要旨，自得依法判決（最高法院64年第3次刑庭決議）。

注釋資料：林鈺雄，刑事訴訟法（下），頁301-302；何賴傑，刑事訴訟法實例研習，頁155。

例題6

甲於民國92年5月間積欠新台幣100萬元不還，乙乃持刀強押甲前往某地，逼其即行籌款清償，未果，復迫令其簽發同額本票乙紙。檢察官以乙有刑法第302條（非法剝奪他人之行動自由）及同法第304條（以強暴脅迫使人行無義務之事）等罪嫌提起公訴。第一審法院予以分論併罰，各判處其罪刑，第二審法院亦予以維持。乙不服提起第三審上訴，第三審法院認其持刀強押前往某地與迫令簽發本票之行為，有方法結果之牽連關係，屬於裁判上一罪，乃將原判決全部撤銷發回，第二審法院則以乙所犯刑法第304條部分，係刑事訴訟法第376條之案件，於前次判決後即已確定因僅就乙所犯刑法第302條部分論處罪刑。問：第二審經第三審法院發回後之如此判決是否合法？　（86律師）

（註：依刑法從舊從輕原則，本例在95年7月後仍為單一案件）

解碼關鍵

單一案件上訴不可分與本法第376條案件之關聯性。

擬答

一、上訴不可分原則

按本於單一案件不可分性（起訴不可分、上訴不可分）判決一部不得上訴第三審，一部得上訴第三審時，視爲全部得上訴第三審，刑事訴訟法第348條第2項定有明文。本題第二審判決認定乙所犯者係刑法第304條之強制罪與刑法第302條之妨害自由罪，其中強制罪部分，係屬最重本刑爲三年以下有期徒刑之罪，依刑事訴訟法第376條第1款之規定，係屬不得上訴第三審法院之案件，惟第三審法院認定強制罪與得上訴第三審之妨害自由罪之間具有審判不可分之關係，故強制罪部分以得提起第三審上訴論。

二、上訴審判決之適法性

第三審法院既認爲本件強制罪與妨害自由罪之間，具有審判不可分之關係，而撤銷第二審法院所爲之判決，將全案發回改判，第二審法院自應受第三審法院發回範圍之拘束，第二審法院竟以乙所犯刑法第304條部分，係刑事訴訟法第376條之案件，於前次判決後即已確定，不在審理範圍，而僅就甲所犯刑法第302條部分論處罪刑，第二審法院重新認定審理範圍之行爲，非僅與審判不可分原則有違，且具本法第379條第12款已受請求事項未予判決之違法；故第二審法院所爲發回更審之判決即非合法。

注釋資料：同前揭例題2。

例題7

(一)第二審對第一審判決諭知或未諭知管轄錯誤、免訴、不受理係不當者，應如何裁判？

(二)第三審法院對第二審法院諭知或未諭知管轄錯誤、免訴、不受理係不當者，應如何裁判？試分別說明之。　(85律師)

解碼關鍵

程序判決不當與當事人審級判益之保障。

擬答

一、第二審法院對第一審法院不當判決之裁判

(一) 第二審對第一審判決諭知管轄錯誤、免訴、不受理係不當之裁判：第二審法院認爲原審判決諭知管轄錯誤、免訴、不受理係不當而撤銷之者，既未經原審法院爲實體上裁

判，爲保障當事人之審級利益，宜撤銷原判決將該案發回原審法院更爲審判。

(二) 第二審對第一審判決未諭知管轄錯誤、免訴、不受理係不當之裁判，對此，應區分成管轄錯誤與免訴、不受理判決兩種情形，茲分述如下：

1. 第二審對於第一審未諭知管轄錯誤之處理：刑事訴訟法第369條第2項規定，第二審法院因原審判決未諭知管轄錯誤係不當而撤銷原判決，如第二審法院有第一審管轄權，應爲第一審判決，否則應發交予原審同級之管轄法院。

2. 第二審對於第一審未諭知免訴、不受理之處理：即依刑事訴訟法第369條第1項規定，第二審法院認爲上訴有理由，或上訴雖無理由，而原判決不當或違法者，應將原審判決經上訴部分撤銷，就該案件自爲判決。

二、第三審法院對第二審法院不當判決之裁判

(一) 第二審判決諭知管轄錯誤、免訴、不受理係不當時第三審應依刑事訴訟法第399條之規定，撤銷原判決，將案件發回原審法院，但有必要時，得逕行發回第一審法院，以維護當事人之審級利益。

(二) 第二審判決未諭知管轄錯誤、免訴、不受理係不當時應區分管轄錯誤與免訴、不受理判決兩種情形，茲分述如下：

1. 第三審對於第二審未諭知管轄錯誤之處理：依刑事訴訟法第400條之規定，第三審法院因原審法院未諭知管轄錯誤係不當而撤銷之者，應以判決將該案件發交該管第二審或第一審法院。但屬於同法第4條所列之案件，經有管轄權之原審法院爲第二審判決者，不以管轄錯誤論。

2. 第三審對於第二審未諭知免訴、不受理之處理：依刑事訴訟法第398條之規定，法院應撤銷原審法院之判決，就該案件自爲判決，諭知免訴或不受理。

注釋資料：例解刑事訴訟法「體系釋義版」第十章之焦點「法院對訴訟條件之審查與處理程序」。

例題8

檢察官於民國87年6月間以甲係各別起意，犯有行使偽造私文書及詐欺之罪嫌，予以提起公訴。第一審法院審理後，就行使偽造私文書部分判處罪刑，檢察官以法院對詐欺罪漏未判決提起上訴，甲對此判決聲明不服，主張其為無罪之事項未予判決為由，亦提起第二審上訴。第二審法院審理結果，認甲及檢察官之上訴均屬有理由，乃將第一審前開之判決撤銷，改判諭知甲詐欺之罪刑，另就其被訴行使偽造私文書部分諭知無罪之判決。檢察官對此無罪判決，以其有應調查之證據而未予調查之違背法令，提起第三審上訴。第三審法院認檢察官之上訴為有理由，並以行使偽造私文書與詐欺兩罪間有方法結果之關係，屬裁判上一罪，遂將第二審判決全部予以撤銷發回更審。試問：第二、三審如此之判決是否適法？試就刑事訴訟法相關之規定暨其法理詳予說明。　(91司法官)

（註：依刑法從舊從輕原則，本例於95年7月後仍為單一案件）

解碼關鍵

本法第348條之涵義&漏判之救濟；本法第376條案件&第三審上訴不可分性。

擬答

一、第二審判決

刑事訴訟法第348條規定：「上訴得對於判決之一部爲之；未聲明爲一部者，視爲全部上訴。對於判決之一部上訴者，其有關係之部分，視爲亦已上訴。」前揭第2項規定爲上訴不可分的規定。本案檢察官以數罪起訴，第一審法院僅就僞造文書的部分爲判決，詐欺罪的部分，疏未處理，依通說見解，漏判之詐欺罪部分檢察官應向原審法院聲請補判，而非以漏未判決（本法第379條第12款已受請求事項未予判決）爲由，提起上訴。蓋原審既未就詐欺部分判決，當事人自無從就該部分聲明不服，檢察官竟對該已起訴未經判決之案件提起上訴，第二審法院本應駁回其上訴，但第二審竟未駁回，仍就詐欺罪部分論罪判刑，其判決自屬違法。惟第二審法院倘認起訴之行使僞造私文書與詐欺罪間係牽連犯裁判上一罪之單一案件，則第一審未予判決部分即屬漏未判決，檢察官上訴即爲合法，第二審本於不可分性自得併予審判。今第二審既認甲行使僞造私文書部分無罪，其與詐欺罪部分即不具不可分性，檢察官對詐欺罪之漏判提起上訴即不合法。

二、第三審判決

檢察官對第二審法院判決無罪之僞造私文書部分，以有應調查之證據而未予調查之違法，上訴第三審法院，第三審法院認僞造私文書與詐欺罪間有方法結果之關係，屬裁判上一罪，則詐欺罪依本法第376條本不得上訴第三審，本於單一案件不可分性，仍以得上訴論，又因第二審法院對詐欺部分之違法判決，形式上依然存在且爲有罪之判決，而應爲上訴效力之所及。因之第三審法院得將之一併撤銷改判，發回第二審法院更審。

注釋資料：同前揭例題4。

例題9

試判斷下列法院之判決是否適法（詳附理由依據）：

(一)由被告提起之上訴案，第二審法院認為原判決未引用刑法第59條酌減之規定，竟科處較法定刑最低度為輕之刑，乃撤銷改判，諭知以較原判決為重之刑。

(二)第二審法院對檢察官提起之上訴案，認為原判決未依共同正犯論罪，誤以從犯處斷，乃撤銷改判，諭知較原判決為重之刑。

(三)為被告利益而上訴之案件，第二審法院雖諭知與第一審判決相同之刑期，但其所宣告之緩刑期間，卻由二年改為三年。　　（76律師）

解碼關鍵

原判決適用法條不當，即無不利益變更禁止原則之拘束；從刑之量定屬該原則之範圍。

擬答

一、案例(一)之判決適法

(一) 刑事訴訟法第370條規定：「由被告上訴或爲被告之利益而上訴者，第二審法院不得諭知較重於原審判決之刑。但因原審判決適用法條不當而撤銷之者，不在此限。」所謂「適用法條不當」係包括變更第一審判決所引所有刑法條款而言，並非專指刑法分則之罪名，總則規定亦含在內。

(二) 本案例原審判決未引用刑法第59條，竟科處較法定刑最低度爲輕之刑，第二審法院以原審法院判決適用法條不當，而撤銷改判，自不受不利益變更禁止原則之拘束，應得諭知較重於原審判決之刑。

二、案例(二)之判決適法

(一) 依刑事訴訟法第370條之規定，爲被告利益上訴，第二審法院不得諭知較重於原審判決之刑，是故檢察官爲被告利益上訴時亦有此原則之適用。

(二) 第一審未依共同正犯論罪，誤以幫助犯處斷，依上開見解仍屬法條適用不當，第二審自不受不利益變更禁止原則之拘束，得撤銷改論以較重之刑。

三、案例(三)之判決適法

(一) 肯定說：不利益變更禁止原則要求第二審法院不得諭知較重之刑，第二審法院所諭知之刑是否較第一審爲重，不以主刑爲其唯一比較標準，如從刑爲原審判決所無或重於原審判決所諭知者，亦不失爲較重。然緩刑之諭知，不涉及量刑之輕重，自無第二審法院重判之可言。

(二) 否定說：不利益變更禁止原則之立法目的在避免爲被告利益上訴時，被告即受諭知較重之刑而放棄救濟途徑，故其評斷標準乃在上訴審判決所諭知之結果是否更不利益被告，而緩刑期間之延長當然於被告較不利益，故第二審判決不得爲之。

注釋資料：陳樸生，刑事訴訟法實務，頁504。

例題10

甲因開車不慎撞傷乙，經乙提起自訴，第一審法院判甲以業務過失傷害罪，量處有期徒刑五月，並諭知易科罰金折算之標準。

(一)如乙以量刑太輕為由不服原判決提起上訴（甲未上訴），而第二審法院認甲係犯普通過失傷害罪，能否科甲以較重之刑？

(二)如甲以並無過失為由不服原判決提起上訴（乙未上訴），而第二審法院認甲係犯普通過失傷害罪，能否科甲以較重之刑？試分別說明之。　(83律師)

解碼關鍵

不利益變更禁止原則以「爲被告利益上訴」爲適用前提；變更起訴法條爲較輕罪名則仍受該原則拘束。

擬答

一、案例(一)第二審得科處較重之刑

按刑事訴訟法第370條規定：「由被告上訴或爲被告之利益而上訴者，第二審法院不得諭知較重於原審判決之刑。」此爲不利益變更禁止原則，惟其前提須係「由被告上訴」或是「爲被告之利益」而提起上訴之情形，方有其適用。本題係由自訴人乙提起第二審上訴，而非被告甲所提起，因之並無不利益變更禁止原則之適用，故第二審法院認爲甲所犯者應屬普通過失傷害罪非業務過失傷害罪，自得科處較重於原審判決之刑。

二、案例(二)第二審不得科處較重之刑

第二審法院所認定之罪名較第一審法院所認定之罪名爲輕時，第二審法院可否科處較重之刑向有不同爭議。持肯定見解者，認爲由被告上訴或爲被告之利益而上訴者，第二審法院不得諭知較重於原審判決之刑，但因原審判決適用法條不當而撤銷之者不在此限，爲刑事訴訟法第370條所明定；而所謂適用法條不當者，凡變更第一審引用刑法法條者皆包括在內，本案第二審既變更第一審判決所引之法條爲普通過失傷害罪，自得諭知較重於原審判決之刑。惟學者有認此與不利益變更禁止原則之立法目的有違，蓋既由被告上訴且改引較輕罪名，應不許諭知較重之刑。淺見採後說，蓋較符合不利益變更禁止原則，係爲保障被告本於憲法第16條訴訟權之審級救濟權利，使其得不畏懼上訴。

注釋資料：林鈺雄，刑事訴訟法（下），頁733。

例題11

第一審法院依民國94年修正翌年7月1日實施前刑法規定認定被告連續竊盜二次，依刑法第56條、第320條第1項判處有期徒刑四月；被告不服，提起上訴。第二審法院查明被告連續竊盜三次，可否將原判決撤銷，依原引適用法條改判有期徒刑六月？試述其理由。（82律師）

解碼關鍵

刑法修正前之連續犯次數影響刑罰輕重之量定，應不適用不利益變更禁止原則。

擬答

按第二審法院所認定之連續犯次數較原審法院為多時，是否屬原判決適用法條不當而可不受刑事訴訟法第370條不利益變更禁止原則之拘束，諭知較重於原審判決之刑？向有不同見解：

一、肯定說

按刑法第56條之連續犯雖以一罪論，但得加重其刑至二分之一，其加重多寡，當與連續犯行次數之多寡有關，故同一連續犯案件，其所認定犯行次數較少者，與所認定犯行次數較多者，兩者適用之連續犯刑罰法條，就形式上觀之，雖無差異，但實質上其法條所含刑罰輕重之程度，顯有不同，故第二審法院所認定連續犯之次數，倘較第一審法院所認定者為多，則第一審判決適用之連續犯處罰法條，實質上即難謂當，依照刑事訴訟法第370條但書之規定，第二審自得諭知較重於第一審判決之刑，實務見解採之（82年第7次刑庭總會決議）。

二、否定說

按由被告上訴或為被告利益上訴者，第二審不得諭知較重於原審判決之刑，但因原審判決適用法條不當而撤銷之者，不在此限，刑事訴訟法第370條定有明文，此即所謂「不利益變更禁止」原則，本件第二審判決以第一審漏未審酌一次連續犯行，予以撤銷改判，仍適用原審法條，論以連續犯，將量刑由原有期徒刑四月改判六月，較第一審判決為重，倘又未說明諭知加重理由，顯有違上述不利益變更禁止之原則，淺見以此說為當。

注釋資料：林俊益，刑事訴訟之運作，頁86以下。

例題12

被告經第一審法院以傷害罪名（刑法第277條第1項）判處十月有期徒刑。試問下列上訴之情形，第二審法院之審判範圍如何？是否及於傷害之犯罪事實及罪名之認定？能否諭知較重於第一審判決之刑？

(一)被告並不爭執第一審判決認定之傷害犯罪事實及罪名，惟認為第一審判決之量刑過重，因此僅就科刑部分提起一部上訴。

(二)若檢察官反認為該第一審判決之量刑過輕，亦僅就科刑部分，為被告甲之不利益提起一部上訴。

(三)若檢察官為被告甲之不利益，亦提起上訴，但其上訴書中並未聲明一部上訴。

解碼關鍵

本法第348條第2項「有關係部分」之認定範圍與不利益變更禁止原則之適用關係。

擬答

一、上訴範圍之判定

按上訴既係對原審判決不服所爲救濟程序，因之上訴審理焦點應集中上訴人所爭執不服部分，較符合當事人提起上訴之目的，一部上訴之用意即在如此，一部分上訴是否合法，取決所謂「可分性準則」；其中僅就論罪部分聲明提起上訴，科刑部分乃刑事訴訟法第348條第2項所稱「有關係部分」視爲亦已上訴，否則難免產生「無罪卻有刑」之矛盾現象；反之對科刑則得合法提起一部上訴，蓋審查量刑部分有其自主性，第二審法院得以原審判決關於犯罪事實及罪名之認定爲基礎，僅就上訴之量刑部分調查、審酌。

二、承上所述，茲將本題案例分予說明

(一) 被告甲僅以原審科刑過重提起上訴，則原判決關於傷害罪之犯罪事實及罪名部分之認定即不在第二審之審判範圍且由於僅被告上訴，故第二審法院應受本法第370條不利益變更禁止原則之拘束。

(二) 檢察官就科刑部分爲被告不利益上訴，則第二審法院之審判範圍同前述情形，惟第二審法院之判決則不受不利益變更禁止原則之拘束。

(三) 倘檢察官未聲明一部上訴時，依本法第348條第1項，第二審法院之審判範圍及於原審判決之全部，即包括論罪與科刑部分，此時亦排除不利益變更禁止原則之適用。

注釋資料：林鈺雄，刑事訴訟法實例研習，頁321以下。

例題13

被告因犯強盜殺人罪，遭檢察官起訴，第一、二審法院均認定被告所犯之犯罪事實成立，判處被告無期徒刑，案經依法職權上訴第三審法院。經第三審法院審理，認原審證據調查尚有未臻完備之處，乃為撤銷原判發回更審之判決。由於本案各審級之上訴關係，均非由當事人雙方所為之，而是法院依職權之上訴。案經發回第二審法院更審，審理之後，仍認被告強盜殺人事實成立，改處死刑。問：第二審法院之更審判決是否違誤？理由為何？（94律師）

解碼關鍵

職權上訴係爲被告利益，有不利益變更禁止原則適用，至更審適用否？即有爭議。

擬答

一、不利益變更禁止原則

按不利益變更禁止原則乃刑事訴訟法爲保障被告本於憲法第16條訴訟權之上訴救濟權所爲之規定，使被告不致因擔憂受上訴審不利益變更判決而畏懼上訴，茲分別說明如下：

(一) 意義：由被告上訴或爲被告之利益而上訴者，除因原審判決適用法條不當而撤銷原審判決者外，第二審法院不得諭知較重於原審判決之刑（刑事訴訟法第370條）。

(二) 立法理由：基於不使被告畏懼上訴而妨害上訴權之行使，以保障其憲法第16條之訴訟救濟權。

(三) 要件

1. 被告上訴或爲被告之利益而上訴且上訴有理由。
2. 檢察官或自訴人未合法上訴。
3. 非因適用法條不當而撤銷原審判決。

(四) 效力：不得諭知較重於原審判之「刑」，而爲貫徹保護被告之意旨，第二審所定之執行刑以不較重於第一審裁判所定之執行刑爲宜。

二、職權上訴

又按宣告死刑或無期徒刑之案件，原審法院應不待上訴依職權逕送該管上級法院審判，並通知當事人，本法第344條第5項定有明文，其目的在尊重人權，保護被告利益，對於此等重刑判決乃求愼重，不問被告意願爲何，由法院逕依職權送上訴。自屬爲被告利益爲之，此觀諸同條第5項之規定亦明。

三、更審之不利益變更禁止原則

最高法院發回更審時有無不利益變更禁止原則之適用，向有不同見解：

(一) 否定說：原判決既經撤銷，視同自始不存在，不生不利益變更禁止之問題。

(二) 肯定說：爲貫徹保障被告上訴權之意旨，應有其適用。

四、結論

綜上所陳，本題職權上訴即視同被告上訴，更審程序依上開肯定說確保被告本於憲法第16條訴訟權之上訴救濟權保障，仍應有不利益變更禁止原則之適用，故本件更審爲死刑諭知應屬違法判決。

注釋資料：例解刑事訴訟法「體系釋義版」第十三章之焦點「職權逕送上訴之相關注意事項」。

例題14

A認甲係以一行為觸犯詐欺及行使偽造私文書二罪名，對甲提出告訴，該案經檢察官偵查結果，認甲被訴二罪名，均已構成犯罪，唯認該二罪係甲分別起意所為，應數罪併罰；該案經第一審法院審理結果，雖認甲被訴詐欺、行使偽造私文書之事實，均已構成犯罪，但認該二罪名係甲以一行為所為，乃依刑法第55條想像競合規定，從一重處斷；嗣被告提起上訴，第二審法院亦認甲被訴之犯罪事實，俱已構成犯罪，惟認甲被訴詐欺及行使為造私文書二罪，係甲分別起意所為。而分別論處甲詐欺，行使偽造私文書二罪，甲不服，就第二審判決全部提起第三審上訴。試問：第三審法院應如何裁判？是否因第三審法院認為甲就行使偽造私文書部分上訴，是否合法及有理由，而有不同？理由何在？

解碼關鍵

審判範圍依法院審理結果爲認定；本法第376條案件與第三審上訴不可分之關係。

擬答

一、案件單一性與控訴原則

按刑事訴訟法第267條規定，「檢察官就犯罪事實一部起訴者，其效力及於全部」，故傳統實務見解認爲案件是否單一，應以其在訴訟上爲審判對象之具體的刑罰權是否單一爲斷。換言之，如在實體法上爲一個刑罰權，在訴訟法上爲一個訴訟客體，具有不可分之性質，至刑罰權多寡取決於犯罪事實個數，而犯罪事實個數則將影響案件個數，其認爲實體法上一罪（單純一罪、實質一罪、裁判一罪），訴訟法上即爲一客體，審判上具不分割性，惟仍需該犯罪事實內之各部分均屬有罪，始生不可分關係，即一部有罪、他部有罪，且兩者有不可分關係，起訴效力始及於全部。次按本於控訴原則下之告即應理，法官受檢察官起訴事實之拘束，惟不受起訴法律評價（罪名）之限制。倘若檢察官起訴全部事實者，不問起訴罪名爲一罪名或數罪名，法院均得依法逕行審判認定，不受檢察官見解之拘束。

二、本法第376條案件與上訴不可分

本法第376條所列案件因屬較輕微性案件，故限制其未得上訴第三審之法律審。若單一案件之各部事實均屬本法第376條所列不得上訴第三審之罪名，自係全部均不得上訴第三審，則無上訴不可分原則之適用。惟「第376條各款所列之案件，經第二審判決者，固不得上訴於第三審法院，惟與併合處罰之一部爲非刑事訴訟法第376條各款所列之案件一併提起上訴時，經第三審法院認爲係實質上或裁判上一罪，則應認爲皆得上訴於第三審法院」，亦即，「裁判上一罪案件之重罪（或其中一罪）得提起第三審上訴，其輕罪（或其餘之罪）部分雖不得上訴，依審判不可分原則，第三審法院亦應併予審判，但以重罪（或得上訴第三審之罪）部分之上訴合法爲前提，如該上訴爲不合法，第三審法院既應從程序上予以駁回，而無從爲實體上判決，對於輕罪（或其餘之罪）部分自無從適用審判不可分原則，併爲實體上審判」。反之，若一部上訴部分是不得上訴第三審之罪，則因上訴不合法，自無上訴不可分之適用。

三、本題應區分第三審法院認為全起訴事實（詐欺與行使偽造私文書）為一罪或數罪之處理

(一) **第三審認屬一罪**：第三審法院認爲全部事實爲想像競合之裁判上一罪者，訴訟法上即屬單一案件，詐欺罪雖屬本法第376條不得上訴第三審之罪名，經第二審判決者，固不得上訴於第三審法院，惟與他部爲非本法第376條所列之行使僞造私文書罪一併提起上訴時，經第三審法院認爲係實質上或裁判上一罪，則應認爲皆得上訴於第三審法院，故第三審法院得就全部事實予以審理。如此，倘行使僞造私文書罪部分之上訴合

法，則第二審所爲數罪判決自屬違誤，第三審應撤銷原審判決，以判決將該案件發回原審法院（第397、401條）。然若該行使僞造私文書罪部分之上訴不合法或無理由，第三審法院既應從程序上予以駁回，而無從爲實體上判決，則詐欺罪部分自無從適用審判不可分與上訴不可分原則，併爲實體上審判。

(二) **第三審認屬數罪者**：第三審法院如認詐欺罪與行使僞造私文書罪係屬個別不同案件，則詐欺罪因屬本法第376條所列不得上訴第三審之罪名，對該部分所提上訴自不合法，第三審法院應判決駁回（第395條），維持原審原判，另對行使僞造私文書罪名之上訴爲合法性與實體性之審理。

注釋資料：同前揭例題4。

例題15

被告甲成年人犯刑法第201條第1項之偽造有價證券罪（盜用保管印章、支票、簽發支票一張，領取新台幣10萬元花用），被檢察官起訴。嗣於一審審理中與告訴人達成和解，第一審乃認被告犯後態度良好，適用刑法第59條規定酌減其刑，處有期徒刑二年，緩刑三年，嗣被告未依約履行，檢察官應告訴人之聲請，以被告未依約給付而上訴，並以原判決適用刑法第59條不當，請求從重量刑並撤銷緩刑而上訴。問：

(一)第二審法院可否應檢察官之上訴為上開判決？

(二)如檢察官未上訴，僅被告上訴並主張係告訴人授權簽發支票並借用，並無偽造有價證券，法院查明並非事實而係濫行上訴，法院可否加重其刑並撤銷緩刑？

(三)如檢察官及被告均上訴時，有無不同？

解碼關鍵

檢察官上訴或兩造均上訴時，即無不利益變更禁止原則之適用。

擬答

一、不利益變更禁止原則

按本於憲法第16條訴訟權之保障，確保刑事被告於審判程序中之訴訟救濟權落實而不畏懼行使，刑事訴訟法（下稱本法）第370條規定：「由被告上訴或爲被告之利益而上訴者，第二審法院不得諭知較重於原審判決之刑。但因原審判決適用法條不當而撤銷之者，不在此限。」學理稱謂「不利益變更禁止原則」。此原則應以被告（第344條第1項）或爲被告利益一造合法上訴（第344條第4項、第345、346條），且原判決無適用法條不當爲要件，故若檢察官或自訴人爲被告不利益上訴者，自無此原則之適用；此外，「原判決適用法條不當」而遭上訴審法院撤銷者，上訴審法院當不受撤銷條文約束，而此條文則不限於刑法分則各本條。

二、案例解析

承上所述，分別說明各情形如下：

(一) 第二審法院可加重量刑並撤銷原審緩刑之宣告「不利益變更禁止原則」僅受限於被告上訴（第344條第1項）或為被告利益一造上訴（第344條第4項、第345、346條），倘檢察官為被告不利益上訴者，即無此原則之適用。故本題第二審法院得以被告犯後態度不佳為由，於同一罪名之法定刑內加重科刑（刑法第57條）。另是否為緩刑宣告亦屬法院自由裁量之職權，因系爭案例並無不利益變更禁止原則之適用，故第二審法院得本於職權依法宣告緩刑或撤銷緩刑。

(二) 檢察官未上訴，僅被告為自己利益上訴，此時有不利益變更禁止原則之適用：

1. 所謂不利益變更禁止原則之「不利益」，應自原審與上訴審判決所宣告之刑（宣告刑之之刑名及刑度）形式上比較外，並應為整體觀察，如上訴審較原審判決使被告蒙受較重之自由、財產、名譽等受損害者，即有實質上之不利益。通說與實務見解認為，「緩刑之宣告，本質上無異恩赦，得消滅刑罰權之效果，故在法律上或社會上之價值判斷，顯對被告有利，若無同條但書所定例外情形，將第一審諭知之緩刑宣告撤銷，即屬不利益變更」，故第二審法院即不得撤銷原審緩刑宣告。
2. 實務見解另認為，原審適用刑法第57條之量刑規定不當者，亦得排除不利益變更禁止原則之適用，「是以，此項原則的實際運用結果，可謂效用大減」。亦即「刑事審判旨在實現刑罰權分配之正義，故法院對有罪被告之科刑，應符合罪刑相當之原則，使輕重得宜，罰當其罪，以契合社會之法律感情，此所以刑法第57條明定科刑時應審酌一切情狀，尤應注意該條各款所列事項以為科刑輕重之標準，此項原則於刑事訴訟法第370條所定不利益變更禁止原則之例外情形，亦有其適用」，換言之，實務認為第二審法院於僅被告一造上訴時，因有不利益變更禁止原則之適用，故第二審法院雖不得撤銷原審之緩刑宣告，然仍得依刑法第57條之規定加重科刑。淺見以為，如此將使不利益變更禁止原則之規定形同虛設，故宜同學說採否定見解。

(三) 檢察官及被告兩造均上訴時，不適用不利益變更禁止原則：

不利益變更禁止原則既僅限於被告上訴或為被告利益一造上訴，則若檢察官或自訴人亦同時為被告不利益上訴者，則不適用此原則。準此，本題檢察官及被告兩造均上訴，則第二審法院自不受不利益變更禁止原則之拘束。

注釋資料：例解刑事訴訟法「體系釋義版」第十三章之焦點「不利益變更禁止原則」。

例題16

甲因被訴偽造有價證券案件，羈押中。民國96年12月15日，第一審宣示判決甲有罪：

(一)甲當庭以言詞聲明不服提起上訴，經記載於筆錄後，復於法定上訴期間內，向第一審法院提起上訴書，表示不服原審判決，提起第二審上訴，未言及其他。問第一審法院應如何處理？

(二)若甲於其上訴書中除表示提起上訴外，分別執下列各項之一為上訴理由：1.僅指摘「原判決採證違背經驗法則」；2.僅指摘「依原判決認定之犯罪事實，甲犯罪情節較共同正犯乙為輕，原判決卻對甲量處較重之刑」；實際上，原判決事實所認定甲、乙犯罪經過、情節相同，理由中量刑時甲、乙均引用刑法第57條之抽象條文以為相同之概括說明；3.主張證人丙於警詢之陳述係屬傳聞，應無證據能力，並指摘原判決以甲明知其情，卻未於原審言詞辯論終結前聲明異議，且經審酌認為適當，而採信丙警詢供述作為證據，有為證據法則云云：實際上，甲於原審言詞辯論終結前確明知上情但未聲明異議；4.僅指摘原判決引用未經提示之筆跡鑑定報告為認定甲有罪之證據，係採證違法；實則原審就該鑑定報告已踐行合法之調查程序。問第二審法院應如何處理？是分別敘述之。

(97司法官)

解碼關鍵

第二審上訴應提理由書，附具理由，如未提出，應先命補正。

擬答

一、第二審上訴應提理由書

依刑事訴訟法第361條規定，不服地方法院之第一審判決而上訴者，應向管轄第二審之高等法院爲之。上訴書狀應敘述具體理由。上訴書狀未敘述上訴理由者，應於上訴期間屆滿後二十日內補提理由書於原審法院。逾期未補提者，原審法院應定期間先命補正。應注意者，對簡易判決之第二審上訴，依法則毋庸提出理由書，是爲例外。

二、未提理由書之補正

另依立法理由說明，第二審上訴書狀必須具備理由，爲上訴必備之程式，上訴書狀未記載理由者不宜逕生影響上訴權益之效果，故仍應予上訴期間屆滿後二十日內爲補提期問，逾期未補提者，再由原審法院定期補正。又上訴人雖已逾法院裁定命補正期間，並不當然發生失權效果，在法院尚未據以爲裁判前，仍得提出理由書狀以爲補正，乃屬當然。據此，若上訴人逾補提期間（本法第361條第3項前段），復未遵守原審裁定定期補正（同條項後段），但僅需在原審法院尚未爲駁回裁定前，補提上訴理由書者，仍補提仍屬有效，原審法院不得依本法第362條規定以上訴不合法律上之程式裁定駁回上訴。

三、實務見解

關於第二審上訴書之具體理由，依立法理由說明，因目前第二審並非如第三審係法律審，故上訴理由無須如第377條規定以原判決違背法令爲限。實務見解則認爲，必係依據卷內既有訴訟資料或提出新事證，指摘或表明第一審判決有何採證認事、用法或量刑等足以影響判決本旨之不當或違法，而構成應予撤銷之具體事由，始克當之；倘僅泛言原判決認定事實錯誤、違背法令、量刑失之過重或輕縱，而未依上揭意旨指出具體事由，或形式上雖已指出具體事由，該事由縱使屬實，亦不足以認爲原判決有何不當或違法者，皆難謂係具體理由，俾與第二審上訴制度旨在請求第二審法院撤銷、變更第一審不當或違法之判決，以實現個案救濟之立法目的相契合（最高法院97年度台上字第2357號判決參照）。

四、結論

綜上所述與本題案例第二部分情形，第1點乃屬上訴未提具體理由，應屬程序不合法而判決駁回（本法第367條）。至第2、3、4點則係上訴已提具體理由，然經實體審理後認屬上訴無理由，故屬實體無理由而判決駁回（本法第368條）。

注釋資料：王兆鵬，刑事救濟程序之新思維，頁11-39。

相關試題

上訴第二審程序爲何？若未附具上訴理由，而由二審逕行駁回上訴是否適法？（98地特政風）

考點提示：同上揭例題16。

相關試題

檢察官起訴甲殺人，審判長即指定律師S爲甲辯護。審理終結，法院判處甲殺人罪刑。甲不服，未經律師S及其他律師指導，即自行書寫上訴理由，提起第二審上訴。上訴理由指摘第一審法院所採信之證人乙，與甲有宿仇，其證言不能採信。檢察官未提起上訴。第二審法院以縱然捨棄證人乙之證言，法院依其他證據，仍足以認定甲殺人罪責，因而以甲未敘述具體上訴理由而駁回甲第二審上訴。試問第二審法院駁回上訴之合法性。（104法制）

考點提示：

一、第二審上訴書狀應敘述具體理由，在防止空白上訴所造成浮濫上訴之弊。

二、實務見解多認爲，強制辯護案件，如無辯護人代爲製作上訴理由狀，僅由被告提出自撰之書狀，常因過於簡略致上訴欠缺具體理由，如率以同法第361條之情形視之，無異架空強制辯護制度，有違被告防禦權之保障。因此，被告如於上訴期間內提起第二審上訴，未由辯護人代作上訴理由書狀，而其自行提出之上訴理由書狀未能敘述具體理由時，法院自應善盡對被告有利事項之注意義務，以適當方法告知其得請求第一審辯護人代作上訴理由書狀，或另行選任辯護人提出上訴理由書狀；如被告在第二審已指定或選任辯護人，允宜俟辯護人提出上訴理由狀後，方爲前述上訴是否合法（即是否欠缺具體理由）之審查。最高法院99年台上第5080號、101年台上第5982號及102年台上第1743號判決，均採此見解。

例題17

甲被訴強盜罪，經第一審法院諭知不受理判決，檢察官對之提起上訴，第二審認第一審之不受理判決不當而予撤銷並發回第一審法院，試問被告甲得否對第二審之判決提起第三審上訴？

解碼關鍵

對第二審撤銷原審之形式判決而發回更審之判決，仍得上訴。

擬答

一、實務見解

按第二審法院因第一審判決諭知管轄錯誤、免訴、不受理係不當，依刑事訴訟法第369條第1項但書規定，判決予以撤銷，將該案件發回第一審法院者，除係本法第376條所列各罪之案件，不得上訴於第三審法院外，如經當事人合法提起第三審上訴，本院應審查原判決有無違背法令（是否不適用法則或適用法則不當）。如原判決係違背法令，應依刑事訴訟法第397條、第401條，判決予以撤銷，發回原審法院。否則，應依同法第396條第1項之規定，以判決駁回上訴。不能謂第一審判決一經第二審判決撤銷並發回第一審法院（第二審撤銷第一審判決之判決尚未確定），即當然回復第一審判決前之程序，而無提起第三審上訴之餘地（最高法院67年第4次刑庭決議參照）。

二、結論

依本法第375條規定，不服高等法院之第二審或第一審判決而上訴者，應向最高法院爲之。承上所述，本題被告甲既對第二審法院撤銷原審判決並予發回之判決不服，且其所涉之強盜案件亦非本法第376條所列之罪，自得提起第三審上訴。

注釋資料：最高法院67年第4次刑庭決議。

例題18

乙於民國78年間向甲購買貨物，持乙自己簽發但已被拒絕往來户之支票以付貨款，屆期該支票不能兑現。甲以乙蓄意詐欺，持不能兑現之支票騙取財物之此項事實，提起自訴，自訴狀內引用刑法第339條第1項（詐欺取財罪）、第342條第1項（背信罪）、第201條第1項（偽造有價證券罪）等法條。第一、二審均判處乙以詐欺之罪刑。甲不服，提起第三審上訴。問：甲之此項第三審上訴應否准許？（85司法官）（註：依刑法從舊從輕原則，本例於95年7月後仍為單一案件）

解碼關鍵

釋字第60號對本法第376條案件認定之見解。

擬答

一、第三審上訴與釋字60號

按是否屬刑事訴訟法第376條所列案件而不得提起第三審上訴，其認定標準向有不同見解，惟依釋字第60號之解釋，案件是否得提起第三審上訴之標準，在於當事人於第二審言詞辯論終結前是否對於罪名有所爭執爲據，故自訴人如於第二審辯論終結前對罪名有所爭執，即得提起第三審上訴。

二、甲之第三審上訴合法

又自訴人提起之自訴所引法條爲何，法院不受其拘束，本題自訴人甲認乙涉犯刑法詐欺、背信、僞造有價證券等罪，法院審認後仍依其法律見解自爲判決，處以詐欺罪刑，惟此即足認定自訴人於言詞辯論程序中必就罪名已有所爭執，蓋被告如僅犯詐欺罪則屬本法第376條所列案件，倘另成立僞造有價證券罪則否，是故自訴人既於言詞辯論終結前就該自訴是否屬本法第376條所列案件有所爭執，依上開釋字第60號見解，甲應得提起第三審上訴，是其第三審上訴即爲合法。

注釋資料：林鈺雄，刑事訴訟法（下），頁767以下。

相關試題

檢察官以甲因一行爲涉犯貪污治罪條例第6條第4款之圖利及刑法第216條之行使刑法第213條之公務員登載不實文書等罪嫌，經偵查終結於民國（下同）83年6月6日提起公訴，嗣第二審法院於101年7月10日審理結果，因刑法於94年2月2日修正，關於公務員概念之範圍已限縮，甲已非貪污治罪條例所稱之公務員。試問：

(一) 法院審理結果如認甲之上開行爲不構成檢察官起訴之貪污治罪條例第6條第4款之圖

利罪，及刑法第216條之行使刑法第213條之公務員登載不實文書罪，而僅構成刑法第342條之背信罪，則：

1. 法院應爲如何之判決？
2. 甲對於該判決得否上訴第三審？並分別說明其理由及法律依據。

(二) 如法院經審理結果，認既不能證明甲犯刑法第216條之行使刑法第213條之公務員登載不實文書罪，亦因刑法之修正，關於公務員概念之範圍以限縮，甲已非貪污治罪條例所稱之公務員，復不能證明甲之上開行爲另構成其他罪行，則法院應爲如何之判決？並分別說明其理由及法律依據。（101檢事官）

考點提示：

一、不論就社會基本事實同一性或事理緊密關聯性之標準，本例法院均得就「同一事實」變更起訴法條，並於更新審判後爲判決。

二、依釋字第60號解釋（罪名爭執說）、法律審性質與上訴利益而言，本例被告不得上訴第三審；蓋若被告爭執無罪（事實爭執）則不符第三審性質且非爭執罪名；如爭執罪名，因法院將起訴之重罪改判輕罪，被告倘主張應依起訴罪名判決則無上訴利益。

三、刑訴法第302條第4款係稱「廢止其刑罰」，與本例公務員概念限縮及不能證明甲犯刑法第213、216條之罪有異，故法院應爲無罪判決而非免訴判決。

例題19

檢察官於民國90年6月間以甲持偽造之支票向乙詐購物品此一公訴事實提起公訴，第一審法院認甲確有詐欺犯行，乃予判處重刑。甲不服，就詐欺部分提起第二審上訴。第二審法院認甲並無不法所有之意圖，乃撤銷該第一審判決，予以諭知無罪；但認甲有偽造支票之行為，因另判處其偽造有價證券之罪刑。檢察官及甲均以第二審係就未經上訴事項之偽造支票事實予以審判為由，提起第三審上訴。問：此項第三審之上訴是否有理由？（87律師）

解碼關鍵

第二審審判範圍以審理結果爲斷，並應符合控訴原則。

擬答

按本於控訴原則與案件單一性理論，案件一部起訴或上訴者，其效力及於同一案件未經起訴或上訴之他部分，法院得併就該潛在性部分併予審判，此即學理所稱審判不可分性，反之倘不具不可分性，法院基於不告不理，自不得就未經起訴或上訴部分予以判決。

一、實體認定部分

甲持僞造之支票向乙詐購物品，乃以行使僞造之有價證券取得票面價值之對價，通說認該犯行已包含詐欺性質，故不另論詐欺罪（88年台上字第4136號判決）。

二、程序審理部分

(一) 第二審法院可否就僞造有價證券部分加以審理，應視第二審法院審理之結果爲斷，刑事訴訟法第348條第2項，一部上訴效力及於有關係部分，乃以二者間具不可分關係爲斷。本題第二審法院認爲詐欺部分應屬無罪，則其與僞造有價證券間，因不具有審判不可分之關係，此時第二審法院僅得就詐欺罪部分加以審理，而不及於僞造有價證券部分，故第二審逕就僞造有價證券部分爲審理判決即屬違法。

(二) 第二審法院就未經上訴之僞造有價證券罪審理判決，顯屬刑事訴訟法第379條第12款「未受請求之事項予以判決」之判決違背法令，故檢察官及甲均以第二審係就未經上訴事項之僞造支票事實予以審判爲由，提起第三審上訴，則渠等之上訴爲有理由，第三審法院應撤銷該違法無效之判決，且無庸另爲任何之諭知。

注釋資料：同前揭例題2。

例題20

被告甲因涉嫌強盜殺人罪，經檢察官提起公訴，經第一審判決有罪後，被告不服上訴第二審，並委任乙律師為辯護人，審理法院疏未通知乙律師到場即為言詞辯論並終結，試問被告如欲對第二審有罪判決提起第三審上訴，其可引用之法律理由為何？又如被告甲所涉係搶奪罪時，法律依據有何不同？

解碼關鍵

強制辯護案件未經辯護人到場之判決當然違背法令，任意辯護案件則未必。

擬答

按被告本於正當法律程序之保障，其所擁有之辯護權乃係訴訟防禦之重要權利，此項辯護權包含被告選任辯護人權、辯護人在場權、聲請調查證據權、陳述意見權、事實法律辯論權、交通權與資訊請求權（閱卷權）等；是以被告之辯護權即不容法院任意剝奪侵害。

一、被告甲對強盜殺人之有罪判決當然得提第三審上訴

(一) 強制辯護或指定辯護案件，未經辯護人到場辯護即逕行判決，有違刑事訴訟法對被告防禦權之保障，依刑事訴訟法第379條第7款之規定屬判決當然違背法令，自得提起第三審上訴。

(二) 按依刑法第332條第1項規定，強盜殺人罪之法定刑爲死刑或無期徒刑，依刑事訴訟法第31條第1項規定屬強制辯護案件，故本題被告甲應引本法第379條第7款規定提起第三審上訴。

二、被告甲對搶奪之有罪判決非必均得提第三審上訴

(一) 任意辯護案件，其經被告選任之辯護人未到場辯護，法院即逕行判決者，尚非屬上開本法第379條第7款之範圍，此時僅屬本法第380條之訴訟程序違背法令。

(二) 依此，應視其違背法令是否顯然於判決無影響而定，有影響時則得提第三審上訴，反之則否，例如第二審判決被告無罪，則辯護人未到場即屬無影響，此際被告必不會上訴，若檢察官上訴則爲不合法。

注釋資料：例解刑事訴訟法「體系釋義版」第十三章之「第三審上訴之限制體系表」。

例題21

檢察官於民國80年間以甲有強盜罪嫌提起公訴，第一審法院判處某甲罪刑，某甲不服提起第二審之上訴，審理中，檢察官發現某甲另犯有強盜罪嫌，認其與前述起訴部分有連續犯之關係，乃移請該第二審法院併辦。第二審法院僅將某甲上訴部分（即第一審判決部分）予以維持，駁回某甲在第二審之上訴，至移請併辦部分則未予置理。檢察官不服，以第二審有已受請求事項未予判決之違法，提起第三審上訴。問：檢察官之上訴否有理由？　（84司法官）

（註：依刑法從舊從輕原則，本例於95年7月後仍為單一案件）

解碼關鍵

上訴審法院對單一案件併辦事實之處理。

擬答

一、學說爭議

甲說：刑事訴訟法第379條第12款所謂已受請求之事項未予判決，其在第一審法院，係指起訴、自訴（或反訴）之事項而言。至案件起訴後，檢察官認有裁判上一罪關係之他部分事實，函請併辦，此項公函非屬訴訟上之請求，目的僅在促使法院之注意，法院如併同審判，固係審判不可分法則之適用所使然，倘認不成立犯罪或無裁判上一罪關係，縱其未爲任何諭知及說明，亦不能指爲違法，因之檢察官之上訴無理由。

乙說：犯罪事實之一部已經提起公訴，檢察官復發現他部分犯罪事實，認爲與已起訴部分有連續犯關係，移送原審併案審理，惟原審僅就原起訴部分判處被告罪刑，對於已受請求併案審理部分，則未予審判，難謂無已受請求之事項未予判決之違背法令，故檢察官之上訴爲有理由，應撤銷原判決，另爲第二審實體判決。

二、實務見解

我國實務見解（82年第8次刑庭總會決議）係採甲說，依此則本題檢察官就第二審法院對其函請併辦部分未予置理之處理提起第三審上訴即無理由，應予駁回。惟第三審法院既爲終審法院，倘其認檢察官函請併辦部分與起訴部分係屬連續犯裁判上一罪，即應認檢察官上訴有理由；反之，如認兩者非連續犯，自應駁回上訴。

注釋資料：最高法院82年第8次刑庭決議。

例題22

刑事訴訟法第379條第12款規定：除本法有特別規定外，已受請求之事項未予判決，或未受請求之事項予以判決者，其判決當然為違背法令；其稱本法有特別規定，係何所指？事項何者為已受請求，何者為未受請求？未予判決或予以判決何以違背法令？試分述之，並說明其理由。（77、73司法官）

解碼關鍵

本於起訴不可分&上訴不可分性，法院得就檢察官或上訴人未請求之事實併予審判。

擬答

一、控訴原則

按刑事訴訟之控訴原則之內涵爲不告不理（無訴即無裁判），法院不得就未經繫屬之案件加以審判，及須告即應理，法院須就已經訴訟繫屬之案件予以審判。故未受請求之事項予以判決，乃屬訴外裁判之不告而理；已受請求事項未予判決之情形，則爲告而不理，均違反控訴原則，而屬判決當然違背法令。

二、第379條第12款之情形

(一) **已受請求事項未予判決**：係指實質上或裁判上一罪之案件，其一部未經裁判者即屬之，即漏未判決，此時法院爲一部判決致訴訟繫屬消滅，應以上訴或非常上訴救濟之。

(二) **未受請求之事項予以判決**：此即法院對於未經起訴或上訴之事項，或爲起訴或上訴效力未及之事項，本無訴訟關係之存在而爲裁判，即無效判決。如被告犯數罪，當事人僅就其中一罪起訴或上訴，法院竟就未經請求之事項加以判決。

三、特別規定之情形

刑事訴訟法第379條第12款所指之「本法有特別規定」者，此即案件單一性中所謂起訴（審判）不可分、上訴不可分：

(一) **刑事訴訟法第267條**：即檢察官就犯罪事實一部起訴者，其效力及於全部。乃實質上一罪或裁判上一罪，檢察官雖僅就犯罪事實之一部提起公訴，惟因起訴之一部與未起訴之他部之間具有不可分之關係，故雖檢察官僅就一部起訴其效力及於全部，法院應對全部加以審理判決，並未構成未受請求事項予以判決。

(二) 刑事訴訟法第348條第2項：即對於判決之一部上訴者，其有關係之部分，視爲亦已上訴。是以倘當事人僅就判決之一部提起上訴，上級法院依其審理之結果，認爲一部與他部之間具有審判不可分之關係時，仍得就全部加以審判，不受上訴人聲明上訴範圍之拘束，亦不構成未受請求事項予以判決。

注釋資料：例解刑事訴訟法「體系釋義版」第六章之焦點「案件單一性之解題要訣」。

依刑事訴訟法規定應於審判期日調查之證據未予調查究係訴訟程序違背法令抑或判決違背法令？（81司法官）

解碼關鍵

影響判決之重要證據未於審判期日調查，應認係判決違背法令。

擬答

一、傳統實務見解

傳統實務見解對刑事訴訟法第379條第10款，「依本法應於審判期日調查之證據未予調查」究屬訴訟程序違背法令抑或判決違背法令爲區別之認定，倘綜合大法官會議釋字第181號與第238號之二則解釋可知：該證據若非客觀上爲法院認事用法之基礎者，應受本法第380條之限制，視其是否顯然於判決無影響，以定其得否提起第三審上訴與非常上訴；又若係客觀上爲法院認事用法之基礎者，再視其未予調查是否足致適用法令違誤而顯然於判決有影響者，肯定時即屬判決違背法令，於非常上訴時適用本法第447條第1項第1款或第2項，否定時則係訴訟程序違背法令，於非常上訴時適用本法第447條第1項第2款。

二、新近實務見解

最新實務見解（最高法院91年第7次刑事庭決議）有重大改變，其認本法第379條所列各款乃均屬判決當然違背法令，在通常上訴程序，當然得爲上訴第三審之理由。至在非常上訴審雖依本法第441條「案件之審判係違背法令」之規定固得提起，但應就個案之具體情形審查，如認判決前之訴訟程序違背上開各款規定，致有依法應爲或不應爲之違誤而顯然於判決有影響者，該項確定判決即屬判決違背法令，否則仍爲訴訟程序違背法令。

三、學說見解

新近有學說見解則以爲，本法第379條所列各款情形均屬判決違背法令，此依該條明文謂「當然違背法令」及第380條謂「除前條（第379條）情形外」足資認定，而不宜如傳統見解將本法第379條所列各款割裂判定，而僅就第4、5、12、14款之所載理由矛盾視爲判決違背法令，餘款則視具體個案套用本法第380條之規定區分限制；換言之，於第三審上訴，本法第379條所列各款情形均得提起，不受本法第380條之限制。又於非常上訴審，有學者認本法第379條各款既屬判決當然違背法令，自仍均得提起非常上訴，並應適用本法第447條第1項第1款或第2項，至本法第379條規定以外之訴訟程序依同法第441條之規定（按：審判包括判決與訴訟程序）亦均得提起非常上訴，不受本法第380條之拘束，且應適用本法第447條第1項第2款之規定。最高法院91年第4次刑事庭決議則認：本法第379條第10款規定法院應於審判期日調查之證據，綜合實務見解，原則上指該證據具有與待證事實之關聯性，調查之可能性，客觀上並確爲法院認定事實適用法律之基礎，亦即具有通稱之有調查必要性者屬之，除依法毋庸舉證外，並包括間接證據，有關證據憑信性之證據在內，但應摒除無證據能力之證據，且以踐行調查程序，經完足之調查爲必要，否則仍不失其爲本款調查未盡之違法，復不因其調查證據之發動究出自當事人之聲請，抑或法院基於補充性之介入而有差異。惟學說通說同前揭實務見解，認審判違背法令雖均得提起非常上訴，惟第379條各款仍應視不同情形分別適用第447條第1項第1款、第2項或同條第1項第2款。

注釋資料：大法官釋字第181、238號；最高法院91年第7次刑庭決議。

例題24

檢察官以某甲有殺人罪嫌提起公訴，第一審法院並予判處罪刑，某甲不服提起第二審上訴，審理中，主張其一向急公好義，與人為善，不可能殺人云云，請求傳訊鄰里之人以為證明。第二審法院對此並未予置理，經整合所調查之證據，仍認定甲有殺人犯行，而予維持第一審之判決。甲以第二審之法院對其所聲請傳喚之人竟不予調查，乃以原判決違背刑事訴訟法第379條第10款「依本法應於審判期日調查之證據未予調查」之規定為由，提起第三審上訴。問：甲之第三審上訴是否合法？

（82司法官）

解碼關鍵

本法第379條第10款所稱之「證據」須與待證事實有重要關係且具證明必要性者。

擬答

本題被告甲於第二審主張其一向急公好義，與人爲善，不可能殺人云云，請求傳訊鄰里之人以爲證明，此項證據第二審法院未予調查，是否爲應於審判期日調查之證據未予調查，而得上訴第三審法院，應視刑事訴訟法第379條第10款所指稱之證據，究何所指，茲分述實務與學說見解如下：

一、實務見解

依釋字第181號及第238號解釋其認為：刑事訴訟法第379條第10款所稱「依本法應於審判期日調查之證據」，指該證據在客觀上為法院認定事實及適用法律之基礎者而言。此種證據，未予調查，同條特明訂其判決為當然違背法令。若非上述情形之證據，未予調查者，本不屬於上開第10款之範圍，僅係訴訟程序違背法令，應受同法第380條之限制，視其是否顯然於判決無影響以定得否上訴第三審。又最高法院91年第4次刑事庭決議則認：本法第379條第10款規定法院應於審判期日調查之證據，綜合實務見解，原則上指該證據具有與待證事實之關聯性，調查之可能性，客觀上並確為法院認定事實適用法律之基礎，亦即具有通稱之有調查必要性者屬之，除依法無庸舉證外，並包括間接證據，有關證據憑信性之證據在內，但應摒除無證據能力之證據，且以踐行調查程序，經完足之調查為必要，否則仍不失其為本款調查未盡之違法，復不因其調查證據之發動究出自當事人之聲請，抑或法院基於補充性之介入而有差異。

二、學說見解

(一) **須第二審中存在，且與待證事實有重要關係者**：刑事訴訟法第379條第10款所稱之「應調查之證據」，係指第二審審判中存在之證據，且與待證事實有重要關係，在客觀上認為應行調查者而言。但與待證事實並無重要關係，縱未予調查，則不得遽指為違法。

(二) **有證明必要性之證據**：所謂「依本法應於審判期日調查之證據」，乃指與待證事實具有關聯性、調查必要性及調查可能性之證據而言。此證據當事人、辯護人亦得聲請調查（本法第163條第1項），法院若認為無必要者（指無關聯性、無必要性或無可能性者），應以裁定駁回（本法第163條之2）；然而，縱使未經聲請，法院本於其調查義務，調查範圍亦應及於此等證據，否則即屬當然違背法令。淺見以此說為當，最高法院91年第4次刑庭總會決議亦同見解。

三、結論

本件甲主張其一向急公好義，與人為善，不可能殺人云云，請求傳訊鄰里之人以為證明，揆諸前開說明其主張既與殺人罪之待證事實間並無關聯性，亦無調查證明之必要性，蓋縱甲平日果為急公好義之人，亦非即證其無殺人之可能，故第二審法院未予傳喚證人到庭，並不構成刑事訴訟法第379條第10款之判決違背法令。惟第二審法院對於甲所聲請調查之證據未予調查，又未認其無調查之必要以裁定駁回之，也未於判決理由中予以說明，其踐行之程序雖屬違法，但此項證據並非屬具有調查必要性之證據，故不構成刑事訴訟法第379條第10款之判決違背法令，僅為訴訟程序違背法令，則第二審法院所踐行之程序雖有所違誤，經綜合其他已足證據認定甲之殺人犯行，該未調查之證據並無從動搖第二審法院所確定之事實，難謂於判決有影響，故依本法第380條之規定足認甲之上訴為不合法。

注釋資料：陳樸生，刑事訴訟法實務，頁521；林鈺雄，刑事訴訟法（下），頁779以下。

例題25

檢察官以某甲有傷害罪嫌提起公訴，第一審法院依普通傷害罪判處罪刑，甲不服提起上訴。第二審法院維持第一審之判決，駁回甲在第二審之上訴。此時檢察官依證人A在第二審審理中所證，謂甲於出手之時曾大喊「給你死、給你死」，因認甲主觀上有殺人之意思，應成立殺人未遂，第二審對此證言未及注意為由，提起第三審上訴。問：檢察官此一上訴是否合法？（83司法官）

解碼關鍵

同後揭例題26。

擬答

一、被告之上訴

本案檢察官以被告甲涉嫌傷害罪提起公訴，第一審法院亦以傷害罪判處罪刑，被告上訴二審，第二審法院仍維持第一審判決；按傷害罪之法定刑依刑法第277條第1項規定爲三年以下有期徒刑之罪，屬刑事訴訟法第376條所列不得上訴第三審之案件。

二、檢察官之上訴

惟檢察官於第二審判決後，依第二審審理中證人之證言，認被告應成立得上訴第三審之殺人未遂罪，其上訴第三審之行爲是否合法，學說上有不同爭議，茲敘述如下：

(一) 甲說：起訴法條說

檢察官以非本法第376條所列各罪之案件起訴者，縱經第一審或第二審變更起訴法條，改判爲本法第376條所列各罪，該案件仍得上訴於第三審法院。

(二) 乙說：判決標準說

起訴法條經法院變更後判決者，以變更後之法條爲準，定其是否爲本法第376條所列各罪之案件。

(三) 丙說：爭執標準說，此說復可區分下述二說：

I說：視當事人在第二審判決對罪名有無爭執爲準。

II說：視當事人在第二審言詞辯論終結前有無爭執爲準。

大法官釋字第60號解釋認爲應採後說，據此，若當事人於第二審言詞辯論終結後（包括第二審判決後），始行爭執案件非屬本法第376條所列各罪之案件，即不得上訴第三審；反之，若當事人於第二審言詞辯論終結前曾經爲上述之爭執者，縱使第二審法院仍判以本法第376條所列各罪，該案仍得上訴第三審。

三、結論

本題檢察官於第二審判決後以證人之詞，爭執被告所犯係非刑事訴訟法第376條之案件，其爭執之時點既係於第二審言詞辯論終結後，依大法官釋字第60號之解釋，自不得提起第三審上訴，故檢察官之上訴並不合法。

注釋資料：林鈺雄，刑事訴訟法（下），頁320-323。

例題26

檢察官以竊盜罪起訴被告甲，第二審變更起訴法條改依搶奪罪論罪科刑，惟第二審法院於審判時未通知被告甲選任之辯護人乙到場即行辯論判決，試問對該第二審判決，檢察官與被告得否上訴第三審？倘被告係以辯護人未到場為上訴理由是否合法？又若檢察官以搶奪罪起訴，第二審改判竊盜罪有無不同？

解碼關鍵

得否上訴第三審，以當事人於最後事實審判決前，對案件是否屬第376條行爭執爲斷。

擬答

一、第三審上訴與釋字60號

按依刑事訴訟法規定，屬該法第376條各款所列案件者即不得上訴於第三審，至何謂本法第376條所列案件，依大法官會議釋字第60號解釋見解，乃以當事人於最後事實審判決前曾對該案件是否屬刑事訴訟法第376條所列各罪有爭執者，即得提第三審上訴。

二、起訴竊盜罪之上訴

承上見解，本題檢察官以竊盜罪（屬本法第376條所列各罪）起訴，第二審依搶奪罪（非屬本法第376條所列之罪）科刑，顯徵檢察官就本案是否屬本法第376條所列各罪與第二審法院有爭執，其自得上訴第三審。至被告甲經檢察官起訴刑責較輕之竊盜罪，卻爲第二審法院論以較重之搶奪罪，被告甲自有上訴利益，且推定其對本案是否屬本法第376條所列案件有爭執而得提起第三審上訴。

三、起訴搶奪罪之上訴

惟若檢察官係起訴被告甲搶奪罪，經第二審法院改判竊盜罪，就檢察官言，仍屬對本案是否屬本法第376條所列各罪有爭執，仍得上訴第三審；然依被告甲言，雖可認其亦有爭執，但因其對罪名之爭執欠缺上訴利益，對有罪無罪之事實爭執之上訴則不符第三審爲法律審之性質，故認被告甲此時不得提起第三審上訴。

四、辯護人未到場之上訴

次按不論依檢察官起訴罪名抑或法院判決之罪名，本題均屬任意辯護案件，第二審法院未合法通知被告之辯護人乙到場即行判決，係屬訴訟程序違背法令，後因本案非屬強制或指定辯護案件，故未符本法第379條第7款判決當然違背法令之情形，而應依本法第380條規定，視此違背是否顯然於判決無影響以定其得否爲上訴第三審之理由。

注釋資料：大法官釋字第60號。

例題27

確定判決僅就起訴之犯罪事實論罪科刑，對檢察官認係裁判上一罪之他部分犯罪嫌疑事實函請併案辦理部分，未一併審判。非常上訴意旨認原判決有刑事訴訟法第379條第12款所定「已受請求之事項未予判決」之違法，試問非常上訴審法院應如何判決？

解碼關鍵

同前揭例題21。

擬答

按本題乃涉及檢察官函請併辦未經起訴他部之性質爲何，對此實務有不同見解：

一、甲說

刑事訴訟法第379條第12款所謂已受請求之事項未予判決，其在第一審法院係指起訴、自訴（或反訴）之事項而言。至案件起訴後，檢察官認有裁判上一罪關係之他部分事實，函請併辦，此項公函非屬訴訟上之請求，目的僅在促使法院之注意，法院如果併同審判，係因審判不可分法則之適用所使然，如認不成立犯罪或無裁判上一罪關係，縱其未爲任何諭知及說明，亦不能指爲違法（最高法院82年第8次刑庭決議採之）。

二、乙說

犯罪事實之一部分已經提起公訴，檢察官復發現他部分犯罪事實，認爲與已起訴部分有連續犯關係，移送原審併案審理，惟原審僅就原起訴部分判處被告罪刑，對於已受請求併案審理部分，則未予審判，難謂無已受請求之事項未予判決之違背法令，應依第447條第2項規定撤銷原判決，由原審法院依判決前程序更爲審判。

三、結論

淺見以爲，應視非常上訴審審理結果而定，若認起訴部分與函請併辦部分爲裁判上一罪，則依乙說；反之，則採甲說。

注釋資料：最高法院82年第8次刑庭決議。

例題28

試依刑事訴訟法之規定，說明第三審上訴之程式及其審理程序之特色。

解碼關鍵

法律審&事後審查制之特徵。

擬答

一、第三審上訴之程式

(一) 上訴書狀應敘述上訴之理由；其未敘述者，得於提起上訴後十日內補具理由書於原審法院；未補提者，毋庸命其補提（刑事訴訟法第382條第1項）。

(二) 上訴理由書狀，於第三審判決前仍未提出，第三審法院應以判決駁回之者，上訴人喪失其為上訴之訴訟行為，以是否已逾本法第382條第1項所定期間者為斷，補提上訴理由書之期間，係屬不變期間仍不容法院加以延展或縮短（25上7341、27抗149），在判決宣示後送達前提起上訴者，仍應自判決送達之翌日起算此期間（28上922），如已逾補提上訴理由期間，且於第三審判決前仍未提出者，第三審法院以判決駁回上訴，即不得指為違法。

(三) 他造當事人接受上訴書狀或補提理由書之送達後，得於十日內提出答辯書於原審法院（本法第383條第1項）。

(四) 上訴人及他造當事人在第三審法院未判決前，得提出上訴理由書、答辯書、意見書或追加理由書於第三審法院（本法第386條第1項）。

二、第三審法院審理程序之特色

(一) 原則上準用第一審程序（本法第387條）。

(二) 惟其不同於事實程序而具下述特色：

1. 不適用強制辯護（本法第388條）。
2. 原則不經言詞辯論，例外仍有之（本法第389）。
3. 得依職權調查事項（本法第393條）：原則以上訴理由指摘事項為限，例外包括：
   (1)本法第379條各款所列情形。
   (2)免訴事由之有無。
   (3)對確定事實援用法令之當否。
   (4)原審判決後刑罰之廢止、變更或免除。
   (5)原審判決後之赦免或被告死亡。
4. 得調查之事實範圍（本法第394條）：
   (1)訴訟程序。
   (2)本法第393條之得依職權調查事項。

注釋資料：例解刑事訴訟法「體系釋義版」第十三章之焦點「第三審上訴之審理」。

例題29

試比較說明第二審上訴與第三審上訴之區別為何？

解碼關鍵

事實審&法律審、覆審制&事後審查制之區別。

擬答

第二審上訴與第三審上訴之異同可說明如下：

一、上訴程式應否敘明理由

前者採覆審制原不須敘明理由，惟修正後刑事訴訟法已改採強制理由書之提出；後者乃事後審查制，依刑事訴訟法第382條第1項規定，本應於上訴狀敘明理由，具體指摘原判決如何違背法令。

二、審理方式

前者為事實審，故原則上須經言詞辯論，後者為法律審，依同法第389條第1項規定原則不經言詞辯論。

三、審理性質

前者為事實審，且為完全重複審理（對案件完全重複審理其事實及證據，包括事實面、法律面及量刑面），後者則屬法律審，且為事後審查（僅對原判決經指摘違法部分為審理，且不審理新事實或新證據）。

四、代理人與辯護人之委任

前者不限律師，非律師亦得為之，後者因屬法律審依本法第389條第2項規定，僅律師始可任之。

五、判決種類

前者為事實審之中心，故經有管轄權之第一審為實體判決後，無發回或發交第一審之餘地，後者除未涉及事實應自為判決外，均應發回或發交第二審法院。

六、救濟程序

不服前者判決依通常上訴程序為之，不服後者判決視事實或法律上之理由分為聲請再審或提起非常上訴。

注釋資料：最高法院77年第11次刑庭決議。

例題30

檢察官以甲、乙共犯搶奪罪，將渠等起訴。乙於法院審理時，表明願意接受有期徒刑一年之處罰，且可配合檢察官出庭作證證明甲共同參與搶奪之犯罪事實，檢察官即與乙及其辯護人就上述事項達成協議，並據此向法院聲請改行協商程序而為判決。嗣乙於甲之案件審理時，對甲之涉案情形證稱記憶不清。檢察官以乙違反其與檢察官之協議，而撤回協商之聲請，惟法院以檢察官既已與乙達成認罪及刑度協商之合意，故仍對乙為訊問，並告以所認罪名、法定刑度及所喪失訴訟權利而為協商判決。檢察官遂以其已撤回協商之聲請，法院依法不得對乙為協商判決為由而提起第二審上訴。高等法院認為乙配合擔任證人證明甲犯罪，並非刑事訴訟法所定之檢察官得與被告協商事項，檢察官撤回協商聲請不生效力，檢察官之上訴理由於法無據，視同未敘述具體理由，故未經言詞辯論，即以上訴不合法而判決駁回。試問：

(一)第一審協商判決有無違誤？

(二)第二審法院之判決有無違背法令？

(三)檢察官不服第二審判決，得否提起第三審上訴？　(98律師)

解碼關鍵

撤回協商聲請，即不得爲協商判決；對違法協商判決得上訴第二審但不得上訴第三審。

擬答

一、本例協商判決違法

學者認爲檢察官得與被告就第455條之2第1項所列各款以外事項進行協商（例如被告辭議員職務換取協商），此由第455條之3第2項規定稱協議與上揭之（合意）不同可明，亦即協議包括法定事項以外之協商合議。惟應注意，倘就法定事項以外協商，檢察官僅具撤回協商聲請之權但無請求強制執行該協商協議之權（法定事項之協商協議則可強制執行）。換言之，檢察官與被告於協商程序之協商事項與條件負擔，不限於第455條之2第2項所列四款，如該協商之條件負擔內容未違反法律規定與公序良俗者，自仍允許之，以符合當事人處分主義之精神，並實現認罪量刑協商制度之立法目的。本例檢察官既已依第455條之3第2項撤回協商之聲請，法院依第455條之4第1項第1款之規定即不應爲協商判決，故本例第一審判決違法。

二、對違法協商判決得具理由上訴第二審

依刑事訴訟法第361條規定，不服地方法院之第一審判決而上訴者，應向管轄第二審之高等法院爲之。上訴書狀應敘述具體理由。上訴書狀未敘述上訴理由者，應於上訴期間屆滿後二十日內補提理由書於原審法院。逾期未補提者，原審法院應定期間先命補正。應

注意者，對簡易判決之第二審上訴，依法則毋庸提出理由書，是爲例外，故對協商判決之上訴，依法仍需提出具體理由書。本例檢察官對第一審違法協商判決，敘述具體理由依第455條之10第1項提起第二審上訴，即屬合法有理由，故第二審之判決亦屬違背法令。

三、對協商程序之第二審判決不得上訴第三審

協商判決依本法第455條之11僅準用第三編第一章與第二章之規定（上訴審通則與第二審），換言之，既未準用第三章，協商判決乃採二審制而不得上訴第三審。故檢察官僅得聲請檢察總長對第二審違法確定判決向最高法院提起非常上訴。

注釋資料：黃朝義，月旦法學教室第35期，頁87以下；楊雲驊，月旦法學第119期，頁26以下。

例題31

甲持有手槍一枝，為警查獲。甲於警詢、偵查及第一、二審均自白持有手槍之犯行；第二審法院就甲持有手槍為警查獲一節，提示內政部警政署刑事警察局鑑定完畢後所出具內附手槍照片之槍枝鑑定報告，依刑事訴訟法第288條之1之規定，詢問有無意見時，甲復答稱：「沒有意見」。甲得否僅以第二審法院未提示證物（即扣案槍枝）予其辨認，有刑事訴訟法第379條第10款「依本法應於審判期日調查之證據而未予調查之違法」之情形，為上訴第三審之理由？　（98檢事官）

解碼關鍵

直接審理主義與本法第379條第10款之關聯性；覆審制之審理程序特徵。

擬答

一、直接審理主義之違反

按嚴格證明程序之直接審理主義，係以原始證據具證據能力，並經審判庭直接、言詞、公開調查者，始得採爲證據證明力之評價對象，如提呈於審判庭者爲衍生性證據，縱使法院與兩造當事人得直接調查該衍生性證據，或法院採用間接方式爲審理者，均仍屬違法調查，自違背直接審理，而有刑事訴訟法第379條第10款「依本法應於審判期日調查之證據而未予調查之違法」之情形，得爲上訴第三審之理由。至所謂「依本法應於審判期日調查之證據而未予調查之違法」，原則上指該證據具有與待證事實之關聯性，調查之可能性，客觀上並確爲法院認定事實適用法律之基礎，亦即具有通稱之有調查必要性者屬之，除依法無庸舉證外，並包括間接證據，有關證據憑信性之證據在內，但應摒除無證據能力之證據，且以踐行調查程序，經完足之調查爲必要，否則仍不失其爲本款調查未盡之違法，復不因其調查證據之發動究出自當事人之聲請，抑或法院基於補充性之介入而有差異。

二、本例得上訴第三審

我國刑事訴訟第二審採覆審制，其審判程序，除第二審章有特別規定外，準用第一審審判之規定。故除有特別規定外，第二審法院亦須踐行與第一審法院相同之直接、言詞、公開、集中之審理程序。依此，對於物證之調查，依本法第164條第1項規定，審判長應將證物提示當事人、代理人、辯護人或輔佐人，使其辨認。依此，對於扣案之槍枝，審判長本應將其當庭提示給當事人、代理人、辯護人或輔佐人，使其辨認，始符合直接性與原始性之合法調查。本題中，內附手槍照片之槍枝鑑定報告，乃屬衍生性證據，屬原始證據之替代品，除被告同意放棄檢驗原始物證，否則法院應提示扣押之槍枝。惟本例甲於警詢、偵查及第一、二審均自白持有手槍之犯行，且二審法院提示系爭內附手槍照片之槍枝鑑定報告，並依本法第288條之1之規定，詢問有無意見時，甲復答稱：「沒有意見」，則甲即不得僅以第二審法院未提示扣案槍枝予其辨認，有本法第379條第10款之情形，作爲上訴第三審之理由。

注釋資料：黃朝義，刑事訴訟法制度篇，頁177以下。

例題32

甲、乙兩人涉嫌共同強盜，二人都承認案發時在場，但均否認犯罪，互指係由對方起意並下手實施，自己未參與犯行。第二審法院合併審判，因甲、乙兩人皆未選任辯護人，審判長即依法指定公設辯護人A為甲、乙兩人辯護，嗣判決甲、乙兩人共同強盜，均處有期徒刑十年。試問第二審判決是否違法？若甲、乙提起第三審上訴，其上訴理由僅爭執裁量刑過重，第三審法院得否依職權一併調查原審判是否違法之問題？

刑法第328條第1項（普通強盜罪）
意圖為自己或第三人不法之所有，以強暴、脅迫、藥劑、催眠術或他法，至使不能抗拒，而取他人之物或使其交付者，為強盜罪，處五年以上有期徒刑。

（98司法事務官）

解碼關鍵

共同辯護以「無利害相反」爲前提；法律審得依職權調查事實之範圍。

擬答

一、共同辯護之指定

按依刑事訴訟法第31條第1項及第3項之規定，最輕本刑爲三年以上有期徒刑之案件，被告於審判中未經選任辯護人者，審判長應指定公設辯護人或律師爲其辯護。被告有數人者得指定一人辯護。但各被告之利害相反者，不在此限。蓋刑事訴訟法賦予被告辯護權之目的，在藉由辯護人之專業法律知識爲被告提供訴訟防禦能力，縮減被告與檢察官攻防實力之差距，並得監督審判程序之公平合法性，故若共同被告間利害相反時，共同辯護人即無爲各被告之利益行使職權。本例共同被告甲、乙二人互指對方犯案卻否認自己行搶，顯屬利害相反之情形，不得指定共同辯護，第二審判決自有違法。

二、第三審得依職權調查程序事實

第三審係採法律審之事後審查制，僅就上訴意旨指摘範圍爲審理，且以第二審認定之犯罪事實爲基礎，惟程序事實（如本法第379條所列各款）因涉及原審審判程序有無違法之問題，影響當事人之訴訟權益，依同法第393條第1款之規定，第三審法院仍得依職權調查該事項暨其事實。本例強制辯護案件於指定共同辯護違法，此於被告之辯護防禦權形成嚴重侵害，等同未予實質有效之辯護，與未指定辯護人或辯護人未到庭無異，故宜認此違法情形屬本法第379條第7款之判決當然違背法令（辯護人未到庭辯護而逕行審判），第三審法院得依同法第393條第1款予以調查，並於調查屬實後，撤銷原審違法判決，發回更審，以保障被告之辯護防禦利益。

注釋資料：刑事訴訟法第31條；最高法院77年第11次刑庭決議。

例題33

檢察官以公務員甲涉嫌洩漏國防以外應秘密之文書及主管事務之圖利罪嫌，提起公訴。經第二審法院審理結果，仍維持第一審法院關於被告甲圖利部分判處罪刑、洩密部分諭知無罪之判決。對此判決結果，僅被告甲就有罪之圖利部分提起第三審上訴；檢察官並未再聲明不服。最高法院認上訴為有理由，且甲另被訴涉犯洩密部分雖屬刑事訴訟法第376條第1款所定不得上訴第三審法院之案件，但因與得上訴於第三審之被訴涉犯圖利部分有刑法第55條裁判上一罪之想像競合關係，遂一併予以撤銷發回。試問：第三審如此之判決是否適法？試就刑事訴訟法相關之規定暨其法理予以說明。　（99律師）

解碼關鍵

單一案件之認定標準有實體法說&緊密事理關聯性說，並以各部事實皆有罪爲前提。

擬答

一、控訴原則與案件單一性之認定標準

彈劾主義下之控訴原則包含不告不理與告即應理，所謂「告」即起訴（公訴、自訴）之意，「理」即審判之意。法院若違反不告不理原則，即屬不告而理，乃未受請求事項予以判決之無效判決，依刑事訴訟法第379條第12款判決當然違背法令之規定，以上訴救濟。至若違反告即應理原則，即屬告而不理，乃已受請求事項未予判決，此又分兩種情形，包括單一案件之漏未判決與數案件之漏判，前者因屬單一案件而為判決效力所及，故該漏未判決部分已存在有判決，應依同法第379條第12款判決當然違背法令之規定，以上訴救濟。關於刑事訴訟案件之認定，實務與傳統見解係採實體法說，亦即依刑法之罪數為判斷，如想像競合犯、加重結果犯或結合犯均屬刑法上一罪，而為單一案件。然學者通說則採緊密事理關聯性說，以行為人之整體舉止、根據自然的觀點、足以合成為一個相同的生活過程或者成為一個自然之生活事件時，即屬訴訟法上之犯罪事實，其判決關鍵在於緊密的事理關聯性，包括行為時間、地點、被害客體及攻擊目的、保護法益等考量。

二、單一案件不可分性與各部犯罪事實均有罪原則

單一案件具有之不可分性（包括起訴不可分、審判不可分、上訴不可分）。就刑法上裁判上一罪（如想像競合犯）而言，需被告所犯數罪經證明確均有罪，方有適用單一案件不可分性之可能，倘一部有罪一部無罪，即未成立數罪，自非屬裁判上一罪之單一案件，而係一「單純一罪案件」與一「無罪案件」（共有兩個案件）。單一案件方有起訴不可分與審判不可分，兩個案件本可有二訴二判，自無不可分原則適用之餘地。另依刑事訴訟法第348條第2項「對於判決之一部上訴者，其有關係之部分，視為亦已上訴」。所謂有關係部分，指上訴部分與未經上訴部分，在審判上無從分割，因其一部上訴，而全部受其影響者。

三、不一定原則（倒果為因原則）

訴訟程序乃浮動之過程，犯罪事實認定亦具浮動之特性，法院本不受檢察官起訴見解之拘束，各犯罪事實是否均屬有罪，應由法院認定之，上級審法院復得推翻下級審法院之判決認定，其中第三審雖為法律審，應以第二審判決所確認之事實為判決基礎，然刑事訴訟法第394條第1項但書規定，關於訴訟程序及得依職權調查之事項，第三審法院得調查事實認定事實，而所謂職權調查事項依同法第393條規定包括：第379條各款所列之情形及對於確定事實援用法令之當否，故第三審法院仍得對案件是否屬於單一性為判斷。本例檢察官起訴被告涉嫌刑法第132條洩漏國防以外秘密罪及第131條圖利罪，第一審就圖利罪部分判處罪刑、洩密部分諭知無罪之判決，第二審維持第一審之判決，故第一、二審均認定被告甲所犯各罪非屬單一性，而屬相牽連之數案件。惟如上所述，第三審法院得就案件是否屬於單一性為判斷，故雖被告對第二審判決，僅就有罪之圖利部分提起第三審上訴，所犯之洩密罪部分屬最重本刑三年以下之罪，依同法第376條規定本不得上訴第三審，因圖利罪部分屬於得上訴第三審之案件，倘第三審法院認為得上訴之圖利罪與不得上訴之洩密罪屬於均有罪之想像競合犯關係（想像競合犯無論依實體法說或事理緊密關聯性說均屬單一案件），且被告所提上訴亦為合法，本於裁判上一罪具有單一案件不可分性之法理，則全部得上訴第三審（最高法院29年上字第3382號判例參照），亦即被告如就圖利罪提起上訴合法，洩密罪部分屬於本法第348條第2項之有關係部分，視為亦已上訴而一併移審至最高法院，最高法院認為上訴為有理由，均予撤銷發回更審，即屬適法之判決。

注釋資料：林鈺雄，月旦法學第122期，頁45以下。

例題34

甲、乙涉嫌共同殺人，經檢察官提起公訴。第一審法院依刑法第271條第1項規定，論以甲、乙共同殺人罪，各判處有期徒刑十五年，第二審法院仍維持第一審判決。甲、乙均於法定期間內為自己利益提起第三審上訴。請問：

(一)甲之上訴書狀未敘述上訴理由，迨遲至提起上訴後一個月，第三審法院未判決前，始補提理由書於第二審法院。嗣第二審法院將其上訴理由書狀轉送第三審法院前，第三審法院業已以甲之上訴書狀未敘述上訴之理由，判決駁回其上訴。第三審法院判決之效力如何？

(二)乙之上訴書狀略謂：「乙在第二審所提答辯狀，原判決均未調查審酌，遽予推定犯罪，顯屬判決違背法令。茲再檢附該答辯狀繕本，並援用其所載理由，作為第三審之上訴理由，依法提起上訴。」等語。惟第三審法院判決前，乙因車禍而死亡，第三審法院應如何判決？（100律師）

解碼關鍵

第三審上訴未提具體理由書者，仍得於判決駁回前提出；第三審法院依職權調查仍以合法上訴爲前提。

擬答

一、第三審上訴之性質與補提理由期間之性質

(一) 按第三審係採法律審之事後審查制，依刑事訴訟法（以下稱本法）第377條規定：「上訴於第三審法院，非以判決違背法令爲理由，不得爲之。」故提起第三審上訴，應以原判決違背法令爲理由，如上訴理由書狀未依卷內訴訟資料，其體指摘原判決不適用何種法則或如何適用不當，或所指摘原判決違法情事，顯與法律規定得爲第三審上訴理由之違法情形，不相適合時，均應認其上訴爲違背法律上之程式，予以駁回。

(二) 次按上訴書狀應敘述上訴之理由；其未敘述者，得於提起上訴十日內補具理由書於原審法院；未補提者，毋庸命其補提，刑事訴訟法第382條第1項定有明文。依實務見解，上訴理由書狀，於第三審判決前仍未提出，第三審法院應以判決駁回之者，上訴人喪失其爲上訴之訴訟行爲，以是否已逾本法第382條第1項所定期間者爲斷，補提上訴理由書之期間，不容法院加以延展或縮短（25上7341、27抗149），在判決宣示後送達前提起上訴者，仍應自判決送達之翌日起算此期間（28上922），如已逾補提上訴理由期間，且於第三審判決前仍未提出者，第三審法院以判決駁回上訴，即不得指爲違法（71台上1036）。換言之，實務認爲上訴人若於第三審判決前提出理由書者，第三審法院即不得以上訴未敘理由而駁回上訴，故本例第三審法院之駁回判決即違背法令。

二、第三審法院依職權調查須以合法上訴為前提

(一) 實務見解認爲，第三審法院得依刑事訴訟法第394條第1項但書規定，就關於訴訟程序及得依職權調查之事項，調查事實者，必以先有合法之上訴爲前提。故刑事被告於第三審上訴中死亡，依法應諭知不受理之判決者，亦以被告死亡在有合法之上訴之後者爲限。如爲不合法之上訴，則原第二審判決已因無合法之上訴而確定，第三審法院即無從依職權逕行對被告死亡之事實加以調查，據以諭知不受理之判決（參見89台非124）。

(二) 本例被告乙僅籠統指稱原審未就其答辯予以調查審酌，並未具體指摘原判決如何不適用法則或適用法則不當，此上訴理由即未符合法定程式而屬不合法上訴，第三審法院應逕以上訴不合法判決駁回，不得依職權調查上訴人乙已死亡而爲不受理之諭知。

注釋資料：最高法院71年第3次刑庭決議、71年台上第1036號判決。

例題35

下列有（※）記號之裁判是否適法？試具理由解答：
被告被訴殺人，在第一審審理中聲請傳訊證人甲以證明其不在場，甲經傳喚未到庭，第一審法院對甲裁定科處罰款，並以裁定駁回被告之聲請，案件懸而未結。被告以第一審辦案草率為由，甲之妻以甲出國非無正當理由不到庭為由，分別對各該裁定提起抗告，抗告法院認為各對該抗告均有理由，分別以裁定（※）將上開第一審裁定撤銷。（82律師）

解碼關鍵

抗告主體適格之判斷；對訴訟指揮不服者應於程序中聲明異議而非提抗告。

擬答

一、抗告之規定

按依刑事訴訟法第404條規定：「對於判決前關於管轄或訴訟程序之裁定，不得抗告。但下列裁定不在此限：一、有得抗告之明文規定者。二、關於羈押……之裁定及依第105條第3項、第4項所爲之禁止或扣押之裁定。」

二、被告不得抗告

本題被告聲請調查之證據，法院依刑事訴訟法第163條之2規定裁定駁回之，係屬訴訟程序中所爲之裁定，並無得抗告之明文，即不符合刑事訴訟法第404條但書所列之上開情形，被告自不得聲明不服，其聲明不服，上級審法院竟認該抗告爲有理由，而以裁定將原審法院之裁定撤銷，該項裁定屬重大違背法令，顯非適法。

三、證人甲之妻不得抗告

依刑事訴訟法第178條第3項及第403條第2項之規定，法院對於不到庭之證人科處罰鍰之裁定，受裁定人得提起抗告。本件證人甲之妻以甲不在國內爲由，代提抗告，因其非受裁定之人，其所提起之抗告仍非適法，此時抗告法院應以抗告爲法律上不應准許爲由以裁定駁回之（本法第408條），本件抗告法院竟誤爲實體審理，認甲之妻之抗告有理由，撤銷第一審法院之裁定，則抗告法院所爲之裁定亦非適法。

注釋資料：例解刑事訴訟法「體系釋義版」第十三章之「抗告與再抗告體系表」。

相關試題

甲犯強盜罪且造成被害人死亡，檢察官乃以強盜致死罪將甲起訴。第一審法院認甲之犯行成立，論以強盜致死罪，科處無期徒刑。案經第一審法院依職權逕送上訴，第二審法院認甲所犯之行爲事實，應成立強盜殺人罪，且甲罪大惡極，乃撤銷第一審判決，改依強盜殺人罪判處死刑。經第三審法院進行死刑辯論，認甲之犯行，第二審判決論以強盜殺人罪，容有疑慮，尚應查明，乃撤銷原判決發回更審。第二審法院審理後，亦認甲所犯爲強盜致死罪，但改判量處死刑。試問：
(一) 第二審法院之更審判決是否違誤？
(二) 更審判決經上訴第三審，第三審法院應如何處置？　（102司法官）

考點提示：

一、更審判決有無刑事訴訟法第370條不利益變更禁止原則之適用，學說與實務向有不同見解。若採實務之否定見解，則本例之更審判決當無違法，第三審法院在原審無其他違背法令之情形，即應駁回上訴。

二、如採學說之肯定見解，更審判決既與原審（第一審）判決認定之罪名相同，本於不利益變更禁止原則，更審第二審判決自不諭知重於無期徒刑之宣告刑。應注意者，更審前之第二審判決既經最高法院撤銷，即已不存在，故無庸將該判決列入本例作答之考量。

三、承上所述，本例上訴第三審應認原判決違背法令而上訴有理由，最高法院應撤銷原判決。又依本法第397條、第398條第1款之規定，第三審法院在不影響事實確定前提下，得自爲判決，則本例最高法院得就量刑部分爲辯論，在無期徒刑或強盜致死罪較輕之法定刑最低限度範圍內量刑而自爲判決。

相關試題

檢察官向管轄法院對甲以「甲、乙二人因隙成仇，某日甲埋伏乙回家途中，持棍將乙打死」之犯罪事實提起殺人罪之公訴，第一審法院依法審判結果認爲甲成立刑法第271

條殺人罪，對甲處有期徒刑十一年，褫奪公權五年。請詳附理由分別回答下列二子題：

(一) 若檢察官收到判決書後，於上訴期間內以量刑過輕提起上訴，甲並未於上訴期間內依法提起上訴。第二審法院審理結果，雖認為檢察官上訴無理由；惟仍認為甲應成立刑法第271條殺人罪，並諭知有期徒刑十一年，褫奪公權六年。則第二審法院之判決有無違法？

(二) 若甲收到判決書後不服原審判決，依法提起上訴，檢察官並未於上訴期間內提起上訴。第二審法院審理結果，認為甲僅具重傷之故意，原審認為甲成立殺人罪，於法有違，無可維持而撤銷原審判決，改依刑法第278條第2項規定，諭知重傷致死罪，仍處甲有期徒刑十一年，褫奪公權五年。則第二審法院之判決有無違法？

（102律師）

考點提示：

一、依刑事訴訟法第368條規定，上訴無理由者，第二審法院應以判決駁回上訴。本例第二審法院既認為上訴無理由，即應諭知駁回判決，故其另為褫奪公權六年之諭知，自於法不合。

二、本法第370條不利益變更禁止原則，於原審適用法條不當時，例外不予適用。惟本例第二審雖認原審認定成立殺人罪不當而變更法條，改認成立重傷致死罪，然因變更後之罪名法定刑較原審認定之罪名法定刑為輕，顯已違背上述不利益變更禁止原則之規範意旨，故應認第二審判決違法（參見102年台非第422號判決）。

相關試題

檢察官以被告甲與在逃之友人乙共謀，在甲所有的工廠倉庫開設賭場，聚集丙等多數人賭博財物，並抽頭圖利，認被告甲涉犯刑法第268條意圖營利開設賭場罪之共同正犯提起公訴。第一審法院審理結果認定係由乙主導聚集多數人，開設賭場圖利，而被告甲係知悉上情而容許乙使用其工廠倉庫，協助乙之犯行易於實現，故被告甲僅成立開設職業賭場之幫助犯，並判處其有期徒刑六月，如易科罰金，以新台幣1,000元折算一日。對此第一審判決，僅被告甲不服量刑結果提起第二審上訴，檢察官則接受判決結果，並未上訴。惟經第二審法院依職權調查結果，認原審法院有影響判決結果之事實誤認及適用法令之違誤，遂撤銷原判決，改諭知上訴人甲成立意圖營利開設賭場之共同正犯，並判處有期徒刑八月，緩刑二年。試論本設例第二審法院判決之適法性如何？

（104司法官）

考點提示：

一、刑之輕重比較包含主刑與從刑，本例上訴審判決雖予被告緩刑，惟主刑之有期徒刑自六個月改判為八個月，仍屬加重其刑之不利益。

二、本法第370條第1項但書所稱之「原審判決適用法條不當」，通說與實務見解均認為包含誤認共同正犯為幫助犯或教唆犯、刑法分則罪名變更在內。故本例第一審判決即有「原審判決適用法條不當」之情形，自無不利益變更禁止原則之適用，第二審判決即屬合法。

相關試題

檢察官以甲涉嫌觸犯刑法第222條第1項第4款之加重強制性交罪、同法第305條恐嚇危害安全罪，兩罪犯意個別，應分論併罰，提起公訴。第一審法院審理結果，對於以藥劑犯強制性交既遂罪部分，處有期徒刑八年，恐嚇危害安全罪部分，處有期徒刑四月，如易科罰金，以新台幣1千元折算一日。試問：被告不服第一審法院之判決提起上訴，上訴理由敘明：「上訴人即被告犯罪後已真誠悔過，有悛悔之心，並與被害人達成和解，原判決量刑過重，請求撤銷原判決，改判較輕之刑」等語，其上訴是否合法？試從我國刑事訴訟第二審上訴採行覆審制之架構下，說明刑事訴訟法第361條第2項規定：「上訴書狀應敘述具體理由。」應如何適用請說明之。　（106高考）

考點提示：

為防止「空白上訴」而修法規定刑訴第二審上訴書狀「應敘述具體理由」，否則即認上訴不合法，不為第二審之實體審判。至所謂「具體理由」之意義，最高法院有下列不同見解：

一、上訴人已為具體指摘即已足，如97年台上第236號「倘上訴理由……已舉出該案相關之具體事由足為其理由之所憑，自非徒托空言或漫事指摘，縱其所舉理由經調查結果並無可採，要屬上訴有無理由之範疇，尚難遽謂未敘述具體理由。」106年第8次刑事庭決議「具體理由不以上訴書狀應引用卷內訴訟資料，具體指摘原審判決不當或違法之事實，亦不以於以新事實或新證據為上訴理由時，應具體記載足以影響判決結果之情形為必要，但若僅泛言原判決認事用法不當、採證違法或判決不公、量刑過重等空詞，而無實際論述內容，即無具體可言。」

學者評論：

(一) 原審法院雖就上訴是否合法有審查之權限，但並無權審查上訴理由是否具體，只要上訴狀有記載理由，無論簡略或具體，均不得命補正或駁回。

(二) 簡易判決上訴與重罪職權上訴，均無記載具體理由之要求。

(三) 覆審制之精神在於事實之再一次審理，而非僅是審查原判決中錯誤之處，故於覆審制中，縱使原審判決對證據證明力之認定合於論理法則與經驗法則，上訴人仍有權請求上級審法院重新認定事實，否則無異剝奪人民使用現行第二審覆審制之權利。

二、嚴格認定，將第二審視同事後審查制，採取與第三審上訴理由之相同標準，如97年台上第892號「所謂具體理由，必係依據卷內既有訴訟資料或提出新事證，指摘或表明第一審判決有何採證認事、用法或量刑等足以影響判決本旨之不當或違法，而構成應予撤銷之具體事由，始克當之（例如：依憑證據法則具體指出所採證據何以不具證據能力，或依憑卷證資料，明確指出所爲證據證明力之判斷如何違背經驗、論理法則）；倘僅泛言原判決認定事實錯誤、違背法令、量刑失之過重或輕縱，而未依上揭意旨指出具體事由，或形式上雖已指出具體事由，然該事由縱使屬實，亦不足以認爲原判決有何不當或違法者（例如：對不具有調查必要性之證據，法院未依聲請調查亦未說明理由，或援用證據不當，但除去該證據仍應爲同一事實之認），皆難謂係具體理由，俾與第二審上訴制度旨在請求第二審法院撤銷、變更第一審不當或違法之判決，以實現個案救濟之立法目的相契合，並節制濫行上訴。」

學者評論：

(一) 認爲最高法院此類嚴格之見解，完全誤解事實與法律問題，並且紊亂覆審與事後審制，極爲不當。姑不論覆審制之優劣爲何，我國二審目前仍爲覆審制，人民就同一事實爭執享有受二不同級法院兩次審判的權利，最高法院卻將二審審判解釋爲事後審制，有篡改法制、違法剝奪人民權利的嫌疑。再者，法律不能背離人民之認知，最高法院對於「具體理由」之嚴格見解，顯然背離一般人民之普遍認知，將造成人民對司法的憎惡與不信任，最高法院應臨崖勒馬立即變更見解。過度限縮上訴理由之認定，使人民無法獲得至少再一次重新完整審判程序救濟之機會，妨害憲法保障之上訴權，故具體理由之認定標準，甚至應就被告是否有得到辯護人之協助及智識能力差距等要件綜合考量之。

(二) 由於現行法在第一審判決後，第二審開始前，存在強制辯護之空白期，爲彌補我國法對弱勢族群保護之漏洞，學者主張應作如下之修法：1.中低收入戶被告於一審中無選任或指定辯護人，在判決後欲提起上訴者，得請求法院爲其指定辯護人協助上訴；2.因爲提起上訴之困難性，在一審終結後，如被告欲提起上訴，其原已選任或指定之辯護人應爲被告提起上訴並撰寫上訴理由書；3.辯護人爲被告提起二審上訴，如未「盡忠實誠信執行職務之義務」、未提出「強而有力」之上訴理由書，致上訴遭二審法院依新法規定駁回時，應允許被告以辯護人未提供有效的律師協助爲理由，上訴於三審法院，請求救濟。

相關試題

甲涉嫌詐欺，經檢察官偵結，以甲一次詐欺行爲涉犯詐欺罪提起公訴，由法院審理中。審理時，檢察官以甲另犯背信罪而函請法院併予審理。審理終結，法院以甲並無背信行爲，而係觸犯兩個詐欺行爲，但屬於接續犯，僅成立一個詐欺罪而判處甲有期徒刑一年。甲主張其中一次詐欺行爲，不成立詐欺罪而提起上訴。第二審法院審理後，仍認甲所犯爲兩個詐欺行爲，但屬數罪併罰，因而撤銷原審判決，判處甲兩個詐欺罪，各自宣告有期徒刑一年及八月，並定執行刑有期徒刑一年四月。全案因不得上訴第三審而確定。檢察總長以原確定判決疏未認定甲爲累犯並加重其刑而提起非常上訴。最高法院認為事實審法院於審理時，並無任何足以發覺甲為累犯之證據或訴訟資料，因而原確定判決並無違法之處，而以無理由駁回非常上訴。試問本件第一審判決、第二審判決及最高法院判決之合法性。（107高考）

考點提示：

一、檢察官認為被告甲所犯之詐欺罪與背信罪為實體法上一罪（單一案件），法院則認甲先後所犯均為詐欺罪且屬接續犯之實體法上一罪（單一案件），因兩者均認甲所犯屬單一案件，雖法律見解不同（法院不受檢察官起訴罪名之拘束），但無礙於認定檢察官以函請併辦為之，屬適法處理。

二、第二審既改認定甲所為之兩個詐欺行為屬於數罪併罰，即非單一案件而無起訴不可分、審判不可分之效力；換言之，檢察官原起訴甲涉犯詐欺事實之效力不及於未經起訴之第二次詐欺事實部分，且函請併辦亦非起訴，本於不告不理，第二審法院不得就函請併辦而未經起訴之第二次詐欺事實部分為審理，其併為審判即屬違法。

三、實務見解向認為，非常上訴之目的在統一法令適用兼顧救濟被權利，本例原確定判決縱屬違法，但並非不利於被告，且關於累犯之適用並無統一法律見解之原則重要性，故最高法院所為無理由駁回之非常上訴判決應屬合法。

相關試題

甲偷騎隔壁鄰居之機車，被檢察官依涉犯竊盜罪嫌提起公訴。法官於準備程序終結時，當庭面告甲下次開言詞辯論庭期日，不另行通知，請務必於審判期日自行到庭，如不到庭得命拘提，經載明於準備程序筆錄。詎審判期日前，甲因另案遭檢察官拘提入監服刑，法院以甲經合法傳喚不到場，行一造辯論判決，並如期宣判，以甲犯竊盜罪，判處拘役五十日，並諭知易科罰金之折算標準，書記官依甲的住所送達判決書。試問：第一審法院之判決是否合法？甲的配偶A代甲收受第一審判決，隔一個月，前往監獄探監時，告知甲，其竊盜罪已被判處拘役五十日，甲得知後非常生氣，希望上訴。A立即以配偶身分，以甲並無不法所有意圖為由，原審認事用法均有違誤，判決違法，向原審法院提出上訴狀。A之上訴是否合法？（105司法）

考點提示：

一、依刑事訴訟法第306條規定，法院認應科拘役、罰金或應諭知無罪或免刑之判決者，被告經合法傳喚無正當理由不到庭時，得不待其陳述而為判決（一造辯論判決）。惟依同法第56條規定，送達於在監獄之人，應囑託該監所長官為之，同法第72條（對於到場之被告，經面告以下次應到之日、時、處所及不到場得命拘提，並記明筆錄者，與已送達傳票有同一效力）不適用之。故本例法院對甲之送達並不合法，揆諸上開規定，自不得不待被告陳述而逕行判決，否則即屬當然違背法令之違法判決。

二、依刑事訴訟法相關規定，上訴期間為十日；判決宣示後送達前之上訴合法；被告知配偶有獨立上訴權。另依實務見解（最高法院80年台上字第3423號判決），被告暨其被告或法定代理人之上訴期間，均自被告收受判決之翌日起算。本例被告尚未受判決書之合法送達，故上訴期間尚未開始計算，被告配偶之上訴權自尚未喪失，則其於判決宣示後送達前之上訴，自屬合法。

相關試題

甲因誹謗乙遭檢察官起訴，一審判決甲無罪。乙不服此一判決，要求檢察官上訴，檢察官遂提起上訴，之後二審改判甲有罪，諭知有期徒刑五月。甲不服二審有罪判決。試問甲有無上訴救濟的權利？（105檢事官）

考點提示：

刑法第310條第1項之誹謗罪其法定刑為一年以下有期徒刑、拘役或罰金之罪，依刑事訴訟法第376條第1款之規定，不得上訴最高法院。

相關試題

甲於被訴放火罪之二審審理程序中選任丁、戊二位辯護人，二審法院於調查證據時分別請丁、戊二人表示意見，卻於辯論時僅於丁陳述辯護意旨後，即行諭知辯論終結。戊單獨以辯護人名義提起第三審上訴，是否有理由？（105地特廉政）

考點提示：

一、基於被告訴訟防禦權與辯護權之保障，被告合法選任之不同辯護人均有單獨為被告進行實質辯護之權利，本例法院僅讓辯護人丁陳述辯護意旨，而未予辯護人戊陳述辯護之機會，即屬違法。

二、惟辯護人僅得以被告名義為被告上訴，屬於代理上訴權而非獨立上訴權，故本例辯護人以自己名義提起上訴即不合法。

第十三章　非常救濟程序

研讀聚焦

刑事非常救濟制度係由救濟事實之再審與救濟法律之非常上訴所組成。此有別於民事訴訟程序之設計，造成刑事法學者批評所稱之「幽靈指示」模式，負責非常上訴審查之最高法院與負責再審聲請審查之最後事實審法院互相推諉，致使當事人兩頭落空，非常救濟制度形同虛設，此部分之評論見解，深值讀者重視。

在再審部分，再審事由向爲國考於本章之命題焦點，常見以實例題型測試對刑事訴訟法第420條第1項所列六款事由暨第二項規定之運用。而第420條第1項第6款原規定之「確實新證據」應如何認定，更爲歷來實務見解與學說評判之爭執所在，2015年對此規定之修法，乃明確界定爲「新事實或新證據」均得聲請再審（與本法第260條不起訴確定之再行起訴事由相同），且得「單獨或與先前之證據」爲綜事判斷，至此之新事實或「新證據」，包括「判決確定前已存在或成立而未及斟酌&判決確定後始存在或成立之事實、證據」。顯然採用學者通說見解，摒棄過去實務不合理之限制。毫無疑問，此規定之修法，必成爲未來數年國考熱門之考點。

至於非常上訴部分，如何區別判決違背法令&訴訟程序違背法令，以認定非常上訴判決之效力是否及於被告，是讀者咸認甚爲艱難且亦爲國考常出現之殺手型試題，因之，讀者當對大法官會議解釋、最高法院決議及學者通說等與此相關之內容，爲綜合歸納並詳細熟解。

案例試題

對下列裁判得否聲請再審或非常上訴？

(一)未經合法送達之判決。

(二)重複定執行刑之裁定。

(三)誤張三為李四之判決。

(四)認定事實與所採證據不符之判決。

(五)與判決有關之民事裁判變更者。　（77司法官）

解碼關鍵

非常救濟以確定判決爲對象；非常上訴與再審之救濟事由區別。

擬答

一、未經合法送達之判決

按聲請再審與非常上訴之提起，係對已確定之判決所爲之非常救濟程序，是故倘該判決尚未確定，自不得提起，而依刑事訴訟法規定，上訴期間之計算乃自合法送達時起算，本題判決既未經合法送達，上訴期間自無從計算而未能確定，不得提起非常上訴或聲請再審。

二、重複定執行刑之裁定

重複定執行刑之裁定，非屬事實之錯誤，自不得聲請再審，而是否可以提起非常上訴救濟之，則有不同見解，茲分述如下：

(一) **甲說**：數罪併罰之數判決業經裁定其應執行之刑者，如又重複裁定其應執行之刑，自係違反一事不再理之原則，即屬違背法令，對於後裁定應予提起非常上訴。

(二) **乙說**：對於後重複之裁定，視爲當然無效，不必提起非常上訴，檢察官僅可依裁定所定之執行刑指揮執行，其理由爲：

1. 得提起非常上訴者，以確定裁判違背法令者爲限，所謂違背法令，係指與法令上之明文規定有所違背而言，若確定裁定之內容雖衡諸事理或法理顯有不合，但未能指出其究與現行法令上何一規定相違背者，仍不得對之提起非常上訴。對於已經裁定其應執行之刑之甲、乙兩罪，再次裁定其應執行之刑，其後裁定係屬重複而多餘，固甚明顯，但此種錯失究與違反一事不再理之情形略有不同，蓋所謂一事不再理之原則者，無非指違反刑事訴訟法第302條第1款及第303條第2款、第4款規定應爲免訴或不受理之判決而仍爲實體上之判決而言，如本題之後裁定，雖屬重複而多餘之裁定，然無法指出其與現行法令上何一規定相違背。此種顯然錯誤而多餘之裁定，僅可視爲當然無效之裁定，不必對之提起非常上訴。
2. 後裁定既屬當然之無效，檢察官指揮執行時自應仍以前裁定爲憑，依此原則辦理，在實務上不致發生困難，蓋如後裁定所定應執行之刑較前裁定所定者爲重，則依較輕之前裁定指揮執行，顯然於受刑人有利，受刑人必無異言，殊毋庸對後裁定提起非常上訴以求救濟。如後裁定所定應執行之刑較前裁定所定者爲輕，當檢察官依較重之前裁定執行時，雖受刑人可能有異言而要求照後裁定執行，但該後裁定所定應執行之刑較前裁定所定者爲輕，即非不利於被告，縱對該後裁定提起非常上訴，本院亦僅能在理論上就原裁定之「違背法令」部分撤銷，而不得在實體上或程序上就該事件另行裁定，仍無從發生後裁定撤銷之實質上效力，依然無補於事，故亦不必對之提起非常上訴。

3.實務見解認已經裁定其應執行之刑者，如又重複裁定其應執行之刑，自係違反一事不再理之原則，則屬違背法令，對於後裁定，得提起非常上訴，故採甲說。

三、誤張三為李四之判決

依大法官會議釋字第43號解釋，倘法院判決有誤被告張三爲李四之情形，如全案關係人中別有李四其人，而未經起訴，其判決有違控訴原則自屬違背法令，就分別情形，依再審或非常上訴程序救濟之。惟若無李四其人，即顯係文字誤寫而不影響全案情節與判決本旨，判決宣示後應裁定更正之。

四、認定事實與所採證據不符之判決

此情形依釋字第146號解釋，刑事判決確定後，發見該案件認定犯罪事實與所採用證據顯屬不符，如係文字誤寫，而不影響全案情節與判決之本旨者，得依釋字第43號解釋予以更正外，均屬審判違背法令，得提起非常上訴，由非常上訴審依刑事訴訟法第445條第2項準用第394條之規定，就原確定判決所認定之事實，以糾正其法律錯誤；如因審判違背法令，致影響於事實之確定，具有再審原因者，仍可依再審程序聲請再審。

五、與原判決有關之民事裁判變更

依刑事訴訟法第420條第1項第4款之規定：「原判決所憑之通常法院或特別法院之裁判已經確定裁判變更者。」得爲受判決人之利益聲請再審。此所謂之裁判自包括與原判決有關之民事裁判，蓋此民事裁判之變更，所以屬事實變更而非法律變更，乃因原判決依通常法院之民事判決，爲事實認定所作成判決，因事後該民事判決經廢棄改判，則先前所認定之事實，依變更後之民事判決，已有更易時，自得聲請再審以救濟之。

注釋資料：最高法院60年第1次民刑總會決議。

某甲因殺人未遂案件經法院為有罪判決確定，判決所憑主要證據係共犯乙偵查中之自白，以及甲衣服之血跡與被害人血型相符之傳統血清學鑑定報告。試回答下列情形：

(一)該有罪判決確定後，經進一步以DNA鑑定方法重為鑑定結果，得出血型並不一致之鑑定結果，甲得否以此項鑑定結果作為聲請再審之依據？

(二)法院於審理聲請再審之階段，是否仍有無罪推定原則之適用，理由安在？如有適用，其實質意義為何？　(91司法官)

解碼關鍵

修正新法對再審新證據之規定；聲請再審階段不適用無罪推定原則，但適用於再審審判程序。

擬答

一、再審之新證據

按刑事訴訟法第420條第1項第6款所謂再審新證據，必須符合新規性及確實性。傳統見解認新規性係指該證據必須在判決前就已存在，判決後始發現而為審判時未提出之證據；至確實性，乃指足以影響原確定判決，即能證明原判決所認定之事實錯誤者，現行法則規定，單獨或綜合先前之證據判斷之。惟學者認上開見解過於重視形式上之證據新規性，任何在判決前業已經存在，或於判決後方發生，對於再審救濟事實誤認之目的而言，並無差異，均應屬於新證據範疇，修正新法亦為相同規定。本題新鑑定報告係依事實審判決前已存在之證據（衣服血跡）所作成，而該證據既於事實審判決前已存在，則不論依實務或學說見解及現行法規定均屬新證據，故本題之鑑定證據對再審審理法院言應屬符合新規性標準之新證據。

二、重新鑑定之新證據認定

應予注意，「另請（重新）鑑定」必須和上開「未經鑑定」的情形，嚴格區別。此因鑑定人之「可代替性」，擁有系爭專門知識者通常不只一人。因此，原審委託A為鑑定人，聲請再審提出B為鑑定人之情形，不能只因為兩者是「不同的鑑定人」就肯認B是新鑑定人，此與證人有別，否則，邏輯上所有擁有系爭專門知識的「非A之人」，豈非都可能是所稱的新鑑定人？學者認為若原審判決就同一「連結事實」已經委託某鑑定人，則判決確定後，縱使當事人聲稱其所委託的其他鑑定人，將會得出截然不同的鑑定結果，原則上也不屬於新證據方法。但如果新鑑定人本於不同的連結事實或採用全新的科學技術來製作其鑑定報告，或者據其專門知識指出原鑑定人所根據事實前提的錯誤或不足之處者，便可能是新的證據方法。依立法理由，原判決所憑之鑑定方法、鑑定儀器、所依據之知識或科學理論錯誤或不可信，或以判決確定前所謂存在之鑑定方法或技術，重新就原有之證據為鑑定，其結果足使法院合理相信受判決人應受無罪、免訴、免刑或輕於原判決所認罪名之判決者，均得以新事證聲請再審。本題原鑑定方法為血清鑑定，至新鑑定報告係依事實審判決前已存在之證據（衣服血跡）採DNA方法鑑定所作成，而該證據既於事實審判決前已存在，則不論依實務或學說見解及現行法規定均屬新證據，故本題之鑑定證據對再審審理法院言應屬符合新規性標準之新證據。

三、再審與無罪推定原則

次按聲請再審階段因已判決確定，故不適用無罪推定原則，至再審程序中，亦應有無罪推定原則之適用，蓋因判決確定後，不應要求被告負起自證無罪，或較高於檢察官之證明義務；且無罪推定原則係規定於刑事訴訟法總則編證據章（本法第154條），屬各論之再審程序自應同有該原則之適用；況再審之目的既在救濟事實之誤認，更應有無罪推定原則之適用，且開始再審裁定後，原確定判決之確定力已動搖，而依本法第154條規定，無罪推定原則適用於判決確定之前。

注釋資料：例解刑事訴訟法「體系釋義版」第十四章之焦點「學說對2015年再審修法之評析」。

例題3

92年1月5日夜間十時，台北市羅斯福路四段附近發生一起運鈔車搶案，本案嫌疑人甲最後被判處強盜罪刑確定。實則，有下列兩項原判決並未審酌的證據顯示：甲於案發前十分鐘，即當夜九點五十分左右，曾至天母運動公園（車程至案發地點約三十分鐘）對面之便利商店購買香菸，有店家監視錄影帶為證；十五分鐘後甲步行抵達友人乙位於天母之住宅，兩人徹夜吸食安非他命。試附具理由說明下列情形，可否為甲之利益聲請再審？

(一)甲當初不知該便利商店有監視錄影帶存在，而未提出或聲請調查之，原判決法院亦因不知而未予審酌，及至判決確定後，始行發現該清晰錄影帶。

(二)原審法院當初曾因甲之聲請而傳喚不在場證人乙，但乙惟恐作證致自己受刑事追訴，故到庭後拒絕證言。甲經判決確定後，乙飽受良心譴責，遂寫成書面聲明並簽名，表明兩人當夜行蹤並表示願意放棄拒絕證言權出庭作證。

(三)承前所述，設若經自由證明調查後，法院發現該錄影帶因畫質因素而無法辨識到底是否為甲，且乙之聲明亦無法判定是出於偽造，審查再審有無理由之法院，應否逕為對甲有利之認定，即判定為有再審理由？ (93台大法研)

解碼關鍵

同上揭例題2&罪疑唯輕原則於再審程序之適用，應區分不同階段而定。

擬答

一、確實新證據

按刑事訴訟法第420條第1項第6款之新證據所指爲何，有不同見解：

(一) 早期實務見解認爲，需該證據於最後事實審判決前已存在而爲法院所未知調查審酌，事實審判決後始發現者爲限。

(二) 通說見解（現行法採之）則以僅需最後事實審法院因不知而未及斟酌之證據即屬之，不論該證據於法院判決時已否存在於事實審（判決前後存在均可），亦不論當事人於判決前是否已知該證據存在，及該證據係以何種形式存在，淺見以後說可採，現行修正新法亦爲相同規定。

(三) 故本案例之超商監視錄影帶自符合新證據之要件，且該證據自形式觀察已足動搖原確定判決之內容（案發前十五分鐘在距案發地點三十分鐘車程之他處購物），具有確實性，故得據該監視錄影帶爲受判決人甲之利益聲請再審。

二、案例解析

本案證人乙雖已於事實審審判程序出庭，惟因其行使拒絕證言權，並未爲任何供述，事實審法院自未就該證人爲任何調查與審酌，依修正新法之規定，該證人均符合本法第

420條第1項第6款之新規性與確實性（案發中與受判決人甲在他地共同吸食毒品）證據之要件，故證人乙應得爲受判決利益聲請再審之證據。

三、罪疑唯輕於再審程序之適用

次按罪疑唯輕原則於再審程序有無適用，應分別程序階段而爲判斷：

(一) 再審聲請合法與否之審查程序，於考量既判力與法安定性前提下，應採有疑唯利既判力原則。

(二) 至再審聲請有無理由之判斷則有不同見解：肯定說認爲確實性判斷僅需有合理可疑即當之，亦即該證據之確實性倘足使原確定判決之事實認定產生合理懷疑，自得適用罪疑唯輕原則而准許開始再審。否定說認此階段不在認定被告之罪責與刑罰，故無罪疑唯輕原則之適用，惟因此階段適用自由證明，故不需要求聲請人證明至確信心證程度，僅達可能性即已足。然此與罪疑唯輕原則無涉。

(三) 再審審判程序因已進入犯罪要件與刑罰之判斷，自有罪疑唯輕原則之適用。

注釋資料：同上揭例題2。

相關試題

甲女向檢察官提出告訴，聲稱乙男與丙男對其犯強制性交罪。檢察官委請鑑定機關對甲女之內褲採樣檢體進行DNA比對，檢察官依據「不能排除混有乙DNA」之鑑定結果，以及共同正犯丙之證言（已具結），對乙提起公訴，第一審法院判決乙犯強制性交罪，乙提出上訴，但均遭第二審及第三審法院駁回而告確定。數年後，共同正犯丙推翻原審之供述，檢察官遂委請鑑定機關以最新DNA鑑定技術重新鑑定，之後以「排除混有乙DNA」之鑑定結果與丙之翻供證言，提請再審之聲請。試問本件再審之聲請有無理由？（104檢事官）

考點提示：

一、以證人僞證爲聲請再審理由，依本法第420條第1項第6款之規定，須原判決所憑之該證言業經確定判決證明其爲虛僞（即證人經判決僞證有罪確定）。

二、依修正後本法第420條第1項第6款、第3項之規定，「發現判決確定前已存在或已成立而未及調查斟酌，及判決確定後始存在或成立之新事實、新證據，單獨或與先前之證據綜合判斷，足認受有罪判決之人應受無罪、免訴、免刑或輕於原判決所認罪名之判決」即屬再審新證據。至所謂新事實、新證據係指判決確定前已存在或成立而未及調查斟酌，及判決確定後始存在或成立之事實、證據。

三、故本例雖不得依本法第420條第1項第6款聲請再審，但得依本法第420條第1項第6款聲請之。至於可否以「新證人」或「新鑑定人」符合本法第420條第1項第6款而聲請再審，應注意，人證部分，強調「人之身分」須具嶄新性，若同一證人之翻供，則不屬於新證據，但可列新事實；鑑定部分，應區分「另爲重新鑑定」與「尚未經鑑定」，前者可聲請再審，後者則否，蓋不能以所有具專業知識之人皆列爲得聲請再審之新證據。

四、詳見例解刑事訴訟法「體系釋義版」非常救濟章之焦點說明。

涉嫌殺人案件之被告丙於第二審提出不在場證人B，以證明其無辜冤屈，惟法院未予調查即為有罪判決，則丙有何救濟途徑？若丙所涉嫌者係竊盜罪，其救濟途徑有無不同？

解碼關鍵

非常救濟制度之類型與要件限制。

擬答

一、刑事訴訟救濟制度

按憲法第16條之訴訟權，除保障被告於刑事訴訟程序中之防禦權外，尙包括當事人得尋求不同審級法院之救濟，我國刑事訴訟法本此乃設置有三個審級之救濟制度，其中適用通常審判程序與簡式程序案件除本法第376條所列案件外，均得上訴至第三審，至簡易程序與協商程序則得上訴至第二審。至於再審係於判決確定後，爲糾正原確定判決認定事實錯誤之救濟程序，其目的在調和確定判決所呈現之法的安定性及實體眞實發現與救濟被告利益之衡平。

二、殺人案件之第三審上訴

本題被告丙所犯爲非第376條之案件，且於第二審提出不在場證人B，依題示情形，該證據與待證事實具關聯性並有調查可能性，且爲客觀上法院認定事實與適用法律之基礎（即必要性）者，但法院未予調查即爲有罪判決，此即第379條第10款之應於審判期日調查之證據而未與調查，屬當然違背法令之判決，而得提起第三審上訴。

三、竊盜案件之再審

因竊盜係本法第376條所列之案件，未得上訴第三審。惟被告丙提出之不在場證人B而法院未予調查即爲有罪判決，乃原審中已存在而未經調查之確實新證據，得聲請再審或以本法第379條第10款之事由由檢察總長提起非常上訴。

注釋資料：例解刑事訴訟法「體系釋義版」第十四章之「非常救濟程序之基本觀念體系表」。

例題5

甲涉妨害性自主而致人於重傷罪嫌，經檢察官提起公訴。地方法院判決甲有罪，量處有期徒刑十年。被害人乙認為量刑太輕，請檢察官上訴，卻因檢察官遲誤上訴期間，致遭高等法院判決駁回上訴確定。乙因被性侵而羞憤不已，於得知上訴駁回翌日自殺身亡。如檢察官以乙自殺之事實，主張「發現之新證據」為甲不利益聲請再審，試問：應向何法院為之？法院應如何審理？倘若乙並非自殺身亡，而是於判決確定翌日傷重不治，法院對於再審聲請的審理是否有所不同？ (99司法官)

解碼關鍵

案件單一性與罪數之認定，再審新證據之內涵與再審程序之相關規定。

擬答

一、實體法之犯罪認定與案件單一性

(一) 為妨害性自主行為而致被害人死亡或致被害羞忿自殺者，均屬刑法第226條第1、2項所規定之妨害性自主罪之加重結果犯。本例甲涉嫌妨害性自主致被害人乙重傷，無論被害人乙係於第二審上訴駁回後羞憤自殺身亡或判決確定後傷重不治死亡，甲均成立前述之妨害性自主罪之加重結果犯。

(二) 關於刑事訴訟案件之認定，實務與傳統見解係採實體法說，亦即依刑法之罪數為判斷，如想像競合犯、加重結果犯或結合犯均屬刑法上一罪，而為單一案件。然學者通說則採緊密事理關聯性說，以行為人之整體舉止、根據自然的觀點、足以合成為一個相同的生活過程或者成為一個自然之生活事件時，即屬訴訟法上之犯罪事實，其判決關鍵在於緊密的事理關聯性，包括行為時間、地點、被害客體及攻擊目的、保護法益等考量，蓋具有事理之緊密關聯性方有審理可能性，此亦為既判力擴張之基礎，不容許無審理可能性卻具既判力之情形。本例如依實體法說，無論被害人係第二審駁回上訴後羞憤自殺抑或判決確定後傷重不治死亡，因均成立刑法上之妨害性自主罪之加重結果犯而於訴訟法上屬於單一案件，依單一案件之不可分性（起訴不可分、審判不可分、上訴不可分）與既判力擴張之效力，本例之羞憤自殺或傷重死亡之加重結果均為確定判決效力所及。然若依緊密事理關聯性說，甲之妨害性自主行為與被害人乙至第二審駁回上訴後方羞憤自殺或判決確定後傷重不治死亡之時間、場所均不具密接性而言，後階段之加重結果顯無受本案事實審法院審理之可能性，故後階段之加重結果部分應與前階段之妨害性自主致重傷行為部分，分屬不同案件，妨害性自主致重傷部分之確定判決效力不得擴張及於羞憤自殺或傷重死亡部分，後階段之加重結果乃屬不同案件，應得另行起訴。

二、再審程序與理由審查

(一) 刑事訴訟法第426條第1項規定，聲請再審，由判決之原審法院管轄。此所稱原審法院乃指原審級之最後事實審法院。本例經第一審判決後，雖檢察官提起第二審上訴，惟因上訴逾期不合法，而經第二審法院判決以程序判決駁回確定，亦即該上訴法院並未爲本案之實體審理，則該本判決之最後事實審法院乃爲第一審法院，據此，本例檢察官應向管轄之第一審法院聲請再審方屬適法。

(二) 本法第422條第6款所稱「發現確實之新證據」，應同時具備證據之新規性與確實性方得爲受判決人之不利益聲請再審。所謂確實性，乃指足以影響原確定判決，即能證明原判決所認定之事實錯誤者；所謂新規性，早期實務見解認係指該證據必須在判決前就已存在，判決後始發現而爲審判時未提出之證據。惟學者認上開見解過於重視形式上之證據新規性，任何在判決前業已經存在，或於判決後方發生，對於再審救濟事實誤認之目的而言，並無差異，均應屬於新證據範疇，修正現行法亦採之。

(三) 本例乙之傷重不治死亡係發生於最後事實審（第一審）後之加重結果，依修正現行刑事訴訟法第420條之規定，不論判決確定前或後之新事實均得爲聲請再審之事由，故本例自亦得爲之。

注釋資料：例解刑事訴訟法「體系釋義版」第十四章之「再審之審理體系表」。

被告B涉嫌犯業務過失致死罪名，案於第二審審理期間，因書記官作業疏忽而未合法送達審判期日傳票，但法院誤以為B經合法傳喚而無正當理由不到場，遂不待B到庭陳述而逕行判處B罪刑。試問：

(一)上開第二審判決是否違法？若是，屬於何種違法？可否上訴第三審救濟？

(二)設若B提起第三審上訴，但其上訴理由僅爭執並無業務過失，試問第三審法院得否審酌、調查原審對被告缺席審判是否違法之問題？最後應為何種第三審判決？

(三)設若本案第三審法院駁回上訴確定，檢察總長以原第二審確定判決違背法令為由提起非常上訴，試問最高法院應如何判決？判決效力是否及於被告？

(96台大法研)

解碼關鍵

先判別案例屬判決違背法令或訴訟程序違背法令，再據以爲適法之非常上訴判決，並定其判決效力。

擬答

一、判決違背法令與訴訟程序違背法令

按通說與實務均認爲，刑事訴訟法第379條第4、5、12、14款之性質確屬判決違背法令，至其餘各款之性質則爲訴訟程序違背法令，然實際上，訴訟程序違背法令常與判決違背法令相牽連，如第6款、第7款與第10款等均可能影響判決之本身，故前揭訴訟程序違背法令僅需顯然影響於判決，即屬判決違背法令，無庸達到足認原審應爲其他判決之程度，大法官會議釋字第181號、最高法院91年度第7、8次刑庭總會決議採之。又其中第6款與第7款，學者認影響被告之法定聽審權與辯護防禦權，此均屬法治國原則之內涵而具憲法誡命與價值，均使被告對被訴事實及不利證據喪失陳述意見之機會，而有維持被告審級利益之必要，應依本法第447條第2項規定由原審更爲審判。

二、被告審級利益之保障途徑

被告於第二審經合法傳喚無正當理由不到場，法院方得逕行判決。惟若如本例，審判期日傳票未合法送達被告，第二審法院誤予逕行判決，即有侵害被告之正當法律程序與訴訟防禦權，屬刑事訴訟法第379條第6款之判決當然違背法令，得提起第三審上訴。如於判決確定後，因該違法之訴訟程序已足生影響於判決，且涉及被告審級利益之保障，故應依本法第447條第2項之規定撤銷原判決，發回原審法院（第二審）更爲審判，更審判決依法並有不利益變更禁止原則之適用。此最高法院之非常上訴判決，依同法第448條之規定，因屬對被告有利（維持被告審級利益），故其效力及於被告。

三、第三審之職權調查與判決

第三審係採法律審之事後審查制，僅就上訴意旨指摘範圍爲審理，且以第二審認定之犯罪事實爲基礎，惟程序事實（如本法第379條所列各款）因涉及審判有無違法之問題，依同法第393條第1款之規定，第三審法院仍得依職權調查該事項暨其事實，並於調查屬實後，撤銷原審違法判決，發回更審，以保障被告之審級利益（於最後事實審到庭聲請調查證據並陳述辯論之權利）。

注釋資料：黃朝義，刑事訴訟法制度篇，頁223-257；林鈺雄，刑事訴訟法（下），頁770-789。

例題7

關於非常上訴有理由之判決，刑事訴訟法第447條第1項第1款但書規定「……原判決不利於被告者，應就該案件另行判決」，又同法第448條規定「非常上訴之判決，除依前條第1項第1款但書及第2項規定者外，其效力不及於被告」。是非常上訴有理由之判決，其效力原則上不及於被告，僅於原判決不利於被告時，始應另行判決。問：法律何以有如此之規定，試就非常上訴制度之目的予以申論。　(84律師)

解碼關鍵

統一法律見解說&被告保護說之不同見解；非常上訴理由之限制。

擬答

一、非常上訴目的之學說

非常上訴乃判決確定後，因該判決或訴訟程序違背法令，由最高檢察署檢察總長，依刑事訴訟法第441條向最高法院請求撤銷或變更之訴訟程序。此種制度設置之目的，有下列三種學說：

(一) **統一法律見解說**：此說認爲非常上訴，專在糾正原判決適用法令之錯誤藉以統一法令之見解。所以不問原判決之違背法令是否於被告有利，非常上訴判決之效力，均不及於被告，僅具論理能力。

(二) **被告保護說**：此說謂非常上訴係爲保護被告之利益而設。故必須原判決於被告不利始得提起，如果原確定判決於被告並無不利，縱其適用法令有所違背，亦無可提起非常上訴之必要。

(三) **折衷說**：此說認爲非常上訴以統一法律見解爲主要目的，其判決之效力原則上不及於被告，但原確定判決如不利於被告，則非常上訴判決之效力應及於被告。

二、現行法之規定

我國刑事訴訟法係採折衷說，以統一法律見解爲主要目的，必原判決不利於被告，或經撤銷後由原審法院更爲審判時，其效力始及於被告。從而非常上訴之判決，如不利於被告時，其效力不及於被告。又更爲審判時亦不得諭知較重於原確定判決之刑，應受不利益變更禁止原則之拘束。

三、非常上訴理由之限制

依刑事訴訟法第441條規定，僅需審判違背法令者皆得提起，茲所謂「審判」當指判決與訴訟程序而言，且本法就此並無準用同法第380條之規定，即縱訴訟程序違背法令顯然於判決無影響者，仍得提起非常上訴，不若第三審上訴受有限制。

注釋資料：林鈺雄，刑事訴訟法（下），頁419-424；王兆鵬，月旦法學第170期，頁101以下。

相關試題

詳述非常上訴之意義及其立法目的。設某甲犯殺人案件，二審法院於審判期日未經甲之辯護人到庭辯護逕予辯論終結判處甲之罪刑，案件經上訴三審駁回甲之上訴而確定，試問該案可否提起非常上訴，如提起非常上訴，法院應爲如何之判決及其理由。

（92高考一級）

考點提示：非常上訴之法律審事後審查制、非常上訴目的與判決效力之關聯性。

例題8

設A法院判處被告甲「業務侵占」罪刑確定，惟法院對被告甲在審理中即提出聲請調查，謂其從未擔任該項業務，可證明其並未犯罪云云之重要證據，疏為調查，並未於判決中敘明其不採之理由。試問：本確定判決有何違誤，應如何救濟？理由安在？試就法理及實務上之見解，分別敘述之。（77律師）

解碼關鍵

審判期日應調查之「證據」認定標準；聲請再審之「新事實或新證據」內涵。

擬答

一、本確定判決之違誤

(一) 按依刑事訴訟法第163條之2之規定：「當事人、代理人、辯護人或輔佐人聲請調查之證據，法院認為不必要者，得以裁定駁回之。」所謂不必要之證據，依該條所列四款中第2款規定即為「與待證事實無重要關係者」。本題被告甲聲請調查之證據，係甲從未擔任該項涉及業務侵占之職務，此一證據與待證事實之間具有直接關係，非屬不必要之證據，則法院既認為不必要予以駁回，復未於判決內說明其不予調查之理由，本項判決即屬違誤。

(二) 本例中，甲是否曾擔任該項涉及業務侵占之職務，攸關甲是否會構成業務侵占罪之罪名，此項證據應屬認定事實、適用法律之基礎，依釋字第238號解釋之意旨，此項證據係屬刑事訴訟法第379條第10款「應於審判期日調查之證據未予調查」之證據，因之，該法院之判決為判決違背法令。

二、違法判決之救濟

(一) 非常上訴

依釋字第181號解釋，依法應於審判期日調查之證據未予調查，致適用法令有所為違誤，而顯然於判決有影響者，該項確定判決，即屬判決違背法令，應有刑事訴訟法第447條第1項第1款之適用。學說同此見解。

(二) 聲請再審

得否為甲之利益聲請再審，應視被告甲聲請調查而法院漏未審酌之證據，是否符合本法第420條第1項第6款有新規性與確實性而定。

1. 所謂具有新規性證據，依實務之見解係指事實審法院判決當時已經存在，且事實審法院於判決前因未經發現而不及調查，至其後始行發現者。
2. 學說則認新規性乃其在原審（事實審）法院於判決時點所不知而未予審酌之證據，皆具新規性；縱法院判決當時已知卻未予審酌之證據亦同。

3. 依上述之見解，本題所涉之證據係被告甲曾提出而爲法院所未調查審酌，故無論依實務或學說見解，均不符本款所稱之新證據。

4. 另依本法第421條規定，不得上訴第三審之案件，其經第二審有罪判決確定，如就足生影響於判決之重要證據漏未審酌者，亦得爲受判決人之利益聲請再審。本題甲所犯業務侵占罪屬本法第376條案件而不得上訴第三審，被告甲所提證據足生影響於判決，法院竟漏未予調查審酌，符合本款規定而得聲請再審。

注釋資料：林鈺雄，台灣本土法學第15期，頁98以下。

詳述最高法院對非常上訴之調查範圍。（79律師）

解碼關鍵

最高法院之調查以非常上訴理由指摘之事項爲限，得調查之事實亦限訴訟程序&本法第393條所列之事項。

擬答

一、非常上訴之調查事項

依刑事訴訟法第445條第1項之規定：「最高法院之調查，以非常上訴理由所指摘之事項爲限。」故最高法院在非常上訴所得調查之範圍，限於非常上訴理由所指摘之事項內。

二、非常上訴之調查程序

(一) 事實認定以原確定判決所確認者爲基礎。原確定判決是否有非常上訴理由所指摘之違背法令，依刑事訴訟法第445條第2項準用第394條第1項本文之規定，應以原判決所確認之事實爲基礎，進行調查。

(二) 非常上訴審得調查之事實依本法第394條第1項但書規定：「關於訴訟程序及得依職權調查之事項，得調查事實。」故非常上訴之調查範圍包括訴訟程序及同法第393條所規定之得依職權調查之事項，分別爲：

1. 第379條各款所列之情形。
2. 免訴事由之有無。
3. 對於確定事實援用法令之當否。
4. 原審判決後刑罰之廢止、變更或免除。
5. 原審判決後之赦免或被告死亡。

茲就上揭五款爲如下說明：

1. 上訴事項之調查，以非常上訴理由指摘爲前提（本法第445條第1項），而非常上訴之理由，又僅以「審判違背法令」爲限（本法第441條）。據此，上述第4款、第5

款兩種情形，由於原審之審判並未違背法令，根本不得據以為非常上訴之理由。因此，非常上訴似無調查此兩種情形之可能。惟亦有學者認對第4款、第5款應能調查之。

2. 第1款及第3款之部分，由於涉及法律及事實之界線，學說與實務亦有爭議：
 (1) 學說見解：非常上訴程序既不經言詞辯論，故應經言詞辯論程序始得認定之事實，自非非常上訴所得調查之事實，即限於得不經言詞辯論程序認定之事實。
 (2) 實務見解：
  ①非常上訴審所得調查之事實，僅以關於訴訟程序、法院管轄、免訴事由及訴訟之受理者為限（68年台非字第181號）。
  ②依釋字第181號解釋之見解，最高法院之調查範圍包括刑事訴訟法第379條第10款「依法應於審判期日調查之證據未予調查」之情形，並及於「致適用法令違誤，而顯然於判決有影響者」，且最高法院在非常上訴時之調查範圍，更擴張至判斷個案證據是否「在客觀上為法院認定事實及適用法律之基礎」。

注釋資料：何賴傑，刑事訴訟法實例研習，頁357以下；林鈺雄，刑事訴訟法（下），頁886-870。

例題10

再審與非常上訴之主要區別為何？又二者之判決效力有何不同？

解碼關鍵

法律救濟與事實救濟在程序&判決上之異同。

擬答

一、再審與非常上訴程序之區別

再審與非常上訴均為刑事訴訟法上非常救濟程序之一環；其中再審係為原確定判決認定事實錯誤而設之救濟程序，其與非常上訴之為糾正確定判決違背法令者有異。茲就兩者之主要區別列述如下：

(一) **請求主體不同**：非常上訴非由最高法院檢察總長不得提起（刑事訴訟法第441條）；再審之聲請權人則不以此為限（本法第427條、第428條）。

(二) **管轄法院不同**：非常上訴由最高法院管轄（本法第441條）；再審之管轄法院原則為判決之原審法院，例外為第二審法院（本法第426條）。

(三) **理由不同**：非常上訴係以該案件之審判違背法令為理由；再審則以列舉之事實錯誤情形為理由，且因係為受判決人之利益或不利益而有不同（本法第420條至第422條）。

(四) **對象不同**：非常上訴以確定判決、實體裁定及訴訟程序爲對象；再審之對象則以確定判決爲主。

(五) **程式不同**：提起非常上訴應以非常上訴書敘述理由提出於最高法院爲之（本法第443條）；聲請再審則應以再審書狀敘述理由，附具原判決之繕本及證據，提出於管轄法院爲之（本法第429條）。

(六) **程序不同**：非常上訴之判決，不經言詞辯論爲之（本法第444條）。再審則應先爲聲請是否適法之審理，於開始再審之裁定確定後，再依法院審級之通常程序更爲審判（本法第433條至第436條）。

(七) **有無期間限制之不同**：聲請再審原則上無期間限制，但有例外（本法第424條、第425條）；非常上訴則無任何期間限制。

(八) **適用法律不同**：非常上訴原則依原審判決時應適用之法律，例外於撤銷發回更審時依裁判時之法律；再審則依再審判決時應適用之法律。

二、再審判決與非常上訴判決效力之異同

(一) 再審判決之效力一律及於被告，經再審判決後，原確定判決視爲撤銷，自不生執行之問題。

(二) 非常上訴判決之效力，原則上不及於被告（本法第448條）。原判決違背法令者，撤銷其違法部分；訴訟程序違背法令者，撤銷其程序，均僅形式上宣告其違背法令，原判決均屬存在，故不生改判之作用。但若原判決之違背法令不利於被告，應就該案件另行判決；若原判決係誤認爲無審判權而不受理或其他有維持被告審級利益之必要者，得撤銷原判決，由原審法院更爲審判，其效力則例外地及於被告，即其有現實之效力。

注釋資料：陳樸生，刑事訴訟法實務，頁574以下；黃東熊，刑事訴訟法論，頁769。

例題11

甲基於傷害之犯意於90年7月14日晚間，在乙宅前，因細故與乙互毆，並分別受傷。乙受有，左側第五掌骨骨折、左肩皮下瘀血，業經桃園地院中壢簡易庭判處甲有期徒刑五月。其後，乙又向桃園地檢署提出告訴，稱甲對其心生不滿，於同年7月13日下午。持木棍至其所經營之檳榔攤毆打之，至其左側第五掌骨骨折、左皮肩下瘀血。桃園地院認為該案與桃園地院中壢簡易庭壢簡字之刑事判決認定被告甲傷害乙之犯罪事實並不相同，判處甲有期徒刑三月（兩案均經判決確定，簡易庭判決先行確定）。嗣最高法院檢察署檢察總長認為上揭兩案完全相同，顯係同一傷害行為所造成。雖二判決所認定之犯罪時間不同、地點不同，惟甲所犯係連續犯，應為同一案件，桃園地院未諭知免訴之判決違背法令，而提起非常上訴。試問：最高法院應如何判決？95年7月後對於本案是否屬於案件同一性認定有無不同？

解碼關鍵

犯罪事實同一性之認定，有「訴之目的及侵害行為內容同一說」&「緊密事理關聯性說」；非常上訴之法律審特徵。

擬答

一、案件同一性之標準

所謂案件具同一性，係指先後起訴之二訴，或檢察官之起訴事實與法院認定之事實，其被告與犯罪事實是否同一而言。前者涉及重複起訴之雙重評價風險禁止（一事不再理原則），後者則與變更起訴法條（刑事訴訟法第300條）之判斷有關。惟犯罪事實同一之標準為何，向有不同見解：

(一) **實務見解**：就事實同一而言，我國實務舊說曾採「基本的事實關係同一說」，嗣改採「訴之目的及侵害性行為內容同一說」，亦即以原告請求確定其具有侵害性之社會事實關係（原告擇為訴訟客體之社會事實關係）為斷。就法律同一而言，凡屬刑法上一罪者，如結合犯、繼續犯、集合犯、想像競合犯和刑法修正前之牽連犯、連續犯等，因國家對之僅有一個刑罰權，則在法律上具有不可分性，先後向同一或不同法院起訴，該不相同之基本事實仍構成「同一案件」之犯罪事實。

(二) **學說見解**：近來學者通說多採緊密之事理關聯性說，即以自然生活觀點的一個單一生活事實之內容，包括行為時間、地點、被害客體及攻擊目的、保護法益等考量，故縱為數罪併罰之各犯罪行為，若時間場所密接、方法類似、機會同一、行為反覆、意思持續及其他各行為具有密切關係者，則有一事不再理原則之適用，反之，雖屬刑法裁判上一罪亦非事實同一。

二、非常上訴審之特徵

次按非常上訴審與第三審同為法律審，應以原確定判決所確認之事實為基礎，以審查原確定判決有無違背法令其未經原確定判決認定之事實，適用法令有無違背，即屬無憑判斷，如依原確定判決所確認之事實，其適用法律並無違誤，縱原確定判決另有其他違法事由，除非常上訴理由執以指摘，非常上訴審得予調查者外，即無從更為認定事實；因之，以非原確定判決所確認之事實為前提而執為指摘其適用法律不當之非常上訴，自難認為有理由。本題題旨所示，前後兩案之犯罪事實，雖被害人所受之傷相同，均為左側第五掌骨骨折、右肩皮下淤血，惟此傷害無從判斷係一次或多次傷害之結果，故尚難僅以二判決認定被害人所受之傷相同，即謂二判決所指之犯行為同一行為，屬同一案件。又95年7月1日前舊刑法第56條連續犯規定，須基於概括連續犯意所為，此為未經原確定判決認定之事實，適用法令有無違背，屬非常上訴審所無憑判斷。另外時間上一為90年7月14日，一為90年7月13日，犯罪時間有所岐異；而犯罪行為地點，一為乙宅前，一為乙所經營之檳榔攤前，犯罪地點亦有所不同；再者，前案即7月14日之犯罪事實型態為「互毆」，後案即

7月13日之型態爲甲於乙所經營之檳榔攤「毆打」之，兩案之犯罪型態也非相同，由於時間、地點及傷害型態均不同，故不屬接續犯，亦不屬連續犯，乃係另行起意之不同行爲，故尚難僅以二判決認定被害人所受之傷相同，即謂二判決所指之犯行爲同一行爲，即無視犯罪行爲時間與地點等之歧異，認爲屬同一案件。是故本題應爲兩個獨立不同的犯罪事實，檢察總長非常上訴意旨所採基本事實關係同一說，對認定社會的自然事實範圍過大其指摘原判決未諭知免訴之判決爲違背法令，即難認爲有理由。最高法院（即非常上訴審）應依刑事訴訟法第466條規定，認爲非常上訴無理由以判決駁回之。

三、刑法修正之影響

末按刑法於95年7月1日修正廢除連續犯以一罪論之規定，應按數罪併罰之，惟依該法刑法第2條第1項從舊從輕原則之規定，行爲後法律有變更者，適用行爲時之法律。但行爲後之法律有利於行爲人者，適用最有利於行爲人之法律以觀，本案被告甲於90年間犯案，依前揭說明，仍應依較有利於行爲人之裁判上一罪爲適用認定，故刑法之修正對本案是否屬案件同一性之認定並無不同。倘依學說之緊密事理關聯性說，當亦不受刑法修正之影響。

注釋資料：例解刑事訴訟法「體系釋義版」第六章之焦點「案件單一性與同一性之學說新解」。

相關試題

> 甲因重傷罪，經第二審法院判處有期徒刑。甲不服而上訴第三審，經第三審法院判決駁回而全案確定。檢察總長以甲爲累犯，原確定判決卻未以甲爲累犯而加重其刑，因而以原判決違背法令提起非常上訴。最高法院則以原確定判決之卷證內並無甲爲累犯之資料，因而原確定判決並無違法而駁回非常上訴。試評論本件非常上訴判決之合法性。 （102廉政）

考點提示：

一、原確定判決之事實審得否調查用以認定累犯前提事實之被告前科資料？學者與最高法院82年第6次刑庭決議均認，即使訴訟卷宗內未附卷之被告前科資料仍應依職權調查，故本件確定判決當然違背法令（刑事訴訟法第379條第10款）。

二、另依最高法院97年第4次刑庭決議見解，縱使確定判決違背法令，仍應具備一定要件始得提起非常上訴。本例之累犯加重乃刑法所明定，並無因爭議致有統一法律適用並予闡釋之必要性，依前述見解，則本件之非常上訴判決即屬合法。

相關試題

> 甲因重傷罪，經第三審法院駁回第二審上訴而確定。其後，檢察總長發現，本案第二審法院合議庭之法官R有應迴避事由而未迴避，仍然參與本案審理與判決，因而以原判決訴訟程序違背法令而提起非常上訴。非常上訴法院則以無理由駁回。試論述非常上述法院判決之合法性。（104法制）

考點提示：

一、依最高法院97年第4次刑庭決議，非常上訴與通常上訴係就個案違法判決爲救濟之目的不同，亦即非常上訴判決限於統一適用法令有關或該判決不利於被告，非予救濟，不足以保障人權者，倘原判決尙非不利於被告，且不涉及統一適用法令，即無提起非常上訴之必要性，又縱原判決不利於被告，但另有其他救濟之道，無礙於被告之利益者，即無提起非常上訴之必要性。

二、綜合言之，提起非常上訴之要件爲「統一適用法令且有原則上重要性」及「該不利於被告之判決被告已無其他救濟管道」。若法律已有明確規定無疑義僅因疏失致未遵守者、司法院已有解釋，最高法院著有判例、判決或決議可遵循且無爭議，無再行闡釋之必要時，即無統一適用法令之原則上重要性。法律問題應已無爭議，無統一適用法令的原則上重要性。

三、本例之法官應迴避而未迴避，乃刑事訴訟法明定之當然違背法令，此在法律適用上並無任何爭議，自無統一法令適用及原則上重要性之問題，依上述實務見解，非常上訴法院以無理由駁回之判決即屬合法。

第十四章　執　行

研讀聚焦

相較於偵查與審判，在廣義刑事訴訟程序中，刑事裁判之執行階段之理論、爭點和範圍，顯然微不足道，是其重要性與命題性當然偏低。

讀者將「聲明異議&聲明疑義」、「自由刑&生命刑之停止執行原因」、「指揮執行機關何屬」及相關大法官會議解釋（釋字第245、681號）等，有所區別並熟悉即可。

案例試題

例題1

自由刑停止執行有哪些情形？　（89檢事官）

解碼關鍵

區分法定停止原因與學說主張之停止原因，分別論述。

擬答

一、依刑事訴訟法第467條規定

受徒刑或拘役之諭知而有下列情形之一者，依檢察官之指揮，於其痊癒或該事故消滅前，停止執行：

(一) 心神喪失者（即指刑法第19條第1項所稱之精神障礙與心智缺陷）。
(二) 懷胎五月以上者。
(三) 生產未滿二月者。
(四) 現罹疾病，恐因執行而不能保其生命者。

二、另有學者認為上開所陳僅屬例示規定，下列情形亦得由檢察官斟酌停止執行

(一) 年逾八十，且身體衰弱。
(二) 祖父母或父母年逾八十，或患有重病或殘廢，且除受刑人外無人照顧。
(三) 子女或孫子女年幼，且除受刑人外無人照顧。

注釋資料：黃東熊，刑事訴訟法論，頁787。

相關試題

甲因詐欺罪經法院判處有期徒刑一年六月確定，甲因念及家中尚有高齡母親及多名幼子待養，亟思聲請暫緩執行，試問其所得依據爲何？

考點提示：依刑事訴訟法第467條之規定。

例題2

刑事訴訟法第483條、第484條聲明疑義與聲明異議有何不同？又對於檢察官不准易科罰金聲明異議，法院得否逕為准許之裁定？（80司法官）

解碼關鍵

「異議」含有不服之意，「疑義」表示疑惑待解。

擬答

一、聲明疑義與聲明異議之異同

(一) 按刑事訴訟法第483條規定

「當事人對於有罪裁判之文義有疑義者，得向諭知該裁判之法院聲明疑義。」故聲明疑義人限於「當事人」方得爲之，但有認爲應排除「自訴人」。又聲明疑義限於有罪裁判，有罪裁判以外之裁判，不適用之。且須爲對於裁判主文之文義，發生疑義，若是主文與理由之間的疑義，並不影響刑之執行，並無請求法院予以解釋之必要。

(二) 次按刑事訴訟法第484條規定

「受刑人或其法定代理人或配偶，以檢察官執行之指揮爲不當者，得向諭知該裁判之法院聲明異議。」故聲明異議人限受刑人或其法定代理人或配偶，其爲對於檢察官執行之指揮認爲不當之救濟方法，應向諭知該裁判之法院爲之。

(三) 聲明疑義與聲明異議之不同

1. 主體之不同：聲明疑義則限當事人方得爲之；聲明異議之主體範圍爲受刑人或其法定代理人或配偶。
2. 客體不同：聲明疑義係針對法院之判決主文爲之；聲明異議則係針對檢察官執行之指揮有所不當之情形。
3. 時期不同：聲明異議之聲請須限於開始執行後，執行完畢前爲之；聲明疑義之聲請係從判決確定後至執行完畢前爲之。

二、依釋字第245號解釋

受刑人或其他有異議權人對於檢察官不准易科罰金執行之指揮認爲不當，依刑事訴訟法第484條向諭知科刑裁判之法院聲明異議，法院認爲有理由而撤銷之裁定者，除依裁定意旨，得由檢察官重行爲適當之斟酌外，如有必要法院自非不得於裁定內同時諭知准予易科罰金。

注釋資料：黃東熊，刑事訴訟法論，頁778；陳樸生，刑事訴訟法實務，頁592。

例題3

刑事訴訟法第457條規定：「執行裁判由為裁判法院之檢察官指揮之。但其性質應由法院或審判長、受命推事、受託推事指揮，或有特別規定者，不在此限。」試詳述本條但書規定所指之情形為何？　（93檢事官）

解碼關鍵

檢察官指揮執行之例外情形，主因繫於卷宗所在何處，以達執行迅速便利之目的。

擬答

按執行裁判原則上由爲裁判法院之檢察官指揮之，刑事訴訟法第457條第1項規定有明文，惟該條但書另定有其他特別規定，茲分述如下：

一、下級法院檢察官執行

卷宗在下級法院者，由該法院之檢察官指揮執行，另附帶民事訴訟確定裁判之執行，則由法院民事執行處爲之。

二、上級法院檢察官執行

因駁回上訴抗告之裁判，或因撤回上訴抗告而應執行下級法院之裁判者，由上級法院之檢察官指揮之，此因卷宗多在上級法院，爲便利迅速執行起見，自以由上級法院之檢察署檢察官執行爲便利。

三、法院執行

法院或審判長、受命法官、受託法官如有關於羈押、具保、責付、扣押及調查證據等裁定，得隨時爲執行。此外罰金、罰鍰於裁判宣示後，如經受裁判人同意檢察官不在場者，得由法官當庭指揮執行，但不包括易科罰金之執行。

延伸資料：大法官釋字第681號。

第十五章　附帶民事訴訟

研讀聚焦

此一立意尚佳之附帶程序制度，因於民事訴訟與刑事訴訟本質之差異及刑事審判法官減輕負擔之現實考量，實務運作上可謂幾係名存實亡。而在國考命題機率上，自與前揭之「執行」章同列末座。

讀者應注意之重點，包括附帶民事訴訟與刑事訴訟合一所衍生之難題、提起附帶民事訴訟之原告適格、對附帶民事訴訟判決提起第二&三審上訴之限制。

案例試題

例題 1

十六歲之甲騎乘機車不慎將乙撞傷，經乙向法院提起過失傷害之自訴後，其得否對甲之父親丙提起附帶民事訴訟求償？並請詳述得為附帶民事訴訟之原告及被告為何？

解碼關鍵

附帶民事訴訟之當事人適格；因犯罪受損害者之定義（涵攝範圍）。

擬答

一、附帶民事訴訟之當事人

附帶民事訴訟之訴訟主體，固亦爲當事人及法院。但當事人中之原告及被告，未必即爲刑事訴訟中之原告當事人或被告當事人。茲分述其訴訟主體如次：

(一) 附帶民事訴訟之原告

因犯罪而受損害之人，均得爲附帶民事訴訟之原告。包括因犯罪而直接或間接受損害之人。

1. 因犯罪而直接受損害者：因刑事被告之犯罪行爲，致其身體、自由、名譽或財產等個人私權，受有損害之人，均得提起附帶民事訴訟。
2. 因犯罪而間接受損害者：間接受有形或無形損害之人，依民法規定對加害人有請求損害賠償之權者，均得提起之。如被害人死亡者，其父母、子女及配偶、對於死亡之被害人支出殯葬費之人、及被害人對於第三人負有法定扶養義務者，該第三人。

(二) 附帶民事訴訟之被告

附帶民事訴訟之被告包括刑事被告與民法應負賠償責任之人。

1. 刑事被告：包括共同正犯、教唆犯與幫助犯。
2. 依民法應負賠償責任之人：依民法之規定，對於刑事被告之侵權行爲，負有損害賠償之人，如刑事被告爲限制或無行爲能力人，應依民法之規定，其法定代理人應負連帶損害賠償責任，故得爲附帶民事訴訟之被告。又如受僱人因執行職務過失致人於死，而成爲刑事被告，依民法之規定，其僱用人應負連帶損害賠償責任，故亦得爲附帶民事訴訟之被告。另被告爲本案共同加害之人，縱令其在第二審未經上訴，並非第二審刑事案件之當事人，然非不得爲依民法應負賠償責任之人，上訴人等在第二審對其一併提起附帶民事訴訟，自非法所不許。

二、結論

基上所陳，本件刑事案件自訴人乙當得對被告甲之法定代理人（父親）丙提起附帶民事訴訟請求損害賠償。

注釋資料：例解刑事訴訟法「體系釋義版」第十六章之焦點「附帶民事訴訟之基本觀念」。

例題2

甲因涉嫌傷害乙經檢察官提起公訴，乙並於刑事審判程序對甲提起民事訴訟求償，惟第二審法院判決甲無罪並駁回乙之附帶民事訴訟，試問乙對第二審駁回附帶民事訴訟之判決得否上訴第三審？

解碼關鍵

對附帶民事訴訟判決提起第二&三審上訴之限制。

擬答

一、附帶民事訴訟上訴之限制

按對於附帶民事訴訟之第一審判決，得提起上訴於第二審法院。但因刑事訴訟諭知無罪、免訴或不受理之判決，而以判決駁回原告之訴者，非對刑事訴訟之判決有上訴時，依刑事訴訟法第503條第2項之規定，不得上訴。次按刑事訴訟之第二審判決，不得上訴於第三審法院者，對於其附帶民事訴訟之第二審判決，得向第三審法院上訴，但應受民事訴訟法第466條之限制，刑事訴訟法第506條第1項定有明文。

二、實務相關見解

又刑事訴訟諭知無罪、免訴或不受理之第二審判決，如係不得上訴於第三審之案件，依刑事訴訟法第503條第2項規定，對於本案件附帶民事訴訟之第二審判決，自亦不得上訴於本院，無適用同法第506條之規定，而得僅對附帶民事訴訟之第二審判決提起第三審上訴之餘地，最高法院69年台上字第1232號判例可資參照。

三、結論

綜上所論，本件附帶民事訴訟原告乙對第二審法院駁回其附帶民事訴訟之判決即不得提起第三審上訴。

注釋資料：例解刑事訴訟法「體系釋義版」第十六章之焦點「附帶民事訴訟之程序內涵」。

例題3

某甲為汽車司機，某日其駕車因疏忽致與某乙所騎之機車相撞，使某乙受傷昏迷，機車損壞，某甲下車探視，見某乙所戴金錶甚為昂貴乃起貪念予以竊取，事經某乙提出告訴，經提起公訴後，過失傷害部分經第一審法院判處有期徒刑四月，竊盜部分判處有期徒刑五月，定應執行有期徒刑七月，請試答下列問題，並扼要說明理由：

(一)法院刑事訴訟程序審理中，某乙以機車損壞部分，對某甲提起附帶民事訴訟請求回復其損害，有理由否？

(二)設第一審判決後，某甲上訴，第二審就竊盜部分改判無罪，過失傷害部分則上訴駁回，請問過失傷害罪於執行時，其易科罰金之折算標準，應向第一審或第二審法院聲請裁定？

解碼關鍵

刑事不成立犯罪，即不得提附帶民事訴訟；易科罰金折算標準應向第二審法院聲請。

擬答

一、案例(一)請求無理由

按依刑事訴訟法第487條規定：「因犯罪而受損害之人，於刑事訴訟程序得附帶提起民事訴訟，對於被告及依民法負賠償責任之人，請求回復其損害。」所謂因犯罪而受損害之人，係指因起訴之犯罪事實之侵害，致生損害者始得提起，因犯罪而受損害之人，欲於刑事訴訟程序中附帶提起民事訴訟，須以被訴犯罪事實所生之損害爲限，否則縱得依其他理由，提起民事訴訟，亦不得於刑事訴訟程序附帶爲此請求。本題某甲犯有過失傷害及竊盜罪，某乙身體受傷及金錶被偷之損害，即屬「因犯罪而受損害」，乙自得於刑事程序中附帶提起民事訴訟，惟就機車毀損部分，因過失毀損不成立犯罪，甲僅負民事之侵權行為責任，故就機車毀損部分，不得提起附帶民事訴訟，請求損害賠償，故乙請求回復其機車之損害為無理由。

二、應向第二審法院聲請裁定易科罰金之折算標準

本題中，甲所犯之過失傷害部分經第一審法院判處有期徒刑四月，竊盜部分判處有期徒刑五月，定應執行有期徒刑七月；惟依刑法第41條第2項之規定，併合處罰之數罪，均有得易科罰金之情形時，其應執行之刑逾六月者，得易科罰金，第一審法院應於本文諭知易科罰金之折算標準。又甲上訴之後，第二審法院就竊盜部分改判無罪，過失傷害部分則上訴駁回，判決主文中亦漏未記載罰金之易科，此依院字第1356號解釋之見解，刑法第41條之易科罰金，如判決主文內漏未記載，而因被告身體、教育、職業、或家庭等關係，執行顯有困難者，被告及檢察官均有聲請權。故本題該犯罪事實最後判決之法院，即為第二審法院，自應由該法院檢察官向第二審法院聲請裁定易科罰金之折算標準。

注釋資料：例解刑事訴訟法「體系釋義版」第十六章之焦點「附帶民事訴訟之程序內涵」；司法院院字第1356號解釋。

國家圖書館出版品預行編目資料

例解刑事訴訟法. II：案例解析版／李知遠著.
-- 11版. -- 臺北市：五南，2019.07
面；　公分
ISBN 978-957-763-505-1（平裝）

1.刑事訴訟法

586.2　　108010746

1T75

例解刑事訴訟法Ⅱ：案例解析版

作　　者 — 李知遠（96.2）
發 行 人 — 楊榮川
總 經 理 — 楊士清
總 編 輯 — 楊秀麗
副總編輯 — 劉靜芬
責任編輯 — 林佳瑩　李孝怡
封面設計 — 姚孝慈
出 版 者 — 五南圖書出版股份有限公司
地　　址：106台北市大安區和平東路二段339號4樓
電　　話：(02)2705-5066　　傳　　真：(02)2706-6100
網　　址：http://www.wunan.com.tw
電子郵件：wunan@wunan.com.tw
劃撥帳號：01068953
戶　　名：五南圖書出版股份有限公司

法律顧問　林勝安律師事務所　林勝安律師

出版日期　2004年8月初版一刷
　　　　　2019年7月十一版一刷
定　　價　新臺幣600元